Verhandlungen

des

Siebenten deutschen Juristentages.

Herausgegeben

von

dem Schriftführer-Amt der ständigen Deputation.

Erster Band.

Berlin, 1868.
Commissions-Verlag von J. Guttentag.

Inhaltsverzeichniß.

A.

Alphabetisches Verzeichniß

derjenigen

Mitglieder des Deutschen Juristentages,

welche

dem Verein Ende 1867 angehört haben,

nach Staaten geordnet.

Nr.	Name.	Stand.	Wohnort.
		Herzogthum Anhalt.	
1	Dr. Behr	Rechtsanwalt	Cöthen.
2	Bramigk II.	Rechtsanwalt	Cöthen.
3	Calm	Rechtsanwalt	Bernburg.
4	Holzmann	Kreisgerichtsrath	Cöthen.
5	Dr. Kühn	Landesbank-Direktor, Advokat	Dessau.
6	Lezius	Rechtsanwalt	Cöthen.
7	Dr. Siegfried	Geh. Justiz- u. Ober-Landesgerichtsrath	Dessau.
8	Dr. Sintenis	Wirkl. Geh. Rath u. Staatsminister	Dessau.
		Großherzogthum Baden.	
9	Aberle	Rechnungsrath u. Gerichtsnotar	Freiburg.
10	Bachelin	Oberstaatsanwalt	Karlsruhe.
11	Dr. Bayer	Anwalt	Karlsruhe.
12	Bechtold v. Ehrenschwert	Amtsrichter	Heidelberg.
13	Beck	Amtsrichter	Neckargemünd.
14	Dr. Behaghel	Professor	Freiburg.
15	Bensinger	Anwalt	Mannheim.
16	Dr. Bingner	Justiz-Ministerialrath	Karlsruhe.
17	v. Blittersdorf	Kreisgerichtsrath	Karlsruhe.
18	Blum	Doktor der Rechte	Heidelberg.
19	Dr. Bluntschli	Geh. Rath u. Professor	Heidelberg.

Nr.	Name.	Stand.	Wohnort.
20	Bodenheimer	Anwalt	Karlsruhe.
21	Bohm	Kreis- u. Hofgerichts-Präsid.	Offenburg.
22	Brauer	Ober-Hofgerichtsrath	Mannheim.
23	Dr. Buch	Anwalt	Freiburg.
24	Dr. Chelius	Bezirksgerichtsrath	Mannheim.
25	Courtin	Kreisgerichtsrath	Heidelberg.
26	Dietz	Oberamtsrichter	Freiburg.
27	v. Dusch	Ministerialrath	Karlsruhe.
28	Ekert	Direktor d. Zellengefängnisses	Bruchsal.
29	Eckardt	Anwalt	Offenburg.
30	Dr. Eller	Anwalt	Mannheim.
31	Engelhorn	Oberamtmann	Triberg.
32	Ettlinger	Anwalt	Karlsruhe.
33	Faas	Anwalt	Heidelberg.
34	v. Feder	Anwalt	Offenburg.
35	Dr. Fetzer	Hofgerichts-Präsident	Freiburg.
36	v. Freydorf	Staatsminister	Karlsruhe.
37	Dr. Fritschi	Kreisgerichtsrath	Offenburg.
38	Dr. Fürst	Anwalt	Karlsruhe.
39	Dr. Fürst	Anwalt	Mannheim.
40	Fürst	Anwalt	Heidelberg.
41	Gänseblum	Amtsrichter	Breisach.
42	Geppert	Kreisgerichtsrath	Lörrach.
43	Gerhardt	Rechnungsrath u. Gerichtsnotar	Karlsruhe.
44	Dr. Grimm	Anwalt	Mannheim.
45	v. Gulat	Staatsanwalt	Baden.
46	Gutmann, A.	Anwalt	Karlsruhe
47	Gutmann, J.	Anwalt	Karlsruhe.
48	Haaß	Kanzler des Oberhofgerichts	Mannheim.
49	Hamma	Anwalt	Constanz.
50	Hebting	Oberamtmann	Mosbach.
51	v. Heiligenstein	Kreisgerichtsrath	Karlsruhe.
52	Heimerdinger	Kreisgerichtsrath	Karlsruhe.
53	Meinsheimer	Kreisgerichtsrath	Mannheim.
54	Dr. Herz	Rechtspraktikant	Mannheim.
55	Heydweiler	Kreisgerichtsrath	Offenburg.
56	Hildebrandt	Hofgerichts-Direktor	Freiburg.
57	Hofer	Anwalt	Offenburg.
58	Huffschmid	Kreisgerichtsrath	Mannheim.
59	Dr. Jolly	Staats-Minister	Karlsruhe.
60	Klehe	Kreisgerichtsrath	Mannheim.
61	Kohlhagen, Wilh.	Anwalt	Karlsruhe.

Nr.	Name.	Stand.	Wohnort.
62	Krämer	Anwalt	Karlsruhe.
63	Krebs	Kreisgerichtsrath	Heidelberg.
64	Kusel	Anwalt	Karlsruhe.
65	Lacoste, A.	Kreisgerichtsrath	Karlsruhe.
66	Dr. Ladenburg	Anwalt	Mannheim.
67	Dr. Lamey	Staatsminister	Karlsruhe.
68	Levinger	Anwalt	Karlsruhe.
69	Mallebrein	Amtsrichter	Geresbach.
70	Mays	Oberstaatsanwalt	Mannheim.
71	Mors	Amtsrichter	Sinsheim.
72	Müller	Oberamtsrichter	Weinheim.
73	Nebenius	Oberamtsrichter	Karlsruhe.
74	Neumann	Anwalt	Lörrach.
75	Nock	Ministerialassessor	Karlsruhe.
76	Nüßlin	Staatsrath	Karlsruhe.
77	Oehl	Anwalt	Villingen.
78	Ottendorf	Kreisgerichtsrath	Offenburg.
79	Dr. Pagenstecher	Professor	Heidelberg.
80	Pfaff	Amtsrichter	Meßkirch.
81	Pfeiffer	Amtsrichter	Lahr.
82	Dr. Puchelt	Kreisgerichts-Direktor	Baden.
83	Rée	Anwalt	Freiburg.
84	Reinhard	Kreisgerichtsrath	Karlsruhe.
85	Ritzi	Anwalt	Waldshut.
86	Roos	Kreisgerichts-Assessor	Lörrach.
87	Dr. Roßhirt	Oberhofgerichtsrath	Mannheim.
88	v. Rotteck	Oberamtsrichter	Emmendingen.
89	Ruth	Kreisgerichtsrath	Mannheim.
90	Sachs	Kreisgerichtsrath	Karlsruhe.
91	Dr. Schmieder	Oberamtmann	Tauberbischofsheim.
92	Schmidt	Kreisgerichtsrath	Lörrach.
93	Freih. v. Schwartz-koppen	Doktor der Rechte	Weinheim.
94	Schwarzmann	Vorsitzender des Verwaltungs-gerichtshofes	Karlsruhe.
95	Seybel	Oberamtmann	Schopfheim.
96	v. Seyfried, E.	Justizministerialrath	Karlsruhe.
97	Dr. Stabel	Staatsminister	Karlsruhe.
98	v. Stößer	Kreisgerichtsdirektor	Lörrach.
99	v. Stößer	Oberamtmann	Meßkirch.
100	Süpfle	Amtsrichter	Heidelberg.
101	Trefurt	Domänenrath	Karlsruhe.
102	Turban	Ministerialrath	Karlsruhe.

Nr.	Name.	Stand.	Wohnort.
103	v. Ungern-Sternberg	Legationsrath	Karlsruhe.
104	Dr. Vering	Professor	Heidelberg.
105	Vesenbekh	Referendar	Mosbach.
106	Wagner	Staatsanwalt	Lörrach.
107	v. Wänker	Oberamtsrichter	Oberkirch.
108	Wallau	Anwalt	Mosbach.
109	Wielandt	Kreisgerichtsrath	Karlsruhe.
110	Wilkens	Oberamtsrichter	Lahr.
111	Wolff	Anwalt	Karlsruhe.
112	Wüstenfeld	Kreisgerichtsrath	Mannheim.
113	v. Zech	Oberamtsrichter	Baden.

Königreich Bayern.

114	Ahles	Appellationsgerichts-Accessist	München.
115	Aldoßer	Notar	München.
116	Aschenbrenner	Bezirksgerichts-Sekretär	München.
117	von Auer	Advokat	München.
118	von Auer	Bezirksamts-Assessor	München.
119	Dr. Bauer	Ober-Appellationsger.-Rath	München.
120	Bauer	Assessor und Fiskal-Adjunkt der Berg- und Salinen-Administration	München.
121	von Baur	Legations-Sekretär	München.
122	Dr. Bauriedl	Notar	Nabburg.
123	Beckh	Advokat	Lindau.
124	Behringer	Bezirksgerichtsrath	Memmingen.
125	Dr. Berchtold	Privat-Dozent	München.
126	Berghammer	Bezirksgerichts-Assessor	Traunstein.
127	Berghofer	Advokat	München.
128	Dr. Bolgiano	Professor	München.
129	von Bomhard	Staatsanwalt	Bamberg.
130	von Bomhard	Accessist im Justizministerium	München.
131	von Bomhard	Staatsrath	München.
132	Brand	Bezirksgerichts-Assessor	Windsheim.
133	Braun	Advokat	Donauwörth.
134	Braun	Ober-Appellationsger.-Rath	München.
135	Briel	Stadtgerichts-Assessor	München.
136	Dr. Buchner	Notar	München.
137	Dr. Bürkel	Privat-Dozent	München.
138	Cucumus	Bezirks- u. Handelsger.-Rath	München.
139	Decrignis	Ober-Appellationsger.-Rath	München.

Nr.	Name.	Stand.	Wohnort.
140	Deppisch	Landrichter	Augsburg.
141	Dettenhofer	Notar	München.
142	Deuber	Stadtgerichts-Assessor	Nürnberg.
143	Dietherr	Rechtsconcipient	München.
144	Dirrigl	Bezirksgerichts-Direktor	München.
145	Ditterich	Rechtsconcipient	Müuchen.
146	Dompierre	Rechtsconcipient	München.
147	Dürr	Rechtsconcipient	München.
148	Dürrschmidt	Appellationsgerichtsrath	München.
149	Freih. von Eberz	Bezirksgerichts-Direktor	Aichach.
150	v. Ehrne	Stadtgerichts-Assessor	München.
151	Enderlein	Bezirksgerichts-Assessor	Straubing.
152	v. Enhuber	Appellationsgerichtsrath	München.
153	Erhardt	Advokat	Deggendorf.
154	Eßl	Kabinets-Sekretär	München.
155	Dr. Fäustle	Justizministerial-Assessor	München.
156	Filchner	Bezirksgerichts-Accessist	München.
157	Fischer	Bürgermeister	Augsburg.
158	Dr. v. Fischer	Staatsrath	München.
159	Heinr. v. Fischer	Rechtspraktikant	München.
160	v. Flembach	Appellationsrath	Amberg.
161	Föhringer	Appellationsgerichts-Accessist	München.
162	Franz	Bezirksgerichts-Rath	Windsheim.
163	Frenckel	Advokat	Kaiserslautern.
164	Freytag	Advokat	München.
165	Friedrich	Notar	München.
166	Fritsch	StadtgerichtsAssessor	München.
167	Fuchs	Geh. Sekretair i. Just.-Minist.	München.
168	Gerlach	Bezirksgerichtsrath	Aschaffenburg.
169	Dr. Geßner	Notar	Kronach.
170	Gietl	Oberappellationsgerichtsrath	München.
171	Gombart	Minist.-Assessor	München.
172	v. Graf	Ministerialrath, Kronanwalt	München.
173	v. Grebmer	Bezirksgerichtsassessor	München.
174	Greis	Bezirksgerichtsaccessist	München.
175	Gresbeck	Bezirks u. Handelsgerichtsrath	München.
176	Dr. Griesmaier	Advokat	München.
177	Dr. Gundermann	Rechtsanwalt	München.
178	Gunzenhäuser	Advokat	Fürth.
179	Hacker	Notar	München.
180	Hagen	Advokat	München.
181	Hänle	Advokat	Ansbach.
182	Harlander	Bezirksgerichtsrath	Aichach.

Nr.	Name.	Stand.	Wohnort.
183	Freih. v. Harsdorf	Bezirksgerichtsrath	München.
184	v. Hartlieb	Regierungs-Accessist	München.
185	Haubenschmid	Generalstaatsanwalt	München.
186	Hauser	Bezirksgerichtsassessor u Handelsgerichtsrath	München.
187	Dr. Hausmann	Notar	München.
188	v. Hefner-Alteneck	Bezirksgerichts-Accessist	Würzburg.
189	Dr. v. Heintz	Ober-Appellationsgerichts-präsident	München.
190	Dr. Heule	Advokat	München.
191	Dr Hierl	Bezirksgerichtsrath	Passau.
192	Hingerl	Notar	Straubing.
193	Hohenadel	Bezirksgerichtsdirektor	Augsburg.
194	Höß	Regierungsrath	München.
195	Höß	Stabsauditor	München.
196	Huber	Advokat	Straubing.
197	Huber	Bezirksgerichtsrath	München.
198	Huberti	Notar	Lohr.
199	Hutter	Advokat	München.
200	Dr. Jäger	Rechtsanwalt	Nürnberg.
201	Dr. Jahrsdörffer	Advokat	Lohr.
202	v. Jan	Rechtsconcipient	Nürnberg.
203	Jordan	Regierungs- u. Fiskalrath	Ansbach.
204	Irmischer	Stadtgerichtsassessor	München.
205	Juch	Bezirksgerichtsaccessist	München.
206	Jungermann	Bezirksgerichtsassessor	Straubing.
207	Kahr	Advokat.	Kronach.
208	Dr. Kalb	Justiz-Ministerialrath	München.
209	Kastner	Stadtrichter	München.
210	Dr. Keller	Rechtspraktikant	München.
211	Dr. Edler v. Kerstorf	Hofrath, Advokat	Augsburg.
212	Kirschner	Bezirksgerichtassessor	München.
213	Kitt	Notar	München.
214	Dr. Knappe	Appellationsgerichtsdirektor	Bamberg.
215	v. Kohlhagen	Stadtgerichtsassessor	München.
216	Kolb	Rechtspraktikant	München.
217	Kraußold	Appellationsgerichtsaccessist	München.
218	Kremer	Bezirksgerichtsaccessist	München.
219	Kreppel	Notar	Scheßlitz.
220	Freih. v. Kreß	Accessist	Nürnberg.
221	Krieg	Appellationsgerichtsaccessist	München.
222	Kühlmann	Rechtsanwalt	München.
223	Kuhn	Advokat	Landau (Rheinpfalz).

Nr.	Name.	Stand.	Wohnort.
224	Künßberg	Oberappellationsgerichtsrath	München.
225	Lang	Stadtgerichtsassessor	München.
226	v. Lehner	Appellationsgerichtspräsident	München.
227	Leicht	Bezirksgerichtsaccessist	Kronach.
228	Leimbach	Bezirksgerichtsrath	München.
229	v. Lengrießer	Bezirksgerichtsaccessist	München.
230	Freih. v. Leonrod	Stadtrichter	München.
231	Fürst v. d. Leyen	vormal. Kreis- u. Stadtgerichtsaccessist	München.
232	Listmayr	Advokat	München.
233	Freih. v. Lobkowitz	Finanzministerialrath	München.
234	Freih. v. Löffelholz	Landrichter	Kadolzburg.
235	Lösch	Staatsanwalt	Bamberg.
236	Lucas	Appellationsgerichtsrath	Neuburg a./D.
237	Ludwig	Kgl. Hoheit Prinz v. Bayern	München.
238	Lunglmaier	Advokat	München.
239	Lunglmayr	Bezirksgerichtsrath	München.
240	Lunz	Bezirksgerichtsrath	Hof.
241	Dr. May	Appellationsgerichtsrath	München.
242	Mayer, Phil.	Staatsanwalt	Eichstätt.
243	Dr. Mayer	Privatdozent	München.
244	Mayer, Friedr.	Bezirksgerichtsassessor	Schweinfurt.
245	Dr. Mayersohn	Advokat	Aschaffenburg
246	Mehling	Staatsanwalt	Aschaffenburg.
247	Meißner	Justizministerialrath	München.
248	Merck	Advokat	Nürnberg.
249	Merz	Notar	Laufen.
250	v. Metz	Oberappellationsger.-Direktor	München.
251	Dr. Meyer	Bezirksgerichtsassessor	Ansbach.
252	Dr. Meyer	Bezirksgerichtsassessor	München.
253	Michl	Bezirksgerichts-Direktor	Weiden.
254	v. Mohl	Gesandter	München.
255	Molitor	Oberappellationsger.-Direktor	München.
256	Münch	Bezirksgerichtsaccessist	Bayreuth.
257	v. Neumayr	Appellationsgerichtspräsident	München.
258	Neuner	Advokat	München.
259	Nöthig	Bezirksgerichtsassessor	Traunstein.
260	Oppelt	Staatsanwalt	Neustadt a./S.
261	Otto	Notar	Prien.
262	v. Peter	Notar	Mühldorf.
263	v. Peter	Landgerichtsassessor	München.
264	v. Petersen	Appellationsgerichtspräsident	Aschaffenburg.
265	Petersen	Bezirksgerichtsrath	Straubing.

Nr.	Name.	Stand.	Wohnort.
266	Pfaffenzeller	Notar	Dachau.
267	v. Pfretzschner	Finanzminister	München.
268	Pierre	Bezirksamtsassessor	Germersheim.
269	Piloty	Notar	Erding.
270	Dr Planck	Professor	München.
271	Dr. Pözl	Professor	München.
272	Prechtl	Advokat	Weiden.
273	Radlkofer	Stadtgerichtsassessor	München.
274	Dr. Rau	Advokat	München.
275	Reiffel	Landrichter	Winnweiler (Pfalz).
276	Reinhard	Notar	Weilheim.
277	Dr. Reinhold	Rechtsrath	Augsburg.
278	Dr. Remeis	Accessist im Justizministerium	München.
279	Riegel	Rechtsconcipient	München.
280	Riesch	Advokat	Nürnberg.
281	Dr. Riesch	Professor	Würzburg.
282	Dr. Rockinger	Privat-Dozent	München.
283	Graf v. Rossi	Regierungsaccessist	München.
284	Dr. Roth	Professor	München.
285	Rothenfelder	Staatsanwalt	Straubing.
286	Rückert	Rechtsconcipient	München.
287	Dr. Ruhwandl	Advokat	München.
288	Sailer	Bezirksgerichtsrath	Freising.
289	v. Schab	Appellationsgerichtspräsident	Amberg.
290	Schäfer	Notar	Ansbach.
291	Schamberger	Regimentsauditor	München.
292	Schamberger	Generaldirektionsrath	München.
293	Scharrer	Bezirksgerichtsrath	München.
294	v. Schauß	Advokat	München.
295	Scherer	Rechtsanwalt	Neustadt a./Saale Unterfranken.
296	Scheuer	Rechtsconcipient	München.
297	Schlichthörle	Notar	München.
298	Schmauß	Staatsanwalt	Ansbach.
299	v. Schmid	Oberappellationsgerichtsrath	München.
300	Dr. Schneider	Bezirksgerichtsrath	München.
301	Schrodt	Bezirksgerichtsaccessist	Nürnberg.
302	Schubert	Bezirksgerichtsrath	Bamberg.
303	Schubert	Staatsanwalt	Pfarrkirchen.
304	Schuhmann	Consistorialrath	Bayreuth.
305	Schuler	Oberappellationsgerichtsrath	München.
306	Schuster	Polizei-Commissär	München.
307	Schwaiger	Advokat	Straubing.

Nr.	Name.	Stand.	Wohnort.
308	Schwarz	Rechtsconcipient	München.
309	Seiferling	Bezirksgerichtsrath	Weiden.
310	Dr. Seuffert	Privatdozent	München.
311	Seybold	Hofrath, Notar	München.
312	Dr. v. Sicherer	Privatdozent	München.
313	Sigmund	Geh. Sekretair i. Just.-Minist.	München.
314	Simmerl	Advokat	München.
315	Dr. Solbrig	Professor	München.
316	Dr. Söltl	Bezirksgerichtsassessor	München.
317	Sperl	Bezirksgerichtsaccessist	München.
318	Dr. Staudinger	Geh. Sekretair i. Just.-Minist.	München.
319	v. Steinsdorf	Erster Bürgermeister	München.
320	Freih. v. Stengel	Rechtsconcipient	München.
321	Stenglein I.	Staatsanwalt	München.
322	Dr. Steppes	Appellationsgerichtsdirektor	München.
323	Dr. Steub	Notar	München.
324	v. Steyrer	Generalstaatsanwalt	München.
325	Stöckel	Landgerichtsassessor	Kronach.
326	v. Stubenrauch	Staatsanwalt	Freising.
327	Stuntz	Feuerversicherungsinspektor	München.
328	Tambosi	Appellationsgerichtsaccessist	München.
329	Freih. v. Tucher	Oberappellationsgerichtsrath	München.
330	Unsleber	Rechtsconcipient	München.
331	v. Vincenti	Notar	München.
332	Dr. Vogel	Privatdozent	Erlangen,
333	Vogt	Appellationsgerichtsrath	München.
334	Dr. Völk	Advokat	Augsburg.
335	Freih. Dr. v. Völderndorf	Ministerialrath	München.
336	Warmuth	Appellationsgerichtsaccessist	München.
337	Weikard	Oberappellationsgerichtsrath	München.
338	Weingärtner	Notar	Lauf.
339	Wenzel	Advokat	Traunstein.
340	Werntz	Oberappellrath	München.
341	Westermayer	Appellationsgerichtsrath	Neuburg a. d. Donau.
342	Widmer	Advokat	Memmingen.
343	Wiedenhofer	Advokat	Neustadt a. d. Waldnaab.
344	Wimmer	Rechtsconcipient	Aichach.
345	Dr. Windscheid	Professor	München.
346	Wirschinger	Regierungsrath	Bayreuth.
347	Dr. v. Würschinger	I. Appellationsgerichtspräsid.	Neuburg a. d. Donau.
348	Wöhrnitz	Bezirksgerichtsrath	München.
349	Wolf	Oberstaatsanwalt	München.

Nr	Name.	Stand.	Wohnort.
350	Wollschläger	Bezirksgerichtsaccessist	München.
351	Wülfert	Staatsanwalt	München.
352	Graf v. Zech	Bezirksgerichtsassessor	Straubing.
353	v. Ziegler	Bezirksgerichtsaccessist	München.
354	Zinn	Appellationsgerichtsrath	Bamberg.
355	Zöhnle	Oberappellationsgerichtsrath	München.
356	Zöller	Bezirksrichter	Landau (Rheinpfalz.)
357	Zürn	Bezirksgerichtssekretair	München.
358	Freih. v. Zu-Rhein	Regierungspräsident	München.

Herzogthum Braunschweig.

359	Dr. Aronheim	Obergerichts-Advokat	Braunschweig.
360	Bach	Obergerichts-Advokat	Holzminden.
361	Bode	Kreisrichter	Braunschweig.
362	v. Campe	Staatsminister	Braunschweig.
363	Dr. Dedekind	Obergerichtsadvokat	Wolfenbüttel.
364	Dr. Degener	Obergerichtsadvokat	Braunschweig.
365	Engelbrecht	Obergerichtsadvokat	Braunschweig,
366	v. Eschwege	Kreisrichter	Braunschweig.
367	Gärtner	Obergerichtsrath	Wolfenbüttel.
368	Gerhard	Referendar	Braunschweig.
369	Gotthard	Obergerichtsadvokat	Braunschweig.
370	Grotrian	Obergerichtsrath	Wolfenbüttel.
371	Häusler	Obergerichtsadvokat	Braunschweig.
372	Hampe	Advokat-Anwalt	Holzminden.
373	Herzog	Obergerichtsrath	Wolfenbüttel.
374	Hollandt	Obergerichtsadvokat	Braunschweig.
375	Huch	Obergerichtsadvokat	Braunschweig.
376	Knittel	Obergerichts-Vicepräsident	Wolfenbüttel.
377	Köpp	Obergerichtsadvokat	Wolfenbüttel.
378	Dr. v. Liebe	Geheimrath, Ministerresident	Braunschweig.
379	Lucius	Obergerichtsadvokat	Braunschweig.
380	Dr. Magnus	Advokat	Braunschweig.
381	Mansfeld	Assessor	Wolfenbüttel.
382	Müller	Assessor	Salder.
383	Pape	Obergerichtsadvokat	Braunschweig.
384	v. Pavel	Kreisgerichts-Direktor	Holzminden.
385	v. Praun	Kreisrichter	Blankenburg.
386	Rhamm	Oberstaatsanwalt	Wolfenbüttel.
387	Riesell	Kreisgerichts-Direktor	Braunschweig.
388	Römcke	Staatsanwalt	Wolfenbüttel.

Nr.	Name.	Stand.	Wohnort.
389	Röpcke	Obergerichtsadvokat	Braunschweig.
390	v. Rosenstern	Obergerichtsrath	Wolfenbüttel.
391	Roßmann	Auditor	Braunschweig.
392	Schmidt	Obergerichtsrath	Wolfenbüttel.
393	Schnuse	Staatsanwalt	Gandersheim.
394	Schröder	Kreisrichter	Braunschweig.
395	Schütze	Obergerichtsrath	Wolfenbüttel.
396	Schulz	Geheimrath	Braunschweig.
397	Dr. Schulz	Auditor	Braunschweig.
398	Dr. Strümpell II.	Advokatanwalt	Wolfenbüttel.
399	Strümpell	Auditor	Wolfenbüttel.
400	Stünkel	Auditor	Braunschweig.
401	Teichs	Amtsrichter	Harzburg.
402	Dr. Trieps	Obergerichts-Präsident	Wolfenbüttel.
403	Vorwerk	Obergerichtsrath	Wolfenbüttel.
404	Dr. Wirk	Staatsanwalt	Wolfenbüttel.
405	Wolff	Obergerichts-Advokat, Bürgermeister	Holzminden.
406	Zinken-Sommer	Staatsanwalt	Helmstedt.

Freie Stadt Bremen.

407	Dr. Kießelbach	Advokat	Bremen.
408	Dr. v. Lingen	Obergerichts-Anwalt	Bremen.
409	Dr. Lürmann	Senator	Bremen.
410	Dr. Pfeiffer	Senator	Bremen.
411	Dr. Schellhaß	Obergerichts-Anwalt	Bremen.
412	Dr. Ulrichs	Obergerichts-Anwalt	Bremen.
413	Dr. Wilckens, Joh.	Obergerichts-Anwalt	Bremen.

Freie Stadt Hamburg.

414	Dr. Bandmann	Advokat	Hamburg.
415	Dr. Banks	Advokat	Hamburg.
416	Dr. Baumeister	Obergerichtsrath	Hamburg.
417	Dr. Feill	Advokat	Hamburg.
418	Dr. Hirsch	Advokat	Hamburg.
419	Dr. Lazarus	Advokat	Hamburg.
420	Dr. Leo	Advokat	Hamburg.
421	Dr. Levy	Advokat	Hamburg.
422	Lührsen, G.	Doktor der Rechte	Hamburg.

Nr.	Name.	Stand.	Wohnort.
423	Dr. Lührsen, Jos.	Advokat	Hamburg.
424	Dr. May	Advokat	Hamburg.
425	Dr. Stockfleth	Notar	Hamburg.
426	Dr. Versmann	Handelsgerichts-Präsident u. Senator	Hamburg.
427	Dr. Winterhoff	Advokat	Hamburg.
428	Wolffson	Advokat	Hamburg.

Großherzogthum Hessen-Darmstadt.

Nr.	Name.	Stand.	Wohnort.
429	Dr. Arens	Bezirksgerichtsrath	Mainz.
430	Dr. Bernays	Obergerichtsrath	Mainz.
431	Dr. Börckel	Advokat-Anwalt	Mainz.
432	Bopp	Banksekretär	Darmstadt.
433	Dr. Braden	Notar	Oppenheim.
434	Bramm	Landgerichts-Assessor	Gießen.
435	Brand	Sekretär der Hessischen Ludwigs-Eisenbahn	Mainz.
436	Dr. Bruch	Advokat-Anwalt	Mainz.
437	Buchner II	Hofgerichts-Advokat	Darmstadt.
438	Buff	Hofgerichtsrath	Gießen.
439	Buff	Landrichter	Nidda.
440	Cuny	Gerichts-Accessist	Mainz.
441	Curtmann	Hofgerichts-Advokat	Friedberg in der Wetterau.
442	Dernburg	Hofgerichts-Advokat	Darmstadt.
443	Diery	Hofgerichts-Advokat	Gießen.
444	Dornseiff	Hofgerichtsrath	Gießen.
445	Dr. Du Mont	Advokat-Anwalt	Mainz.
446	Eigenbrodt	Hofgerichtsrath	Darmstadt.
447	Engelbach	Hofgerichts-Advokat	Gießen.
448	Engelbach	Gerichts-Accessist	Grünberg.
449	Dr. Falker	Gerichts-Accessist	Mainz.
450	Feist	Doktor der Rechte	Mainz.
451	Dr. Finger	Advokat-Anwalt	Alzey.
452	Fischer	Bezirksgerichts-Präsident	Alzey.
453	Dr. Friedrich	Staatsprokurator-Substitut	Mainz.
454	Görz	Advokat-Anwalt	Mainz.
455	Heimburg	Notar	Pfeddersheim.
456	Heinzerling	Landgerichts-Assessor	Zwingenberg a. d. Bergstraße.
457	v. Helmolt	Professor	Darmstadt.
458	Heumann	Hofgerichts-Advokat	Darmstadt.
459	Hirschhorn	Hofgerichts-Advokat	Gießen.

Nr.	Name.	Stand.	Wohnort.
460	Hoffmann I.	Hofgerichts-Advokat	Darmstadt.
461	Dr. Hoffmann II.	Hofgerichts-Advokat	Darmstadt.
462	Dr. Hoffmann	Hofgerichtsrath	Darmstadt.
463	Dr Jaup	Hofgerichts-Advokat	Darmstadt
464	Dr. Ihering	Geh. Justizrath, Professor	Gießen.
465	Kekule	Hofgerichts-Advokat	Darmstadt.
466	Kempff	Hofgerichtsrath	Gießen.
467	Dr. Klein	Staatsanwalt	Gießen.
468	Köhler I.	Hofgerichts-Advokat	Darmstadt.
469	Köhler II.	Hofgerichts-Advokat	Darmstadt.
470	Köllisch	Landgerichts-Assessor	Seligenstadt.
471	Krämer	Gerichts-Accessist	Mainz.
472	Krauskopf	Hofgerichts-Advokat	Gießen.
473	Krug	Hofgerichts-Advokat	Darmstadt.
474	Laudenheimer	Hofgerichts-Advokat	Darmstadt.
475	Dr. Levi, B.	Advokat-Anwalt	Mainz.
476	Dr. Levi	Gerichts-Accessist	Mainz.
477	Levi	Advokat-Anwalt	Mainz.
478	Dr. Levita	Advokat-Anwalt	Mainz.
479	Lotheißen	Ober-Auditeur u. Hofgerichts-Advokat	Worms.
480	Dr. Matty	Advokat-Anwalt	Alzey.
481	Maurer	Staatsanwalt	Darmstadt.
482	Maurer	Gerichts-Accessist	Höbstein (Oberhessen)
483	Dr. Merkel	Privatdozent	Gießen.
484	Metz I.	Hofgerichts-Advokat	Darmstadt.
485	Mohrmann	Bezirksgerichtsrath	Alzey.
486	Dr. Momberger	Kreis-Assessor	Darmstadt.
487	Müller	Hofgerichts-Advokat	Darmstadt.
488	Oechsner	Doktor der Rechte	Mainz.
489	Petri	Advokat-Anwalt	Alzey.
490	Pistor	Stadtrichter	Darmstadt.
491	Pistor	Landgerichts-Assessor	Offenbach.
492	Probst	Kommerzienrath u. Präsident des Handelsgerichts	Mainz.
493	Raysz	Gerichts-Accessist und Ergänzungsrichter	Pfeddersheim.
494	Dr. Reatz	Privatdozent u. Hofgerichts-Advokat	Gießen.
495	Dr. Reinach	Advokat-Anwalt	Mainz.
496	Reuling	Hofgerichts-Advokat	Darmstadt.
497	Dr. Rädler	Staatsprokurator-Substitut	Alzey.
498	Freih. v. Rotsmann	Stadtgerichts-Assessor	Gießen.

Nr.	Name.	Stand.	Wohnort
499	Schenck	Hofgerichts-Advokat	Darmstadt.
500	Schmitz	Doktor der Rechte	Mainz.
501	Dr. Seibert	Hofgerichts-Advokat	Darmstadt.
502	Seyd	Hofgerichts-Advokat	Friedberg.
503	Siegfrieden	Hofgerichts-Advokat	Darmstadt.
504	Dr. Sieglitz	Handelsgerichts-Sekretär	Mainz.
505	Steinberger	Hofgerichts-Advokat	Gießen.
506	Dr. Struve, Alex.	Gerichts-Accessist	Mainz.
507	Theyer	Notar	Alzey.
508	Trapp IV.	Hofgerichts-Advokat	Friedberg.
509	Vogel	Hofgerichts-Sekretär	Darmstadt.
510	Dr. Waßerschleben	Geh. Justizrath u. Professor	Gießen.
511	Weber	Geheimrath, Hofgerichts-Dir.	Gießen.
512	Dr. Weber	Hofgerichts-Advokat	Offenbach.
513	Weber	Advokat-Anwalt	Alzey.
514	Dr. Wedekind	Hofgerichts-Advokat	Darmstadt.
515	Wolf	Aktuar	Pfeddersheim.
516	Dr. Wolfskehl	Gerichts-Accessist	Alzey.
517	Zeller	Gerichts-Accessist	Darmstadt.

Fürstenthum Lippe-Detmold.

518	Falkmann	Archivrath	Detmold.
519	Heinrichs	Amtsassessor	Blomberg.
520	Dr. Heldman	Rechtsanwalt	Detmold.
521	Runnenberg	Rath	Detmold.
522	Schröter	Justizamtmann	Brake bei Lemgo.
523	Dr. Stein	Rechtsanwalt	Detmold.
524	Wessel	Justizamtmann	Detmold.

Freie Stadt Lübeck.

525	Avé-Lallemant	Doktor der Rechte	Lübeck.
526	Dr. Drechsler	Ober-Appelationsrath	Lübeck.
527	Dr. Funk	Advokat	Lübeck.
528	Dr. Klügmann	Obergerichts-Prokurator, Advokat und Notar	Lübeck.
529	Dr. Kulenkamp	Ober-Appellationsgerichts-Prokurator und Advokat	Lübeck.
530	Dr. Pleßing, Wilh.	Advokat	Lübeck.
531	Dr, Pleßing, Alph.	Advokat und Notar	Lübeck.
532	Dr. Plitt	Senator	Lübeck.

Nr	Name.	Stand.	Wohnort.

Großherzogthum Mecklenburg-Schwerin.

Nr	Name.	Stand.	Wohnort.
533	Dr. v. Bar	Professor	Rostock.
534	Briesemann	Advokat	Wismar.
535	Büsing	Advokat	Rostock.
536	Büsing	Advokat	Schwerin.
537	Dr. Dugge	Senator	Bützow.
538	Ehlers	Advokat	Rostock.
539	Engel	Advokat	Crivitz.
540	Dr. Giese	Senator	Rostock.
541	Hartung	Senator und Advokat	Waren.
542	Havemann	Advokat	Grabow.
543	Hermes	Advokat und Stadtrichter	Röbel.
544	Heucke	Advokat	Parchim.
545	Dr. Karsten	Advokat	Rostock.
546	Dr. Klitzing	Bürgermeister u. Stadtrichter	Plau.
547	Klitzing	Advokat	Parchim.
548	Lange	Advokat	Güstrow.
549	Löscher	Senator, Mitglied des Magistratsgerichts	Schwerin.
550	Löwenthal	Advokat	Schwerin.
551	Maßmann	Advokat	Rostock.
552	Möller	Ober-Appellationsgerichtsrath	Rostock.
553	Müller, C. H.	Advokat und Notar	Rostock.
554	Pohle	Magistratsgerichts-Direktor und Syndikus	Schwerin.
555	Schlaaff	Bürgermeister und Advokat	Waren.
556	Dr Simonis	Senator	Rostock.
557	Simonis, H.	Advokat	Rostock.
558	Sommer	Advokat	Parchim.
559	Sommer-Dierssen	Bürgermeister	Parchim.
560	Triebsies	Advokat	Rostock.
561	Uterhart	Senator	Rostock.
562	Dr. Viereck	Advokat	Schwerin.
563	Wehnert	Justitiar d. ritterschaftlichen Gerichtsvereine u. Advokat	Crivitz.
564	Zickermann	Advokat	Schwerin.

Großherzogthum Mecklenburg-Strelitz.

Nr	Name.	Stand.	Wohnort.
565	Buttel	Advokat	Neu-Strelitz.
566	Cohn	Advokat	Neu-Strelitz.
567	Gundlach	Advokat	Neu-Strelitz.

Nr.	Name.	Stand.	Wohnort.
568	Müller	Advokat, Stadtrichter	Fürstenberg.
569	Oesten	Hofrath, Stadt- u. Amtsrichter	Stargard.
570	Plettner	Stadtrichter	Friedland.

Kaiserreich Oesterreich.

Nr.	Name.	Stand.	Wohnort.
571	Dr. Abeles	Advokatur-Kandidat	Wien.
572	Dr. Adam	Advokatur-Kandidat	Wien.
573	Dr. Adensamer	Advokatur-Kandidat	Wien.
574	Dr. Alexy	Advokatur-Kandidat	Salzburg.
575	Dr. Altmann	Hof- u. Gerichts-Advokat	Graz.
576	Vater Ritter von Artens	Staatsanwalts-Substitut	Graz.
577	Dr. H. Ritter von Kremer-Auenrode	Privatdozent	Wien.
578	Dr. R. Ritter von Kremer-Auenrode	Advokat	Linz
579	Dr. Bach, J.	Hof- u. Gerichts-Advokat	Wien.
580	Dr. Bahr	Notar	Linz.
581	Dr. Bardasch	Advokat	Stanislau (Galizien)
582	Dr. Barth	Hof- u. Gerichts-Advokat	Wien.
583	Dr. Bauer	Hof- u. Gerichts-Advokat	Wien.
584	Dr. Bauerreiß	Notariats-Kandidat	Wien.
585	Dr. Becziczka	Magistrats-Konzipist	Wien.
586	Dr. v. Benak	Advokatur-Kandidat	Wien.
587	Dr. Bendiner	Advokatur-Kandidat	Prag.
588	Dr. Benischko	Hof- u. Gerichts-Advokat	Wien.
589	v. Benoni	Justiz-Ministerialrath	Wien.
590	Dr. Berger	Minister	Wien.
591	Berger	Bezirksvorsteher	Guttenstein (N. Oest.).
592	Dr. Berthold	Advokatur-Kandidat	Wien.
593	Besecny	Doktor der Rechte	Wien.
594	Beyer	Notar	Troppau.
595	Beyer	Staats-Ministerialrath	Wien.
596	Dr. Biach	Hof- u. Gerichts-Advokat	Wien.
597	Dr. Blitzfeld	Landes-Advokat	Bielitz (Oest. Schlesien).
598	Dr. Ritter v. Boschan	Landesgerichts-Präsident	Wien.
599	Breinreich	Notar	Laa a. d. Thaya (Nied. Oest.).
600	Dr. Bresnig	Advokatur-Kandidat	Pettau (Steyermark).
601	Dr. Brezina	Notar	Wien.

Nr.	Name.	Stand.	Wohnort.
602	Dr. Brichta	Advokatur-Kandidat	Wien.
603	Dr. Brix	Advokatur-Kandidat	Wien.
604	Dr. Bruck	Notariats-Kandidat	Wien.
605	Dr. Brunner	Professor	Lemberg.
606	Dr. Brzorad	Landes-Advokat	Deutschbrod (Böhmen).
607	Dr. Burian	Advokatur-Kandidat	Wien.
608	Dr. Chiari	Finanzprokurat.-Referent	Salzburg.
609	Dr. Chornitzer	Rechtskonsulent der privileg. österr. Nationalbank	Wien.
610	Dr. Conrad	Advokatur-Kandidat	Wien.
611	Dr. Costa	Bürgermeister	Laibach.
612	Dr. Crobath	Advokatur-Kandidat	Wien.
613	Dehne	Doktor der Rechte	Buchberg bei Wels.
614	Dr. Demel jun.	Notar	Teschen (öst. Schlesien.)
615	Dr. Deperis	Sekretär der priv. österr. Nationalbank	Wien.
616	Dr. Dermoutz	Landes-Advokat	Karlsbad (Böhmen).
617	Dr. Diebl	Landes-Advokat	Brünn.
618	Dr. Dietrich	Landes-Advokat und Landeshauptmanns-Stellvertreter von Schlesien	Troppau.
619	Dr. Dinstl	Landes-Advokat	Krems (Nied.-Oest.)
620	Dr. Dollenz	Hof- Gerichtsadvokat.	Wien.
621	Dosch	Kreisgerichts-Adjunkt	Steyr (Ob.-Oest.).
622	Dr. Eckl	Hof- und Gerichts-Advokat	Wien.
623	Dr. Egger	Hof- und Gerichts-Advokat	Wien.
624	Dr. Edl. v. Possanner-Ehrenthal	Advokatur-Kandidat	Wien.
625	v. Eisank	Kreisgerichts-Rathssekretär	Wiener-Neustadt.
626	Dr. Eltz	Hof- und Gerichts-Advokat	Wien.
627	Ritter d'Elvert	Ober-Staatsanwalt	Brünn.
628	Erlicher	Staatsanwalt	St. Pölten.
629	Dr. Erwein	Hof- und Gerichts-Advokat	Klagenfurt
630	Dr. Exner	Privatdocent	Wien.
631	Dr. Feistmantel	Advokatur-Kandidat	Wien.
632	Dr. Ritter v. Mündel-Feldberg	Hof- und Gerichts-Advokat	Wien.
633	Dr. Findeys	Hof- und Gerichts-Advokat	Wien.
634	Fischbach	Bezirks-Amts-Aktuar	Hainburg.
635	Dr. Fleckh	Hof- und Gerichts-Advokat	Graz.
636	Dr. Ritter v. Floch	Finanzrath	Pest.
637	Dr. Flögel	Landes-Advokat	Prag.
638	Dr. Foltanek	Notariats-Kandidat	Wien.

Nr.	Name.	Stand.	Wohnort.
639	Forstner	Bezirksgerichts-Adjunkt	Pettau (Steiermark).
640	Dr. Frank	Rechtspraktikant	Prag.
641	Dr. Frantz	Hof- und Gerichts-Advokat	Wien.
642	Friedländer	Doctor der Rechte	Wien.
643	Fuchs	Statthalterei-Rath	Wien.
644	Landgraf zu Fürstenberg	Wirklicher Geheimrath u. Senatspräsident des obersten Gerichtshofes	Wien.
645	Fürth	Notar	Steyr.
646	Funke	Landesgerichtsrath	Leitmeritz.
647	Dr. Ganzwohl	Hof- und Gerichts-Advokat	Wien.
648	Dr. Geißler	Landes-Advokat	Krakau.
649	Dr. Geyer	Professor	Innsbruck.
650	Dr. Gilge	Advokat-Kandidat	Wien.
651	Dr. Giskra	Minister des Innern	Wien.
652	v. Giuliani	Landesgerichtsrath	Wien.
653	Glanz	Landesgerichts-Rathssekretär	Linz.
654	Dr. Glaser	Sektionschef im Ministerium für Kultus 2c.	Wien.
655	Dr. Glaßner	Landes-Advokat	St. Pölten (Nied.-Oest.).
656	Dr. Ritter v. Hye-Glunek	Wirkl. Geh. Rath	Wien.
657	Dr. Ritter v. Hye-Glunek	Auscultant	Wien.
658	Dr. Görner	Landes-Advokat	Prag.
659	Dr. Gogl	Advokat	Vöcklabruck (Ob.-Oest.).
660	Dr. Groß	Notar	Wels (Ob.-Oest.).
661	Dr. Grysar	Advokatur-Kandidat	Wien.
662	Dr. Edl. v. Gschmeidler	Landes-Advokat	Ober-Hollabrunn (Nied.-Oest.).
663	Dr. Gunesch	Hof- und Gerichts-Advokat	Wien.
664	Gutsch	Notar	Hietzing b. Wien.
665	Freih. v. Haan	Justizminist.-Rath	Wien.
666	Dr. Haardt	Auscultant	Wien.
667	Dr. Haas	Advokatur-Kandidat	Wien.
668	Dr. Ritt. v. Haberler	Hof- und Gerichts-Advokat	Wien.
669	Dr. Freih. v. Härdtl	Hof- und Gerichts-Advokat	Wien.
670	Freih. v. Handel	Ober-Landesgerichtsrath	Linz.
671	Dr. Hanel	Notar	Wagstadt (Schlesien).
672	Dr. Hanisch	Advokatur-Kandidat	Wien.
673	Hanisch	Bezirksamts-Adjunkt	Waidhofen a. d. Thaya (Nied.-Oest.).

Nr.	Name.	Stand.	Wohnort.
674	Dr. Ritt. v. Harrasowsky	Landesgerichtsrath	Wien.
675	Dr. Harum	Professor	Innsbruck
676	Dr. Hauschild	Landes-Advokat	Prag.
677	Dr. Heidmann	Hof- und Gerichts-Advokat	Wien.
678	Dr. Hein	Landes-Advokat	Proßnitz (Mähren).
679	Dr. Heinz	Landes-Advokat	Troppau.
680	Heiß	Bezirksamts-Adjunkt	Hainfeld (N.-Oest.).
681	Kreißle v. Hellborn	Doktor der Rechte	Wien.
682	Dr. Heller	Professor	Graz.
683	Ritter v. Scharfen-Hennersdorf	Ministerialrath	Wien.
684	Dr. Herbst	Minister der Justiz	Wien.
685	Dr. Hermann	Hof- und Gerichts-Advokat	Wien.
686	Dr. Herzog	Advokatur-Kandidat	Wien.
687	Dr. Hirschhofer	Notar	Graz.
688	Dr. Hochenegg	Hof- und Gerichts-Advokat	Wien.
689	Dr. Hochhauser	Advokatur-Kandidat	Steyr (Ob.-Oest.).
690	Dr. Höchsmann	Landes-Advokat	Mauerkirchen (Ob.-Oest.).
691	Dr. Hönig	Advokatur-Kandidat	Wien.
692	Ritt. v. Höniger	Statthalterei-Sekretär	Wien.
693	Dr. Hoffer	Hof- und Gerichts-Advokat	Wien.
694	Horrack	Landesgerichtsrath	Wien.
695	Dr. Huber	Advokatur-Kandidat	Wien.
696	Hübner	Staatsanwalt	Krems (N.-Oest.).
697	Dr. Jaques	Vice-Präsid. d. Verwaltungsraths d. Handels-Akademie	Wien.
698	Dr. Illek	Landes-Advokat	Brünn.
699	Dr. Johanny	Advokatur-Kandidat	Wien.
700	Dr. Kaiser	Notar	Wien.
701	Dr. Kaizl	Hof- und Gerichts-Advokat	Wien.
702	Dr. v. Kaltenegger	Finanzrath	Laibach.
703	Dr. Kaserer	Auscultant	Wien.
704	Dr. Kastner	Notar	Hernals bei Wien.
705	Dr. Kaufmann	Landes-Advokat	Znaim (Mähren).
706	Dr. Keller	Ober-Landesgerichtsrath	Wien.
707	Dr. R. v. Kindinger	Staatsanwalts-Substitut	Wien.
708	Dr. Kirsch	Advokatur-Kandidat	Wien.
709	Dr. Kirschbaum	Landes-Advokat	Kuttenberg (Böhmen).
710	Dr. Ritt. v. Kißling	Hof- und Gerichts-Advokat	Linz.
711	Dr. Kleiner	Notar	Marchegg (N.-Oest.).
712	Kleinrath	Finanz-Min.-Concipist	Wien.

Nr.	Name.	Stand.	Wohnort.
713	Dr. Klier	Landes-Advokat	Tetschen (Böhmen).
714	Dr. Klob	Advokatur-Kandidat	Brünn.
715	Dr. Klucky	Auscultant	Wien.
716	Dr. Knepler	Hof- und Gerichts-Advokat	Wien.
717	Dr. Köchler	Hof- und Gerichtsadvokat	Wien.
718	König	Gerichtsadjunkt	Wien.
719	Dr. Kokoschinegg	Advokatur-Kandidat	Marburg (Steiermark).
720	Dr. Kolbe	Hof- u. Gerichts-Advokat	Wien.
721	Dr. Kolisko	Hof- u. Gerichts-Advokat	Wien.
722	Dr. Kopp, Josef	Hof- u. Gerichts-Advokat	Wien.
723	Dr. Kopp, Eduard	Hof- u. Gerichts-Advokat	Wien.
724	Dr. Koreff	Landes-Advokat	Kuttenberg (Böhmen).
725	Dr. Kral	Bodenkreditanstalts-Referent	Wien.
726	Dr. Kratky, Th.	Advokatur-Kandidat	Wien.
727	Freih. v. Krauß	Wirkl. geheim. Rath	Wien.
728	Krumhaar	Ministerial-Sekretair	Wien.
729	Dr. Kuh	Rechtskonsulent	Wien.
730	Laaber	Bezirksvorsteher	Gloggnitz (N. Oestr.).
731	Dr. Edl. v. Langer	Notar	Wien
732	Dr. Lasch	Landes-Advokat	Jicin (Böhmen).
733	Ritter v. Laßer	Wirkl. geh. Rath u. Statthalt.	Wien.
734	Dr. Lechner	Notar	Wien.
735	Leeder	Bezirksvorsteher	Tetschen (Böhmen).
736	Dr. Leidesdorf	Notar	Wien.
737	Dr. Lenz	Hof- u. Gerichts-Advokat	Wien.
738	Freih. v. Lewinsky	Wirkl. geh. Rath und Ober-Landesgerichts-Vice-Präsident	Brünn.
739	Dr. Leyrer	Hof- u. Gerichts-Advokat	Wien.
740	Dr. Libitzky	Hof- u. Gerichts-Advokat	Wien.
741	Dr. Lichtenstern	Hof- u. Gerichts-Advokat	Wien.
742	Dr. Edl. v. Kunzek-Lichton	Landes-Gerichts-Rath	Wien.
743	Lienbacher	Ober-Landesgerichtsrath	Wien.
744	Liewehr	Notar	Wien.
745	Dr. Ritter v. Liszt	Ober-Landesgerichtsrath	Wien.
746	Dr. Lötsch	Notar	Atzenbruck (N. Oester.).
747	Dr. Loetz	Auscultant	Wien.
748	Dr. Löw	Notariats-Kandidat	Wien.
749	Dr. Löwy	Advokatur-Kandidat	Wien.
750	Dr. Ludwig	Landes-Advokat	Retz (N. Oester.).
751	Dr. Machanek	Landes-Advokat	Auspitz (Mähren).
752	Dr. Machek	Landes-Advokat	Chrudim (Böhmen).
753	Mahler	Notar	Feldsberg (N. Oester.).

Nr.	Name.	Stand.	Wohnort.
754	Manger	Berggerichtsbeisitzer	Prag.
755	Dr. Maresch	Hof- u. Gerichts-Advokat	Wien.
756	Ritter v. Reinlein-Marienburg	Justizministerialrath	Wien.
757	Dr. Mauthner	Advokatur-Kandidat	Wien.
758	Dr. Mayer, Ferd.	Notar	Wien.
759	Dr. Mayerhofer	Notar	Wien.
760	Merkl	Präsident des Handelsgerichts	Wien.
761	Dr. Merta	Landes-Advokat und Notar	Iglau (Mähren).
762	Meyer, G. C.	Doctor der Rechte	Wien.
763	Mikschiczek	Notar	Brünn.
764	Dr. Millanich	Advokatur-Kandidat	Wien.
765	Ritter v. Mitis	Sektions-Chef i. Justizminist.	Wien.
766	Ritter v. Mitis	Landesgerichtsrath	Wien.
767	Dr. Mitlacher	Hof- und Gerichts-Advokat	Wien
768	Dr. Mitscha	Hof- und Gerichts-Advokat	Wien.
769	Dr. Mitschke	Gerichtsadjunkt	Wien.
770	Dr. Moosmann	Advokatur-Kandidat	Ober-Hollabrunn (Nied.-Oesterreich).
771	Dr. v. Mühlfeld	Hof- und Gerichts-Advokat	Wien.
772	Dr. Mükisch	Notar	Ottenschlag (N.-Oest).
773	Dr. Müller, M.	Hof- und Gerichts-Advokat	Wien.
774	Dr. Neumeister	Hof- und Gerichts-Advokat	Wien.
775	Dr. Neußer	Landes-Advokat	Troppau.
776	Dr. Newald	Civil- und Militär-Agent	Wien.
777	Dr. Newald	Landes-Advokat	Wiener Neustadt (N.-O.).
778	Paravicini	Notar	Hainburg (N.-Oest.).
779	Dr. Peck	Landesgerichtsrath	St. Pölten.
780	Dr. Peitler	Advokatur-Kandidat	Wien.
781	Dr. Pfaff	Professor	Hermannstadt (Siebenb.).
782	Dr. Pfob	Advokatur-Kandidat	Wien.
783	Dr. Pieta	Advokat	Brünn (Mähren).
784	Dr. Pisko	Hof- und Gerichts-Advokat	Wien.
785	Dr. Plattner	Landes-Advokat	Steyr (Ob.-Oest.).
786	Dr. Pobeheim	Notar	Wien.
787	Poglies	Ober-Landesgerichtsrath	Wien.
788	Dr. Pohl	Advokatur-Kandidat	Eger.
789	Dr. Pokorny, Ed.	Hof- und Gerichts-Advokat	Wien.
790	Dr. Polaczek	Landes-Advokat	Reichenberg (Böhmen).
791	Dr. Pollak	Landes-Advokat	Hohenstadt (Mähren).
792	Dr. Pongratz	Hof- und Gerichts-Advokat	Laibach.
793	Dr. Poschacher	Notar	Salzburg.
794	Dr. Pozorny	Landschafts-Concipist	Brünn.

Nr.	Name.	Stand.	Wohnort.
795	Frh. v. Pratobekera	Wirkl. Geh. Rath u. Landmarschall	Wien.
796	Dr. Preisenhammer	Landes-Advokat	Littau (Mähren).
797	Preiß	Gerichtsleiter	Schwechat bei Wien.
798	Dr. Preißler	Advokatur-Kandidat	Bielitz (Oest.-Schles.).
799	Dr. Prix	Notar	Baden bei Wien.
800	Dr. Pröll	Notar	Linz.
801	Pruggberger	Gerichts-Adjunkt	Wien.
802	Dr. Ptaczek	Landes-Advokat und Notar	Boskowitz (Mähren).
803	Dr. Freih. Vesque v. Püttlingen	Hof- und Ministerialrath im Ministerium des Aeußern	Wien.
804	Dr. Ritter v. Raimann	Gerichts-Adjunkt	Wien.
805	Ritter v. Rainer	Ministerial-Concipist	Wien.
806	Ratoliska	Bezirksvorsteher	Prägarten (Ob.-Oest.).
807	Dr. Raudnitz	Landes-Advokat	Prag.
808	Dr. Rechbauer	Hof- und Gerichts-Advokat	Graz.
809	Dr. Freih. v. Reich	Ministerialrath	Wien.
810	Dr. Reich	Notar	Wien.
811	Dr. Reif	Landes-Advokat	Kaaden (Böhmen.)
812	Reindl	Notar	Urfahr bei Linz.
813	Dr. Reiner	Notariats-Kandidat	Hernals bei Wien.
814	Reischl	Notar	Kirchschlag (N.-Oest.).
815	Dr. Reiser	Hof- und Gerichts-Advokat	Wien.
816	Dr. Reiser	Notar	Marburg (Steiermark).
817	Dr. Reissig	Landes-Advokat	Zwittau (Mähren).
818	Dr. Renger	Landes-Advokat und Notar	Tetschen (Böhmen).
819	Dr. Richter	Advokatur-Kandidat	Wien.
820	Dr. Riehl	Landes-Advokat	Wiener Neustadt (N.-O.).
821	Dr. Freih. v. Rizy	Ober-Landesgerichts-Präsid.	Wien.
822	Rizy	Stuhlrichter	Freistadt (Ob.-Oest.).
823	Dr. Rosenbacher	Advokatur-Kandidat	Prag.
824	Dr. Rosenbacher	Finanz-Prokurat.-Praktikant	Prag.
825	Dr. Roßi	Landes-Advokat	Troppau.
826	Dr. Rösler	Landes-Advokat	Zistersdorf (N.-Oest.).
827	Dr. Rosenfeld	Hof- und Gerichts-Advokat	Wien.
828	Dr. Rottensteiner	Landes-Advokat	Mürzzuschlag (Steierm.).
829	Ruß	Doktor der Rechte	Wien.
830	Dr. Rziha	Landes-Advokat	Budweis.
831	Freih. v. Sacken	Sectionschef im Justizministerium	Wien.
832	Dr. Salomon	Advokatur-Kandidat	Wien.

Nr.	Name.	Stand.	Wohnort.
833	Scharrer	Staatsanwalt	Steyr (Ob.-Oest.).
834	Dr. Ritter v. Scharschmid	Landesgerichts-Präsident	Wien.
835	Dr. Schaufler	Landes-Advokat	Schärding (Ob.-Oest.).
836	Scheitz	Gerichts-Adjunkt	Krems.
837	Dr. Schenk	Landes-Advokat	Mödling bei Wien.
838	Dr. Schick	Notar	Wien.
839	Dr. Schimkowsky	Notar	Zdaunek (Mähren).
840	Dr. Schinhann	Notar	Wolkersdorf (N.-Oest.).
841	Ritt. v. Schinnern	Notar	Prägarten (Ob.-Oest.).
842	Dr. Schlesinger	Landes-Advokat	Trautenau (Böhmen).
843	Schloß	Landesgerichtsrath	Wien.
844	Dr. Schmelkes	Landes-Advokat	Nikolsburg (Mähren).
845	Ritt. v. Schmerling	Wirkl. Geh. Rath und erster Präsident des obersten Gerichtshofes	Wien.
846	Dr. Ritt. v. Schmeykal	Landes-Advokat	Prag.
847	Dr. Schmidt	Staatsanwalts-Substitut	Wien.
848	Dr. Schmitt	Hof- und Gerichts-Advokat	Wien.
849	Schneider	N.-Oesterr. Landesausschuß-Mitglied	Wien.
850	Ritt. v. Schöbl	Ministerialrath	Wien.
851	Dr. Schönborn	Landes-Advokat	Krakau.
852	Dr. Schranzhofer	Notar	Schwechat.
853	Schubert	Notar	Kamnitz (Böhmen).
854	Dr. Schüßler	Advokatur-Kandidat	Wien.
855	Dr. Edler v. Schulheim	Hofrath und Leiter des Ober-Landesgerichts	Wien.
856	Schustler	Notar	Neutitschein (Mähren).
857	Dr. Schwach	Landes-Advokat	Baden bei Wien.
858	Schwaiger	Landesgerichtsrath	Wien.
859	Dr. Schwarz	Notar	Außig (Böhm.).
860	Slawik	Advokat und Notar	Amstetten (N.-Oest.).
861	Dr. Freih. v. Sommaruga	Ministerialrath	Wien.
862	Dr. Freih. v. Sommaruga	Advokatur-Kandidat	Wien.
863	Dr. Spanner	Advokatur-Kandidat	Wien.
864	Dr. Ritt. v. Spaun	Bez.-Amts-Actuar	Hietzing.
865	Sperl	Notar	Rohitsch (Steierm.).
866	Dr. Spitzer	Advokatur-Kandidat	Wien.
867	Starr	Justiz-Ministerial-Sekretär	Wien.

Nr.	Name.	Stand.	Wohnort.
868	Ritter v. Stahl	Concepts-Adjunkt	Wien.
869	Dr. Stammfest	Advokatur-Kandidat	Wien.
870	Dr. Stampfer	Landes-Advokat	Göding (Mähren).
871	Dr. Stella	Advokatur-Kandidat	Hietzing bei Wien.
872	Dr. Stern, Alfred	Advokatur-Kandidat	Wien.
873	Dr. Sterzinger	Notar	Wien.
874	Stiepanek	Notar	Neustadt (Mähren).
875	Still	Gerichts-Adjunkt	Wien.
876	Dr. Stingl	Landes-Advokat	Mistelbach (N.-Oest.).
877	Dr. Stöhr	Advokatur-Kandidat	Wien.
878	Dr. Stradal	Landes-Advokat und Notar	Ellbogen (Böhmen).
879	Dr. Stradal	Landes-Advokat	Teplitz (Böhmen).
880	Dr. van der Straß	Landes-Advokat	Brünn.
881	Dr. Strauß	Advokatur-Kandidat	Wien.
882	Ritter v. Streeruwitz	Bürgermeister	Mies (Böhmen).
883	Dr. Sturm	Landes-Advokat	Brünn.
884	Dr. Suppantschitsch	Hof- und Gerichts-Advokat	Wien.
885	Dr. v. Szymonovicz	Wirkl. Geh. Rath u. Senats-Präsid. d. ob. Gerichtshofes	Wien.
886	Teischinger	Landesgerichtsrath	Graz.
887	Theumer	Bezirks-Amts-Adjunkt	Kamnitz (Böhmen).
888	Theumer	Landesgerichts-Rathssekretair	Prag.
889	Dr. Theumer	Advokat-Kandidat	Aussig (Böhmen).
890	Freih. v. Lederer-Trattnern	Ministerial-Concipist	Wien.
891	Trattnig	Bezirksvorsteher	Graz.
892	Dr. Tremel	Hof- und Gerichts-Advokat	Wien.
893	Dr. Tripold	Advokatur-Kandidat	Graz.
894	Turteltaub	Advokatur-Kandidat	Wien.
895	Dr. Uchatzy	Notar	Reichenberg (Böhmen).
896	Dr. Unger	Hofrath und Professor	Wien.
897	Dr. Urban	Auscultant	Prag.
898	Dr. Vergeiner	Landes-Advokat und Notar	Freistadt (Ober-Oester).
899	Dr. Veth	Advokatur-Kandidat	Wien.
900	Volkelt	Notar	Prag.
901	Dr. Wahlberg	Professor	Wien.
902	Dr. Wallaschek	Notar	Brünn.
903	v. Walter	Hofsekretair d. ob. Ger.-Hofes	Wien.
904	Dr. Ritter v. Waser	Sectionschef im Justizminist.	Wien.
905	Dr. Weber	Advokat und Notar	Leitmeritz.
906	Dr. Weeber	Landes-Advokat	Weiskirchen (Mähren).

Nr.	Name.	Stand.	Wohnort.
907	Dr. Weigl	Kreisgerichts-Präsident	Steyr (Ober-Oester.).
908	Dr. Ritter v. Weil	Ministerialrath	Wien.
909	Weinert	Auscultant	Platten (Böhmen).
910	Dr. Weißel	Hof- und Gerichts-Advokat	Wien.
911	Dr. Weißmann	Sectionschef i. Minist. d. J.	Wien.
912	Dr. Weitlof	Advokatur-Kandidat	Krems.
913	Dr. Ritter v. Wenisch	Oberlandesgerichts-Präsident	Graz.
914	Dr. Werner	Advokatur-Kandidat	Wien.
915	Dr. Wiedenfeld	Hof- und Gerichts-Advokat	Wien.
916	Dr. Wien	Landes-Advokat	Aussig (Böhmen).
917	Dr. Wiener	Landes-Advokat	Prag.
918	Dr. Wilhelm	Advokatur-Kandidat	Wien.
919	Dr. Willfort	Advokatur-Kandidat	Wien.
920	Dr. Waidele Edler v. Willingen	Landesgerichts-Präsident	Prag.
921	Dr. Willner	Hof- und Gerichts-Advokat	Wien.
922	Dr. Winter	Advokatur-Kandidat	Wien
923	Dr. Wiser	Hof- und Gerichts-Advokat	Linz.
924	Dr. Wittek	Landes-Advokat	Znaim (Mähren).
925	Dr. Wodikh	Hof- und Gerichts-Advokat	Wien.
926	Ritter v. Wolff	Hofrath	Wien.
927	Dr. Wrann	Landes-Advokat	Bruck a./Leitha (N.-Oest.).
928	Dr. Zapletal	Advokatur-Kandidat	Rudolfsheim bei Wien.
929	Dr. Zatecky	Advokatur-Kandidat	Wien.
930	Dr. Zelinka	Bürgermeister und Advokat	Wien.
931	Dr. Zimmermann	Advokatur-Kandidat	Wien.
932	Dr. Zloch	Advokatur-Kandidat	Prag.
933	Dr. Zoll	Professor	Krakau.

Großherzogthum Oldenburg.

934	Alfken	Staatsanwalt	Vechta.
935	Becker	Ober-Appellationsrath	Oldenburg.
936	Baron v. Beaulieu-Marconnay	Ober-Appellationsrath	Oldenburg.
937	Flor	Staatsanwalt-Assessor	Oldenburg.
938	Görlitz	Obergerichts-Anwalt	Birkenfeld.
939	Gräper	Obergerichtsrath	Varel.
940	Hattenbach	Obergerichtsrath	Oldenburg.
941	Hoyer	Obergerichts-Anwalt	Oldenburg.
942	Lauw	Justizrath, Amtsrichter	Brake an der Weser.
943	Schomann	Amtsrichter	Oberstein.
944	Selkmann	Ministerialrath	Oldenburg.
945	Tappenbeck	Appellationsrath	Oldenburg.

Nr.	Name.	Stand.	Wohnort.
		Königreich Preußen.	
946	Dr. Abegg	Geh. Justizrath, Professor	Breslau.
947	Adams II.	Advokat-Anwalt	Coblenz.
948	Dr. Aegidi	Professor	Bonn.
949	Ahlemann	Justizrath, Rechtsanwalt	Berlin.
950	Albrecht	Kronanwalt	Celle.
951	Albrecht	Obergerichts-Anwalt	Hannover.
952	Dr. André	Obergerichts-Anwalt	Osnabrück.
953	Angelbeck	Obergerichts-Anwalt	Lüneburg.
954	Dr. Anschütz	Professor	Halle a. d. S.
955	Arndts	Justizrath	Wesel.
956	Dr. Auerbach	Advokat	Frankfurt a. M.
957	Ax	Justizrath, Rechtsanwalt und Notar	Mühlheim a. d. Ruhr.
958	Bader	Kreisgerichtsrath	Heiligenstadt.
959	Bartolomäus	Kreisrichter	Cammin i. P.
960	Bassenge	Kreisrichter	Trzemeszno.
961	Bauer	Rechtsanwalt	Königstein (Nassau).
962	Bauer	Gerichts-Assessor	Reichenbach (Schlesien).
963	Dr. Bauerband	Geh. Justizrath, Professor	Bonn.
964	Bauermeister	Ober-Gerichtsanwalt	Hannover.
965	Bayer	Rechtsanwalt	Hirschberg.
966	Becher	Justizrath, Rechtsanwalt und Notar	Berlin.
967	Beiersdorf	Rechtsanwalt	Suhl.
968	Beisert	Kreisrichter	Kosten.
969	Berckenkamp	Justizrath, Rechtsanwalt und Notar	Mühlheim a. d. Ruhr.
970	Berentzen	Obergerichts-Anwalt	Meppen.
971	Bergmann	Obergerichts-Assessor	Meppen.
972	Bergmann	Kreisrichter	Freienwalde a. d. O.
973	Berndt	Kammergerichtsrath.	Berlin.
974	Berndt	Justizrath, Rechtsanwalt und Notar	Nordhausen.
975	Bernhard	Rechtsanwalt und Notar	Gostyn.
976	v. Bernuth	Staats-Minister a. D.	Berlin.
977	Bertheim	Rechtsanwalt	Posen.
978	Beschoven	Auskultator	Berlin.
979	Besthorn	Justizrath, Rechtsanwalt	Danzig.
980	Bierwirth	Obergerichts-Assessor	Lüneburg.
981	Billerbeck	Justizrath, Rechtsanwalt	Anclam.
982	Binder	Gerichts-Assessor	Burg bei Magdeburg.

Nr.	Name.	Stand.	Wohnort.
983	Dr. Binding	Appellationsgerichtsrath	Frankfurt a. M.
984	Dr. Binding	Advokat	Frankfurt a. M.
985	Block	Rechtsanwalt	Magdeburg.
986	v. Blum	Obergerichts-Anwalt	Hannover.
987	Dr. Blumenberg	Obergerichts-Anwalt	Hannover.
988	Bock	Gerichts-Direktor a. D.	Hagen.
989	Bodstein	Rechtsanwalt	Löwenberg (Schlesien).
990	Böhm	Rechtsanwalt	Berlin.
991	Böle	Justizrath, Rechtsanwalt	Münster.
992	Dr. Böttcher	Amtsrichter	Herzberg.
993	Borchardt	Stadtgerichtsrath	Berlin.
994	Borchers	Obergerichts-Anwalt	Celle.
995	Dr. Bornemann	Stadtgerichtsrath	Berlin.
996	Bouneß	Justizrath, Rechtsanwalt	Berlin.
997	Bouneß	Rechtsanwalt	Breslau.
998	Brachvogel	Rechtsanwalt	Wollstein.
999	Brachvogel	Rechtsanwalt u. Notar	Berlin.
1000	Brauer	Rechtsanwalt	Deutsch-Crone.
1001	Brebeck	Rechtsanwalt	Lötzen.
1002	Bremig	Advokat-Anwalt	Coblenz.
1003	v. Briesen	Rechtsanwalt	Hagen.
1004	Brügmann	Gerichts-Assessor	Essen.
1005	Buchholtz	Kreisrichter	Essen.
1006	Buchwald	Rechtsanwalt u. Notar	Gr.-Strelitz (Schlesien).
1007	Bulla	Rechtsanwalt	Lauban.
1008	Dr. Burmeister	Advokat u. Notar	Ahrensbök.
1009	Buttmann	Kreisrichter	Pleschen.
1010	Dr. Cnyrim	Advokat	Frankfurt a. M.
1011	Cöster	Obergerichts-Anwalt	Hanau.
1012	Cramer	Rechtsanwalt	Wiesbaden.
1013	Cremer	Kreisrichter	Hagen.
1014	Crusen	Gerichts-Assessor	Meinersen.
1015	Dalcke	Staatsanwalt	Elbing.
1016	Dahms	Gerichtshalter	Hasseldorf.
1017	Damke	Justizrath, Rechtsanwalt	Filehne.
1018	Decker	Ober-Tribunalsrath	Berlin.
1019	Deegen	Stadtgerichtsrath	Berlin.
1020	Dr. Degenkolb	Privat-Dozent, Stadtrath	Berlin.
1021	Dr. Dernburg	Professor	Halle a. S.
1022	Dettmar	Obergerichts-Anwalt	Hildesheim.
1023	Dr. Deul	Ober-Appellationsgerichtsr.	Berlin.
1024	Dr. Diehl-Thomas	Advokat und Konsistorialrath	Frankfurt a. M.
1025	Dockhorn	Rechtsanwalt und Notar	Posen.

Nr.	Name.	Stand.	Wohnort.
1026	Dohrn	Landschreiber	Burg auf Fehmarn.
1027	Dorn	Justizrath, Rechtsanwalt am Ober-Tribunal	Berlin.
1028	Dr. Drewcke	Advokat-Anwalt	Köln.
1029	Droop	Amtsrichter	Osnabrück.
1030	v. Düring	Ober-Appellationsger.-Präs.	Celle.
1031	Dürre	Justizrath	Magdeburg.
1032	Eberhard	Obergerichts-Anwalt	Hanau.
1033	Ebhardt	Ober-Appellationsgerichtsr.	Berlin.
1034	v. Eck	Rechtsanwalt	Wiesbaden.
1035	v. Eckenbrecher	Kreisgerichts-Direktor	Stralsund.
1036	Dr. Eckhard	Appellationsgerichtsrath	Frankfurt a. M.
1037	Eding	Ober-Tribunalsrath	Berlin.
1038	Frh. v. Elmendorff	Appellationsgerichtsrath	Magdeburg.
1039	Elven	Advokat-Anwalt	Köln.
1040	v. Engelbrechten	Obergerichts-Anwalt	Hannover.
1041	Engelhardt	Justizrath, Rechtsanwalt	Berlin.
1042	Engelmann	Justizrath, Rechtsanwalt	Ratibor.
1043	Engels	Rechtsanwalt und Notar	Potsdam.
1044	Ernst	Gerichts-Assessor	Berlin.
1045	Esselen	Rechtsanwalt und Notar	Dortmund.
1046	Euler	Notar	Düsseldorf.
1047	Dr. Euler	Advokat und Notar	Frankfurt a. M.
1048	Evers	Obergerichts-Anwalt	Celle.
1049	Fahrenhorst	Kreisgerichtsrath	Ragnit.
1050	Fatken	Staatsanwalt	Beuthen a. O.
1051	Fechner	Gerichts-Assessor	Dortmund.
1052	Dr. Fester	Advokat und Notar	Frankfurt. a. M.
1053	Fiebiger	Rechtsanwalt	Halle a. d. S.
1054	Fischer	Justizrath, Rechtsanwalt	Breslau.
1055	Fischer	Justizrath, Rechtsanwalt	Magdeburg.
1056	Fischer	Advokat-Anwalt	Köln.
1057	Dr. Fischer	Obergerichts-Anwalt	Hannover.
1058	Fischer II.	Advokat	Hannover.
1059	Fleischauer	Appellationsgerichtsrath	Magdeburg.
1060	Flierdl	Staatsprokurator	Köln.
1061	Florschütz	Kreisrichter	Hagen.
1062	Forst	Ober-Appellationsgerichtsr.	Wiesbaden.
1063	Förtsch	Gerichts-Assessor	Prettin.
1064	Francke	Kreisgerichts-Direktor	Suhl.
1065	Francke	Justizrath	Hannover.
1066	Frank	Kreisgerichtsrath	Crossen a. d. O.
1067	Frank	Gerichts-Assessor	Bonn.

Nr.	Name.	Stand.	Wohnort.
1068	Franz	Justizrath, Rechtsanwalt	Naumburg a. d. S.
1069	Frech	Stadtgerichtsrath	Berlin.
1070	Frege	Kammerger.-Referendar	Berlin.
1071	Fretzdorff	Justizrath, Rechtsanwalt	Berlin.
1072	Freund	Kreisgerichtsrath	Halle a. d. S.
1073	Freund	Rechtsanwalt	Breslau.
1074	Dr. Friedberg	Geh. Ober-Justizrath, vortr. Rath im Justiz-Minist.	Berlin.
1075	Dr. Friedenthal	Landrath a. D.	Gießmannsdorf b. Neiße.
1076	Friedländer, J.	Gerichts-Assessor	Breslau.
1077	Friedländer, W.	Stadtrichter	Breslau.
1078	Friedländer	Rechtsanwalt und Notar	Halle (Westphalen).
1079	Dr. Friedleben	Advokat und Notar	Frankfurt a. M.
1080	Fritsch	Kreisgerichtsrath	Görlitz.
1081	Dr. Fuld, S.	Advokat	Frankfurt a. M.
1082	Dr. Gad	Rechtsanwalt und Notar	Breslau.
1083	Geck	Kreisgerichtsrath	Werden.
1084	Geck	Rechtsanwalt	Hagen.
1085	Dr. Gerding	Obergerichts-Anwalt	Celle.
1086	v. Gerhard	Syndikus	Königsberg i. Pr.
1087	Gerstäcker	Kreisrichter	Gleiwitz.
1088	Gesenius	Stadtrath	Berlin.
1089	Geßler	Justizrath, Rechtsanwalt	Bromberg.
1090	Dr. Getz	Advokat	Frankfurt a. M.
1091	Gierse	Rechtsanwalt	Münster.
1092	Giller	Rechtsanwalt und Notar	Nikolai.
1093	Dr. Gitzler	Professor	Breslau.
1094	Glasewald	Kreisgerichtsrath	Naumburg a. S.
1095	Gleim	Rechtsanwalt	Sontra.
1096	Dr. Gneist	Professor	Berlin.
1097	Göring	Stadt- u. Kreisgerichtsrath	Magdeburg.
1098	Göring	Rechtsanwalt und Notar	Schlawe.
1099	Göschen	Amtsassessor	Duderstadt.
1100	Götting, Carl	Obergerichts-Anwalt	Hildesheim.
1101	Dr. Götting, Ludw.	Obergerichts-Anwalt	Hildesheim.
1102	Dr. Goltdammer	Ober-Tribunalsrath	Berlin.
1103	Gordan	Doktor der Rechte	Breslau.
1104	Gottschalk	Kreisrichter	Bielefeld.
1105	Gräfe	Stadtgerichtsrath	Berlin.
1106	Gräff	Advokat-Anwalt	Coblenz.
1107	v. Grävenitz	Ober-Staatsanwalt	Marienwerder.
1108	Dr. Grimm	Obergerichts-Anwalt	Marburg.
1109	v. Grodbeck	Rechtsanwalt	Bromberg.

Nr.	Name.	Stand.	Wohnort.
1110	Grisebach	Amtsgerichts-Assessor	Gifhorn.
1111	Grobe	Gerichts-Assessor	Eisleben.
1112	Grütering	Gerichts-Assessor	Wesel.
1113	Dr. Großmann	Rechtsanwalt	Wiesbaden.
1114	Gryczewski	Kreisrichter	Lötzen.
1115	Gubitz	Notar	Berlin.
1116	Güntzer	Advokat	Trier.
1117	Dr. Güterbock	Stadtgerichtsrath, Professor	Königsberg i. Pr.
1118	Gützloe	Justizrath	Essen.
1119	Haack	Rechtsanwalt	Glogau.
1120	Haarmann	Obergerichts-Anwalt u. Notar	Goslar.
1121	Hackenberg	Friedensrichter	Remscheid.
1122	Hahndorff	Stadtgerichts-Präsident	Königsberg i. Pr.
1123	Hall	Appellationsrath	Flensburg.
1124	Dr. Hambrook	Rechtsanwalt	Marienwerder.
1125	Hamburger	Procurator	Hanau.
1126	Hammacher	Doktor der Rechte	Essen.
1127	Hammerfeld	Rechtsanwalt	Berlin.
1128	Hanke	Justizrath	Eilenburg.
1129	Hansen	Advokat	Hannover.
1130	Hantelmann	Justizrath, Rechtsanwalt und Notar	Inowraclaw.
1131	v. Harleßem	Obergerichts-Anwalt	Hannover.
1132	Dr. Hartmann	Advokat	Frankfurt a. M.
1133	Hartmann	Advokat	Hannover.
1134	Hauschteck	Staatsanwalt	Stralsund.
1135	Hay	Rechtsanwalt	Insterburg.
1136	Hecht	Rechtsanwalt	Rawicz.
1137	Heidenreich	Kanzleirath, erster Bibliothekar des Obertribunals	Berlin.
1138	Heidsieck	Rechtsanwalt	Rahden.
1139	Heilborn	Rechtsanwalt	Berlin.
1140	Heimann	Gerichts-Assessor	Breslau.
1141	Heimbrod	Kreisgerichts-Direktor	Naumburg a. d. S.
1142	Dr. Heimsoeth	Geh. Ober-Justizrath und Präsident	Köln.
1143	Heintze	Justizrath, Rechtsanwalt	Frankfurt a. d. O.
1144	Heinzel	Justizrath, Rechtsanwalt	Bunzlau.
1145	Dr. Heitmann	Obergerichts-Anwalt	Lüneburg.
1146	Hempel	Justizrath, Rechtsanwalt	Weißenfels.
1147	Hergenhahn	Landesbank-Direktor	Wiesbaden.
1148	Hertz	Kammergerichtsrath	Berlin.
1149	Dr. Herz	Rechtsanwalt	Wiesbaden.

Nr.	Name.	Stand.	Wohnort.
1150	Herzbruch	Kreisrichter	Minden.
1151	Herzfeld	Rechtsanwalt	Insterburg.
1152	Herzfeld	Rechtsanwalt	Sprottau.
1153	Hesdörffer	Doktor der Rechte	Frankfurt a. M.
1154	Heß	Kreisgerichtsrath	Waldenburg (Schlesien).
1155	Hetzer	Gerichts-Assessor	Osten (Hannover).
1156	Heyland	Kreisrichter	Hagen i. W.
1157	Heymann	Advokat u. Notar	Altona.
1158	Hiersemenzel	Rechtsanwalt u. Notar	Berlin.
1159	Hilf	Rechtsanwalt	Limburg (Nassau).
1160	Hillmar	Justizrath, Rechtsanwalt	Cöslin.
1161	Dr. jur. utr. et phil. Hilse	Privat-Dozent	Göttingen.
1162	Dr. Hilse	Kreisrichter	Gnesen.
1163	Dr. Hinschius	Professor	Berlin.
1164	Dr. Hirsch	Rechtsanwalt	Parchwitz.
1165	Höniger	Rechtsanwalt	Inowraclaw.
1166	Dr. Hoffmann I.	Advokat	Frankfurt a. M.
1167	Hoffmeister	Bürgermeister, Landgerichts-Assessor a. D.	Remscheid.
1168	Holthoff	Rechtsanwalt	Berlin.
1169	Dr. Frh. v. Holtzendorff	Professor	Berlin.
1170	Hopmann	Advokat-Anwalt	Bonn.
1171	Hoppe	Obergerichts-Anwalt	Hameln.
1172	Horch	Gerichts-Assessor	Wernigerode.
1173	v. Horn	Amtsgerichts-Assessor	Stickhausen in Ostfriesl.
1174	Horst	Justizrath, Rechtsanwalt	Breslau.
1175	Dr. Horwitz	Rechtsanwalt	Berlin.
1176	Dr. Hoyer	Amtsrichter	Hannover.
1177	Hüpeden	Advokat	Hoya.
1178	Hürter	Handelsgerichtssecretair	Düsseldorf.
1179	Humbert	Justizr., Rechtsanw. u. Notar	Berlin.
1180	Dr. Humser	Advokat	Frankfurt a. M.
1181	Hunger	Justizrath, Rechtsanwalt	Merseburg.
1182	Hupfeld	Rechtsanwalt	Kassel.
1183	Jacobi	Kammergerichtsrath	Berlin.
1184	Jaques	Oberappellationsrath	Celle.
1185	Jecklin	Obergerichts-Assessor	Cassel.
1186	Jeidels	Doktor der Rechte	Berlin.
1187	Jeiseck	Appellationsgerichtsrath	Posen.
1188	Jenthe	Rechtsanwalt	Falkenberg (Ober-Schl.).
1189	Jeschke	Rechtsanwalt	Osterwieck.

Nr.	Name.	Stand.	Wohnort.
1190	Jeßen	Advokat u. Notar	Altona.
1191	Joël	Rechtsanwalt	Greiffenberg (Schlesien).
1192	Dr. John	Professor	Kiel.
1193	Jordan	Rechtsanwalt	Ragnit.
1194	Isbert	Amtmann u. Hofgerichtsrath	Limburg (Nassau).
1195	Ißmer	Justizrath, Rechtsanwalt am Ober-Tribunal	Berlin.
1196	Jung	Geh. Justizrath, Rechtsanwalt am Ober-Tribunal	Berlin.
1197	Dr. Jung	Fiskal	Frankfurt a. M.
1198	Kade	Rechtsanwalt	Breslau.
1199	Désiré v. Kaldenberg	Advokat	Coblenz.
1200	Kamp	Advokat	Crefeld.
1201	Kanngießer	Oberstaatsanwalt z. D.	Greifswald.
1202	Dr. Karlowa	Professor	Greifswald.
1203	Keibel	Stadtrichter	Berlin.
1204	Keller	Kreisrichter	Essen.
1205	Keßler	Staatsanwalt	Burg bei Magdeburg.
1206	Frh. v. Keudell	Wirkl. Legationsrath	Berlin.
1207	Keyßner	Stadtgerichtsrath	Berlin.
1208	Dr. Kistemaker	Obergerichts-Anwalt	Meppen.
1209	Klaus	Obergerichts-Advokat	Plön.
1210	Kleinrath	Advokat	Hannover.
1211	Klimowicz	Rechtsanwalt	Königsberg i. Pr.
1212	Klinkmüller	Kreisgerichtsrath	Luckau.
1213	Klotz	Kreisgerichtsrath	Berlin.
1214	Knauth	Kreisgerichtsrath	Merseburg.
1215	Kneusel	Justizrath, Rechtsanwalt	Ratibor.
1216	Koch	Justizrath, Rechtsanwalt u. Notar	Schweidnitz.
1217	Kochann	Stadtgerichtsrath	Berlin.
1218	Köllner	Obergerichts-Anwalt	Verden.
1219	König	Justizrath, Advokatanwalt	Cleve.
1220	König	Rechtsanwalt u. Notar	Neu-Ruppin.
1221	Korb	Justizrath, Rechtsanwalt	Breslau.
1222	Korn	Stadtrath	Quedlinburg.
1223	Kortenbeit'l	Kreisrichter	Templin.
1224	Kortum II.	Rechtsanwalt	Halberstadt.
1225	Koschella	Rechtsanwalt	Habelschwerdt.
1226	v. Kräwel	Appellationsgerichtsrath	Naumburg a. d. S.
1227	Kramer	Justizrath, Advokat-Anwalt	Düsseldorf.
1228	Kremkow	Rechtsanwalt	Gleiwitz.

Nr.	Name.	Stand.	Wohnort.
1229	Kremnitz	Justizrath, Rechtsanwalt	Berlin.
1230	Kretschmann	Rechtsanwalt	Burg bei Magdeburg.
1231	Kühn	Justizrath, Rechtsanwalt	Pyritz.
1232	Kühnas	Kreisrichter	Torgau.
1233	Kühne	Appellationsgerichtsrath	Magdeburg
1234	Kühnemann	Geh. Finanzrath, Haupt-Bank-Justitiar	Berlin.
1235	Dr. Kugler	Appellationsrath	Frankfurt a. M.
1236	v. Kunowski	Kreisgerichts-Direktor	Neu-Ruppin.
1237	Kurlbaum	Stadt- und Kreisgerichtsrath	Magdeburg.
1238	Kurlbaum	Kreisgerichtsrath	Neustadt-Eberswalde.
1239	Kyll jun.	Advokat	Köln.
1240	Lambrecht	Kreisgerichtsrath und Abtheilungs-Direktor	Burg.
1241	Landwehr	Notar	Köln.
1242	Dr. Lang	Advokat	Frankfurt a. M.
1243	Lange	Rechtsanwalt	Creutzburg (Ob.-Schles.).
1244	Laporte	Obergerichts-Anwalt	Hannover.
1245	Lasker	Gerichts-Assessor	Berlin.
1246	Laué	Kreisrichter	Wrietzen.
1247	Lauenstein	Obergerichts-Anwalt u. Consistorial-Prokurator	Hannover.
1248	Lauenstein	Obergerichts-Anwalt	Lüneburg.
1249	v. Lauhn	Staatsanwalt	Naumburg a. d. S.
1250	Lehmann	Advokat-Anwalt	Köln.
1251	Dr. Leisler sen.	Rechtsanwalt	Wiesbaden.
1252	Dr. Leisler jun.	Rechtsanwalt	Wiesbaden.
1253	Leißring	Rechtsanwalt und Notar	Zeitz.
1254	Lennich	Rechtsanwalt	Lüdenscheid.
1255	Lent	Rechtsanwalt	Breslau.
1256	Dr. Lenz	Rechtsanwalt	Greifswald.
1257	Leonhard	Rechtsanwalt	Breslau.
1258	Leonhard	Rechtsanwalt	Grünberg (Schlesien).
1259	Leske	Staatsanwalt	Bromberg.
1260	Lesse	Kreisrichter	Thorn.
1261	Lesser	Kammergerichtsrath	Berlin.
1262	Levin	Rechtsanwalt	Berlin.
1263	Lewald	Rechtsanwalt	Berlin.
1264	Lewald	Rechtsanwalt und Notar	Marienwerder.
1265	Libawsky	Rechtsanwalt	Creutzburg (Ob.-Schles.).
1266	Lichtschlag	Advokat	Düsseldorf.
1267	Liebert	Justizrath, Rechtsanwalt	Danzig.
1268	Liman	Stadtgerichtsrath	Berlin.

Nr.	Name.	Stand.	Wohnort.
1269	Linckelmann	Obergerichts-Anwalt	Hannover.
1270	Lindemann	Rechtsanwalt	Habelschwerdt.
1271	Lindner	Kreisrichter	Behrend bei Danzig.
1272	Linke	Gerichts-Assessor	Glogau.
1273	Lipke	Rechtsanwalt	Danzig.
1274	Graf zur Lippe	Staatsminister a. D.	Berlin.
1275	Dr. Lochte	Rechtsanwalt und Notar	Magdeburg.
1276	Lodemann	Gerichts-Assessor	Celle.
1277	Dr. Löhr	Advokat	Köln.
1278	Löschbrand	Justizbeamter a. D.	Wernigerode.
1279	Longard II.	Advokat-Anwalt	Koblenz.
1280	Loreck	Rechtsanwalt und Notar	Berlin.
1281	Lubowsky	Rechtsanwalt und Notar	Kosel.
1282	Dr. Ludwig	Advokat und Notar	Dannenberg.
1283	Lüdicke	Justizrath, Rechtsanwalt	Berlin.
1284	Lupp	Fabrikant und Handelsrichter	Düsseldorf.
1285	Dr. Maas	Advokat	Frankfurt a. M.
1286	Maaß	Stadtgerichtsrath	Berlin.
1287	Macco	Justizrath, Rechtsanwalt	Siegen.
1288	Maier	Justizbeamter	Fulda.
1289	Makower	Rechtsanwalt und Notar	Berlin.
1290	Mallison	Rechtsanwalt	Carthaus.
1291	Dr. Malß	Advokat	Frankfurt a. M.
1292	Mangold	Obergerichts-Anwalt u. Notar	Celle.
1293	Dr. Manhayn	Advokat	Frankfurt a. M.
1294	Dr. Marck	Gerichts-Assessor	Breslau.
1295	Martins	Landgerichtsrath	Elberfeld
1296	Martins	Erster Bürgermeister	Glogau.
1297	Martiny	Rechtsanwalt	Kaukehmen.
1298	Mattersdorf	Kreisrichter	Winzig.
1299	Dr. Mayer	Advokat	Frankfurt a. M.
1300	C. Mayet	Justizrath, Rechtsanwalt	Berlin.
1301	Meibauer	Kreisrichter	Schivelbein.
1302	Metz	Kreisgerichtsrath	Brandenburg a. d. Havel.
1303	Metz	Rechtsanwalt	Petershagen (Reg. Bezirk Minden).
1304	Meyen	Justizrath, Rechtsanwalt u. Notar	Berlin.
1305	Meyer	Geh. Ober-Tribunalsrath	Berlin.
1306	Dr. Meyer, Al.	Börsen-Syndikus	Breslau.
1307	Meyer	Justizrath, Rechtsanwalt	Insterburg.
1308	Meyer, Siegmund	Rechtsanwalt	Berlin.
1309	Meyer, Adolph	Advokat und Notar	Altona.

Nr.	Name.	Stand.	Wohnort.
1310	Dr. Meyer, H. A.	Advokat	Bleckede.
1311	Meyersburg	Obergerichts-Anwalt	Celle.
1312	Michaelis	Kreisrichter	Worbis.
1313	Mier	Rechtsanwalt	Neustadt (Ober-Schles.).
1314	Milch	Gerichts-Assessor	Breslau.
1315	Minsberg	Rechtsanwalt	Bunzlau.
1316	Mitscher	Gerichts-Assessor	Berlin.
1317	v. Mittelstädt	Justizrath, Rechtsanwalt u. Notar	Neuwied.
1318	Möller	Staatsprokurator	Bonn.
1319	Moritz	Rechtsanwalt	Magdeburg.
1320	Moßner	Rechtsanwalt	Luckenwalde.
1321	Müller	Kreisgerichts-Direktor	Birnbaum.
1322	Müller	Kreisgerichtsrath	Bromberg.
1323	Müller, L.	Obergerichts-Anwalt	Celle.
1324	Dr. Müller	Advokat und Notar	Frankfurt a. M.
1325	Mürmann	Kreisrichter	Laasphe.
1326	Naudé	Rechtsanwalt	Potsdam.
1327	Dr. Naumann I.	Obergerichts-Anwalt	Celle.
1328	Naumann II.	Advokat	Celle.
1329	Dr. Naumann II.	Obergerichts-Anwalt	Hameln.
1330	Nessel	Ober-Staatsanwalt	Königsberg i. Pr.
1331	Dr. Nestle	Präsid. d. Appellationsgerichts	Frankfurt a. M.
1332	Dr. Neukirch	Advokat und Notar	Frankfurt a. M.
1333	Dr. Nicol	Obergerichts-Anwalt	Hannover.
1334	Niemand	Landespfennigmeister	Heide.
1335	Niewandt	Referendar	Eisleben.
1336	Niewandt	Justizrath, Rechtsanwalt	Halle a. d. S.
1337	Nimmer	Justizrath, Rechtsanwalt	Rothenburg i. d. Lausitz.
1338	Nitzsch	Advokat	Kiel.
1339	Noltemeier	Obergerichts-Anwalt	Hannover.
1340	Dr. Northoff	Obergerichts-Anwalt	Hildesheim.
1341	Oehr	Rechtsanwalt	Breslau.
1342	Oelschläger	Staatsanwalt	Marienwerder.
1343	Oelzen	Kreisgerichtsrath	Erfurt.
1344	Dr. Oettker	Obergerichts-Anwalt	Cassel.
1345	Dr. Ohlenschlager	Advokat	Frankfurt a. M.
1346	Oppenheim	Appellationsgerichtsrath	Stettin.
1347	Dr. Oppermann	Obergerichts-Anwalt	Nienburg a. d. Weser.
1348	Oppert	Gerichts-Assessor	Berlin.
1349	Dr. Orthenberger	Advokat	Frankfurt a. M.
1350	Orthmann	Ober-Staatsanwalt	Cöslin.
1351	Osius	Rechtsanwalt	Hanau.

Nr.	Name.	Stand.	Wohnort.
1352	Panse	Rechtsanwalt	Erfurt.
1353	Pasch	Kreisrichter	Poln. Wartenberg.
1354	Paschke	Rechtsanwalt	Liebenwerda.
1355	Dr. Frh. v. Patow	Staats-Minister a. D.	Berlin.
1356	v. Pestel	Obergerichtsrath	Celle.
1357	Peters	Obergerichts-Anwalt	Cassel.
1358	Petersen	Rechtsanwalt	Breslau.
1359	Dr. Pfefferkorn	Advokat	Frankfurt a. M.
1360	Pfleßer	Kreisgerichtsrath	Görlitz.
1361	Pheiffer	Rechtsanwalt	Altenkirchen (Reg. - Bez. Coblenz).
1362	Philippi	Landgerichts-Präsident	Elberfeld.
1363	Pietzker	Justizrath, Rechtsanwalt	Naumburg a. d. S.
1364	Pinckert	Justizrath, Rechtsanwalt	Erfurt.
1365	Pitzschky	Justizrath, Rechtsanwalt	Stettin.
1366	Planck	Obergerichtsrath	Göttingen.
1367	Plathner	Kammergerichtsrath	Berlin.
1368	Plathner	Justizrath, Rechtsanwalt	Breslau.
1369	Plato	Rechtsanwalt	Colberg.
1370	Pohlandt	Kreisgerichtsrath	Spandau.
1371	Polenz	Rechtsanwalt	Naumburg a. d. S.
1372	Dr. Prior	Advokat	Frankfurt a. M.
1373	v. Puttkammer	Kreisrichter	Sorau (R.-B. Frankfurt).
1374	v. Radecke	Rechtsanwalt und Notar	Halle a. S.
1375	v. Radowitz	Legationssekretär	Berlin.
1376	Raue	Rechtsanwalt	Löbau in West-Pr.
1377	Rauschenbusch	Rechtsanwalt	Hamm a. d. Lippe.
1378	Rautenberg, Fr.	Advokat	Hannover.
1379	Rautenberg, Wilh.	Obergerichts-Anwalt	Hannover.
1380	Reich	Appellationsgerichtsrath	Magdeburg.
1381	v. Reiche	Appellationsgerichtsrath	Breslau.
1382	Frh. v. Reichenau	Hofgerichtsrath	Wiesbaden.
1383	Reimers	Gerichtshalter	Wandsbeck.
1384	Reincke	Rechtsanwalt und Notar	Spremberg.
1385	Reinecke	Justizrath, Rechtsanwalt u. Notar	Oschersleben.
1386	Reinking	Amtsrichter	Celle.
1387	Reißner	Gerichts-Assessor, Stadtrath	Magdeburg.
1388	Rheder	Klostersyndikus	Preetz.
1389	Richter	Stadtrath und Syndikus	Naumburg a. d. S.
1390	Rieken	Obergerichts-Anwalt	Aurich.
1391	Rieß	Rechtsanwalt	Weferlingen.
1392	Ritter	Gerichts-Direktor a. D.	Frankfurt a. d. O.

Nr.	Name.	Stand.	Wohnort.
1393	Rittler	Rechtsanwalt und Notar	Torgau.
1394	Dr. Römer	Advokat	Frankfurt a. M.
1395	v. Rönne	Kreisrichter	Stettin.
1396	Romberg	Justizrath, Rechtsanwalt	Berlin.
1397	Roscher	Ober-Appellationsrath	Celle.
1398	Rose	Obergerichts-Anwalt	Hannover.
1399	Rosenhagen	Advokat	Wandsbeck.
1400	Rosenkranz	Justizrath, Rechtsanwalt	Bromberg.
1401	Dr. Rubo	Gerichts-Assessor	Berlin.
1402	Rudolph	Kreisrichter	Königsberg i. d. Neum.
1403	Sack	Justizrath, Rechtsanwalt	Essen.
1404	Sack	Kreisrichter	Höxter.
1405	Sander	Rechtsanwalt	Arnswalde.
1406	Saran	Kreisrichter	Greifenhagen.
1407	Sartorius	Kreisrichter	Ortelsburg.
1408	zum Saude	Amtsgerichts-Assessor	Sögel.
1409	Sauerteig	Rechtsanwalt	Eilenburg.
1410	Schäfer	Stadt- und Kreisgerichtsrath	Magdeburg.
1411	Dr. Scharf	Appellationsrath	Frankfurt a. M.
1412	Schellenberg	Ober-Regierungsrath	Cassel.
1413	Scheller	Justizrath, Rechtsanwalt	Elbing.
1414	Schenck	Rechtsanwalt	Wiesbaden.
1415	Schepler	Amtmann	Leer.
1416	Scheurich	Rechtsanwalt	Crossen a. d. O.
1417	v. Schimmelfennig	Justizrath, Rechtsanwalt und Notar	Gerdauen.
1418	Schindling	Rechtsanwalt	Limburg.
1419	Dr. Schlemmer	Advokat	Frankfurt a. M.
1420	Schlüter	Kirchspielvogt	Delve.
1421	Schlüter	Rechtsanwalt	Witten.
1422	Schmidt	Geh. Justizrath, Rechtsanw.	Marienwerder
1423	Dr. Schmidt	Gerichts-Assessor	Berlin.
1424	Schmidt, Adolph	Advokat und Notar	Altona.
1425	Dr. Schmidt-Haltzmann	Direktor der Hypothekenbank	Frankfurt a. M.
1426	Dr. Schmidt-Mettenheimer	Advokat	Frankfurt a. M.
1427	Schmitz	Appellationsgerichtsrath	Hamm an der Lippe.
1428	Schneller	Kreisrichter	Schlochau.
1429	Schöneseiffen	Advokat	Gladbach bei Düsseldorf.
1430	Scholz	Kanzleirath	Heide
1431	Schrader	Amtsgerichts-Assessor	Göttingen.
1432	Dr. Schrader	Stadtgerichtsrath	Frankfurt a. M.

Nr.	Name.	Stand.	Wohnort.
1433	Schröder	Rechtsanwalt	Beuthen (Ober-Schles.).
1434	Schröder	Obergerichts-Advokat	Glückstadt.
1435	Schück	Strafanstalts-Direktor	Breslau.
1436	Schultz	Justizrath, Rechtsanwalt	Bochum.
1437	Schultz	Rechtsanwalt	Wanzleben.
1438	Schulz	Kreisrichter	Bochum.
1439	Dr. Schulze	Hofrath, Professor	Breslau.
1440	Schulze, M.	Stadtgerichtsrath	Berlin.
1441	Schulze	Rechtsanwalt	Spandau.
1442	Schuster	Justizrath	Eisleben.
1443	Schwarz	Appellationsgerichtsrath	Breslau.
1444	Schwarz	Rechtsanwalt	Berlin.
1445	Dr. v. Schweitzer	Advokat	Frankfurt a. M.
1446	Schwer	Kirchspielvogt	Wöhrden.
1447	Schwerin	Kreisrichter	Sommerfeld.
1448	Dr. Freih. v. Seckendorf	Ober-Tribunalsrath	Berlin.
1449	Seelig	Justizbeamter	Felsberg.
1450	v. Seelstrang	Gerichts-Assessor	Frankfurt a. d. O.
1451	Seemann	Kreisgerichts-Direktor	Spremberg.
1452	Sehlmacher	Rechtsanwalt	Pyritz.
1453	Seligmann	Advokat-Anwalt	Coblenz.
1454	Semper	Advokat und Notar	Altona.
1455	Siegert	Stadtgerichtsrath	Breslau.
1456	Dr. Silberschlag	Stadt- u. Kreisgerichtsrath	Magdeburg.
1457	Simon	Justizrath, Rechtsanwalt	Breslau.
1458	Simonson	Justizrath, Rechtsanwalt und Notar	Berlin.
1459	Dr. Simson	Appellationsgerichts-Vice-Präsident	Frankfurt a. d. O.
1460	Simson	Rechtsanwalt	Berlin
1461	Solms	Justizrath	Berlin.
1462	Sommer	Rechtsanwalt	Grottkau.
1463	Spickhoff	Advokat-Anwalt	Düsseldorf.
1464	Spiegelthal	Rechtsanwalt	Calbe a. d. S.
1465	Dr. Stamm	Rechtsanwalt	Wiesbaden.
1466	Stegemann	Staatsanwalt	Wriezen.
1467	Stegemann	Rechtsanwalt	Halberstadt.
1468	Dr. Steinfeld	Rechtsanwalt	Eschwege.
1469	Steinhausen	Stadtgerichtsrath	Berlin.
1470	Stelzer	Rechtsanwalt	Torgau.
1471	Stemann	Advokat	Segeberg.
1472	Stinner	Rechtsanwalt	Schlochau.

Nr.	Name.	Stand.	Wohnort.
1473	Stöckicht	Rechtsanwalt	Herborn.
1474	Stöpel	Justizrath	Potsdam.
1475	Struckmann	Advokat	Osnabrück.
1476	Struckmann	Obergerichtsrath	Hannover.
1477	Struve	Advokat	Heide.
1478	Stubenrauch	Rechtsanwalt und Notar	Berlin.
1479	Teichen	Rathsherr	Stralsund.
1480	Teichmann	Kreisgerichtsrath	Stendal.
1481	v. Tepper=Laski	Appellationsgerichtsrath	Ratibor.
1482	Theremin	Kreisrichter	Landshut in Schlesien.
1483	Thesing	Rechtsanwalt	Stallupönen.
1484	Thewalt	Amtsassessor	Idstein.
1485	Thomas	Kreisrichter	Schroda.
1486	Thomsen	Amtsgerichts=Assessor	Meinersen.
1487	Treff	Rechtsanwalt	Wittenberg (Reg.=Bezirk Merseburg.)
1488	Trimborn	Advokat=Anwalt	Köln.
1489	Twesten	Stadtgerichtsrath	Berlin.
1490	Ubbelohde	Obergerichtsrath	Lüneburg.
1491	Ukert	Stadt= u. Kreisger.=Direktor	Danzig.
1492	Uloth	Obergerichts=Anwalt, Regierungsrath und Ober=Bürgermeister zu Marburg	Witzenhausen.
1493	Valois	Justizrath, Rechtsanwalt	Dirschau.
1494	Varrentrapp	Advokat	Frankfurt a. M.
1495	Velde	Rechtsanwalt	Diez.
1496	Vogel	Justizrath, Rechtsanwalt	Strehlen.
1497	Vogler	Senator	Altona.
1498	Volkmer	Kreisrichter	Freiburg bei Schweidnitz.
1499	Volland	Kreisgerichtsrath	Suhl.
1500	Dr. Waldeck	Ober=Tribunalsrath	Berlin.
1501	Walter	Justizrath, Rechtsanwalt	Beuthen (Ober=Schles.).
1502	Warburg	Advokat und Notar	Altona.
1503	Dr. Graf von Wartensleben	Stadtgerichtsrath	Berlin.
1504	Wassermeyer	Advokat=Anwalt	Bonn.
1505	Weber	Justizrath, Rechtsanwalt	Berlin.
1506	Dr. Weber	Stadtrath	Erfurt.
1507	Weber	Advokat	Elberfeld.
1508	Weber	Obergerichts=Anwalt	Stade.
1509	Weber	Advokat	Kiel.
1510	v. Wegner	Geh. Ober=Tribunalsrath	Berlin.
1511	Wegner	Justizrath, Rechtsanwalt	Berlin.

Nr.	Name.	Stand.	Wohnort.
1512	Wegner	Kreisgerichtsrath	Stolp (Reg.-Bez. Cöslin).
1513	Wegner	Rechtsanwalt	Wittstock.
1514	Weichsel	Gerichts-Assessor	Magdeburg.
1515	Weidlich	Rechtsanwalt	Gleiwitz.
1516	Dr. Weigel	Syndikus	Cassel.
1517	Wentzel	Appellationsgerichtsrath	Breslau.
1518	Wenzel	Stadtgerichtsrath	Berlin.
1519	Werner	Rechtsanwalt und Notar	Mohrungen.
1520	Westerkamp	Gerichts-Assessor	Duderstadt
1521	Weuste	Rechtsanwalt und Notar	Mühlheim a. d. Ruhr
1522	Wiarda	Obergerichts-Direktor	Nienburg a. d. Weser.
1523	Wiener	Rechtsanwalt	Ohlau
1524	Wilke	Rechtsanwalt	Berlin.
1525	Wilke	Rechtsanwalt	Magdeburg.
1526	v. Wilmowski	Wirkl. Geh. Ober-Finanzrath	Berlin.
1527	v. Wilmowski	Justizrath, Rechtsanwalt	Schlawe.
1528	Windhorst	Justizrath	Duisburg.
1529	Windthorst	Justizrath, Rechtsanwalt	Münster (R.-B. Münster).
1530	Windthorst	Kreisrichter	Herford.
1531	Winkler	Rechtsanwalt	Gleiwitz.
1532	Winkler	Kreisgerichtsrath	Halle a. d. S.
1533	Wissmann	Kreisgerichtsrath	Wiesbaden.
1534	Wölfel	Rechtsanwalt	Lützen bei Merseburg.
1535	Wölffer	Obergerichts-Anwalt u. Notar	Hannover.
1536	Woide	Gerichtsrath	Rawicz.
1537	Wolf, A.	Stadt- u. Kreisrichter	Halle (Westphalen).
1538	Dr. Wolf	Privat-Dozent	Marburg.
1539	Wolf	Amtsaccessist	Eltville.
1540	Wolff	Justizr., Rechtsanw. a. O.-Tr.	Berlin.
1541	Wolff	Rechtsanwalt	Berlin.
1542	Wolff	Rechtsanwalt	Frankfurt a. d. O.
1543	Wolfram	Justiz-Beamter	Spangenberg.
1544	Wollank	Stadtgerichtsrath	Berlin.
1545	Wollank	Doktor der Rechte.	Berlin.
1546	Wollenschläger	Appellationsgerichtsrath	Marienwerder
1547	Dr. Wüstenfeld	Obergerichts-Anwalt	Hannover.
1548	Zaun	Obergerichts-Assessor	Cassel.
1549	Zacke	Kreisrichter	Suhl.
1550	Zenthöfer	Rechtsanwalt u. Notar	Myslowitz
1551	v. Zerbst	Appellationsgerichtsrath	Greifswald.
1552	Dr. Zimmermann	Kammergerichts-Assessor a. D. Englischer Rechtsanwalt	Berlin
1553	Zuhorn	Obergerichts-Anwalt u. Notar	Osnabrück.

Nr.	Name.	Stand.	Wohnort.

Fürstenthum Reuß.

1554	v. Geldern-Crispendorf	Regierungs- u. Consistorialrath	Greiz.
1555	Knoll	Regierungs-Advokat u. Gerichts-Direktor	Greiz.
1556	Schlotter	Advokat und Notar	Gera.
1557	Schlotter	Advokat	Schleiz.
1558	Süßengluth	Rechtsanwalt	Lobenstein.
1559	Weidinger	Regierungs-Advokat	Greiz.
1560	Weigelt	Justiz-Amtmann	Burgk.
1561	Zopf	Kriminalgerichts-Assessor	Greiz.

Kaiserreich Rußland.

1562	Schöller	Doktor der Rechte	Fellin (Livland).

Königreich Sachsen.

1563	Abeken	Appellationsrath	Dresden.
1564	Ackermann	Hofrath, Finanzprokurator und Rechtsanwalt	Dresden.
1565	v. Aehrenfeld	Advokat	Löbau.
1566	Anschütz	Advokat	Leipzig.
1567	Anton	Advokat	Borna bei Leipzig.
1568	Bachmann	Advokat und Notar	Zwickau.
1569	Bachmann	Advokat	Pulsnitz.
1570	Barth	Regierungsrath	Leipzig.
1571	Bauer	Advokat und Notar	Adorf.
1572	Beck	Advokat	Leipzig.
1573	Beck	Gerichts-Assessor	Leipzig.
1574	Beeger	Advokat	Löbau.
1575	Bermann	Gerichtsamtmann	Penig.
1576	Beschorner	Finanzprokurator	Dresden.
1577	Biebrach	Advokat und Notar	Kamenz.
1578	Blüher	Advokat und Notar	Dresden.
1579	Börner	Bezirksgerichtsaktuar	Löbau.
1580	Böttger	Amtsaktuar	Moritzburg.
1581	Bornemann	Advokat	Schneeberg.
1582	Bräcklein	Gerichtsrath	Glauchau.
1583	Dr. Brandt	Advokat	Leipzig.
1584	Dr. Braun	Geh. Regierungsrath	Plauen.
1585	Brunner	Rentamtmann u. Advokat	Leipzig.

Nr.	Name.	Stand.	Wohnort.
1586	Brunner	Advokat	Leipzig.
1587	v. Buttlar	Assessor	Reichenbach i. Voigtl
1588	Canzler	Advokat	Dippoldiswalde.
1589	Clauß	Advokat	Polditz bei Leisnig.
1590	Clauß	Advokat	Glauchau.
1591	Degen	Advokat	Leipzig.
1592	Dietze	Gerichtsamtmann	Zöblitz.
1593	Dörffel	Advokat	Pirna.
1594	Döring, W.	Advokat	Dresden.
1595	Dr. Drucker	Advokat und Notar	Leipzig.
1596	Ebert	Gerichtsrath	Dresden.
1597	Dr. Einert	Advokat	Leipzig.
1598	Einert	Gerichtsrath	Dresden.
1599	Eißner	Advokat	Pulsnitz.
1600	Enzmann	Doktor der Rechte	Chemnitz.
1601	Eysoldt	Rechtskandidat und Notar	Königstein.
1602	Fasoldt	Advokat und Notar	Dresden.
1603	Fellmer	Gerichtsamtmann	Pulsnitz.
1604	Ficker	Advokat	Leisnig.
1605	Ficker	Advokat	Zittau.
1606	Dr. Fiebiger	Rechtsanwalt	Leipzig.
1607	Fleck	Appellationsrath	Bautzen.
1608	Förster	Advokat	Pirna.
1609	Fräntzel	Advokat	Dresden.
1610	Frenkel	Advokat	Leipzig.
1611	Freytag	Bürgermeister	Adorf.
1612	Freytag	Rechtskandidat	Plauen.
1613	Dr. Friederici	Advokat	Leipzig.
1614	Friedrich	Gerichtsamtmann	Chemnitz.
1615	Friedrich	Advokat	Pirna.
1617	Friedrich	Advokat	Burgstädt bei Chemnitz.
1618	Gabriel	Gerichtsamtmann	Brand bei Freiberg.
1619	Gareis	Gerichtsrath	Leipzig.
1620	Gasch	Advokat	Dresden.
1621	Gebert	Geh. Justiz- u. Minist.-Rath	Dresden.
1622	Dr. Gensel	Advokat und Notar	Leipzig.
1623	Dr. Georgi	Advokat	Leipzig.
1624	Dr. Gerhard	Advokat	Leipzig.
1625	Gerlach	Advokat	Dresden
1626	Glöckner	Gerichtsrath	Dresden.
1627	Dr. Götz	Professor	Leipzig.
1628	Dr. v. Gohren	Advokat	Schandau.
1629	Golle	Advokat	Glauchau.

Nr.	Name.	Stand.	Wohnort.
1630	Gottschalck	Advokat	Dresden.
1631	Grabowsky	Bürgermeister, Advokat und Notar	Thum.
1632	Grimm	Advokat	Reichenbach i. Voigtlande.
1633	Grötsch	Bezirksgerichts-Direktor	Annaberg.
1634	Gülde	Advokat	Rochlitz.
1635	Gutbier	Advokat	Dresden.
1636	Freih. v. Gutschmid	Advokat	Pirna.
1637	Haase	Advokat	Hainichen.
1638	Dr. Hänel	Geheimer Rath a. D.	Dresden.
1639	Hänel, Arthur	Advokat	Dresden.
1640	Häntzschel	Bürgermeister	Radeburg.
1641	Härtig	Advokat	Großenhain.
1642	Hallbauer	Finanzprokurator	Meißen.
1643	Hammer	Amtsaktuar	Waldheim.
1644	Harnisch	Advokat	Chemnitz.
1645	Hartung	Bürgermeister	Schandau.
1646	Hartung	Gerichtsamtmann	Königsbrück bei Dresden.
1647	Dr. Haubold	Advokat	Leipzig.
1648	Hecker	Bezirksgerichts-Referendar	Chemnitz.
1649	Heinze	Rathsarchivar, Aktuar	Dresden.
1650	Helfer	Advokat	Leipzig.
1651	Hempel	Stadtrath	Dresden.
1652	Hensel	Bezirksgerichts-Direktor	Bautzen.
1653	Hermann	Advokat	Dresden.
1654	Herrmann	Gerichtsrath	Glauchau.
1655	Dr. Hertel	Bürgermeister	Dresden.
1656	Dr. Hesse	Advokat	Dresden.
1657	Heubner	Advokat	Zwickau.
1658	Heydenreich	Advokat	Dresden.
1659	Dr. Hillig, F. E.	Advokat	Leipzig.
1660	Hoffmann, T. M.	Advokat	Dresden.
1661	Höffner	Advokat und Notar	Nossen.
1662	Dr. Hösler	Advokat	Leipzig.
1663	Hofmann	Advokat	Burgstädt bei Chemnitz.
1664	Jähnert	Advokat	Oschatz.
1665	Jahn	Gerichtsamtsaktuar	Dresden.
1666	Keysselitz	Advokat	Großenhain.
1667	Kleinschmidt	Hofrath, Advokat	Leipzig.
1668	Klemm	Geh. Justizrath	Dresden.
1669	Dr. Klemm	Advokat	Leipzig.
1670	Klinger	Advokat	Dresden.
1671	Kneschke	Gerichtsamtsaktuar	Frankenberg.

Nr.	Name.	Stand.	Wohnort.
1672	Koch, Theodor	Advokat	Buchholz.
1673	Körner	Geh. Rath u. Dep.-Direktor im Ministerium d. Innern	Dresden
1674	Körner	Advokat und Notar	Lengenfeld im Voigtlande.
1675	Körner	Advokat	Auerbach im Voigtlande.
1676	Körner	Advokat	Zwickau.
1677	Körnig	Advokat	Meißen.
1678	Köttig	Advokat	Meißen.
1679	Kohlschütter	Advokat	Dresden.
1680	Dr. Kretschmar	Advokat	Leipzig.
1681	Kretzschmar	Advokat	Lichtenstein.
1682	Kretschmar II.	Advokat	Großenhain.
1683	Kretzschmar	Advokat	Dresden.
1684	Krippendorf	Advokat	Dresden.
1685	Küttner	Finanzprokurator, Advokat	Dresden.
1686	Kuhn, Albert	Advokat	Dresden.
1687	Kuhn, Moritz	Advokat	Dresden.
1688	Dr. Kuntze	Professor	Leipzig.
1689	Kuntze	Bürgermeister	Reichenbach im Voigtl.
1690	Lamm	Gerichtsrath	Bautzen.
1691	Landgraff	Doktor der Rechte	Leipzig.
1692	Langbein	Advokat und Notar	Wurzen.
1693	Lauhn	Advokat	Dresden.
1694	Lauhn	Polizei-Aktuar	Leipzig.
1695	Dr. Lehmann, Gust.	Advokat	Dresden.
1696	Lehmann, E.	Advokat und Notar	Dresden
1697	Lengnick	Advokat und Notar	Dresden.
1698	Leonhardi	Gerichtsrath	Glauchau.
1699	Leonhardt, Th	Assessor	Schandau.
1700	Löhr	Bürgermeister	Bautzen.
1701	Lorenz	Finanzprokurator, Advokat	Großenhain.
1702	Lorenz	Advokat	Zwickau.
1703	Ludth	Gerichtsreferendar	Wildenfels.
1704	v. Mangoldt	Gerichtsreferendar	Zwickau.
1705	Martini	Advokat	Meerane.
1706	Marbach	Advokat und Notar	Leipzig.
1707	Mehner	Assessor	Radeberg bei Dresden.
1708	Dr. Meinhold	Advokat	Dresden.
1709	Dr. Meischner	Advokat und Notar	Penig.
1710	Meltzer	Bürgermeister und Advokat	Frankenberg.
1711	Mettler	Bezirksgerichtsaktuar	Dresden.
1712	v. Metzsch	Gerichtsrath	Leipzig.
1713	Dr. jur. Minckwitz	Rittergutsbesitzer	Thun bei Chemnitz.

Nr.	Name.	Stand.	Wohnort.
1714	Dr. Mirus sen.	Advokat	Leisnig.
1715	Dr. Mirus jun.	Advokat	Leisnig.
1716	Müller, H. E.	Advokat und Notar	Zwickau.
1717	Nake	Advokat und Notar	Dresden.
1718	Nake	Advokat	Leisnig.
1719	Neidhardt	Geh. Justizrath, Bezirksgerichts-Direktor	Dresden.
1720	Neubert	Bürgermeister	Dresden.
1721	Dr. Nißen	Professor	Leipzig.
1722	Nöller	Advokat	Dresden.
1723	Oehme	Advokat	Annaberg.
1724	Oertel	Rechtskandidat und Notar	Radeberg bei Dresden.
1725	Opitz	Finanzprokurator, Advokat	Dresden.
1726	Dr. Oppe	Referendar	Leipzig.
1727	Orb	Advokat und Notar	Königstein.
1728	Osten	Advokat und Notar	Leipzig.
1729	Dr. Osterloh	Hofrath, Professor	Leipzig.
1730	Oßwald	Advokat	Borna.
1731	v. Otto	Kais. Russ. Wirkl. Staatsrath, Prozessor emer.	Dresden.
1732	v. Petrikowsky	Gerichtsamtmann	Leipzig.
1733	Petsch	Gerichtsrath	Löbau.
1734	Dr. Petschke	Appellations-Gerichts-Vicepräsident	Leipzig.
1735	Dr. Petschke	Advokat	Leipzig.
1736	Petzoldt	Advokat	Leipzig.
1737	Pflug	Advokat	Penig.
1738	Pietsch	Appellationsrath u. Bezirksgerichts-Direktor a. D.	Dresden.
1739	Dr. Pilling	Advokat	Dresden.
1740	Pohl	Advokat	Frohburg.
1741	Dr. Frh. v. Pohland	Legationsrath	Dresden.
1742	Freih. v. Pohland	Finanzrath	Dresden.
1743	Pohlentz	Advokat	Leipzig.
1744	Prasse	Advokat	Leipzig.
1745	Preller	Advokat und Notar	Chemnitz.
1746	Priber	Gerichtsrath	Leipzig.
1747	Priber	Advokat und Notar	Frankenberg.
1748	Raum	Advokat	Glauchau.
1749	Reiche-Eisenstuck	Staatsanwalt	Borna.
1750	Reiche-Eisenstuck	Advokat	Annaberg.
1751	Reiner	Bürgermeister	Bernstadt.
1752	Richter	Advokat und Notar	Leipzig.

Nr.	Name.	Stand.	Wohnort.
1753	Riedel	Advokat	Pomßen bei Grimma.
1754	Roch	Advokat	Zwickau.
1755	Roßtäuscher	Staatsanwalt	Bautzen.
1756	Dr. Roux	Advokat	Leipzig.
1757	Rüger	Advokat	Dresden.
1758	Ruffini	Advokat und Notar	Königsbrück bei Dresden.
1759	Rumpelt	Advokat	Radeberg bei Dresden.
1760	Schäffer	Advokat	Dresden.
1761	Schäffer	Regierungs-Referendar	Bautzen.
1762	Dr. Schaffrath	Advokat	Dresden.
1763	Schedlich	Advokat	Rochlitz.
1764	Scheele	Advokat	Dresden.
1765	Schelcher	Advokat	Dresden.
1766	Scheuffler II.	Advokat	Meißen.
1767	Dr. Schilling	Gerichtsrath	Leipzig.
1768	Schlegel	Advokat	Dresden.
1769	Dr. Schletter	Professor	Leipzig.
1770	Schmid, Gust. B.	Advokat	Dresden.
1771	Dr. Schmidt	Justizrath	Dresden.
1772	Dr. Schmidt	Finanzprokurator	Dresden.
1773	Schmid, C. T.	Referendar	Schöneck im Voigtlande.
1774	Schmidt, Franz Ad.	Advokat und Notar	Dresden.
1775	Dr. Schneider	Justiz-Minister	Dresden.
1776	Dr. Schnell	Advokat und Notar	Zittau.
1777	Schörner	Gerichtsamtmann	Limbach bei Chemnitz.
1778	Schreck	Advokat	Pirna.
1779	Schrey	Advokat	Leipzig.
1780	Dr. Schulz, Herm.	Stadtrath	Glauchau.
1781	Schulze	Advokat	Döbeln.
1782	Dr. Schwabe	Advokat und Notar	Leipzig.
1783	Dr. Schwarze	General-Staatsanwalt	Dresden.
1784	Schwauß	Polizei-Direktor	Dresden.
1785	Segnitz	Advokat	Wermsdorf.
1786	Seume	Advokat	Crimitschau.
1787	Siegel	Advokat	Glauchau.
1788	Simon	Advokat	Leipzig.
1789	Sommer	Justitiar, Advokat	Dresden.
1790	Speck	Advokat	Döbeln.
1791	Dr. Starke	Auditeur	Großenhain.
1792	Dr. Stein	Advokat	Dresden.
1793	Steinhäuser	Advokat	Plauen.
1794	Stimmel	Finanzprokurator, Advokat	Plauen.
1795	Streit	Bürgermeister	Zwickau.

Nr.	Name.	Stand.	Wohnort.
1796	Stremel	Advokat	Zittau.
1797	Ströbel	Advokat	Dresden.
1798	Dr. Stübel, Bruno	Advokat	Dresden.
1799	Teucher	Stadtrath	Dresden.
1800	Thiel	Advokat	Bautzen.
1801	Thiemer sen.	Advokat und Notar	Zittau.
1802	Thiemer jun.	Advokat	Zittau.
1803	Tietz	Advokat	Leipzig.
1804	Tränckner	Gerichtsamtmann	Schandau.
1805	Trautmann	Advokat	Dresden.
1806	Tröger	Gerichtsreferendar	Plauen.
1807	Trömel	Advokat	Roßwein.
1808	Tscharmann	Advokat	Leipzig.
1809	Ufer	Appellationsrath	Zwickau.
1810	Dr. Uhlig	Advokat	Chemnitz.
1811	Urban	Advokat	Zwickau.
1812	Valz	Advokat und Notar	Oschatz.
1813	Wachs	Advokat	Leipzig.
1814	Wachsmuth	Advokat	Leipzig.
1815	Dr. v. Wächter	Geh. Rath, Professor	Leipzig.
1816	Wagner	Advokat	Mittweida.
1817	Walde	Advokat	Kamenz.
1818	Walther	Advokat	Meerane.
1819	Dr. Wehrmann	Advokat und Hilfsrichter	Leipzig.
1820	Weickert	Advokat	Zwickau.
1821	Dr. Weiske	Professor	Leipzig.
1822	Wetzlich	Aktuar und Notar	Altenburg.
1823	Winter	Advokat	Dresden.
1824	Witschel	Advokat	Dresden.
1825	v. Witzleben	Regierungsrath	Leipzig.
1826	Dr. Wolf	Advokat	Dresden.
1827	Zenker	Finanzprokurator	Dresden.
1828	Zumpe I.	Advokat	Dresden.
1829	Zumpe II.	Advokat	Dresden.

Herzogthum Sachsen-Altenburg.

1830	Dölitzsch	Advokat	Altenburg.
1831	Elvers	Strafanstalts-Direktor	Leuchtenburg bei Kahla.
1832	Glasser	Advokat	Roda.
1833	Hase II.	Advokat	Altenburg.
1834	Hase, Theodor	Advokat	Altenburg.
1835	Kircheisen	Advokat	Eisenberg.

Nr.	Name.	Stand.	Wohnort.
1836	Lippold	Advokat	Altenburg.
1837	Müller	Geheim. Staatsrath, Chef des Ministerium des Innern	Altenburg.
1838	Dr. Schenck	Advokat	Altenburg.
1839	Wagner	Appellationsgerichts-Vice-Präsident	Altenburg.

Herzogthum Sachsen-Coburg-Gotha.

Nr.	Name.	Stand.	Wohnort.
1840	Forkel	Justizrath, Rechtsanwalt	Coburg.
1841	v. Holtzendorff	Ober-Staatsanwalt	Gotha.
1842	Hornbostel	Regierungsrath, vortragender Rath im Staats-Minist.	Gotha.
1843	Knauer	Rechtsanwalt u. Notar	Gotha.
1844	Oberländer	Geh. Regierungsrath	Coburg.
1845	Dr. Schuchardt	Justizrath, Rechtsanwalt	Gotha.

Herzogthum Sachsen-Meiningen.

Nr.	Name.	Stand.	Wohnort.
1846	Enzian	Landrichter	Wesungen.
1847	Dr. Kircher	Regierungsrath	Meiningen.
1848	Dr. Michaelis	Rechtsanwalt und Notar	Hildburghausen.
1849	Romberg	Rechtsanwalt	Meiningen.
1850	Strupp	Rechtsanwalt	Hildburghausen.
1851	Dr. v. Uttenhoven	Staatsrath	Meiningen.

Großherzogthum Sachsen-Weimar.

Nr.	Name.	Stand.	Wohnort.
1852	Berninger	Ober-Staatsanwalt	Eisenach.
1853	Danz	Ober-Appellationsrath, Professor	Jena.
1854	Endemann	Ober-Appellationsrath, Professor	Jena.
1855	Dr. Freih. v. Groß	Ober-Appellationsgerichtsrath	Jena.
1856	Dr. Haase	Kreisgerichtsrath	Weimar.
1857	Hering	Rechtsanwalt	Eisenach.
1858	Hildebrand	Professor	Jena.
1859	Holbein	Rechtsanwalt	Apolda.
1860	Hotzel	Kreisgerichtsrath	Weimar.
1861	Leist	Hofrath, Professor	Jena.
1862	Müller	Rechtsanwalt	Apolda.
1863	Dr. Panse	Redakteur	Weimar.
1864	Salzmann	Rechtsanwalt	Weida.
1865	Schmidt	Kreisgerichtsrath	Weimar.
1866	Schumann	Rechtsanwalt	Apolda.
1867	Steinberger	Rechtsanwalt	Neustadt a. d. Orla.

Nr.	Name.	Stand.	Wohnort.
1868	Stickel	Doktor der Rechte	Jena.
1869	Dr. Voigt	Rechtsanwalt	Weimar.
1870	Wilm	Kais. Russ. Kolleg. = Assessor und Kronanwalt	Weimar (auf d. Altenburg.)
1871	Dr. Zerbst	Rechtsanwalt	Jena.

Fürstenthum Schwarzburg=Rudolstadt.

1872	v. Holleben	Gerichts=Assessor	Rudolstadt.
1873	Wohlfahrt	Regierungs=Assessor	Rudolstadt.

Fürstenthum Schwarzburg=Sondershausen.

1874	Busch	Präsident	Sondershausen.
1875	Dr Vollert	Kreisgerichtsrath	Arnstadt.

Fürstenthum Waldeck.

1876	Bauer	Rechtsanwalt	Arolsen.
1877	Frese	Oberjustizrath	Arolsen.
1878	Steineck	Kreisrichter	Korbach.

Königreich Württemberg.

1879	Bacher	Rechtskonsulent	Stuttgart.
1880	Beck	Oberamtsgerichtsaktuar	Riedlingen.
1881	v. Binder	Ober=Tribunalrath	Stuttgart.
1882	Breitling	Gerichtsaktuar	Cannstadt.
1883	v. Breitschwert	Oberjustiz=Assessor	Eßlingen.
1884	Dr. Brinz	Professor	Tübingen.
1885	v. Cronmüller	Ober=Tribunal=Direktor	Stuttgart.
1886	Ebner	Rechtskonsulent	Ulm.
1887	Elben	Ober=Amtsrichter	Waldsee.
1888	Elben	Gerichtsaktuar	Stuttgart.
1889	v. Faber	Staatsrath	Stuttgart.
1890	Fest	Rechtskonsulent	Jagsthausen
1891	Feuerbach	Ober=Justizrath a. D.	Stuttgart.
1892	Flammer	Minist=Assessor, Regierungsr.	Stuttgart.
1893	Föhr	Oberjustiz=Assessor	Ellwangen.
1894	Freisleben	Rechtskonsulent	Heidenheim.
1895	Frik	Rechtskonsulent	Gmünd.
1896	v. Gärttner	Ober=Regierungsrath	Stuttgart.
1897	Ganzhorn	Ober=Amtsrichter	Neckarsulm.
1898	Gaupp, L.	Oberjustiz=Assessor	Eßlingen.
1899	Gebel	Stadtschultheiß	Biberach.
1900	Dr. Georgii	Ober=Amtsrichter	Freudenstadt.
1901	Dr. v. Geßler	Professor, Kanzler d. Univers.	Tübingen.
1902	Gmelin	Oberamtsgerichtsaktuar	Göppingen.
1903	Grez	Justizreferendar	Tübingen.

Nr.	Name.	Stand.	Wohnort.
1904	Frh. v. Gültlingen	Oberamtsgerichtsaktuar	Eßlingen.
1905	Halder	Ober-Amtsrichter	Waldsee.
1906	Hallberger	Oberjustizrath	Stuttgart.
1907	Härlin	Advokat	Ellwangen.
1908	Härlin	Oberamtsgerichtsaktuar	Heilbronn.
1909	Hartmeyer	Ober-Amtsrichter	Calw.
1910	Hauff	Oberamtsgerichtsaktuar	Ulm.
1911	Hausch	Oberamtsgerichtsaktuar	Neckarsulm.
1912	Haußmann	Rechtskonsulent	Göppingen.
1913	Hegler	Assessorats-Verweser	Eßlingen.
1914	Herrmann	Gerichtsaktuar	Stuttgart.
1915	Heß	Ober-Justizprokurator	Ulm.
1916	Hölder	Rechtskonsulent	Stuttgart.
1917	Hofacker	Gerichtsaktuar	Urach.
1918	Frh. v. Holzschuher	Ober-Justizrath	Stuttgart.
1919	Frh. v. Holzschuher	Ober-Justizrath	Tübingen.
1920	Huber	Ober-Tribunalrath, General-Staatsanwalt	Stuttgart.
1921	Jordan	Kolleg.-Assessor u. Rechtskons.	Stuttgart.
1922	Jetter	Oberjustiz-Assessor	Ellwangen.
1923	Kaulla	Rechtskonsulent	Stuttgart.
1924	Klett	Ober-Justizrath	Eßlingen.
1925	Klüpfel	Justizreferendar	Tübingen.
1926	Köstlin	Ober-Justizrath	Stuttgart.
1927	v. Krauß	Ober-Tribunalrath	Stuttgart.
1928	Lang	Oberjustiz-Assessor	Ellwangen.
1929	Lautenschlager	Rechtskonsulent	Stuttgart.
1930	Lebrecht	Rechtskonsulent	Ulm.
1931	Leipheimer, Max	Rechtskonsulent	Stuttgart.
1932	Graf v. Leutrum	Staatsrath	Stuttgart.
1933	Levi	Rechtskonsulent	Stuttgart.
1934	Linsching	Oberamtsrichter	Brackenheim.
1935	Löwenstein	Rechtskonsulent	Ellwangen.
1936	Dr. Mandry	Professor	Tübingen.
1937	Meurer	Ober-Amtsrichter	Aalen.
1938	Meyer	Rechtskonsulent	Stuttgart.
1939	Mörz	Oberamtsrichter	Maulbronn.
1940	Moser	Gerichtsaktuar	Weinsberg.
1941	Nagel	Rechtskonsulent	Balingen.
1942	Näher	Advokat	Wangen.
1943	Neidhardt	Ober-Justizrath	Ulm.
1944	Neumeier	Rechtskonsulent	Heilbronn.
1945	Nick	Kanzleirath b. Gerichtshof	Ulm.

Nr.	Name.	Stand.	Wohnort.
1946	Niethammer	Rechtskonsulent	Stuttgart.
1947	Obermiller	Rechtskonsulent	Stuttgart.
1948	Oesterlen	Rechtkonsulent	Stuttgart.
1949	Dr. Otto	Rechtskonsulent	Heilbronn.
1950	Probst	Rechtskonsulent	Stuttgart.
1951	Probst	Oberjustiz-Assessor	Stuttgart.
1952	Rapp	Oberamtsgerichtsaktuar	Ulm.
1953	Reichardt	Ober-Amtsrichter	Ulm.
1954	v. Reuß	Gerichtsaktuar	Ellwangen.
1955	Römer	Ober-Amtsrichter	Gmünd.
1956	Römer, Max.	Rechtskonsulent	Stuttgart.
1957	Sänger	Rechtskonsulent	Ulm.
1958	v. Schad	Oberjustizrath	Mittelbiberach bei Ulm.
1959	Schall	Rechtskonsulent	Ulm.
1960	Schilling	Gerichtsaktuar	Leonberg.
1961	Schott	Rechtskonsulent	Stuttgart.
1962	Dr. Seeger	Professor	Tübingen.
1963	Sick	Ober-Bürgermeister	Stuttgart.
1964	Speidel	Rechtskonsulent	Neckarsulm.
1965	Steiner	Rechtskonsulent	Stuttgart.
1966	Steiner	Rechtskonsulent	Ulm.
1967	Steinhausen	Rechtskonsulent	Göppingen.
1968	Steinheil	Justitiar d. k. Dom.-Direktion	Stuttgart.
1969	Frh. v. Sternenfels	Ober-Handelsgerichtsdirektor	Stuttgart.
1970	Freih. v. Sternenfels, E.	Oberamtsgerichtsaktuar	Backnang.
1971	Steudel	Obertribunalrath	Tübingen.
1972	Storr	Assessoratsverweser	Eßlingen.
1973	Strauß, C.	Rechtsanwalt	Heilbronn.
1974	Stumpf	Gerichtsaktuar	Tübingen.
1975	Tafel sen.	Rechtskonsulent	Stuttgart.
1976	Dr. Thudichum	Professor	Tübingen.
1977	Tscherning	Justizreferendar	Heilbronn.
1978	Freih. v. Wächter-Spittler	Justiz-Minister	Stuttgart.
1979	Weiß	Oberamtsgerichtsaktuar	Cannstadt.
1980	Weißer	Oberamtsgerichtsaktuar	Heilbronn.
1981	Weizsäcker	Finanz-Assessor	Stuttgart.
1982	Wiedenmann	Kriegsrath	Stuttgart.
1983	Wirth	Ober-Amtsrichter	Horb a. N.
1984	Wolbach	Oberjustiz-Assessor	Ulm.
1985	Zirkler	Ober-Amtsrichter	Tübingen.

B.

Verzeichniß früherer Mitglieder des Deutschen Juristentages,
von welchen
für das Jahr 1868 wegen Wohnungswechsel ꝛc. eine bestimmte Erklärung noch nicht hat eingeholt werden können.

Nr.	Name.	Stand.	Wohnort.
1986	v. Braun	Bezirksgerichtsrath	Bayreuth.
1987	Brockhoff	Kammmerger.-Auskultator	Aachen.
1988	Burger	Gerichtsaktuar	Kreilsheim.
1989	Dr. Ebner	Advokat	Frankfurt a. M.
1990	Dr. Fischer	Kreisgerichtsrath	Habelschwerdt.
1991	Gamber	Rechtsanwalt	Baden.
1992	Jonas	Assessor	Braunschweig.
1993	Krämer	Advokat-Anwalt	Alzey.
1994	Graf v. Luxburg	Regierungsrath	München.
1995	Mützel	Rechtsanwalt	Posen.
1996	Neumann	Appellationsrath	Dresden.
1997	Recken.	Amtmann	Königsstein (Nassau).
1998	Reul	Justizamtmannn	Frankfurt a. M.
1999	Schrader	Obergerichts-Anwalt	Göttingen.
2000	Schultze, Al.	Appellationsgerichtsrath	Cassel.
2001	Schulze	Referendar	Suhl.
2002	Salzberger	Advokat	Wurzen.
2003	Teßmar	Kreisgerichts-Direktor	Lauenburg (Pommern).
2004	Urban	Kreisrichter	Creutzburg (Ob.-Schles.).
2005	Dr. Widenmayr	Rechtsconcipient	München.

C.

Verzeichniß derjenigen Mitglieder des Deutschen Juristentages, welche dem Vereine bis Ende Juni 1868 beigetreten sind.

2006	von Berg	Staatsanwalt	Heidelberg.
2007	Bertram, Aug.	Gerichts-Assessor	Wiesbaden.
2008	Dr. Fischer	Ober-Postrath	Berlin.
2009	Dr. Fretter	Anwalt	Heidelberg.
2010	Kortum II.	Rechtsanwalt	Halberstadt.
2011	Dr. Kunwald	Advokatur-Kandidat	Wien.
2012	Primker	Justizrath, Rechtsanw u. Not.	Berlin.
2013	Dr. F. Schmid-Mettenheimer		Frankfurt a. M.
2014	Stieve, R.	Gerichts-Assessor	Berlin.
2015	Traub, Berthold	Staatsanwalt	Waldshut (Baden).
2016	Wiener	Justizrath, Rechtsanw. u. Not.	Berlin.

Gutachten.

I.

Gutachten des Herrn Prof. Dr. J. W. Planck zu München

über die Frage:

„Soll einem prozeßordnungsgemäß erlassenen strafrichterlichen Urtheile, wodurch eine Frage entschieden ist, welche der Entscheidung einer Civilsache präjudizirt, für diese letztere die Kraft eines vollen Beweises eingeräumt werden?"

§. 1.

Begrenzung der Frage.

Die zur Begutachtung vorgelegte Frage umfaßt ihrem Wortlaut nach ein so weites Gebiet, daß es zweckmäßig erscheint, vorerst festzustellen, in welchem Sinne dieselbe bei der nachfolgenden Besprechung aufgefaßt worden ist.

Ausgeschlossen nämlich sind die Fälle, in denen die strafrichterliche Entscheidung als solche auf die Verhandlung und Entscheidung einer nachfolgenden Civilsache von Einfluß ist. Die Freisprechung von der erhobenen Anklage kann die rechtliche Grundlage eines Schadensersatzanspruchs gegen den Privatankläger sein. Die Verurtheilung wegen gewisser Verbrechen, oder zu gewissen Strafen kann eine Schmälerung der Rechtsfähigkeit nach sich ziehen, welche in einem nachfolgenden Civilprozeß den Gegner berechtigt, den Verurtheilten von der Zeugnißablegung, von der Eidesleistung auszuschließen. Die Verurtheilung mag als ein hinreichender Grund angesehen werden, um dem Verurtheilten die Befugniß einer Beschwerde über Verläumdung zu entziehen gegen den, der nachher die Begehung der strafbaren Handlung durch den Verurtheilten behauptet hat. (Seuffert, Archiv VI, 272.) Auch in dergleichen Fällen wird nicht selten gesagt, die strafrichterliche Entscheidung präjudizire der nachfolgenden Civilsache. Gleichwohl bietet hier die Beantwortung der vorgelegten Frage in der That keine ernstliche Schwierigkeit dar, die eine gesetzliche Regelung wünschenswerth erscheinen ließe. Denn so oft, wie es hier wirklich der Fall ist, die Behauptung, daß eine strafrichterliche Entscheidung eines bestimmten Inhalts ergangen sei, die gesetzlich ausreichende thatsächliche Grundlage, oder doch einen Theil der thatsächlichen Grundlage eines Angriffs- oder Vertheidigungsmittels in einer nachfolgenden Civilsache bildet, kann die Aufgabe des Civilrichters immer nur die sein, zu prüfen, ob die strafrichterliche Entscheidung wirklich mit dem von der Partei behaupteten Inhalt ergangen sei. Daß aber hierfür die auf dem Wege eines gewöhnlichen Beweisverfahrens, meist durch Vorlage der Urschrift, dem Civilrichter zugänglich zu machende Entscheidung des Strafrichters vollen Beweis bilde, unterliegt nicht dem mindesten Zweifel. Wird z. B. die Unzulässigkeit eines in der Civilsache vorgeschlagenen Zeugen behauptet, weil er früher wegen Meineids, oder, wo dies landesrechtlich ausreicht, weil er zum Zuchthaus verurtheilt sei, so versteht sich von selbst, daß diese Behauptung durch Vorlage der betreffenden strafrichterlichen Entscheidung vollständig bewiesen wird.

Zweifel und Schwierigkeiten beginnen erst in den rechtlich völlig verschieden gearteten Fällen, wenn dieselbe Frage, welche früher dem Strafrichter vorgelegen hat und von ihm in einem bestimmten Sinne beantwortet ist, später wiederholt dem Civilrichter als ein Theil der von ihm anzustellenden Prüfung vorliegt. Dies kann insbesondere dann eintreten, wenn aus derselben Handlung einerseits ein Strafrecht des Staats, andererseits ein Entschädigungsanspruch des Verletzten gegen den angeblichen Thäter hervorgeht. Es tritt aber nicht minder in einer ganzen Reihe anderer Fälle ein. Denn einerseits knüpfen bekanntlich die Strafrechte des Staats, und zwar nicht blos die aus dem Verbrechen gegen das Vermögen entspringenden, vielfach an Voraussetzungen an, die, wie z. B. Besitz, Eigenthum, Ehe, Verwandtschaft, Alter, auch Gegenstand einer civilrechtlichen Prüfung werden können. Andererseits kann dieselbe Handlung, welche Strafrechte des Staats erzeugt, nicht blos als Grund von Entschädigungsansprüchen, sondern auch in mannigfach anderer Weise für den Civilrichter wichtig werden, sei es als Grund, um ein Rechtsgeschäft als unwirksam zu erklären, z. B. wegen Betrug, Gewalt, oder als Grund, um eine Berechtigung zur Auflösung eines Rechtsverhältnisses anzuerkennen, z. B. der Ehe wegen Ehebruchs, oder als Grund, um die Zulässigkeit oder Wirkung prozessualischer Acte der Parteien zu bestimmen, wie z. B. den Werth einer angeblich gefälschten Urkunde. In allen solchen Fällen handelt es sich nicht, wie in den oben ausgeschiedenen, für den Civilrichter um die gesetzlich festgestellten Wirkungen einer abgegebenen strafrichterlichen Entscheidung, sondern um die civilrechtlichen Wirkungen einer

Thatsache oder eines Inbegriffes von Thatsachen, welche allein oder in Verbindung mit andern zufällig auch strafrechtliche Wirkungen erzeugen. Eben deshalb ist hier nicht, wie oben, die Frage Gegenstand der civilrechtlichen Prüfung, ob eine strafrichterliche Entscheidung ergangen sei, sondern die, ob die Thatsache wahr sei, welche dem Strafrichter früher ebenfalls zur Prüfung vorgelegen hat.

Welcher Werth nun auf diesem ganzen Gebiete der vorgängigen strafrichterlichen Entscheidung für die nachfolgende civilrechtliche Untersuchung derselben, beiden gemeinsamen Frage zukomme, insbesondere ob es rathsam sei, jener die Kraft eines vollen Beweises für diese durch die Gesetzgebung einzuräumen, das soll in Folgendem besprochen werden. Dabei wird ein Blick auf die geschichtliche Entwickelung der Lehre in den für Deutschland maßgebenden Rechtsquellen von wesentlichem Nutzen sein.

§. 2.

Geschichtlicher Rückblick.

Die uns überlieferten römischen Quellen ergeben zunächst mit voller Sicherheit den negativen Satz, daß den strafrichterlichen Urtheilen die Bedeutung einer rechtskräftigen den Civilrichter schlechthin bindenden Entscheidung über die darin festgestellten beiden Prozessen gemeinsamen Fragen nicht zukomme. Dies sagt ausdrücklich die L. un. C. quando civilis actio criminali praejudicet. (9, 31.) in den Worten:

nec si civiliter fuerit actum, criminalem (actionem) posse consumi, et similiter e contrario,

und ut quum altera prius actio intentata sit, per alteram, quae supererit, judicatum liceat retractari.

Wenngleich der Constitution dieser erweiterte Sinn erst durch den Zusatz: et similiter e contrario von den Compilatoren Justinians beigelegt ist, wie die Vergleichung von L. un. Theod. C. victum civiliter agere et criminaliter posse (9, 20.) ergiebt, so enthält doch auch die frühere Jurisprudenz keine Andeutung, daß man früher eine Berufung auf das strafrichterliche Urtheil mittelst der exceptio oder replicatio rei judicatae zugelassen hätte, deren bekannte Voraussetzungen in der That auch in keiner Weise auf das gegenseitige Verhältniß verwandter Civil- und Criminalsachen passen würden.

Daneben haben indeß die Römer niemals das bedeutende Gewicht verkannt, welches der vorausgegangenen strafrichterlichen Untersuchung und Feststellung solcher Fragen zukommt, die später auch dem Civilrichter zur Prüfung vorliegen. Der Natur der Sache folgend betrachten sie die strafrichterliche

Entscheidung als ein vor dem Civilrichter von den Parteien zu benutzendes Beweismittel, dessen Werth nach den Umständen des einzelnen Falles abzumessen ist. Beim Mangel einer gesetzlichen Beweistheorie wenigstens bis auf die spätere Kaiserzeit sowohl für das Criminal- als das Civilverfahren konnte es ihnen freilich nicht in den Sinn kommen, durch bindende Rechtsregeln im Voraus festzustellen, unter welchen Voraussetzungen und bis zu welchem Grade es dem Civilrichter gestattet sei, dieses wie jedes andere Beweismittel zur Begründung einer richterlichen Ueberzeugung über die Wahrheit vor ihm bestrittener thatsächlicher Behauptungen zu benutzen. Die Frage wird daher nirgends aufgeworfen, ob und wann das strafrichterliche Urtheil für den Civilrichter einen vollen Beweis, oder den Beweis mit Vorbehalt des Gegenbeweises ausmache. Wohl aber finden sich Andeutungen genug über den außerordentlichen Werth, den man gerade diesem Beweismittel beilegte, ja sogar für die Erwartung, der Civilrichter werde sich regelmäßig ohne Weiteres durch dasselbe in seiner Ueberzeugung bestimmen lassen.

Zur Bestätigung des Gesagten mag hier *) Folgendes genügen. Beim Mangel einer gesetzlichen Beweistheorie in der ältern Zeit ist die Beweismittellehre Sache der Rhetoren, nicht eigentlich der Juristen. Unter den Beweismitteln, deren sich der Redner vor dem privatus judex bedienen kann, steht bei Quintilian (inst. or. V. prooem. cap. 1 u. 2.) oben an die praejudicia, frühere Entscheidungen, deren er mehrere Arten unterscheidet, darunter die hier in Betracht kommenden früheren Entscheidungen, die sich auf die gerade vorliegende Sache selbst beziehen. Der Werth aller praejudicia als Beweismittel wird gestützt, sagt er weiter, theils durch das Ansehen der früheren Richter, theils durch die Aehnlichkeit des Falles. Widerlegt wird er selten durch einen Angriff auf die Person der früheren Richter, wenn ihnen nicht offenbare Verschuldung nachzuweisen ist. Denn jeder Richter wünscht begreiflicher Weise abgegebene Entscheidungen anerkannt zu sehen, da er selbst im Begriff ist, eine solche abzugeben, und entschließt sich daher nicht leicht, ein Beispiel zu geben, das auf ihn selbst zurückfallen kann. Man muß daher versuchen, wo möglich eine Unähnlichkeit des Falles nachzuweisen, oder, wo das nicht angeht, die Schuld auf die Nachlässigkeit der früheren Prozeßführung schieben, oder auf die hülflose Lage des damals Verurtheilten, oder auf die Unwissenheit oder Unglaubwürdigkeit der durch Gunst oder Haß beeinflußten Zeugen, oder neu hinzutretendes Material aufzufinden trachten. Ist es damit nichts, so läßt sich doch im Allgemeinen sagen, daß die Bestätigung mancher früheren Urtheile zur Ungerechtigkeit führen würde, was

*) Ausführlichere Nachweisungen s. in Planck, Rechtheit und Rechtsstreit. S. 179. ff. Wetzell, Civilpr. §. 64, v. Bethmann-Hollweg, röm. Civilpr. Bd. 2. S. 400. f. 602.

mit Beispielen zu belegen ist. Auch bitte man die Richter, sich lieber an die Sache selbst zu halten, als den eigenen geleisteten Richtereid dem Eide früherer Richter aufzuopfern. Aber gegen Senatsbeschlüsse, Entscheidungen der Kaiser oder der Magistrate giebt es keine Hülfe, wenn nicht eine noch so geringe Verschiedenheit des Falles, oder eine spätere entgegenstehende Entscheidung von denselben oder Personen gleichen Ranges aufzufinden ist. Fehlt es daran, so ist ein Streit nicht möglich.

Aus dieser mit den durch Cicero, Livius, Plinius überlieferten Nachrichten durchaus übereinstimmenden Darstellung erhellt zur Genüge die entscheidende Bedeutung, welche den praejudicia in der Praxis zukam. Aber auch die Schriften der classischen Juristen lassen darüber keinen Zweifel. Da sie sich niemals die Aufgabe gestellt haben, Zahl und Werth der vor Gericht zu benutzenden Beweismittel umfassend zu erörtern, so kann natürlich ihr Stillschweigen über die Frage, welcher Werth einer früheren Entscheidung in einem späteren Prozesse als Beweismittel zukomme, nicht auffallen. Für sie war zunächst nur die eigentlich juristische Frage von Interesse, unter welchen Voraussetzungen und in welchem Umfang einer früheren Entscheidung der Werth einer rechtlich bindenden zukomme, wenn und inwieweit res judicata jus mache, mit der sie sich bekanntlich sehr ausführlich beschäftigen.

Allein auch abgesehen von dem, wie neuerlich*) gezeigt worden ist, offensichtlich hervortretenden Bestreben, dabei die Grenzen der Rechtswirkung des Urtheils in möglichstem Einklang mit der aus der Natur der Sache sich ergebenden Beweiswirkung derselben zu erhalten, bot sich ihnen auch anderweitig Veranlassung, die letztere wenigstens indirect anzuerkennen auch für die Fälle, die der Rechtswirkung entzogen bleiben. Diese lag in den gerade mit Rücksicht auf die beweisende Kraft früherer Entscheidungen für verwandte Streitsachen ausgebildeten Rechtsregeln über Herbeiführung einer zweckmäßigen Reihenfolge verwandter Prozesse. Die Geneigtheit nämlich der Richter, früheren Entscheidungen sich anzuschließen, sei es mit Rücksicht auf das besondere Ansehen der früher entscheidenden Richter, sei es im Vertrauen auf die Umsicht und Gründlichkeit der früheren Untersuchung, sei es aus Bequemlichkeit, sei es in Folge des nahe liegenden Wunsches, ungleichmäßige Urtheile über dieselbe Frage und die daraus herfließenden Nachtheile zu vermeiden, mit einem Worte die in der Praxis feststehende wenngleich nicht unbedingt fesselnde Beweiskraft der praejudicia bot zwar unzweifelhafte Vortheile, eröffnete aber auch unter Umständen bedenkliche Gefahren. Jene Vortheile erschienen möglichst gesichert, diese Gefahren vermieden, wenn es gelang, eine solche Reihenfolge in mehreren Rechtsstreitigkeiten herzustellen, daß derjenige Prozeß zuerst

*) Endemann, das Prinzip der Rechtskraft. 1860. S. 43. ff.

und vor dem andern entschieden werde, welcher entweder wegen des größeren Ansehens des Gerichts, oder wegen des größeren Werths des Streitgegenstandes als der bedeutendere, gewichtigere anzusehen war. Man durfte erwarten, daß der Richter des minder bedeutenden Prozesses die in dem bedeutenderen erfolgte Feststellung der beiden gemeinsamen Frage gleichfalls annehmen werde; man sicherte dem Richter des bedeutenderen Prozesses eine nach allen Seiten freie, durch keine als Beweismittel zu benutzende Vorentscheidung behinderte Untersuchung. Daher die als Anforderung an eine zweckmäßige Handhabung der Rechtspflege aufgestellte Regel:

> Per minorem causam majori cognitioni praejudicium fieri non oportet: major enim quaestio minorem causam ad se trahit. L. 54. D. d. jud. Paulus.

Mit welchen prozessualischen Mitteln diese Forderung durchzuführen, welchen Einschränkungen sie zu unterwerfen sei, zumal um nicht durch Sistirung der minor causa wegen befürchteter Gefahr eines praejudicium für eine major cognitio in unbilliger Weise die freie Rechtsverfolgung zu behindern, das ist der Gegenstand, mit dem sich die classischen Juristen vielfach beschäftigen. Nach der bisherigen Darstellung liegt darin eine unzweifelhafte Anerkennung des Beweiswerthes, den auch sie früheren Entscheidungen derselben Frage, den praejudicia, zugestehen. Aber auch nicht mehr. Wir sind nicht berechtigt, zu schließen, weil regelmäßig die minor causa warten soll, bis die major cognitio entschieden ist, damit die Entscheidung der letztern in der erstern benutzt werden kann, und nicht umgekehrt, so folgt daraus, daß die Entscheidung der major cognitio den Richter der minor causa schlechthin bindet. Insbesondere hat der Schlußsatz der obigen Stelle: major enim quaestio minorem causam ad se trahit keineswegs diesen Sinn. Denn die Art und Weise, wie, und der Grund, warum die frühere Entscheidung in dem späteren Prozeß benutzt wird, ist damit in keiner Weise festgestellt. Erwartet wird allerdings, daß die Entscheidung der major quaestio auch für die minor causa maßgebend sein werde, und mehr sagt auch der angeführte Schlußsatz nicht. Ob dies aber deshalb geschehen werde, weil die Voraussetzungen eines rechtskräftig bindenden Urtheils vorliegen, oder weil der spätere Richter das frühere Urtheil als hinreichenden Beweis für die Feststellung seiner eigenen Ueberzeugung gelten lassen will, bleibt völlig dahingestellt. Jenes **kann** der Fall sein, je nach der Beschaffenheit und dem Verhältniß der in beiden Prozessen verfolgten Ansprüche (z. B. im Fall der L. 16. D. d. exc. 44, 1.), braucht es aber nicht nothwendig. Wo es nicht ist, rechtfertigt sich der Aufschub der minder wichtigen Sache immer noch durch die Hoffnung auf die Beweiswirkung der Entscheidung in der wichtigeren. Eben deshalb ist es unzulässig, dem rechtlich vorgeschriebenen Vorausgehen der letzteren als einzig mögliches Motiv die Annahme einer rechtskräftig bindenden Entscheidung für die erstere zum Grunde zu legen, und auf diese Weise den letzteren Satz aus jener Anordnung der Reihenfolge beweisen zu wollen. Man wird sogar noch einen Schritt weiter gehen müssen. Daß der Richter der minor causa der früheren Entscheidung de. ajor quaestio sich anschließen werde, war für die Römer eben nur eine Erwartung, die sich auf dasjenige stützte, was gewöhnlich geschah, und durch die Natur der Sache bei der durch keine gesetzliche Beweistheorie gebundenen Stellung der Richter gerechtfertigt wurde. Aber die Erwartung konnte ausnahmsweise auch einmal nicht eintreffen, der spätere Richter vielmehr aus einem der von Quintilian bereits angedeuteten Gründen die beweisende Kraft des praejudicium wegen der besonderen Verhältnisse des Falles für ungenügend ansehen. Allein diese zuzugebende Möglichkeit beweist nichts gegen die obige Deutung der Regel selbst. Denn diese, wie jede sonstige auf Zweckmäßigkeitsrücksichten gebaute prozessualische Maxime ist abgeleitet von dem, was gewöhnlich geschah, und als regelmäßig eintretend verständiger Weise erwartet werden durfte.

Unter die dargestellte Regel der Reihenfolge fällt auch das Verhältniß verwandter Criminal- und Civilsachen. Jene als die wichtigere soll daher regelmäßig vorausgehen, und bis zu ihrer Entscheidung die letztere suspendirt werden (L. 4. C. d. ord. jud. L. 32. C. ad L. Jul. d. adult.), es müßte denn die Civilsache zu der Criminalsache im Bedingungsverhältniß stehen, d. h. in der Civilsache ein Rechtsverhältniß ausschließlich Gegenstand der Untersuchung und Entscheidung sein, welche in der Criminalsache nur als Incidentpunkt in Betracht kommt. Dann geht umgekehrt die Civilsache voraus. Denn in solchem Ausnahmsfall erschien es richtiger, dem Criminalrichter die Möglichkeit der Benutzung des Resultats einer in der Civilsache zu erwartenden gründlichen und umfassenden Untersuchung und Entscheidung zu eröffnen, als umgekehrt dem Civilrichter durch eine vorausgegangene auf diese Frage nur nebenbei gerichtete strafrichterliche Untersuchung die Hände zu binden. Die genauere Entwickelung dieser Grundsätze im Einzelnen zu verfolgen, würde hier zu weit führen. Es wird genügen zu bemerken, daß sie, wenngleich die erstere Regel mancherlei Einschränkungen schon durch die classischen Juristen unterworfen wurde, bis in das Justinianische Recht herrschend geblieben sind.

Als Resultat für unsere Frage dürfen wir somit den Satz hinstellen: das römische Recht legt zwar der strafrichterlichen Entscheidung für die nachfolgende civilrechtliche Untersuchung eine rechtlich bindende Kraft nicht bei, es betrachtet indeß die erstere als ein in der letzteren zu benutzendes wichtiges Beweismittel, erwartet, daß dadurch der Civilrichter sich regelmäßig in seiner

Ueberzeugung leiten lassen werde, ohne jedoch den Parteien die Möglichkeit einer Anfechtung der Beweiskraft zu verschließen.

Die mittelalterliche Jurisprudenz konnte nicht umhin, den mit so großer Bestimmtheit ausgesprochenen negativen Theil dieses Satzes als Regel anzuerkennen. Dagegen dem positiven, die Beweiswirkung näher bestimmenden Theil, wußte sie nicht gerecht zu werden. Die Ursache liegt zunächst darin, daß er in der Justinianischen Sammlung nirgends direct ausgesprochen ist, sondern nur auf historischem Wege durch Betrachtung des Entwickelungsganges des römischen Civilprozesses und insbesondere der darin dem Richter in der Beweisfrage eingeräumten freien Stellung gefunden werden kann. Eine derartige Methode der Forschung war der älteren Zeit fremd, und als sie zuerst von den großen Juristen der französischen Schule mit Erfolg angewandt ward, hatte sich die herrschende Lehre bereits so weit festgesetzt, daß auf sie die auf dem neuen Wege gefundenen Resultate im Wesentlichen ohne Einfluß blieben. Dazu kam als ein weiterer hindernder Umstand das bekannte Bestreben, die Zahl und den Werth der vor Gericht zulässigen Beweismittel im Voraus durch bindende für alle Fälle gleichmäßig herrschende Rechtssätze abzugrenzen. Konnte man nun auch der durch die Natur der Sache sich aufdrängenden Beobachtung sich nicht ganz verschließen, daß auch einem praejudicium im römischen Sinn, einer früheren nach gewissenhafter Untersuchung gefällten Entscheidung über dieselbe später wiederholt vor Gericht bestrittene Frage ein gewisser Beweiswerth zukomme, so wußte man doch dieselbe in dem nach den Aussprüchen der Quellen umgearbeiteten Katalog von Beweismitteln nicht wohl unterzubringen, und noch weniger wollte es gelingen, für diesen Beweiswerth einen allgemein gültigen Maßstab im Voraus festzusetzen. Die Schwierigkeit wurde von Einigen dadurch umgangen, daß man der strafrichterlichen Entscheidung mit mancherlei Unterscheidungen bald der verurtheilenden, bald der freisprechenden trotz des römischen Rechts bindende Kraft für den Civilrichter beilegte. Zur herrschenden Lehre hat sich eine solche Auffassung nicht erheben können. Die immer mehr Ueberhand nehmende und zuletzt zum Prinzip erhobene Schriftlichkeit des gerichtlichen Verfahrens in Civil- wie Criminalsachen eröffnete vielmehr einen andern Ausweg. Da in den gesammelten Untersuchungsacten die vollständige Grundlage der strafrichterlichen Entscheidung enthalten sein mußte, so glaubte man den Beweiswerth der Entscheidung selbst dahin gestellt sein lassen, und Parteien wie Richter des späteren Civilprozesses auf eine nach Maßgabe der Civilbeweistheorie anzustellende Prüfung des in jenen Untersuchungsacten enthaltenen Beweismaterials verweisen zu dürfen. Damit schienen alle Zweifel gelöst. Man konnte mit dem römischen Recht behaupten, daß die strafrichterliche Entscheidung durch ihre Rechtskraft den Civilrichter nicht binde, man könnte gleichwohl die im Strafverfahren gesammelten Beweise auch im Civilprozeß nutzbar machen und regelmäßig erwarten, daß der Civilrichter in ihrer Prüfung zu demselben Resultat wie der Strafrichter gelangen werde, und man sicherte dennoch den Parteien des Civilprozesses ihre aus der Verschiedenheit der Grundanlage und der Beweistheorie des Civilprozesses von der des Strafprozesses herfließenden Befugnisse und Zuständigkeiten. Diese Auffassung ist unzweifelhaft in Deutschland die herrschende geworden, und mindestens bis zum Jahre 1848 auch geblieben, während nur vereinzelte Stimmen die strafrichterliche Entscheidung als solche wenigstens als Beweis in der nachfolgenden Civilsache, doch mit Vorbehalt des Gegenbeweises, gelten lassen wollten.

Allein die Grundlage der herrschenden Ansicht erfuhr eine bedenkliche Erschütterung, als seit dem Jahre 1848 fast in ganz Deutschland das Prinzip der Mündlichkeit im Strafverfahren, für die schwereren Fälle das Geschworenengericht, und für alle der Grundsatz der freien Beweiswürdigung eingeführt wurde. Es erschien fortan bedenklich, Parteien und Richter des nachfolgenden Civilprozesses nur auf die Untersuchungsacten, die keineswegs die vollständige Grundlage der strafrichterlichen Entscheidung mehr ausmachten, zu verweisen. Vielmehr drängte sich ganz natürlich die Frage nach dem Beweiswerth der strafrichterlichen Entscheidung von selbst wieder in den Vordergrund.

Das Nächstliegende schien, sich in Frankreich Raths zu erholen, um so mehr, als nach dessen Vorbild im Wesentlichen die Reform des Strafverfahrens in Deutschland durchgeführt war. Dort nun war, wenn auch unter fortgesetztem Widerspruch bedeutender Autoritäten*), mit Hülfe einer keineswegs über alle Zweifel erhabenen Interpretation verschiedener Artikel der Strafprozeßordnung und des bürgerlichen Gesetzbuchs, dennoch in Wissenschaft und Praxis die Ansicht zur Herrschaft gelangt, wonach der Civilrichter an die strafrichterlichen Entscheidungen soweit schlechthin gebunden sein sollte, daß er die durch letztere festgestellten Thatfragen auch seinerseits als festgestellt zu betrachten habe, und sich in keiner Weise mit diesen durch den Strafrichter ausdrücklich und definitiv entschiedenen Punkten in Widerspruch setzen dürfe. Die Annahme dieser Theorie auch in Deutschland ward zunächst von Juristen, denen sie aus der Praxis der linksrheinischen deutschen Gebiete geläufig war, warm empfohlen, dann auch von anderer Seite vertheidigt, und wenngleich bekämpft, blieb sie unzweifelhaft nicht ohne Einfluß auf die neuere Praxis und Gesetzgebung der deutschen Länder.**)

*) Hélie, tr. de l'instr. crim. vol. 3. p. 781. sq.

**) Die neuere Litteratur des Streits s. bei Endemann, Beweislehre. S. 114. ff. Zachariä, Hdb. d. Strafproz. Bd. 2. S. 99.

Während nämlich die Praxis der obersten Gerichtshöfe Deutschlands mit wenigen Ausnahmen[1]) sich der obigen vor 1848 in der Wissenschaft herrschenden Ansicht angeschlossen[2]) hatte, trat in den Funfziger Jahren entschieden ein Schwanken ein, in Folge dessen einige Gerichtshöfe[3]) der neuen Auffassung wenigstens für den Fall der Verurtheilung durch den Strafrichter beitreten, andere[4]) an der früheren Ansicht festhalten zu müssen erklärten.

Was die deutsche Partikulargesetzgebung anbetrifft, so hatte in Bayern bereits das Strafgesetzbuch von 1813 Th. II. Art. 8 u. 9. eine der französischen entsprechende Auffassung aufgenommen, welche auch nach der Reform des Strafverfahrens durch Plenarbeschluß des obersten Gerichtshofs zu München vom 19. Mai 1857 (Regierungsbl. S. 702 ff.) als fortgeltend erklärt und zugleich näher erläutert wurde. So weit ist man anderwärts nicht gegangen. Nur das verurtheilende Erkenntniß des Strafrichters, nicht das freisprechende, soll für den Civilrichter vollen Beweis machen mit Ausschluß des Gegenbeweises, und zwar darüber, daß die strafbare Handlung überhaupt und von dem Verurtheilten verübt sei in Baden (Gesetz vom 6. März 1845 §. 18), Kurhessen (Gesetz vom 31. October 1848, betr. die Umbildung des Strafproz. §. 125.), Sachsen (Strafprozeßordnung v. 15. Aug. 1855 §. 449.) Dasselbe[5]) ist in Preußen, nachdem ein darauf gerichteter Antrag 1856 von einer Commission des Abgeordnetenhauses nach eingehendem Bericht (Goltdammer Archiv Bd. 5. S. 344 ff.) unter Zustimmung der Staatsregierung als zur Zeit wenigstens nicht angemessen widerrathen worden war, für die neuen preußischen Provinzen mittelst der kraft königlicher Verordnung vom 25. Juli 1867 eingeführten Strafprozeßordnung §. 10. vorgeschrieben, während die hannoversche Strafprozeßordnung vom 8. November 1850 und 5. April 1859 §. 46. wenigstens den Gegenbeweis vorbehielt.

---

[1]) Kassel (Strippelmann Th. 1. S. 177. Seuffert, Archiv IX. 83. XII. 313. Mannheim (Seuffert, Archiv XI. 101., vergl. VIII. 96., XVI. 248). Ueber Oesterreich s. Hye, leitende Grundsätze d. Str.-P.-O. v. 1853. S. 104.

[2]) Jena. (Seuffert, VI. 263. X. 217.) Darmstadt. (Seuffert, VI. 272. VIII. 97. 300. IX. 82.) Lübeck. (Seuffert XI. 183b. XVI. 249.) Dresden. (Seuffert II. 103., vergl. XVI. 262.) Kiel. (Seuffert VI. 254.) Stuttgart. (Seuffert. XII. 202.)

[3]) Jena. Plenarbeschluß. (Seuffert XVII. 161.) Wolfenbüttel. (Seuffert XX. 76.)

[4]) Berlin. Plenarbeschluß. (Goltdammer, Archiv V. S. 358 ff.) Stuttgart. (Seuffert XII. 202.) Darmstadt. (Seuffert VIII. 97. 300. IX. 82.)

[5]) Für den Fall der Brandstiftung bestimmt dasselbe das großh. hessische Gesetz vom 6. Juni 1853, betr. die Versicherung der Gebäude gegen Feuersgefahr. Art. 19.

Im Gegensatz zu diesen Bestrebungen hält die in Deutschland freilich wenig beachtete englische Jurisprudenz mit fast übermäßiger[1]) Strenge an dem Grundsatz fest, daß die strafrichterliche Entscheidung, weil unter andern Parteien ergangen, als Beweis in einer nachfolgenden Civilsache schlechthin unzuläßig sei.[2])

Daß in solcher Lage der Dinge die Ansichten über das, was vom gesetzgeberischen Standpunkt aus zu empfehlen sei, keineswegs übereinstimmen, ist begreiflich. In der zur Begutachtung vorgelegten Frage nun wird eine bestimmte Lösung der Schwierigkeit in Aussicht genommen. Es sollen daher im Folgenden zunächst die Folgerungen, die aus einer bejahenden Antwort sich ergeben würden, sodann die sich dagegen erhebenden Bedenken dargestellt, zuletzt der Versuch einer anderweitigen Lösung der Schwierigkeit besprochen werden.

Die Frage selbst.

§. 3.

Wirkung der bejahenden Antwort.

Um beurtheilen zu können, ob es rathsam sei, die gestellte Frage zur Bejahung zu empfehlen, wird man sich zunächst den mit der Bejahung eintretenden Rechtszustand zu vergegenwärtigen haben. Der aber wäre kein anderer, als die gesetzliche Feststellung des Prinzips der Rechtskraft strafrichterlicher Entscheidungen über die der strafrichterlichen mit einer nachfolgenden civilrechtlichen Untersuchung gemeinsamen Fragen. Denn wenn durch gesetzliche Vorschrift „einem prozeßordnungsgemäß erlassenen strafrichterlichen Urtheile, wodurch eine Frage entschieden ist, welche der Entscheidung einer Civilsache präjudizirt, für diese letztere die Kraft eines vollen Beweises eingeräumt wird", so ist das nur ein anderer Ausdruck für denselben Gedanken, sofern man unter vollem Beweis nicht den Gegensatz des halben, sondern den Ausschluß des Gegenbeweises versteht. Bildet die strafrichterliche Entscheidung in dem hier angenommenen Sinn vollen Beweis, so kann in der nachfolgenden Civilsache die betreffende Frage nicht mehr von Neuem untersucht, sondern zunächst nur darüber gestritten werden, ob und wie der Strafrichter darüber entschieden hat, und sofern dieser Streit zu Gunsten der auf das strafrichterliche Urtheil sich berufenden Partei ausgeht, ist jede weitere Untersuchung endgiltig abgeschnitten. Das ist nichts anderes, als wenn man,

---

[1]) S. dagegen Bentham, rationale of judicial evidence. vol. 3. p. 574. sq. cf. p. 425. sq.

[2]) Taylor, law of evidence, ed 2. §. 1505. Best-Marquardsen, engl. Beweisrecht. S. 392. Phillipps, law of evidence, ed 9. 1843. vol. 2. p. 23. sq.

wie in der Lehre von der Rechtskraft zu geschehen pflegt, sagt: die Partei kann das, worüber gegen sie bereits in einem früheren Prozeß entschieden ist, nicht von Neuem vorbringen.

Es ist von Interesse, sich die Voraussetzungen und damit den Umfang der Wirkungen dieses Rechtssatzes klar zu machen. Voraussetzung, und zwar

A. auf Seiten des vorausgegangenen Strafprozesses ist:

1) eine strafrichterliche Entscheidung der betreffenden Frage. Da nun den eigentlichen und letzten Gegenstand des strafrichterlichen Urtheils immer nur die Frage nach Dasein und Inhalt des gegen den Angeklagten behaupteten Strafrechts des Staats bildet, so kann mit diesem Erforderniß nicht diese letzte oder Hauptentscheidung gemeint sein, sondern die Vorentscheidungen, die der Strafrichter, um zu seiner Hauptentscheidung gelangen zu können, über einzelne Fragen getroffen hat, also die entscheidende Feststellung der Wahrheit oder Unwahrheit behaupteter Thatsachen. Eine solche Feststellung liegt aber erst dann vor, wenn der Strafrichter entschieden hat, daß die betreffende Thatsache sei oder daß sie nicht sei. Eine Entscheidung, daß die bezügliche Behauptung wegen mangelnden Beweises nicht berücksichtigt werden könne, ist zwar eine Entscheidung über die thatsächliche Behauptung, aber nicht über die Thatsache. Daher kann z. B. die strafrichterliche Freisprechung wegen mangelnden Beweises irgend einer zum Anschuldigungsbeweis nothwendigen Thatsache rücksichtlich der letzteren keine bindende Vorentscheidung für den Civilrichter ausmachen. Ferner eine entscheidende Feststellung liegt nur dann vor, wenn der Strafrichter auf seine Feststellung der betreffenden Thatsache seine Hauptentscheidung begründet hat. Ist das nicht der Fall, so mag zwar immerhin aus den Entscheidungsgründen mit Sicherheit zu ersehen sein, wie der Strafrichter diesen Punkt entschieden haben würde, wenn es darauf noch angekommen wäre; es kann sogar eine Fassung gewählt sein, welche auch diesen Punkt als nach der Ansicht des Strafrichters festgestellt erscheinen läßt. Allein entschieden ist er nicht, weil der Strafrichter ihn als dermalen außerhalb seiner Aufgabe liegend nicht entscheiden konnte, wogegen sein Wollen nicht in Betracht kommt: Hat der Strafrichter z. B. wegen Verjährung freigesprochen, so kann seine gleichzeitig in den Entscheidungsgründen etwa ausgeführte Ansicht über die Gewißheit der Anschuldigungsthatsachen für den Civilrichter nicht bindend sein.

2) Vorausgesetzt wird ferner ein prozeßordnungsgemäß erlassenes strafrichterliches Urtheil, also ein nach den Grundsätzen der Strafprozeßordnung unanfechtbares. Denn von einer nach außen wirkenden strafrichterlichen Entscheidung kann offenbar noch nicht gesprochen werden, so oft es ungewiß ist, ob die getroffene Entscheidung nicht im Wege eines Rechtsmittels abgeändert

werden werde. Aber — und das ist von großer Wichtigkeit — wie der Satz lautet, genügt auch jedes prozeßordnungsgemäß erlassene strafrichterliche Urtheil. Gleichgültig ist daher, ob ein Strafgericht oberster oder unterster Ordnung erkannt hat. Auch die Urtheile der für die Aburtheilung von Uebertretungen bestimmten gewöhnlich mit Einzelrichtern besetzten Strafgerichte bewirken eine bindende Vorentscheidung über die darin festgestellten Vorfragen, einerlei von welcher relativen Wichtigkeit die Strafsache und die nachfolgende Civilsache sein mag. Gleichgültig ist ferner, in welcher Form des Verfahrens der Strafrichter die Grundlage seiner Entscheidung genommen hat, sofern die Form nur der Prozeßordnung gemäß war. Wo daher, wie in den meisten deutschen Gesetzen, eine Beweiserhebung auch in Abwesenheit des Angeklagten zum Zwecke eines definitiven Endurtheils in der Sache selbst zulässig ist, da muß folgerichtig auch dem rechtskräftigen Kontumazialurtheil dieselbe bindende Kraft zugestanden werden, wie dem auf Grund einer contradictorischen Verhandlung erlassenen. Gleichgültig ist endlich, ob das Strafurtheil mit Rechtsmitteln hätte angegriffen werden können; daraus folgt die Unzulässigkeit einer Replik der Nichtigkeit aus irgend welchem Grunde, wodurch nun vor dem Civilrichter nachträglich die Kraft der strafrichterlichen Entscheidung beseitigt werden soll. Da nach den Grundsätzen des neuern deutschen Strafprozesses, welcher eine außerordentliche Nichtigkeitsbeschwerde nicht kennt, jeder noch so grobe Verstoß als nicht vorhanden gilt, der nicht innerhalb der gesetzten Frist im Wege der Rechtsmittel geltend gemacht ist, so muß auch für den Civilrichter die betreffende strafrichterliche Entscheidung als prozeßordnungsgemäß erlassen gelten. Aus demselben Grunde kann von einer Zulassung neuer Thatsachen und Beweismittel vor dem Civilrichter, um die Beweisunterlage der strafrichterlichen Entscheidung als unrichtig anzufechten, nicht die Rede sein. Dergleichen ist vor dem Strafrichter mit dem Rechtsmittel der Berufung oder der Wiederaufnahme geltend zu machen. Ist das versäumt oder nach der betreffenden Strafprozeßordnung unzulässig, so behält die strafrichterliche Entscheidung für den Civilrichter ihre bindende Kraft, oder macht, anders ausgedrückt, vollen Beweis.

B. Voraussetzung auf Seiten des nachfolgenden Civilprozesses i

1) daß darin dieselbe Frage zur Sprache gebracht wird, welche der Strafrichter in bejahender oder verneinender Weise entscheidend festgestellt hat. Für sie eben bildet das strafrichterliche Urtheil vollen Beweis, oder was dasselbe sagt, sie ist durch dies Urtheil für die Parteien des nachfolgenden Civilprozesses rechtskräftig entschieden. Ob jede Frage, einerlei welches Inhalts? Nach der Fassung der zur Begutachtung vorgelegten Frage, deren Bejahung hier einstweilen vorausgesetzt ist, sollte man es annehmen. Wäre das wirklich die Meinung, so würde der Umfang der Anwendung des Rechts-

satzes ein außerordentlich großer sein. Denn der Strafrichter ist, wie bereits oben im §. 1. angedeutet wurde, gar nicht selten in der Lage, um zu seiner Hauptentscheidung gelangen zu können, Fragen entscheidend feststellen zu müssen, die später auch dem Civilrichter vorliegen können, wie z. B. der Besitz bei dem Vorwurf rechtswidriger Gewaltthat, das Eigenthum der angeblich gestohlenen Sache, das Bestehen der Ehe beim Vorwurf des Ehebruchs oder der Bigamie, die Verwandtschaft bei der Anklage wegen Incestes, wegen unbefugter Anmaßung des Adels, das Alter einer Person bei der Anklage wegen verschiedener Unzuchtsverbrechen, oder, um noch einige Beispiele aus der kurhessischen Praxis zu nennen (Kersting, das Strafrecht in Kurhessen. S. 388. ff.) die Frage, ob Kauf oder Pacht vorliege, ob eine Sache die Pertinenzeigenschaft habe, ob eine Urkunde ein taugliches Beweismittel im Civilprozesse sei, ob eine societas auch stillschweigend eingegangen werden könne u. s. w. Soll in der That die entscheidende Feststellung aller dieser Fragen durch den Strafrichter für den Civilrichter bindend sein, oder vollen Beweis machen? Ist das nicht die Meinung, so wird bei gesetzlicher Einführung des Rechtssatzes eine genauere Abgrenzung der Fragen, bei denen er gelten soll, unentbehrlich sein. Daß aber jede Abgrenzung, mag man sie nun darauf stellen, daß nur Thatsachen, nicht Rechtsverhältnisse, oder noch enger so, daß nur die Thatsache der Verübung des angeschuldigten Verbrechens durch den Angeklagten und zwar nur, wenn sie bejahend entschieden ist, durch den Strafrichter in bindender Weise für den Civilrichter festgestellt werde, dennoch erheblichen Zweifeln in der Ausführung Raum läßt, wird sich weiter unten herausstellen.

2) Daß dieselben Parteien, welche im Strafprozeß über die betreffende Frage gestritten haben, nämlich Staatsanwalt und Angeklagter, auch in dem nachfolgenden Civilprozeß sich gegenüberstehen, ist nicht Voraussetzung des Rechtssatzes. Aber gilt er darum für alle möglichen Parteien eines späteren Civilprozesses? Ist z. B. das Bestehen oder Nichtbestehen der Ehe, der Werth der gestohlenen Sache durch den Strafrichter endgültig festgestellt für Jedermann, der darüber später streiten möchte? Die Fassung des Rechtssatze wie sie bis jetzt lautet, schließt die Bejahung nicht aus. Ist das nicht die Meinung, soll vielmehr die Identität der Personen als Voraussetzung wenigstens so weit festgehalten werden, daß derselbe Angeklagte Partei des späteren Civilprozesses ist, oder auch gewisse dritte Personen mit einbegriffen werden, so wird auch darüber eine genauere gesetzliche Abgrenzung erforderlich sein, die dann wiederum für eigenthümliche Zweifel Raum läßt.

§. 4.

Bedenken dagegen.

Nach der so eben versuchten Schilderung des Rechtszustandes, den die gesetzliche Bejahung der vorgelegten Frage hervorrufen würde, sollen die dagegen sich aufdrängenden Bedenken besprochen werden.

Mag man den Rechtssatz bei seiner gesetzlichen Feststellung immerhin rücksichtlich des Umfangs seiner Anwendung näher und enger abgrenzen, er enthält stets eine neue Erweiterung des singulären nur auf Nützlichkeitsgründen ruhenden Rechtsinstituts der Rechtskraft gesprochener Urtheile. Schon deshalb ist Vorsicht dringend geboten. Denn so wenig die Unentbehrlichkeit des aus der Rechtskraft hervorgehenden formellen Rechts an sich geläugnet werden kann, eben so gewiß ist alles formelle Recht nur ein Nothbehelf an Stelle des menschlicher Kraft und Einsicht häufig unerreichbaren wirklichen Rechts, und zwar ein nur innerhalb gewisser Grenzen erträglicher Nothbehelf, welche sich allerdings je nach dem verschiedenen Stande der Cultur und insbesondere der Rechtsentwickelung zu verschiedenen Zeiten abweichend gestalten werden. Die Frage ist demnach, ob jene beabsichtigte Erweiterung der Rechtskraft dem heutigen Stand und Zuge der Rechtsentwickelung in Deutschland entspreche. Und gerade das möchte erheblichen Zweifeln unterliegen.

Daß mit der Bejahung der vorgelegten Frage in der That nicht blos eine Folgerung aus bereits in den gemeinrechtlichen Quellen anerkannten Rechtssätzen ausgesprochen und gesetzlich gegen Irrthum und Mißverständniß gesichert, sondern vielmehr ein neuer Rechtssatz eingeführt werden würde, ist bereits oben im §. 2. in der Kürze angedeutet. Um aber zu zeigen, daß dieser neue Rechtssatz schwerlich im Einklang mit dem Zuge der heutigen Rechtsentwickelung in Deutschland stehen würde, darf auf Folgendes hingewiesen werden.

1. Das römische Recht, welchem das heutige deutsche in der Lehre von der Rechtskraft folgt, beschränkt mit gutem Grund die schlechthin bindende Kraft abgesprochener Urtheile auf die Parteien des abgeurtheilten Prozesses. **Res judicata facit jus inter partes.** Den Parteien, und nur ihnen, war Gelegenheit gegeben, auf die Beweisfeststellung des Richters durch Vorlage alles dazu dienlichen Materials, durch Herbeiführung einer zweckmäßigen und erschöpfenden Benutzung desselben, durch umfassende und sorgfältige Vertheidigung gegen die Beweismittel des Gegners, kurz durch Benutzung aller durch die Prozeßordnung dargebotenen Befugnisse zu ihren Gunsten einzuwirken. Es ist daher erträglich, da einmal ein Ende des Streitens sein muß, das Resultat *gegen sie* für bindend zu erklären. Denn erstens, haben sie von ihren Befugnissen keinen genügenden Gebrauch machen wollen, so trifft

sie nur die Folge eigener Nachlässigkeit. Zweitens aber, — und das ist für die vorliegende Frage weit wichtiger —, darf regelmäßig angenommen werden, daß eine neue Untersuchung unter denselben Parteien, die eben erst durch ihr eigenes Interesse getrieben muthmaßlich alle dienlichen Anstrengungen gemacht haben werden, kein neues abweichendes Resultat ergeben werde. Diese Annahme gesetzlich zur Fiction zu erheben erscheint erträglich. Denn wenngleich dadurch die Möglichkeit eines materiellen Unrechts ohne Zweifel eröffnet wird, so mag diese für vereinzelte Fälle sich vielleicht verwirklichende Möglichkeit gegenüber dem praktischen Nutzen erreichter Rechtssicherheit für die unendliche Mehrzahl der Fälle gesetzgeberisch außer Acht gelassen werden dürfen. Unerträglich dagegen ist wenigstens den Römern die gesetzliche Feststellung eines bindenden Beweiswerthes gesprochener Urtheile gegen dritte Personen erschienen. Zwar verkennen sie keineswegs den aus der Natur der Sache sich ergebenden Beweiswerth solcher Urtheile auch Dritten gegenüber: sie lassen dieselben mit Recht zu als Beweismittel, praejudicia im Sinne des Quintilian. Aber es fällt ihnen nicht ein, den neuen Parteien des neuen Prozesses die Möglichkeit einer völlig freien Beleuchtung und Bekämpfung dieses Beweiswerthes, sowie der Benutzung aller sonst zulässigen und beizubringenden Beweismittel, irgendwie zu beschränken. In der That möchte diese Auffassung auch bei allgemeiner Betrachtung als die verständige sich empfehlen. Denn ganz abgesehen von der Unzulässigkeit, dritte Personen die Fehler der Prozeßführung anderer empfinden zu lassen, und angenommen, daß die Parteien und der Richter des früheren Prozesses nach besten Kräften ihre Schuldigkeit gethan haben, so bleibt stets zu beachten, daß den neu an dieselbe Frage herantretenden Personen Material bekannt sein kann, welches den früheren beim besten Willen entging, sowie daß durch sie, da sie von einem durch ihr selbständiges Interesse bedingten verschiedenen Gesichtspunkt aus arbeiten, einzelne Seiten schärfer betont, klarer und vollständiger ans Licht gezogen werden, als dazu im früheren Prozeß Veranlassung vorhanden war. Mag die alte Untersuchung noch so gründlich geführt sein, die Annahme, daß die mit neuen Kräften, von neuen Gesichtspunkten aus geführte neue Untersuchung derselben Frage dennoch nur zu dem alten Resultat führen werde, ist immer eine weit schlechter begründete, als in dem Fall derselben Parteien; die Erhebung der Annahme zur Fiction legt daher hier die Möglichkeit eines materiellen Unrechts ungleich näher. Dazu kommt endlich, daß eine derartige gesetzlich ausgesprochene Fiction verstoßen würde gegen den nicht blos die Gründlichkeit der Untersuchung, sondern vor Allem das unentbehrliche Vertrauen auf die Gerechtigkeit der Rechtspflege sichernden Fundamentalsatz jeder Prozeßordnung, wonach Niemand ungehört verurtheilt werden soll, oder vollständiger ausgedrückt: wonach über Niemandes Recht oder

Verpflichtung erkannt werden soll, er habe denn zuvor volle Gelegenheit gehabt, alle seine Angriffs- und Vertheidigungsmittel dem Richter vorzulegen. Der Verstoß ist offensichtlich, wenn das Urtheil des früheren Prozesses gegen einen Dritten gelten soll; er ist aber nicht minder unvermeidlich, wenn es für einen Dritten gegen die im früheren Prozeß allerdings gehörte Partei als schlechthin bindend angerufen werden kann. Denn dieselbe Frage kann einem Dritten gegenüber eine ganz andere Bedeutung gewinnen, und die Partei zu einer weit energischeren Vertheidigung anspornen, als das im früheren Prozeß der Fall war. Hatte sie freilich an sich Gelegenheit, schon in dem früheren Prozeß in Bezug auf dieselbe Frage ihre Rechtsansicht geltend zu machen, so war doch ihr Interesse, davon im vollen Umfang Gebrauch zu machen, wesentlich bedingt durch die damals sich daran anknüpfenden Folgen, deren mindere Bedeutung sie möglicher Weise abhielt, gerade dieser Frage ihre volle Aufmerksamkeit zuzuwenden. Gehört ist sie wohl, aber über diese Frage gehört doch nur, soweit der in dem früheren Prozeß verhandelte Anspruch des damaligen Gegners bzhbl. dessen Verpflichtung in Frage stand. — Erscheint nach diesem Allen die römische Beschränkung der Rechtskraft auf die Parteien als wohl begründet, so lassen doch schon die Römer gewisse Ausnahmen zu, in denen das Urtheil auch für und gegen Dritte bindend ist. Allein eine genauere Betrachtung derselben schwächt nicht, sondern bestärkt eher das Gewicht der obigen für die Regel erörterten Gründe. Sieht man nämlich ab von dem hier nicht weiter zu verfolgenden Einfluß, den eine ausdrückliche oder stillschweigende Anerkennung des Dritten, oder seine Stellung als Rechtsnachfolger der früheren Partei, oder die eigenthümliche Beschaffenheit des streitigen Rechtsverhältnisses auf die Zulässigkeit der Ausdehnung üben mußte, so tritt überall offensichtlich das Bestreben hervor, die Ausdehnung in sehr beschränktem Maße nur da zu gestatten, wo die gleichen Rechtfertigungsgründe vorzuliegen schienen, die auch die Regel selbst stützen. Daher die Voraussetzung, daß in dem früheren Prozeß der bei der entschiedenen Frage unmittelbar und zunächst Betheiligte, der justus contradictor, gehört worden sei, daß er die Vertheidigung von demselben Gesichtspunkt aus, den auch der Dritte geltend gemacht haben würde, gewissenhaft und gründlich geführt habe; daher nicht minder das Bestreben, den Dritten für die Entziehung des eigenen rechtlichen Gehörs auf anderem Wege möglichst zu entschädigen, bald durch Verweisung auf die Intervention, bald durch Gestattung eigener die Entdeckung von Collusionen bezweckender Rechtsmittel.

Unter diese mit großer Vorsicht behandelten Ausnahmsfälle erweiterter Rechtskraft haben die Römer das Criminalurtheil im Verhältniß zu verwandten Civilprozessen nicht aufgenommen, und dem ist man in Deutschland, wie in der ganzen Lehre, bis jetzt gefolgt. Ist es rathsam, nunmehr den Kreis der Ausnahmen durch diese zu vermehren? Sind vielleicht die heutigen Verhältnisse andere, als sie bei den Römern waren? Man hat hingewiesen auf die Einführung der Staatsanwaltschaft. Der Staatsanwalt sei der Vertreter Aller, also auch des im Civilprozeß später auftretenden Dritten. Mit Recht ist erwidert, der Staatsanwalt vertrete zwar die Interessen der Gesellschaft in Bezug auf die herbeizuführende Bestrafung Schuldiger, aber nicht, worauf es hier ankommt, die Privatansprüche aller Einzelnen in der Gesellschaft. Aber man könnte dem Argument die Wendung geben, der Staatsanwalt sei der bei der betreffenden Frage unmittelbar und zunächst Betheiligte, der justus contradictor, es sei daher erträglich, das im Streit mit ihm gefundene Resultat auch für und gegen Dritte schlechthin gelten zu lassen, da sie doch kein anderes herbeizuführen im Stande sein würden. Allein das Verhältniß ist doch ein wesentlich anderes als in den Ausnahmsfällen des römischen Rechts. Den Staatsanwalt interessirt dieselbe Frage von einer ganz anderen Seite her, als die Parteien des Civilprozesses, und deshalb wird die Möglichkeit einer nicht erschöpfenden Wahrheitsermittelung näher gelegt, die Erträglichkeit einer Fiction der erreichten absoluten Wahrheit bedenklicher. Der Werth der gestohlenen Sache z. B. hat auch für den Staatsanwalt Interesse, theils weil er ein Moment des Thatbestandes der angeschuldigten Diebstahlsart, theils weil er ein Strafzumessungsgrund sein kann. Allein dies Interesse kann für ihn, zumal in letzterer Beziehung, durchaus untergeordneter Art sein; unter Umständen so sehr, daß er sich zur Ersparung unverhältnißmäßigen Aufwandes von Zeit, Mühe und Kosten mit einer nur eine annähernde Wahrheitsermittelung bezweckenden Beweisführung begnügt, ja vielleicht sogar seine durch Rechtsmittel geltend zu machenden wesentlichen Bedenken gegen die vom Unterrichter erfolgte entscheidende Feststellung lieber fallen läßt. Soll er etwa blos um eine vielleicht nicht einmal sehr beträchtliche Erhöhung der Strafe möglicher Weise zu erwirken, eine weitaussehende Nichtigkeitsbeschwerde durchführen, und im günstigen Falle der Cassation das Resultat der bisherigen Untersuchung selbst in Frage stellen, jedenfalls doppelten Aufwand an Zeit, Mühe und Kosten verursachen? Ein völlig anderes Interesse an derselben Frage hat der Beschädigte in dem etwa nachfolgenden Civilprozeß, welches ihn antreiben wird, gerade ihr seine volle Aufmerksamkeit zuzuwenden, und jeder ungenauen richterlichen Feststellung mit allen durch die Prozeßordnung dargebotenen Mitteln entgegenzutreten. Die Wahrscheinlichkeit liegt denn doch nicht so fern, daß es ihm gelingen wird, eine vielleicht abweichende und dann muthmaßlich richtigere Feststellung herbeizuführen. Soll einer von beiden als der unmittelbar bei dieser Frage Betheiligte bezeichnet werden, so wird man weit eher den Beschädigten so nennen dürfen als den Staatsanwalt. Aehnliche Betrachtungen werden sich für den Angeklagten geltend machen lassen. Für seine Vertheidigung in der Strafsache mag es ihm von minderer Bedeutung erschienen sein, für die durchaus genaue Feststellung des Werths der gestohlenen Sache besondere Anstrengungen zu machen, weil er davon einen wesentlichen Einfluß auf das Endurtheil des Strafrichters nicht erwartete. Dieselbe Frage gewinnt für ihn ein ganz anderes Interesse dem nachfolgenden Civilkläger gegenüber. Es mag zugegeben werden, daß in dem gewählten Beispiel das civilrechtliche Interesse ganz besonders klar hervortritt, daß bei andern dem Straf- und Civilprozeß gemeinsamen Fragen umgekehrt das strafrechtliche in den Vordergrund sich stellt. Allein es bleibt immer gewiß, daß, wenn auch in größerem oder geringerem Grade, doch bei allen gemeinsamen Fragen die Civilparteien, weil sie eben von einem civilrechtlichen Interesse geleitet werden, andere Seiten betonen, andere Gesichtspunkte in der Wahrheitserforschung ins Auge zu fassen haben, als der Staatsanwalt, und dadurch die Wahrscheinlichkeit einer durch sie veranlaßten Vermehrung und Verstärkung des Beweismaterials bald mehr oder weniger eintritt. — Hiermit erledigt sich zugleich ein ferneres mitunter für die Ausdehnung gebrauchtes Argument: die Hinweisung auf die Sorgfalt und Gründlichkeit der strafrichterlichen Beweiserhebung, und die Menge der gerade dafür durch die Strafprozeßgesetzgebung aufgebotenen Garantien. Daß der Strafrichter die s. g. materielle Wahrheit und Gerechtigkeit erstrebe, und dazu mit manchen Mitteln ausgerüstet sei, die dem Civilprozeß zur Zeit abgehen, mag zugegeben werden, daß er sie immer erreiche, hat noch Niemand behauptet. Unter Umständen kann sogar nach dem eben Ausgeführten nicht einmal eine sicher begründete Wahrscheinlichkeit, daß er sie bei seiner entscheidenden Feststellung gewisser Fragen erreicht habe, behauptet werden. Unter solchen Umständen erscheint es denn doch bedenklich, dem Gesetzgeber die Einführung einer die Selbstvertheidigungsrechte der Civilparteien vernichtenden Fiction erreichter Wahrheit zu empfehlen. vielmehr rathsamer, den Umfang der Rechtskraft in den Grenzen zu lasse vie ihr das bisherige gemeine Recht Deutschlands gezogen hat.

2. Es kommt dazu, daß das Gegentheil keineswegs im Einklange stehen würde mit dem Entwickelungsgang, den die Beweistheorie des Civilprozesses in Deutschland mit großer Entschiedenheit eingeschlagen hat. Aus der rein formalen Beweistheorie des älteren deutschen Rechts entwickelte sich im Mittelalter zunächst das Bestreben, die materiellen Beweise in ihrem Werthe für die Bildung der richterlichen Ueberzeugung durch Gesetz und Rechtswissenschaft im Voraus festzustellen, dann, als man in neuerer Zeit von der Unausführbarkeit dieses Vorhabens in seinem ganzen Umfange sich überzeugt hatte, sollte wenigstens das freie richterliche Ermessen in der Beweiswürdigung gebunden bleiben an gewisse Rechtsvorschriften, die die Be-

nutzung erfahrungsmäßig häufig unzuverlässiger oder minder zuverlässiger Beweise bald ausschlossen, bald auf einen geringeren Werth herabsetzten. Aber nachdem in neuester Zeit der Strafprozeß auch diese Fesseln beseitigt hat, geht offenbar die Strömung dahin, den gleichen Fortschritt auch im Civilprozeß herbeizuführen. Davon legt jeder neuere Civilprozeßgesetzentwurf mehr oder minder Zeugniß ab, und dieser Richtung hat auch der dritte Juristentag Ausdruck gegeben. Die Einführung des in Frage stehenden Rechtssatzes aber wäre auf dieser Bahn ein entschiedener Rückschritt. Statt wie es bei den Römern der Fall war, dem Richter die Würdigung des Beweiswerthes vorausgegangener strafrichterlicher Entscheidungen zu überlassen, würde eine bindende Verpflichtung desselben neu eingeführt werden, der strafrichterlichen Entscheidung noch dazu ohne eigne Prüfung vollen Beweiswerth zuzugestehen: eine Vorschrift, die sogar noch über das Maß gesetzlicher Einschränkung des richterlichen Ermessens hinausgeht, welches die zur Zeit herrschende s. g. negative Beweistheorie einzuhalten pflegt. Wer die Beseitigung, wenn auch nur die allmälige Beseitigung jener gesetzlichen Einschränkungen für das Wünschenswerthe hält, kann sich unmöglich mit einem solchen Rückschritt befreunden. Aber auch wer die Beibehaltung der bisher geltenden Beweisregeln empfiehlt, der wird den Widerspruch mit diesen nicht übersehen dürfen, welcher durch den neuen Rechtssatz veranlaßt wird. Der neue deutsche Strafprozeß ermöglicht eine strafrichterliche Entscheidung auf den Grund von Beweisen, die die bis jetzt geltende Beweistheorie des Civilprozesses ausschließen oder doch als ungenügend bezeichnen würde. Er gestattet z. B., um nur an Einiges zu erinnern, die wenn auch vorsichtige Benutzung mancher Zeugenaussagen, die der Civilprozeß entweder ganz ausschließt oder für verdächtig erklärt, er benutzt unbedenklich die eigenen Angaben der Parteien, die in dem späteren Civilprozeß als Parteien sich gegenüberstehen werden, des Beschädigten und des Beschädigers als Beweisgründe, läßt den ersteren sogar regelmäßig zum [illegible]ichen Zeugnisse zu, er macht es möglich, daß etwas als voll bewiesen be[illegible]elt wird auf Grund der eidlichen Aussage eines einzigen Zeugen, während der Civilprozeß deren zwei verlangt u. s. w. Kurz er läßt eine entscheidende Feststellung der beiden Prozessen gemeinsamen Frage zu auf Beweisgrundlagen, die der Civilrichter, wenn sie ihm vorgelegt wären, nach seiner Beweistheorie als ungenügend erklären müßte. Wird nun gleichwohl diese entscheidende Feststellung des Strafrichters als bindend für den Civilrichter erklärt, so heißt das nichts anderes, als die Beweistheorie des Civilprozesses wenigstens für derartige Fälle über Bord werfen. Die Feinde derselben werden gegen dies Resultat nichts einzuwenden haben, nur werden sie folgerichtig verlangen, daß, was hier für zuläßig erachtet wird auf dem Wege des Strafprozesses, auch auf dem directen Wege des Civilprozesses gestattet werde. Die Freunde aber möchten nur schwer eine genügende Antwort auf die Frage finden, warum man gerade in diesen Fällen der von ihnen für empfehlenswerth erachteten Garantien gegen unbedachtsame richterliche Feststellungen entrathen könne. Denn die Hinweisung auf die Gründlichkeit der strafrichterlichen Untersuchung, auf ihr Streben nach s. g. materieller Wahrheit und Gerechtigkeit beseitigt doch immer nicht die Thatsache, daß unter Umständen nachweislich auf Grund von Beweisen entschieden worden ist, die die Probe der civilprozessualischen Beweisgründe nicht aushalten. Die Bemerkung aber, daß, was der Strafrichter als bewiesen festgestellt habe, um daraufhin über die wichtigsten Güter des Menschen, über Leben und Ehre, über Freiheit und seine ganze gesellschaftliche Stellung zu entscheiden, könne unbedenklich auch als bewiesen gelten, wo es sich nur um Vermögensrechte handle, löst den Widerspruch keineswegs, sie erklärt höchstens, warum man sich entschließen könne, ihn erträglich zu finden, und eine Ausnahme von der gesetzlichen Beweistheorie zuzulassen. Allein, so möchten die Reformfreunde auch hier fragen, wenn es denn erträglich ist, in so wichtigen Fällen die Garantien einer gesetzlichen Beweistheorie bei Seite zu setzen, warum gilt dasselbe nicht auch in den unwichtigeren Fällen, wo es sich von vorn herein nur um Vermögensrechte handelt? Bietet etwa der Civilrichter als solcher geringere Bürgschaften der Fähigkeit und Gewissenhaftigkeit in der Handhabung einer freien Beweiswürdigung als der Strafrichter? Sind nicht meist ganz dieselben Personen berufen, bald als Strafrichter bald als Civilrichter den Werth vorgelegter Beweise zu prüfen und festzustellen, und läßt sich in der That wohl annehmen, daß sie ihrer Aufgabe weniger gewachsen sind, wenn der letzte Gegenstand des Streits nur ein Vermögensrecht ist? Ist es daher nicht besser, statt eine Ausnahme neu einzuführen, das Prinzip selbst aufzugeben, gegen welches ganz dieselben Gründe sprechen, die die Ausnahme rechtfertigen sollen? — Der Schluß scheint unvermeidlich: wer die gesetzliche Beweistheorie beibehalten will für Civilsachen, muß den neuen Rechtssatz als eine nicht zu rechtfertigende Ausnahme, wie es die bisherige gemeinrechtliche Lehre that, ablehnen. Wer aber jene Theorie abschaffen will, der kann den neuen Rechtssatz als einen Rückschritt nicht empfehlen.

3. Der neue Rechtssatz steht endlich nicht im Einklang mit dem in der Entwickelung des deutschen Rechts unverkennbar hervortretenden Bestreben, das Gebiet des Strafrechts begriffsmäßig von dem des Civilrechts zu scheiden, und unter Anerkennung der Selbstständigkeit eines jeden die Rechtsverfolgung für jedes von beiden nach den zum Theil abweichenden Grundsätzen zu ordnen, die ihre verschiedene rechtliche Natur erfordert. Diesen Entwickelungsgang im Einzelnen darzustellen, ist hier nicht der Ort. Es wird genügen, daran zu erinnern, wie im ältern deutschen Recht beide Gebiete fast ununterschieden

in einander flossen, und in Folge dessen auf die Strafverfolgung Rechtssätze angewandt wurden, die nur auf dem andern Gebiet innere Berechtigung haben, und wie erst allmälig, unter wesentlichem Einfluß des fremden rezipirten Rechts, die Nothwendigkeit der Scheidung und Ordnung des Strafverfahrens nach den ihm eigenthümlichen Gesichtspunkten erkannt wurde. Es ist begreiflich, daß die Scheidung keineswegs von vorn herein eine vollkommene und scharfe war, am wenigsten auf dem Gebiete, wo Strafrechte und Civilrechte sich berühren, zumal wo beide aus derselben Quelle abfließen. Es ist nicht minder begreiflich, daß man in derartigen Fällen das Hauptgewicht auf den strafrechtlichen Gesichtspunkt legte, nach ihm das Verfahren ordnete, und die anhängenden Civilsachen beiläufig nebenher durch den Strafrichter als selbstverständlich in seiner Aufgabe mit enthalten ordnen ließ: eine Auffassung, die bekanntlich noch in der P. G. O. an verschiedenen Stellen deutlich hervortritt. Es war ein weiterer Fortschritt auf der eingeschlagenen Bahn der Scheidung, daß man sich zum Bewußtsein brachte, auch auf diesem Grenzgebiet handle es sich um zwei verschiedene Ansprüche. Man schied die Criminalsache von der prinzipal connexen Civilsache. Allein zur vollen Anerkennung der Selbstständigkeit der letzteren gelangte man einstweilen noch nicht. Die frühere Vermischung wirkte immer noch nach durch den Satz, den man mit Hülfe des dabei von ganz andern Gesichtspunkten ausgehenden römischen Rechts rechtfertigte, daß die Criminalsache die Hauptsache sei, die Civilsache nur die Nebensache. Das zeigt sich in den Folgerungen und Anwendungen, die man dem Satze gab. Zunächst war zwar die Zulässigkeit einer selbstständigen Verfolgung des Civilanspruchs nicht zu bezweifeln; allein sobald die Criminalsache gleichzeitig anhängig ward, entschied man sich meist für eine Sistirung der ersteren bis zur Entscheidung der letzteren als der Hauptsache, und zwar mit dem Hintergedanken, den man nur vor dem entgegengesetzten sehr bestimmten Ausspruch des römischen Rechts selten klar zu behaupten wagte, daß die Nebensache mit der Hauptsache gleichsam als ein nur zufällig davon getrenntes Stück derselben insoweit mit und zwar rechtskräftig entschieden werde. Denn das römische Motiv für die gleiche Vorschrift des Vorausgehens der Criminalsache, die Berücksichtigung des Beweiswerthes, nicht der Rechtskraft der strafrichterlichen Entscheidung war so völlig unbekannt, daß man vielmehr bis auf die neueste Zeit gerade diese gesetzlichen Bestimmungen der Reihenfolge als Argument für die rechtskräftig bindende Kraft der strafrichterlichen Entscheidung benutzt hat, wie denn noch jetzt in Frankreich die gleiche Vorschrift im Artikel 3. des code d'instr. crim. die Hauptgrundlage der dort herrschenden Theorie bildet. — Sodann überzeugte man sich zwar, daß in den Fällen des später sogenannten Cohäsionsprozesses im Grunde zweierlei Ansprüche gleichzeitig vom Strafrichter entschieden werden; allein die ursprüngliche Vermischung wirkte doch noch immer so viel, daß man den Civilanspruch für einen bloßen Nebenpunkt erklärte, der nach der Ansicht Vieler beiläufig und zwar im Wege und in der Form des Strafverfahrens abzumachen sei. Wenn endlich die Civilsache nach Beendigung der Criminalsache anhangig gemacht wurde, so fehlte es zu keiner Zeit bis zu Gegenwart an Rechtslehrern, die die von ihnen behauptete verbindliche Kraft der vorausgegangenen strafrichterlichen Entscheidung gerade dadurch rechtfertigen zu können meinten, daß sie auf das Verhältniß der Civilsache als einer bloßen Nebensache zu der Criminalsache als Hauptsache hinwiesen. — Wenngleich nun in Bezug auf die zuletzt berührten Fragen und die richtige Abgrenzung des obigen Satzes bis in die neueste Zeit hinein noch keineswegs völlige Uebereinstimmung erzielt ist, so scheint doch die Behauptung nicht zu gewagt, daß im Allgemeinen der Zug der Rechtsentwickelung dahin gegangen ist, die Selbstständigkeit des Civilanspruchs immer mehr zur Anerkennung zu bringen, und sich von der Vorstellung loszumachen, als sei er ohne Weiteres in dem Strafanspruch mit enthalten, oder auch nur davon abhängig. Zunächst die Reihenfolge anlangend ist man neuerdings weit eher geneigt, die Selbstständigkeit der Civilsache so sehr zu betonen, daß der Criminalsache häufig gar kein hemmender Einfluß zugestanden werden soll. Die rechtliche Natur des s. g. Adhäsionsprozesses, sofern er nicht geradezu aus der Prozeßordnung verbannt ist, hat man als die eines mit dem Strafprozeß nur verbundenen doch selbstständigen Civilprozesses zu fassen sich bemüht, und dabei die Eigenschaft des ersteren als der Hauptsache näher dahin bestimmt, daß der letztere sich überall den Bedürfnissen des ersteren zu fügen, aber keineswegs seine Selbstständigkeit völlig aufzugeben habe. Daß endlich im Fall getrennter Verhandlung über den nachfolgenden Civilanspruch nicht bereits durch die vorausgegangene strafrichterliche Aburtheilung rechtskräftig mit entschieden sei, stützte man mit Recht gerade auf die dem ersteren gegenüber dem Strafanspruch zukommende Selbstständigkeit, wie dies insbesondere in dem Plenarbeschluß des Berliner Obertribunals (Goltdammer, Archiv Bd. 5. S. 359 ff.) in überzeugender Weise geschehen ist. Und wenn das Gegentheil neuerdings durch Berufung darauf zu begründen versucht ist, daß ja im Fall der Adhäsion die zur Verurtheilung des Angeklagten hinreichende strafgerichtliche Beweisführung auch für die Entscheidung des Civilanspruchs als genügend erklärt werde, dasselbe mithin ohne Weiteres auch für den Fall getrennter Verhandlung gelten müßte, so ist diese Schlußfolgerung wenigstens mit der obigen die Selbstständigkeit des Civilanspruchs anerkennenden rechtlichen Auffassung des Adhäsionsprozesses unvereinbar. Denn darnach wird im Fall der Adhäsion auf Grund derselben Beweisführung gleichzeitig über Straf- und Civilanspruch nicht deshalb entschieden, weil diese Beweisführung eine strafrechtlich genügende ist, sondern weil sie zugleich eine damit verbundene unter Mitwirkung der Civilparteien erhobene genügende Civilbeweisführung ist. Auch in andern Fällen verbundener Prozesse bildet eine und dieselbe verbundene Beweisführung die Grundlage der Entscheidung, z. B. die Verurtheilung mehrerer im Streit verbundener Miterben. Aber daraus wird Niemand folgern wollen, daß auch für den Fall getrennter Verhandlung die für die frühere Verurtheilung eines Miterben ausreichend befundene Beweisführung ohne Weiteres für die Entscheidung über die aus ganz derselben Thatsache herfließende Verpflichtung der andern im früheren Streit nicht mitbefangenen Miterben schlechthin maßgebend sei, und zwar deshalb nicht, weil der Anspruch gegen den anderen Miterben und die Prozeßführung darüber eine durchaus selbstständige ist. Die obige Schlußfolgerung scheint daher entweder auf einer Verwechslung des durchaus nicht abzuläugnenden Beweiswerthes vorausgegangener strafrichterlicher Entscheidungen mit ihrer rechtlich verbindenden Kraft für nachfolgende Civilsachen zu beruhen, oder aber die Selbstständigkeit des Civilanspruchs und seiner gerichtlichen Verfolgung wiederum in Frage zu stellen.

Ist die ganze bisherige Ausführung richtig, so geht der Zug der Rechtsentwickelung vielmehr dahin, diese Selbstständigkeit immer mehr zum Bewußtsein und zur Anerkennung zu bringen. Daß damit die gesetzliche Einführung des in Frage stehenden neuen Rechtssatzes in der That im Widerspruch stehe, wird einer breiteren Ausführung kaum bedürfen. Civil- und Strafanspruch, selbst wenn sie aus derselben Quelle entspringen, gehören verschiedenen Rechtsgebieten an und unterliegen mit Bezug auf diese Verschiedenheit einer andern nach verschiedenartigen Gesichtspunkten geordneten Rechtsverfolgung. Die entscheidenden Feststellungen des Strafrichters, die er nach den Normen der Strafprozeßordnung zum Zwecke der ihm übertragenen Hauptentscheidung über den Strafanspruch vorgenommen hat, können daher eine schlechthin bindende Kraft auf dem gesonderten und von anders gestalteten Normen beherrschten Gebiet der Civilrechtsverfolgung nicht in Anspruch nehmen, und zwar genau aus demselben Grunde, aus welchem den entscheidenden Feststellungen des Civilrichters über derartige gemeinsame Fragen eine solche Kraft auf dem Gebiet der Strafrechtsverfolgung nicht zukommt. Wird sie jenem gesetzlich beigelegt, so heißt das nichts anderes, als die Scheidung insoweit aufheben, und die Selbstständigkeit des Civilanspruchs und seiner Rechtsverfolgung insoweit zerstören.

Es ist nicht unwichtig, sich die Bedeutung dieser Zerstörung und ihre nothwendigen Folgerungen wenigstens in den Hauptzügen zu vergegenwärtigen. Bekanntlich rüstet die Civilprozeßordnung die streitenden Theile mit mancherlei Angriffs- und Vertheidigungsmitteln aus, die der Strafprozeßordnung fremd bleiben. Es soll hier nicht Gewicht gelegt werden auf die zur Zeit noch bestehenden Verschiedenheiten der materiellen Beweistheorie, obgleich auch dies wenigstens für diejenigen von Bedeutung sein würde, welche für Civilsachen etwa das Verbot des Zeugenbeweises bei Streitobjecten höheren Werths, die Nothwendigkeit eines bestimmt beschaffenen Urkundenbeweises über gewisse Fragen, z. B. das Alter einer Person, für empfehlenswerth ansehen. Selbst wenn man sich derartige Verschiedenheiten aufgehoben denkt, so werden doch immer dem Civilprozeß andere Vorschriften eigenthümlich bleiben, die auf der besondern Beschaffenheit des hier streitigen Rechtsverhältnisses beruhen. Dahin gehört die bedeutend erweiterte Wirkung des Verzichts und die daraus herfließende Behandlung des gerichtlichen Geständnisses und seiner Erzwingung durch Eideszuschiebung, nicht minder die abweichende Gestaltung der Rechtsmittel. Alle daraus herfließenden Befugnisse werden durch Einführung des neuen Rechtssatzes den Civilparteien abgeschnitten, während doch die rechtliche Natur des hier in Frage stehenden Civilanspruchs keine andere ist, als die jedes andern Civilanspruchs. Die Erwiderung, daß bei der entscheidenden Feststellung des Strafrichters der Gebrauch jener Befugnisse für die Civilparteien seinen Werth nicht mehr haben könne, ist schwerlich zu halten. Warum soll dem Civilkläger verwehrt sein, durch Eideszuschiebung über Thatsachen, die im Strafprozeß vielleicht gar nicht zur Sprache gekommen sind, einen höheren Werth der gestohlenen Sache festzustellen, als der Strafrichter festgestellt hat? Warum soll der im Strafprozeß wegen Körperverletzung mit nachgefolgter Arbeitsunfähigkeit von mehr als 20 (oder 60) Tagen deshalb Verurtheilte, weil der Strafrichter als festgestellt annahm, daß die Arbeitsunfähigkeit 25 (oder 65) Tage gedauert habe, im nachfolgenden Civilprozeß nicht dem Verletzten den Eid darüber zuschieben dürfen, daß er bereits am 24. (oder 64.) Tage wieder in alter Weise gearbeitet habe: eine Thatsache, auf deren vollkommen sichere Feststellung es im Strafprozeß nicht ankam? Die Antwort, daß auch nach der Civilprozeßordnung die Eideszuschiebung unzulässig sei über Thatsachen, die bereits anderweitig bewiesen vorliegen, trifft nicht ganz, aber sie führt auf den rechten Weg. Gesteht man der strafrichterlichen Entscheidung nur den ihr nach den Umständen zukommenden Beweiswerth für den Civilrichter zu, so wird der letztere allerdings jede Eideszuschiebung über Thatsachen abschneiden, die er durch den Strafrichter dermalen als hinreichend festgestellt betrachten kann. Durch Einführung des neuen Rechtssatzes aber wird die Eideszuschiebung in allen Fällen schlechthin ausgeschlossen, selbst da, wo die strafrichterliche Feststellung den Civilrichter keineswegs vollständig überzeugt. — Was sodann die Rechtsmittel anbetrifft, so sind freilich die zur Zeit vorhandenen mancherlei Verschiedenheiten der Straf- und Civilprozeßordnung zum Theil willkürlich und durch die Natur der Sache nicht nothwendig geboten. Allein mindestens in einem Punkt ist dies nicht der Fall. Der Strafprozeß ist genöthigt, die Anfechtung der thatsächlichen Feststellung auf Grund neuer Thatsachen und Beweise, wenigstens wo sie zum Nachtheil des Angeklagten erfolgen soll, in weit engere Grenzen einzuschließen, als der Civilprozeß, und zwar weil die Unbilligkeit, den Angeklagten zwei Mal allen Leiden eines Strafverfahrens auszusetzen, die Rücksicht regelmäßig überwiegt, daß einmal ein Schuldiger nicht, oder nicht in allem gesetzlichen Umfange bestraft werde. Alle deutschen Strafprozeßordnungen lassen daher mit Recht eine Wiederaufnahme des Strafverfahrens zum Nachtheil des Angeklagten bald gar nicht, bald nur in mehr oder weniger beschränkten Umfang zu. Die Wiedereinsetzung in den vorigen Stand des Civilprozesses auf Grund neu aufgefundener Thatsachen und Beweise ist an derartige Beschränkungen nicht gebunden. Warum soll nun der Civilkläger abgehalten sein, wie es durch Einführung des neuen Rechtssatzes geschehen würde, auf Grund solches neuen Materials die zu Gunsten seines Gegners früher erfolgten entscheidenden Feststellungen des Strafrichters im nachfolgenden Civilprozeß zu beseitigen, während vielleicht dem Staatsanwalt die Strafprozeßordnung verwehrt, daraufhin die Wiederaufnahme des Strafverfahrens zu beantragen?

Läßt sich hiernach schwerlich in Abrede stellen, daß durch die Einführung des neuen Rechtssatzes den Civilparteien prozessualische Befugnisse abgeschnitten werden, für die die Strafprozeßordnung keinen Ersatz bietet, so wird das Gewicht des daraus zu entnehmenden Bedenkens noch bedeutend verstärkt durch den Umstand, daß die Parteien des nachfolgenden Civilprozesses nicht blos rechtlich, sondern auch thatsächlich bei der so sehr beschränkten Zulässigkeit der Privatanklage in der überwiegenden Mehrzahl der Fälle andere sind, als die im Strafprozeß sich gegenüberstanden. Damit fällt sogar die Sicherheit hinweg, daß wenigstens die durch die Strafprozeßordnung dargebotenen Befugnisse in ihrem vollen Umfang benutzt worden sind. Auf diesen Gesichtspunkt ist die Darstellung bereits oben unter 1 von einer anderen Seite her hingeführt worden, und es wird daher genügen, hier darauf zu verweisen.

§. 5.

Beleuchtung der erwarteten Vortheile.

Den bisher ausgeführten Bedenken gegen die gesetzliche Einführung des neuen Rechtssatzes könnten indeß vielleicht so überwiegende Vortheile gegenüberstehen, daß man sich doch entschließen möchte, über jene hinwegzusehen.

Zunächst, und darauf wird meist das Hauptgewicht gelegt, vermeidet man mit Hülfe des neuen Rechtssatzes die Möglichkeit einer abweichenden

Entscheidung des Civilrichters über die vom Strafrichter bereits entscheidend festgestellten Fragen. Das ist aber für das Ansehen der Strafrechtspflege, für das Vertrauen auf die Gerechtigkeit ihrer Urtheilssprüche, zumal der Strafurtheile, und folglich für die heilsame Wirkung, die man davon im Volke zu erwarten hat, von der höchsten Wichtigkeit. Die nach umfangreicher, gründlicher und sorgfältiger Wahrheitserforschung von Seite des durch die Gesetzgebung dafür berufenen zuständigen Richters durch die Rechtskraft des strafrichterlichen Erkenntnisses begründete Rechtsvermuthung für die Wahrheit und Gerechtigkeit desselben darf nicht erschüttert werden durch eine entgegengesetzte Entscheidung eines nachfolgenden Richters, noch dazu bei Gelegenheit eines Streites über untergeordnete Interessen, und auf Grundlage einer minder zuverlässigen Beweisführung. Welchen Eindruck müßte es im Volke machen, wenn auf der einen Seite eine Person durch einen völlig rechtsbeständigen Akt der Strafjustiz unwiderruflich zur Erduldung eines Strafleidens verurtheilt wäre, auf der anderen Seite nachträglich durch einen ebenso rechtsbeständigen Act der Civiljustiz, die doch nur einen Theil einer und derselben Justizhoheit ausmacht, entschieden würde, daß es an einer der Voraussetzungen des Strafurtheils in der That gefehlt habe? Dieser Uebelstand muß beseitigt werden durch die gesetzliche Ausdehnung der Rechtskraft, oder vollen Beweiskraft der strafrichterlichen Entscheidungen auf die nachfolgende Civilsache. Das Mittel ist unbedenklich, da die Beweisgrundlage des Strafrichters, vor dem es sich um die Entscheidung der wichtigsten Güter handelt, auch genügen wird für den Civilrichter, der nur über untergeordnete Interessen zu erkennen hat.

Allein dagegen darf Folgendes erinnert werden:

1. Die zuzugebende Möglichkeit einer abweichenden Entscheidung des Civilrichters ist noch keine Wahrscheinlichkeit, die ein gesetzgeberisches Einschreiten in dieser Gestalt nothwendig macht. Im Gegentheil die Wahrscheinlichkeit ist, daß die vom Strafrichter mit Hülfe seiner gründlichen Wahrheitserfassung entscheidend festgestellten Punkte im nachfolgenden Civilprozeß gar nicht mehr Gegenstand des Streites u. folglich der Entscheidung sein werden. Die Parteien werden sie freiwillig als festgestellt behandeln, da sie nicht hoffen können, mit den meist beschränkten Mitteln des Civilprozesses ein abweichendes Resultat zu erzielen. Und wenn das einmal nicht der Fall wäre, so wird die Partei, der ddran liegt, die strafgerichtliche Entscheidung selbst, sowie deren Beweisgrundlage, für sich geltend machen, und mit deren Hülfe eine übereinstimmende Entscheidung des Civilrichters herbeiführen. Die Hoffnung darauf ist eine ziemlich sicher begründete, wenn man sich nur entschließen will, worüber im folgenden §. weiter zu handeln ist, den unzweifelhaft in der Natur der Sache begründeten Beweiswerth der

strafrichterlichen Entscheidungen anzuerkennen und zur gehörigen Geltung kommen zu lassen. Sache des Gegners wird es dann sein, zu zeigen, daß das vom Strafrichter gefundene Resultat nicht der Wahrheit entspreche: eine Aufgabe, die er der Regel nach schwerlich zu lösen vermag. Die Besorgniß ist daher regelmäßig eine unbegründete, die Gefahr einer abweichenden Entscheidung des Civilrichters regelmäßig gar nicht vorhanden.

2. Aber in den Ausnahmsfällen, wo sie vorhanden ist, da ist der beabsichtigte neue Rechtssatz schwerlich das richtige Heilmittel. Wir sehen ab von den Fällen, in denen durch Nachlässigkeit oder Unfähigkeit der prozessirenden Civilparteien oder des entscheidenden Civilrichters der strafrichterlichen Entscheidung und ihrem Beweiswerth nicht die gebührende Beachtung zu Theil geworden und dadurch die Verschiedenheit der civilrichterlichen Entscheidung hervorgerufen ist. Der mögliche Mißbrauch der Freiheit ist nie ein Grund, die aus verständigen Gründen gewährte Freiheit selbst aufzuheben oder zu beschränken. Zudem wird in solchen Fällen nicht das Ansehen der Strafjustiz und das Vertrauen auf die Gerechtigkeit ihrer Sprüche leiden, sondern höchstens das Vertrauen auf die Fähigkeit der Civiljustiz, mehr als bloß formelle Gerechtigkeit zu gewähren. Es bleiben die Fälle, in denen es der Civilpartei in der That ausnahmsweise gelungen ist, das vom Strafrichter gefundene Resultat im Civilprozeß zu erschüttern, und in dem Civilrichter eine abweichende Ueberzeugung von der des Strafrichters zu begründen. Hier ist zweierlei denkbar. Die civilrichterliche Auffassung kann die richtigere, der Wahrheit näher kommende sein. Diese Möglichkeit wird man nicht bestreiten können, da auch im Strafprozeß absolute Gewißheit nie erreicht wird. Wenn das aber der Fall ist, so ist nicht abzusehn, warum der Civilrichter gesetzlich gehindert sein soll, den vor ihm aufgetretenen Parteien ihr Recht widerfahren zu lassen. Soll man das Unrecht, das der Strafrichter aus mangelhafter, aber darum noch nicht aus verschuldet mangelhafter Erkenntniß zugefügt hat, noch dadurch vergrößern, daß man den Civilrichter zwingt, die Folgen desselben zu erweitern? Soll der mit Unrecht vom Strafrichter Freigesprochene, vor dem Civilrichter aber auf Grund neuer Thatsachen und Beweise Ueberführte noch dadurch belohnt werden, daß man dem Beschädigten seine gerechte Schadenersatzforderung abspricht? Soll der vom Strafrichter mit Unrecht, weil irrthümlich der Werth der gestohlenen oder beschädigten Sache zu hoch angenommen ward, zu einer höheren Strafe Verurtheilte auch noch dadurch bestraft werden, daß man ihn zu einem erweislich zu hohen Schadenersatz zwingt? Das würde doch soviel heißen, als sich lieber zu einer neuen Ungerechtigkeit entschließen, als eine begangene einzugestehen, oder ein begangenes Unrecht mit einem neuen zu decken, blos um das Ansehn der Strafjustiz nicht zu gefährden. Man wird zwar einzu-

wenden geneigt sein: die Gesetzgebung könne sich um bloße Möglichkeiten nicht kümmern, sie müsse die Regel und das Wahrscheinliche ins Auge fassen, selbst auf die Gefahr hin, in seltenen Ausnahmsfällen einmal gegen das wahre Recht zu verstoßen. Allein es ist im vorigen §. zu zeigen versucht worden, daß der hier gesetzte Fall eben nicht blos eine entfernte Möglichkeit sei, und zwar weil vor dem Civilrichter andere Parteien, von anderen Gesichtspunkten aus, mit andern prozessualischen Befugnissen ausgerüstet, die Untersuchung derselben vom Strafrichter bereits einmal festgestellten Frage angreifen. Die Sache möchte viel eher so liegen, daß da, wo die strafgerichtliche Entscheidung das Richtige getroffen hat, die wünschenswerthe Uebereinstimmung auch ohne den neuen Rechtssatz eintreten wird, seine eigentliche Wirkung daher vielmehr in den Fällen sich äußern wird, wo es nicht unwahrscheinlich ist, daß der Strafrichter das Richtige nicht getroffen habe. — Aber es ist allerdings noch ein zweiter Fall denkbar, nämlich der, daß die abweichende Ueberzeugung des Civilrichters eben nur eine andere ist, während es doch zweifelhaft bleibe, ob sie die richtigere ist. Ist es da nicht dringend wünschenswerth, mit Hülfe des neuen Rechtssatzes eine abweichende Entscheidung des Civilrichters zu verhindern, die ohne Noth das Ansehn der Strafjustiz gefährdet? Allein wenn die Beweisunterlage in der That so beschaffen ist, daß verständige Richter zu abweichenden Ueberzeugungen gelangen, so ist nicht abzusehen, weshalb das Aussprechen dieses Resultates gerade dem Ansehn und Vertrauen auf die Strafjustiz gefährlich und verderblich werden sollte. Die Verschiedenheiten des Straf- und Civilverfahrens sind bekannt genug, um daß nicht der unbefangene Beobachter weit eher den Grund der abweichenden Richtersprüche vielmehr da suchen wird, wo er wirklich liegt. Statt den Strafrichter zu beschuldigen, wird man weit eher sagen, der Civilkläger hat unterlegen, weil ihm die ausgedehnten Befugnisse der Staatsanwaltschaft nicht zu Gebote standen, oder der Civilbeklagte hat unterlegen, weil er es vorzog, freiwillig nachzugeben, statt es auf einen Eid ankommen zu lassen. Und ist nicht am Ende der nachtheilige Einfluß abweichender Entscheidungen der Gerichte auf die öffentliche Meinung leichter zu ertragen, als der nachtheilige Einfluß der Justizverweigerung, welche der neue Rechtssatz dadurch herbeiführt, daß er den Civilparteien in der Verfolgung ihrer Privatansprüche die Möglichkeit eines Gegenbeweises gegen die strafgerichtlichen Feststellungen schlechthin entzieht, den sie führen zu können glauben, und den sie vielleicht sogar führen können?

3. Dazu kommt, daß weder der neue Rechtssatz selbst, noch das hier besprochene Motiv desselben einer vollkommenen Durchführung fähig ist. Die Möglichkeit entgegengesetzter Entscheidungen über dieselbe Frage läßt sich einmal auch auf dem Gebiete der Strafrechtspflege nicht ganz ausschließen.

Daß das verurtheilende oder freisprechende Erkenntniß gegen den einen Theilnehmer die darin entschiedenen Fragen auch für die spätere Untersuchung gegen andere Theilnehmer oder Begünstiger endgiltig feststelle, wird schwerlich Jemand behaupten wollen. Nur der natürliche Beweiswerth der voraufgegangenen Entscheidung wird sich hier geltend machen. Mit der aus dem bekannten Grundsatz des rechtlichen Gehörs herfließenden Nothwendigkeit einer neuen Untersuchung, wo es sich um die Verurtheilung eines neuen Angeklagten handelt, ist aber auch die Möglichkeit eines abweichenden Resultates der Untersuchung gegeben, nicht mehr und nicht minder als in den hier besprochenen Fällen. Wäre nun wirklich die Furcht vor entgegengesetzten Entscheidungen und ihrem nachtheiligen Einfluß auf das Ansehn der Strafjustiz ein ausreichendes Motiv der Gesetzgebung, um die Selbstvertheidigungsrechte jedes vor Gericht Gezogenen aufzuheben, so müßte es gerade in solchen Fällen sich geltend machen, wo die Gefahr offenbar um so viel größer ist, als das Gewicht strafgerichtlicher Entscheidungen das Gewicht blos civilgerichtlicher Feststellungen überschreitet. Entschließt man sich gleichwohl, auf dem Gebiet verwandter Strafsachen lieber jener Gefahr sich auszusetzen, so wird das Gleiche geschehen dürfen auf dem Gebiet verwandter Straf- und Civilsachen, für welches genau dieselben Gründe, und bei der Verschiedenheit der durch die Straf- und Civilprozeßordnung eröffneten Befugnisse eher noch im verstärkten Maße gelten. Ist es auf jenem Gebiet zulässig und erträglich, die durch die vorausgegangene rechtskräftige strafrichterliche Entscheidung unerschütterlich begründete Rechtsvermuthung für die Wahrheit und Gerechtigkeit derselben in einer später nachfolgenden neuen Untersuchung in Frage stellen zu lassen, und zwar durch einen Act nicht blos eines andern Zweiges derselben Rechtspflege, sondern sogar desselben Zweiges, so ist nicht abzusehen, warum es auf diesem Gebiete schlechthin unzulässig und unerträglich sein soll.

Dieselben Bedenken gegen das entscheidende Gewicht des angegebenen Motivs wiederholen sich, wenn man erwägt, daß es sogar auf dem letzteren Gebiete auf eine vollkommene Durchführung des neuen angeblich dadurch gerechtfertigten Rechtssatzes schwerlich abgesehen ist, und ohne unerträgliche Härten hervorzurufen auch nicht abgesehen sein kann. Schon im §. 3. ist angedeutet, welchen weiten Umfang der Anwendung der neue Rechtssatz bei einer dem Wortsinn entsprechenden Auslegung haben würde: eine Auslegung, die allerdings gefordert werden müßte, wenn der Zweck wirklich dahin geht, den strafrichterlichen Entscheidungen entgegengesetzte civilrichterliche Urtheilssprüche über dieselbe Frage schlechthin auszuschließen. Es wird für unsern Zweck genügen, die dadurch entstehenden Härten nur nach einzelnen Richtungen hin näher auszuführen.

Es ist eine bekannte Sache, daß der Strafrichter nicht selten in der

Lage ist, um zu seiner Hauptentscheidung über das behauptete Strafrecht gelangen zu können, das Dasein oder Nichtdasein von Civilrechten entscheidend feststellen zu müssen, sofern diese einen Theil des Thatbestandes des in Rede stehenden Verbrechens ausmachen, wie z. B. Besitz, Eigenthum, Forderungsrechte, Rechtsbestand einer Ehe u. s. w. Diese Entscheidungen gegen Jedermann, der später darüber in einem Civilprozeß streiten möchte, als schlechthin bindend, oder als vollen Beweis liefernd gelten zu lassen, ist geradezu unmöglich. Oder soll etwa die Freisprechung des wegen Bigamie Angeklagten, weil die erste Ehe für nicht rechtsbeständig vom Strafrichter erklärt wurde, die erste Ehefrau und deren Kinder von dem Beweise der Rechtsgültigkeit schlechthin ausschließen? Soll die Freisprechung von der Anschuldigung des Diebstahls, weil der Angeschuldigte nicht eine fremde, sondern seine eigene Sache genommen hat, jeden beliebigen Dritten vom Beweise seines Eigenthums ausschließen? Soll die Freisprechung von der Anschuldigung eines Forstfrevels, weil der Angeschuldigte Eigenthümer des in Rede stehenden Waldgrundstücks ist, ihn berechtigen, gegen Jedermann Eigenthum zu behaupten? Soll die Verurtheilung wegen Contravention gegen ein Bannrecht, dessen Nachweis der Strafrichter als genügend geführt angenommen hat, dem Bannberechtigten einen Rechtstitel gegen Jedermann gewähren? Soll in den beiden letzten Beispielen die Entscheidung eines vielleicht ganz untergeordneten Strafgerichts vollen Beweis machen für nachfolgende Civilprozesse über Gegenstände von sehr umfassendem Werth? — Wer einen Widerspruch civilgerichtlicher Erkenntnisse, wodurch die Grundlage einer voraufgegangenen strafrichterlichen Entscheidung in Frage gestellt werden könnte, um jeden Preis vermieden sehen will, der muß alle diese Fragen bejahen. Wer sich dazu nicht entschließen kann, muß zugeben, daß für gewisse Fälle der mögliche Widerspruch erträglicher sei, als die Gewißheit formeller Ungerechtigkeit durch Abschneidung des rechtlichen Gehörs und die dadurch nahe gelegte Möglichkeit eines materiellen Unrechts. Aber wo ist dann die Grenze gegen diejenigen Fälle, wo das letztere erträglicher ist, als das erstere? Sie so zu ziehen, daß die strafrichterliche Entscheidung nicht gegen Dritte, sondern nur zum Vortheil und Nachtheil des Angeschuldigten vollen Beweis machen soll, enthält einen Widerspruch. Denn wenn sie zu seinem Vortheil im künftigen Civilprozesse in dieser Weise wirken soll, so wirkt sie eben gegen Dritte. Läßt man aber den Dritten zum Gegenbeweise zu, so wirkt sie eben keinen vollen Beweis in dem Sinne, von dem hier allein die Rede ist. Zieht man die Grenze endlich so eng, daß die strafrichterliche Entscheidung nur gegen den Angeschuldigten wirken soll, so kommt das ungefähr auf den Satz hinaus, daß der Civilrichter in Prozessen, bei denen der Angeschuldigte selbst als Partei betheiligt ist, sich zwar mit freisprechenden, aber nicht mit verurtheilenden Erkenntnissen der Strafgerichte in Widerspruch setzen dürfe, wobei denn freilich schwer einzusehen ist, weshalb das Vertrauen auf die Tüchtigkeit der Strafjustiz mehr leidet, wenn die Grundlagen der verurtheilenden, als wenn die der freisprechenden vom Civilrichter in Frage gestellt werden, da es sich doch in beiden Fällen ganz gleichmäßig nur um die entscheidende Feststellung civilrechtlicher Vorfragen handelt, und die Rechtsvermuthung für die Wahrheit und Gerechtigkeit der strafrichterlichen Feststellungen, wenn überhaupt, so in beiden Fällen gleichmäßig begründet ist.

Man könnte indeß vielleicht versuchen, statt mit Rücksicht auf den Kreis der durch den neuen Rechtssatz zu verpflichtenden Personen, seine Anwendbarkeit vielmehr mit Rücksicht auf die Beschaffenheit der durch den Strafrichter entscheidend festgestellten Civilfragen näher zu begrenzen. Man könnte in dieser Richtung zunächst darauf hinweisen, daß seine Anwendbarkeit gar nicht in Frage komme bezüglich derjenigen Civilfragen, die dem Civilrichter durch die Gesetzgebung ausdrücklich zu entscheiden vorbehalten sind, so daß der Strafrichter vielmehr die entscheidende Feststellung des ersteren abzuwarten habe, wie z. B. Ehesachen, Streitigkeiten über Zustandsrechte, über Rechte an unbeweglichen Sachen im Verhältniß zu Anschuldigungen wegen Wald- Feld- und Jagdfrevel u. dergl. Allein es ist bekannt genug, daß die Landesgesetzgebungen in der Bestimmung dieses Gebiets nichts weniger als übereinstimmen, was nicht zu verwundern ist, da es der Wissenschaft nicht gelungen ist und schwerlich je gelingen wird, ein sicheres aus der Beschaffenheit der streitigen Civilrechtsfragen selbst zu entnehmendes Merkmal aufzufinden, wonach die sog. präjudiziellen von den nichtpräjudiziellen zu scheiden wären. Daß mit so allgemeinen Ausdrücken wie: reine Civilfragen, Civilfragen, die ihrer Beschaffenheit nach den Civilprozeß nicht entbehren können, oder bei denen das Civilinteresse das Criminalinteresse überwiege, nichts geholfen ist, bedarf keiner Ausführung. Das Wahre an der Sache ist, daß in allen Fällen das Vorausgehn des Civilrechtsstreits eine Frage der Zweckmäßigkeit ist, die sich nicht nach der Beschaffenheit des streitigen Rechtsverhältnisses allein, sondern nach den sonstigen Umständen des einzelnen Falles, zumal nach dem zu erwartenden Beweiswerth des vorausgehenden Civilurtheils, der Gefahr vor Verzögerung, Verschleppung u. s. w. beantwortet. Hiernach enthält aber das Herausheben einzelner Civilstreitigkeiten, die immer vorausgehen, während alle übrigen vom Strafrichter beiläufig mit untersucht und mit Hülfe des neuen Rechtssatzes endgültig entschieden werden sollen, eine baare Willkühr. Oder kann man es anders nennen, wenn z. B. der Strafrichter einerseits davon ausgeschlossen wird, die Frage des Besitzes oder Eigenthums einer Waldparzelle für seinen Zweck zu untersuchen, andererseits ihm zugemuthet wird, die verwickeltsten Fragen des Handelsrechts bei Gelegenheit einer Untersuchung wegen Betrugs entscheidend für alle Civilbetheiligten oder doch gegen den Angeschuldigten festzustellen? Dazu kommt, daß sogar in jenen ausgenommenen Fällen die Anwendbarkeit des neuen Rechtssatzes keineswegs gänzlich ausgeschlossen sein würde. Denn wenn der betreffende Civilprozeß weder anhängig ist, noch auch innerhalb der vom Strafrichter etwa vorgezeichneten Frist anhängig gemacht wird, so wird letzterer nicht umhin können, die Untersuchung der streitigen Civilfrage selbst zu übernehmen und sie zunächst für seine Zwecke entscheidend festzustellen, was dann vermöge des neuen Rechtssatzes auch für die Civilbetheiligten bindende Wirkung erzeugen müßte. — Man könnte ferner die Härten des neuen Rechtssatzes durch die Unterscheidung zu beseitigen suchen, daß der Strafrichter nur die Thatsachen entscheidend feststelle, nicht die Civilrechtsverhältnisse. Für jene sei der Civilrichter durch den vollen Beweis, den die rechtskräftige Entscheidung des Strafrichters liefere, gebunden, in der Beurtheilung dieser sei er völlig frei. Allein auch damit ist wenig geholfen. Will man auch davon absehen, daß dem Strafrichter das Bestehen oder Nichtbestehen des in Frage kommenden Civilrechtsverhältnisses, z. B. ob die angeblich gestohlene Sache eine fremde sei oder dem Dieb gehöre, immer nur eine durch gleichzeitige Anwendung civilrechtlicher Grundsätze festzustellende Thatsache, ein Theil des von ihm zu untersuchenden Thatbestandes des angeschuldigten Verbrechens ist, so würde mit jener Unterscheidung doch immer nur soviel bewirkt, daß der Civilrichter zwar alle die vom Strafrichter in bejahender oder verneinender Weise festgestellten Thatsachen als voll bewiesen anzusehen hätte, die darauf für das Bestehen oder Nichtbestehen des Civilrechtsverhältnisses gebauten rechtlichen Schlußfolgerungen aber einer erneuten Prüfung unterziehen dürfte. Und darf er dann im Fall eines entdeckten Fehlers abweichend erkennen, so entsteht eben doch der gefürchtete Widerspruch, den der neue Rechtssatz vermeiden sollte. — Auf das engste Gebiet der Anwendung wird der neue Rechtssatz endlich von denen beschränkt, die nur im Fall der Verurtheilung des Angeklagten für den nachfolgenden Civilstreit über den Schadensersatzanspruch die Thatsache, daß die strafbare Handlung und zwar von dem Angeklagten begangen sei, als rechtskräftig durch die strafgerichtliche Entscheidung festgestellt betrachtet wissen wollen. Damit ist denn freilich das bis jetzt besprochene Motiv des zu vermeidenden Widerspruchs so gut wie aufgegeben, da die Möglichkeit desselben für alle freisprechenden Erkenntnisse, wie für alle verurtheilenden, sofern es sich nur nicht um die Schadensersatzansprüche des durch die strafbare Handlung Beschädigten handelt, zugelassen ist.

Kann es demnach für die Anhänger dieser Ansicht nur eine untergeordnete Bedeutung haben, so scheint für sie ein zweiter von der Einführung des neuen Rechtssatzes zu erhoffender Vortheil in den Vordergrund zu treten, nämlich die Ersparung von Zeit, Mühe und Kosten. Ist es nicht ebenso unbillig wie unnütz, von den Parteien des nachfolgenden Civilprozesses, insbesondere von dem durch die strafbare Handlung Beschädigten, abermals einen Beweis zu verlangen über das, was der Strafrichter bereits so gründlich untersucht und entscheidend festgestellt hat? Wie kann man es verantworten, dem Beschädigten seinen Schadenersatz noch länger vorzuenthalten, und von den Weiterungen eines Civilbeweises über Voraussetzungen abhängig zu machen, deren Vorhandensein für den Staat und sein Strafrecht bereits rechtskräftig feststeht?

Allein auch dagegen läßt sich in ähnlicher Weise wie vorhin Mehreres einwenden.

Zunächst ist der neue Rechtsatz auch von diesem Gesichtspunkt aus auf dem ganzen Gebiet verwandter Straf- und Civilsachen ohne Zweifel undurchführbar. Die Rücksicht auf Ersparung von Zeit, Mühe und Kosten, die durch eine wiederholte Untersuchung derselben schon einmal gerichtlich entschiedenen Frage veranlaßt werden, tritt entschieden in den Hintergrund, sobald sie in Widerspruch steht mit Forderungen der Gerechtigkeit. Das ist aber hier der Fall, weil durch den neuen Rechtssatz das rechtliche Gehör den Civilparteien abgeschnitten und dadurch zugleich die Möglichkeit eines materiellen Unrechts nahe gelegt wird. Aber auch wenn man den neuen Rechtssatz auf das zuletzt besprochene eng begrenzte Gebiet beschränkt, werden diese Bedenken durch den gehofften Vortheil schwerlich überwogen. Zwar kann man sagen, der Beklagte des Civilprozesses sei ja schon im Strafprozeß über diese Frage, die der neue Rechtssatz entscheidend feststellt, gehört und habe dort ausreichende Gelegenheit zu seiner Vertheidigung gehabt. Es sei daher auch gar nicht zu erwarten, daß er bei wiederholtem Gehör im Civilprozeß Anderes und Neues vorzubringen im Stande sei. Die Versagung des letztern sei daher vielleicht eine unterdrückte Formalität, kein materielles Unrecht. Allein abgesehen davon, daß diese Argumentation auf den Fall der Contumazialverurtheilung von vorn herein nicht paßt, so ist dagegen in Gemäßheit der früheren Ausführungen zweierlei einzuwenden. Gehört ist er wohl über Thatbestand und Thäterschaft, aber doch nur soweit das Strafrecht des Staats in Frage stand. Gewisse Seiten derselben Frage, insbesondere des Thatbestandes, erwecken aber ein ganz anderes Interesse und fordern den Angeklagten zu einer ganz andern weit energischeren Vertheidigung auf, wenn es sich um den Schadensersatz, als wenn es sich nur um das Strafrecht handelt. Dem früher gebrauchten Beispiel von dem Werth der gestohlenen Sache mögen hier zur Veranschaulichung noch ein paar andere hinzugefügt werden. Der wegen unbefugten Weidens von Vieh auf fremden Grundstücken oder sonstiger Feldfrevel, wegen Contravention gegen fremdes Bannrecht Angeschuldigte mag zwar in der Strafsache den Einwand erhoben haben, daß das Grundstück sein eigenes sei, daß das Bannrecht nicht bestehe. Sehr weit gehende und kostspielige Anstrengungen zum Beweise desselben hat er vielleicht unterlassen, da es schließlich nur auf Vermeidung einer geringen Geldbuße ankam. Ist er verurtheilt, so ist für den nachfolgenden Entschädigungsprozeß mit Hülfe des neuen Rechtssatzes voll bewiesen, daß er die strafbare Handlung verübt habe, also daß er auf fremden Grundstück gefrevelt, ein bestehendes Bannrecht verletzt habe, und er erfährt nun zu seinem Schrecken, daß ihm sein Eigenthum rechtskräftig aberkannt, die Anerkennung des fremden Bannrechts rechtskräftig erfolgt sei: Resultate, gegen die er ganz andere Anstrengungen gemacht haben würde, wenn er gewußt hätte, daß es sich darum handle. Denn da nach dem neuen Rechtssatz die Verübung der strafbaren Handlung, also auch der Mangel des Eigenthums oder das Bestehen des Bannrechts für den nachfolgenden Entschädigungsprozeß als voll bewiesen anzunehmen ist, so erzeugt die Verurtheilung in letzterem auch eine rechtskräftige Entscheidung über diese Voraussetzungen der Verurtheilung wenigstens nach der Ansicht einer großen Zahl der angesehensten Rechtslehrer in der Controverse über die Rechtskraft der s. g. Entscheidungsgründe. Die Zumuthung aber, daß der Angeschuldigte, den neuen Rechtssatz kennend, seine Vertheidigung in dem Strafprozeß energischer zu führen habe, enthält eine große Unbilligkeit da ihm der mit großer Anstrengung erfochtene Sieg zwar vor der Geldstrafe schützt, aber in keiner Weise zur rechtskräftigen Anerkennung seines Eigenthums bzw. seiner Befreiung vom Bannrecht verhilft. Diese Härte des neuen Rechtssatzes enthält zugleich für den Beschädigten eine sehr dringende Einladung, zunächst mit Hülfe einer Denunciation den Weg des Strafprozesses gegen seinen Gegner zu versuchen. Eine etwaige Freisprechung schadet ihm nicht, er kann die entschiedene Frage von Neuem im Wege des Civilprozesses angreifen. Aber eine Verurtheilung giebt ihm mit leichter Mühe den Sieg in die Hand. — Dazu kommt noch ein Zweites. Wird dem Verurtheilten, wie es die Regel erfordert, in dem nachfolgenden Civilprozeß über die vom Strafrichter für seine Zwecke entscheidend festgestellte Frage das ihm zukommende rechtliche Gehör gewährt, so steht ihm dadurch der Gebrauch der besonderen Befugnisse offen, die die Civilprozeßordnung im Gegensatz zur Strafprozeßordnung darbietet. Und daß durch deren Gebrauch nicht nur ein von der strafrichterlichen Entscheidung abweichendes, sondern auch ein unter Umständen der Gerechtigkeit entsprechenderes Resultat zu erzielen sei, ist bereits oben §. 4. u. f. zu zeigen versucht worden.

Endlich ist darauf hinzuweisen, daß die gehofften Vortheile des neuen Rechtssatzes sich im Wesentlichen auch auf einem anderen Wege erreichen lassen, der zugleich die hier besprochenen Nachtheile thunlichst vermeidet. Dahin gehört zwar auch die Gestattung der Anschließung des Beschädigten im Strafverfahren. In dem gleichzeitigen Auftreten des Civilklägers liegt für den

Civilbeklagten hinreichende Aufforderung, seine Vertheidigung auch nach dieser Richtung vollständig zu führen, um so mehr, da er hier wenigstens im Fall des Siegs auch gegen ihn endgültig Ruhe erlangt: eine Verschiedenheit, die allein schon genügt, um den mitunter versuchten Schluß von dem Adhäsionsprozeß auf die Zulässigkeit des neuen Rechtssatzes in der zuletzt besprochenen Begründung zu beseitigen. In welcher Ausdehnung die Anschließung zu gestatten sei, mit welcher Wirkung, zumal um einerseits das Strafverfahren nicht zu verzögern oder zu verwirren, andrerseits den Civilparteien eine der Civilprozeßordnung entsprechende hinreichend freie Bewegung zu ermöglichen, das sind freilich Fragen, die hier nicht weiter besprochen werden können.

Dahin gehört vor Allem die Anerkennung oder freie Würdigung des in der Natur der Sache begründeten Beweiswerthes vorausgegangener strafrichterlicher Entscheidungen für nachfolgende Civilrechtsstreitigkeiten. Daß dies der anscheinend richtigere Weg sei zur Lösung der Schwierigkeit, deren Beseitigung man von der Einführung des neuen Rechtssatzes hofft, soll noch in der Kürze zu zeigen versucht werden.

§. 6.

Versuch einer anderen Lösung.

Es ist in der bisherigen Ausführung wiederholt hervorgehoben, daß den strafrichterlichen Entscheidungen als solchen über Fragen, die später wiederholt in nachfolgenden Civilprozessen zur Sprache kommen, für die vom Civilrichter vorzunehmende Feststellung ein gewisser, unter Umständen ein sehr hoher Werth zukomme. Es ist daher auch ohne Zweifel als ein Uebelstand anzuerkennen, daß die bisher in Deutschland herrschende Theorie geneigt war, diese Bedeutung zu verkennen, und alles Gewicht nur auf die Beweisgrundlage der strafrichterlichen Entscheidung zu legen. Das hätte nach Einführung des mündlichen Strafverfahrens und der dadurch bedingten Unmöglichkeit einer vollständigen Reproduction jener Beweisgrundlage vor dem Civilrichter folgerichtig zu einer gänzlichen Nichtberücksichtigung der strafrichterlichen Entscheidung selbst führen müssen. Daß dagegen eine Abhülfe nöthig sei, das ist der richtige Gedanke der gesetzgeberischen Versuche der neuesten Zeit. Das Bedenkliche ist nur, daß man auf der anderen Seite zu weit ging. Um jene Berücksichtigung zu sichern, will man der strafrichterlichen Entscheidung absoluten Beweiswerth beigelegt sehen, und verstößt dadurch gegen anderweitige Anforderungen der Gerechtigkeit. In geringerer Weise geschieht dasselbe von denen, die wenigstens Gegenbeweis zulassen wollen: eine Mittelmeinung, die der hier auszuführenden am nächsten kommt.

Das Wünschenswerthe scheint vielmehr das, daß neben Anerkennung des Satzes, daß auch der strafrichterlichen Entscheidung als solcher Beweiswerth für den Civilrichter zukomme, gleichwohl dem letztern die freie nach den Umständen zu bemessende Würdigung desselben zugestanden wird.

Sieht man einstweilen von der heutigen gesetzlichen Beweistheorie des Civilprozesses ab, so wird sich nicht läugnen lassen, daß die dem Civilrichter vorgelegte Thatsache, das Strafgericht habe nach vorgängiger Prüfung gewisse Thatsachen in bejahender oder verneinender Weise als bewiesen festgestellt, vor jenem als Grundlage einer Schlußfolgerung auf die Wahrheit dieser Thatsachen benutzt werden kann. Trägt man doch auch sonst kein Bedenken, die Aussagen s. g. sachverständiger Zeugen oder kundiger Personen darüber, daß sie in der Vergangenheit von der Wahrheit einer Thatsache, z. B. dem damaligen Werth einer Sache, sich überzeugt haben, als zum Beweise tauglich zuzulassen; ja beruht doch die beweisende Kraft früher oder gegenwärtig erstatteter Gutachten in sehr vielen Fällen für den Richter auf der Schlußfolgerung: weil diese kundigen Männer nach sorgfältiger Prüfung diese Thatsache für wahr erklären, so wird sie als wahr anzunehmen sein. Eine ähnliche Benutzung früherer strafgerichtlicher Feststellungen wird man nicht mit dem Einwand schlechthin abschneiden wollen, es sei die Pflicht eines jeden Richters, die Wahrheit vor ihm bestrittener Thatsachen selbst zu untersuchen, statt sich auf die Untersuchungen Anderer zu verlassen. Die Forderung ist richtig, aber maßgebend nur da, wo sie erfüllt werden kann, also da, wo dasselbe Beweismaterial, welches dem früheren Richter vorlag, auch dem jetzigen vorgelegt werden kann. Diese Möglichkeit aber ist mit Einführung des Prinzips der Mündlichkeit in das Strafverfahren an Stelle des früheren schriftlich actenmäßigen Verfahrens verschwunden. Selbst wenn alle die Zeugen, was nicht einmal immer möglich ist, die vor dem Strafrichter ausgesagt haben, dem Civilrichter wiederum vorgeführt, alle die Urkunden und sonstigen Beweisstücke wiederum vorgelegt würden, es lassen sich weder die Aussagen selbst, noch die Art und Weise, wie sie abgegeben wurden, es läßt sich das Gesammtbild der früheren Verhandlung nicht reproduziren. Und doch bildet gerade dieses die Quelle, und wie heutzutage kaum Jemand bestreitet, die zur Entdeckung der Wahrheit zuverlässigste Quelle der strafgerichtlichen Feststellung. Ihre Benutzung dem Civilrichter bei der ihm obliegenden eigenen Untersuchung blos deshalb zu untersagen, weil er zu ihr nur auf dem oben angedeuteten Wege der Schlußfolgerung gelangen kann, ist um so weniger zu rechtfertigen, als Niemand an der Zulässigkeit eines Beweises durch Schlußfolgerungen auch im Civilprozeß zweifelt. Aber der Werth aller Schlußfolgerungen, und so auch dieser, läßt sich nicht im Voraus ein für allemal gleichmäßig sicher feststellen, er hängt von den Umständen des einzelnen Falles ab. Nur die dabei im Allgemeinen in Betracht zu ziehenden Gesichtspunkte der Prüfung lassen sich mit größerer oder geringerer Vollständigreit und Genauigkeit an der Hand der Erfahrung im Voraus bezeichnen und besprechen. So wird, um Einiges näher auszuführen, der Civilrichter bei der in Rede stehenden Schlußfolgerung in Betracht zu ziehen haben das Ansehen und Gewicht der früheren Urtheiler, je nachdem von einem Strafgericht höchster oder niederer Ordnung, vielleicht auch ob von rechtsgelehrten Staatsbeamten oder Geschwornen die Feststellung erfolgte, die Garantien einer gründlichen, sorgfältigen und erschöpfenden Untersuchung sowohl in der allgemeinen Anlage des Strafverfahrens und der durch die Wichtigkeit des angeschuldigten Verbrechens bedingten Form des Strafverfahrens, als deren Beobachtung im einzelnen Fall, darunter die Fragen, ob die frühere Entscheidung contradictorisch oder in contumaciam erfolgte, ob die Aufmerksamkeit damals gerade auf diesen jetzt in Frage stehenden Punkt nach allen Seiten hin gerichtet war, ob nicht jetzt durch nachzuweisende Prozedurfehler, Einwendungen gegen die Glaubwürdigkeit einzelner damals benutzter Beweismittel, Beibringung neuer Beweise gegründete Bedenken sich geltend machen lassen. Daß unter Umständen im günstigsten Fall, vielleicht am häufigsten im Fall der Verurtheilung rücksichtlich der Frage der Verübung der strafbaren Handlung durch den Angeklagten, das Resultat der Prüfung für den Civilrichter das sein kann, daß er auf dem Wege der Schlußfolgerung mit Hülfe der strafrichterlichen Vorentscheidung sich von der Wahrheit der darin festgestellten Thatsachen überzeugt, ist schwerlich zu bezweifeln, am wenigsten von denjenigen, die sogar bereit sind, aus der Schlußfolgerung schlechthin oder in gewissem Umfang eine Rechtsvermuthung, oder sogar eine Fiction durch die Gesetzgebung machen zu lassen. Andererseits scheint eben so gewiß, weil es auf die Umstände des einzelnen Falles ankommt, daß sich im Voraus nicht sicher bestimmen läßt, ob dies und wann es der Fall sein werde.

Möchte hiernach das Ziel aller Rechtspflege, Erforschung der Wahrheit und Gerechtigkeit, soweit überhaupt erreichbar, am ehesten zu erreichen sein auf dem Wege, daß die vorgängige strafgerichtliche Entscheidung zwar als zulässiger Beweis mittelst Schlußfolgerung für den Civilrichter anerkannt, die Feststellung des Werths aber dem letzteren für jeden einzelnen Fall überlassen wird, so lassen sich auch von der praktischen Durchführung die Vortheile der Verminderung entgegengesetzter Urtheile über dieselbe Frage, der Ersparung doppelten Aufwandes an Zeit, Mühe und Kosten erwarten, soweit sie, ohne gegen anderweitige Anforderungen der Gerechtigkeit zu verstoßen, überhaupt erreichbar sind.

Mit der freien Stellung des Civilrichters wird auch den Civilparteien völlig freie Bewegung ermöglicht, das ihnen zukommende rechtliche Gehör in keiner Weise verengt, der durch die Selbstständigkeit des Civilstreits bedingte Gebrauch aller Befugnisse der Civilproceßordnung nicht beschnitten.

Aber daraus folgt keineswegs, daß nach dem Belieben der Parteien die durch die strafgerichtliche Entscheidung festgestellten Fragen stets Gegenstand einer wiederholten selbstständigen und in das Einzelne eingehenden Untersuchung werden müssen, daß in Bezug auf sie schlechthin alle Beweisformen des Civilprocesses, namentlich die Eideszuschiebung, ohne Weiteres anwendbar seien. Die Civilpartei, der daran liegt, wird vielmehr, sei es im s. g. ersten oder im Beweisverfahren, die strafrichterliche Entscheidung als Beweis für sich anführen, und die Zuverlässigkeit der dadurch begründeten Schlußfolgerung nach den Umständen des Falles in das gehörige Licht stellen. Gelingt ihr das in ausreichender Weise, wozu namentlich im Falle der strafgerichtlichen Verurtheilung bezüglich der Thatsache der Verübung der strafbaren Handlung durch den Angeklagten nach dem Obigen gegründete Hoffnung vorhanden ist, so kann dem Gegner das bloße Bestreiten, das bloße Verlangen nach anderweitigem Beweis so wenig etwas helfen, als sonstigen Beweisen gegenüber. In dem angegebenen Beispiele insbesondere wird, falls der Civilkläger für seinen Schadenersatzanspruch gleich in der Klage auf die strafgerichtliche Verurtheilung sich beruft und dann deren Original beilegt, oder deren Dasein und Inhalt durch Zugeständniß des Beklagten festgestellt ist, ein Hineingehen in ein besonderes Beweisverfahren unnöthig sein, falls der Beklagte nichts weiter vorzubringen weiß, als daß er die Wahrheit der mit Hülfe der strafgerichtlichen Entscheidung im Wege der Schlußfolgerung bereits erwiesenen Thatsachen bestreitet, ohne irgend ein gegründetes Bedenken gegen die Zuverlässigkeit der Schlußfolgerung vorzubringen, oder sich zum Gegenbeweise zu erbieten. Ob man dieses Resultat technisch, wie Einige wollen, so auszudrücken hat, die Berufung auf die strafgerichtliche Verurtheilung genüge zur Substantiirung der Klage, oder vielleicht richtiger, sie bilde einen anticipirten Beweis der betreffenden Klagebehauptung, kann hier dahin gestellt bleiben. Ebensowenig wie das bloße Bestreiten, wird in dergleichen Fällen dem Gegner die Eideszuschiebung etwas nützen nach dem bekannten Satz, welcher den Eidesantrag über bereits anderweitig erwiesen vorliegende Thatsachen ausschließt. Die Sache nimmt für ihn erst dann eine andere Wendung, wenn er mit Rücksicht auf die Umstände des Falles die Zuverlässigkeit der beabsichtigten Schlußfolgerung zu erschüttern vermag durch Bedenken irgend welcher Art, die den früher angedeuteten Gesichtspunkten entnommen sein mögen, oder wenn er sich zu selbstständiger Beweisführung über die Unechtheit der mit Hülfe der Schlußfolgerung zu ermittelnden Thatsachen erbietet. Dadurch kann möglicher Weise, sowie nicht minder dadurch, daß der Civilrichter von sich aus, (was ihm ohne Zweifel freisteht, da von einer für die strafgerichtliche Feststellung streitenden Rechtsvermuthung nicht die Rede ist), die Berufung auf letztere im einzelnen Fall als unzureichend, vielleicht als ganz werthlos erachtet und in Folge dessen von der behauptenden Partei anderweitigen Beweis verlangt, das Hineingehen in eine neue Untersuchung derselben Frage nothwendig werden. Die Anlage und Richtung dieser neuen Untersuchung kann ferner eine mehr oder minder selbstständige sein, je nachdem die Absicht darauf hinausgeht, den Werth des in Rede stehenden Beweises durch Schlußfolgerung bald zu zerstören, bald zu stärken, oder für die Wahrheit oder Unwahrheit der streitigen Thatsache selbst Beweise angebracht werden, denen gegenüber der Schlußfolgerungsbeweis vielleicht in den Hintergrund tritt. Diese Möglichkeiten und die dadurch hervorgerufenen processualischen Fragen weiter zu verfolgen, hat kein Interesse, da die dabei etwa entstehenden Schwierigkeiten keine anderen sind, als bei jedem anderen Beweise durch Schlußfolgerung. Nur ein Bedenken mag noch besonders beleuchtet werden. Man hat nicht mit Unrecht darauf hingewiesen, daß die unbeschränkte Zulassung des Gegenbeweises, um es so zu bezeichnen, gegen den durch die strafgerichtliche Verurtheilung zu führenden Beweis der Verübung der strafbaren Handlung durch den Beklagten im Grunde auf die Gestattung einer Appellation vom Spruche des Strafrichters an den Civilrichter hinausläuft, gegen welche mithin alle die Bedenken und zwar in verstärktem Maße sich geltend machen würden, die gegen eine Appellation in der Thatfrage bei mündlichem Verfahren aufsteigen. Auf den darüber noch fortdauernden bekannten Streit kann hier nicht näher eingegangen werden. Es möchte aber auch für den vorliegenden Zweck die Bemerkung genügen, daß genauer zugesehen dieser Streit sich weniger um die Frage dreht, ob dem Verurtheilten (um den Staatsanwalt, für den noch besondere Gesichtspunkte in Betracht kommen, hier außer Acht zu lassen), der sich durch die strafgerichtliche Feststellung der Thatsache beschwert glaubt, und gegen die Richtigkeit derselben zumal mit Hülfe neuer Thatsachen und Beweise erhebliche Bedenken vorbringen zu können meint, dazu Gelegenheit processualisch gegeben werden soll und darf, sondern vielmehr um die Frage, wie dies geschehen soll, ob im Wege der Appellation oder Restitution, event. durch welche nähere Vorschriften jene Erlaubniß in gewisse Gränzen einzuschließen und gegen Mißbrauch zu schützen sei. Man kann daher sehr wohl Gegner einer Appellation in der Thatfrage sein, und doch die Nothwendigkeit der Zulassung einer erneuten Prüfung der Thatfrage beim Vorhandensein ausreichender Bedenken innerhalb gewisser Grenzen anerkennen. Läßt sich nun eine solche neue Prüfung im Strafproceß selbst ohne Gefahr für die Gerechtigkeit durchführen, so wird dasselbe auch in einem nachfolgenden Civilproceß nicht unmöglich sein und dem Civilrichter das Vertrauen geschenkt werden dürfen, daß er nicht minder wie der Strafrichter im Stande sei, sowohl die Frage der Erheblichkeit der vorgeschlagenen neuen Beweise, als die Frage ihres Werthes, wenn sie zugelassen und erhoben sind, gegenüber der früheren strafgerichtlichen Verhandlung und Entscheidung und den daraus zu ziehenden Schlußfolgerungen richtig zu würdigen. —

Aus der bisherigen Beschreibung ist ersichtlich, daß in gar vielen Fällen der Civilstreit mit Hülfe der strafgerichtlichen Vorentscheidung über dieselbe Frage sich erledigen wird, freilich nicht in allen. Die Möglichkeit doppelter Untersuchung und in Folge davon abweichender Entscheidungen derselben Frage bleibt daher allerdings. Aber sie ist eben weder auf dem Gebiet der Straf- noch der Civilrechtspflege gänzlich zu vermeiden, und jedenfalls nur ein untergeordnetes gesetzgeberisches Motiv.

Für den, der die hier vorgeschlagene Lösung der Schwierigkeit für die rathsamste hält, bleibt nur noch die Frage zu beantworten übrig, ob es zur Herbeiführung derselben, oder mit Rücksicht auf den zeitweiligen Fortbestand der gesetzlichen Civilproceßbeweistheorie, eines Einschreitens der Gesetzgebung bedarf.

Allein auch diese Frage ist unseres Erachtens zu verneinen, wenigstens sofern nicht partikularrechtliche Bestimmungen in ungebührlicher Weise die Benutzung des Beweises durch Schlußfolgerungen einschränken.

Daß das römische Recht die praejudicia und darunter die strafgerichtlichen Vorentscheidungen derselben Frage als Beweise in nachfolgenden Civilprocessen unbedenklich zuließ, und deren freie Würdigung dem späteren Richter anheimstellte, ist früher gezeigt worden. Zu dieser Auffassung heutzutage zurückzukehren, möchte der Zustand der heutigen gemeinrechtlichen Beweistheorie, welche sich von dem mittelalterlichen Fesseln der positiven Tarifirung des Werthes jedes einzelnen Beweises größtentheils losgemacht hat, kein Hinderniß mehr entgegenstellen. Ob man nun die Berufung auf die strafgerichtliche Vorentscheidung mit Einigen einen Beweis durch öffentliche Urkunden nennen, oder mit Andern auf die Analogie des Sachverständigenbeweises sich stützen soll, erscheint unerheblich. Das Wichtige wird sein, daß die Zulässigkeit eines Beweises durch Schlußfolgerungen von Niemand bestritten, und nicht minder beim Mangel entgegenstehender gesetzlicher Vorschriften von fast Allen anerkannt wird, die Feststellung des Werthes liege im richterlichen Ermessen, könne je nach den Umständen bald zur vollen Gewißheit führen, bald nur zu einem höheren oder geringeren Grade von Wahrscheinlichkeit. Was hindert dann aber auch, die Thatsache einer strafgerichtlichen Vorentscheidung mit allen ihren Nebenumständen als Grundlage einer Schlußfolgerung auf die Wahrheit der dadurch festgestellten im späteren Civilprozeß wiederholt bestrittenen Thatsachen zu benutzen? Etwa die Ungewißheit, ob nicht der Strafrichter auf Grund von Beweisen entschieden hat, die die Probe der Civilbeweistheorie nicht aushalten? Aber bloße Möglichkeiten kommen doch auch sonst bei

Prüfung eines Civilbeweises nicht in Betracht, und im Uebrigen steht es ja jeder Partei durchaus frei, derartige wie jedes andere Bedenken als im einzelnen Fall wirklich zutreffend nachzuweisen, und dadurch die Schwächung oder Beseitigung der Beweiskraft zu versuchen.

Dazu kommt, daß ein Blick auf den neueren Gang der Rechtsprechung in Deutschland die durch die Gesetzgebung dann zu beseitigende Befürchtung nicht aufkommen läßt, es werde den strafrichterlichen Vorentscheidungen nicht die gebührende Berücksichtigung zu Theil werden. Die Gefahr liegt zur Zeit anscheinend weit mehr auf der anderen Seite, daß ihnen, wenigstens den verurtheilenden Erkenntnissen, mehr als das gebührende Gewicht beigelegt werden möchte. Wer die hier vertheidigte Ansicht theilt, wird getrost erwarten dürfen, daß mit Hülfe der Rechtswissenschaft aus dem zeitweiligen Gegensatz der Extreme die richtige in der Mitte liegende Auffassung sich Anerkennung verschaffen werde. Und wer das nicht erwarten zu dürfen glaubt, der wird am Ende vorziehen, statt im Einzelnen zu bessern, die gesetzliche Beweistheorie im Ganzen einer Revision zu unterwerfen.

§. 7.

Schluß

Nach diesem Allen können wir die Bejahung der zur Begutachtung vorgelegten Frage nicht empfehlen, sind vielmehr der Ansicht, daß einem prozeßordnungsgemäß erlassenen strafrichterlichen Urtheil, wodurch eine Frage entschieden ist, welche der Entscheidung einer Civilsache präjudizirt, für diese letztere unter Umständen die Kraft eines genügenden Beweises zuzugestehen ist, daß indeß die Beurtheilung dieser Beweiskraft in jedem einzelnen Falle der freien Würdigung des Civilrichters überlassen bleiben muß, daß es endlich zur Herbeiführung dieses Resultates eines Einschreitens der Gesetzgebung nicht bedarf.

München, im April 1868.

II.

Gutachten des Herrn Dr. Eduard Ritter v. Liszt, Oberlandesgerichtsrath zu Wien

über die Frage:

„Soll einem prozeßordnungsgemäß erlassenen strafgerichtlichen Urtheile, wodurch eine Frage entschieden ist, welche der Entscheidung einer Civilsache präjudizirt, für diese Letztere die Kraft eines vollen Beweises eingeräumt werden?

Die verschiedenen Fälle, in welchen ein strafgerichtliches Urtheil der Entscheidung einer Civilsache präjudiziren kann, lassen sich im Wesentlichen auf drei zurückführen.

a. Das strafgerichtliche Urtheil constatirt eine Thatsache, welche den Rechtstitel einer Civilklage abgiebt; z. B. nach §. 115 des österr. bürgerl. Gesetzbuches ist es ein Ehetrennungsgrund, wenn sich ein Ehegatte des Ehebruches oder eines mit fünfjähriger Kerkerstrafe belegten Verbrechens schuldig gemacht hat. Das Strafgericht verurtheilt nun einen Ehegatten wegen Ehebruches, oder wegen eines Verbrechens zu wenigstens fünf Jahren Kerker. Auf dieses Urtheil gestützt, begehrt der andere Ehegatte mittelst Civilklage die Trennung der Ehe.

b. Das strafgerichtliche Urtheil constatirt eine That, welche den auf einem anderen Rechtstitel beruhenden civilrechtlichen Anspruch begründet; z. B. nach §. 1295 des österr. bürgerl. Gesetzbuches ist Jedermann, der aus Verschulden einem Anderen Schaden zufügt, den Ersatz desselben zu leisten schuldig. Nun wird ein Arzt, der durch die Ausstellung falscher Gesundheitszeugnisse die Aufnahme kranker Personen in eine Lebensversicherungsgesellschaft bewirkte und die letztere dadurch zu Schaden brachte, vom Strafgerichte des Betruges für schuldig erkannt. Die Lebensversicherungsgesellschaft begehrt hierauf beim Civilgerichte die Verurtheilung des Arztes zum Schadenersatze, und beweist sein Verschulden durch das strafgerichtliche Erkenntniß.

c. Das strafgerichtliche Urtheil constatirt irgend ein Verhältniß oder einen Zustand, durch dessen Vorhandensein gewisse innerhalb der Civilrechtssphäre gelegene Rechte anderer Personen bedingt sind; z. B. nach §. 566 und 569 des österr. bürgerl. Gesetzbuches ist ein von einem Blödsinnigen oder Unmündigen (d. i. im Alter unter 14 Jahren) errichtetes Testament ungültig. Das Strafgericht spricht nun den der Nothzucht an der unmündigen B Angeklagten A aus dem Grunde von diesem Verbrechen frei, weil die B zur Zeit der That das 14. Lebensjahr bereits zurückgelegt, oder weil A damals an Blödsinn gelitten hatte. Auf Grundlage dieses Urtheils kommt jetzt vor dem Civilgerichte die Giltigkeit des von A oder B zu jener Zeit errichteten Testamentes im Klagewege zur Austragung.

Bevor an die Lösung der Eingangs gestellten Frage gegangen wird, erscheint es zweckmäßig, vorerst einen kurzen Blick auf die Natur und den Zweck sowohl des Straf- als auch des Civilprozesses zu werfen und deren innere Verschiedenheit hervorzuheben. Bei dem Strafprozesse handelt es sich zunächst um ein öffentliches Interesse, um den Schutz der allgemeinen Rechtsordnung, um das Strafrecht des Staates, mithin um unveräußerliche Rechte; die Untersuchung hat daher von Amtswegen zu geschehen und die Ausmittlung der vollen materiellen Wahrheit anzustreben; Zugeständnisse, willkürliche Verzichte können vom Strafrichter nicht angenommen werden; derselbe ist an das Objective gebunden und gründet sein Urtheil blos auf das Gewißgemachte. Im Civilprozesse kommen in der Regel blos Parteienrechte in Frage, an deren Geltendmachung der Staat ein Interesse nicht weiter nimmt, als es die Parteien verlangen; die Herbeischaffung des Prozeßmaterials und der Beweise ist daher Sache der Streittheile; das Gericht sucht nur die formelle Wahrheit, und es steht im Belieben der Parteien, auf gewisse Rechte zu verzichten, gewisse Behauptungen des Gegners zuzugeben. Wenn also auch vorausgesetzt wird, daß in einem Staate sowohl die Civil- als auch die Strafgerichte mustergiltig eingerichtet, und daß die Prozeßgesetze für beide der Vollkommenheit nahe gebracht sind, so bleibt es doch immer wahr und einleuchtend, daß die Wahrheitsfindung, welche die Strafgerichte anstreben, dem wirklichen Stande der erörterten Thatsachen und Verhältnisse weit mehr entspricht als jene, welche die Aufgabe der Civilgerichte ausmacht. Die civilgerichtlichen Urtheile stellen ein Recht fest, wie es dem Interesse zweier streitenden Parteien, denen darüber freies Verfügungsrecht zusteht, entspricht; die strafgerichtlichen Urtheile sind der Ausdruck der öffentlichen Rechtsstimme, der Rechtsordnung, welche von dem Privatwillen unabhängig, unwandelbar, nur nach dem, was wirklich ist, und für jeden gleich, die Loose austheilt.

Der richtigen Würdigung dieser Grundverschiedenheit des Civil- und Strafverfahrens ist es zuzuschreiben, daß auf dem Gebiete der Gesetzgebung die Ansicht über den Einfluß, welchen ein civilrichterliches Erkenntniß über Vorfragen, von deren Beantwortung die Entscheidung einer Strafsache abhängt, auf das Strafurtheil haben kann und soll, sich mehr und mehr geklärt hat. Man findet in den Strafgesetzen mehrerer Staaten offen den Grundsatz ausgesprochen, daß das Strafverfahren und die strafrichterlichen Erkenntnisse ganz selbstständig, und daher von jedem Civilprozesse und von allen civilprozessualischen Beweisen und Entscheidungen unabhängig sein müssen. Dieser Vorgang verdient auch die vollste Billigung; es ist damit nur eine Forderung des Rechts erfüllt und der verschiedenen Natur des Civil- und Strafprozesses Rechnung getragen. — Wir verkennen dabei keineswegs, daß dieser Grundsatz in der Anwendung auf gewisse Fälle Einschränkungen zuläßt und auch wirklich erfahren hat; allein es gehört nicht in den Rahmen der vorliegenden Untersuchung, die mannigfaltigen Modificationen, unter welchen derselbe in den einzelnen Staaten (in Oesterreich namentlich im §. 5 der Strafprozeßordnung vom 17. Januar 1850 und sehr abweichend im §. 4 des Kais. Patentes vom 29. Juli 1853, Z. 151 Rgb.) Aufnahme gefunden hat, zu erörtern.

Wendet man aber die obige Ausführung über die verschiedenen Endziele des Civil- und Strafprozesses, um nun die Eingangs gestellte Frage direct zu beantworten, auf das umgekehrte Verhältniß an, und untersucht man den Einfluß, welchen ein strafrichterliches Urtheil, wodurch ein Punkt entschieden ist, der der Entscheidung einer Civilsache präjudizirt, auf diese Letztere auszuüben geeignet ist, so gelangt man folgerichtig zu der Erkenntniß, daß jede Thatsache, welche das Strafgericht vollständig erhoben, und als erwiesen seinem Ausspruche zu Grunde gelegt hat, auch von dem Civilrichter als erwiesen angesehen werden muß, so lange nicht im Wege der Wiederaufnahme des Verfahrens das Gegentheil nachgewiesen worden ist.

Indessen behauptet auch dieser Grundsatz in seiner Allgemeinheit nicht für alle Fälle gleiche Richtigkeit, sondern unterliegt, nach der Verschiedenheit der Strafurtheile und der Gesetzgebung, mannigfaltigen Beschränkungen.

Die Strafurtheile sind zunächst entweder frei- oder schuldig sprechende. — Die dritte Form der Strafurtheile, wonach der Angeklagte wegen Unzulänglichkeit der Beweismittel von der Anklage losgesprochen wird (non liquet), wird hier nicht berücksichtigt, weil dieselbe von der Wissenschaft längst verworfen, auch im Leben allmälig den Boden verliert (in Oesterreich wurde sie durch das Gesetz vom 15. November 1867, Z. 132 Rgb., aufgehoben) und in Bezug auf die vorliegende Frage sich von dem freisprechenden Urtheile nicht wesentlich unterscheidet. —

Wenn nun nach dem Schlusse der mit dem Angeklagten durchgeführten mündlichen Verhandlung odn dem Strafgerichte ein freisprechendes Urtheil geschöpft wird *), so können diesem Urtheil verschiedene Motive zu Grunde liegen. Die Freisprechung kann erfolgt sein, weil das Strafverfahren ohne Verlangen des Berechtigten eingeleitet oder fortgesetzt wurde, oder weil der Berechtigte vor der Urtheilsschöpfung von der Anklage zurücktrat; oder weil der Angeklagte der ihm zur Last gelegten That nicht überwiesen werden konnte; oder weil der Thäter (wegen Irrthum, mangelnden Verstandes u. s. w.) oder weil die That (wegen Mangel des Objectes) nicht strafbar, oder weil die Strafbarkeit derselben auf andere Art (durch Verzeihung, Verjährung) erloschen war. Welche Ursache aber auch immer der Freisprechung des Angeklagten zu Grunde liegen mag, so viel ist gewiß, daß außer dem Falle, wo mit der Freisprechung des Angeklagten der Rechtstitel zur Civilklage entfällt (oben a) und daher die letztere selbst unmöglich gemacht wird, das Hauptgewicht für unsere Frage darauf gelegt werden muß, ob und welche Thatsachen das Strafgericht als erwiesen angenommen hat, denn nur von diesen Thatsachen kann man sagen, daß sie durch das strafgerichtliche Urtheil festgestellt sind und daher auch von dem Civilrichter als bewiesen angesehen werden müssen. Wo das Strafgericht in seinem Urtheile keine Thatsachen als erwiesen constatirt hat, dort kann auch von einem Einflusse des strafrichterlichen Urtheiles auf die Entscheidung des Civilrichters keine Rede sein.

Prüft man an der Hand der vorstehenden Sätze den Einfluß des freisprechenden Strafurtheils auf die im Beginne dieses Gutachtens unter a, b und c hervorgehobenen drei Gattungen von Fällen, so zeigt sich, daß die Freisprechung in den Fällen a allerdings auf die beabsichtigte Civilklage von entscheidendem Einflusse ist; denn da in Folge des freisprechenden Urtheils angenommen werden muß, daß der Angeklagte sich keines Ehebruches und keines Verbrechens schuldig gemacht habe, so ist die auf die entgegengesetzte Voraussetzung gegründete Civilklage seines Partners gar nicht mehr zulässig. Das strafrichterliche Urtheil hat in diesem Falle volle Beweiskraft.

*) Natürlich besteht hier die Voraussetzung, daß am Schlusse der mündlichen Verhandlung auch wirklich ein freisprechendes Urtheil (wie z. B. in dem Entwurfe der österr. Strafprozeßordnung vom Jahre 1867, §. 255) und nicht blos ein Ablassungsbeschluß geschöpft wird (wie z. B. in der österr. Strafprozeßordnung vom 29. Juli 1853, §. 289 Z. 151. Rgb.).

In den Fällen b ist das Resultat des freisprechenden Erkenntnisses nach den Umständen verschieden. Konnte der Angeklagte der ihm zur Last gelegten That nicht überwiesen, oder mußte er aus dem Grunde freigesprochen werden, weil das Object fehlte (z. B. die angebliche Versicherungsgesellschaft existirte gar nicht), so fällt ein Einfluß des strafrichterlichen Urtheils auf die Civilklage außer das Bereich des Denkens; ist aber die Thatsache, welche den Rechtstitel der Civilklage begründen soll, in dem freisprechenden Urtheile als erwiesen bezeichnet worden, und die Freisprechung blos wegen Mangel des bösen Vorsatzes, wegen Irrthums u. s. w. erfolgt, dann wird das freisprechende Urtheil allerdings in so fern für den Civilprozeß von Einfluß sein, als auch der Civilrichter die fragliche Thatsache als erwiesen annehmen und dem Klagebegehren stattgeben muß, wenn die Thatsache, entkleidet von ihrem strafrechtlichen Charakter, den Rechtstitel der Civilklage zu stützen vermag. Für den Schaden, den man einem andern zugefügt hat, ist man civilrechtlich schon dann verantwortlich, wenn der Schaden aus Mangel der gehörigen Aufmerksamkeit oder des gehörigen Fleißes verursacht wurde (§. 1294 des österr. bürgerl. Gesetzbuches); als Betrug hingegen ist die Handlung erst dann strafbar, wenn die Absicht, Schaden zuzufügen, außer Zweifel gestellt ist (§. 197, Strafgesetzbuch vom 27. Mai 1852.).

Auch in den Fällen c wird man behaupten müssen, daß die vom Strafgerichte nach vollständiger Erhebung der Verhältnisse als erwiesen angenommenen Thatsachen auch von dem Civilrichter fortan als unanfechtbar zu betrachten sind. Wurde A von dem Verbrechen der Nothzucht an der B freigesprochen, weil er zur Zeit der That blödsinnig war, oder weil die B nicht, wie die Anklage behauptete, im Alter unter 14 Jahren stand, sondern dasselbe bereits überschritten hatte, so muß wohl auch die Frage, ob ein von dem A oder der B damals errichtetes Testament giltig sei, von dem Civilrichter als entschieden betrachtet werden.

Anders freilich wird sich die Entscheidung der Sache dort gestalten, wo die Gesetzgebung eines Staates die Fragen über Standeseigenschaften (questions d'état) immer zuerst durch die Civilgerichte ordnen läßt, bevor sich die Strafgerichte mit denselben befassen können. Denn wo dieser Vorgang gesetzlich eingeführt ist, liegt eigentlich die Entscheidung über das Dasein von Standeseigenschaften gar nicht in den Händen der Strafjustiz. Die letztere empfängt die diesfällige Sentenz von dem Civilgerichte und legt sie unangetastet ihrem eigenen Urtheile zu Grunde. Der Ausspruch des Strafgerichtes über solche Punkte wird daher für die Entscheidung der Civilgerichte niemals präjudizirlich. Wenn z. B. die Frage über die Giltigkeit einer Ehe zwischen dem A und der B früher bei dem Civilgerichte entschieden werden muß, bevor der Strafrichter an die Entscheidung geht, ob dem A das Verbrechen der zweifachen Ehe mit der C. zur Last fällt*), so muß begreiflicher Weise der Strafrichter sich das Erkenntniß des Civilrichters gefallen lassen und dasselbe unverkümmert als Grundlage seines eigenen Urtheils ansehen.

Der Grund dieser Abweichung von einer allgemeinen Regel ist darin gelegen, daß der Staat im öffentlichen Interesse für die genaue Untersuchung und Prüfung der in Frage gestellten Standeseigenschaften Sorge trägt, daß dabei das Verfahren ein amtliches, von Verzichten und Zugeständnissen der Parteien unabhängiges ist, und daß durch die Ingerenz von durch den Staat selbst berufenen Wächtern des Rechtes und der Wahrheit die möglichste Bürgschaft für einen den wirklichen Verhältnissen angemessenen Urtheilsspruch gegeben wird. Daraus folgt aber wieder der wichtige Satz, daß in jenen Fällen, wo etwa der Erhebung von Standeseigenschaften nicht die volle Vorsorge der Gesetzgebung zugewendet wird, die Entscheidung des Civilgerichtes den Strafrichter nicht binden, dieser daher im entgegengesetzten Sinne entscheiden kann. Ist aber dieses geschehen, und liegen dann zwei sich geradezu entgegengesetzte Entscheidungen vor, so bleiben beide aufrecht, und keine derselben kann der andern präjudiziren.

Ein Beispiel mit Rücksicht auf die österreichischen Gesetze soll dies deutlich machen. Nach §. 163. des allgemeinen bürgerlichen Gesetzbuches wird derjenige für den Erzeuger eines (unehelichen) Kindes gehalten, welcher außergerichtlich gesteht oder gerichtsordnungsmäßig überwiesen wird, daß er der Mutter des Kindes innerhalb des Zeitraumes beigewohnt habe, von welchem bis zu ihrer Entbindung nicht weniger als sechs, und nicht mehr als zehn Monate verstrichen sind. Der Erzeuger hat gewisse Pflichten gegen das uneheliche Kind zu erfüllen, dasselbe insbesondere zu erhalten u. s. w. A. wird nun über die Klage der B. von dem Civilgerichte, entweder weil er sich contumaciren ließ, oder weil ihm ein außergerichtliches Geständniß nachgewiesen wurde, als der Erzeuger ihres unehelichen Kindes C. erklärt und zu gewissen Leistungen verurtheilt. In der Folge wird A. vor dem Strafgerichte angeklagt, mit der C. Blutschande getrieben zu haben (§. 131. des Strafgesetzbuches vom 27. Mai 1852). Das Strafgericht spricht jedoch den A. von diesem Verbrechen frei, weil es sich durch die vorgekommenen Beweismittel überzeugte, daß A. die C. nicht gezeugt habe und daher nicht deren Verwandter sei. Dieses strafgerichtliche Erkenntniß wird

---

*) Die österreichische Gesetzgebung hat sich fortschreitend dem Grundsatze genähert, die Vorfrage über die Giltigkeit einer Ehe immer zuerst durch den Civilrichter entscheiden zu lassen. (Vgl. §. 5. der Strafprozeßordnung vom 17. Jänner 1850, §. 4. der St.-P.-O. vom 29. Juli 1853, und §. 5. des Entwurfes einer Strafprozeßordnung vom Jahre 1867.)

auf die durch das civilrichterliche Urtheil schon früher festgestellten Verhältnisse zwischen dem A. und seinem angeblichen Kinde C. keinen Einfluß nehmen und die durch dieses Urtheil normirten Rechte und Pflichten nicht ändern. Mit anderen Worten: vor dem Civilgerichte bleibt A. der Vater der C., während er vor dem Strafgerichte ihr Vater nicht ist. Diese allerdings sonderbare Stellung ist aber ein natürlicher Ausfluß des verschiedenen Zweckes, den die Civil- und die Strafgerichtsbarkeit zu erreichen hat. Die Civilgerichte haben (in der Regel) die Aufgabe, Parteienrechte herzustellen und gestatten daher dem Einzelwillen eine sehr bedeutende Einflußnahme. Ueber das Begehren der Parteien (ultra petitum) geht der Civilrichter schon gar niemals hinaus; aber auch innerhalb dieser Sphäre nimmt er jedes Zugeständniß, jeden Verzicht der Parteien auf und fällt darnach seine Entscheidung. Die Strafgerichte hingegen sind (in der Regel) berufen, öffentliches Recht festzustellen und sehen dabei von dem Willen des Einzelnen völlig ab. So weit das öffentliche Interesse reicht, übt wohl das strafrichterliche Urtheil unbedingt seine Herrschaft aus; allein außerhalb dieses Kreises die durch das Civilgericht formalisirten Parteienrechte anzugreifen oder gar aufzuheben, liegt nicht mehr in dem Berufe der Strafgerichtsbarkeit.

Aus dieser Erörterung ergiebt sich der Schluß, daß wenn ein Civilgericht über das Dasein von Standeseigenschaften zuerst entschieden hat, und sein Urtheil (weil im öffentlichen Interesse und nach amtlicher Erhebung aller Umstände geschöpft) für das Strafgericht bindend ist, der Ausspruch des letzteren der Civilfrage niemals präjudiziren kann; daß aber, wenn das civilgerichtliche Urtheil (weil blos im Interesse der Parteien geschöpft, und blos auf das von denselben gestellte Begehren und gelieferte Beweismaterial gestützt) für den Strafrichter nicht bindend war, das Urtheil des Letzteren auch (für sich) die civilgerichtliche Sentenz nicht zu alteriren vermag.

Bei der zweiten Art von strafgerichtlichen Urtheilen, denjenigen nämlich, welche auf „schuldig" lauten, ist es zur Lösung der Eingangs gestellten Frage unerläßlich, die sogenannten Contumaz-Urtheile von den eigentlichen Endurtheilen nach abgeführter Verhandlung zu unterscheiden. Die Prozeßordnungen mancher Staaten lassen auch gegen Abwesende und Flüchtlinge ein Strafverfahren zu. So verfügt die österreichische Strafprozeßordnung vom 29. Juli 1853 (im 18. Hauptstücke, §§. 377—395), daß, wenn ein Verbrechen großes Aufsehen gemacht hat, oder die gänzliche Straflosigkeit weitere nachtheilige Folgen besorgen läßt, auch gegen den abwesenden oder flüchtigen Verbrecher verfahren und bis zu einer solchen Verurtheilung vorgegangen werden kann, die in der öffentlichen Meinung wenigstens einige Wirkung gegen die Person des Thäters hervorzubringen fähig ist (§. 385). Der Abwesende oder Flüchtige wird durch Edict zur Stellung vor Gericht vorgeladen (§. 386), und wenn er nicht erscheint, zur Schlußverhandlung geschritten (§. 391), Das gefällte Urtheil wird kundgemacht (§. 392).

Liegt nun ein solches Contumacial-Urtheil des Strafgerichtes vor, so übt dasselbe in Bezug auf die darin festgestellten Thatsachen gar keinen Einfluß auf die (spätere) Entscheidung des Civilrichters über die nämlichen Thatsachen aus; der Civilrichter erkennt diese Thatsachen, obwohl sie in dem strafgerichtlichen Urtheile constatirt sind, nicht als erwiesen an, das strafgerichtliche Urtheil gilt für ihn als nicht vorhanden. Dies liegt in der Natur der Sache. Der Grund, warum oben den strafgerichtlich als erwiesen angenommenen Thatsachen auch vor den Civilgerichten die Beweiskraft vindicirt wurde, d. i. die von Amtswegen gepflogene genaue Erhebung, ist eben hier nicht vorhanden; es fehlt den Erhebungen eines ihrer wesentlichsten Erfordernisse, die Vernehmung des Beschuldigten, welche allein dem Beweismateriale die rechte Farbe und Zuverlässigkeit verleiht; der Werth eines Augenscheinsprotokolles, einer Zeugen- oder Sachverständigen-Aussage, eines schriftlichen Documentes läßt sich erst beurtheilen, wenn der Beschuldigte darüber vernommen worden ist. Auf diesen Erwägungen beruht es auch, daß die österr. Strafprozeßordnung vom 29. Juli 1853, wenn ein solches Contumacial-Urtheil geschöpft und kundgemacht worden ist, das Verfahren gegen den Verurtheilten, sobald er nachträglich in Haft geräth, ohne Rücksicht auf das geschöpfte Erkenntniß fortsetzen, und ein neues Erkenntniß schöpfen läßt (§. 394), welches dann als alleinige Richtschnur für die Bestrafung des Angeklagten zu dienen hat.

Strafgerichtliche Contumacial-Urtheile machen also über die darin entschiedenen Fragen, welche der Entscheidung einer Civilsache präjudiciren könnten, für diese letztere keinen Beweis.*)

Die Schuldigurtheile der Strafgerichte hingegen, welche nach abgeführter mündlicher Verhandlung und Vernehmung des Angeklagten in Gemäßheit der Strafprozeßordnung gefällt, und durch welche Fragen entschieden werden, die der Entscheidung einer Civilsache präjudiciren, haben für die letztere immer die Kraft eines vollen Beweises. Sie sind eben der Ausdruck

*) Daß der Contumacial-Urtheile erst an diesem Platze gedacht wird, da doch dieselben möglicherweise auch auf Freisprechung lauten können, hat seinen Grund darin, daß freisprechende Contumacial-Urtheile jedenfalls eine große Seltenheit sind, so daß es sich nicht lohnt, ihrer, zum Zwecke der vorliegenden Untersuchung, bei den freisprechenden Urtheilen der Strafgerichte zu erwähnen. Uebrigens unterliegt es keinem Zweifel, daß alles, was von dem schuldigsprechenden Contumacial-Urtheile gilt, auch von dem freisprechenden gesagt werden müßte.

der vollen materiellen Wahrheit, in so weit dieselbe überhaupt durch Menschen nach den Gesetzen des Staates gefunden werden kann. Ist die Wahrheit einer Thatsache einmal so zweifellos dargethan, daß sich die Staatsgewalt nicht scheut, auf Grundlage derselben lebenslängliche Entziehung der Freiheit auszusprechen oder gar das Richtschwert in die Hand zu nehmen, dann kann man ohne Bedenken auch Privatrechte auf derselben Grundlage regeln. Es wäre Verschwendung edler und kostbarer Arbeitskraft, es würde die Strafgerichte um ihr Ansehen und ihre Wirksamkeit bringen, wenn man dem Civilrichter die Ueberprüfung solcher in den strafgerichtlichen Urtheilen bereits festgestellten Thatsachen zugestehen wollte.

Die einzige Bemerkung wollen wir noch beifügen, daß die Erörterung, welche oben bei den freisprechenden Urtheilen bezüglich der Entscheidung von Fragen über gewisse Standeseigenschaften angestellt wurde, und die dadurch gewonnenen Sätze, auch auf verurtheilende Erkenntnisse der Strafgerichte volle Anwendung haben.

Wir fassen nun die Antwort auf die Eingangs gestellte Frage in Folgendem zusammen:

1. Ein strafrichterliches Urtheil, welches am Schlusse des ordnungsmäßigen Prozeßverfahrens nach Vernehmung des Angeklagten geschöpft wurde, macht über alle darin als erwiesen angenommenen Thatsachen, welche der Entscheidung einer Civilsache präjudiziren, für diese letztere die Kraft eines vollen Beweises.
2. Contumacial-Urtheile, welche ohne Vernehmung des Angeklagten gefällt werden, sind bezüglich der darin als erwiesen angesehenen Thatsachen ohne Einfluß auf die (spätere) Entscheidung des Civilrichters.
3. Civilgerichtliche Urtheile, in welchen Fragen entschieden wurden, welche später durch ein strafrichterliches Erkenntniß in einem anderen oder im entgegengesetzten Sinne gelöst wurden, werden durch das letztere nicht berührt.

Am 20. April 1868.

III.

Gutachten des Herrn Obertribunalsrath v. Tippelskirch zu Berlin

über die Frage:

„Ist es für das mündliche Strafverfahren angemessen, auf Grund der schriftlichen Acten der Voruntersuchung ein Erkenntniß darüber zu erlassen, ob Anklage zu erheben sei, oder nicht?“

Das in neuester Zeit in dem größten Theile von Deutschland eingeführte mündliche Strafverfahren, welches die Beweise dem erkennenden Richter in möglichster Unmittelbarkeit vorzuführen gestattet, hat gegenüber dem älteren rein schriftlichen Verfahren, in welchem diese Beweise nur durch ein doppeltes Medium dem Gerichtshofe zugeführt werden konnten, so allgemeine Anerkennung gefunden, daß es Eulen nach Athen tragen hieße, wenn man jetzt noch die Vortheile desselben auseinandersetzen wollte. Weil indessen das neue Verfahren in Deutschland meist nur wie ein junges Reis auf einen alten Stamm gepfropft worden ist, so ist häufig von dem alten Stamme noch so viel übrig geblieben, daß die Frage nicht unberechtigt erscheint, ob dieser Ueberrest nicht mitunter dem Wachsthum des Neuen im Wege stehe. Als ein solcher Ueberrest könnten möglicher Weise die in den schwereren, namentlich den schwurgerichtlichen Criminalfällen durchweg eingeführten, oder übrig gebliebenen Anklage-Beschlüsse, bezw. Erkenntnisse betrachtet werden, in so fern man geneigt wäre, in ihnen die früheren Erkenntnisse oder Beschlüsse über die Eröffnung der Specialinquisition*) wiederzufinden, und man könnte

*) Biener, Geschichte des Inquisitionsprozesses, S. 184, 187. — Mittermaier, Das deutsche Strafverfahren, 4. Ausg. §§. 136, 139.

deshalb in der That fragen, ob es für das neue Verfahren, welches in der Person des Staatsanwaltes schon einen öffentlichen Beamten hat, dem die Prüfung der Ergebnisse der Vor- (General-) Untersuchung und die Beurtheilung über die Statthaftigkeit einer Anklage obliegt, noch eines gerichtlichen Anklagebeschlusses oder Erkenntnisses bedürfe. Nur scheint diese Frage nicht sowohl aus dem Princip der Mündlichkeit, als vielmehr aus anderen Erwägungsgründen beantwortet werden zu müssen.

Denn es liegt zu Tage, daß, bevor man zu einer mündlichen Verhandlung schreiten kann, man nicht bloß den Gegenstand derselben im Allgemeinen kennen, sondern sich auch der Personen versichert haben müsse, mit denen zu verhandeln ist. Den Gegenstand der Verhandlung zu bezeichnen, dienen die Anklage und der Anklagebeschluß. Wenn nun aber beide auf derselben Grundlage, nämlich auf den schriftlichen Vorverhandlungen ruhen, und beide wieder die Grundlage der mündlichen Verhandlung sind, so kann nicht eigentlich gefragt worden, ob der Anklagebeschluß oder das Anklageerkenntniß für das mündliche Verfahren angemessen, sondern höchstens ob er für dasselbe nicht entbehrlich sei. So gestellt, würde die Frage nothwendig bejaht werden müssen, weil es ja klar ist, daß der Anklage-Beschluß der mündlichen Verhandlung kein anderes Material zuführt, als welches ihr auch die Anklage darbietet.

Da sich dieses indessen ganz von selbst versteht, so hat anscheinend der Herr Antragsteller nicht sowohl den Ton auf das Wort „mündliche" legen, als vielmehr eine allgemeine Erörterung darüber herbeiführen wollen,

> ob es für das gegenwärtige (sich wenigstens in accusatorischen Formen bewegende) Strafverfahren überhaupt außer der Anklage noch eines, dieselbe genehmigenden s. g. Anklage-Beschlusses oder Erkenntnisses bedürfe?

Die Beantwortung dieser Frage hängt davon ab, welches Princip man dem Strafverfahren zum Grunde legt, und welche Stellung man in demselben dem Staatsanwalte zuzuweisen für geeignet erachtet.

Die älteste Form des gerichtlichen Strafverfahrens war bekanntlich der reine s. g. Anklageprozeß, der, von der Voraussetzung ausgehend, daß die Rüge eines Verbrechens ausschließlich Sache des Verletzten sei, lediglich zwischen diesem, bezw. dessen Rechtsnachfolgern und dem Urheber der Verletzung geführt wurde und sich von einem Civilprozesse nur wenig unterschied.*) In diesem Stadium der strafgerichtlichen Entwickelung wird man, abgesehen von anderen Gründen, schon wegen der noch in ihren ersten Anfängen befindlichen Gerichtsorganisation und der geringen Verbreitung der

---

*) Biener, a. a. O. S. 3.

Schreibekunst förmliche Anklage-Beschlüsse nicht suchen dürfen. Dagegen traten dieselben sehr bald in der zweiten Periode hervor, wo das Verbrechen nicht mehr blos als eine Verletzung des Beschädigten, sondern auch der guten Ordnung und damit der Gesellschaft überhaupt (Friedensbruch) aufgefaßt wird, und folgeweise Jeder, der an der Aufrechthaltung dieser Ordnung ein Interesse hat, also quivis e populo, als Ankläger auftreten kann. Denn erschien darnach die Uebernahme des Anklägeramtes Anfangs nicht blos als ein Recht, sondern auch als die Pflicht eines jeden guten Bürgers und zugleich als Kennzeichen eines solchen, so lehrte doch die Erfahrung zeitig genug, daß dasselbe auch von übel berüchtigten Subjecten und zur Befriedigung von Privatleidenschaften gemißbraucht werden könne. Daher finden wir schon im alten Rom zur Zeit der Quaestiones perpetuae, also gegen das Ende der Republik und am Anfange der Kaiserregierung das Bestreben, nicht nur gewisse Personen vom Anklägeramt überhaupt auszuschließen, sondern auch das Auftreten der übrigen an eine Menge schützender Formen zu knüpfen, so die postulatio (die Nachsuchung der Erlaubniß beim Prätor), die divinatio (die Auswahl unter mehreren Anklägern durch den Prätor), die nominis vel criminis delatio verbunden mit der interrogatio (d. h. die Bezeichnung des Angeklagten und des ihm Schuld gegebenen Verbrechens durch den Ankläger, bei welcher der Angeklagte vorgefordert und vorläufig vernommen wurde), die inscriptio (Aufnahme des Protokolles über diesen Act), endlich die nominis receptio, d. h. den Act, durch welchen der Prätor erklärte, daß die Anklage angenommen sei und den reatus, d. h. die Versetzung in den Anklagezustand aussprach, in Folge dessen der Angeklagte erst die Bezeichnung „reus" erhielt.*) Aehnlich finden wir in England, wo die ursprüngliche Privatanklage bereits zu den Antiquitäten gehört, daß noch jetzt wegen begangener strafbarer Handlungen quivis e populo als Ankläger auftreten kann, daß aber, wer dieses thut, wenn er es nicht vorzieht, sich zuerst an einen Friedensrichter zu wenden und durch diesen die Vorermittelungen bis zum einstweiligen Verweisungsbeschlusse besorgen zu lassen, jedenfalls an die große Jury gehen muß, die dann nach mündlicher Vernehmung der Belastungszeugen über Zulassung oder Verwerfung der Anklage entscheidet.**) Auch in Schottland, wo Privatanklagen

---

*) Geib, Geschichte des römischen Criminalprozesses, Leipzig, 1842. S. 255, 266 bis 285.

**) Glaser, Anklage, Wahrspruch und Rechtsmittel 2c., Erlangen, 1866. S. 8 ff. 24 ff. — Biener, Das englische Geschwornengericht, Leipzig, 1852. §§. 43. 44. — Mittermaier, Das englische, schottische und nordamerikanische Strafverfahren. Erlangen, 1851, §§. 10, 15, 16.

nur noch selten vorkommen, weil dort in der Person des Lord advocate und der Fiscalprocuratoren ein vollständig organisirtes öffentliches Anklägeramt existirt, muß, wer als Privatankläger auftreten will, dazu wenigstens die Erlaubniß des Lord advocate einholen.*) Man sollte nun meinen, daß den mannigfachen Uebelständen des Privatanklageprozesses zu begegnen nichts geeigneter gewesen wäre, als den Privatanklägern einfach einen Beamten als öffentlichen Ankläger zu substituiren. Allein die Geschichte lehrt das Gegentheil, denn sowohl im alten römischen Reiche, als auch in Deutschland und in den meisten Ländern von Europa ist der alte Anklageprozeß durchweg, wenngleich meist nur allmählig, dem reinen Inquisitionsprozesse, bei dem man weder eines öffentlichen noch eines Privatanklägers bedurfte, gewichen und in Frankreich sogar durch ein Gesetz vom Jahre 1539 ausdrücklich abgeschafft worden. Frankreich macht hierbei nur in so fern eine Ausnahme, als dort das bis in's 14. Jahrhundert hineinreichende Institut der procureurs du roi bestehen geblieben ist. Diese, von Hause aus nur die Vertreter der Königlichen Privat-, bald aber zugleich der höheren Staatsinteressen, hatten sich dem Königthume, welches in seinem Streben nach absoluter Gewalt nicht nur die hohen Kronvasallen, sondern später auch seine eigenen, beinahe souverän gewordenen Gerichtshöfe (Parlamente) zu überwinden hatte, viel zu nützlich erwiesen, als daß man sie ohne Weiteres dem Inquisitionsprozesse hätte opfern sollen. Deshalb mußte sich für sie auch in diesem eine Stelle finden. Es lag ihnen namentlich ob, als s. g. „Wächter des Gesetzes" (und zwar nicht bloß den Uebelthätern, sondern auch den Rittern gegenüber) vorgefallene Gesetzesverletzungen zur Kenntniß des Gerichtes zu bringen, und durch weitere Anträge, so wie durch stete Ueberwachung die einmal angeregte Thätigkeit des Gerichtes unausgesetzt in Bewegung zu erhalten. Da im Uebrigen aber nach den Grundsätzen des Inquisitionsprozesses das Gericht von Amtswegen einschritt, so konnten selbstredend auch die procureurs bei Ausübung dieser ihrer Functionen nicht als s. g. „öffentliche Ankläger," sondern nach der Ausdrucksweise der mittelalterlich-canonischen Jurisprudenz nur als „promoventes inquisitionem" angesehen werden. Ebenso war es durch das Wesen des Inquisitionsprozesses von selbst geboten, daß der Beschluß, der den Uebergang aus der vorbereitenden (General-) zur eigentlichen (Special-) Untersuchung anordnete, mochte diese nun das Haupt- oder ein bloßes Schlußverfahren bilden, nur vom Gerichtshofe, wenngleich wie alles andere, auf Anregung oder doch nach Vernehmung des Staatsprocurators, ausgehen könnte.

Seit der Einführung der Geschwornengerichte nach englischem Vorbilde

*) Mittermaier, a. a. O., S. 188.

während der französischen Revolution von 1789 und der dadurch bedingten Nothwendigkeit der Herstellung, wenn nicht eines eigentlichen Anklageprozesses, so doch eines sich mehr in accusatorischen Formen bewegenden, wiewohl dem Wesen nach inquisitorischen Verfahrens fühlte man zwar das Bedürfniß neben dem bisherigen s. g. Vertreter des Gesetzes (Anfangs commissaire du roi, nachher commissaire national und commissaire du gouvernement genannt) auch noch einen s. g. öffentlichen Ankläger (accusateur public) hinzustellen. Allein das bloße Anklägeramt, von den revolutionären Gewalthabern auf das schmählichste gemißbraucht, sank in der öffentlichen Achtung bald so tief herab, daß Napoleon I. sein längeres Bestehen nicht räthlich fand und durch Verschmelzung des accusateur public mit dem commissaire du gouvernement wieder zu dem alten s. g. ministère public zurückkehrte. Durch die inzwischen veränderten Formen des Strafverfahrens mußte sich nun zwar auch die Stellung der wiederhergestellten Procureurs im Verhältnisse zu derjenigen, die sie vor 1789 gehabt hatten, in etwas ändern, namentlich mußten sie mit dem stärkeren Hervortreten der accusatorischen Formen auch selbst mehr und mehr als Vertreter der Anklage erscheinen. Allein als öffentliche Ankläger im eigentlichen Sinne sind sie deshalb in Frankreich und in den deutschen Landestheilen wo französisches Recht gilt, auch heute noch nicht anzusehen, vielmehr prävalirt noch immer ihre Stellung als s. g. Wächter des Gesetzes und promoventes inquisitionem*). Hierin ändert es auch nichts, daß, namentlich im schwurgerichtlichen Verfahren, der Staatsanwalt scheinbar dem Angeklagten gegenüber steht und mit dem Vertheidiger Reden und Gegenreden wechselt. Denn wäre er wirklicher Ankläger, so müßte er, ähnlich dem Prosecutor in England, seine Beweise selbst vorführen, d. h. die Belastungszeugen verhören und die Entlastungszeugen ins Kreuzverhör nehmen. Bekanntlich geschieht dieses aber nicht, sondern das Zeugenverhör wie die ganze Führung der Untersuchung wird während der Hauptverhandlung in rein inquisitorischer Weise durch den Vorsitzenden des Gerichtes bewirkt, und wenn dabei auch dem Staatsanwalte gestattet ist, Fragen zu thun und Anträge zu stellen, so liegt doch in dem Allen nichts, was seine ursprüngliche Stellung als Wächter des Gesetzes und promovens inquisitionem in die eines s. g. öffentlichen Anklägers verwandeln könnte.

Hieraus erklärt es sich, daß das französische Strafverfahren, soweit es auf dem Code d'instruction von 1808 beruht, als denjenigen Act, der einerseits den Uebergang aus dem Vorverfahren zur Hauptuntersuchung (vor

*) Biener a. a. O. S. 42 (II. S. 12); desselben Geschichte des Inquisitionsprozesses S. 193 ff.

den Geschwornen) vermittelt, andererseits der mündlichen Verhandlung die erforderliche Grundlage giebt, nicht sowohl die Anklage, als vielmehr das Anklage**erkenntniß** des betreffenden Gerichtshofes ansieht, welches die Ergebnisse der Voruntersuchung in thatsächlicher und rechtlicher Beziehung seiner Prüfung so vollständig unterwirft, daß für die demnächst zu fertigende Anklageschrift des Staatsanwaltes wenig mehr übrig bleibt, als dieses Erkenntniß in einer dem Verständnisse der Laien mehr zugänglichen Form, gleichsam in usum delphini, wiederzugeben, wie es sich denn auch eben daher erklärt, daß rheinisch-französische Juristen in dem jetzigen Verfahren nicht das Erkenntniß des Anklagesenates, sondern umgekehrt die Anklage des Staatsanwaltes für entbehrlich erachtet haben.

Die neuere französische Gesetzgebung scheint nun allerdings anderer Ansicht gewesen zu sein. Denn sie hat in einzelnen Gesetzen, so in dem Associationsgesetze vom 24. Mai 1834, in dem Preßgesetze vom 9. September 1835 und in einem anderen Gesetze von demselben Tage für gewisse politische Verbrechen das Anklage**erkenntniß** beseitigt und (ähnlich wie in Zuchtpolizeisachen) den Generalprocurator ermächtigt, die Angeschuldigten unmittelbar vor die Assisen zu laden. Durch ein späteres Gesetz vom 17. Juli 1856*) ist sodann für **alle** Straffälle die **Rathskammer** aufgehoben und der Untersuchungsrichter (der bekanntlich mit zu den Beamten der gerichtlichen Polizei gehört und als solcher dem Generalprokurator untergeordnet ist) an deren Stelle gesetzt worden. Allein auch durch diese Gesetze ist der französische Procureur nicht zum bloßen öffentlichen Ankläger herabgedrückt worden, im Gegentheil ist es klar, daß dadurch seine Stellung als Wächter des Gesetzes, ja als eigentlicher Träger der Justizgewalt, im Interesse der Regierung nur noch hat erhöht werden sollen.

Fragt man nun, ob es wünschenswerth sei, dieses Beispiel in Deutschland nachzuahmen, oder gar durch Abschaffung der Anklagebeschlüsse auch für alle übrigen Strafsachen noch zu überbieten, so wird man doch wohlthun, die rein **prozessualische**, von der **kriminalpolitischen** Seite der Frage zu trennen.

Daß, vom rein prozessualischen Standpunkte aus betrachtet, da, wo eine Anklage des Staatsanwaltes vorliegt, nicht noch ein Anklage-Erkenntniß oder Beschluß nöthig sei, folgt schon aus dem, was wir oben über das Verhältniß der Anklage zur mündlichen Verhandlung bemerkt haben. Wenn es sich dagegen um die kriminalpolitische Seite der Frage handelt, so wird es vor

*) Siehe Mittermaier im „Gerichtssaal" 1857 Bd. I. S. 81 ff. Glaser ebendaselbst 1867 S. 121.

allen Dingen nöthig sein, sich den Unterschied zwischen dem französischen Procureur und dem deutschen Staatsanwalte gegenwärtig zu halten.

Daß der letzte dem ersten nachgebildet sei, ist bekannt; eben so daß einige deutsche Gesetzgebungen, so die bayersche und die hannöversche es sich haben angelegen sein lassen, diesem Vorbilde möglichst treu zu bleiben, während andere, darunter die preußische, wohl nicht ohne Absicht, hinter demselben zurückgeblieben sind. Dem unerachtet ist zu bezweifeln, daß die Staatsanwaltschaft in Deutschland so bald das Ansehen der französischen Procuratur erlangen werde, selbst wenn man von oben her geneigt sein sollte, ihr dasselbe zuzugestehen, denn der Ursprung der französischen Prokuratur reicht, wie schon gesagt, bis in's 14. Jahrhundert hinauf*), und wenn das heutige Frankreich auch nicht eben auf die Ehrwürdigkeit des Alters großes Gewicht legt, so legt es um so mehr Gewicht auf den Nutzen einer öffentlichen Einrichtung. Da nun die französische Procuratur während ihres mehr als fünfhundertjährigen Bestehens, wie ebenfalls schon bemerkt worden, in den Kämpfen für die Macht der Centralgewalt, welche, wie oft auch ihre Träger gewechselt haben mögen, noch immer der Stolz Frankreichs ist, sehr wesentliche Dienste geleistet hat, so hat sie sich in dem Systeme des französischen Beamtenthums, welches sie theilweise begründen geholfen, eine eben so einflußreiche, als hoch geachtete Stellung zu erringen gewußt. Anders verhält es sich in Deutschland. Hier gab es, wenn man etwa die alten, allmählich ausgestorbenen Fiskale abrechnet, nichts, was mit der französischen Prokuratur hätte verglichen werden können. Erst die durch die Bewegung des Jahres 1848 plötzlich und unvorbereitet veranlaßte Einführung des öffentlichen und mündlichen Strafverfahrens, so wie der Geschwornengerichte nöthigte wegen der dabei nothwendig zu beobachtenden accusatorischen Formen auch zur Anstellung von Staatsanwälten. Diese, wenn gleich sie Anfangs wie die Vorboten einer neuen Zeit vom Publikum lebhaft begrüßt wurden, haben sich dennoch bisher nicht zu dem Ansehen ihrer französischen Collegen emporschwingen können. Die Schuld liegt weder an ihnen selbst, noch an den deutschen Regierungen, noch an der Kürze der seitdem verflossenen Zeit, sondern in anderen Umständen. Haben nämlich die französischen Procureurs ihrer Zeit das Beamtenthum begründen helfen, mit welchem sie selbst groß geworden sind, so sind die deutschen Staatsanwälte überall, wie homines novi, zu einem seit Jahrhunderten bestehenden, fest gegliederten und in sich abgeschlossenen Beamtenthume hinzugekommen, in welchem sie mehr oder weniger unwillkommen waren. Denn wenn die höheren Verwaltungs- insbesondere die Landespolizeibehörden es übel empfanden, ihre Gewalt über

---

*) Biener das engl. Geschwornengericht Bd. II. S. 10.

die unteren Polizeibehörden mit einer neu erstandenen Beamtenklasse theilen zu sollen, so empfanden es die Justizbehörden noch übler, fortan eine Behörde neben sich zu sehen, die darauf Anspruch machte, ihre Schritte zu lenken, und bei Einlegung von Beschwerden und Rechtsmitteln ihre Rechtsanschauungen zu kritisiren. Daß die hieraus entstandenen mancherlei Reibungen dem Ansehen der deutschen Staatsanwälte bei den Behörden nicht förderlich sein konnten, liegt zu Tage. Daß aber auch das Vertrauen, welches ihnen Anfangs von der Bevölkerung entgegen getragen wurde, nicht unerschüttert blieb, war die nothwendige Folge des Umstandes, daß die neuen Staatsanwälte in den seit 1848 eingetretenen Zeiten politischer Aufregung die Werkzeuge der zwar unausbleiblichen, aber darum nicht weniger unpopulären politischen Verfolgungen waren und nothgedrungen werden mußten.

Mag man nun auch hoffen, daß diese Zustände vorübergehen und unsere Staatsanwälte sich im Laufe der Zeit eben so gut einbürgern werden, als es die französischen Procureurs gethan haben, so würde es doch unter allen Umständen gerathen sein, im Vertrauen hierauf nicht zu schnell vorzugehen und mindestens eine Zeit abzuwarten, wo sich die Gemüther beruhigt und die politischen Ansichten mehr, als bisher geklärt haben werden. Schon jetzt die Staatsanwälte bei Erhebung von Anklagen, auch in den schwersten Sachen, von der Controlle der Gerichte vollständig zu emanzipiren, scheint um so weniger gerathen, als es einstweilen an Beispielen dieser Art noch fehlt. In Frankreich, wo doch die Staatsprocuratur, wie wir gesehen haben, sehr hoch steht und das in ihr liegende Anklägeramt nach Möglichkeit verhüllt ist, hat man dieses, wie gezeigt worden, erst in wenigen Fällen gewagt. Selbst der schottische Lord Advocate, einer der höchsten Beamten seines Landes und sonst in Erhebung und Durchführung von Anklagen so souverän, daß man bei uns vor einer solchen Machtvollkommenheit erschrecken würde, muß doch immer noch bei Anklagen wegen Hochverraths oder wegen todeswürdiger Verbrechen schottischer Peers die Genehmigung einer großen Jury einholen*), und der englische Attorney general, ein nicht minder hochgestellter Beamter, darf im Wege der s. g. information eine Anklage ohne Zustimmung der großen Jury bei der Urtheils- (kleinen) Jury nur einreichen, wenn es sich um misdemeanors (ungefähr unseren Vergehen und Uebertretungen gleichstehend), nicht aber, wenn es sich um felonies (schwere Verbrechen) handelt**). Seine Befugnisse gehen in dieser Beziehung also principiell nicht weiter, als die der französischen und einiger deutschen

---

*) Biener a. a. O. S. 6. Mittermaier, das engl. schottische rc. S. 250, 253, 261, 283.

**) Biener a. a. O. S. 2. Glaser a. a. O. S. 3. Mittermaier a. a. O. S. 136 ff.

Staatsanwälte, die wegen bloßer Vergehen die Angeschuldigten unmittelbar vor das erkennende Gericht laden können.

Angesichts dieser Thatsachen unseren deutschen Staatsanwälten, welche zur Zeit dem großen Publikum — gleichviel ob mit Recht oder mit Unrecht — nicht als einflußreiche und hinlänglich selbstständige Berather, sondern lediglich als dienstwillige Werkzeuge der Regierung erscheinen, auch in den schwersten Criminalfällen ein völlig selbstständiges Anklagerecht einräumen zu wollen, könnte daher leicht als ein Eingriff in die persönlichen Rechte der Staatsbürger aufgefaßt werden, und ein so bedenkliches Mißtrauen erregen, daß an das Durchsetzen eines darauf bezüglichen Gesetzes bei den Volksvertretungen der deutschen Staaten kaum zu denken wäre.

Hiernach können wir uns wenigstens für jetzt nicht dafür aussprechen, im deutschen Strafverfahren die Anklagebeschlüsse ganz zu beseitigen. Wohl aber halten wir dafür, daß dieselben nicht die Form weitläufiger Erkenntnisse anzunehmen brauchen, daß es vielmehr genügt, daß der Anklagesenat, wenn er mit der ihm fertig vorzulegenden Anklageschrift des Oberstaatsanwaltes einverstanden ist, dieses mit einigen wenigen, auf die Schrift selbst zu setzenden Worten erklärt, wie solches die für die neuen preußischen Provinzen erlassene Strafprozeß-Ordnung vom 25. Juni 1867 in den §§ 76, 78, 86 unseres Erachtens ganz zweckmäßig vorschreibt.

IV.

Gutachten des Herrn Prof. Dr. Geyer zu Innsbruck

über die Frage:

„Ist es für das mündliche Strafverfahren angemessen, auf Grund der schriftlichen Acten der Voruntersuchung ein Erkenntniß darüber zu erlassen, ob Anklage zu erheben sei, oder nicht?“

Die Frage, in welcher Weise das Verfahren bei Versetzung in den Anklagestand zu regeln sei, ist dem Deutschen Juristentag gegenüber schon einmal angeregt worden. Der Antrag des Oberlandesgerichtsraths Dr. Keller, betreffend „die Nothwendigkeit einer gründlichen Verbesserung der Voruntersuchung im Strafprozesse,“ bezweckte nämlich unter Anderem auch die Annahme folgender Sätze: „Der Staatsanwalt hat seinen begründeten, mit den gepflogenen Erhebungen belegten Antrag auf Schöpfung eines Anklagebeschlusses oder auf Ablassung von der weiteren Untersuchung, oder auf Haftentlassung dem zuständigen Gerichte vorzulegen. Wenn der Beschuldigte es begehrt, kann auch ohne Anklagebeschluß die Hauptverhandlung angeordnet werden“ (Verhandl. des D. Juristentages II. 2 S. 8). Auf dem dritten Deutschen Juristentag hat Keller selbst noch den ersten der angeführten Sätze dahin amendirt, daß das Gericht vor Schöpfung seines Beschlusses „den Beschuldigten zu vernehmen habe“ (Verhandl. III 2. S. 295). Der Juristentag ging aber bei seiner Berathung über die Beibehaltung und Verbesserung der Voruntersuchung, dem Antrage des Referenten Prof. Glaser entsprechend, auf die Frage über die Gestaltung des Anklagebeschlusses nicht ein. Nur ein Punkt wurde damals durch eminente Stimmenmehrheit in bejahendem Sinne entschieden, welcher gewissermaßen, wenigstens in einer

Richtung der Frage, welche Gegenstand dieses Gutachtens ist, präjudizirt. Es wurde nämlich dem Satze zugestimmt: „daß die Oeffentlichkeit, mindestens die Parteienöffentlichkeit, auch für die Voruntersuchung anzuerkennen sei“ (a. a. O. S. 352). Man hat sich also wenigstens ganz entschieden dafür ausgesprochen, daß (um die Worte Glaser's a. a. O. S. 326 zu gebrauchen) „den Parteien die Anwesenheit bei den einzelnen Acten der Erhebung und Untersuchung gestattet, die unmittelbare und sofortige Antragstellung dabei ermöglicht werde.“ Will der Juristentag an diesem Ausspruche festhalten, und daran möchte ich meinerseits nicht zweifeln, so präjudizirt er allerdings wie erwähnt in einer Richtung der Frage über die Einrichtung des Anklageverfahrens. Denn es wäre meines Erachtens eine handgreifliche Inconsequenz, wenn man einerseits die Parteienöffentlichkeit für die Voruntersuchung als eine Nothwendigkeit proclamiren, andererseits ein Anklageverfahren ohne Parteienöffentlichkeit auf Grundlage von Acten oder etwa blos unter Hinzuziehung des Staatsanwalts gutheißen wollte.

Scheinen wir also schon auf diesem Wege zu einer Umformung des Anklageverfahrens im Sinne der Mündlichkeit gedrängt zu werden, so würde doch in der Aufstellung des Satzes:

> „es sei das Erkenntniß, ob Anklage zu erheben sei oder nicht, nicht auf Grundlage der schriftlichen Acten der Voruntersuchung, sondern einer mündlichen Verhandlung zu erlassen,“

eine petitio principii liegen, denn dieser Satz geht von der Voraussetzung aus, daß überhaupt ein solches Erkenntniß zu erlassen sei, eine Voraussetzung, welche zwar von unseren Gesetzen, und von der bei weitem überwiegenden Mehrheit der Schriftsteller getheilt wird, indessen keineswegs über alle Anfechtungen erhaben ist. Es scheint mir hier unerläßlich, ein paar Worte über diese Frage zu sagen, welche von der allergrößten Wichtigkeit für den gesammten Strafprozeß, nicht blos für den nächsten Gegenstand dieser Ausführung ist. Ich werde mich dabei vorzugsweise auf die Erörterungen Glaser's*) stützen, welcher zu wiederholten Malen die Versetzung in den Anklagestand zum Object eindringender Forschungen gemacht hat.

Das Anklageverfahren ist in allen unseren deutschen Gesetzen, so sehr diese auch in einzelnen Bestimmungen von einander abweichen, bekanntlich im Wesentlichen dem französischen Recht entlehnt. (Eine übersichtliche Zusammenstellung der betreffenden gesetzlichen Bestimmungen s. bei Glaser

*) S. Glaser über die Versetzung in Anklagestand bei schweren Verbrechen im N. Arch. des Crim.-R. 1852, S. 89 fl., 252 fl.; ders. zur Reform des Verfahrens bei der Versetzung in Anklagestand, Gerichtssaal 1867, S. 118 ff., 212 ff.; vergl. die Mittheilungen dess. aus dem Motivenelaborat zum Entwurf der österr. Strafprozeßordnung in der allg. österr. Gerichtszeitung 1862 Nr. 108 und 109.

Gerichtssaal a. a. O. S. 124 ff.; man vergl. dazu die Zusammenstellung bei Triest in Goltd. Arch. für pr. Str. IX. S. 800 ff., X S. 83 ff., und über den neuesten österr. Entwurf von 1867, Glaser in der österr. Gerichtszeitung 1867 Nr. 94.) Leider hat sich so noch einmal, wenn auch in beschränktem Umfang, im neunzehnten Jahrhundert wiederholt, was im 15. und 16. Jahrhundert bei dem damaligen Zustand der Praxis und der juristischen Wissenschaft in Deutschland freilich ein weniger beschämendes Zeugniß unserer Sucht nach Fremdländischem war: wir verpflanzten Gutes und Schlechtes fast ohne Unterschied, ohne Prüfung, ob nicht dieser oder jener Einrichtung blos eine spezifisch nationale ratio zu Grunde liege, von dem fremden Boden auf den einheimischen. So eigneten wir uns in der Hauptsache alle die Widersprüche des französischen Verfahrens an, welches zugleich accusatorisch und inquisitorisch, mündlich und schriftlich, heimlich und öffentlich, uns unwillkürlich an jenen bekannten Ausspruch — ebenfalls eines Franzosen — über den Grund, warum dem Menschen die Sprache gegeben sei, erinnert.

Wie man in Frankreich dazu kam, an die Stelle der jury d'accusation die Anklagekammer zu setzen, erfahren wir namentlich aus den Protokollen der Staatsrathssitzungen bei Locré la législation civile, commerciale et criminelle, Tome XXIV. (besonders p. 621 ff.). Gegen die Anklagejury hat der Kaiser unter Anderem in bezeichnender Weise geltend gemacht, daß sie zu sehr geneigt sei zu absolviren (a. a. O. p. 621). Andererseits drang er aber wiederholt darauf, daß die Entscheidung über die Erhebung der Anklage in die Hand eines mächtigen unabhängigen Gerichtshofes gelegt sein müsse, welcher sich nicht einschüchtern lasse, wenn es sich um ein Vorgehen gegen mächtige, angesehene Personen handle (a. a. O. p. 632, 647, 652 u. f.). Es schien dem Kaiser eine politische Nothwendigkeit „d'établir des corps nombreux et puissans qui administrent tout à la fois la justice civile et la justice criminelle." Und diesen Corporationen, den cours impériales mußte nun auch die wichtige Funktion des Anklagens bei schweren Verbrechen zufallen. Denn sie sollten in jeder Beziehung in den Stand gesetzt werden: „de défendre l'ordre public et la liberté civile contre l'administration, contre le militaire, contre les hommes puissans" (a. a. O. p. 595). Vor diesen Erwägungen politischer Natur mußten die verschiedenen Einwendungen juristischer Art verstummen, welche im Staatsrath gemacht wurden. Vergebens wies z. B. Treilhard (a. a. O. p. 631 f.) darauf hin, daß das Verfahren durch die Anklagekammer sehr langwierig gemacht werde, daß die Richter zur Härte geneigt seien, und daß der Angeklagte arrive aux assises accablé d'un préjugé très puissant, si l'affaire a déjà été examinée par un corps aussi respectable qu'est une cour d'appel. Selbst der Cultusminister gestand zu, daß ein

Anklagebeschluß, welcher mit zu vielen Solennitäten gefaßt wird, ein starkes Präjudiz gegen den Angeklagten hervorrufe (a. a. O. p. 633). Der Kaiser aber meinte, ein Präjudiz sei nicht zu fürchten, weil die Anklagekammer sich ja darauf beschränke zu erklären, daß ein weiteres Verfahren zulässig sei. Auf solche Weise wurden die juristischen Erwägungen als bedeutungslos in den Hintergrund gedrängt und das neugeschaffene Anklageverfahren von vornherein auf den Boden der Politik gestellt.

Meines Erachtens liegt die dringende Aufforderung vor, auch diesem Theil des Verfahrens wieder seinen juristischen Charakter zu vindiciren. Mit den Principien des Strafprozesses aber ist das jetzige Anklageverfahren nicht vereinbar. Ich meine mit jenen Principien zunächst das Anklageprinzip und komme sodann auf das der Unmittelbarkeit (oder Mündlichkeit) zu sprechen, welches allerdings in der mir zur Begutachtung überwiesenen Frage allein in's Auge gefaßt ist. —

Ich werde mich eben darum an diesem Ort nicht in eine umfassende Würdigung des Anklageprincipes einlassen, was mich weit über die hier gesteckten Grenzen hinausführen müßte. Der Streit über die Frage, ob das Anklage- oder das Untersuchungsprincip dem Strafverfahren zu Grunde zu legen sei, ist zwar noch nicht zu einem vollständigen Abschluß gekommen, indessen läßt es sich doch nicht verkennen, daß namentlich seit einem Jahrzehnt der Sieg sich den Verfechtern des Anklageprincips zuneigt. Die vollständige Herrschaft desselben auch in dem Gebiete der Gesetzgebung ist, wie ich glaube, nur noch eine Frage der Zeit und erst, wenn sie fest begründet sein, wenn das Stadium einer widerspruchsvollen Verbindung von Accusation und Inquisition vollständig hinter uns liegen wird, werden wir uns eines wirklich juristisch organisirten Strafverfahrens erfreuen. Denn die Vorbedingung einer solchen Organisirung ist die richtige Vertheilung der Functionen an die Personen, welche im Prozeß thätig werden. So lange wir Richter haben, welchen die Rolle des Anklägers zugetheilt ist, Ankläger, welche nebenbei richterliche Functionen üben, die Interessen der Vertheidigung wahrnehmen und zuletzt gar in dem mystischen Heiligenschein als „unpartheiische Dritte" das Gesetz und die Gerechtigkeit selbst personificiren sollen — Angeklagte endlich, welche man in dem einen Stadium des Verfahrens als bloße Objecte behandelt, in dem anderen zu wirklich berechtigten Subjecten emporhebt — ist keine Rede von einem geregelten Rechtsstreit, sondern von einer Untersuchung mit mannigfaltiger accusatorischer Zuthat. Hier kann nur das Festhalten an dem alten Satz helfen: Wo kein Kläger ist, ist kein Richter. Richten und Anklagen sind zwei ebenso vom Grund aus von einander verschiedene, miteinander unvereinbare Functionen, wie Richten und Vertheidigen. Es wird sich heutzutage Niemand beruhigt finden bei dem Gedanken, welchen die Halsgerichtsordnung Kaiser Joseph des Ersten in den Worten ausspricht: daß der Richter „in dessen erforderlicher Unschuldsvertheidigung einigermaßen auch des Beklagten Stelle vertritt." Aber so wie man zugesteht, daß die richterliche Stellung nicht die nöthige Unbefangenheit in der Vertretung des Angeklagten gewähre, wird man auch zugestehen müssen, daß die Beschäftigung mit der entgegengesetzten Partheithätigkeit dem Wesen des Richteramtes zuwiderlaufe. Man meint nun freilich, einem derartigen Bedenken könne man dadurch begegnen, daß man die anklagenden Richter (die Raths- oder Anklagekammer) durchaus von den erkennenden trenne, so daß diese nicht über die von ihnen selbst erhobene Anklage zu entscheiden haben. Allein auch durch eine solche Einrichtung wird der Uebelstand nicht vom Grund aus behoben. Dem erkennenden Gericht liegt dann doch immer eine Anklage vor, welche, eben weil sie vom Richter ausgeht, die vollste Unparteilichkeit für sich in Anspruch nimmt. Es ist nicht mehr der Antrag einer Partei, über welchen zu entscheiden ist, sondern ein Vor-Urtheil, dessen Gewicht schwer auf dem Angeklagten lastet. Das erkennende Gericht muß, je mehr es selbst durchdrungen ist von dem Vertrauen auf die Gewissenhaftigkeit, mit welcher Richter ihres Amtes walten, desto mehr in einer dem Angeklagten nachtheiligen Weise sich eingenommen fühlen durch den gravirenden Ausspruch, welcher von richterlichen Beamten ergangen ist. Daß derselbe Eindruck auch den Geschworenen, wo diese zur Mitwirkung berufen sind, sowohl auf directem Wege, als auf indirektem durch die Vermittlung der Staatsrichter und namentlich des Schwurgerichtspräsidenten sich mittheilt, bedarf keines besonderen Nachweises. *)

Je verhängnißvoller nun das Anklageerkenntniß in seinen präjudizirenden Wirkungen für den Angeklagten ist, um so eindringlicher wird sich die Forderung geltend machen, dem Angeschuldigten die weitreichendsten Vertheidigungsmittel zur Abwendung der Versetzung in den Anklagestand zu gewähren. Man hat dieser Forderung auf verschiedene Weise zu entsprechen gesucht. Entweder hat man geradezu ein höheres Gericht, welches durch seine Zusammensetzung im Allgemeinen größere Bürgschaft für eine sachgemäße Entscheidung zu bieten scheint, mit der Function des Anklagens — wenigstens bei Straffällen der höchsten Ordnung — betraut, oder man hat dem Angeklagten Rechtsmittel gegen die Entscheidung der Rathskammer gegeben. (Eine andere Garantie, welche man in der Mündlichkeit des Anklage-

*) Sundelin sagt freilich (Wesen und Aufgabe der Geschwornengerichte 1868 S. 13): „Auf das Urtheil soll und kann (der Beschluß über die Anklage) keinen Einfluß haben" — aber dieses „Nicht-Können" ist doch wohl ein bloßes Postulat und keine Thatsache! —

verfahrens gefunden zu haben glaubt, wird passender weiter unten in einem anderen Zusammenhang zu beleuchten sein.) Hier bewährt es sich nun abermals, was der wissenschaftlichen Betrachtung überall klar wird, wo Einrichtungen geschaffen werden, welche im Widerspruch stehen mit den allgemeinen Prinzipien, die man als „graue Theorie" für unfähig erklärt, dem immergrünen Leben Gesetze vorzuschreiben. Je mehr man jene Einrichtungen dann in's Einzelne sich vertiefend aus- und durchzuarbeiten strebt, je reicher man sie gliedert und mit dem Scheine lebenvoller Wirksamkeit umkleidet, desto unverkennbarer tritt ihre Verkehrtheit an's Licht und desto mehr tragen sie dazu bei, die Zwecke zu vereiteln, um derentwillen man sie geschaffen hat. Mag man dabei auch weniger betonen, was freilich gerade auf diesem prinzipienlosen Standpunkt der Zweckmäßigkeit gewiß höchste Beachtung verdient, welchen Aufwand von materiellen und geistigen Kräften eine reicher gegliederte Gestaltung des Anklageverfahrens erfordert, so ist dagegen eine andere Folge dieses Vorgehens von tiefgreifender Bedeutung. Mit der wachsenden Umständlichkeit, Feierlichkeit und Gründlichkeit des Verweisungsverfahrens wächst zugleich nothwendigerweise das Gewicht desselben; es wird allmälig einer der Schwerpunkte des Prozesses selbst in dieses doch eigentlich seiner Natur nach blos den Charakter der Vorbereitung tragende Verfahren verlegt, und der Prozeß verliert jene innere Einheit, welche dadurch bedingt ist, daß das ganze Verfahren um den einen Mittel- und Schwerpunkt der Hauptverhandlung gravitirt. Was man etwa zunächst also zum Schutze des Beschuldigten ins Leben rufen will, gereicht ihm in den bei weitem meisten Fällen zu schwerem Nachtheil. Die Berufung an eine zweite Instanz mag ihm selbst sich als eine zweischneidige Waffe darstellen. Wird sie zurückgewiesen, so kann die ungünstige Entscheidung von zwei Gerichtshöfen kaum anders, als ein schweres Vorurtheil gegen den Angeklagten erwecken. Hat die Berufung Erfolg, so wird man sich häufig sagen müssen, der Erfolg wäre ein noch viel vollständigerer gewesen, wenn die Sache in der Hauptverhandlung zum Austrag gekommen wäre. Dem Angeklagten wäre hier durch die Oeffentlichkeit des Verfahrens und der Schuldloserklärung eine wirksamere restitutio famae und nicht selten eine größere Sicherung gegen eine etwaige Wiederaufnahme des Verfahrens zu Theil geworden. Eben daher kommt hauptsächlich die statistisch nachgewiesene Seltenheit der Berufungen gegen Anklagebeschlüsse. In der Regel ist eben dabei eine große Verschleppung des Verfahrens und das verhängnißvolle Präjudiz einer Zurückweisung zu riskiren und auf der anderen Seite keine dieser Gefahr das Gleichgewicht haltende Aussicht auf entsprechende Vortheile. — Die üble Lage des Angeschuldigten wird bei einer solchen Einrichtung aber noch verschlechtert dadurch, daß auch das U n t e r l a s s e n der Berufung nur zu leicht ein Vorurtheil gegen ihn erwecken kann; mag jener Verzicht ja unter Umständen in dem Bewußtsein der Fruchtlosigkeit jedes Rechtsmittels, in dem Bewußtsein der Schuld, seinen Ursprung haben! —

Welche Unzukömmlichkeiten überhaupt damit verbunden sind, daß ein Gericht zweiter Instanz, sei es auf Berufung oder ohne solche, eine vorläufige Prüfung der Anklage vornimmt, ist namentlich von Glaser im Gerichtssaal a. a. O. S. 239 ff. vortrefflich auseinandergesetzt. Hier möge nur noch besonders hervorgehoben werden, daß es eine nicht zu rechtfertigende Anomalie ist, wenn ein Untergericht in einer Sache definitiv zu erkennen hat, in welcher von dem Obergericht ein Interlocut erging.

Schwierigkeiten fast unüberwindlicher Art stellen sich andererseits der ausschließlichen Prüfung der Anklage durch den Gerichtshof erster Instanz in den Weg (Schwierigkeiten, welche übrigens zum größten Theil, wie leicht einzusehen ist, ebenso für jene Einrichtung gelten, nach welcher neben den Rathskammern auch noch Anklagekammern fungiren). Läßt man diese Prüfung von einem Dreirichterkollegium vornehmen, so kann es sich ereignen, daß von zwei Richtern im Widerspruch mit dem Staatsanwalt und dem dritten Richter Anklage erhoben wird. „Damit aber ist eine Institution, die doch vorzugsweise dazu berufen ist, Anklagen auf schwankenden Verdacht hin zu hindern, dahin gelangt, solche zu befördern." (Glaser, a. a. O. S. 232). Aehnlich kann sich die Sachlage aber selbst bei einem Fünfrichterkollegium gestalten, wenn man hier nicht zu der für eine bloße Zwischenentscheidung doch jedenfalls bedenklichen Forderung einer eminenten Majorität (von vier Richtern gegen einen) greifen will.*) Die wohl unbesiegliche Schwierigkeit bei jedem Gerichtshof erster Instanz einen eigenen Anklagesenat von fünf Richtern zu bilden, kann hier ebenfalls nur andeutungsweise berührt werden. —

Es stellt sich nach alledem die Nothwendigkeit heraus, das Anklageprincip zur vollen Geltung zu bringen. Und dies wird geschehen, wenn man, alles bloße Namen- und Scheinwesen beseitigend, die Stellung des Staatsanwalts nicht nach dem Muster Frankreichs, sondern in der Hauptsache in ähnlicher Weise, wie wir sie in Schottland finden, gestaltet,**) obwohl selbst dieses Vorbild sich nicht unbedingt zur Nachahmung empfiehlt. Man mache

---

*) Einen anderen Ausweg böte die Annahme des beachtenswerthen Vorschlags, den Jacke (über Beschlußfassung und Abstimmung u. s. w. 1867, S. 39) macht: man solle die Richtercollegien aus einer gleichen Zahl von Mitgliedern zusammensetzen. —

**) Ueber den schottischen Lord advocate vergl. Mittermaier, engl.-schott. Strafverfahren, namentlich S. 185 ff. 255 ff. Glaser, im N. Arch. 1852, Seite 98 ff.

mit Einem Wort den Staatsanwalt wirklich zum Herrn der Anklage. Es möge in der Regel (auf eine Ausnahme kommen wir weiter unten zu reden) von ihm allein abhängen, ob er die Anklage erheben wolle oder nicht. Die Besorgniß, daß auf solche Weise das leichtsinnige Erheben von unbegründeten Anklagen begünstigt würde, schwindet, wenn man überlegt, daß der Staatsanwalt bei einer solchen Einrichtung mit dem vollen Bewußtsein seiner alleinigen Verantwortlichkeit handelt, während gerade die zwischen Anklagesenat und Staatsanwalt getheilte Verantwortlichkeit nicht geeignet ist, die Gewissenhaftigkeit jedes einzelnen bei der Versetzung in den Anklagestand Mitwirkenden zu steigern. Es verräth auch wenig psychologischen Scharfblick, wenn man außer Acht läßt, daß der Staatsanwalt schon deshalb zu einem behutsamen Vorgehen veranlaßt wird, weil er sich nicht gern einer Zurückweisung der von ihm allein ausgehenden Anklage in der öffentlichen Hauptverhandlung ohne Noth aussetzen mag.

Allerdings wäre es aber gefährlich, dem Staatsanwalt die unbedingte Disposition über die Anklage einzuräumen, wenn man ihn im Besitz des Anklagemonopols ließe. Es muß auch, abgesehen von jenen Fällen, in welchen überhaupt nur auf Antrag von Privatbetheiligten eingeschritten werden darf, die Privatanklage für den Fall, als der Staatsanwalt nicht von seinem Anklagerecht Gebrauch macht, zugelassen werden. Dann aber ist freilich nicht in Abrede zu stellen, daß Rach- oder Ränkesucht, unter Umständen auch Gewinnsucht zu grundlosen Anklagen führen können, und daß der bloßen Privatanklage gegenüber eine genügende Bürgschaft dafür, daß die Gerichte nicht zum Werkzeug von Gehässigkeit und Leidenschaft oder gewissenlosem Leichtsinn mißbraucht werden, nur in einer vorläufigen gerichtlichen Prüfung der Anklage gefunden werden könne.

Indessen wird dies doch wohl nur für den Fall als unbedingt nothwendig sich herausstellen, wenn der Angeschuldigte eine solche gerichtliche Prüfung verlangt. Willigt er dagegen ein, daß die Anklage zur Grundlage für die Hauptverhandlung genommen werde, so scheint es mir nicht rathsam, hier von der reinen Durchführung des Anklageprincipes abzugehen. Nur aus ganz zwingenden Gründen läßt sich eine solche Abweichung befürworten und bei der vorausgesetzten Uebereinstimmung der Parteien dürften schwerlich solche zwingende Gründe aufzuweisen sein.

Um also dem mit einer Anklage Bedrohten möglichst Schutz gegen Chikane, Begehrlichkeit und Unlauterkeit von Seiten des Privatanklägers zu gewähren, möchte ich, wie gesagt, eine vorläufige richterliche Prüfung der Anklage befürworten, wenn der Angeklagte sie verlangt. So mag denn auch, um allen Bedenken die Spitze abzubrechen, auf Begehren des Angeklagten (also wenn derselbe Einspruch gegen die Anklage erhebt) eine richterliche Vorprüfung der vom Staatsanwalt erhobenen Anklage gestattet werden, obwohl ich meinerseits, wenn die Staatsanwaltschaft genügende Unabhängigkeit genießt und unter der Controle voller Oeffentlichkeit steht, kein Bedenken tragen würde, hier das Anklageprincip vollständig und ausnahmslos zur Verwirklichung zu bringen.*)

In jedem Fall würde es auch möglich sein, wenn ein gerichtlicher Anklagebeschluß nur im Fall des Einspruchs stattfände, diesen Beschluß einem Fünfrichtercollegium zu übertragen. Läßt man gegen diesen Beschluß auch noch die Nichtigkeitsbeschwerde an den Cassationshof zu, so ist dann doch wohl auch den Bedenken jener Schriftsteller Rechnung getragen, welche wie z. B. Goltdammer in seinem Archiv für pr. Strafr. VII. S. 671 auf die schweren Folgen der Versetzung in Anklagestand allen Nachdruck legen, ja etwa gar wie Triest ebenda, Bd. IX. S. 667 meinen: „Die Anklage komme an sich schon einer Strafe gleich."**)

Steht demnach meines Erachtens, wie ich in dem Vorangegangenen zu begründen versucht habe, die in unseren Gesetzen angeordnete Erhebung der Anklage durch das Gericht im Widerspruch mit dem Anklagegrundsatz, so läßt sie sich, worauf ich nun näher einzugehen habe, ebensowenig mit dem Grundsatz der Mündlichkeit vereinigen.

Vorerst sei in dieser Richtung bemerkt, daß selbst bei möglichster Vereinfachung des in Rede stehenden Zwischenverfahrens die Schriftlichkeit immer in bedenklicher Weise um sich greifen wird. Die Berathungen des Anklagesenats werden verschiedene Schriftstücke als Grundlage und Vorbereitung fordern, und ihr Resultat wird sich ebenfalls in schriftlicher Form darstellen müssen. Daß die Actenstücke sich namentlich dann anhäufen werden, wenn ein Gericht höherer Ordnung mit dem Anklageverfahren befaßt wird und wenn Rechtsmittel gewährt sind, ist einleuchtend. Die Ausdehnung der Schreiberei wirkt verzögernd auf den Prozeß (ein schweres Uebel insbesondere für den in Haft befindlichen Verurtheilten!) und beeinträchtigt namentlich

---

*) Hierbei sei auf die vortreffliche Bestimmung aufmerksam gemacht, welche Glaser in seinem Entw. einer österr. Str.-Pr.-O. (1861) aufgenommen hatte, wonach in der Hauptverhandlung in der Regel auch dann nur die Anklageschrift und nicht das darüber gefällte Anklageerkenntniß zur Verlesung kommen sollte, wenn ein solches (auf Einspruch) ergangen war. So erfahren dann namentlich die Geschwornen nicht, daß ein richterliches Erkenntniß vorliegt, welches den Angeklagten für dringend verdächtig erklärt und sie leicht zu seinem Nachtheil voreingenommen machen kann (siehe Glaser, österr. Gerichtsz. 1862, S. 442).

**) Triest behauptet sogar a. a. O. X. S. 83: „mit der Versetzung auf die Anklagebank sei nicht selten eine auch durch die demnächstige Freisprechung nicht wieder gut zu machende (?) Herabsetzung in der öffentlichen Meinung verbunden."

auch die Unmittelbarkeit des Hauptverfahrens, indem der Anklagebeschluß als wichtigste Grundlage desselben auftritt. Es sei hier gestattet, anzuführen, was Glaser (in der österr. Gerichtszeitung a. a. O. S. 409) aus einem im Jahre 1851 erstatteten Bericht über die betreffenden Einrichtungen der österr. Str.-Pr.-O. von 1850 mittheilt. Wenn auch jene Einrichtungen in mancher Beziehung complizirter waren, als diejenigen anderer neuerer Strafprozeßgesetze deutscher Länder, so wird man doch die fraglichen Bemerkungen im Wesentlichen überall für zutreffend erklären müssen, wo die Gerichte durch Collegialbeschlüsse die Anklage erheben. Auch die deutsche Gründlichkeit, welche gern alles „schwarz auf weiß" gesichert haben will, und auf welche der erste der anzuführenden Sätze hindeutet, wird kaum für eine Eigenthümlichkeit etwa nur der österreichischen Juristen gelten können. Es heißt nun also in dem erwähnten Berichte: „Die Gewohnheit, in welcher die mit der Strafrechtspflege betrauten Individuen (sic!) herangebildet wurden, läßt sie den Schwerpunkt des neuen Verfahrens ganz wo anders suchen, als wo er zu finden ist, und führt sie so zu einer Schreibseligkeit und Weitwendigkeit, welche die den geheimen und schriftlichen Vorgängen nachfolgende öffentliche Verhandlung zu einem bloßen Schauspiel herabwürdigt, und eine höchst bedenkliche Geschäftsverzögerung herbeiführt. Dieser Uebelstand zeigt sich leider nicht selten sogar in den Verweisungserkenntnissen, welche eine auf alle Einzelheiten eingehende ermüdende Thatgeschichte in die Motive aufnehmend, in der That nichts Anderes zu sein scheinen, als Endurtheile, welche nicht den dringenden Verdacht aussprechen, sondern über Schuld und Nichtschuld entscheiden. Sobald ein so arges Mißverständniß sich einmal in die Verweisungserkenntnisse einschleicht, so mögen auch die Untersuchungsrichter entschuldigt sein, wenn sie die Verhöre mit jener Umständlichkeit aufnehmen, als ob sie aus denselben einen künstlichen Beweis zu construiren hätten.... Und nicht nur die Untersuchungsrichter, sondern auch die Staatsanwalte werden unwillkürlich in diese Bahn gedrängt, wenn sie die Verweisung des Angeschuldigten bewirken wollen. Die Folgen dieser unglücklichen Auffassung sind übermäßig weit ausgesponnene Voruntersuchungen — und bei der Versetzung in den Anklagestand eine Vielschreiberei, welche den gepriesenen Vorzügen der Mündlichkeit Hohn zu sprechen scheint, indem bei den Anträgen des Staatsanwaltes, in den schriftlichen Referaten, in den Verweisungserkenntnissen und Anklageschriften alle Details der Thatfrage mit derselben Prolixität ausgeführt und so in unmittelbarer Folge nacheinander drei- bis viermal zu Markte gebracht, beziehungsweise abgeschrieben werden." —

Dieser „Prolixität" kann nun freilich, wie schon angedeutet worden, vorgebeugt werden, und es ist ihr vorgebeugt worden durch gesetzliche Vorschriften und Anweisungen. So verlangt z. B. Bar (Recht und Beweis im Geschwornengericht S. 152, Note 42) man solle die Anklageschrift, die erst nach dem Verweisungsurtheil angefertigt wird, aus dem deutschen Strafprozesse entfernen, da sie nur Zeitaufwand und Schreibereien verursache, die oft dem Angeklagten, da die Schrift nicht rechtzeitig fertig werden könne, eine mehrmonatliche Untersuchungshaft kosten. Es genüge die einfache Approbirung der vom Staatsanwalt eingebrachten Anklage durch das Anklagegericht. Diese (im Jahre 1865 ausgesprochene) Anschauung hatte übrigens schon in dem österr. Entwurfe von 1861 Eingang gefunden und ist in dem neuen dem Reichsrathe vorgelegten Entwurf von 1867 ebenfalls festgehalten.*) Daß indessen auch damit der Forderung der Mündlichkeit des Verfahrens bei weitem nicht Genüge geleistet wird, versteht sich von selbst.

Es mag nun aber die Frage erhoben werden, ob denn diese Forderung überhaupt für das Anklageverfahren Berechtigung habe. Hat man ja doch im Sinne unseres reformirten Strafprozesses die Mündlichkeit des Verfahrens als jene Einrichtung definirt, bei welcher dem erkennenden Gericht (in Beziehung auf die Vorlegung und Entwickelung des gesammten Beweismaterials) „eine unmittelbare, lebendige und originäre Anschauung in zusammenhängender Entwickelung gewährt wird" (Zachariä, Handbuch des d. Strafproz. I, S. 49). Es würde sonach keinem begründeten Einwand unterliegen, wenn über die Ergebnisse der Voruntersuchung nach dem Prinzip der Schriftlichkeit, d. h. nur aus den darüber vorliegenden Actenstücken von der dazu berufenen Behörde die Entscheidung geschöpft würde. Indessen sehen wir uns doch vergeblich nach durchschlagenden Gründen für eine solche verschiedenartige Auffassung des Anklage- und Enderkenntnisses um. Sie wäre nur unter der Voraussetzung zu billigen, daß das erstere sich lediglich mit Rechtsfragen zu befassen hätte. Dann ließe es sich begründen, daß auf schriftlicher Grundlage vorgegangen würde, wie dies z. B. im Nichtigkeitsverfahren ohne Bedenken geschieht. Da sich aber vielmehr die Thätigkeit des Anklagegerichtes auch und sogar vorzugsweise darauf richtet, zu constatiren, ob die Annahme, daß der Beweis der Schuld gegen den Angeklagten herzustellen sei, nicht eine ganz leichtsinnige und frivole sei, wird man auch hier nicht umhin können, zu verlangen, daß sich die Beweisquellen unmittelbar vor dem Gericht „eröffnen und ergießen" Man bedenke wohl, daß der Angelpunkt, um welchen sich hier alles dreht, die Frage ist: ob der Verdacht gegen den Angeschuldigten erheblich oder nicht erheblich genannt werden könne? — eine Frage, welche von vorn herein nichts weniger als den Charakter juristischer Präzision an sich trägt und deren gewissenhafte Lösung das sorgfältigste und vorsichtigste Eindringen in das im vor-

*) Zum Theil auch in dem neuen preuß. Entw. von 1865.

bereitenden Verfahren gesammelte thatsächliche Material erheischt. Jene Fälle, in welchen in der That der Verdacht ein so überaus dringender und begründeter ist, daß kaum ein vernünftiger Zweifel auftauchen kann (man denke besonders an unumwundene, durch sonstige Erhebungen unterstützte Geständnisse, handhafte That u. dgl.) kommen gerade in unserer Controverse wenig in Betracht; man würde für sie oder für die im entgegengesetzten Sinn vollkommen unzweideutigen kein sehr dringendes Bedürfniß einer gerichtlichen Prüfung der Anklage fühlen. In's Auge zu fassen sind vielmehr jene dazwischen liegenden zahlreichen Fälle, in welchen man vielleicht glauben mag, daß drei oder vier unbefangen Prüfende etwas wesentlich Anderes sehen als ein befangener Ankläger. Und eben hier wird man doch wohl den Anspruch erheben müssen, daß jenen Prüfenden die Aussagen der Zeugen und des Beschuldigten, die Urkunden u. s. w. in möglichster Unmittelbarkeit vor die Sinne geführt werden.

Dieser Anspruch wird sich auch nicht beseitigen lassen durch eine Unterscheidung in dem Sinn, wie z. B. Sundelin in der deutsch. Strafrechtszeitung 1863 Sp. 314 macht. In sehr bezeichnender Weise erklärt Sundelin selbst, daß auch, wenn die Gesetze eine möglichst gründliche gerichtliche Prüfung der Anklage vorschreiben, diese „erfahrungsmäßig nur zu leicht oberflächlich behandelte Beschlußfassung“ doch nicht genügend gegen grundlose Anklagen schütze. Ein Geständniß, das wir als Beweis gegen die gerichtlichen Anklagebeschlüsse überhaupt gern acceptiren*). Denn der Schluß ist zwingend: nützt selbst die „gründlichste“ Beschlußfassung fast nichts, während sie andererseits „die Voruntersuchung ungebührlich verlängern hilft“, wie soll dann erst eine minder gründliche ihren Zweck erfüllen. Sundelin kommt nichts desto weniger zu einem anderen Schluß. Man müsse, meint er vielmehr, nur für einen „schnellen Uebergang zur Urtheilsverhandlung“ sorgen. „Er ist zu gestatten, sobald die Zulässigkeit der Anklage dargethan ist. Nur diese soll der Gerichtsbeschluß feststellen — dazu aber genügen kurze polizeiliche Erörterungen regelmäßig vollständig. Die unerläßliche Bürgschaft gegen grundlose Anklagen ist schon mit dieser Bedeutung des gerichtlichen Beschlusses vollständig erreicht.“ (Man bemerke den Widerspruch, in welchem dieser Satz mit dem früher angeführten über das Ungenügende dieses Schutzes selbst bei vorgeschriebener gründlichster Beschlußfassung steht — quandoque dormitat!) Durch den Anklagebeschluß soll, fährt Sundelin fort, „eben nur festgestellt werden, daß die Anklage auf Grund zureichenden Verdachts erhoben werde. Sobald der Beschluß in

*) Auf ein Geständniß, das von einem so scharfsinnigen und erfahrenen Praktiker kommt, ist gewiß das größte Gewicht zu legen.

positiver Richtung ein Mehreres, namentlich das Maß des vorhandenen Verdachts, oder gar die Ueberführung des Beschuldigten feststellen soll, entsteht dringende Gefahr, daß dem Urtheilsverfahren vorgegriffen werde."

Sundelin unterscheidet, wie wir sehen, zwischen der Feststellung, ob für eine Anklage „zureichender Verdacht" vorhanden sei und einer zweiten über „das Maß des vorhandenen Verdachts." Der Gegensatz, welcher ihm hierbei vorschwebt, ist jedenfalls unrichtig ausgedrückt. Sundelin will nur den positiven Ausspruch des Anklagegerichtes beseitigt haben, daß der Verdacht nicht blos nicht unzureichend, sondern daß er etwa auch in dem einen Falle sehr dringend, dem vollen Beweis sich annähernd, in einem andern minder dringend sei u. s. w. So sehr man nun dieser Ansicht beipflichten muß, sofern sie auf Vereinfachung und Beschleunigung des Verfahrens und darauf hinwirkt, daß, wie Sundelin sagt, der Beschluß des Anklagegerichts nicht mehr oder weniger „in ein vorweg gefälltes Endurtheil übergehe", so wenig ist wieder, um es noch einmal hervorzuheben, die in die engsten Schranken gebannte, auf Oberflächlichkeit gewissermaßen von vornherein hingewiesene gerichtliche Prüfung geeignet, gegen grundlose Anklagen die geforderte Bürgschaft zu gewähren. Die Verfechter des Anklagebeschlusses gerathen aber immer wieder in dasselbe Dilemma.

Unzweifelhaft aber ist es wohl, um nun speciell wieder die Frage der Mündlichkeit ins Auge zu fassen, daß auch dann, wenn das Anklagegericht ganz strenge darauf eingeschränkt wird, zu prüfen, ob für eine Anklage zureichender Verdacht vorhanden sei oder nicht, von ihm eine thatsächliche, eine Beweisfrage zu beantworten ist. Auch unter dieser Voraussetzung also sieht man sich genöthigt, auf der Forderung möglichst unmittelbarer Vorführung der Gründe, auf welche sich der angeblich „zureichende" Verdacht stützt, zu bestehen. —

Der Gedanke, daß die erwähnte Forderung in den Gesetzen berücksichtigt werden müsse, ist auch schon zu wiederholten Malen in der Literatur und namentlich gerade von Praktikern, angeregt worden. Zunächst mußte es als eine auffallende Einseitigkeit des Anklageverfahrens erscheinen, daß in unseren Gesetzen wohl in der Regel dem Staatsanwalt gestattet ist, seinen Antrag persönlich zu begründen und zu verfechten, dagegen der Angeschuldigte höchstens durch eine schriftliche Ausführung für seine Vertheidigung sorgen kann. Schon Höchster (Lehrb. des französ. Strafverf. 1850 S. 159 Note b) hat diesen Uebelstand des französischen Strafverfahrens gerügt und befürwortet, daß „in der Anklagekammer" eine contradictorische Verhandlung zwischen der Staatsanwaltschaft einerseits und einem vor dem Verweisungserkenntniß zu ernennenden Vertheidiger andererseits über den objectiven

Thatbestand stattfinden solle*). Das Berner Gesetz vom 2. März 1850 Art. 245—247 gestattet auch der angeschuldigten Person oder deren erwählten Vertheidiger der Sitzung der Anklagekammer beizuwohnen**).

Es hat ferner, wie am Eingang dieses Gutachtens erwähnt wurde, Keller auf dem dritten deutschen Juristentag sich dafür ausgesprochen, daß das Gericht vor Schöpfung seines Beschlusses über die Anklage den Betheiligten zu vernehmen habe. Wie ebenfalls erwähnt wurde, liegt es sodann in der Consequenz des auf dem dritten deutschen Juristentag aufgestellten Satzes: „Die Oeffentlichkeit, mindestens die Parteienöffentlichkeit, sei auch für die Voruntersuchung als Regel anzuerkennen" — daß auch in dem Anklageverfahren mindestens die Parteienöffentlichkeit als Regel anzunehmen sei. Natürlicherweise hat diese „Parteienöffentlichkeit" aber nur eine reelle Bedeutung, wenn die „Parteien" nicht etwa stumme Zuhörer der Gerichtsverhandlung sind, sondern ihnen gestattet ist, bei dieser Verhandlung mindestens durch Darlegung ihrer eigenen Anschauungen über den Sachverhalt mitzuwirken. Auf eine contradictorische Verhandlung nach dem Grundsatz der Waffengleichheit würden wir also auch auf diesem Wege gelangen.

Endlich haben mit besonderer Beziehung auf das preußische Recht und namentlich auch zur Vermeidung der Verzögerungen, welche die in Preußen bei Schwurgerichtssachen eintretende doppelte Prüfung der Anklagen hervorruft, zwei preußische Staatsanwalte, Bertrab und Dalcke, auf ein contradictorisches Anklageverfahren gedrungen. Der erstere hat die interessante Notiz gemacht (Goltdammer's Arch. V. S. 188 Note 1), daß jene doppelte Prüfung im Durchschnitt für jede Strafsache eine Verzögerung von zwei Monaten bewirke, was für die 130 Sachen, welche bei dem Schwurgerichte

*) Höchster will (S. 178 Note b) nur Zulassung eines rechtsverständigen Vertheidigers, nicht des Angeschuldigteu, weil es sich vor Allem um die allseitige Beleuchtung der juristischen Seite der Sache, weniger um den subjectiven Thatbestand handle (?).

**) Uebrigens hat schon Berlier (bei Locré a. a. O. p. 632 f.) darauf hingewiesen, daß man das Anklageverfahren zu einer simple formalité herabwürdige, wenn die Staatsanwaltschaft allein gehört werde — freilich zunächst nur im Hinblick auf die französische cour impériale. — Hier können wir auch an die scharfen Worte erinnern, mit welcher Feuerbach (Betracht. über die Oeffentl. und Mündl. II. S. 373 f.) gegen das schriftliche Verfahren vor der französischen Anklagekammer sich äußert, welche ihr Urtheil auf die „verdächtigen Actenstücke einer unbewachten, im Finstern arbeitenden Polizeigewalt" gründe. — Selbst de Vaulx gesteht (Krit. Zeitschr. für Rechtswiss. u. Gesetzg. des Auslandes VII. Bd. S. 285 f.) daß die Staatsbehörde, die „Niemand hat, der ihr widerspricht" einen bedeutenden Einfluß auf die Anklagekammer übe, bezeugt die Oberflächlichkeit des Verfahrens vor dieser und scheint die „Gewährleistung der Oeffentlichkeit und Mündlichkeit" einigermaßen zu vermissen. S. auch Mittermaier Deutsches Strafv. 4. Aufl. II. S. 182, 187 zu Glatz im Jahre 1855 verhandelt wurden, einen Zeitraum von mehr als 20 Jahren ausmacht. Er macht darum im Wesentlichen folgenden Vorschlag: Ueber die Erhebung der Anklage soll eine aus fünf Mitgliedern bestehende Abtheilung desjenigen Gerichts entscheiden, „welches den Sitz des betreffenden Schwurgerichts bildet.“ Die Entscheidung erfolgt nach „mündlicher Anhörung des Staatsanwalts und des Angeklagten, welchem letztern von Amtswegen ein Vertheidiger zuzuordnen ist. Der verhaftete Angeklagte wird zu der Sitzung vorgeführt, der nicht verhaftete wird vorgeladen unter der Warnung, daß bei seinem Ausbleiben nach Befinden des Gerichts entweder nach Lage der Acten über die Eröffnung der Untersuchung entschieden, oder aber seine Sistirung erfolgen werde. In der Sitzung selbst wird zunächst die Anklage vorgetragen, sodann wird der Angeklagte vernommen, es werden die Beweisstücke vorgelesen und hiernach die Staatsanwaltschaft mit ihren Anträgen und der Angeklagte mit seiner Vertheidigung gehört. Legt der Angeklagte ein den Requisiten des Art. 75 des (preuß.) Gesetzes vom 3. Mai 1852*) entsprechendes Bekenntniß ab, so wird sofort in der Sache erkannt u. s. w. In der Hauptsache will auch Dalcke (in Goltd. Archiv X. S. 454 ff. und in seiner Schrift: „Der Entwurf einer Strafprozeßordnung für Preußen“ 1865 S. 18 ff., vgl. auch dess. Andeutungen in Goltd. Arch. XIV. S. 17, 27—29) das Anklageverfahren dem Vorschlage Bertrab's entsprechend geordnet haben. Nur verlangt Dalcke auch noch ausdrücklich, daß in öffentlicher Sitzung verhandelt werden solle und begründet dies sehr gut (Arch. a. a. O. S. 453 f.).

Hier hätten wir also ein Anklageverfahren vor uns, welches, wie es scheint, dem Grundsatze der Mündlichkeit entspräche. Es ist nun die Frage, ob dieser Schein nicht ein trügerischer sei. In der That muß man, wenn man consequent sein will, noch viel weiter gehen. Die Anklagekammer muß dann nicht blos Staatsanwalt und Angeklagten bez. dessen Vertheidiger hören, sondern auch die Zeugen und Sachverständigen vernehmen, sonst bleibt ja immer die Hauptgrundlage ihres Beschlusses die Vorträge des Referenten (und diese in erster Linie), des Staatsanwalts und des Vertheidigers — also drei Gutachten über die Acten der Voruntersuchung. „Wollte man aber Zeugen und Sachverständige vollständig und dann auch consequenter Weise eidlich vernehmen, so würde damit die Hauptverhandlung vor den

*) Man ist wohl heutzutage darüber ziemlich einig, daß die Vorschrift dieses Artikels, wonach bei vorliegendem Geständniß die Mitwirkung der Geschwornen ausgeschlossen ist, eine sehr unglückliche Nachahmung des englischen Rechtes ist. Der preußische Entwurf behält sie dennoch bei, während er sonst leider vom englischen Verfahren sich nur zu wenig beeinflussen läßt. Zu welchen Collisionen zwischen Geständniß und Verdict jene Vorschrift führt, darüber s. Goltd. Archiv XIV. S. 196 ff.

Geschworenen zu einem leicht überflüssig erscheinenden Nachspiele gemacht werden. Die unmittelbare Folge einer solchen Einrichtung würde eine ungründliche Behandlung der Sache vor dem Schwurgericht wie vor der Anklagekammer sein, indem nunmehr das Hauptinteresse an der Hauptverhandlung durch das Verfahren vor der Anklagekammer vorweg genommen würde, die mittelbare Folge aber in einer Beseitigung der Hauptverhandlung und der Schwurgerichte selbst bestehen." (Bar Recht und Beweis im Geschwornengericht S. 50).

Diesem Ausspruch Bar's möchte ich nun allerdings insofern nicht ganz zustimmen, als die vorläufige Prüfung der Anklage unter solchen Voraussetzungen in der That eine gründliche, eben eine nur allzugründliche würde, so daß die Hauptverhandlung in der That nur noch als ein ziemlich überflüssiges Nachspiel erschiene. Warum wollen wir denn nicht, wenn nun einmal mündlich und öffentlich von fünf Richtern über die Anklage entschieden werden soll, auch gleich die Geschwornen hinzuziehen — d. h. mit anderen Worten warum nicht gleich an die Stelle des Anklageverfahrens die Hauptverhandlung setzen? Das Prinzip der Mündlichkeit drängt nothwendigerweise dazu, daß man den Richtern die Zeugen vorführe, daß diese vor den Augen jener den Eid leisten und aussagen — wie kann aber auf eine solche Verhandlung dann noch der Name eines blos vorbereitenden Verfahrens angewandt werden? Wie läßt sich erwarten, daß die Zeugen bei der „Hauptverhandlung" etwa die Aussagen ändern werden, welche sie öffentlich und eidlich vor dem Anklagesenat gemacht haben?

Sobald wir also daran gehen, das Anklageverfahren wirklich dem Grundsatz der Mündlichkeit entsprechend zu gestalten, geben wir diesen preis bei dem Hauptverfahren, drücken dieses herab zu einem inhaltslosen und gleichwohl mit Pomp in Scene gesetzten Schauspiel und zertrümmern das wohlgefügte Gebäude des Strafverfahrens, welches feststehen soll auf dem Grund der Anklageschaft und der Mündlichkeit. Verhält es sich so, dann ist das Ergebniß ein radikales. Mit einer bloßen Verbesserung des Anklageverfahrens auf den alten Grundlagen läßt sich nichts erreichen. Wir sehen uns genöthigt, die gerichtliche Vorprüfung der Anklage als Regel ganz zu beseitigen und sie nur als Ausnahme für den Fall des von dem Angeklagten erhobenen Einspruches in dem früher erwähnten Sinn zuzulassen.

Ob nun der deutsche Juristentag auf eine Verhandlung und Beschlußfassung hierüber eingehen wolle, steht mir hier zu untersuchen nicht zu. Jedenfalls führt, wie der Verlauf dieses Gutachtens vielleicht dargethan, die Verneinung der von der ständigen Deputation aufgestellten Frage zunächst zu der Constatirung der Unzulässigkeit auch eines mündlichen Anklageverfahrens, und sonach zu der Forderung, daß dieses in der Regel gar nicht stattzufinden habe. In den Ausnahmsfällen, wo es auf Grund des Einspruches stattfinden würde, unterläge es wohl keinem Bedenken, die Mündlichkeit insoweit walten zu lassen, daß man den Einspruch Erhebenden in derselben Weise unmittelbar anhöre wie den Ankläger. — Ich verhehle mir nicht, daß wie ich ja oben ausgeführt auch ein so geordnetes Anklageverfahren dem Prinzip der Mündlichkeit nicht vollständig gerecht wird. Aber dieses Bedenken wiegt weniger schwer, wenn die gerichtliche Vorprüfung der Anklage nur auf Begehren des Angeklagten erfolgt, der zu erwägen hat, ob sie in einem bestimmten Fall für ihn Werth habe, — während andererseits eine vollständige mündliche Verhandlung mit Vernehmung der Zeugen und Sachverständigen als der Hauptverhandlung vorgreifend auf jeden Fall unzulässig ist.

V.

Gutachten des Herrn Bezirksgerichts-Directors Hareis in Löbau (Sachsen)

über die Frage:

Ist die Wiederaufnahme des Strafverfahrens zu Gunsten des Verurtheilten schon in dem Falle als zulässig zu erachten, wenn nach der Verhandlung neue Thatsachen oder Beweismittel auftauchen, welche als geeignet erscheinen, in wesentlichen Punkten die Sachlage zu Gunsten des Verurtheilten zu ändern?

oder

soll diese Zulässigkeit von dem Vorhandensein bestimmt bezeichneter Verhältnisse event. welcher, abhängig gemacht werden?

Im Civilprozesse ist es Ziel des Verfahrens, daß formell festgestellt werde, was Rechtens sei. Parteien stehen einander gegenüber, die im eigenen Interesse thätig und bemüht sind, den Richter von der Gerechtigkeit ihrer Sache zu überzeugen. Dieses beiderseitige Bemühen wird in der Regel dazu führen, daß nicht nur formell festgestellt wird, was Rechtens sei, sondern daß auch das formell Festgestellte dem materiellen Rechte entspricht. Für den Staat genügt aber in diesen Sachen die formelle Feststellung des Rechtes auf Grund des von den Parteien gelieferten Materials. Im Civilprozesse sind daher Verzichte auf eigne Rechte zulässig; den Fictionen ist Thür und Thor geöffnet. Wer im Güte- und Rechtstermin auf die an ihn erlassene Ladung nicht erscheint, bezüglich dessen wird, ist nur das Klagvorbringen an sich schlüssig, angenommen, daß er den Grund der Klage zugestehe; wer, zur Leistung eines ihm zuerkannten Eides geladen, nicht erscheint, bezüglich dessen wird angenommen, daß er den Eid nicht leisten könne, oder nicht leisten wolle. Das durch solche Fictionen Festgestellte ist formell Rechtens geworden, obwohl ihm möglicherweise objective Wahrheit nicht zu Grunde liegt und es dem materiellen Rechte nicht entspricht.

Anders ist es im Strafprozesse. Dem Rechtsspruche, zu dem er führt und der das Recht formell feststellt, muß objective Wahrheit zu Grunde liegen. Stehen sich auch im Strafprozesse Staatsanwalt und Angeklagter scheinbar wie Parteien gegenüber, so verfolgt doch der Staatsanwalt nicht sein eigenes Interesse, sondern das Interesse des Staates, der durch das Verbrechen verletzt ist. Das Interesse des Staates im Strafprozesse besteht aber darin, daß die strafbare That am Thäter nicht ungeahndet bleibe, aber nur die erwiesen strafbare That an dem, der erwiesenermaßen der Thäter war. So wenig kann im Strafprozesse formelles Recht geschaffen werden, ohne daß es auf objectiver Wahrheit beruht, daß selbst das Geständniß des Angeklagten nur dann Beachtung findet, wenn durch die sonstigen Erhebungen sich ergiebt, daß es wahr ist. Eine Verurtheilung, die nicht auf Wahrheit beruht, die nicht das materielle Recht zur Geltung bringt, trägt die Nichtigkeit (dieses Wort nicht im technischen Sinne genommen) in sich.

Alle Einrichtungen, welche der Staat im Strafprozesse getroffen hat, haben die Bestimmung, die Ermittelung der Wahrheit zu sichern und zu einer Entscheidung zu führen, durch welche das als wahr Erkannte festgestellt, demgemäß eine Freisprechung oder Verurtheilung ausgesprochen und so materielles und formelles Recht in Einklang gebracht wird.

Wenn es auch in der Schwäche der menschlichen Natur und der Mangelhaftigkeit aller menschlichen Einrichtungen liegt, daß der Punkt nicht stets erreicht wird, nicht stets erreicht werden kann, wo die Wahrheit als zweifellos ermittelt betrachtet werden darf, es muß gleichwohl zu einem Punkte, wo der Staat die Ermittelung der Wahrheit als beendigt betrachtet, wo er das Ergebniß des Ermittelten ausspricht und dem entsprechend das Strafgesetz zur Anwendung bringt, stets kommen. Dem Richterspruche aber, der erst nach Erschöpfung aller Mittel, welche geeignet waren die Wahrheit zu Tage zu fördern, ertheilt wird, muß in der Regel die Kraft der Unabänderlichkeit zukommen. Die Festigkeit des ergangenen Urtheils ist ein Postulat der öffentlichen Rechtsordnung und sichert der Rechtspflege das Ansehen und Vertrauen, welches eine Hauptvoraussetzung der gedeihlichen Wirksamkeit derselben bildet.

Allein die Kraft des definitiven Erkenntnisses beruht immerhin lediglich darin, daß es ein Wahrspruch ist, und es kann die Rücksicht auf möglichste Aufrechterhaltung der Erkenntnisse nicht soweit führen, selbst solche Erkenntnisse aufrecht zu erhalten, bezüglich deren sich nachmals ergiebt, daß die factischen Unterlagen derselben der Wahrheit nicht entsprechen und dieselben somit nicht materielles Recht, sondern materielles Unrecht hergestellt haben. Sobald der Verurtheilte die Ueberzeugung von der Wahrheit des Spruches durch Beweismittel, die ihm vor der Rechtskraft des Erkenntnisses nicht zu Gebote standen, oder auf Grund neuer Thatsachen zu erschüttern vermag, erfüllt der Staat nur das Gebot der Gerechtigkeit, wenn er die Wiederaufnahme des Strafverfahrens gestattet.

Es fragt sich nun, auf welche Gründe das Gesuch um Wiederaufnahme des Strafverfahrens sich stützen müsse, um Berücksichtigung finden zu können?

Die Gesetzgebungen haben die Frage in verschiedener Weise beantwortet.

Die Reihe derselben eröffnet das französische Recht, welches die Wiederaufnahme des Strafverfahrens nur in drei Fällen gestattet:

1. wenn durch verschiedene Erkenntnisse wegen des nämlichen Verbrechens mehrere Angeklagte verurtheilt worden sind, unter welchen der Eine nicht schuldig sein kann, wenn der Andere schuldig ist;
2. wenn nach einer Verurtheilung wegen Tödtung eines Menschen Schriftstücke vorgelegt werden, welche Anzeigen dafür ergeben, daß die angeblich getödtete Person nach der angenommenen Todeszeit noch gelebt habe, und
3. wenn wegen eines der Verurtheilung zu Grunde liegenden falschen Zeugnisses ein Verhaftsbefehl erlassen, oder eine Anklage erkannt worden ist.

Die Unzulänglichkeit und Principlosigkeit dieser Vorschriften haben Dr. Arnold (Gerichtssaal 1851 S. 46 f.) und in einem höchst beachtenswerthen Aufsatze Dr. Schwarze (Archiv des Kriminalr. N. F. 1851, S. 554 ff.) überzeugend nachgewiesen.

Gleichwohl sind dieselben ohne wesentliche Ergänzungen in die Gesetzgebungen von Bayern, Hessen-Darmstadt, Nassau und Frankfurt a. M. übergegangen.

Den französischen drei Wiederaufnahmegründen, von denen jedoch den zweiten nur Bayern, Baden, Hannover und Oldenburg aufgenommen, haben Baden, Hannover, Sachsen und Oldenburg unter nicht unbedeutender Abweichung in der Fassung auch noch den Fall hinzugefügt,

> daß zum Zwecke der Benachtheiligung des Angeklagten ein Mitglied des Gerichts bestochen gewesen sei,

eine Bestimmung, welche Sachsen auch noch auf die erfolgte Bestechung des Vertheidigers ausgedehnt hat.

Endlich haben — wieder materiell und formell unter sich vielfach von einander abweichend — Würtemberg, Baden, Thüringen, Oldenburg, Sachsen, Oesterreich, Kurhessen, Braunschweig und Waldeck unter mehrerer oder minderer Beibehaltung der französischen Wiederaufnahmegründe, die „Wiederaufnahme des Strafverfahrens zugelassen

auf Grund neuer Thatumstände und Beweismittel.

Einen ganz isolirten und keinesfalls zu rechtfertigenden Standpunkt nimmt Preußen ein, welches (§. 151 und 153) Restitution nur dann zuläßt,

wenn der Verurtheilte darzuthun vermag, daß das Urtheil auf eine falsche Urkunde oder auf die Aussage eines meineidigen Zeugen gegründet ist,

dieselbe aber auch schon dann zuläßt,

wenn derjenige, welcher die Fälschung oder den Meineid begangen haben soll, nicht mehr belangt werden kann.

In den Staaten, in welchen man die Zulässigkeit der Wiederaufnahme von dem Vorhandensein bestimmt bezeichneter Verhältnisse abhängig machte, war man offenbar von der an sich nicht zu mißbilligenden Absicht geleitet, das außerordentliche Rechtsmittel der Wiederaufnahme nicht zu begünstigen. Aber indem man die die Wiederaufnahme allein begründenden Verhältnisse im Voraus bestimmt bezeichnete, war man weder von irgend einem Principe geleitet, noch konnte man die denkbaren Fälle erschöpfen, in welchen eine Beseitigung des Erkenntnisses durch Wiederaufnahme des Strafverfahrens dringende Forderung der Gerechtigkeit ist.

Das Princip, von welchem bei Beurtheilung der Frage auszugehen war, welcher Art die Gründe sein müßten, auf welche hin die Wiederaufnahme zu verfügen sei? ist wohl von Dr. Walther in seiner trefflichen Schrift: Die Rechtsmittel im Strafverfahren, Bd. II. S. 128 f. am klarsten dargelegt worden.

Hiernach ist die Grundlage einer vernünftigen Thatfrage-Entscheidung der vollständige Beweis über den (objectiven und subjectiven) Thatbestand des zur Last gelegten Verbrechens und die Lauterkeit des vermittelnden Gliedes zwischen den objectiven Beweisverhandlungen und der Entscheidung des Richters.

Zu Begründung der Wiederaufnahme des Strafverfahrens wird daher geeignet sein, jede neue Thatsache und jedes neue Beweismittel (daß und warum nur neue Thatsachen und Beweismittel zu berücksichtigen seien, ist eine Frage, deren Beantwortung nicht hierher gehört und die wohl überhaupt nicht verneint wird), durch welche dargethan oder mindestens wahrscheinlich gemacht wird, daß es gefehlt habe:

I. an der Existenz des objectiven oder subjectiven Thatbestandes des fraglichen Verbrechens. Das Bewiesene oder als bewiesen Angenommene ist hier Gegenstand der Anfechtung. — Es wäre eine offenbare Ungerechtigkeit, einen Schuldausspruch aufrecht zu erhalten, wenn der Thatbestand der Anschuldigung erwiesenermaßen nicht vorhanden wäle, wenn die Justiz eine hierauf gerichtete Behauptung nicht zu Gehör und zum Beweis gelangen lassen würde. Der volle und von allem vernünftigen Zweifel freie Thatbestand des zur Last gelegten Verbrechens ist die unentbehrliche Voraussetzung des Vollzuges aller Strafurtheile. Der nicht vollständige, der zweifelhafte Thatbestand steht dem gar nicht vorhandenen in Bezug auf die concrete Thatfrage-Entscheidung vollkommen gleich.

II. an der Beweistüchtigkeit eines in der Verhandlung producirten Beweismittels. Das Beweisende wird angegriffen. Wenn die Anschuldigung, auf die ein Strafurtheil gebaut werden soll, bewiesen sein muß, so wäre es eine Ungerechtigkeit, das Strafurtheil aufrecht zu erhalten, wenn nachgewiesen ist, daß der Beweis zum Theil auf einem Beweismittel beruht, dem die nothwendige Eigenschaft der Wahrhaftigkeit fehlt.

III. an der Lauterkeit des Richters. Die Integrität des richterlichen Gewissens ist ein Grundpfeiler der Rechtspflege; der parteiische Richter ist eidbrüchig, und Meineid kann nicht auf dem Richterstuhle sitzen. Kann nun auch der bloße Vorwurf der Parteilichkeit, der Rachsucht, oder sonst eines pflichtwidrigen Verhaltens nicht zur Wiederaufnahme genügen, so ist dagegen erfolgte Bestechung eine bestimmte und beweisbare Thatsache. Das Urtheil des bestochenen Richters darf nicht Geltung behalten, sondern muß, so bald die Bestechung bewiesen ist, vernichtet werden.

Ist nun hiernach die Wiederaufnahme des Strafverfahrens zuzulassen,

> auf Grund jeder neuen Thatsache oder jedes neuen Beweismittels, geeignet die Rechtsgemäßheit des ertheilten Erkenntnisses bezüglich der Existenz des Thatbestandes, der Wahrheit der Beweismittel oder der Integrität des Richters zu Gunsten des Verurtheilten zweifelhaft zu machen,

so umfaßt eine solche Vorschrift zugleich auch die von den Gesetzgebungen, welche auf Grund neuer Thatsachen oder Beweismittel die Wiederaufnahme gestatten, nebenbei noch besonders aufgezählten Fälle. Denn die Behauptung, daß wegen derselben That zwei oder mehrere Personen durch verschiedene Erkenntnisse verurtheilt worden seien, und bei der Vergleichung dieser Erkenntnisse, so wie der ihnen unterliegenden Thatsachen die Unschuld der die Wiederaufnahme suchenden Person, als eine der verurtheilten, anzunehmen sei, ist gegen die Existenz des Thatbestandes; die Behauptung, daß gebrauchte Urkunden falsch gewesen, Zeugen oder Sachverständige falsche Aussagen erstattet, gegen die Wahrheit der Beweismittel, und die Behauptung, daß ein

Mitglied des Gerichts bestochen gewesen sei, gegen die Integrität des Richters gerichtet.

Wie nun die Aufstellung bestimmt bezeichneter rhältnisse, unter denen allein die Wiederaufnahme zulässig sein soll, erschöpfend nicht möglich ist, so ist andererseits die specielle Aufstellung solcher Verhältnisse neben der Zulassung neuer Thatsachen und Beweismittel überflüssig.

Indem Referent daher die zweite der zur Beantwortung vorgelegten Fragen verneint und die erste bejaht, möchte er sich gleichwohl dafür aussprechen, daß, zur Vermeidung zu großer Verallgemeinerung, das künftige Gesetz eine Fassung wähle, welche, den vorstehenden, eingerückten und gesperrt gedruckten Worten entsprechend, zugleich das Prinzip ausdrückt.

VI.

Gutachten des Sections-Chef Herrn Dr. Glaser in Wien

über die Frage:

Soll in der Hauptverhandlung des Strafprozesses von dem Angeklagten, welcher sich nichtschuldig erklärt, noch eine spezielle Einlassung oder Rechtfertigung auf die Anklage verlangt werden?"

Die sehr bestimmte Fassung der von der ständigen Deputation gestellten Frage gränzt die Aufgabe des Begutachters in einer Weise ab, welche es diesem gestattet, sich sehr kurz zu fassen.*)

Die Frage läßt nämlich die Stellung des Beschuldigten in der Voruntersuchung unberührt, — sie rüttelt ferner nicht an jener Consequenz des für den deutsch-französischen Strafprozeß maßgebenden Untersuchungsprinzips, nach welcher das Geständniß des Angeklagten nicht Surrogat des Urtheils, sondern nur ein Beweismittel ist. Sie setzt es demnach als nicht in Frage gestellt voraus, daß wenn der Anklagte nach Vorhalt der Anklage in der Hauptverhandlung in allgemein gehaltenen Worten ein Geständniß ablegt, dies wohl eine Vereinfachung des Verfahrens begründen, keineswegs aber das Gericht der Pflicht entbinden, des Rechtes berauben könne, das Geständniß, das Grundlage des Urtheils werden soll, durch ein eingehendes Verhör zu prüfen.

---

*) Andererseits glaubt derselbe auf seine Abhandlung: „Ueber die Vernehmung des Angeklagten und der Zeugen in der Hauptverhandlung" im N. Archiv f. Criminalrecht 1851, S. 76 ff. (jetzt auch Glaser, Kleinere Schriften [Wien 1868] Band I, S. 249 ff) verweisen zu sollen.

Es kann sich eben darum hier nicht um die Erörterung der Fundamente des jetzt in Deutschland geltenden Strafprozesses handeln, nicht um den Umfang der Geltung, welche dem Anklagegrundsatz und seinen Konsequenzen im Allgemeinen zukommt und nicht um die Frage, ob die Regel des englischen Rechtes: No man is bound to give evidence against himself, in Deutschland einzubürgern sei. Die Frage ist lediglich, ob es als eine Verbesserung des im Ganzen beizubehaltenden deutschen Strafprozesses anzusehen wäre, wenn die gegenwärtige nicht sowohl dem französischen Gesetze als der französischen Praxis nachgebildete Einrichtung beseitigt würde, vermöge welcher der Angeklagte, nachdem er sich nicht schuldig erklärt hat, durch ein mit ihm vorgenommenes Verhör angehalten wird, über die Anklage in ihren Einzelheiten und über die ihr zur Grundlage dienenden Beweismittel sich auszulassen.

Ich habe kein Bedenken, diese Frage zu *bejahen*, d. h. also die von der Deputation formulirte Frage zu *verneinen*.

Meine Gründe hierfür sind folgende:

1. Ich begreife es sehr wohl, daß man bei Erörterung einzelner Prozeßfragen es gern vermeidet, in den Streit über Anklagegrundsatz und Inquisitionsmaxime, über Prozeßform und Prozeßprinzip sich einzulassen. Man kann aber doch unmöglich unterlassen, sich klar zu machen, was durch die Loslösung der Hauptverhandlung von der Voruntersuchung und die Gegenüberstellung der Staatsanwaltschaft und Vertheidigung — die beiden Angelpunkte des modernen Strafprozesses — erreicht werden sollte. Dem ersten Stadium des Prozesses soll ein zweites, dasselbe Material in anderer Weise verarbeitendes folgen; das erste ist der Herbeischaffung und Ansammlung, das zweite der Sichtung und Prüfung des Beweismaterials gewidmet. Das erste fordert (so wie es unverändert aus dem älteren Strafprozeß herüberging) die Konzentrirung der Prozeßthätigkeit in der Hand eines richterlichen Beamten, dessen Eifer nichts undurchsucht, nichts undurchforscht lassen soll, — das zweite ist der unbefangenen Prüfung einer bestimmt formulirten Anklage gewidmet, es fordert einen Richter im eigentlichen Sinne, d. h. einen unbefangenen Beurtheiler des vor ihm abgeführten Streites. Ich sage mit Bedacht nur: *einen unbefangenen Beurtheiler* und nicht: *einen passiven Zuschauer*, weil letztere Behauptung schon zu der Prinzipienfrage zurückführen würde, deren Anregung die gegenwärtig vorliegende Frage ohne Noth zu einer komplizirten machen würde. Darüber aber wird kein Streit sein, daß unsere Hauptverhandlung keine Scheinhandlung sein dürfe, daß unsere Richter zu derselben ohne vorgefaßte Meinung und mit dem festen Entschluß kommen müssen, ihr Urtheil erst am Schluß der Verhandlung sich zu bilden und sich nach Kräften eines voreiligen Abschlusses zu

erwehren, vermöge dessen sie der weiteren Verhandlung nur scheinbar anhören, da sie ihr keinen Einfluß auf die Entscheidung gestatten. Mit der Haltung, welche demnach dem Gerichte während der Verhandlung zukömmt, verträgt es sich aber durchaus nicht, wenn dasselbe in der Person des Vorsitzenden dem Angeklagten gegenüber in einen förmlichen Antagonismus geräth. Dies ist aber nicht zu vermeiden, wenn der läugnende Angeklagte zu eingehender Beantwortung der Anklage angehalten werden soll. Mag er nun durch ganz abweichende Darstellung des Sachverhaltes sich von der Anklage entfernen, oder durch schweigsames Verhalten und lückenhafte Erklärungen die Details der Anklage unbeantwortet lassen — in beiden Fällen muß es zu einem Streit zwischen dem Richter und dem Angeklagten kommen, welcher die Unbefangenheit des ersteren, das Vertrauen des letzteren erschüttern kann, jedenfalls aber diesem und den Zuhörern den Eindruck zurücklassen muß, daß die Sache schon vor dem Beweisverfahren entschieden sei. — Fordert das neue Verfahren wirkliche Richter, so verlangt es auch, daß vor denselben zwei Parteien erscheinen. Läßt sich nun auch unmöglich die naturgemäße Ungleichheit zwischen Ankläger und Angeklagten ganz beseitigen, so verstößt es doch jedenfalls gegen den unserer Hauptverhandlung zu Grunde liegenden Gedanken, daß eine der beiden Parteien zugleich als Objekt und als Subjekt des Prozesses behandelt, ja wohl gar einem Verhör von Seiten des Anklägers selbst unterworfen wird. Allerdings liegt es in der Natur der Sache, daß der Ankläger, der für seine Person an den Vorfällen, welche den Gegenstand des Prozesses bilden, keinen Antheil hat, einem Verhör über dieselben nicht unterworfen werden könne. Daraus folgt aber nicht, daß die im Verhör liegende Benachtheiligung des Angeklagten zu den unvermeidlichen Konsequenzen der sachlichen Ungleichheit, die zwischen Ankläger und Angeklagtem obwaltet, gehöre. Denn sie ist eben durch die Beseitigung des Verhöres zu beheben; und schon darum sollte dasselbe entfallen, sofern sich nicht nachweisen läßt, daß es für die gedeihliche Lösung der Aufgaben des Prozesses unentbehrlich sei.

2. Das Verhör des läugnenden und (wie wir hinzufugen müssen) nähere Angaben verweigernden Angeklagten ist geeignet, auf den Gang des ganzen Verfahrens einen wesentlichen Einfluß zu üben. Dennoch entzieht es sich jeder gesetzlichen Regelung. Von der Person und Gesinnung des Präsidenten hängt es ab, ob dieses Verhör zur bloßen Form herabsinken, oder ob es, den ganzen übrigen Inhalt der Hauptverhandlung verdrängend, der Mittelpunkt des Verfahrens, die Reproduktion aller noch so bedenklichen Inquirentenkünste in öffentlicher Sitzung werden soll. Nur die Person des Angeklagten setzt hier eine Schranke. Der Schüchterne und Unbeholfene erliegt gar bald der geistigen Uebermacht, welche Stellung, sorgsame Vorbereitung,

ruhige Sicherheit, langjährige Uebung dem verhörenden Richter verschaffen. Der geübte Stammgast der Strafjustiz, der kaltblütig berechnende Angeklagte weiß dagegen sehr wohl, daß die Forderung, die an ihn gestellt wird, im Grunde eine unerzwingbare sei. Er kann die Gelegenheit benutzen, um aufregende Scenen herbeizuführen und Verwirrung in die Verhandlung zu bringen; er kann ein schlau ersonnenes Vertheidigungssystem befolgen und sich, wenn er gedrängt wird, hinter Schanzen flüchten, die keine richterliche Gewalt zu übersteigen vermag.

3. Das Verhör des Angeklagten, wie wir es hier vor Augen haben, verletzt das Prinzip der Mündlichkeit. Es kann mit Erfolg nur geführt werden, wenn der Vorsitzende in der Lage ist, eine Reihe von Vorhalten zu machen, welche zusammengenommen den wesentlichen Inhalt der Untersuchungsakten reproduziren. Auf diese Weise formulirt der Vorsitzende eine Reihe von Behauptungen, welche den anderen Richtern und den Geschworenen als Mittheilungen aus den Akten bekannt werden, und auf sie denselben Eindruck machen, wie die Vorlesung der Akten selbst; später wird es dann sehr schwer, das so Erfahrene von demjenigen zu sondern, was in der Hauptverhandlung unmittelbar vorgebracht wurde. Und doch sind jene Vorhalte zwar aus den Akten geschöpft, sie bleiben aber an Verläßlichkeit doch weit hinter dem aktenmäßigen Referat zurück, das ja eben aufhören sollte, die Grundlage der strafgerichtlichen Erkenntnisse zu bilden.

4. Der positive Nutzen, den das Verhör zu gewähren vermag, ist ein so geringer, daß er zu den geschilderten Nachtheilen außer Verhältniß steht; überdies kann derselbe auf minder bedenkliche Weise erreicht werden.

Allerdings soll das Verhör der „Entdeckung der Wahrheit" dienen, wie Alles, was im Prozeß geschieht. Allein man kann ein Beweisverfahren überschauen und selbst anordnen, ohne dabei ein bestimmtes Ziel vor Augen zu haben. Das Verhör des Angeklagten kann dagegen der Präsident nur dann mit Nachdruck vornehmen, nur dann es zu etwas anderem als einer leeren Form, einer Wiederholung des in der Voruntersuchung vorgekommenen machen, wenn er sich eine bestimmte Aufgabe setzt. Diese Aufgabe wird er in der Regel — denn das Ergebniß der Voruntersuchung ist immer eine Anhäufung gewichtiger Verdachtsgründe — nur darin finden können, auf das Geständniß des Angeklagten hinzuarbeiten, mit ihm um dasselbe zu ringen. Wenn dies gelingt und in einer Weise gelingt, vermöge welcher nicht zu besorgen ist, daß das Geständniß nur ein Akt hoffnungsloser Unterwerfung unter das Unvermeidliche sei, ein Akt, der Nichts beweist, weil er auch einem Unschuldigen abgerungen werden könnte: dann ist allerdings die Aufgabe des Gerichtes sehr erleichtert, die Gefahr einer Irreführung durch lügnerisches Läugnen auf das Beste abgewendet. Allein — wie äußerst selten wird das gelingen: und in wie vielen Fällen wird selbst da die große auf das Verhör verwendete Mühe überflüssigerweise aufgewendet, weil dieselben Materialien, die der Präsident gebraucht, um das Geständniß zu erpressen, an sich schon ausgereicht hätten, auch den läugnenden Angeklagten zu überführen. Wie oft dagegen wird Zeit und Mühe vergebens geopfert, die Geduld des Verhörenden vergebens auf die Probe gestellt und nur dem verhärteten Lügner Gelegenheit geboten, einen Triumph zu feiern! Mit einem Wort: Fast nie wird es gelingen, durch das Verhör ein Geständniß zu erlangen, das der Angeklagte vorzuenthalten beschlossen hat und das nicht durch andere ohnehin zur Verfügung stehende Beweismittel entbehrlich gemacht wird.

Das Verhör hat also, wenn nicht die äußersten Mittel geistiger Tortur aufgeboten werden, für die Verstärkung des Anklagebeweises wenig Werth. Eher könnte es im Interesse der Vertheidigung gelegen scheinen; obgleich Keiner, der es aus wirklicher Anschauung kennt, darauf großen Werth legen möchte, scheint es doch gerade in diesem Sinne durch die theoretische Konsequenz geboten.

In der That, man könnte sich den Fall denken, daß ein bestürzter, unerfahrener Angeklagter es unterläßt, entlastende Thatsachen anzugeben, verdächtigende Umstände aufzuklären, blos weil er Gewicht und Bedeutung derselben nicht erkennt. Das Verhör aber soll ja bekanntlich ein Anleiten, ja ein Anhalten des Angeklagten zur materiellen Vertheidigung sein; und gerade darin wird jeder Richter den schönsten Theil seiner Aufgabe sehen, daß er berufen ist, Vertheidigungsmomente, welche übersehen werden könnten, an's Licht zu ziehen. Nach dieser Seite hin bliebe allerdings eine empfindliche Lücke, wenn man auch nur für die Hauptverhandlung gänzlich zum englischen System überginge, das jede Befragung des Angeklagten, ja beinahe jede spontane Erklärung desselben ausschließt. So weit zu gehen, ist aber auch nicht nöthig; es läßt sich leicht ein Mittelweg finden, der die früher geschilderten Uebelstände vermeidet und doch nicht nöthigt, auf die zuletzt erwähnten Vortheile der Befragung des Angeklagten zu verzichten.

Ich erlaube mir, meinen hieraus abgeleiteten Antrag, wie folgt, zu formuliren:

> Wenn in der Hauptverhandlung der Angeklagte den Vortrag der Anklage mit der Erklärung beantwortet, er sei nicht schuldig, eröffnet ihm der Vorsitzende, daß er zu einer weiteren Erklärung oder zu einer Beantwortung an ihn gerichteter Fragen nicht verpflichtet, daß er aber berechtigt sei, der Anklage eine zusammen-

hängende Erzählung des Sachverhaltes sofort entgegenzustellen und nach Vorführung jedes einzelnen Beweismittels seine Bemerkungen darüber vorzubringen.

Steht dem Angeklagten kein Vertheidiger zur Seite, so kann der Vorsitzende denselben nach Vorführung einzelner Beweismittel oder am Schluß des Beweisverfahrens auf einzelne Umstände aufmerksam machen, welche aufzuklären im Interesse seiner Vertheidigung gelegen ist.

VII.

Gutachten des technischen Assessors am Handels-Appellationsgerichte zu Nürnberg, Herrn Wm. Puscher

über die Frage:

„Empfiehlt sich die Beibehaltung des Instituts der Handelsmäkler?"

Bei der Beurtheilung der vorliegenden Frage wird es sich darum handeln, ob, bei dem Aufschwunge, den der geschäftliche Verkehr genommen, bei der Veränderung, Erleichterung und Vereinfachung, welche derselbe gefunden hat, in Folge dessen manche früher nothwendig gewesene Vermittelungen entbehrlich geworden, oder in andere Hände gefallen sind und für viele Fälle ein directerer Verkehr zwischen Käufer und Verkäufer eingetreten ist,

1. der Fortbestand der alten Institution der Handelsmäkler, in der bisherigen Art, noch zweckentsprechend, dem Handel nützlich, oder ganz entbehrlich ist, oder ob und in welcher Weise

2. eine Aenderung dieses Instituts, unter Berücksichtigung der im Art. 66—84 des allgemeinen deutschen Handelsgesetzbuchs bestimmten Befugnisse und Pflichten, den jetzigen Verhältnissen angemessener und im Interesse des freieren Verkehrs wünschenswerth ist. —

Die Thätigkeit der Handelsmäkler — in Süddeutschland auch Sensale genannt — erstreckt sich vorzugsweise auf Besorgung von Ein- und Verkäufen, Vermittelung der Befrachtung und Assecuranz, Beschaffung kaufmännischer Darlehen u. dgl., sie dehnt sich aber auch auf verschiedene andere geschäftliche Handlungen aus, für welche der Mäkler dem Handel in vielen Fällen von dem ersprießlichsten Nutzen ist, insbesondere da, wo es sich um

Constatirung von Thatsachen handelt, für welche derselbe als mit den Handelsusancen vertrauter, unparteiischer Sachverständiger, in seiner amtlichen Stellung glaubhaftes Zeugniß abzugeben am Besten geeignet ist.

Je nach der Geschäftssparte theilen sich die Handelsmäkler in verschiedene Kategorien, von welchen die hauptsächlichsten folgende sind:

1. für das Waarengeschäft im engeren Sinne — Waarenmäkler,
2. für das Geld-, Coupons- und Wechselgeschäft — Wechselmäkler,
3. für Geschäfte in Staatspapieren, Actien und Loosen — Fondsmäkler,
3. für die Vermittelung des Seefrachtgeschäfts — Schiffsmäkler, und
5. für das Versicherungswesen — Assekuranzmäkler. —

In den meisten Fällen sind die unter 2 und 3, dann die unter 4 und 5 bezeichneten Geschäfte, der großen Connexität wegen, in eine Hand vereinigt, so daß eigentlich nur drei Hauptkategorten von Handelsmäklern bestehen, welche die ihrer Sparte verwandten Geschäfte mitbesorgen, von denen jeder übrigens auf seine Spezialität angestellt und in Pflicht genommen ist, so daß beispielsweise der Waarenmäkler keine Wechselgeschäfte in seiner amtlichen Eigenschaft abschließen darf. Nur in einzelnen kleinen Handelsstädten trifft es sich, daß ausnahmsweise ein Mäkler zur Besorgung aller Geschäfte aufgestellt ist.

Die wichtigsten Sparten der Handelsmäkler, die auch am häufigsten und in jeder halbweg bedeutenden Handelsstadt vertreten sind, bilden die Waarenmäkler und die Wechselmäkler, letztere zunächst für das vereinigte Geld-, Wechsel- und Effectengeschäft. Beide Kategorien theilen sich in den großen Handelsstädten und besonders an den See- und Börsenplätzen in verschiedene Spezialitäten, so daß beispielsweise von den Waarenmäklern die einen nur Geschäfte in Colonialwaaren, andere in Droguen, wieder andere in Landesproducten, „Getreide, Spiritus, Oel ꝛc.“ vermitteln. Diese Eintheilung bedingt sich durch die Bedeutenheit des Geschäfts, die eine Theilung desselben an sich nothwendig macht, insbesondere aber auch durch die erforderliche, umfassende Waarenkenntniß, welche verlangt wird und die für alle Spezialitäten in einer Person nicht leicht vereinigt sein kann. Wie in allen Fällen, giebt auch hier die persönliche Qualification den Ausschlag über die Stellung des Mäklers. Der tüchtige Waarenmäkler, besonders an einem See- oder Waarenbörsenplatz, ist eine angesehene Auskunftsperson, welche durch eine allseitige Information und die dadurch gewonnene größere Uebersichtlichkeit des ganzen Geschäftszweiges, oft mehr wie der einzelne Geschäftsmann im Stande ist, richtige Anhaltspunkte zu gewinnen; deshalb wird auch deren sachverständiges Urtheil von den gewiegtesten Geschäftsmännern nicht verschmäht, vielmehr öfter gesucht.

Eine Hauptaufgabe der Waarenmäkler ist auch die Feststellung der Preise, nach den wirklich vollzogenen Verkäufen, oder dem Angebote der Eigner, in den hierüber erscheinenden öffentlichen Listen. Durch diese Einrichtung, welche wesentlich zur Orientirung dient und durch die zahllose Differenzen im geschäftlichen Verkehr abgeschnitten werden, zeigt sich ganz besonders der Nutzen des Mäklers, der in seiner Eigenschaft als eidlich verpflichtete Auskunftsperson öffentlichen Glauben genießt.

Besonders an den größeren Handelsplätzen ist deshalb der Waarenmäkler ein unentbehrlicher, dem Handel absolut nothwendiger Factor, dessen Stellung eine ebenso geachtete wie einträgliche ist.

Weniger gut situirt sind öfter die Waarenmäkler an den kleineren Handelsplätzen. Hier, wo der Handel nicht, wie an den großen See- und Börsenplätzen, seine naturgemäße Strömung hat, sondern sich das Geschäft auf Käufe und Verkäufe aus zweiter oder dritter Hand für den Platzbedarf beschränkt, ist die geschäftliche Wirksamkeit derselben durch das Agenturwesen, welches eine immense Ausdehnung genommen hat, sehr beeinträchtigt. Unterstützt durch die rascheren und directeren Verkehrsmittel, dann den Umstand, daß jetzt von den See- und Hauptstapelplätzen Waaren in kleineren Partien zu beziehen sind, als es sonst Regel war, findet, durch Vermittelung der Agenten, welche in jeder halbweg bedeutenden Handelsstadt zahlreich vertreten sind, ein häufiger directer Bezug auch von solchen Abnehmern statt, die früher auf den Zwischenhandel angewiesen und die beste Kundschaft für die Mäkler waren. Ueberhaupt wird dadurch, daß nicht nur jeder Agent, sondern überhaupt jeder Kaufmann zur Vermittelung von Ein- und Verkäufen für Dritte, auch an seinem Wohnort, berechtigt ist, das Mäklergeschäft beeinträchtigt. Es ist aber ein Unterschied zwischen einer solchen Geschäftsvermittelung und derjenigen eines förmlich angestellten Handelsmäklers, denn während erstere in der Regel nur vorübergehend und für Einzelne Platzgeschäfte besorgt, wenn es gerade in ihrer Convenienz liegt, sind die letzteren für Jeden zu einer solchen Vermittelung verpflichtet, denn sie vertreten nicht die einzelnen, sondern dienen den allgemeinen Interessen.

Deshalb ist auch für kleinere Handelsstädte der Fortbestand der Waarenmäkler wünschenswerth, weil immerhin noch einiger Geschäftsverkehr durch dieselben vermittelt wird, der dem Handel große Bequemlichkeit und Erleichterung bringt.

Absolut nothwendig ist es aber hier, die Befugnisse der Waarenmäkler soweit zu erweitern, daß sie, gleich den Agenten, Verkäufe und Käufe auch für Auswärtige vermitteln dürfen, da außerdem die Mäklerei, der geringen Rentirlichkeit wegen, nur noch von solchen Individuen gesucht und betrieben werden dürfte, welche durch ihre Qualification und Repräsentation nicht mehr die Garantie bieten, welche zur tüchtigen Ausübung einer solchen Stellung verlangt werden muß.

Aber auch für die Waarenmäkler an den größeren Handelsplätzen ist die gleiche Erweiterung ihrer Befugnisse geboten. Der Verkehr läßt sich nicht mehr in engherzige Schranken schrauben und die freieste Bewegung für den Käufer und Verkäufer bringt dem Handel am meisten Nutzen.

Die Berechtigung der Handelsmäkler, mit Auswärtigen verkehren zu dürfen, hat besonders für letztere bei eintretenden Conjuncturen, in Fällen, wo eine starke Fluctuation der Preise eintritt, sowohl für Ein-, wie auch für Verkäufe großen Werth. Es ist Thatsache, daß gerade in solchen Perioden der Verkauf von Waaren an kleineren Handelsplätzen nicht so rasch, und oft auch nicht so vortheilhaft zu Stande zu bringen ist, als an dem Hauptmarkte, wo sich die Nachfrage concentrirt, so daß ein Rückverkauf dahin sich oft besser rentirt. Ebenso ist es bei Einkäufen von Nutzen, insbesondere an Producten-Börsen, bei Käufen auf Lieferung, zumal wenn der auswärtige Käufer die Waare zur bedungenen Zeit persönlich übernehmen will. Daß zur Besorgung solcher Geschäfte der Mäkler die beste Vertrauensperson sein kann, darf als unzweifelhaft angenommen werden.

Was vorstehend über die Handelsmäkler bezüglich der Eintheilung in verschiedene Geschäfts-Specialitäten, über ihre Stellung und Nützlichkeit bei Vermittelung des geschäftlichen Verkehrs, über ihre Thätigkeit bei Festsetzung der Preise, dann in Bezug auf die Erweiterung ihrer Befugnisse durch die Gestattung directer Vermittelung von Geschäften mit Auswärtigen gesagt ist, wird hierher, als auch für die Wechselmäkler geltend, wiederholt. An den Börsenplätzen bestimmt sich die Thätigkeit der Wechselmäkler je nach der Bedeutenheit des Verkehrs in einzelnen Effecten oder Devisen, für einzelne oft vorzugsweise auf den Umsatz in diesen allein, während wieder von anderen das Geld- und Wechselgeschäft zur Hauptspecialität gemacht wird. Die Festsetzung der Course für Effecten, Wechsel und Geldwerthe nach dem Verlauf der Börse ist eine ganz wesentliche und sehr wichtige Funktion der Wechselmäkler, die Erweiterung ihrer Befugnisse auf den Abschluß von Geschäften mit Auswärtigen aber, gleichwie bei den Waarenmäklern, im allgemeinen Interesse geboten. Auf einigen Börsenplätzen scheint diese Befugniß bereits zugestanden zu sein, da sich z. B. von Frankfurt Wechselmäkler durch Anzeigen in öffentlichen Blättern zur Vermittelung von Geschäften mit Auswärtigen empfehlen.

Die Schiffs- und Assecuranzmäkler sind in der Regel nur in denjenigen Handelsplätzen, welche eine Verbindung mit dem Meere haben, anzutreffen; sie vermitteln hier die Befrachtung der Schiffe direct für den Eigenthümer oder dessen Vertreter, oder für diejenigen Kaufleute, welche die Fracht der ganzen für das Schiff aufzubringenden Ladung für eine Aversalsumme übernommen haben und aus der Befrachtung ein Geschäft machen. Da bei Verladungen zur See die Versicherung selten außer Acht gelassen wird, so geht die Besorgung derselben hier öfter Hand in Hand. Namentlich für die Verladung ist der Schiffsmäkler eine das Geschäft wesentlich erleichternde, kaum zu entbehrende Vermittelungsperson; nicht nur wegen der Vereinbarung der oft bei ein und derselben Ladung vorkommenden verschiedenen Frachtsätze, die sich nach Beschaffenheit und Quantität der Waaren und andern Umständen bemessen und öfter ein Verhandeln mit den Parteien erfordern, das direct unter denselben ungleich schwieriger und mit zuviel Zeitverlust für dieselben verbunden sein würde, sondern auch für den Schiffer deshalb, weil der Mäkler für diesen die üblichen Formalitäten besorgt und ihm in allen das Verladungsgeschäft betreffenden Angelegenheiten mit Rath und That zur Hand geht. Ebenso nützlich ist der Mäkler dem Schiffer für das Ausladungsgeschäft, durch Einzug der Frachten und andere Dienstleistungen.

Eine Vermittelungsperson zu allen diesen Besorgungen ist unbedingt erforderlich; daß diese eine für ihre Obliegenheiten verpflichtete, damit auch auf ihre Qualification geprüfte sei, auf welche die Parteien mit Vertrauen zugehen können und deren Aussagen und Handlungen Glauben und Sicherheit bieten, ist unabläßiges Erforderniß. Alles Dieses vereinigt der Schiffsmäkler, und deshalb ist auch dieser für den Handelsstand ein ebenso nützlicher wie nothwendiger Vermittler.

Nachdem ich vorstehend die nützlichen, zum Theil unentbehrlichen Dienste, welche der Handelsmäkler in seinen verschiedenen Eigenschaften auf das Zustandekommen und die Regelung von Handelsgeschäften ausübt, im Wesentlichen angeführt habe, gehe ich zur Bezeichnung seiner weiteren Thätigkeit über, zu welcher derselbe nach einzelnen Bestimmungen des allgemeinen deutschen Handelsgesetzbuches entweder direct bezeichnet, oder zu deren Vollzug er in seiner Eigenschaft als amtlich bestellter Vermittler und beeidigter Sachverständiger die geeignetste Persönlichkeit ist.

Diese Bestimmungen finden sich insbesondere in:

Art. 311. für den Verkauf eines Faustpfandes, welcher, unter den hier angeführten Voraussetzungen, durch einen Handelsmäkler, mit Umgang eines öffentlichen Verstrichs, vorgenommen werden kann;

Art. 343, Absatz 2, nach welchem, wenn der Käufer mit der Empfangnahme der Waare sich in Verzug befindet, der Verkäufer befugt ist, dieselbe, Falls sie einen Börsen- oder Marktpreis hat, nach vorgängiger Androhung, nicht öffentlich, durch einen Handelsmäkler zum laufenden Preise verkaufen zu lassen;

Art. 348, Absatz 5, wonach eine beanstandete Waare, wenn sie dem

Verderben ausgesetzt und Gefahr im Verzuge ist, vom Käufer unter Beobachtung der Bestimmungen des Art. 343 verkauft werden darf;

Art 353, die hier getroffene Bestimmung, daß als Kaufpreis, wenn als solcher in dem Geschäftsabschluß der Markt- oder Börsenpreis benannt ist, bei der eventuellen richterlichen Festsetzung, der laufende Preis an dem Orte der Erfüllung, oder an dem für letzteren maßgebenden Handelsplatz, nach den dafür bestehenden örtlichen Einrichtungen zu Grunde gelegt werden soll;

Art. 354, das hier ausgesprochene Recht des Verkäufers, eine noch nicht übergebene Waare, für welche der Käufer mit der Zahlung des Kaufpreises in Verzug ist, unter Beobachtung der Bestimmungen des Art. 343, für Rechnung des Käufers verkaufen lassen zu dürfen;

Art. 357, Absatz 2 und 3, wegen des hier dem Verkäufer eingeräumten Verkaufsrechts, oder der Bestimmung des Markt- oder Börsenpreises und resp. der zwischen diesem und dem Kaufpreis zu berechnenden Differenz als Schadenersatz wegen Nichterfüllung;

Art. 365, Absatz 3, die hier dem Commissionair zugesprochene Befugniß, ein dem Verderben ausgesetztes Gut, wenn Gefahr im Verzuge ist, unter Beobachtung der Bestimmungen des Art. 343, zum Verkauf bringen zu dürfen;

Art. 366, das, unter gleicher Beachtung der Bestimmungen des Art. 343, dem Commissionair gestattete Verkaufsrecht, wenn Veränderungen an dem Gute eintreten, welche eine Entwerthung desselben befürchten lassen und keine Zeit vorhanden ist, die Verfügung des Committenten einzuholen, oder wenn dieser in der Ertheilung derselben säumig ist. Dann das gleiche Recht, welches der Commissionair in allen andern Fällen hat, in denen der Committent, obwohl hierzu nach Lage der Sache verpflichtet, über das Gut zu verfügen unterläßt;

Art. 369, Absatz 3, in Bezug auf den hier von dem Commissionair zu erbringenden Beweis, daß beim Verkauf gegen baar ein geringerer Preis, als auf Credit, und welcher zu erzielen gewesen wäre;

Art. 396, Absatz 1, 2 und 3, für die in denselben enthaltenen Bestimmungen beim Frachtgeschäft, bezüglich der zu berechnenden Entschädigung als Ersatz für Verlust oder Beschädigung des Gutes von Seiten des Frachtführers. Ferner:

Art. 407, Absatz 4, welcher den ganzen oder theilweisen Verkauf eines Gutes zur Bezahlung der Fracht und übrigen Forderungen eines Frachtführers behandelt.

Außer diesen aus dem allgemeinen deutschen Handelsgesetzbuch citirten Fällen giebt es im Geschäftsleben noch eine Menge anderer Vorkommnisse, für welche der Mäkler, der unparteisch zwischen den Kontrahenten steht, als vermittelnder Sachverständiger, dem Handelsstande durch Schlichtung kleiner Differenzen über Qualität, Verpackung, Lieferzeit 2c. 2c. und überhaupt als Auskunftsperson von großem Nutzen ist. Die Handelsmäkler bilden außerdem in vielen Fällen das Ansagebureau für Angebot und Nachfrage, und manche Geschäfte würden sich mit ungleich mehr Schwierigkeiten in der gebotenen Zeit oft gar nicht vollziehen lassen, wenn diese Vermittelung nicht geboten wäre. Daß sehr oft der verpflichtete Handelsmäkler nicht durch einen gewöhnlichen Unterhändler, wie sie im Handel für Besorgung einzelner Geschäfte benutzt werden, oder durch einen Kaufmann, einen Agenten, welcher vorübergehend oder nebenbei Mäklergeschäfte macht, ersetzt werden kann, daß es vielmehr gerade die amtliche Eigenschaft ist, welche dem Handelsmäkler die geachtete Stellung und das nothwendige Vertrauen verschafft und ihm dadurch eine einflußreiche und erfolgreiche Thätigkeit sichert, beruhet auf langjähriger Erfahrung und wird nicht bestritten werden können.

Aus allem Diesen geht hervor, daß der verpflichtete Handelsmäkler ein nützlicher und nothwendiger Gehülfe des geschäftlichen Verkehrs ist und daß es sich in hohem Maße empfiehlt, das Institut derselben zu pflegen und fortbestehen zu lassen.

Die Erweiterung der Befugnisse der Handelsmäkler anlangend, welche oben erörtert worden ist, so würde zu dieser, gegenüber den dermaligen Bestimmungen des allgemeinen deutschen Handelsgesetzbuchs, die Abänderung des Art. 69 in Absatz 6 ausreichen.

Die königlich preußische Staatsregierung hat zu dieser Aenderung bereits Anlaß durch Vorlage folgenden Gesetzentwurfes gegeben:

> „Die Vorschrift, durch welche den Handelsmäklern untersagt ist, zu den unter ihrer Vermittelung zu Stande kommenden Geschäften die Einwilligung der Parteien, oder deren Bevollmächtigten anders anzunehmen, als durch persönliche Erklärung, und von Abwesenden Aufträge zu übernehmen (A. D. H. Art. 69, Ziff. 6) wird aufgehoben.
>
> Ist eine durch schriftliche Erklärung abgegebene Einwilligung angenommen worden, so hat der Handelsmäkler das betreffende Schriftstück aufzubewahren und im Falle der Vorlegung seines Tagebuches mit diesem vorzulegen.“

Durch Annahme dieses Gesetzentwurfes, welche sich allseitig empfehlen dürfte, wird zweierlei erreicht:

1. Die Berechtigung der Handelsmäkler zur schriftlichen Vermittelung von Geschäftsabschlüssen mit Auswärtigen und
2. Die Beseitigung der bisherigen Beschränkung, daß der Handels-

mäkler die Einwilligung der Parteien oder deren Bevollmächtigten an seinem Wohnsitze nicht anders annehmen darf, als durch ausdrückliche und persönliche Erklärung.

Durch den Wegfall dieser letzten Beschränkung wird dem Handel eine mitunter lästige Formalität erspart und der Abschluß eines Geschäfts oft beschleunigt und vereinfacht. Daß überhaupt aber der Fortbestand des Zwanges zur Abgabe einer persönlichen Erklärung von Nutzen sein könnte, wird mit Grund nicht zu behaupten sein, da nicht widersprochen werden kann, daß eine schriftliche Zusage auf einen mündlichen Antrag sicherer ist und mehr Garantie bietet, als eine mündliche Erklärung.

In der Praxis werden auch bisher schon vielfache schriftliche, statt mündliche Erklärungen dem Handelsmäkler gegenüber abgegeben; es bedarf daher nur der gesetzlichen Sanction für das, was sich seither schon als Bedürfniß geltend gemacht hat.

Mit der einzigen Aenderung des Art. 69, wie sie oben als Vorschlag der preußischen Regierung declarirt ist, würde dem Institut der Handelsmäkler eine zeitgemäße Reform gegeben sein, die ebensowohl im besonderen Interesse der Mäkler, wie im allgemeinen des freien geschäftlichen Verkehrs gelegen ist.

VIII.

Gutachten des Herrn Stadtgerichtsrath R. Koch zu Berlin

über die Frage:

Soll die Gesetzgebung Arrest auf künftig zu verdienendes Lohn gestatten und in welchem Umfange?

Die vorliegende Frage bewegt sich auf einem verhältnißmäßig beschränkten juristischen Gebiete. Dennoch hat dieselbe bereits ihre Literatur und, was mehr sagen will, ihre Geschichte. In Gesetzen und Entwürfen, in Theorie und Praxis fortwährend verschieden beantwortet, taucht sie seit einer Reihe von Jahren immer und immer wieder auf, und hat namentlich in dem größten deutschen Staat die Organe der Gesetzgebung in neuerer und neuester Zeit unablässig beschäftigt. Ein besonderes juristisches Interesse ist es nicht, das diese Bewegung hervorgerufen hat. Desto bedeutender ist die wirthschaftliche und sociale Bedeutung der Frage. Es handelt sich darum, ob der Lohnarbeit ihr Lebensnerv — der Anspruch auf künftigen Lohn — durch den Gläubiger des Arbeiters abgeschnitten werden darf. Und welches Lebensgebiet käme heutzutage an Umfang der Lohnarbeit gleich? Gerade die zahlreichsten, untersten Schichten dieses Berufs[1]) (wenn man dabei

---

[1]) Einen wie bedeutenden Bruchtheil der Bevölkerung dieselben beispielsweise in Preußen ausmachen, ergeben die statistischen Notizen in den „Jahrbüchern der amtlichen Statistik des preußischen Staats" II. Jahrgang. Berlin 1867. S. 231 fg. Im Jahre 1861 betrug danach das Verhältniß zur Gesammtbevölkerung (den über vierzehnjährigen Civilpersonen) für landwirthschaftliche Tagelöhner und Handarbeiter 9,93, für andere Gewerbe 11,02, für Fabrikarbeiter und Bergleute 5,76 resp. 2,02, für Gewerbsgehülfen und Lehrlinge 12,45 Procent. Nach einer neueren Mittheilung

noch von einem abgesonderten Berufe reden darf) kommen hier vorzugsweise in Betracht. Denn hat auch das Lohn-Einkommen in neuerer Zeit im Allgemeinen die Tendenz zu einem das Verhältniß zur Steigerung der Preise überschreitenden Wachsthum[2]), so bildet es doch in weiten Kreisen der Bevölkerung das ganze Vermögen und damit das einzige Unterhalts- und Creditmittel des Lohnarbeiters und seiner Familie. Der Gläubiger des Lohnarbeiters hat, wenn er sich nicht an den künftigen Lohn halten kann, wenig Aussicht auf Befriedigung. Für den Schuldner aber bedeutet die Beschlagnahme, drohende Entlassung, wirthschaftlichen Ruin, bitterste Noth; für den Arbeitgeber Verschlechterung der Arbeit, Erschwerung der Zahlung, Verlust des Arbeiters. So viel liegt auf der Hand: die Frage, ob der Gläubiger sich zwischen Arbeitnehmer und Arbeitgeber einzuschieben und jenem im Voraus die Früchte seiner Arbeit zu entziehen befugt sein soll, ist kein Produkt juristischer Spekulation, sondern dem Leben selbst entsprungen, in welches sie auf das Tiefste eingreift. Nicht der Jurist hat nach ihrer ganzen Anlage bei der Entscheidung das letzte Wort, sondern der Gesetzgebungspolitiker, in dessen Erwägungen der juristische Factor nur als Glied einer Kette gelten kann. Indessen handelt es sich immerhin um Bildung eines Rechtssatzes, welcher die grundsätzliche Angreifbarkeit aller Vermögensobjecte des Schuldners durchbricht, um ein Thema also, welches der juristischen Seiten viele darbietet. Der Beruf des Juristen, sich darüber zu äußern, wird mithin nicht zu bezweifeln sein, zumal auf dem Gebiete der Rechtsgesetzgebung den Juristen, wenn nicht die Initiative, doch die ganze Technik der Ausführung überlassen zu werden pflegt. Dies zeigt sich eben jetzt bei einer nahe verwandten, dem gleichen Rechtsgebiet angehörigen Frage, welche bereits vor längerer Zeit den Juristentag beschäftigt hat — der Aufhebung des Personal-Arrestes. Man wird wohl thun, den Zusammenhang beider Fragen nicht aus den Augen zu verlieren. Die Lösung der einen, welche bereits für Oesterreich als vollendete Thatsache vorliegt und für den Norddeutschen Bund sich im letzten Stadium der Vorbereitung befindet, arbeitet meines Dafürhaltens auch der anderen ein gutes Stück vor. Ehe ich jedoch hierauf und damit auf das Gebiet der Gründe für und wider eingehe, mögen die nachfolgenden Bemerkungen über die Begrenzung der Frage und die bisherige Rechtslage, sowie über die zur Verbesserung der letzteren bereits genommenen Anläufe gestattet sein.

Der Begriff „künftig zu verdienendes Lohn" zunächst bildet

aus Ostpreußen (Preuß. Jahrbücher Bd. 21. Februarheft 1868 Seite 234) betragen das Gesinde, Tagelöhner, „Lohnarbeiter und Arbeiterinnen" 16 Procent der gesammten Bevölkerung.

[2]) Rau, Lehrbuch der politischen Oeconomie 8. Ausg. (1868) Bd. I. S. 281 f.

den Gegensatz des verdienten d. h. desjenigen Lohns, für welchen die entsprechende Arbeit bereits gethan ist. Indessen läßt sich, zumal bei länger andauernden Verhältnissen, die Arbeit in der Regel so wenig als der Lohn[3]) in willkürlich zu bestimmende Partikel auflösen. Hört die Arbeit vor der Zeit auf, so mag wegen des geleisteten Theils wohl ein Entschädigungsanspruch begründet sein; aber eine genaue vertragsmäßig zu bestimmende Vergeltung wird sich nur in gewissen Fällen, etwa bei tage- oder stückweise bedungener Vergütung abmessen lassen. Jener Gegensatz fällt daher für die Mehrzahl der Fälle mit dem von rückständigem und von noch nicht fälligem Lohne zusammen. Nur ist festzuhalten, daß der letztere auch solchen Lohn umfaßt, welcher nicht blos noch nicht zahlbar, sondern auch durch Vorleistung der entsprechenden Arbeit (in nicht technischem Sinne) bedingt ist. Der Unterschied von rückständigem und noch nicht fälligem Lohn ist auch der wirthschaftlich ungleich bedeutungsvollere. Denn der Lohn, welchen der Arbeiter bereits fordern konnte, den er aber, gleichviel aus welchen Gründen, beim Arbeitsgeber hat stehen lassen, ist nicht mehr Lohn im eigentlichen Sinne, sondern Kapital. Die Erweiterung, welche der Begriff des künftig zu verdienenden Lohnes durch Aufnahme des Moments der noch nicht eingetretenen Fälligkeit erfährt, wird durch die größere juristische Bestimmtheit und äußerliche Erkennbarkeit aufgewogen, wodurch schwierige Untersuchungen im einzelnen Falle entbehrlich gemacht werden. Ueberdies ist die Erweiterung eine so unmerkliche, daß sie mehr als eine bloße Auslegung und nähere Bestimmung des Begriffs „künftig zu verdienender Lohn" gelten darf. In diesem Sinne ist denn auch Legislatur, Praxis und Theorie bisher in der Regel verfahren, wie sich weiter unten zeigen wird. — Der Arrest nun auf jenen Lohn kann entweder als Exekutionsmaßregel oder nur zur Sicherung eines noch nicht exekutionsfähigen Anspruchs dienen.[4]) In beiderlei Anwendung ist die Maßregel innerlich dieselbe. Denn wie der Arrest nicht mit Unrecht eine antizipirte Exekution genannt wird, so ist der Exekutionsarrest doch immer Arrest, d. h. (wenigstens gemeinrechtlich) Kautions-, nicht unmittelbares Befriedigungsmittel.[5]) Die Betrachtung über die Zulässigkeit eines Arrestmittels ist daher für beide Arten im Allgemeinen die gleiche. Ohnehin ist der bloße Sicherungsarrest gerade als Lohnarrest nicht eben vorzugsweise

---

[3]) Ich habe im Verlauf dem in der Frage gebrauchten Neutrum das gebräuchlichere Maskulinum vorgezogen. — Vgl. Sander's Wörterbuch s. voce Lohn, Bd. II. Seite 156.

[4]) Vgl. Endemann, Das deutsche Civilprozeßrecht, III. Abth. (1868) S. 1049, fg. 1019. fg. Strey, Die Lehre von den Arresten, (1859) S. 1. fg.

[5]) Wetzell, Civilprozeß, §§. 30, 50.

häufig, da künftig zu verdienender Lohn nicht im Voraus bezahlt und darüber auch nicht im Voraus verfügt zu werden pflegt. Bei Weitem der Hauptfall ist der Lohnarrest im Wege der Exekution. Diesen werde ich deshalb in dem Nachstehenden stets in erster Linie im Auge haben, und am Schlusse einige Bemerkungen über den Sicherungsarrest auf künftigen Lohn folgen lassen.

Was nun das bestehende Recht anlangt, so ist die Grundlage des Lohnarrestes überall, wo derselbe irgend anerkannt wird, die grundsätzliche (passive) Exekutionsfähigkeit der Forderungen des Schuldners, insonderheit der Rentenbezüge und Staatsdienergehalte, welche man auch gemeinrechtlich für ein zulässiges Arrestobject erklärt.[6])

Indessen zeigt sich namentlich in Preußen, in Ermangelung einer ausdrücklichen Gesetzesvorschrift, eine Scala abweichender Ansichten von der totalen Unzulässigkeit bis zur unbeschränkten Zulässigkeit der Beschlagnahme von künftigen Löhnen mit mannigfachen Mittelmeinungen. Jene radikale Ansicht bestreitet dem künftigen Lohn die Eigenschaft einer Forderung. Denn, wenngleich demselben unter Umständen ein obligatorisches, beiderseits bindendes Verhältniß zum Grunde liege, so sei der Anspruch auf Lohn doch immer von der Leistung der Arbeit abhängig, also nicht existent. Die Exekution in denselben — bemerkt wenigstens ein Schriftsteller — sei eigentlich eine Exekution in die Arbeitskraft, eine geschärfte Art der Personal-Exekution. Die Analogie von Beamten-Besoldungen treffe nicht zu, weil diese mehr die Natur einer an Gegenleistung nicht gebundenen Rente hätten, und ihre Beschlagfähigkeit auf einem nicht auszudehnenden Singularrecht beruhe.[7]) Andererseits aber wird — und dies ist die herrschende Meinung —[8]) geltend gemacht, daß die Lohnforderung mit dem Vertrage entstehe (und nur nicht fällig) oder doch bereits soweit in ihrer Begründung vorhanden sei, daß, wie eine etwaige Cession oder Verpfändung, so auch eine Beschlagnahme derselben nicht des Gegenstandes entbehre. Die Gesetzgebung gebe dies in

---

[6]) Endemann, a. a. O. S. 1021.

[7]) Gruchot, Beiträge z. Erläuterung des Preuß. Rechts. Jahrgang III. Seite 86 fg. 102 fg. Wiederholt ist diese Ansicht von Dr. Waldeck im Abgeordnetenhause vertreten worden. — Sten. Ber. 1861, S. 1081. 1865, S. 2030 fg. Ganz neuerdings (April 1868) läuft die Nachricht durch die Zeitungen, daß 2 Gerichte (Kreisgericht Duisburg, Kr.-Ger.-Deputation Broich) sich derselben Meinung angeschlossen haben.

[8]) Gruchot, a. a. O. II. S. 217 fg. III. S. 78 fg., 82 fg.; Rescript vom 15. Juni 1832 — v. Rönne, Erg. 5. Ausg. III. S. 436 —; R. v. 26. April 1841. — J. Min B. S. 155. (Wegen baarer Auslagen, nicht wegen Gerichtssporteln, soll auch der noch nicht fällige Lohn des Gesindes in Beschlag genommen werden dürfen.) Jur. Wochenschrift 1844. S. 553.

so fern zu erkennen, als sie gewisse künftige Löhne (die Heuer der Schiffer — in dem jetzt aufgehobenen §. 1418 II., 8 A. L. R. — ferner den Ueberverdienst der Sträflinge — A. Kab. Ordre vom 28. Dezember 1840 (G. S. 1841, S. 52) ausnahmsweise von der Beschlagnahme ausschließe. — Meistens wird dabei ein dauerndes Dienstverhältniß vorausgesetzt, und dessen Vorhandensein dann verneint, wenn der Arbeiter (z. B. ein Diätar bei einer Aktiengesellschaft) so gestellt sei, daß er bei völliger Freiheit des Arbeitgebers, ihn täglich zu entlassen, oder vielmehr seine Dienste nicht weiter zu verlangen, nur für die Leistungen eines jeden Tages sofort bezahlt werde. In diesem Falle ist wenigstens nach der Ansicht des Obertribunals[9]) nicht blos die Ueberweisung des künftigen Lohns, sondern auch der Arrest gegenstandslos. Nicht dahin gehören indessen, wie meistens angenommen wird, Fabrik-, Berg- und Hüttenarbeiter, sowie Handwerksgehülfen, weil in Ermangelung entgegenstehender Verabredung ihr Arbeitsverhältniß nur nach 14-tägiger Kündigung gelöst werden kann. (Allg. Gewerbe-Ordnung vom 17. Januar 1845, §. 130, 145. — G. S. S. 41 —; Ges. v. 21. Mai 1860, §. 4, 20. — G. S. S. 202 —). Dem entsprechend wird in der altpreußischen Praxis auf den Antrag des Gläubigers bei diesen Personen, wie bei Gesinde und Hausoffizianten und überhaupt dem ganzen Gebiet dauernder Arbeitsverträge (locatio conductio operarum und operis) der noch nicht fällige Lohn in Höhe der Forderung des Gläubigers in Beschlag genommen und der Arbeitgeber angewiesen, den Lohn unmittelbar an den Gläubiger oder in das gerichtliche Depositorium abzuführen, während die Ansichten darüber, ob auch eine Ueberweisung zur eigenen Einklagung (in vim assignationis) oder eine Uebereignung (cessionis modo) statthaft sei, wiederum auseinandergehen. Innerhalb jener ziemlich allgemeinen Praxis zeigt sich indessen noch ein Unterschied, je nachdem der ganze Lohn oder nur ein Theil desselben für beschlagfähig erachtet wird. Manche Gerichte wenden, insonderheit für Berg- und Hüttenarbeiter, analog die Vorschriften

---

[9]) Erk. des 4. Sen. v. 11. Nov. 1852. — Striethorst, Archiv für Rechtsfälle, Bd. 7. S. 318. — Aehnlich Erk. deff. Sen. v. 28. Mai 1847. Rechtsf. Bd. 1, S. 228. — Das Präj. 319 des 3. Sen. v. 26. Juni 1837 erklärt nur die Beschlagnahme einer aus zweiseitigen vom Exequenden nicht erfüllten Verträgen hervorgehenden Forderung behufs der Assignation oder Cession für unzulässig. C. F. Koch, Pr. Civilprozeß, 2. Ausg, S. 561 erfordert für die Ueberweisung, daß die Forderung in ihrer Begründung vorhanden sei. Deshalb sei die so oft vorkommende Beschlagnahme von Gesellen- und Tagelohn unwirksam, weil der Vertrag erst künftig geschlossen werden solle, was mit jedem Tage von Neuem geschehe. Der Arrest habe also keinen Gegenstand. — Heffter, Pr. Civilprozeß (1856) schweigt über die Frage ganz (Vgl. S. 337 fg. 348 fg., 294).

des §. 95. I. 24 d. Allg. Ger. Ord. an, wonach Künstlern oder Professionisten, welche nur ihr unumgänglich nothwendiges Werkzeug besitzen, Theilzahlungen gestattet werden dürfen, eine Vorschrift, welche im §. 142 das. im Falle der zwangsweisen Abarbeitung der Schuld (eines gänzlich unpraktischen Exekutionsmittels) allgemein für anwendbar erklärt ist. Auch pflegt aus den anderweiten gesetzlichen Beschränkungen der Exekution[10]) der Grundsatz entwickelt zu werden, daß durch die Exekution der Nahrungsstand des Schuldners nicht völlig zerrüttet werden dürfe.[11]) Andererseits aber wird eine solche Argumentation unter Hinweis auf die singuläre Natur aller dieser Vorschriften nicht als berechtigt anerkannt[12]) und höchstens auf Anrufen des Schuldners dem Gläubiger anheimgegeben, seinen Exekutionsantrag auf eine Quote des künftigen Lohns zu beschränken. — Auch im Gebiet des Rheinischen Rechts sind die Ansichten verschieden. Art. 1244 des code civil gestattet zwar dem Richter, mit Rücksicht auf die Lage des Schuldners mäßige Zahlungsfristen zu bewilligen und, während Alles in dem bisherigen Zustande bleibt, der Vollstreckung Einhalt zu thun. Indessen hat sich auf dem Boden dieser Vorschrift eine gleichmäßige Praxis hinsichtlich des Lohnarrestes nicht entwickelt. Während Manche auf Grund derselben einen Theil s Lohns von der Exekution freilassen, halten Andere sie bezüglich der Beschlagfähigkeit des Lohns nicht für anwendbar.[13]) Ebenso ungleich ist die Praxis in den gemeinrechtlichen Gebieten und den im Jahre 1866 neu erworbenen Landestheilen, da es überall an ausdrücklichen Vorschriften fehlt.[14]) Nach Privatmittheilungen Hannöverscher Anwälte hält man in Hannover im Allgemeinen die Beschlagnahme künftiger Arbeits-

---

[10]) Siehe dieselben bei Uecke, Exekutionsordnung (1856) S. 26 fg., auch in dem Komm.-Ber. des Abg.-Hauses 1865, Bd. V. Nr. 221, S. 8 fg.

[11]) Gruchot, II., S. 217 fg., III., S. 78 fg., 97 fg., 110 fg., VIII., Seite 348 fg. Jur. Wochenschrift a. a. O. (Note 6).

[12]) Gruchot, II., S. 221 fg., III., S. 84 fg.

[13]) Der bekannte Kommentator der franz. Civ.-Prozeßordnung (Schlink, Komm. Bd. IV. (1845) S. 44) ist aus inneren Gründen (weil der Prinzipal „den ersten Anspruch auf die Erfüllung des Vertrags" habe) der Ansicht, der Richter müsse festsetzen, wieviel der Untergebene (Gesinde, Gehülfen eines Geschäfts oder einer Haushaltung) übrig behalte. Uebrigens biete schon Art. 592 des code de pr. (welcher die exekutionsfreien Sachen aufführt) einen Anhaltspunkt dafür dar, daß solchen Personen nicht Alles zu entziehen sei.

[14]) Die Prozeß-Ordn. v. 24. Juni 1867 (G S. S. 885) für einen Theil der neuen Landestheile so wenig, als die Verordnung für die gemeinrechtlichen Gebiete vom 21 Juli 1849 (G. S. S. 307) enthält Bestimmungen über die Exekutionsmittel.

und Dienstlöhne (der Dienstboten, Fabrikarbeiter, Gesellen ꝛc.) auf Grund des von „Besoldungen, Dienstemolumenten und dergleichen" handelnden §. 565 (§. 555, 556) der Hann. bürgerlichen Prozeßordnung für zulässig. Darüber, ob der ganze Lohn der Beschlagnahme zu unterwerfen, ist man in der Praxis nicht einig. Nach der Ansicht der Einen bestimmt richterliches Ermessen die abzugsfähige Quote, nach der der Andern hat der Richter auf Antrag des Gläubigers den ganzen Lohn in Beschlag zu nehmen. — Im Appellationsgerichtsbezirk Kassel (vormaligen Kurfürstenthum Hessen) wird eine Entscheidung des vormaligen Ober-Appellationsgerichts zu Kassel vom 26. August 1837, s. Nr. 4585[15]) als maßgebend angesehen, welche den erst durch vorgängige Dienstverrichtung bedingten Lohn (eines Lohnkutschers), als eine noch nicht entstandene Forderung, nicht für einen zulässigen Gegenstand des Arrestes erachtet. Indessen geben nach Mittheilung eines angesehenen Praktikers manche Gerichte dennoch Immission in alle noch nicht fälligen Löhne; andere unterscheiden zwischen dauernden und täglich auflöslichen Verhältnissen, während die strengste Meinung in allen Fällen den Verfalltermin abwartet. — Bezüglich der übrigen neupreußischen Gebiete habe ich eine zuverlässige Auskunft nicht zu erlangen vermocht.

Außerhalb Preußens ist der Rechtszustand in Deutschland nicht minder bunt und, da es meist an deutlichen Partikulargesetzen fehlt, höchst unsicher. Gemeinrechtlich ist die vorliegende Spezialfrage wenig erörtert; da die Quellen schweigen, so sind die Meinungen verschieden.[16]) In Sachsen (Königreich) wird in der Literatur zwar die Ansicht vertreten, daß die Beschlagnahme der Dienstlöhne bei Privat-Dienstverhältnissen unbeschränkt

[15]) Henkel, Bemerkenswerthe Rechtsfälle ꝛc. aus der Kurhessischen Rechtspflege. Kassel 1838. S. 607.

[16]) Gegen die Zulässigkeit: Leyser, Med. ad. Pand, Lib. 42. Tit. 5. spec. 476, n. 4. — Liebe in Weißke's Rechtslexikon, IV., S. 115 bemerkt: Besoldungen und Pensionen seien gemeinrechtlich ein geeignetes Exekutionsobjekt. Nur Staatsdienern sei soviel zu lassen, daß sie subsistiren können. — Auch Wetzell, Civilprozeß, 2. Aufl. S. 577 rechnet „feste Gehaltsbezüge", soweit sie nicht dem partikularrechtlichen beneficium competentiae unterliegen, zu den Forderungen, in welche die Exekution stattfinde, und erwähnt die den öffentlichen Beamten (in Anlehnung an das von den älteren Kanonisten behauptete beneficium der Kleriker) zugebilligte Kompetenz. Ungefähr auf demselben Standpunkt („feste Bezüge, Gehalte und Pensionen aus öffentlichen Kassen" resp. „Besoldungs- und Rentenbezüge," wobei übrigens häufig von Gehalten und Pensionen, „wenigstens des Staats" ein gewisser Theil dem Schuldner freigelassen werden müsse) befindet sich der neueste Schriftsteller, Endemann a. a. O. S. 995, 1021.

stattfinden müsse.[17]) Jedoch ist mir versichert worden, daß manche Gerichte bei Privatbesoldungen und Dienstlöhnen nur 1/3 (wie bei Staatsdienern)[18]) für beschlagfähig halten und danach verfahren. — Auch in Braunschweig wird diese Analogie auf Grund des §. 388 der Civilprozeßordnung vom 19. März 1850 („Gehalte" rc. „und dergleichen") für zulässig gehalten, und das Gleiche ist mir für Mecklenburg mitgetheilt worden. In Oldenburg[19]) soll man dieselben Grundsätze anwenden. — Eine ausdrückliche Bestimmung enthält die Executionsordnung für Schwarzburg-Sondershausen vom 13. August 1847, §. 48:

> „Bei der Beschlagnahme von Dienst- und Arbeitslöhnen ist ohne Unterschied, ob dieselben bereits verdient oder erst künftig zu verdienen sind, soviel freizulassen, als der Schuldner zum nothdürftigen Unterhalt für sich und die Seinigen nach dem Ermessen der Behörde braucht."

Auch in Würtemberg gilt eine ähnliche Vorschrift (Art. 42 des Executionsgesetzes) dahin, daß der laufende Gehalt von Privatdienern nur nach Abzug dessen, was zur Nothdurft des Schuldners erforderlich sei, mit Beschlag belegt werden dürfe, während die Badische Prozeßordnung von 1864 (§. 919) geradezu dieselben Bestimmungen, welche von Staatsdienergehalten gelten, zur Anwendung bringt, „wenn Gehalte von Personen, die in anderen Diensten, als denen des Staats stehen, mit Beschlag belegt werden sollen." In Oesterreich findet sich unseres Wissens nur ein singuläres Verbot der Beschlagnahme künftiger Löhne für Bergarbeiter (in dem Berggesetz vom 23. Mai 1854, §. 267).

Eine Aenderung des bestehenden Rechts ist vorzugsweise in Preußen erstrebt worden, wo die Beschlagnahmen künftiger Löhne einen sehr beträchtlichen Umfang erreicht haben.[20]) Namentlich gilt dies von solchen

---

[17]) Osterloh, Der ord. bürgerl. Prozeß nach K. Sächs. R. 4. Aufl. Band 2 (1860) S. 685 fg. Anm. 19; Beck, Das Exekutionsgesetz v. 28. Februar 1838, Seite 80.

[18]) Osterloh, S. 683. Beck, S. 79 fg.

[19]) Das Oldenburgische Prozeßgesetz von 1857 hat über die Exekutionsmittel Nichts bestimmt — s. Becker, Komm. S. 226.

[20]) Eine im Jahre 1861 dem Abgeordnetenhause eingereichte Denkschrift des Oberschlesischen Berg- und Hüttenmännischen Vereins berichtet (S 9), daß im Beuthener Kreise im Jahre 1861 bei einer Zahl von 30,000 Arbeitern monatlich durchschnittlich 800 Lohnabzüge verfügt seien. Weitere Angaben enthält ein Kommissionsbericht desselben Hauses von 1865. Danach ist u. A. bei dem bekannten Etablissement von Krupp in Essen im ersten Vierteljahr 1865 106 Mal in Höhe von 1089 Thlr. 19 Sgr. 3 Pf. gerichtlich und in 1524 Fällen in Höhe von 1863

Orten, wo dauernd die Ansammlung größerer Arbeitermassen stattfindet. Besonders seit dem Jahre 1855 ist eine zunächst aus den Reihen der Arbeitgeber hervorgegangene Agitation in jener Richtung fortwährend im Wachsen begriffen. Die erste Verhandlung der damaligen zweiten Kammer ist noch verhältnißmäßig mager: der Kommerzienrath F. in Grünberg hatte in einer Petition die Beschränkung der Beschlagnahme des Lohnes der Fabrikarbeiter beantragt. Gegen den Antrag der Kommission, welche Uebergang zur Tages-Ordnung vorschlug, wurde die Petition in der Sitzung vom 18. April 1855 nach kurzer Debatte der Staatsregierung zur Erwägung überwiesen.[21]) Ein erneuter Versuch im Jahre 1857 verlief in ganz gleicher Weise, obwohl der damalige Justizminister erklärte, daß die Staatsregierung nach Anhörung der Provinzialorgane zu der Ueberzeugung gekommen sei, daß ein Verhältniß vorliege, welches sich der positiven Gesetzgebung entziehe.[22]) Die Ressortminister ordneten darauf eine Befragung der Appellationsgerichte, einzelner Gerichte erster Instanz und der Bezirks-Regierungen an. Von den Appellationsgerichten sprachen sich 7 für, 10 gegen eine Abänderung der bestehenden Gesetze aus, unter den letzteren eins, weil es schon nach geltendem Recht die Beschlagnahme künftigen Lohns überhaupt nicht, zwei, weil sie dieselbe nur zum Theil für zuläßig hielten. Auch die Meinung der übrigen Organe war getheilt.[23]) Nachdem in den Jahren 1859 und 1860 Petitionen auf Beschränkung der Beschlagnahme des Gesindelohns auf einen den Umständen angemessenen Betrag nach dem Kommissionsantrage durch Uebergang zur Tagesordnung erledigt waren, brachten Oberschlesische Abgeordnete im Jahre 1861 einen Gesetzentwurf dahin ein: „Der Lohn der Berg-, Hütten- und Fabrikarbeiter unterliegt nur in Höhe eines Viertheils seines Betrages dem Arreste und der Execution.“ Dies Mal hatte der Vorschlag ein umgekehrtes Schicksal. Während die Kommission die Annahme des Entwurfs empfahl,[24]) wurde derselbe im Plenum nach eingehender Debatte abgelehnt.[25]) Die weitesten Dimensionen nahm die Angelegenheit im Jahre

---

Thlr. 28 Sgr. 2 Pf. im Wege der administrativen Exekution Lohnarrest verfügt worden. Aehnliches ergeben Privatmittheilungen über die v. Dreyse'sche Gewehrfabrik in Sömmerda. Jedoch sollen neuerdings Anträge auf Lohnarrest bei dem dortigen Gericht beanstandet werden.

[21]) Sten. Ber. d. 2. K. 1855. S. 763. (auf Antrag des Abg. Strohn, dem Abg. v. Gerlach beistimmte).

[22]) Sitzung v. 9. März 1857. — Sten. Ber. S. 448 fg.

[23]) Kommiss.-Bericht des Abgeordnetenhauses v. 1865 (s. Note 10) S. 3.

[24]) Komm. Ber. 1861. Drucksachen Nr. 177.

[25]) Auch ein Verbesserungsantrag, von der Unzuläßigkeit der Beschlagnahme künftiger Löhne ausgehend, und auf Vorlage eines entsprechenden Gesetzentwurfs zielend, wurde abgelehnt. — Sten. Ber. S. 1080 fg.

1865 an. Der Abgeordnete Wagener beantragte, die Staatsregierung zur baldmöglichsten Vorlegung eines Gesetzentwurfs, betreffend die Beschränkung der gerichtlichen Beschlagnahme der Arbeitslöhne im Wege des Arrestes und der Execution, aufzufordern. Mit einer Erweiterung desselben auf administrative Beschlagnahme der Arbeits- und Dienstlöhne empfahl die Commissionsmehrheit den Antrag zur Annahme.[26]) Die Staatsregierung verneinte, wie früher, das Bedürfniß wenigstens einer sofortigen Gesetz-Aenderung und wollte die Frage eventuell nur im Zusammenhang mit dem Exekutionsrecht näher geregelt wissen. Indessen nach einer sehr bewegten Debatte wurde der Kommissionsantrag fast einstimmig angenommen.[27]) Dessenungeachtet hat bisher die Staatsregierung in ihrer ablehnenden Haltung verharrt.[28]) Auch der im Jahre 1864 veröffentlichte Entwurf einer Civilprozeßordnung läßt die Beschlagnahme von „Besoldungen, Dienstemolumenten, Wartegeldern" rc. „oder anderen an die Person des Schuldners gebundenen fortlaufenden Einkünften" zu und bestimmt ausdrücklich, daß sich dieselbe auf die bereits fälligen, sowie auf die künftigen Beträge derselben erstrecke (§. 1131), ohne daß der künftige Lohn unter den Ausnahmen (§. 1087) aufgeführt, oder nur in den Motiven der bezüglich des Lohnarrestes bestehenden Kontroverse gedacht wird. Der Entwurf ist deshalb von einem Vertreter der milderen Meinung angegriffen worden,[29]) wie denn auch sonst, im Zusammenhang mit jenen parlamentarischen Kämpfen und der über die Auslegung des geltenden Rechts obwaltenden Kontroverse einige Stimmen in der Literatur für neue gesetzliche Regelung der Frage im Sinne einer Beschränkung des Lohnarrestes laut geworden sind.[30])

Von den neueren in die Oeffentlichkeit gelangten Prozeßordnungsentwürfen enthalten der der Kommission in Hannover (1866) — sogenannte deutsche Entwurf — der Großherzoglich Hessische (1867) — und der Württembergische Entwurf (1867) Nichts von den Exekutionsmitteln.

---

[26]) Komm.-Ber. 1865. Druckſ. Nr. 221.

[27]) Sten. Ber. S. 2025 fg. (Sitzung v. 10. Juni 1865). Abg. Lette hatte motivirte Tagesordnung beantragt.

[28]) Als jedoch bei Gelegenheit der letzten Etatsberathung (Februar 1868) von einer Seite die administrativen Beschlagnahmen künftiger Löhne zur Sprache gebracht wurden, äußerte sich der Finanzminister günstig im Sinne der erbetenen Abhülfe. Mit Rücksicht hierauf und auf die bevorstehende neue Civilprozeßordnung sind später auch einschlagende Petitionen in der Justiz-Kommission des Abgeordnetenhauses als erledigt angesehen.

[29]) Hinschius, Preuß. Anwalts-Zeitung, Jahrgang 1865, Nr. 48 (Silberschlag).

[30]) Gruchot, II. S. 221. III. S. 96, 111; Preuß. Gerichtsztg. 1860, Nr. 24, (Geck); 1861, Nr. 42 (Silberschlag).

Der Oesterreichische Entwurf (1867) handelt, abgesehen von der Exekution in „Forderungen“ (§. 915 flg.) von der Exekution in Gehalte der Geistlichen, öffentlichen Beamten und Lehrer und der Militairs, für welche gewisse Kompetenzen gelten sollen, (§. 828—831), gedenkt aber des Arbeitslohns nicht. Dagegen haben der Sächsische (1867) und der Bayerische Entwurf (1861) Spezialbestimmungen aufgenommen. Der erstere regelt zunächst die Kompetenz bei Beschlagnahme von Staatsdiener-Gebührnissen (§. 1105) und bestimmt sodann (§. 1108):

> „Dienstlohn und andere Dienstbezüge der Dienstboten, das Arbeitslohn der Gewerbsgehülfen und der Handarbeiter, insbesondere auch bei dem Bergbau und dem Hüttenwesen, und Gehalte der in einem Privatdienste stehenden Personen sind der Beschlagnahme nur insoweit unterworfen, als sie nach Ermessen des Richters nicht zu dem eigenen Unterhalte dieser Personen und dem Unterhalte derjenigen Familienglieder, zu deren Unterhaltung sie gesetzlich verpflichtet sind, gebraucht werden.“[31])

Noch weiter geht der bayerische Entwurf (Art. 898), indem er die Beschränkungen der Beschlagnahme von Staatsdienerbesoldungen auch auf „Privatdienstgehalte“ zur Anwendung bringt und weiter bestimmt:

> „Noch nicht fälliger oder noch nicht verdienter Lohn der Dienstboten und Handwerker, sowie aller Arbeiter, welche tageweise ihren Lohn empfangen,[32]) können nicht mit Beschlag belegt werden.“[33])

Diese Uebersicht, so wenig dieselbe auf Vollständigkeit Anspruch machen kann, dürfte genügen, um ein Bedürfniß deutscher Rechtseinheit auf diesem Gebiete hervortreten zu lassen.

Es muß den Verkehr nothwendig schädigen und das Rechtsbewußtsein erschüttern, wenn nicht bloß in verschiedenen Staaten, sondern in demselben Rechtsgebiet Eines Staates die Beschlagnahme künftiger Löhne hier für zulässig, dort für unzulässig erachtet wird, oder wenn gar, wie man in Preußen empfohlen hat,[34]) ein Gericht, um dem Vorwurf der „Rechtsverweigerung“ zu entgehen, den Beschlag zwar verfügt, aber sobald es zum Prozesse kommt, durch Erkenntniß als ungültig wieder aufhebt. Auf die Lösung der Frage durch eine geläuterte Rechtstheorie und Praxis zu warten, wäre meines Erachtens ganz vergeblich. Bereits oben habe ich angedeutet, daß

---

[31]) Die Motive schweigen (s. S. 666).

[32]) Gewerbsgehülfen also, welche auf Stücklohn arbeiten oder in längeren Fristen als 1 Tag, ausgelohnt werden, sind nicht betroffen.

[33]) Auch hier fehlt die Motivirung — s. d. Motive S. 649.

[34]) Burchardi bei Gruchot, II. S. 110.

hier Mehr als eine bloße juristische Kontroverse vorliegt, also mit rein juristischen Mitteln nicht weiter zu kommen ist. Praxis, Theorie und Gesetzgebungsversuche der letzten zwanzig Jahre weisen vielmehr gleichmäßig darauf hin, daß wir einer neuen Rechtsbildung auf der Spur sind. Ganz von selbst bietet sich dieselbe der Civilprozeß-Commission des Norddeutschen Bundesraths zur Berücksichtigung bei Gelegenheit des Executionsrechts dar. Sicherlich wird aus den Berathungen Mehr, als die schattenhaften Umrisse des vierten Buchs im Hannöver'schen (deutschen) Entwurf, hervorgehen. Der deutsche Prozeß bedarf gemeinsamer Grundsätze auch über Executionsmittel. Es wäre zu beklagen, wenn dabei der Lohnarrest mit Stillschweigen übergangen, und so der Zustand der Rechtsunsicherheit auf lange Zeit erhalten würde. Veranlassung zu solchem Schweigen ist meines Erachtens um so weniger, als es nicht zweifelhaft sein kann, welches der neue Rechtssatz ist, der nach harten Kämpfen in's Leben zu treten begriffen ist. Zwei Strömungen gehen auf dem Gebiet der Credit-Gesetzgebung gegen einander. Die eine drängt nach Steigerung der Creditmittel und deshalb nach Verschärfung der Execution, die andere — vorzugsweise aus Gründen der Humanität — nach Erhaltung des Schuldners im Nahrungsstande und daher nach Milderung des Executionsrechts. Lange hat die erstere das Uebergewicht behauptet und namentlich in der Ausbildung der sogenannten formellen Wechselstrenge ihren Triumph gefeiert. Gegenwärtig ist offenbar die zweite im Vortheil. Die mit großer Eile erstrebte und großentheils durchgesetzte Aufhebung der Personalschuldhaft spricht deutlich genug. Unsere vorliegende Frage aber liegt auf nahe verwandtem, wirthschaftlichem, gesellschaftlichem und moralischem Gebiete. Während der eigentliche Handelsstand durch seine Organe bezeugt hat, daß er sich zur Abschaffung der Schuldhaft gleichgültig verhält, oder die populäre Agitation selbst unterstützt, wird der Stand der kleineren Gewerbetreibenden davon empfindlich betroffen. Für diese war die Schuld- und insonderheit Wechselhaft unleugbar eine Stütze ihres Credits. In ihren Kreisen ist denn auch der Gebrauch dieses Executionsmittels nach statistischen Ermittelungen bei Weitem der häufigste gewesen. Dies gilt namentlich für Rohstoff-Einkäufe selbstständiger Handwerker, Wirthe u. dgl. m.[35]) Der Lohnarrest reicht etwas tiefer hinab. Er betrifft, was die Schuldner anlangt, mehr die Sphäre der unselbstständigen Arbeit — die sich an eine andere Arbeitsstelle — einen local organisirten und consolidirten Gewerbebetrieb — nur an-

[35]) Für England wird bezeugt, daß bisher jährlich tausende armer Tagelöhner und kleiner Leute wegen geringer Schulden in's Gefängniß geworfen wurden. — Goldschmidt's und Laband's Zeitschrift f. d. ges. Handelsrecht, Bd. 8, S. 517.

lehnt. Auch hier entsteht das Bedenken, ob es nicht diesen Klassen ein wichtiges und oft das einzige Creditmittel entziehen heißt, wenn die Möglichkeit abgeschnitten wird, bei sonstigem Unvermögen oder noch mehr bei bösem Willen des Schuldners aus den künftigen Erträgen seiner Arbeitskraft Befriedigung zu erlangen. Der Arbeiter aber, welcher aus der Hand in den Mund lebt und dazu das Risiko vorübergehender Arbeitslosigkeit trägt, ohne für seine Leistungen im Voraus bezahlt zu werden, kann den Credit so wenig entbehren, als ihn der kleine Gewerbetreibende, der mit dem Arbeiter zu verkehren pflegt, versagen darf.

Dieses Bedenken würde freilich verschwinden, wenn prinzipielle juristische Gründe gegen die Zulässigkeit des Lohnarrestes in gleicher Stärke geltend gemacht werden könnten, als sie gegen die Schuldhaft mit Erfolg aufgetreten sind. Allein es läßt sich zunächst nicht anerkennen, daß der künftige Lohn in dem Grade der Verfügbarkeit des Schuldners entzogen ist, als seine eigene Person. Die Gültigkeit eines Rechtsgeschäfts setzt bekanntlich nicht nothwendig das gleichzeitige Vorhandensein aller Elemente desselben voraus. Der Verfügungswille kann auch in die Zukunft hinaus unter der Voraussetzung auf seinen Gegenstand wirken, daß der letztere wirklich zur Entstehung gelangt, sofern nur in einem thatsächlich bereits vorhandenen Verhältniß ein Keim dieser Entstehung gegeben, und gleichzeitig die individuelle Bezeichnung des Gegenstandes ermöglicht ist. Mag man nun immerhin zugeben, daß eine Execution in eine noch nicht entstandene Forderung undenkbar sei, weil jene die materielle Befriedigung der Gläubiger unmittelbar herbeizuführen bezwecke, so gilt doch nicht nothwendig ein Gleiches von der Beschlagnahme (selbst wo sie im Wege der Execution erfolgt), da sie ihrem Wesen nach auf künftige Befriedigung gerichtet ist. Diese cautionelle Maßregel, sofern sie eine noch nicht zur (vollkommenen) Entstehung gelangte Sache oder Forderung betrifft, steht vielmehr auf gleicher Linie mit der unzweifelhaft gültigen Verpfändung einer künftigen Forderung, nur daß der Wille des Schuldners durch richterliche Verfügung ersetzt wird. Indessen ist nicht einmal einzuräumen, daß der künftige Lohn unter die Kategorie noch nicht entstandener Forderungen falle. Giebt man dem Begriffe die oben angedeutete weitere Ausdehnung auf noch nicht fälligen Lohn überhaupt, so wird darunter immer eine Lohnforderung enthalten sein, welche nur noch der Zahlbarkeit, aber nicht der Existenz entbehrt. Aber auch in der strengsten Begrenzung auf noch nicht verdienten Lohn im engsten Sinne setzt schon die nothwendige individuelle Bezeichnung des zu arrestirenden Lohnes immer ein bereits bestehendes obligatorisches (Arbeits- oder Dienst-) Verhältniß voraus. Dies muß die Arrest-Verfügung zu treffen im Stande sein. Da nun schon zwischen dem Antrage und der Behändigung der Verfügung eine Zeit vergeht, so ist eine gewisse Dauer des Verhältnisses meines Erachtens allerdings nothwendige Voraussetzung der Beschlagnahme. Bei der Möglichkeit einer stillschweigenden Relocation aber dürfte dieses Erforderniß nicht allzu streng zu behandeln sein. Auch die nur thatsächlich längere Dauer eines von vorn herein ohne bestimmte Festsetzung eines Endtermins eingegangenen Verhältnisses genügt meines Erachtens, um eine Identität und Continuität desselben anzunehmen.[36]) Ist nun ein solches Verhältniß einmal begründet, so entspringt aus demselben meines Erachtens sofort eine Forderung auf Zahlung des Lohnes, allerdings auf Zahlung erst nach vollendeter Arbeit; aber doch immer eine Forderung. Die Zweiseitigkeit des Dienstmiethsvertrages bringt es mit sich, daß in gewisser Weise allerdings die Lohnforderung von der Vorleistung der Arbeit abhängig ist. Allein der Wille des Arbeitgebers ist doch immer bereits gebunden; er kann sich nicht weigern, die Arbeit anzunehmen und den Lohn zu bezahlen. Läßt man überhaupt bei wechselseitigen Verträgen ein Eintreten des Gläubigers eines Kontrahenten an Stelle des letzteren im Wege der Execution zu,[37]) wie die Cession der aus einem unerfüllten zweiseitigen Vertrage entspringenden Forderung zuläßig ist,[38]) so muß auch die Beschlagnahme des künftigen Lohnes gestattet sein. Gerade das, was die Maßregel immer zu einer in ihrem Erfolge prekären macht, die Möglichkeit, daß die Arbeit nicht geleistet, und der Lohn nicht verdient wird, beseitigt in gegen dieselbe erhobenes Bedenken. Der Arbeiter bleibt frei, er wird nicht zur Arbeit gezwungen, nur der Vermögensertrag seiner Arbeit, und zwar in objectiv begrenzter Weise, nicht die Arbeitskraft, wird in Beschlag genommen und von der Arbeit abgelöst, wie dasselbe auch mit dem Willen des Arbeiters geschehen könnte. Juristisch betrachtet, ist der Lohnarrest daher durchaus nicht mit dem Personalarrest zu vergleichen. Es

---

[36]) Deshalb bin ich nicht der Ansicht, daß unter allen Umständen unverdienter Tagelohn und noch viel weniger unverdienter Gesellenlohn der Beschlagnahme ent zogen sei. ird bei diesen Verhältnissen von der täglich oder nach kurzer Frist zu lässigen Kündigung oder Aufhebung kein Gebrauch gemacht, so dauert das Verhält niß eben fort. aß die Bezahlung des Lohnes tageweise erfolgt, zersplittert noch nicht nothwendig das Arbeitsverhältniß in ebensoviel Tage. Ob die erfolgte Beschlagnahme eine Lohnforderung ergriffen hat, ist immer quaestio facti.

[37]) Z. B. bei der Sachmiethe nach Preuß. Recht — §. 113, I., 24. Allgemeine Gerichts-Ordnung.

[38]) Gemeinrechtlich ist dies freilich namentlich für den Pachtvertrag bestritten. — v. Holzschuher. Theorie und Kasuistik, 2. Aufl. III., S. 123. Für Preuß. Recht s. Plen.-Beschl. des Obertribunals vom 16. Januar 1846 (Präj. 1669). Entsch. Bd. 12. S. 11.

wird dadurch in an sich vollkommen erlaubter Weise ein Vermögensrecht des Schuldners dessen Disposition entzogen, und damit die unmittelbare Befriedigung des Gläubigers aus diesem Vermögensrecht, sobald dasselbe vollkommen realisirbar geworden, vorbereitet.

Eine andere Frage aber ist, ob nicht, aus wesentlich unjuristischen Gesichtspunkten betrachtet, der Lohnarrest ebenso verwerflich ist, als der Personalarrest. Ich habe bereits oben bemerkt: der Arbeitslohn ist oft das einzige Vermögen des Arbeiters, der Nichts hat für sich und seine Familie, als seine Arbeitskraft. Ihm den Arbeitslohn auf längere Zeit entziehen, heißt ihm seinen Lebensunterhalt nehmen und ihn dem Elend preisgeben. Die Freiheit ist ein ideales Gut; ihr Verlust läßt sich allenfalls auf einige Zeit verschmerzen. Der Gläubiger muß ja dem Schuldner im Gefängniß nothdürftigen Unterhalt gewähren. Verlust des Arbeitslohns aber ist für den Arbeiter Vernichtung seiner wirthschaftlichen Existenz. In dieser Noth sucht sich das Leben einen Ausweg. Ist der Arbeiter ein geschickter und fleißiger, den sich der Dienstherr zu erhalten wünscht, so läßt sich dieser vielleicht bewegen, die Schuld vorschußweise für ihn zu berichtigen. Es wird also, ähnlich wie bei der Personalhaft, ein unberechtigter Druck auf Dritte geübt. Diese Fälle sind indessen nur vereinzelte. In den meisten anderen Fällen wird der Arbeiter entlassen, weil mit der Entziehung des Lohns sich auch die Arbeit verschlechtert, oder sich der Arbeitgeber der Mühe der Abführung an den Gläubiger oder an das Gericht nicht unterziehen will; oder der Arbeiter verläßt freiwillig seine Arbeitsstelle, um anderswo lohnende Arbeit zu suchen, bis ihn auch dort die Beschlagnahme erreicht. Welche moralische und sociale Gefahren hiermit verbunden sind, bedarf kaum der Entwickelung. Collisionen mit den Arbeitgebern, besten Falles vielleicht durch einseitige Auffassung oder Mittheilung über die Entstehung des Schuldverhältnisses unterstützt, suchen häufig den Gläubiger um den Erfolg seiner Maßregel zu bringen und verderben die sittliche Basis des Arbeitsverhältnisses. Ein vagirender Arbeiter, der sich vor den Augen seiner Gläubiger verbirgt, wird unvermerkt auf eine tiefere sittliche und sociale Stufe gerathen. Mit dem Herabsinken seiner Leistungen an das Gemeinwesen schwindet sein Interesse an diesem, wie das des letzteren an ihm. Bis zur völligen Entwerthung des Arbeiters und bloßen Reduction zum Consumenten und Subtrahenden des National-Wohlstandes ist dann nur ein kleiner Schritt. Zu solchem Aeußersten aber soll es meines Erachtens die Verwirklichung des Rechts nicht kommen lassen. Der Staat hat im Gegentheil ein directes Interesse, jenes Aeußerste abzuwenden.

Man kann sehr wohl zweifelhaft sein, ob nicht die vollständige Ausschließung der Beschlagnahme künftigen Lohnes die einzig wirksame Maßregel sei. Indessen sprechen doch überwiegende Gründe gegen ein solches Radicalmittel. Es muß wiederholt werden: der Lohn ist oft das einzige Vermögen des Arbeiters. In diesen Fällen käme die Versagung der Beschlagnahme einer Rechtsverweigerung gleich. Nicht nur der Credit des Arbeiters würde aufhören, sondern auch alle lediglich aus dem Gesetze oder doch nicht aus Rechtsgeschäften entspringenden Verbindlichkeiten würden die Aussicht auf Befriedigung verlieren. Man darf nicht vergessen, daß, was gegen den Schuldner Milde ist, gegen den Gläubiger Härte sein kann. Hierbei ist namentlich an den häufigen Anspruch aus unehelicher Vaterschaft gegen Knechte, Gesellen, städtisches Gesinde u. dergl. zu erinnern. Gerade für solche sich in die Zukunft erstreckenden Verbindlichkeiten ist der künftige Lohn des Verurtheilten oft das einzige Executionsobject und bietet sich, als natürlichstes Befriedigungsmittel, wie von selbst dar. Es hätte etwas das Rechtsgefühl Bedrückendes, wenn der Schuldner bei reichlichem Arbeits- oder Dienstlohn sich dem Wohlleben ergeben könnte, indeß der Gläubiger oder die Gläubigerin in Dürftigkeit und Noth verkommt. Die Execution muß alles das ergreifen, was der Schuldner irgendwie entbehren kann. Nur über die feine Grenze darf sie nicht hinausgehen, auf welcher summum jus in summa injuria umschlägt. Man darf meines Erachtens auch vom Rechtsstandpunkte nicht davor zurückschrecken, als Grundsatz aufzustellen, daß durch die Execution Niemand in seiner wirthschaftlichen und gesellschaftlichen Existenz völlig vernichtet werden darf. Freilich darf man denselben nicht als einen zur unmittelbaren Anwendung geeigneten Rechtssatz proclamiren, sondern nur als ein gesetzgeberisches Motiv anerkennen. Als solches ist derselbe längst in dem Recht aller Cultur-Völker zur Geltung gelangt. Er bildet den gemeinsamen Grundzug aller der zahlreichen Executionsbeschränkungen, welche sich in allen modernen Executions- und Konkursordnungen finden, und durchdringt namentlich auch die preußische Gesetzgebung[39]). Wie weit man nun in der Ausdehnung dieser Beschränkungen gehen wolle, ist mehr eine Frage der Politik. Es verstößt meines Erachtens nicht minder gegen die reine ratio juris, wenn das Gesetz die Betten, Kleidungsstücke, das unumgänglich nothwendige Handwerkszeug[40]) oder Landwirthschaftsgeräth, Vieh u. dergl.

---

[39]) Vergl. §. 71. 95. I. 24. A. G.-O.; K.-O. vom 13. December 1836. (G.-S. 1837. S. 1. flgd.). V. vom 15. October 1843 (G.-S. S. 336), Konk.-Ordn. vom 8. Mai 1855. §. 143. ꝛc. — s. Uecke S. 26. flgd. — Pr. Entwurf einer Civilprozeßordnung §. 1056. — Ferner Art. 592. des code de procédure — s. Schlink Com. Bd. 4. S. 71. flg. — Rüttimann, Englischer Civilprozeß S. 230. — Sächs. Exek.-Ges. §. 46. — Beck, S. 66. flg. ꝛc.

[40]) So bereits in der Magna charta.

für unangreifbar erklärt, als wenn man einen Theil des noch nicht fälligen Lohnes — in den meisten Fällen immerhin ein unregelmäßiges, der natürlichen Anschauung ferner liegendes Executionsmittel — unbedingt freiläßt[41]). Bei dem weiten Begriff der Arbeit und des Arbeitslohns läßt sich hier kaum von einem Singular-Recht[42]) reden, geschweige von einem Privilegium. Es ist der unverkennbare Zug der Rechtsentwickelung, die Strenge des Schuldrechts allmählich zu mildern. Die Vorgänge der neueren Particulargesetze und Entwürfe, welche ich oben zusammenzustellen gesucht habe, zeigen meines Erachtens deutlich, daß das deutsche Executionsrecht bezüglich es Lohnarrestes bei einem Wendepunkte angekommen ist. Trotz aller Verschiedenheit im Einzelnen ergiebt sich, daß die Schwierigkeiten, welche der Formulirung eines dem Bedürfniß entsprechenden Rechtssatzes unleugbar entgegenstehen, nicht unüberwindlich sind. Nicht ohne Grund werden bereits in ziemlich weitem Umfange die von Beamten-Besoldungen geltenden Grundsätze analog auf Arbeits- und Dienstlöhne angewendet. Die Aehnlichkeit der privatrechtlichen Seite des Beamten-Verhältnisses ist auch in die Augen fallend. Ganz nahe stehen demselben diejenigen dauernden Privatdienstverhältnisse (z. B. die Hausoffizianten), bei welchen man gleichfalls von einer Besoldung zu reden pflegt. Indessen dieselbe juristische Analogie gilt für Arbeitslöhne überhaupt. Ist auch die Beamten-Besoldung nicht als Entgelt bestimmter dienstlicher Arbeiten aufzufassen, so ist doch ihre Fortentrichtung durch die Dauer des Dienstverhältnisses bedingt. Ihre Beschlagfähigkeit, welche das Gesetz überall anerkennt, ist deshalb gleichzeitig ein Argument für die Beschlagfähigkeit des künftigen Lohnes. Hat nun die Gesetzgebung den Staatsbeamten aus Rücksicht auf den öffentlichen Dienst (gewissermaßen e jure tertii) ein beneficium competentiae gewährt, so kann auch für ein analoges beneficium des Arbeiters ein Interesse des Staats an Erhaltung leistungsfähiger Staatsbürger angeführt werden[43]). Mindestens ist diese Argumentation nicht ohne Weiteres von der Hand zu weisen. Meines Erachtens ist dieselbe indessen mehr ein theoretischer Stütz-

---

[41]) Nirgends weniger als hier, paßt das bei Gruchot II. S. 225. zur Abwehr gebrauchte: „Fiat justitia, pereat mundus!"

[42]) Vergl. Puchta, Inst. I. §. 31. (3. Aufl. S. 92. flg.). Es handelt sich um eine der natürlichen Billigkeit entsprechende Gestaltung des Rechtsverhältnisses, durch welche der Staat ebensowohl das Gemeinwohl, als das der betroffenen Schuldner befördert.

[43]) Das gewöhnliche benef. compet. reicht wegen der besonderen Voraussetzungen so wenig aus, als die Zahlungsstundung (moratorium) wegen ihrer lästigen Bedingungen (z. B. Sicherstellung — §. 423. der Preuß. Konk.-Ordn.). — Vergl. Holzschuher III. S. 193. u. 202. ff.

punkt, als von rechtssätzlichem Gehalt. Das Interesse des Staats bei der Execution in die Besoldung seiner Beamten ist doch ein wesentlich verschiedenes von dem, welches bei der Beschlagnahme gewöhnlichen Arbeitslohns in Frage kommen kann. Für das Competenz-Beneficium des Beamten ist der Gesichtspunkt maßgebend, daß der Beamte sein Amt weiter in angemessener Weise zu verwalten im Stande sein soll. Der Arbeiter kann jenes nähere Verhältniß des Beamten zum Staate für sich nicht geltend machen. Er soll nur vor dem äußersten Verfall geschützt werden. Ich kann mich demnach nicht dafür aussprechen, die Bestimmungen über den abzugsfähigen Theil von Beamtenbesoldungen, welche sich ohnehin häufig in kleinlichen Abstufungen ergehen, auf die Beschlagnahme künftiger Löhne anzuwenden.

Es ist vielmehr ein neuer, jener Tendenz — die völlige Nahrungslosigkeit abzuwenden — entsprechender Rechtssatz, welcher in jener Analogie nur einen bequemeren Ausweg sucht. Man hat eingewendet, der Gläubiger habe selbst an der Erhaltung seines Schuldners ein dringendes Interesse, und werde dies, wenn man die Beschlagnahme des künftigen Lohnes gestatte, dadurch von freien Stücken wahrnehmen, daß er seinen Antrag auf einen Theil des Lohnes beschränke. Allein die Erfahrung lehrt das Gegentheil. Die meisten oder doch sehr viele Gläubiger, in der Hoffnung, der Arbeiter werde sich anderweit Hülfe schaffen, oder doch, unbekümmert um das fernere Schicksal ihres Schuldners, lassen den ganzen Lohn ohne Einschränkung in Beschlag nehmen. Dem Richter eine Official-Thätigkeit zur Herbeiführung zweckmäßiger Einschränkungen zuzumuthen, hat seine großen Bedenken. Dieselbe wird einmal nur in selteneren Fällen von Erfolg sein und dürfte sodann mit der Stellung, welche der Richter in dem Prozesse der Zukunft einnehmen wird, sich schwer vereinen lassen. Auch würde dadurch das Schreibwerk in sehr erheblicher Weise vermehrt werden. Meines Erachtens kann lediglich die Gesetzgebung helfen, indem sie nur einen Theil des künftigen Lohnes für beschlagfähig erklärt. Eine Ausdehnung auf den bereits fälligen Lohn (wie in der Sondershausenschen Executionsordnung, dem Sächsischen Entwurf und dem Entwurf von Reide und Cons., 1861) halte ich wegen dessen bereits oben betonten wirthschaftlich total verschiedenen Characters nicht für gerechtfertigt. Hat der Arbeiter den Lohn stehen lassen, so gehört derselbe zu den gewöhnlichen Activis, deren Angreifbarkeit ohne Beeinträchtigung der Gläubiger sich nicht beschränken läßt. Dieses Lohns bedarf der Arbeiter präsumtiv nicht nothwendig zu seinem Unterhalt für die Zukunft. Wenigstens fehlt es in dieser Beziehung an jedem Anhalt zur Abmessung der zulässigen Einschränkung. Anders verhält es sich mit dem erst künftig fällig werdenden Lohn. Dieser läßt sich in abstracto mit den Bedürfnissen des Arbeiters vergleichen, zu deren laufender Deckung er bestimmt ist. Nun wird es sich schwer bestreiten lassen, daß jeder Arbeiter im Allgemeinen einen Abzug erleiden kann, ohne zu Grunde zu gehen. Es besteht kein volkswirthschaftliches Gesetz, nach welchem die Lohnarbeiter im Ganzen und auf die Dauer nicht mehr Lohn empfangen, als der nöthigste Unterhaltsbedarf beträgt.[44]) Jede Wirthschaft ist in der Regel im Stande, sich Einschränkungen aufzuerlegen Wer Schulden gemacht hat, ohne andere Befriedigungsmittel, als seinen künftigen Lohn zur Verfügung stellen zu können, mag auch Entbehrungen leiden. Man würde allen Zweifeln in dieser Richtung aus dem Wege gehen, wenn man, wie in Württemberg und Sondershausen und nach dem Sächsischen Entwurfe, die Ermittelung des abzugsfähigen Theils im Wesentlichen dem richterlichen Ermessen überließe. Hierdurch würde gleichzeitig für eine genügende Berücksichtigung der localen und individuellen Verhältnisse in weitem Maße Sorge getragen. Allein auf der anderen Seite kommt in Betracht, daß es dem Richter in den meisten Fällen an Anhaltspunkten für ein solches Ermessen fehlen wird. Er würde also, etwa wie es dem preußischen Richter bei der Gestattung von Zahlungsfristen an Künstler oder Professionisten zur Pflicht gemacht ist (§. 95 I. 24. A. G. O.), mit Lokalbehörden in Einvernehmen treten müssen. Hierdurch würde ein ausgedehntes Schreibwerk veranlaßt, das zu den erzielten Resultaten kaum in richtigem Verhältniß stände. Ueberdieß liegt die Gefahr nahe, daß die Gemeinde-Behörden, in Besorgniß vor der Armenlast, den abzugsfähigen Betrag zu niedrig greifen. Die Polizeibehörden aber, wenn sie nicht (wie in den östlichen preußischen Provinzen) mit den der ländlichen Armenlast unterliegenden Gutsobrigkeiten[45]) zusammenfallen, stehen den Verhältnissen häufig ebenso fern, als der Richter, und müssen sich wiederum der Gemeindebehörden als Organe bedienen. Endlich ist gerade der Mangel einer allgemein erkennbaren festen abzugsfähigen Quote überaus nachtheilig für den Credit der Arbeiter. — Diese Nachtheile werden vermieden, wenn ein ein für alle Mal bestimmter Theil des Lohnes für unangreifbar erklärt wird. Der Credit gewinnt alsdann einen festen Halt, und dies ist von um so größerer Bedeutung, je mehr mit dem Wegfall der Personalschuldhaft die Sicherung realer Unterlagen bei der Eingehung von Schuldverhältnissen für den Gläubiger in den Vordergrund treten wird. Man wird aber nicht bestreiten können, daß durch die Beschlagfähigkeit einer gesetzlich fixirten Lohnquote die Aussicht auf dereinstige Befriedigung gesteigert wird. Nur der Credit auf den künftigen Lohn in's Ungemessene, ohne bestimmte Grenzen, ist ein ungesunder und gesetzlich nicht zu sanctionirender. Der Credit dagegen, welcher

[44]) Rau a. a. O. S. 272 (gegen Lassalle).

[45]) Vgl. Preuß. Ges. v. 31. Dec. 1842. §§. 5—7. (G.-S. 1843. S. 8.).

mit Rücksicht auf den vom Gesetze selbst als (äußersten Falls) entbehrlich bezeichneten Theil des Lohneinkommens gewährt wird, kann dem Lohnarbeiter nicht füglich entzogen werden, wenn man ihm nicht in den meisten Fällen den Credit überhaupt versagen will. Andererseits hat auch der Arbeiter mehr ernstlichen Antrieb und Gelegenheit, sich im Voraus auf Abführung der Schuld, und schlimmstenfalls auf den gesetzlichen Abzug einzurichten, wenn er nicht auf Schonung rechnen darf, sondern weiß, daß das Gesetz unerbittlich jenen Abzug gestattet. Es heißt demnach nicht — ich komme damit auf das oben angeregte Bedenken zurück — dem Arbeiter den Credit abschneiden, sondern denselben stärken und aus dem Bereich frivolen Schuldenmachens auf eine solidere Basis erheben, wenn die Gesetzgebung den Lohnarrest auf feste Grundsätze zurückführt. Schwierig ist nun allerdings die Bestimmung des abzugsfähigen Theils für weite Gebiete. Man wird sich im Allgemeinen hüten müssen, denselben zu hoch zu greifen, weil alsdann die Vortheile des Gesetzes verloren gehen müßten und nur Nachtheile übrig bleiben könnten. Indessen dürfte die in dem Gesetzentwurf von 1861 (Abg. Reide und Gen.) angenommene Quote — ein Viertheil — das richtige Verhältniß getroffen haben. Mit drei Vierteln seines Einkommens wird sich in der Regel ein Jeder im Nothfalle unter entsprechender Herabstimmung aller Ansprüche einzurichten im Stande sein. Hat man nur im Auge, daß dem Schuldner nicht Mehr, als das Nothwendige zur Fristung des Lebens zu belassen, eine feste Grenze dieses Betrages aber für Gläubiger und Schuldner von erheblichem Vortheil ist, so wird eine solche Normirung nach beiden Richtungen hin nicht als zu hart erscheinen. Allerdings hat eine durchgreifende Regel immer auch ihr Mißliches. Es ist nicht zu verkennen, daß das Maß des Unentbehrlichen, von localen und individuellen Verschiedenheiten abgesehen, für die verschiedenen in Betracht kommenden Arten der Arbeitslöhne keineswegs ein gleiches ist, und dies führt zugleich auf die zweifelhafte innere Ausdehnung des neuen Rechtssatzes (in subjectiver und und objectiver Beziehung). Man hat meistens einzelne Kategorien von Arbeitern herausgehoben und für besonders schutzbedürftig erklärt. So namentlich die Fabrikarbeiter und im Anschluß an diese die Berg- und Hüttenarbeiter. Verschiedene Ansichten ferner sind bezüglich des Gesindes laut geworden. Bald ist gerade für Gesindelohn eine Beschränkung der Beschlagfähigkeit erstrebt, bald hat man für dasselbe ein Bedürfniß der für andere Lohnarbeiter erforderlichen Einschränkungen nicht anerkennen wollen, weil das Gesinde außer Lohn auch Kost und Wohnung von der Herrschaft zu erhalten pflege. Oder man läßt nur bei Privat-Gehalten und Besoldungen, nicht bei anderen Löhnen, eine Beschränkung eintreten. Meines Erachtens sind solche Unterscheidungen nicht gerechtfertigt. Die einzelnen Gattungen der Lohnarbeit fließen heutzutage in einander. Privatbeamter, Hausoffiziant und Gesinde, Handlungs- und Gewerbsgehülfe, Fabrikarbeiter sind schon bezüglich der inneren juristischen Gestaltung des Verhältnisses nicht mehr leicht aus einander zu halten. Nach Außen hin aber — als für Dritte angreifbares Vermögensobject — springt die Allen gemeinsame Seite des Lohnes in die Augen. Es ist das ganze große Gebiet der Dienstmiethe (ohne Unterschied von operae liberales und illiberales), für welches das gleiche Bedürfniß obwaltet. Wer in ein dauerndes Lohnverhältniß tritt, von dem darf das Gesetz voraussetzen, daß er daraus ein Gewerbe macht, daß er von dem künftigen Lohn seinen Unterhalt zu bestreiten gedenkt und zu bestreiten hat. Oder welcher Unterschied bestände in dieser Beziehung zwischen dem Fabrikarbeiter und den mannichfachen Gruppen und Stufen ländlicher Arbeiter, dem Gesellen und dem Dienstboten, zumal wenn beide einen eigenen Hausstand gegründet haben! Auch jene empfangen oft mancherlei Naturalbezüge statt oder neben baarem Gelde. Aber beim Gesinde wie bei ihnen ist der baare Lohn immer kein superfluum, sondern zur Deckung wichtiger Lebensbedürfnisse bestimmt. Mit einem Worte, der Arbeitslohn nimmt im Allgemeinen überall die gleiche juristische und wirthschaftliche Stellung ein. Darum wird das Gesetz nicht fehlgreifen, wenn es, um der bürgerlichen Gesellschaft den Arbeiter, dem staatlichen Gemeinwesen ein leistungsfähiges Mitglied zu erhalten, den künftigen Arbeitslohn schlechthin nur zu einem gleichmäßig bestimmten Theile für beschlagfähig erklärt[46]). Dem Arbeitgeber und Dienstherrn freilich lassen sich keine Vorschriften machen. Er wird in manchen Fällen, um den Unbequemlichkeiten der Abzüge und Theilzahlungen zu entgehen, dem Arbeiter kündigen. Indessen schon jetzt scheuen manche große Gewerbetreibende nicht jene Nachtheile und haben umfassende Fürsorge getroffen, um den von den Gerichten in Folge der Arrestschläge an sie gestellten Anforderungen zu genügen. Steht nun die Grenze des Lohnabzuges gesetzlich fest, so verringert sich die Gefahr einer Verschlechterung der Arbeit. Der Arbeiter behält ein ausreichendes Interesse an Fortsetzung der Arbeit und kann die Zeit, binnen deren die vollständige Tilgung der Schuld aus dem arrestirten Lohne zu erwarten, im Voraus mit Sicherheit übersehen. Dies wird häufiger als bisher den Arbeitgeber bestimmen, den Arbeiter zu behalten, wenn ihn nicht etwa die Thatsache des Schuldenmachens, welche mit dem Lohnarreste nichts zu schaffen hat, zu abweichendem Entschlusse bestimmt. Es ist fraglich, ob die Arbeitgeber, aus deren Mitte vorzugsweise Stimmen gegen

---

[46]) Dringen mehrere Gläubiger auf diesen Theil ein, so wird freilich ein Prioritäts-Verfahren eintreten müssen. Dies ist aber auch bei Beschlagnahme des ganzen Lohns nicht zu vermeiden (s. §. 365 ff., 377 ff. der Preuß. Konk.-Ord.).

den Lohnarrest laut geworden sind, mit der bloßen Bestimmung einer abzugsfähigen Quote zufriedengestellt sein werden. Indessen, mit der Beschlagnahme des ganzen Lohns verglichen, ist auch diese Einschränkung für sie ein Vortheil; was darüber hinausgeht, ist Particular-Interesse, welches die Gesetzgebung zu schützen nicht berufen ist.

Es bleibt noch ein Wort über den Sicherheitsarrest übrig. Tritt derselbe auch in seiner Bedeutung gerade bei künftigem Lohne hinter dem Executionsarrest zurück, so kommen doch häufig genug Fälle vor, in denen es sich darum handeln kann, noch vor rechtskräftiger Feststellung der Forderung dem Schuldner die Verfügung über sein Lohneinkommen zu verkümmern. Gegenstand des Sicherheitsarrestes ist nun im Allgemeinen jedes Vermögensobject, welches im Stande ist, dem Gläubiger Sicherheit zu verschaffen[47]), also auch Forderungen[48]), und wie künftige Sachen[49]), künftige resp. noch nicht fällige Forderungen, mithin an sich auch künftiger Lohn. Für die Beschränkungen des Sicherungsarrestes in objectiver Beziehung gelten im Allgemeinen die bei den Beschränkungen der Execution maßgebenden Grundsätze[50]). Ein besonderer Grund zu eigenthümlichen Vorschriften für den Sicherungsarrest auf künftigen Lohn liegt meines Erachtens nicht vor. Die Wirkung desselben bezüglich der wirthschaftlichen Lage des Schuldners ist offenbar ganz dieselbe, wie die des Executionsarrestes. Eine Beschränkung also, wie ich sie oben vorzugsweise für den Executionsarrest zu motiviren versucht habe, wird in ganz gleicher Weise auch für den Sicherungsarrest gerechtfertigt sein.

Nach Alledem dürfte sich eine einfache, jeder Executions-, resp. Prozeß-Ordnung leicht einzufügende Vorschrift empfehlen, wonach

> die noch nicht fälligen (künftigen) Arbeits- und Dienstlöhne, Privatbesoldungen und Gehalte jeder Art nur zu einem Viertel ihres Betrages der Beschlagnahme im Wege des Arrestprozesses oder der Execution[51]) unterliegen.

Die Einführung eines solchen oder eines ähnlichen, vielleicht weiter-

---

[47]) Strey, a. a. O. S. 25.

[48]) Wetzell, §. 30, Endemann S. 1050.

[49]) Strey, S. 28, 129 (vorausgesetzt, daß die Existenz nach dem gewöhnlichen Lauf der Dinge zu erwarten, z. B. Früchte — §. 13. I., 29. A. G.-O.).

[50]) Endemann, S. 1051. Strey, S. 29. (Beamten-Privilegien S. 52. ff., Kunst- und Handwerksgeräth S. 72. flg. u. s. w.). Den Personal-Sicherungsarrest freilich glaubt die Prozeß-Commission nach ihrem Gesetzentwurf über Aufhebung der Schuldhaft nicht entbehren zu können.

[51]) Bezüglich der an die Beschlagnahme sich in der Regel anschließenden weiteren Executionsmaßregeln (Ueberweisung u. dgl.) ist eine Frage nicht gestellt.

gehenden Satzes in die deutsche Creditgesetzgebung ist meines Erachtens nur eine Frage der Zeit. Wieviel Subjectives auch dem formulirten Satze und dessen Begründung anhaftet, der Gedanke, daß der Arrest auf künftige Löhne einzuschränken, ist schon jetzt beinahe Gemeingut und wird früher oder später zu entsprechendem Ausdruck gelangen. Ich habe daher umsomehr geglaubt, mich auf Hervorhebung einiger Hauptgesichtspunkte beschränken zu dürfen, und nehme im Uebrigen auf die vorhandene Litteratur Bezug.

IX.

Gutachten des Herrn Hofrath Dr. von Kerstorf in Augsburg

über die Frage:

„Soll es zulässig sein, Inhaberpapiere außer Kurs zu setzen?“

I. Vorbemerkungen.

„Außerkurssetzen“ von Inhaberpapieren ist eine dem Preußischen Landrechte und den ihm nachgebildeten Partikulargesetzen eigenthümliche Ausdrucksweise; es ist nach dem Systeme des Pr. Ldr. ein rechtserzeugender Akt, wodurch „kursirende“ auf jeden Inhaber lautende Papiere und Urkunden, die im Allgemeinen zu denjenigen Sachen gehören, „welche nicht vindicirt werden können,“ und die desfalls ausdrücklich dem „baaren kursirenden Gelde“ gleichgestellt sind, in nichtkursirende Sachen umgewandelt und deshalb zu vindicirbaren gemacht werden, wie dies aus Ldr. Thl. I. Tit. 15. sub marg. „Was für Sachen nicht vindicirt werden können“ §§. 45.—49. hervorgeht.

Es bedarf keiner Erörterung, daß auch der hier zu Tage tretende Begriff von „kursirenden“ Sachen und beziehungsweise die juristische Eintheilung in kursirende und nichtkursirende Sachen, welche dem Vindikationsverbote bei Geld und Inhaberpapieren zu Grunde liegt, ebenso wie diese Eintheilung in vindicirbare und nichtvindicirbare Sachen selbst gleichfalls ganz besondere Eigenthümlichkeiten des Systems des Pr. Ldr. sind.

Hier nur so viel, daß sonach die „Außerkurssetzung“ des Pr. Ldr. ein rechtserzeugender Akt ist, und daß der Ausdruck im engeren Sinne dieses

Gesetzes einen bestimmten rechtlichen Begriff hat und nicht blos einen äußerlichen Vorgang bezüglich der Substanz der Sache bedeutet.

. Der Sprachgebrauch hat sich jedoch den Ausdruck in einem weiteren Sinne angeeignet.

In Baiern, Württemberg, Baden u. s. w. kennt die Gesetzgebung eine „Außerkurssetzung“ überhaupt nicht, weder den Ausdruck, noch das damit im engeren Sinne des Pr. Ldr. bezeichnete civilrechtliche Institut; man kennt hier nur die äußerliche Umwandlung ein Inhaberpapieres in ein auf Namen lautendes mittelst offizieller Vermerkung des nun namentlich benannten Eigenthümers auf dem Papiere selbst*). Dieser äußerlichen Umgestaltung der Sache wird vom Gesetze eine besondere rechtserzeugende Wirkung nicht zugeschrieben, sie hat aber faktisch die sich von selbst ergebende Folge, daß das Papier nicht mehr zu den Inhaberpapieren zählt, und somit auch nicht mehr nach den für Inhaberpapiere gegebenen Singularbestimmungen behandelt werden kann, weil und so lange es eben ein auf Namen lautendes ist und bleibt.

Gleichwohl begreift der gemeine Sprachgebrauch beide so wesentlich verschiedene Akte unausgeschieden unter dem Ausdrucke „Außerkurssetzung“, und sogar Autoren über diesen Gegenstand bedienen sich des Ausdruckes in diesem weiteren Sinne, was freilich die nöthige Präcision der Juristensprache nur kompromittiren kann.

Gemeinschaftlich für alle Fälle ist lediglich die äußere Umgestaltung des Inhaberpapieres in ein auf Namen lautendes und die hieran sich knüpfende Folge, daß dem Eigenthümer nun die in den Gesetzen enthaltenen Verbote oder Beschränkungen der Vindikation und Amortisation von auf Inhaber lautenden Papieren nicht mehr entgegenstehen, wobei es am Ende für ihn selbst sehr gleichgültig ist, ob die causa efficiens hiefür in der nunmehrigen natürlichen Beschaffenheit der Sache und der dafür bestehenden Rechtsregel, oder in einer durch ein jus singulare ad hoc instituirttn Rechtswandlung zu suchen ist.

Wollte man sich bei nachfolgender Ausarbeitung daran stoßen, daß die Frage über die legislative Opportunität der „Außerkurssetzung“ streng genommen ganz verschieden zu beantworten ist, je nachdem man den Ausdruck im engeren oder weiteren Sinne nimmt, oder wollte man zur Vermeidung von Widersprüchen, zu denen die Mehrdeutigkeit des Ausdruckes bei unausgeschiedener Beantwortung der Frage führen könnte, eine fortlaufende Zwei-

*) Von der besonderen Form der Dispositionsbeschränkung, Vinkulirung genannt, welche durch eine amtliche Einschreibung auf dem Papiere zu geschehen pflegt, soll unten an geeignetem Orte gesprochen werden.

theilung der Bearbeitung durchführen, womit die Arbeit zwar viel umfangreicher aber gewiß nicht klarer werden dürfte, so müßte man befürchten, dem berechtigten Vorwurfe einer engherzigen und hyperkritischen Auffassung der aufgeworfenen Gesetzgebungsfrage beziehungsweise ihrer wörtlichen Formulirung zu begegnen.

Der Kern der Frage oder vielmehr ihr Hauptzweck kann doch wohl nur darin bestehen, eine Erörterung über die civilistische Bedeutung der äußeren Kennzeichnung einer Sache, hier eines Inhaberpapieres, durch Namenseinzeichnung und eine desfallsige Direktive für die Gesetzgebung hervorzurufen.

Schon aus dieser Erwägung schien es geeignet, sich vom Wortlaute der Fragestellung einigermaßen zu emanzipiren und sich bei der Beantwortung mehr auf den so eben angedeuteten Standpunkt zu stellen.

Aus einer ähnlichen Erwägung wird sich die nachfolgende Darstellung in ihrem kritischen Theile hauptsächlich auf die Untersuchung über den sog. „Privatvermerk" concentriren, da nur bei diesem die civilrechtliche Befugniß zur sog. Außerkurssetzung, als rechtswirkendem Akte, nebst der Utilität in Frage steht, während bei der offiziellen Umwandlung schon nach Grundsätzen des gemeinen Rechts die facultas „jus faciendi" L. 9. D. de leg. 1, 3. zu den unzweifelhaften Dingen gehört und deshalb im Wesentlichen nur von der Utilität die Rede sein kann.

Der Zweck der konkreten Aufgabe wird es endlich auch rechtfertigen, wenn hier ein näheres Eingehen auf alle denkbaren Varietäten von Inhaberpapieren und auf die verschiedenen Ansichten über den Umfang des Begriffes „Inhaberpapiere" vermieden und zunächst nur die hervorragendste Klasse dieser Papiere in's Auge gefaßt wird, nämlich vom Staate, öffentlichen oder Privat-Anstalten, oder auch einfach von Privaten (sofern dies statthaft ist) auf jeden Inhaber lautend ausgestellte Geldschuldbriefe und Vermögensantheilscheine, als: Staatsschuldobligationen, Partialobligationen, Aktien und andere derartige gewöhnlich zu Kapitalanlagen dienende Papiere au porteur, mit Ausschluß von Papiergeld, Banknoten, aller Arten von Nutzungsberechtigungskarten u. dergl.; bezüglich der letzteren werden wenige Bemerkungen gelegentlich der am Schluß behandelten Bedürfniß- und beziehungsweise Utilitätsfrage noch immer am rechten Orte sein und genügen.

II. Gemeines Recht.

Das Ueberschreiben einer Urkunde mit dem Namen des Eigenthümers ist an sich lediglich ein physisches Moment ohne alle civilrechtliche Bedeutung, ebenso wie das Eingraviren oder Einschreiben von Namen oder von anderen zur Individualisirung dienenden Zeichen auf Gefäßen, Werkzeugen, Büchern, kurz Mobilien aller Art, Akte, denen im Systeme des gemeinen Rechtes irgend eine besondere rechtliche Bedeutung nicht zugewiesen ist.

Allerdings steht diese Befugniß der Individualisirung mittelst besonderer Kennzeichnung seines Eigenthumes Jedem vollkommen frei. Damit ist aber rechtlich gar nichts gethan. Es wird eben dadurch die Möglichkeit des Nachweises der Identität des betreffenden Gegenstandes auf so lange, als das Zeichen sichtbar bleibt, faktisch erleichtert und dem Eigenthümer ein prozessualer Behelf für den Fall geschaffen, wenn er etwa in die Lage kommen sollte, jenen Identitätsbeweis liefern zu sollen und beziehungsweise zu dürfen.

Die aus dem Eigenthume folgende Befugniß zu solcher Individualisirung einer beweglichen Sache, welche ansonst in die Kategorie der sog. Quantitäten — cf. Savigny Obl. R. II. S. 118. — fällt, wie eben die Inhaberpapiere, hat für Dritte keine andere Bedeutung, als die, daß nun auch jeder Erwerber der Sache an dem ihr beigefügten sichtbaren Zeichen erkennt und erkennen muß, daß dieselbe früher im Besitze einer Person war, die ein Interesse daran hatte, sich die Wiedererkennung der species zu erleichtern.

Der Schluß von diesem objektiven Thatbestande auf eine rechtserzeugende Wirkung desselben in Beziehung auf die civilrechtliche Natur der Sache selbst oder Dritten gegenüber ist ein höchst gewagter Sprung, der sich mit nichts rechtfertigen und für den sich auf dem Gebiete des gemeinen Rechtes irgend eine civilistische Begründung nicht finden läßt.

Eine eingehende Aufzählung und Beleuchtung der verschiedenen Consequenzen, welche man aus dem Kennzeichnungsakte zu ziehen versucht war, würde hier zu weit führen; das Nöthigste wird im Verlaufe der Erörterung an schicklichem Orte eingeschaltet werden.

Hier nur die Bemerkung, daß auch derart gekennzeichnete Sachen gemeinrechtlich nicht aufhören, Gegenstände des gewöhnlichen Verkehrs zu sein, und als solche sehr häufig ganz unbeanstandet, jedenfalls aber ohne das Hemmniß einer ihre Uebertragbarkeit beschränkenden Rechtsregel, von einer Hand in die andere übergehen.

Ein Private kann über seine Sache körperlich unbeschränkt verfügen, er kann sie substanziell verändern, zerstören, aber die Rechtsregel über die Uebertragbarkeit an Andere, über ihre Ersitzbarkeit u. s. w. kann er unbedingt nicht und durch Nichts ändern; es wäre jedenfalls eine große Verirrung, dem einseitigen Akte eines Privaten eine für Dritte rechtsverbindliche und sogar gesetzgeberische Wirkung zugestehen zu wollen, wie sie das Gesetz — L. 27. D. de Reg. jur. 50, 17. — sogar der Privat-Convention versagt.

Dies schließt jedoch nicht aus, daß individualisirende Kennzeichen nach Umständen als Beweismittel gegen die praesumtio bonae fidei des dritten Besitzers dienen mögen, nicht in thesi, wohl aber, wie gesagt, nach Umständen.

Es handelt sich aber dann nicht um eine civilrechtliche Wirkung der Kennzeichnung, sondern abermals wieder nur um ihre äußere Erscheinung, daß das Kennzeichen, in Verbindung mit anderen Umständen, das arbitrium judicis in Beziehung auf die bona fides des Beklagten wesentlich beeinflussen und die Verfolgung des Eigenthumes erleichtern kann.

Nach gemeinem Rechte ist nämlich die Statthaftigkeit der vindicatio und beziehungsweise der Publiciana actio bezüglich der Inhaberpapiere, wie nun nach mehr als 40 Jahren einer Erstlingsarbeit des Verfassers über diesen Gegenstand allgemein feststeht, unwidersprechlich und unbedingt zu bejahen, was hier als ein heute wieder unbestrittener Satz vorausgesetzt wird.

Ebenso unbestreitbar aber steht nach gemeinem Rechte dem Besitzer die praesumtio bonae fidei zur Seite, weshalb dem mit der actio Publiciana gegen ihn auftretenden früheren Besitzer zur Begründung seines besseren Rechtes nebst dem Beweise seines Titels auch der Nachweis von Umständen obliegt, welche die bona fides des Beklagten ausschließen, beziehungsweise jene praesumtio bonae fidei zerstören.

Cf. Savigny, Oblig. R. II. S. 148. ff., insbesondere S. 151. und 153.:

„Auf die besonderen Umstände des Falles wird es dabei ankommen, ob der Richter annehmen kann, daß der Glaube an das erworbene Eigenthum nicht ohne Leichtsinn oder Unbesonnenheit entstehen konnte, welchenfalls er auch die bona fides nicht mehr annehmen kann, oder ob etwa noch dringendere Umstände des einzelnen Falles darauf hinweisen, daß die Erwerbung entweder mit einem unredlichen Bewußtsein oder wenigstens mit einer tadelnswerthen verwerflichen Unbesonnenheit verbunden war, welchenfalls er die bona fides entschieden verneinen müßte."

Ein solcher, „noch dringenderer Umstand" kann sich nun nach Beschaffenheit des Falles allerdings gerade aus der Existenz besonderer Kennzeichen der Sache ergeben, aber daß dies stets so sei, oder so sein müßte, das läßt sich in keiner Weise behaupten.

Eine andere Frage wäre die, ob nicht überhaupt anzunehmen sei, daß der Käufer eines solchen gekennzeichneten Gegenstandes (Inhaberpapieres) aus diesem Kennzeichen (Vermerke) selbst und an sich einen Zweifel und zwar einen ernstlichen Zweifel gegen die justa possessio seines Vormannes schöpfen müsse. Eine solche Annahme, als Rechtsregel, muß aber verneint werden. Auch die Nothwendigkeit des der b. f. possessio präjudizirlichen Zweifels auf Seite des Erwerbers läßt sich nur unter besonderen Umständen annehmen, denn das gemeine Recht bietet nicht die geringste Handhabe, um an die einfache Thatsache der Kennzeichnung eine solche der Rechtsregel widerstrebende Consequenz zu knüpfen, wie es die daraus allein zu folgernde praesumtio malae fidei sein würde; man kann zu einem solchen Argumente nicht gelangen, so lange den Grundsätzen des gemeinen Rechtes nicht durch eine ähnliche singularrechtliche Bestimmung, wie die des Pr. Ldr. Th. I. Tit. 7 § 19. derogirt ist, von welcher unten noch speziell die Rede sein wird. cf. Unterholzner, Verjährung Bd. II. S. 406.—408.

Es würde übrigens sogar schon viel zu weit gehen, anzunehmen, daß eine solche Privatkennzeichnung auch nur in der Absicht geschehen sei, um auf die Dauer ihres unalterirten Bestandes die Sache selbst der Verkehrsfähigkeit zu entziehen, oder deren Uebertragbarkeit an Andere, an besondere in contrarium acta zu binden; es erscheint vielmehr mit Nichts gerechtfertiget, zu glauben, daß derjenige, der auf einen silbernen Becher oder auf ein Battisttuch seinen Namen eingraviren oder einsticken läßt, sich selbst dadurch die unbedingte einfache Verschenkung oder sonstige Veräußerung seiner Sache interdiziren und die Norm aufstellen wollte oder aufzustellen vermeinte, daß diese Sache nun eine ganz besondere Sorte von res, quarum non est commercium, geworden sei und aufhöre, veräußerbar und Gegenstand eines möglichen redlichen Besitzes Dritter zu sein, so lange und ehe nicht seine, des jetzigen Besitzers, eigene und freiwillige Beseitigung des Erkennungszeichens inmittegetreten sein würde.

Man sieht, zu welcher Verwirrung derlei Annahmen führen müßten und wie sich an die Stattgebung der einen sofort eine ganze Reihe anderer ebenso bodenloser Präsumtionen anhängen würde, und es wird vielmehr ernstlich daran gezweifelt werden dürfen, daß Irgendjemand sich vernünftigerweise mit solchen Einbildungen über seine auctoritas tragen könne. Angenommen endlich, die unzweifelhafte Absicht des Eigenthümers sei die, seine Sache so wie oben bemerkt der Möglichkeit eines Besitzes Dritter cum conditione usucapiendi zu entziehen, so kommt hiegegen immer wieder zu bemerken, daß es eben hier überall auf jene Absicht überhaupt gar nicht ankommt. Die einseitige Willensrichtung des Einzeichnenden, vermag schon deshalb für Dritte nichts zu bedeuten, weil dabei kein Rechtsgeschäft und insbesondere kein solches inmitteliegt, durch welches ein Dritter irgendwie verpflichtet würde, Inst. III. tit. XIV. sqq.; wollte man aber auch hiervon absehen und sich bis zur fabelhaften Fiktion eines stillschweigenden Konsenses jedes Dritten versteigen, um der Sache doch irgend einen Boden zu schaffen, so würde sogar auch damit nicht geholfen sein, weil nämlich dann in der von solchen quasi Kontrahenten beschlossenen besonderen Qualifizirung der Sache immer wieder eine mit den Rechtsregeln über das Eigenthum in Widerspruch stehende, durch bloße Privatwillkür bewirkte Modifikation des Eigenthums liegen würde, die an sich unmöglich ist, indem sie dem jus publicum widerspricht.

Cf. Savigny Obl. R. II. S. 140., 141 et ibid. alleg. und Savigny System I. § 16. S. 58.

Auch die Ersitzbarkeit einer Sache also kann nicht durch Privatwillkür, sondern nur durch besondere Rechtsvorschrift ausgeschlossen werden; besteht eine solche nicht, so wird der s. g. „Privatvermerk" an sich auch bezüglich der conditio usucapiendi des Dritten von keinerlei rechtlicher Bedeutung sein, sondern lediglich ein äußerlicher Behelf, um nach Umständen den Identitätsnachweis, soferne es dazu käme, zu erleichtern, nicht aber, um an sich schon die bona fides des Besitzers auszuschließen.

Cf. Arndt, Pand. § 162.

Gleichwohl findet man in zahlreichen juristischen Schriften über Inhaberpapiere die Ansicht ausgesprochen, daß sich die Statthaftigkeit und die in sachlicher, so wie in persönlicher Beziehung angedeutete Rechtswirksamkeit der s. g. Außerkurssetzung (im engeren Sinne des Pr. Ldr.), und zwar nicht allein der sub autoritate publica vollzogenen, sondern auch der einfachen, durch s. g. Privatvermerk bewirkten, nach allgemeinen Rechtsgrundsätzen und durch die — stets hülfreiche und äußerst beliebte — Natur der Sache vollkommen rechtfertige.

Betrachten wir etwas näher, was Einige der erwähnten Schriftsteller desfalls sagen:

Vor Allem muß bemerkt werden, daß Savigny, den man in neuester Zeit auch hinsichtlich dieses speziellen Punktes als Gewährsmann citirt hat, gerade über diesen Punkt von sich aus garnichts sagt; er läßt sich nämlich auf keinerlei Erörterung der civilistischen Grundlage des Institutes der Außerkurssetzung ein und berührt es nur nebenbei, indem er referirend erwähnt, was in Preußen desfalls positives Recht ist. Alles, was er hierüber sagt, beschränkt sich auf die wenigen Worte in seinem Obl. R. II. S. 185., die nicht mehr und nicht weniger als eine bloße Registratur sind, wie dies aus dessen eigenem Schlußsatz auf S. 186 a. a. O. bestätigt wird. Man citirt ihn also sehr mit Unrecht.

Renaud, Beitrag zur Theorie d. Obl. auf d. Inhaber, — Zeitschrift f. D. R. v. Beseler, Reyscher und Wilda Bd. XIV. S. 362 bis 366 — sagt:

„daß nun das Papier nur durch eine auf demselben gemachte Bemerkung außer Kurs gesetzt werden kann, bedarf keiner Ausführung."

Er vindizirt dem Eigenthümer die selbständige Befugniß zu solcher Verwandlung, „unabhängig von der Einwilligung des Schuldners, aus dem Grunde, weil durch dieselbe die Stellung dieses letztern in keiner Weise verschlechtert wird."

Uebrigens betont er auch den Umstand als scheinbar erschwerend, daß der Schuldner jetzt „nicht mehr schlechthin an jeden Präsentanten zahlen kann, sondern zu diesem Zwecke weitere Beweise verlangen muß."

Daß hieraus für die civilistische Konstruktion des fraglichen Institutes und seine rechtliche Bedeutung irgend ein belehrendes Argument zu entnehmen sei, wird man wohl nicht behaupten.

Kuntze — d. Lehre von den Inhaberpapieren, Leipzig 1857. — bespricht S. 568. sub Nr. 3. die Befugniß zur Außerkurssetzung und sagt:

„Mit Recht nimmt Renaud an, daß der aus dem Inhaberpapiere Berechtigte die Befugniß habe, über diese auch durch Außerkurssetzung zu verfügen."

Ferner:

„Es rechtfertigt sich die in den Partikularrechten wahrnehmbare Tendenz, die Wirkung des Festmachungsvermerks von der konkurrirenden Thätigkeit des Ausstellers oder irgend einer öffentlichen Behörde abhängig zu machen. Abgesehen aber von solchen positiven Rechtsbestimmungen führen uns die Prinzipien des Rechtsinstitutes der Inhaberpapiere darauf, den Privatvermerk der Außerkurssetzung als gültig anzuerkennen." —

Man wird wohl zugeben, daß dies eigentlich bloß auf eine demonstratio per id, quod esset demonstrandum, hinausläuft. Insbesondere kann nicht unberührt bleiben, daß auch die ansonst höchst schätzenswerthe Arbeit von Kuntze, keine genügenden Anhaltspunkte für eine solche Schlußfolgerung bietet, indem die hier vorausgesetzten und von Kuntze aufgestellten „Prinzipien des Rechtsinstitutes der Inhaberpapiere" selbst auf höchst schwankender Basis stehen und nichts weniger als anerkannt sind,

Cf. Jolly, Referat in d. Zeitschrift f. Handelsr. v. Goldschmidt Bd. I. S. 332 ff., insbesondere S. 358., 359;

aber auch im Falle ihrer Unfehlbarkeit wird ein bescheidener Zweifel dagegen übrig bleiben, daß und wie es dem Autor selbst irgend gelingen könnte, außer der unbestreitbaren „Befugniß" des Eigenthümers zu jeder beliebigen äußerlichen Behandlung seiner Sache auch noch die in Frage stehende rechtserzeugende auctoritas zu dessen Gunsten daraus abzuleiten und civilistisch zu begründen.

Wolff, Vind. Amort. und Außerkurssetzung von Inhaberpapieren, — Zeitschrift für das gesammte Handelsrecht v. Goldschmidt Bd. VII. 1864. — sagt in § 5. S. 84—87.

„Eine folgerichtige Konsequenz in der Gesetzgebung bildet die Bestimmung, daß den Inhaberpapieren durch einen in die Augen fallenden demgemäßen Vermerk ihre Inhaberqualität wieder entzogen werden kann und sie damit nach Belieben des Eigenthümers auf eine diesen mehr sichernde Weise zu seinem nachweisbaren, dem Verkehr entzogenen Eigenthum umgestaltet zu werden vermögen. Diese Bestimmung, welche sich in den meisten Partikular-Gesetzgebungen findet, war eine Forderung der Billigkeit ..... dieser Außerkurssetzung, auch Vinkulirung, Festmachung genannt, ... möchte als einem rechtmäßigen und durchaus zu respektirenden Willensakte des Eigenthümers ..... auch gemeinrechtlich die rechtsverbindliche Anerkennung und Wirkung nicht zu versagen sein, und zwar nicht nur in der Beschränkung auf die Staatsschuldverschreibungen au porteur, sondern mit Ausdehnung auf alle übrigen Geld- oder Handelspapiere ..... Auch muß gemeinrechtlich einem Privatvermerk ganz dieselbe rechtsgültige Wirkung zuerkannt werden, wie dem einer öffentlichen Behörde." —

Der Verfasser glaubt sich dann für seine Darstellung nebst Renaud und Kuntze auch auf Savigny Obl. R. II. S. 185. berufen zu dürfen.

Wir haben oben bereits gesehen, was die Allegate selbst besagen, und daß diese wenigstens eine auf gemeinrechtliche Grundsätze gebaute civilistische Konstruktion für die Außerkurssetzung nicht darbieten, und da Wolff etwas Näheres hierüber ebenfalls nicht zu bieten vermag, so ziehen wir eben auch hier wieder unbelehrt und unbekehrt von dannen.

Keyßner, die Außerkurssetzung der Inhaberpapiere, — Archiv für Theor. u. Prax. d. allg. d. Hdlsr. von Busch, Bd. VI. 1865. Hft. 1—2. S. 230. ff. — sagt gleich im Eingange:

„Die Ausgabe der ersten Inhaberpapiere fand die alte, wohlbegründete Sitte vor, sein Eigenthum an beweglichen Sachen durch Aufschreiben des Namens jedem Dritten erkennbar zu machen und dadurch den leicht entziehbaren Besitz zu fesseln. Es übertrug sich das auf die Inhaberpapiere und entwickelte sich nach und nach die Außerkurssetzung, die die Bedeutung hat, daß der Besitzer durch einen bestimmten auf die Urkunde zu setzenden Vermerk willkürlich dem Inhaberpapier seine Umlaufsfähigkeit rauben darf und es an seine Person binden kann. Das gemeine Recht konnte nicht umhin, derartigen Privatvermerken rechtsgültige Wirkung zuzugestehen."

Auch hier wird auf Savigny l. c. Bezug genommen.

Eine nähere Erklärung der in der Einleitung erzählten rechtsgeschichtlichen Vorgänge und der damit verbundenen rechtlichen Vorstellungen giebt der Verfasser nicht, auch geht er überhaupt nicht auf eine eigene civilistische Argumentation, weder für noch gegen die rechtserzeugende Kraft der sog. „Vermerke" ein, er wendet sich vielmehr rasch seinem besonderen Ziele zu, indem er mit einer Reihe von Utilitätsgründen die gänzliche Ausmerzung der Außerkurssetzung aus den Partikulargesetzgebungen befürwortet.

Bekker, die Geldpapiere, — Jahrb. d. gem. d. R. von Bekker und Muther, 1857. Bd. I. Hft. 2. u. 3. — bezeichnet S. 424. die zeitweilige Außerkurssetzung als etwas blos Partikularrechtliches und sagt S. 425. und 426.:

„Für das gemeine Recht kommt Alles darauf an, ob anzunehmen, daß durch den auf das Papier gesetzten Vermerk der Erwerber in mala fides versetzt werden, oder wer ihn übersehen, als in unverzeihlicher Unachtsamkeit befangen gelten müsse. Bei gerichtlich beglaubigten und bei den in gehöriger Form von dem Aussteller ausgehenden Vermerken möchte ich dies bejahen; aber nicht bei den unförmlich von dem Eigenthümer aufgesetzten Vermerken. Nichts giebt Gewißheit, daß Schreiber des Vermerks wirklich Eigenthümer, und auch wo dies wirklich der Fall gewesen sein sollte, bleibt die Möglichkeit, daß Eigenthümer, weil er seinen Willen geändert und die Löschung des Vermerkes unnöthig geachtet, vielleicht weil auch der Abnehmer an dem Vermerk keinen Anstoß genommen, das Papier selbst in diesem Zustande wieder in den Verkehr gebracht hat. Der Vermerk genügt sicher nicht, in dem Erwerber den Glauben mit Nothwendigkeit zu erzeugen, der frühere Eigenthümer sei durch eine Widerrechtlichkeit aus dem Besitz gekommen. . . . . . Daß in einzelnen Fällen auch derartige Vermerke beitragen können, im Nehmer bösen Glauben zu erzeugen, ist darum nicht zu bestreiten, nur eine Präsumtion der mala fides, die blos auf dem Dasein des Vermerks fußte, ist nicht zu statuiren." Er schließt mit der gegen die Statthaftigkeit der Außerkurssetzung im engeren Sinne vermittelst Privatvermerk gerichteten Bemerkung, daß auch in dieser Beziehung „die Regeln des gemeinen Rechts den Anforderungen des Verkehrs genügeleisten dürften." — Es ist zwar auch hier eine tiefer eingehende und ausführliche civilistische Untersuchung nicht dargeboten, aber auch die wenigen entschiedenen Worte am Eingange des ganzen Absatzes tragen den Stempel einer auf klarem und ungetrübtem Erkennen und Bewußtsein der Grundsätze des gemeinen Rechtes beruhenden Anschauung an sich, die dem selbstforschenden Leser wenigstens den richtigen Weg zeigt, um zur eigenen juristischen Konstruktion zu gelangen.

Besonders schlagend ist das aus dem praktischen Leben genommene Argument gegen den voreiligen Schluß aus dem bloßen Dasein eines Privatvermerkes auf eine mala fides des dritten Besitzers.

Das in Bekker's Schrift über die Außerkurssetzung Gesagte ist jedenfalls nicht mit gemeint, wenn weiter unten überhaupt ein für die bisherige Litteratur über diesen Gegenstand ungünstiges Resultat gezogen wird.

Es würde zu weit führen, hier auch über die wenigen in einzelnen Lehrbüchern über deutsches Privatrecht zerstreuten Bemerkungen einzugehen, deren die oben allegirten Autoren da und dort erwähnen; nur so viel, daß die eigenen Darstellungen der Letzteren dadurch um nichts gründlicher geworden sind, daß sie die Unzulänglichkeit der von den Ersteren gegen die Außerkurssetzung vorgebrachten Motive betonen.

Cf. Kuntze a. a. O. S. 565. u. 568. und Renaud, ibid. alleg., denen wieder Beseler — System des gem. d. Privatr., 2. Aufl., §. 87. Nr. VII. S. 320. in Anm. 28. — die Erwiderung widmet, daß ihre abweichende Meinung auf ganz unhaltbaren Gründen beruht; ferner:

Wolff a. a. O. S. 85., der zwar mit Recht Bluntschli's utilitarische Reflexion in seinem D. P. R. 2. Aufl. S. 321. als ein wissenschaftlich unzureichendes Argument bezeichnet, selbst aber, wie erwähnt, seine gegentheilige Ansicht gleichfalls nicht zu begründen vermag.

Mit der civilistischen Konstruktion einer so exorbitanten Befugniß des Eigenthümers, durch seinen Privatvermerk die Sache für den Eigenthumserwerb oder die bonae fidei possessio Seitens eines Dritten unfähig zu machen u. s. w., steht es also sehr schlecht, und man wird nicht in Abrede stellen können, daß über das Rechtsinstitut der Außerkurssetzung bisher zwar ziemlich viel geschrieben, aber sehr wenig gelehrt worden ist.

Alle Versuche einer Rechtfertigung der dem sog. Vermerke zugedachten rechtserzeugenden Kraft aus gemeinrechtlichen Grundsätzen sind bisher gänzlich mißlungen und werden stets mißlingen. Nur da kann von einer bestimmten rechtserzeugenden Kraft des Privatvermerkes die Rede sein, wo ihn ein besonderes positives Gesetz ausdrücklich zu einem mit solcher Rechtswirkung ausgestatteten Akte erhebt, was sich aber dann als ein jus singulare, contra tenorem rationis propter aliquam utilitatem introductum darstellt, L 16. D. de leg. 1, 3., und nicht auf wissenschaftlicher oder den Regeln des Rechts entnommener Begründung, sondern lediglich auf jener auctoritas constituentium beruht, welche eben der gesetzgebenden Gewalt unbedingt zusteht, von der Ulpian, L. 9. eod., sagt: non ambigitur, Senatum jus facere posse, und vor deren ungeeigneter Handhabung Savigny, System I. S. 56. und 57., in so trefflichen Worten warnt.

Cf. Windscheid, Pand. 2. Aufl., Bd. I. S. 66. §. 29.

III. Partikularrechte.

A. Rechtsgebiete, deren Gesetzgebung die Außerkurssetzung als ein besonderes civilrechtliches Institut behandelt.

1. Preußen. Bei dem Versuche einer systematischen Darstellung der einschlägigen Bestimmungen des Pr. Landrechtes stößt man auf Schwierigkeiten, an denen sich zur Evidenz bewährt, was Savigny über dieses Gesetzbuch in folgenden Worten gesagt hat:

„Was insbesondere die scharfe individuelle Auffassung der Begriffe betrifft, so ist der nicht seltene Mangel derselben im Landrecht weniger auffallend und fühlbar, weil eben die materielle Vollständigkeit des Details ihrer Natur nach dahin strebt, diese Lücke auszufüllen. Was aber die praktischen Regeln selbst als den eigentlichen Zweck jedes Gesetzbuches anlangt, so ist die Folge des hier beschriebenen Charakters, daß die meisten Bestimmungen des Landrechts weder die Höhe allgemeiner, leitender Grundsätze, noch die Anschaulichkeit des Individuellen erreichen, sondern zwischen beiden Endpunkten in der Mitte schweben, während die Römer beide in ihrer naturgemäßen Verknüpfung besitzen.“ Savigny, Beruf uns. Zeit für Gesetzg. 3. Aufl. S. 90.

Eine nähere Untersuchung des Zusammenhanges der Bestimmungen der §§. 47. sqq. über die Außerkurssetzung im Pr. Ldr. Thl. I. Tit. 15. mit anderen civilrechtlichen Sätzen dieses Gesetzbuches führt nothwendig auch auf den Tit. 7. eod. über Gewahrsam und Besitz und die daselbst in §. 19. enthaltene civilrechtliche Bestimmung:

„Wer des Besitzes einer Sache, die mit fremden Namen, einzelnen Buchstaben, Wappen, Pettschaften, oder anderen zur Bezeichnung des Eigenthums gewöhnlichen Merkmalen versehen ist, sich eigenmächtig anmaßt, hat die Vermuthung des unredlichen Besitzes gegen sich.“

Fragt man sich hier zunächst um die eigentliche sententia dieser speziellen Stelle an sich, so tritt sofort eine der erwähnten Schwierigkeiten zu Tage.

Es ist vor Allem schwer zu finden, was denn genau genommen unter

„eigenmächtig anmaßt" verstanden sein soll, da die wörtliche Auffassung des Ausdruckes offenbar zu einem den ganzen Paragraphen unnütz machenden Resultat führen müßte, was den Regeln der Interpretation zuwiderlaufen würde; man kann und darf nämlich nicht annehmen, eine so umfassende positive Bestimmung habe lediglich statuiren wollen, daß in der eigenmächtigen Anmaßung der Besitzergreifung auch bei gekennzeichneten Sachen ein sog. vitium possessionis liege; dazu hätte es des ganzen §. 19 nicht bedurft, denn dafür ist schon in anderen zahlreichen Stellen des Gesetzbuches gesorgt,

cf. z. B. Thl. I, Tit. 7, §. 96—98 und §. 146—148;

eben so wenig kann man annehmen, daß die besondere Heraushebung der gekennzeichneten Sachen hier ohne allen Zweck geschehen sei, man muß vielmehr die Absicht einer Singularbestimmung gerade für diese Art von Sachen voraussetzen, was um so gewisser anzunehmen ist, als auch in §. 120 eod. ausdrücklich auf das den Eigenthümer bezeichnende Merkmal der Sache hingewiesen und die weitere Bestimmung ausgesprochen wird, daß die Fortdauer des Merkmales die Vermuthung ausschließe, als habe der vorige Besitzer die Sache verlassen; es läßt sich endlich auch nicht denken, daß hier die gesetzlich festgestellte Unrechtlichkeit des Besitzes bei mit Gewalt oder heimlich ergriffenen Sachen in dem besonderen Falle, wo es sich um gekennzeichnete Sachen handeln würde, ausnahmsweise, und zwar ganz besonders zu Gunsten der eigenmächtig ergriffenen, auf eine bloße Präsumtion des unrechtlichen Besitzes abgeschwächt werden wollte.

Will man deshalb nicht auf jede „Anschauung des Individuellen" (um mit Savigny zu sprechen) hier verzichten, so muß man sich gleichwohl bequemen, dem „eigenmächtig" an der üblichen Bedeutung des Wortes einigen Abbruch zu thun und den Accent auf die Kennzeichnung der Sache, beziehungsweise auf einen blos hierauf bezüglichen und in der „Schwebe" gelassenen „leitenden Grundsatz" zu legen, womit man dann wenigstens zu einer, wenn auch höchst singulären, so doch nicht der Klarheit und inneren Konsequenz ermangelnden Auslegung gelangt, die sich etwa wie folgt fassen läßt:

„Die (im §. 19 angegebene) Kennzeichnung hat die besondere Rechtswirkung, daß sie die Sache selbst im Verkehre auf so lange als eine verdächtige qualifizirt, als das Kennzeichen darauf augenfällig sichtbar ist.

Für die Person des Erwerbers einer solchen Sache hat dies zur Folge, daß, der allgemeinen Vermuthung des redlichen Besitzes (§. 18 und 179) entgegen, die besondere Vermuthung des unredlichen Besitzes auf so lange gegen ihn besteht, als er nicht nachweist, daß seine Besitzergreifung und beziehungsweise Besitznachfolge dem als Eigenthümer Bezeichneten gegenüber auf einem gültigen Titel und nicht blos auf einseitiger Anmaßung beruht."

So verstanden gewinnt dieser §. 19 auch seinen systematischen Zusammenhang mit §. 10, 11, 15 und 18, Tit. 7; und §. 19 und 47—49, Tit. 15.

Der erste Absatz giebt dann insbesondere das Korrolar der verdächtigen Sache zu der verdächtigen Person des §. 19, Tit. 15; überhaupt aber offenbart sodann der ganze Inhalt des Paragraphen auch einen „leitenden Grundsatz", auf welchen sich die in §. 47, Tit. 15 für außer Kurs gesetzte Inhaberpapiere vorbehaltene Ausnahme von der lex singularis des für kursirende Papiere au porteur gegebenen Vindikationsverbotes stützt, nämlich die der Kennzeichnung an sich zugeschriebene civilrechtliche Wirkung der Verdächtigung der Sache und der Belegung des Erwerbers mit der besonderen praesumtio malae fidei et injustae possessionis.

Hiernach würde die Rechtswirkung der sog. Außerkurssetzung sich nicht mehr als eine blos für Inhaberpapiere willkürlich und ausschließlich erfundene darstellen, sondern als eine Subsumption auch dieser speziellen Art von namentlicher Kennzeichnung unter die für alle Arten gekennzeichneter Sachen in §. 19, Tit. 7 ganz allgemein ausgesprochenen Regel.*)

Die Rechtswirkung der sog. Außerkurssetzung hat aber auch, ganz abgesehen von der eben entwickelten Auslegung des §. 19, Tit. 7 und deren Anwendung auf die Inhaberpapiere ihre selbstständige positive Grundlage in

*) Eine wohl verzeihliche Mangelhaftigkeit der Kenntniß Preußischer Rechtsanwendung veranlaßte den Verfasser zu einigem Bedenken über seine Auffassung des §. 19, Tit. 7 und zur Einholung einer belehrenden Aeußerung hierüber, die ihm von sehr unterrichteter Seite kurz vor Schluß des Gutachtens dahin lautend zukam:

> „Zu §. 19, I, 7. A. Pr. Ldr. annotirt Koch: Diese Vorschrift bezieht sich nur auf derelinquirte Sachen (vergl. Entsch. d. O. Trib., Bd. XI, S. 211). Im Entwurfe zum Ldr. hingen die beiden §§. 19 u. 20 in der That auch mit dem §. 120 desselben Titels, wohin sie gehören, zusammen; durch ihre Versetzung an einen anderen Ort sind sie unverständlich geworden."

Der oben gemachte Versuch, gleichwohl Verständniß darein zu bringen, wird sonach um so größere Nachsicht verdienen, auch glaubte der Verfasser, seine Ausführung vorerst noch stehen lassen zu sollen, weil die fragliche Stelle denn doch immer unverrückt an ihrem vom Gesetzgeber ihr zielsetzlich angewiesenen Platze stehen geblieben und auch da einer verständigen Auslegung nicht geradezu unfähig ist. —

Uebrigens bestätigt auch die von den Aeltesten der Kaufmannschaft von Berlin an die Ministerien des Handels und der Justiz eingereichte Petition v. 17. Juni 1864 — s. unter Abschn. IV, 1 —, daß die Auslegung des §. 19 quaest. nichts weniger als feststeht.

den Singularbestimmungen der §§. 45—48, Tit. 15 selbst; will man sich blos an letztere halten, so bleibt nur die schon im Eingange dieses Gutachtens dargelegte Anschauung, es steigert sich damit allerdings der Grad der Singularität der gesetzlichen Disposition, die Sache selbst aber bleibt im Effekte dieselbe und in beiden Fällen liegt etwas von den Grundsätzen des gemeinen Rechts durchaus Abweichendes vor.

Es ist inzwischen die zu Gunsten des redlichen Besitzers im Pr. Ldr. ausgesprochene Nichtvindizirbarkeit der Inhaberpapiere durch Art. 306 und 307 des A. D. H. G. zu einem allgemein geltenden deutschprivatrechtlichen Satze erhoben und sogar auf gestohlene und verlorene Inhaberpapiere ausdehnt, auch ist die im Ldr. Thl. I, Tit. 15, §. 46 noch gewährte Herausgabe der identifizirbaren Sache an den Eigenthümer im Falle unentgeltlicher Erwerbung Seitens des Besitzers zufolge Art. 306 cit. nunmehr weggefallen; dem gegenüber hielt die Pr. Gesetzgebung dennoch für nöthig, in Titel I, Abschn. 1, Nr. 15 des Einführungsgesetzes zum A. D. H. G. ausdrücklich auszusprechen, daß die Art. 306 und 307 des Handelsg. bei Papieren auf den Inhaber „so lange dieselben außer Kurs gesetzt sind," keine Anwendung finden.

Dies weiset darauf hin, daß man in Preußen auch heute noch an der Eingangs erwähnten singularrechtlichen Eintheilung in kursirende und nichtkursirende Inhaberpapiere festhält, daß in Preußen das Inhaberpapier auch nach Aufschreibung des Namens des Eigenthümers auf demselben keineswegs als ein nunmehr auf Namen lautendes, sondern immer noch als ein auf jeden Inhaber lautendes, nämlich blos als ein nicht kursirendes, außer Kurs gesetztes Inhaberpapier betrachtet wurde und wird, bezüglich dessen man besonders vorbauen mußte, daß es nicht trotz der Ueberschreibung mit dem Namen des Eigenthümers unter Art. 307 cit. subsumirt werde, der eben keinen Unterschied zwischen kursirenden und nichtkursirenden Inhaberpapieren macht und nur Inhaberpapiere überhaupt im Gegensatze von auf Namen lautenden kennt, daß man endlich in Preußen gerade deshalb, weil man einerseits dem Art. 307 des A. D. H. G. selbst nicht einseitig die Modifikation beifügen konnte, als seien unter „Papieren auf den Inhaber" blos „kursirende Inhaberpiere" zu verstehen, andrerseits aber diesen Begriff und die damit zusammenhängenden Bestimmungen des Ldr. nicht fallen lassen, sondern die Außerkurssetzung als ein ganz besonderes Rechtsinstitut aufrecht halten wollte, nothwendig zu jenem Expediens zu schreiten gezwungen war, welches in der oben erwähnten Wendung des Einführungsgesetzes liegt, wonach in Preußen die Art. 306 und 307 des H. G. auf außer Kurs gesetzte „Inhaberpapiere" keine Anwendung finden sollen. Die Außerkurssetzung allein und an sich ist es übrigens nicht, welche im Pr. Ldr. als besondere Eigenthümlichkeit hervortritt.

Am Auffälligsten ist der Umfang, in welchem die Pr. Gesetzgebung eine solche rechtserzeugende Kennzeichnung gestattet, — nämlich die Stattgebung einer Außerkurssetzung mittelst einfachen s. g. „Privatvermerkes", wofür bekanntlich in Thl. I, Titel 15, §. 48 mehr nicht vorgeschrieben ist, als:

> daß der Eigenthümer sein Recht am Papiere „auf eine in die Augen fallende Art auf dem Instrumente selbst vermerke."

Cf. Kuntze, a. a. O., S. 567. 571 sqq.

Die Motive für die ganze Einrichtung sind, nach Inhalt der schon vor dem Pr. Ldr. erlassenen Declaration vom 23. Mai 1785, die Unthunlichkeit der Anwendung der Grundsätze des R. R. über Vindikation auf Inhaberpapiere, die Unvereinbarkeit derselben mit dem „schnellen und ungehinderten Umlauf, welchen die Lebhaftigkeit im Handel und Wandel, als die Hauptursache ihrer Einführung nothwendig erfordert" (weshalb „auch bei allen anderen Nationen" — was, mit Verlaub zu sagen, geradezu unrichtig, — bezüglich aller „in Circulation befindlichen „au porteur-Papiere die Vindikation ausgeschlossen sei), somit die Rücksicht auf das allgemeine Beste, die Sicherheit des gesammten, besonders des Handlung treibenden Publikums, und die Aufrechthaltung des Kredites und Umlaufs solcher Papiere."

Der Privatvermerk ist nach Preußischen Gesetzen an gar keine weitere Form gebunden, ja es würde die bloße Aufschrift des Namens ohne allen Beisatz genügen,

Keyßner, a. a. O., S. 234, Note 4,

er bedarf keiner offiziellen Beglaubigung und ist in thesi auf alle Inhaberpapiere ohne Ausnahme anwendbar; nur für die unter „öffentlicher Autorität" ausgefertigten ist durch Ldr. §. 49 cit. noch eine besondere Art der Außerkurssetzung vorgesehen, nämlich ein „den Regeln des Instituts gemäßer" Vermerk des Inhaltes, daß sie nicht mehr an den Inhaber zahlbar sein sollen."

Auch durch die Verordnung vom 16. August 1867, betreffend die Außer- und Wiederinkurssetzung, so wie Umschreibung der Papiere auf den Inhaber für die mit der Preuß. Monarchie vereinigten Landestheile, ist bezüglich des Privatvermerkes nichts geändert, es wird nur in §. 7 daselbst die schon in der Verordnung, „betreffend die Einrichtung des Königl. Kredit-Institutes für Schlesien" vom 8. Juni 1835 bezüglich der Schles. Pfandbriefe B. enthaltene und bereits in dem Gesetze vom 16. Juni 1835 „wegen des Außer- und Wiederinkurssetzens der auf jeden Inhaber lautenden Papiere" in §. 1 generalisirte Regel wiederholt, daß Privatvermerke, wodurch unter öffentlicher Autorität ausgefertigte Inhaberpapiere außer Kurs gesetzt werden, für das Institut, welchem die Zinszahlung oder planmäßige Tilgung obliegt, keine bindende Kraft haben.

2. Nur Sachsen-Weimar folgt gänzlich dem Preußischen Gesetze.

3. Das Königreich Sachsen hat die Außerkurssetzung ebenfalls als besonderes Rechtsinstitut, es gewährt aber dem einfachen Privatvermerke keine Rechtswirkung und knüpft diese an die Bedingung der offiziellen Beglaubigung der Inscription; es hatte schon früher ein spezielles Gesetz über die Ausschließung der Vindikation von Inhaberpapieren v. 8. Juni 1846 und verschiedene ältere Verordnungen über das Außerkurssetzen und dessen Rechtswirkung der Aufhebung der Nichtvindikabilität bezüglich einzelner Sorten von Inhaberpapieren,

cf. Kuntze, a. a. O., S. 470, 569, 575,

es hebt mit §. 17 seines Einf. Ges. des A. D. H. G. v. 30. Dezember 1861 das Gesetz v. 8. Juni 1846 auf und nimmt die Nichtvindikabilität nun als die durch Art. 306 u. 307 des A. D. H. G. festgestellte Regel an, spricht jedoch in §. 17 cit. die Nichtanwendbarkeit der Regel auf „in gültiger Weise"*) außer Kurs gesetzte Inhaberpapiere auf so lange aus, als ihnen dadurch „die Eigenschaft der Inhaberpapiere" entzogen sei.

Durch eine gleichzeitige besondere Verordnung — zu Ausführung des A. D. H. G. und des Einf. G. — v. 30. Dezember 1861 wird auch die Form der Außerkurssetzung näher vorgeschrieben und zwar in doppelter Weise; sie kann auf Namen lauten:

„für N. N. außer Kurs gesetzt",

oder auch ganz generell:

„außer Kurs gesetzt".

Aus dieser letzteren Formel geht deutlich hervor, daß in den oben allegirten Worten „die Eigenschaft der Inhaberpapiere entzogen" gleichwohl keine Andeutung des civilistischen Grundes liegt, aus welchem nun die Vindizirbarkeit wieder Platz greifen müsse, daß vielmehr die Außerkurssetzung auch hier als ein ganz selbstständiger rechtserzeugender Akt introduzirt und nur ihr allein und an und für sich die civilrechtliche Gestaltung der Sache zu einer vindikationsfähigen zugesprochen ist, wofür im Sächsischen Rechte

*) Die von Keyßner, a. a. O., S. 233 u. 236 über das Sächsische Gesetz gemachte Bemerkung, als stelle es dem Papiere gleichsam quaestionem status, scheint zu weit zu gehen; in §. 17 des Einf. Ges. cit. ist lediglich für die Frage, ob ein Papier als Inhaberpapier anzusehen sei, das Gesetz des Ausstellungsortes als maßgebend erklärt, nicht für die Form der Außerkurssetzung, die nur nach dem Gesetze des Ortes, wo das Papier eben Gegenstand eines Rechtsgeschäftes ist, beurtheilt wird.

ebenso wie im Preußischen eine civilistische Konstruktion bisher nicht gefunden zu sein scheint.

4. Die Außerkurssetzung im Preuß. Sinne, jedoch beschränkt auf die offizielle Form, findet sich fast in sämmtlichen Rechtsgebieten des deutschen Nordbundes.

Beinahe wörtlich gleichlautend enthalten die Einführungsgesetze von Sachsen-Koburg (Art. 20) — Sachsen-Gotha (Art. 21) — Sachsen-Meiningen (Art. 21) — Anhalt-Dessau-Köthen (Art. 24) — Schwarzburg-Sondershausen (Art. 24) — Bremen (Art. 32) — Braunschweig (Art. 41) — Hannover (Art. 27) — Kurhessen (Art. 21) — Mecklenburg-Schwerin (Art. 37) — Mecklenburg-Strelitz (Art. 37) — Oldenburg (Art. 23) — Reuß ä. L. (Art. 24) — Reuß j. L. (Art. 24) — Schwarzburg-Rudolstadt (Art. 23) — Waldeck (Art. 20) — die Bestimmung, daß Art. 307 des A. D. H. G. auf ordnungsmäßig außer Kurs gesetzte Inhaberpapiere keine Anwendung finde, sie nehmen zum Theil ausdrücklich Bezug auf die eigenen Singulargesetze über Außerkurssetzung und fügen großentheils noch ausdrücklich bei, daß derjenige, für welchen die Außerkurssetzung bewirkt ist, das Papier gegen Dritte mit einer dinglichen Klage verfolgen könne. Eine weitere Ausführung über diese Partikulargesetzgebungen dürfte aus vielfachen Rücksichten als erläßlich erachtet werden.

Nur ergänzend zu den von Kuntze a. a. O. aufgeführten besonderen Einzelgesetzen mag erwähnt sein, daß Braunschweig noch unterm 30. April 1867 (Gesetz- und Verordnungs-Sammlung Nr. 27 v. 24. Mai 1867) ein Gesetz, die Ausstellung von Inhaber-Papieren betreffend, erlassen hat, welches jedoch bezüglich des Institutes der Außerkurssetzung keine Abänderung enthält, daß dagegen Bremen auf Grund Senatsbeschlusses vom 11. Mai und publizirt am 6. Juni 1864, V. O. Blatt Nr. X, eine durch Klarheit so wie durch Kürze ausgezeichnete obrigkeitliche Verordnung, „das Verfahren, um Papiere auf den Inhaber außer Kurs und wieder in Kurs zu setzen, betreffend," erlassen hat, deren wesentlichsten Bestimmungen bezüglich der Außerkurssetzung in Folgendem bestehen:

a. Ausschluß der Zinscoupons, Dividendenscheine und Banknoten.

b. Der Privatvermerk bedarf der Unterschrift des Besitzers, dessen Willenserklärung nur durch die auf dem Papiere selbst urkundlich beigefügte gerichtliche oder notarielle Beglaubigung Autorität erhält, welche zu besagen hat, daß und für wen das Papier außer Kurs gesetzt ist, wofür dann die Formel: „außer Kurs gesetzt für (. . . .)" genügen soll.

c. Das außer Kurs gesetzte Papier verliert, bis es durch gerichtliche Tilgung der Außerkurssetzung „wieder in Kurs gesetzt" ist, insoweit die Eigenschaft eines Inhaberpapiers, daß Art. 307 des H. G. B. nicht darauf zur Anwendung kommen kann, daß der Schuldner vor Tilgung des Vermerkes nicht zur Zahlung verpflichtet ist, daß er nur an diejenige Person (oder deren Erben), zu deren Gunsten es außer Kurs gesetzt ist, zahlen darf.

d. Ausnahmsweise darf die Zahlung gleichwohl an den jeweiligen Inhaber geleistet werden, wenn das Papier selbst die ausdrückliche Klausel enthält, daß seine Außerkurssetzung ausgeschlossen sei.

Die Bremer Verordnung ist u. A. abgedruckt in Goldschmidt, Zeitschr. Bd. VII, S. 583 und nebst anderen auch erörtert von Keyßner, a. a. O.

5. Ob und in wie weit in einem oder dem anderen der übrigen deutschen Rechtsgebiete der Rechtsbegriff „Außerkurssetzung“ im Preußischen Sinne nicht ebenfalls Eingang gefunden, mag hier des Näheren dahin gestellt bleiben; es lohnt kaum einer genaueren Untersuchung, da es bei den meisten und bedeutendsten derselben gewiß ist, daß sie einem ganz anderen System folgen. Für die Negative zeugt im Allgemeinen auch der Umstand, daß in den betreffenden Einführungsgesetzen von einer Außerkurssetzung und von desfalsigen Vorbehalten gegen die Anwendung des Art. 307 D. H. G. B. keine Rede ist; dies ist namentlich der Fall bei Bayern, Württemberg, Baden, Hamburg, Frankfurt, Lübeck, Hessen, Nassau, Lippe-Detmold, Hessen-Homburg.

Für den Zweck dieses Gutachtens wird es genügen, die Gesetzgebung der erstgenannten vier Staaten und Frankfurts noch etwas näher zu betrachten.

B. Rechtsgebiete, in welchen unter gewissen Beschränkungen eine zeitweilige Umwandlung von Inhaberpapieren in auf Namen lautende gegeben, der Inskription an sich aber eine rechtserzeugende Wirkung nicht zugeschrieben ist.

1. Bayern. Der mit dem R. R. meistens übereinstimmende Cod. Maxim. Bav. Civ. erwähnt in den Anmerkungen, Thl. II, Kap. 2, §. 6, Nr. 3 zu den Wirkungen des Eigenthums:

„Wer das jus disponendi hat, der hat auch jus rem conservandi sammt der Befugniß, alle zu diesem Zwecke dienlichen Mittel zu ergreifen... Aus diesem General-Principio kann ich z. E...: meine Sachen zum Beweis des Eigenthums und zur Distinktion mit besonderen Zeichen bemerken.“

Daselbst §. 7, 8, Nr. 4 wird zur Vindikation bemerkt,

„man muß die Sach, welche man haben will, in der Klag nicht

nur specifice anzeigen, sondern auch so, daß sie von anderen wohl zu kennen und zu distinguiren sein mag, beschreiben."

Weiter geht dieser Codex nicht. Er bleibt einfach innerhalb der Grenzen des gemeinen Rechts, wovon schon oben, Abschn. I, ausführlich gehandelt wurde und welches in einem großen Theile des Landes noch heute ausschließliche Geltung hat. Von einer civilrechtlichen Wirkung der Namenseinzeichnung ist hier keine Rede, sie dient als äußerlicher Behelf für den Nachweis der Identität der Sache, bei Inhaberpapieren nicht mehr und nicht weniger als bei allen anderen Sachen. Die Inhaberpapiere sind nach der Rechtsregel vindizirbar, wie alle übrigen Sachen, mit alleiniger Ausnahme jedoch der „Staats- oder sonstigen öffentlichen Fonds-Obligationen" au porteur, bei welchen die Beschränkung eintritt, daß die Vindikation nur gegen jenen unrechtmäßigen Besitzer Platz greift, „der sie unmittelbar nach dem Eigenthümer auf eine solche Art an sich gebracht, daß er wissen mußte, daß er sich dieselbe zuzuwenden nicht berechtigt sei."

Im Zusammenhange hiermit soll gegen den „redlichen dritten Besitzer solcher Staats- und öffentlichen Fonds-Obligationen" au porteur auch der gerichtliche Arrest, so wie die Zahlungssistirung bei den öffentlichen Kassen in Haupt- und Nebensache unstatthaft sein.

Ebenso ist auch die Amortisation im Falle des Verlustes oder der Entwendung nur für auf Namen lautende Staatspapiere und ihnen gleichgestellte Papiere öffentlicher oder besonders privilegirter Anstalten eingeführt.

Dagegen ist es gestattet, daß „ursprünglich au porteur lautende Staats- u. dergl. Obligationen" „von der emittirenden Behörde" entweder durch eine den Regeln des Instituts gemäße Erklärung, oder auf gerichtliche Veranlassung, oder auf Verlangen des Eigenthümers, „durch ihre (der Behörde) Vormerkung auf dem Instrumente selbst auf bestimmte Inhaber überschrieben" werden, in welchem Falle sie „die Natur gewöhnlicher Obligationen annehmen", oder vielmehr, genauer gesagt, wodurch sie wirklich und wahrhaftig in auf Namen lautende verwandelt werden, in Folge dessen sie sodann eben deshalb, weil sie nun auf Namen lautende sind und aufgehört haben, auf den Inhaber lautende zu sein, nunmehr auch in Beziehung auf Vindikation und Amortisation so wie überhaupt lediglich nach den für auf Namen lautende Papiere geltenden Rechtsregeln zu behandeln sind. Diese Gleichstellung ist im Gesetze ausdrücklich betont, was, wenn gleich es nicht absolut nöthig war, so doch jedenfalls zur Beseitigung möglicher Zweifel dient.

Verordn. v. 10. Oktober 1810, die Ausfertigung der Amort. Edikte betreffend.

Verordn. v. 17. August 1813, Erläuterung d. V. O. v. 10. Oktbr. 1810 betr.

Verordn. v. 12. März 1817, die auf jeden Inhaber lautenden Staats- oder sonst. öffentl. Fonds-Papiere betr.

Die Privatinskription ist also hier auch nicht der mindesten civilrechtlichen Berücksichtigung im Gesetze gewürdiget; das jus singulare erstreckt sich blos auf Staatsobligationen und gleichartige öffentliche Fonds-Papiere au porteur, unter Ausschluß von Privatobligationen u. dgl.; es beschränkt sich darauf, zu Gunsten der Ersteren gewisse Ausnahmsbestimmungen von den Rechtsregeln der Vindikation und des Arrestes zu statuiren; es gewährt zwar die sehr erleichternde Einrichtung, daß man sich an Stelle eines sub auct. publ. emittirten Inhaberpapieres ein auf Namen lautendes, nicht blos durch effektiven Umtausch, sondern auch durch Umwandlung mittelst amtlicher Ueberschreibung auf den Namen auf dem bisher au porteur lautenden Papiere selbst verschaffen kann, knüpft aber an diesen Akt an sich keinerlei selbstständige civilrechtliche Wirkung, sondern giebt blos der von selbst eintretenden Folge Raum, daß die nun so gestaltete Sache von da unter die für alle gleich gestalteten Sachen geltende Rechtsregel fällt.

Von einer Wiederinkurssetzung ist da ebensowenig die Rede, als von einer Außerkurssetzung; der dem Pr. Ldr. eigenthümliche civilrechtliche Begriff von „kursirenden" Sachen ist dieser Gesetzgebung gänzlich unbekannt; die auf den Namen lautenden Papiere kursiren hier ebensogut wie die Inhaberpapiere, auch das zum Papier auf Namen umgeänderte Inhaberpapier bleibt im Verkehr und man würde sehr erstaunen, wenn Jemand behaupten wollte, ein auf Namen lautendes Papier sei eine „nicht kursirende Sache", oder gar, „es sei außer Verkehr", während man bei Wechseln und anderen einer schriftlichen Uebertragungsform bedürftigen Papieren nicht daran denkt, sie deshalb als nicht kursirende oder dem Verkehr entzogene zu qualifiziren.

In Uebereinstimmung mit dem Erörterten ist auch die offizielle Sprache bezüglich dieses Gegenstandes.

Eine besondere Bekanntmachung der Bayr. Staats-Schulden-Tilgungs-Kommission vom 1. September 1860, Reg. Bl. dess. Js., S. 769 ff., bestimmt des Näheren, was bei Eigenthumsvormerkungen mittelst Namens-Einschreibung auf Staatsschuldobligationen au porteur oder bei deren zu besonderen Zwecken geschehender sog. Vinkulirung*) zu beobachten ist; es

*) Die Vinculirung ist eine besondere Art der Eigenthumsvormerkung auf den Namen, welche im öffentlichen Interesse auf Grund von Verwaltungsverordnungen des Staates geschieht und deren Zweck nebst der Umstaltung des Inhaberpapieres in ein auf Namen lautendes und der hierdurch zu erreichenden größeren Sicherheit

kommen daselbst keine anderen Ausdrücke hierfür vor, als „Namens-Einschreibung“ und Vinkulirung, dann „Löschung der Namens-Einschreibung“ und Devinkulirung.

Die Namenseinschreibung hat stets auf eine bestimmte physische Person, oder sonstiges Rechtssubjekt, Korporation, Fideikommißstiftung u. dgl. zu geschehen; die Beurkundungsformel lautet:

„Vorgemerkt als Eigenthum des N. N. in N.“

oder (bei Vinkulirung):

„Vinkulirt als Heirathskaution für N. N. ꝛc.“

Die Formel für unter der Kuratel der Bezirksämter stehenden Stiftungen, Gemeinden und Sparkassen ist nach Ministerial-Verordn. v. 13. Mai 1866:

„Vinkulirt als Eigenthum der Kirchenstiftung ꝛc. in N. . . .
N. . . . den . . .
K. Bezirksamt.“

Die Devinkulirung lautet dann:

„Vorstehende Vinkulirung wird aufgehoben und darf im Kataster gelöscht werden. N. . . . den . . .
K. B. A.“

Cf. Finanzministerialblatt für d. Königr. Bayern, Jahrg. 1866, S. 105 ff. —

Es erklärt sich hieraus von selbst, daß und warum in Bayern keine

---

des Eigenthümers auch noch der einer offiziellen Kundgabe des Umstandes ist, daß der namentlich bezeichneten Person überhaupt oder in Rücksicht auf eine bestimmte Widmung der Sache, s. z. B. bei allen der Staatscuratel unterstellten Rechtssubjekten wie Gemeinden, Stiftungen u. dgl., dann bei als Fideicommißbestandtheil, Heirathscaution u. dgl. erklärten Obligationen, die Disposition beschränkt und solche nur mit ausdrücklichem Konsense der betreffenden Behörde statthaft sei, so lange und bis nicht die ausdrückliche Devinculirung eintritt. Die Vinculirung ist bei Staatspapieren deshalb von unfehlbarer practischer Wirksamkeit, weil die Staatsschuldentilgungsanstalt ohne Konsens der betreffenden Behörde eine Ueberschreibung auf einen anderen Namen nicht vornehmen darf. Das Verwaltungsrecht giebt die Norm der äußeren Gestaltung; das Civilrecht giebt die Rechtsconsequenz ohne Zuhülfenahme einer lex singularis. Zur genaueren Kenntniß der noch weiter gehenden Bestimmungen über diesen Gegenstand, die an diesem Orte kein wesentliches Interesse gewähren, muß auf die alleg. Verordnungen selbst verwiesen werden; nur so viel ist noch berichtigend zu einer Bemerkung von Keyßner, a. a. O., S. 234 zu erwähnen, daß es ein offenbares Mißverständniß des Art. 9 der V. O. v. 1. September 1860 ist, wenn man die „unbeschränkte“ Cessionsbefugniß des Eigenthümers einer vinculirten Obligation daraus herauslesen will.

Veranlassung gegeben war, dem Einführungsgesetze zu Art. 307 des A. D. H. G. irgend einen besonderen Vorbehalt einzufügen.

Die unbedingte Einführung der Art. 306 und 307 cit. hat nur die Aenderung zur Folge, daß nun alle Inhaberpapiere ohne Ausnahme, auch im Falle des Verlustes oder der Entwendung, gegen den dritten redlichen Besitzer nicht vindizirbar sind, während nebstdem, kraft Art. 307 eod., die zu Gunsten des Besitzers von Staats- und öffentlichen Fonds-Papieren au porteur noch weiter gehende Bestimmung des Bayer. Gesetzes aufrecht bleibt, die nämlich, daß bei diesen (nicht aber bei Privatpapieren au porteur) auch der unredliche Besitzer nur dann mit der dinglichen Klage angegriffen werden kann, wenn er unmittelbar nach dem Eigenthümer den Besitz erworben hat.

Nicht ohne Bedeutung dürfte es sein, daß auch in dem Entwurfe eines bürgerlichen Gesetzbuches für Bayern v. J. 1864 der Kennzeichnung einer Sache nirgends eine civilrechtliche Wirkung zugedacht und daß insbesondere der sog. Außerkurssetzung weder dem Namen noch der Sache nach auch nur mit einem Worte erwähnt ist.

2. Württemberg hält sich gleich Bayern in seinem Landrechte größtentheils an die Grundsätze des Römischen Rechts. Auch hier ist die gemeine Rechtsregel der Vindikabilität nur in Beziehung auf die Staatsschuldscheine au porteur durch Singulargesetz modifizirt, wonach solche mittelst der Eigenthumsklage nur gegen denjenigen verfolgt werden können, der sie in bösem Glauben an sich gebracht hat.

Dem Besitzer auf den Inhaber lautender Staatsschuldscheine ist übrigens gestattet, solche Scheine „durch die Staatsschulden-Zahlungskassa auf seinen Namen einschreiben und dies auf dem Scheine selbst vermerken zu lassen,“ welchenfalls dann, ebenso wie in Bayern, das solcherart in ein auf Namen lautendes umgewandelte Papier lediglich der für diese Art von Staatsschuldscheinen geltenden Rechtsregel folgt, „so lange es auf Namen eingeschrieben und die Vormerkung „auf dem Papiere“ nicht förmlich zurückgenommen ist.“ —

Ges. v. 16. September 1852, betr. die auf den Inhaber lautenden Staatsschuldscheine.

Es sind dort auch besondere Bestimmungen über die Amortisation von Staatsschuldscheinen gegeben und durch Gesetz vom 22. April 1855 ist die Anwendung des vorerwähnten auf die Schuldverschreibungen der Ablösungskassen ausgesprochen.

Die Vindikations-Beschränkung wurde erst in Folge der Einführung des

Allg. D. H. G. Art. 307 auf alle Inhaberpapiere erstreckt. Eine gleichmäßige Ausdehnung der Zulässigkeit der Amortisation oder Kraftloserklärung auf jede Art von zu Grunde gegangenen oder abhanden gekommenen Inhaberpapieren ist vor wenigen Monaten zwischen Regierung und Kammern vereinbart worden.

cf. Gesetzes-Entwurf, betr. die Kraftloserklärung von Inhaberpapieren, ausgegeben den 13. September 1867, und Bericht der Justizgesetzgebungs-Kommission d. K. d. Abg., ausgegeben den 25. November 1867, nebst Motiven.

Bezüglich der Umwandlung von au porteur-Papieren in auf Namen lautende, mittelst offizieller Einschreibung und Vormerkung, deren Beschränkung auf Staatsschuldscheine und Ablösungsobligationen, sowie bezüglich der etwaigen civilrechtlichen Bedeutung einer solchen Umgestaltung an sich ist jedoch nichts Neues eingeführt worden; nach wie vor ist der Gesetzgebung in Württemberg das Rechtsinstitut der Außerkurssetzung des Preuß. Ldr. dem Namen und der Sache nach fremd und kann dort ebenso wie in Bayern und aus den gleichen Gründen von der Autorität eines sog. Privatvermerkes keine Rede sein.

Es erübrigt zu bemerken, daß auf Grund landesherrlich genehmigter Statuten auch von Privatanstalten emittirte Inhaberpapiere einer Inskription auf Namen fähig sein können, immer aber nur ihre eigene äußere Umgestaltung damit bewirkt wird, die Inskription an sich dagegen eine selbstständige rechtserzeugende Wirkung nicht hat. —

3. Baden. Das dem Systeme des Französischen Rechts folgende Badische Landrecht kennt die Außerkurssetzung nicht; es entbehrt auch einer besonderen Bestimmung über die Zulässigkeit der Umwandlung von Inhaberpapieren in auf Namen lautende ebenso wie die neben dem A. D. H. G. laut Einf. Ges. Art. 49 noch geltenden Vorschriften des Bad. Hdlsr. Anhang, Tit. IX, Kap. 3 über Zettel auf den Inhaber, Satz 199—205 und die hierauf bezüglichen Singular-Gesetze vom 14. Mai 1828, die Verjährung der Forderungsrechte aus den von der Amortis. Cassa auf Inhaber gestellten Staatspapieren betr., v. 23. Mai 1844, die Verjährung und den Verlust der auf Inhaber gestellten Staatspapiere der Eisenbahn und Zehntschulden-Tilgungskasse betr., und v. 5. Juni 1860, die Ausstellung von Schuldverschreibungen auf den Inhaber betr., welche blos einige schließlich auf alle Staats- und Privatpapiere au porteur ausgedehnte Bestimmungen über Verjährung und über die Zahlungssperre bei dem Eigenthümer ohne sein Wissen und Willen abhanden gekommenen Inhaberpapieren enthalten.

Der Satz 202 des Anhangs cit. erwähnt als eines der Vorbedingnisse zur Erwirkung der Zahlungssperre, daß der Impetrant nebst Glaublichmachung des Besitzes und Verlustes auch die Kennbarkeitszeichen der Sache anzugeben vermöge. Die hierauf gewährte gerichtliche Sperre dauert bis zum Austrage der Sache oder, falls sich kein Inhaber meldet, bis zum Ablauf der Verjährungszeit. Letzteren Falls, oder wenn der Vorzeiger seinen Besitz nicht als einen auf redlichen Wegen erlangten nachzuweisen vermag, wird die Sperre zu Gunsten des Impetranten aufgehoben, Art. 203 u. 204. Als Korrolar hierzu dienen Ldr., S. 2279 u. 2780, wonach die dingliche Klage wegen verloren gegangener oder entwendeter Sachen gegen jeden Besitzer innerhalb drei Jahren vom Tage ihres Abhandenkommens stattfindet und eine Erstattung des Erwerbspreises an den Inhaber nur dann geboten ist, wenn dieser sie auf einem Markte, in öffentlicher Versteigerung oder von einem Handelsmanne, der mit solchen Sachen handelt, gekauft hat.

Es ist also auch nach Badischem Gesetze die Vindikation von Papieren au porteur im Prinzipe unbedingt zugelassen und wird auch hier die Kennzeichnung der Sache — durch Namensaufschreibung oder wie immer — lediglich als ein Behelf für den Identitätsbeweis angesehen. Gleichwohl ist auch in Baden die Umwandlung von Inhaberpapieren in auf Namen lautende mittelst Einschreibung bei der emittirenden öffentlichen Anstalt und deren Vormerkung hiervon auf dem Papiere selbst in Uebung und hat es auch desfalls einer besonderen Intervention der positiven Gesetzgebung um so weniger bedurft, als diese Umgestaltung nur auf Grund der dem Staate für seine Urkunden ohnehin zustehenden und der den einzelnen Anstalten in Folge landesherrlicher Genehmigung ihrer betreffenden Statuten gewährten Autorität geschieht, während sog. Privatvermerke auch hier, wie in Bayern und Württemberg, ohne alle andere Bedeutung als die einer äußerlichen Kennzeichnung sind.

Daß das Einf. Ges. zum A. D. H. G. Art. 307 einen Vorbehalt bezüglich solcher durch offizielle Namens-Inskription umgewandelter Papiere nicht macht, erklärt sich aus dem gleichen Grunde, welcher die Gesetzgebung von Erlassung eines besonderen Gesetzes über die Wirkung solcher Umgestaltung abgehalten haben mag; es bedarf nämlich keiner besonderen legislativen Nachhülfe und reicht schon der gewöhnliche Verstand dazu aus, um zu erkennen, daß ein auf Namen lautendes Papier auch wirklich ein auf Namen lautendes ist und daß es deshalb auch vor dem Gesetze nicht dennoch als ein auf den Inhaber lautendes angesehen werden kann.

4. Hamburg. In Hamburg hat sich die Gesetzgebung von jeher äußerst wenig um die Papiere au porteur gekümmert; „die Regeln des gemeinen Rechts haben den Anforderungen des Verkehrs Genüge geleistet," um mit den oben angeführten Worten von Becker zu reden.

Erst mit einem am 12. August 1846 publizirten Singulargesetze wurde die Amortisation geregelt und bezüglich der Vindikation der Grundsatz aufgestellt:

„daß eine Vindikation von auf Inhaber lautenden Dokumenten, es mögen hiesige oder auswärtige, öffentliche oder Privatdokumente sein, gegen denjenigen Besitzer, welcher dieselben in gutem Glauben erworben hat, nicht stattfindet."

Ob und welchen Werth eine einfache Privatkennzeichnung durch Namensaufschrift u. dgl. habe, welche Umstände einen nothwendigen Zweifel im Erwerber erregen müssen u. s. w., darüber verbreitet sich die Singulargesetzgebung nicht weiter, das ist Sache der Anwendung der gemeinen Rechtsregeln.

Im Gesetze kommt die dort gänzlich unbekannte Außerkurssetzung nicht zur Sprache, ebensowenig aber ist von der offiziellen Umwandlung auf den Inhaber lautender Papiere mittelst Namenseinschreibung in auf Namen lautende besonders die Rede. Gleichwohl ist für eine Anzahl dort emittirter Privat-Effekten au porteur die gesetzlich unbeanstandete Einrichtung getroffen, daß sie unter gewissen im Emissionsvertrag festgesetzten Formen auf einen bestimmten Namen überschrieben und durch Löschung der Vormerkung wieder in ihre ursprüngliche Gestalt von Inhaberpapieren gebracht werden können.

Auch dort hielt die Gesetzgebung nicht für nöthig, die Thatsache, daß ein Papier auf Namen lautet, mit einer legislativen Nachhülfe zu unterstützen, und Art. 307 des A. D. H. G. ist ohne Vorbehalt eingeführt.

5. Frankfurt. Die in Frankfurt geltenden Grundsätze des gemeinen Rechts schließen den Begriff der Außerkurssetzung im engeren Sinne des Pr. Ldr. aus; es besteht dort keine partikurarrechtliche Singularbestimmung über sog. Außerkurssetzung; aber auch die Umwandlung von Inhaberpapieren in auf Namen lautende mittelst offizieller Inskription ist nicht durch besondere gesetzliche Bestimmungen geregelt, sie ist jedoch auch in Frankfurt ebenso wie in Hamburg unbeanstandet, insoweit sie auf Grund der Emissionsbedingungen und in der hierin im Voraus bestimmten Form geschieht.

Die vertragsmäßige Umgestaltung des Inhaberpapieres in ein auf Namen lautendes ist gesetzlich nicht prohibirt, somit nach allgemeinen Rechtsgrundsätzen zuläßig, sie bedurfte deshalb keiner besonderen Sanktionirung durch die Gesetzgebung.

In Folge der Einverleibung in Preußen wird nun auch Frankfurt des besonderen Rechtsinstitutes der sog. Außerkurssetzung im Sinne des Pr. Ldr. und insbesondere auch des sog. „Privatvermerkes" theilhaftig; es dürfte sich dessen um so minder entschlagen können, als die oben angeführte Preußische Verordnung vom 16. August 1867 erst nach dessen Annektirung und „für alle mit der Preußischen Monarchie vereinigten Landestheile" ohne Ausnahme erlassen wurde.

Hierdurch ist zwar das bisherige Frankfurter Privatrecht grundsätzlich durchlöchert, gleichwohl aber tritt deshalb nicht sofort eine dringende Gefahr für das verkehrtreibende Publicum ein; die dem Privatvermerke zugesprochene Wirkung der Ausnahme vom Vindikationsverbote des A. D. H. G. Art. 307. wäre für einen Börsenplatz wie Frankfurt nur dann höchst bedenklich, wenn nicht die Gesetzgebung dessen Wiederaufhebung an eine solenne gerichtliche Beurkundungsform gebunden hätte, wie dies in den §§. 4. u. 6. der allegirten V. geschehen ist, oder wenn das Gesetz irgend einen Zwang der Annahme im Handel bezüglich mit Vermerken versehener Papiere ausgesprochen haben würde; da Letzteres nicht geschehen ist, so bleibt es nach wie vor jedem Käufer unverwehrt, mit Vermerken irgend einer Art überschriebene Papiere zu refusiren und jede Legitimationsprüfung auf eigene Gefahr abzulehnen. Es tritt sonach für den Handel nur die wesentliche Aenderung ein, daß der Erwerber von ursprünglich au porteur ausgestellten Effekten früher eine Privat-Namenseinschreibung darauf ohne alle Gefahr gänzlich unbeachtet lassen konnte und blos für seine eigene bona fides dabei einzustehen hatte, während er nun eine solche Einschreibung unter allen Umständen beachten und falls er das Papier dennoch ohne Weiteres annimmt, die Gefahr auf sich nehmen muß, eine „außer Verkehr" gesetzte Sache rechtswidrig erworben zu haben und dem vindicirenden Eingeschriebenen gegenüber als unredlicher Besitzer und zu unentgeltlicher Herausgabe der Sache verpflichtet erachtet zu werden.

Von maßgebender Bedeutung bleibt hier die Frage über die Tadellosigkeit der Waare oder mit anderen Worten die nach kaufmännischem Sprachgebrauche so benannte Lieferbarkeit von Börsenpapieren, Staatseffekten, Aktien u. s. w.

Als nicht tadellos und sog. unreine Waare werden nun nach Handelsbrauch auf den bedeutendsten Börsenplätzen Wien, Amsterdam, Paris, London, Hamburg, Berlin und Frankfurt, auch jene ursprünglich au porteur gestellte Papiere angesehen, welche durch offizielle Inskription in auf Namen lautende umgewandelt oder nach dem Pr. Ldr. außer Kurs gesetzt, dann aber durch offizielle Löschung der Namensklausel wieder als Inhaberpapiere hergestellt, beziehungsweise durch offiziellen Vermerk wieder in Kurs gesetzt worden sind und die nun die sichtbaren Spuren dieser Operate an sich tragen.*)

---

*) Die Nichtlieferbarkeit solcher Papiere an den großen Börsenplätzen bestätigt ausdrücklich auch der unten, Abschn IV. 1., allegirte Antrag der Aeltesten der Kaufmannschaft von Berlin an die Minist. d. Handels u. d. Justiz v. 14. März 1868.

Kann nun auch die Stadt Frankfurt die Rechtswirkung der sog. Außerkurssetzung an sich nicht ignoriren, so kann doch der Börsenplatz Frankfurt bei seiner Usance bleiben und im Privatverkehre nach wie vor überschriebene Inhaberpapiere als nicht lieferbar betrachten.

Einer von Auerbach — Das neue Handelsgesetz. Abth. II. S. 181. — gemachten Bemerkung, „daß eine vorher außer, jedoch wieder gültig (durch Abstempelung ꝛc.) in Kurs oder auf Inhaber gesetzte Aktie liefer- und empfangbar" sei, steht kein Gesetz zur Seite; sie gründet sich, wie es scheint, lediglich auf das hiezu allegirte Kommissions-Protokoll S. 4612., wo jedoch nur davon die Rede ist, daß dem Käufer die Prüfung überlassen bleiben müsse, ob das Papier die gehörige Beschaffenheit habe, nicht aber, daß er ein doppelt abgeändertes Papier auf eigene Gefahr prüfen und deren Legalität und Aechtheit annehmen müsse, die Empfangnahme aber etwa nur dann verweigern dürfe, wenn er nachweise, daß es einer Inskription an einer gesetzlichen Voraussetzung gebreche.

Cf. Keyßner a. a. O. S. 238. Note 11a.

C. Oesterreich. Ein Rechtsinstitut der Außerkurssetzung ist der österreichischen Gesetzgebung durchaus nicht bekannt. Die Umwandlung von Inhaberpapieren in auf Namen lautende mittelst Inskription auf dem Papiere selbst ist ebenfalls eine dem Gesetze und den vielerlei Spezialstatuten der betreffenden Emissionsanstalten unbekannte Sache. Wohl aber ist in den meisten Emissionsbedingungen die Möglichkeit gewährt, sich gegen entsprechende kleine Taxe an Stelle des Inhaberpapieres ein auf Namen lautendes zu verschaffen.

Dagegen ist die sog. Vinkulirung sehr häufig. Ueber die Vinkulirung selbst sind dem Verfasser bisher besondere Gesetze oder Verordnungen nicht bekannt geworden, auch hierüber erbetene Privatmittheilungen vermochten ihm ein genaues und erschöpfendes Bild davon, insbesondere in civilrechtlicher Beziehung, nicht zu verschaffen.

Nach seiner bisherigen Kenntniß der Sache steht es damit beiläufig wie folgt:

Als von Privaten zur Cautionsstellung für den Staat verwendbare Papiere werden blos Staatspapiere angenommen. Um die Behörden der Verantwortlichkeit der Aufbewahrung zu überheben, ist die Einrichtung getroffen, daß das zur Caution bestimmte Papier mit einer amtlichen Inskription versehen wird, die über die Person des Caventen und den speziellen Zweck, für welchen er dieses Papier als Caution unterstellt resp. verpfändet hat, Kunde giebt, worauf dann die Zurückgabe des derart mit der amtlichen Vinkulirungsklausel beschriebenen Papieres an den Cautionssteller erfolgt.

Erst mit der amtlichen Devinkulirung erlischt die durch die Vinkulirung bewirkte Beschränkung oder Suspension der freien Dispositionsbefugniß des Inhabers. Ist nun hiebei die thatsächliche Umwandlung des etwa urspüng- lich auf jeden Inhaber lautenden Papiers in ein auf Namen — oder, was gleichbedeutend ist, auf eine bestimmte, z. Z. ausschließlich zur Disposition berechtigte Behörde — lautendes nicht als eine civilrechtliche Folge des Aktes, sondern als ein blos zufälliger äußerlicher Vorgang zu betrachten, so folgt gleichwohl aus der nunmehrigen äußeren Gestaltung der Sache, daß sie ein Dritter ohne Mitwirkung der betreffenden Behörde nicht bona fide erwerben kann, vielmehr solchenfalls nach der Rechtsregel des Allgem. Bürg.-G. §§. 368., 371. als Besitzer in bösem Glauben zu betrachten ist. Dabei finden die Bestimmungen des A. D. H. G. Art. 306. u. 307. aus zweifachem Grunde keine Anwendung, weil hier weder eine auf den Inhaber lautende Sache, noch der ausdrücklich vorausgesetzte redliche Besitz vorliegen würde.

Eine andere Form ist in Oesterreich üblich für bei Amte selbst zur Verwahrung genommene Papiere.

Diese werden nicht eigentlich vinkulirt; sie werden jedoch sogleich mit der amtlichen Inskription versehen:

„Erlegt im k. k. Depositenamte N. N. 2c. 2c." und bei der Ausfolgung wird die weitere amtliche Bemerkung darauf eingeschrieben:

„Ausgefolgt aus 2c. 2c."

Daß auch für diese Fälle die Inskription selbst ein den redlichen Besitzerwerb Dritter ausschließendes äußeres Merkmal bilde, ergiebt sich aus dem bereits Gesagten.

Ob endlich eine ähnliche Privatinskription auf Inhaberpapieren zur Abwendung der Gefahr der Art. 306. und 307. des A. D. H. G. dienen könne, das ist in Oesterreich, sowie anderwärts, wo der sog. „Privatvermerk" keine rechtserzeugende Kraft hat, lediglich eine Frage der richterlichen Subsumption des speziellen Falles und der dabei obwaltenden besonderen Umstände unter die Rechtsregel des gemeinen bürgerlichen Gesetzbuches; es handelt sich dann in der Hauptsache ebenfalls nur wieder um die bona oder mala fides des Besitzers, der Nachweis der letzteren wird aber hier immer schwerer und viel seltener möglich sein, als in den Fällen amtlicher Inskriptionen.

Eine besondere Unterstützung der hier erörterten Ansicht dürfte in dem Umstande liegen, daß es die österreichische Gesetzgebung nicht für nöthig erachtet hat, zu Art. 307. des A. D. H. G. im Einführungsgesetze irgend einen Vorbehalt zu machen.

IV. Bedürfniß, Utilitätsfrage und Schluß.

Die Gesetzgebung hat unbestreitbar die Aufgabe, dem Bedürfnisse des Verkehrs durch besondere Gesetze entgegenzukommen, wo die Entwickelung des Rechtslebens neue Verhältnisse schafft, deren Beurtheilung nach den schon bestehenden Gesetzen mit Leichtigkeit nnd Sicherheit nicht thunlich ist und wobei das allgemeine Interesse wesentlich gefährdet sein würde, wenn die Rechtsanwendung wegen ungelöster Kontroversen oder Lückenhaftigkeit des Gesetzes eine schwankende werden sollte, oder weil die Konsequenz des bisherigen Gesetzes auf den Verkehr im Allgemeinen schädlich wirken müßte.

Es handelt sich deshalb vor Allem um die Konstatirung eines wirklichen im Volke selbst lautgewordenen Bedürfnisses.

Zur konkreten Frage nun sollte man nach den Aeußerungen einiger Autoren die Bedürfnißfrage fast als bereits bejahend erledigt annehmen und glauben, es gehe nicht anders, als daß man sich ganz allgemein zum Rechtsinstitute der Außerkurssetzung bequeme und etwa nur der Rechtseinheit zulieb die Differenzen in den verschiedenen Partikularrechten ausgleiche.

Cf. Kuntze a. a. O. S. 564.
Wolff a. a. O. S. 84.
Dagegen:
Bekker a. a. O. S. 426.
Keyßner a. a. O. S. 240. 241.

Der Verfasser glaubte seine eigene Ansicht über die Existenz eines von der Gesetzgebung zu beachtenden Bedürfnisses nicht nach Maßgabe seiner persönlichen Erfahrungen und der erwähnten, mehr oder minder auch blos persönlichen Behauptungen anderer Juristen feststellen zu dürfen; er hielt es für nöthig, sich vorerst noch ein etwas verlässigeres Material zur Beantwortung der Vorfrage zu verschaffen, und wendete sich zu diesem Zwecke an eine bemessene Anzahl von Kaufleuten, kaufmännischen Vereinen und Anstalten, sowie an einige im Handelsfache bewährte praktische Juristen an den bedeutendsten Handelsplätzen in nachstehender Weise mit der Bitte um möglichst genaue Aufschlußertheilung:

„Es sei die Frage aufgetaucht, ob es überhaupt im Interesse des allgemeinen Verkehrs wünschenswerth sei, die „Festmachung“ oder sog. „Außerkurssetzung“ von auf jeden Inhaber lautenden Papieren zu Gunsten einer bestimmten Person (mittelst Vormerk auf der Urkunde selbst) zu gestatten, — oder ob es nicht besser wäre, solche Gesetzesbestimmungen da, wo sie bestehen, gänzlich wieder aufzuheben?

Er wünsche nun zu erfahren:

1. ob diese Frage bereits Gegenstand einer Berathung und etwaigen Erklärung des .... Handelsstandes .... 2c. 2c. war, und wenn ja, wie solche laute;

2. wenn nein, welches wohl die hierüber herrschende Ansicht der .... Bank, größerer Handelshäuser 2c. 2c. sei."

Auf die bereitwilligste und dankenswertheste Art wurde seine Anfrage fast ausnahmslos von sämmtlichen Adressaten beantwortet; es wird für den Zweck dieses Gutachtens am geeignetsten sein, eine Reihe möglichst genauer Auszüge der eingelaufenen Antworten hier einzuschalten; sie lauten im Wesentlichen wie folgt:

1. Aus Berlin. Schon im Januar 1864 hatte das Kollegium der Aeltesten der Kaufmannschaft zu Berlin Veranlassung genommen, Anträge auf Abänderung der Bestimmungen des Allg. L. R. Thl. I. Tit 15. §. 47. ff. zu beschließen; der wesentlichste Erwägungsgrund bezüglich der Außerkurssetzung durch Privatvermerk war der, daß durch jene Bestimmungen der seit Erlaß derselben sehr umfangreich gewordene Handel mit auf jeden Inhaber ausgefertigten Papieren wesentlich erschwert werde, Streitigkeiten hervorgerufen und Hindernisse bereitet werden, welche in keinem Verhältnisse zu dem Zwecke stehen, welchen jene gesetzlichen Vorschriften verfolgen, dem Eigenthümer Schutz zu gewähren, daß dieser Zweck aber vollständig und sogar besser erreicht werde, wenn wirksame Außerkurssetzungen nur durch ausdrückliche und beglaubigte Erklärungen vorgenommen werden können, eine derartige Vorschrift auch alle jetzt bestehenden Unzuträglichkeiten beseitigen würde. Kolorirt war die Reklamation noch mit Anziehung von ein paar Streit- und resp. Zweifelsfällen über die Wirkung eines jeden irgend wohin auf das Papier geschriebenen Wortes, oder jeden Flecken und etwa fehlendes Stückchen, worunter oder worauf vielleicht ein Wort gestanden haben könnte und dergl.

Letztere Bedenken wurden in einer Beleuchtung von rechtskundiger Seite, aus der Börsen- und Handelszeitung entnommen, im Central-Organ für den deutschen Handelsstand, Köln, 5. März 1864, III. Nr. 10., dahin berichtiget, daß hier nicht das Gesetz, sondern nur Mißverstand oder unrichtige Anwendung desselben inmitte liegen könne, aber das Hauptargument der Unzuträglichkeit einer den Umsatz störenden Wirkung eines formlosen sog. Privatvermerkes blieb unwiderlegt. Wirklich schritten die Aeltesten der Kaufmannschaft von Berlin mit förmlicher Eingabe vom 17. Juni 1864 zu dem Antrage an die Ministerien für Handel und der Justiz, daß die Befugniß, ein auf jeden Inhaber lautendes Papier durch Privatvermerk außer Kurs zu setzen, ganz aufgehoben werden möge.

Der Antrag bezieht sich auf gleichlautende Anträge der Hauptverwaltung der Staatsschulden und Erklärung der Gesetz-Revisionskommission nebst gedruckten Motiven zum Entwurf der Tit. 2., 7., 8., 9., 10. u. 15. Thl. I. des Allg. Ldr. (Pensum XIII. Berl. 1829) S. 190 u. ff.

Auch die Königl. Hauptbank wird als Gegnerin des Privatvermerkes angeführt. Konstatirt wird, daß die Bestimmung des §. 19. A. Ldr. I. 7. die Ansicht hervorgerufen, als genüge schon die Bezeichnung mit dem bloßen Namen zur Außerkurssetzung*), was vom rechtlichen Standpunkte aus Bedenken haben möge, jedenfalls aber bereits zu vielen Streitigkeiten im Verkehr geführt habe.

Als Anlaß zu Zweifel und Streit wird auch die häufig ungenaue, von der üblichen Form abweichende oder unleserliche Beschaffenheit der Vermerke hervorgehoben und die mit nichts garantirte Identität des angeblichen mit dem wirklichen Aussteller eines bloßen Privatvermerkes.

Auf diese Motive und vielfache Vorkommnisse bei Schiedsgerichten gestützt, wird verlangt, daß dem ganzen Publikum die Erleichterung gewährt werde, sich um Privatvermerke nicht mehr kümmern zu dürfen, und daß nur noch mit amtlicher Beglaubigung versehene Vermerke respektirt werden sollen.

Dem Antrage vom 17. Juni 1864, womit auch weitere Abänderungsanträge über die Form der Wiederinkurssetzung verbunden waren, wurde durch Ministerial-Reskript vom 23. November 1865 die Ablehnung zu Theil.

Es scheint, daß die Berichte der übrigen hierüber gutachtlich vernommenen Handelskammern und kaufmännischen Korporationen den Ministerien keine genügenden Anhaltspunkte an die Hand gaben, um einen allgemein fühlbaren Mißstand als konstatirt erachten zu können, und daß die Berücksichtigung eines vorwiegenden Interesses der Berliner Börse nicht als ein maßgebendes Motiv für legislative Reform betrachtet wurde.

Die Fortdauer des den Effektenhandel erschwerenden Zustandes und die Zunahme der fatalen Vorkommnisse beanstandeter Lieferungen für auswärtige Plätze veranlaßten die Aeltesten der Kaufmanschaft von Berlin, neuerdings auf die Sache zurückzukommen und unterm 14. März 1868 einen nicht mehr blos auf die Aufhebung des Privatvermerkes beschränkten, sondern auf gänzliche Aufhebung der Außerkurssetzung gerichteten Antrag an die betr. Ministerien einzureichen.

Der Antrag wird nebst einigen juristischen Reflexionen über die theoretische Statthaftigkeit der Umgestaltung von au porteur Papieren in auf Namen lautende, worüber hier hinweggegangen werden kann, mit dem Argu-

*) Cf. oben Abschn. III. A. 1. das zu §. 19. Ldr. I. 7. Erörterte.

mente der besonderen Unzuträglichkeit ungenauer, oder zu Zweifeln über genügende Beobachtung der Form, oder sogar der Kompetenz der ausfertigenden Behörde Anlaß gebender Außerkursſetzungs-Vermerke unterstützt und konstatirt, daß auch hierüber häufig Streitigkeiten entstehen. Das Hauptgewicht der Darstellung liegt in folgendem Passus:

„Zu alledem kommt noch, daß an auswärtigen Börsen, namentlich Wien, Amsterdam, Paris, London u. s. w. Papiere mit Außer- und Wiederinkurssetzungsvermerken nicht verkäuflich sind.

Da nun von Kaufleuten an diesen Plätzen sehr häufig an hiesiger Börse beträchtliche Ankäufe in Papieren, namentlich fremden, gemacht werden, und die auswärtigen Bankiers Stücke mit Vermerken der gedachten Art, weil sie selbst solche nicht begeben können, nicht annehmen, so ist es an hiesiger Börse Usance geworden,

die gangbarsten auswärtigen Papiere nicht für lieferbar zu erachten, falls sie dergleichen Vermerke tragen,

was denn auch alle des Handelsverkehrs kundige Personen, ja selbst jetzt die Gerichtsdepositorien veranlaßt, bei derartigen Papieren die Außerkurssetzung sorgfältig zu vermeiden."

2. Aus Köln. Besondere Berathungen oder Erklärungen der Kölner Handelskorporationen über die Frage: ob das Institut der Außerkurssetzung der Inhaberpapiere, wo es besteht, durch die Gesetzgebung wiederaufzuheben sei? sind dem Korrespondenten nicht bekannt geworden, obgleich ihm jeder derartige Vorgang in seiner Stellung nothwendig hätte bekannt werden müssen.

Demselben sind in einer Reihe von Jahren oft genug Fälle vorgekommen, in welchen die In- und Außerkurssetzungsvermerke zu Weiterungen führten und hieran von Bankiers und großen Kaufleuten die Bemerkung im Allgemeinenen geknüpft wurde, daß die rechtliche Möglichkeit des Außerkurssetzens der Inhaberpapiere überhaupt für den Verkehr mit diesen Papieren sehr mißlich sei. Es wird konstatirt, daß in den meisten Differenzfällen das Unglück darin lag, daß zu ängstliche Vorschriften für einzelne formelle Punkte bestehen (z. B. schwarze Siegel), oder daß Behörden die Form nicht gehörig beachteten (z. B. Zahl der zeichnenden Personen, Mangel des Datums, unrichtige Placirung desselben), Mangel der Kompetenz der inskribirenden Behörde oder Zweifel darüber, Dinge, die der Verbesserung fähig sein mögen, — immerhin bleibe auch bei größtmöglicher Einfachheit der Form erfahrungsmäßig die Unbedachtsamkeit und der Unverstand von Privaten, welche außer Kurs setzen, sowie der Mangel an Aufmerksamkeit beim Wiederinkurssetzen, auch bei den Behörden, die Schwierigkeit genauer Kontrolle der überall beachteten Formen im Verkehr und die Mißlichkeit der bei Entdeckung von Fehlern entstehenden Weiterung so groß, ja es sei sogar die Unmöglichkeit der Redressirung entdeckter Fehler in manchen Fällen so gewiß vorhanden, daß ohne Zweifel die meisten Bankiers und viele große Handelshäuser sich lebhaft einem Vorschlage anschließen, welcher dahin geht, sie in dem Verkehr mit Inhaberpapieren von dieser Fatalität zu befreien.

Daß dies jedoch zu einer herrschenden Ansicht in größeren Kreisen geworden sei, vermag der höchst erfahrene Korrespondent z. Z. nicht zu bezeugen, er zweifelt sogar, ob die Kaufleute im Allgemeinen, ja ob selbst die Bankiers und die großen Institute, wenn sie auf den Absatz der Papiere an Nichtkaufleute und deren Auffassungsweise reflektiren, mit Entschiedenheit für die gänzliche Beseitigung jeder Umgestaltuug von au porteur Papieren in auf Namen lautende mittelst Inskription eintreten.

Es müsse nämlich anerkannt werden, daß das Interesse des Handelsverkehrs nicht lediglich maßgebendes Gesetz für Alle ist, daß ein großer Theil der Inhaberpapiere an sich nicht für den eigentlichen Handelsverkehr bestimmt oder geeignet ist, ein anderer Theil ohnehin für lange Zeit dem Umsatze entzogen und in fester Hand bewahrt wird. In weiten Kreisen sieht man in dem Außerkurssetzen (scil. auf Namen Einschreiben) einen wichtigen Schutz gegen Entfremdung und Verkommen der Papiere und beruft sich darauf, daß man dauernde Sicherungsanstalten nicht so wie Kaufleute zu Gebote haben könne, und daß man nicht in der Lage sei, Verluste von Bedeutung über häufigen Gewinn verschmerzen zu können.*)

Wesentlich kommt dazu, daß ganze Berufsklassen in dem Institut des Außerkurssetzens ein dringendes Bedürfniß für sich erblicken. Alle diejenigen, welche vermöge ihres Berufs Inhaberpapiere in Menge zu verwahren haben, und für das Entkommen der Papiere verantwortlich sind, die Verwaltungsbehörden, die Gerichte mit Deposital- oder deutschem Vormundschaftswesen, die Kassenbeamten u. s. w. haben das vorwiegendste Interesse an der Aufrechthaltung dieser Einrichtung. Tritt dies auch in den Rheinprovinzen weniger zu Tage, wo das Außerkurssetzen verhältnißmäßig seltener vorkommt, was mit anderweitigen Einrichtungen und Verhältnissen zusammenhängt, so muß sich hinwider in den meisten übrigen Theilen Deutschlands die Praxis und das Interesse um so entschiedener gegen die gänzliche Beseitigung jener Einrichtung sträuben.

---

*) Umgekehrt äußert sich das Aeltesten-Kollegium a. a. O., daß die Deposital-Behörden sich mit eisernen Geldspinden u. dergl. gut behelfen können, Private zur förmlichen Umschreibung d. h. Umtausch in auf Namen ausgestellte Papiere greifen mögen u. s. w. Beiderlei Argumente sowie dieser gute Rath sollen hier mit deren einfacher Erwähnung ein für allemal abgethan sein.

3. Aus Mainz und über Frankfurt. Die von einem höheren Justizbeamten und früheren langjährigen Advokaten ertheilte Antwort geht dahin:

Weder in Mainz noch in Frankfurt haben die beregten Fragen Anlaß zu Berathungen und Erklärungen der Handelskammern oder großer Bankhäuser gegeben. Die Ansichten über dieselben sind ganz divergirend.

Nach Ansicht der Bankiers und Börsenkundigen wird die Festmachung oder Außerkurssetzung als eine den Verkehr sehr hindernde Maßregel betrachtet und wäre die Aufhebung aller dieselbe zulassenden gesetzlichen Bestimmungen wünschenswerth.

Nebst den schon oben erwähnten formellen Belästigungen und Schwierigkeiten, insbesondere auch der Legitimations- und Identitätsfrage bei wiederinkursgesetzten Papieren, wird hervorgehoben, daß diese Umständlichkeiten und die Last und Gefahr der Prüfung einen Druck auf den Verkaufswerth solcher Papiere üben, und daß erfahrungsgemäß derartig beschriebene Effekten an der Frankfurter Börse nur mit Verlust von ca. 2 bis 3 Procent gegen den Tageskurs reiner Inhaberpapiere verkauft werden konnten.

Dieser Ansicht, die ihre Gründe hauptsächlich auf die Thesis baut, daß Inhaberpapiere dem Verkehre gehören und deshalb unbedingt von kurzer Hand übertragbar bleiben sollen, — steht jene entgegen, die das Bedürfniß nach einem Mittel des Schutzes gegen Entwendung, insbesondere bei Depositen, für maßgebend hält.

Die Vertreter der Festmachung weisen auf das Beispiel Frankreichs hin, wo mehr als ein Drittel der Rente im grand livre auf Namen eingeschrieben und der Verkehr doch nicht gehemmt sei; dagegen wird erwähnt, daß in Frankreich nur ein inländisches Staatspapier im Verkehr und dessen Uebertragung durch das Institut der ausschließlich zu deren Vermittlung berufenen agents de change erleichtert sei, was für Deutschland bei seinen zahlreichen Papiersorten und bei dem Mangel ähnlicher Einrichtung des Mäklerwesens eine Parallele nicht gestatte. Die ebenso treffend als einfach ausgesprochene eigene Meinung des bewährten Fachmannes lautet wörtlich:

„Ich für meinen Theil bin der Ansicht, daß man in dieser Materie nichts gebieten und nichts verbieten soll. Wer seine Papiere festmachen will, den soll man hieran nicht hindern; leidet er hierdurch Schaden *), so hat er es sich selbst zuzuschreiben."

*) Diese Bemerkung ist die schlagendste Antwort auf das umgekehrte Argument der Vertreter der Aufhebung aller und jeder sog. Festmachung, welches darauf hinausläuft, das allgemeine Verkehrsinteresse verbiete es, daß der Einzelne die ihm eigenthümlich gehörende Einzelsache für den allgemeinen Verkehr mehr oder weniger entwerthe; gleichsam als hätte der Verkehr ein jus quaesitum auf das unalte-

4. Aus Frankfurt selbst äußert sich ein in Handelssachen besonders versirter Anwalt und Autor noch dahin, daß selbst durch entsprechenden Vermerk wieder in Kurs gesetzte Papiere an der dortigen Börse sowie im Verkehr überhaupt nicht beliebt sind, ja, daß man sich häufig weigert, dieselben anzunehmen, was wohl damit zu rechtfertigen sei, daß die Geschäftsleute der Untersuchung überhoben sein wollen, ob dabei die Bestimmungen der einzelnen Landesgesetzgebungen, die in dieser Hinsicht nur zu weit von einander abweichen, auch beobachtet worden sind.

5. Aus Leipzig. Eine der bekanntesten und mit Recht anerkannten Autoritäten über die Materie der Inhaberpapiere konstatirt als das Ergebniß bei angesehenen Kaufleuten eingezogener Erkundigungen und mit praktischen Fachmännern gepflogener Besprechung die ausnahmslose Uebereinstimmung Aller darüber, daß der Handelsstand gar kein Interesse an der Aufhebung des Festmachungsinstitutes habe. Der Fall des Fest- und Freimachens komme dort im Handelsverkehr gar nicht vor, es sei aber auch kein Grund zu denken, warum das Institut, wo es bestände, wieder aufgehoben werden sollte.

Ueberhaupt komme die Außerkurssetzung in Sachsen weit seltener vor, als in Preußen. Der Consulent der Handelskammer verneint, daß die angeregte Frage in Leipzig zur Diskussion gekommen sei, und daß sich am Platze eine bestimmte Ansicht darüber gebildet hätte.

6. Aus München. Die Frage über „Festmachung oder Außerkurssetzung" von Papieren au porteur ist daselbst in ihrer prinzipiellen Bedeutung noch nicht eingehend behandelt worden, sondern nur gelegentlich besonderer Anlässe Gegenstand der Erörterung und des Meinungsaustausches unter Privaten gewesen.

Die Bayerische Hypotheken- und Wechselbank erklärt sich von ihrem Standpunkt gegen die Ausdehnung der über die Vinkulirung von Staatspapieren u. s. w. bestehenden Bestimmungen und beziehungsweise deren Generalisirung für alle Inhaberpapiere, sie findet es bedenklich, eine solchenfalls vorauszusehende exorbitante Belästigung aller Emissionsstellen hervorzurufen, und glaubt, daß die Gesetzgebung keine Veranlassung habe, von sich aus in besondere Aktion zu treten, um zu vermitteln, daß ein großer Theil der flottanten Waare au porteur in Folge der die Vinkulirungs- und Devinkulirungs-Akte umgebenden Erschwerung des Umsatzes dem Effekten-

---

rirte Verbleiben aller einmal verkehrsfähig gewordenen Sachen in statu quo, eine Absurdität in Beziehung auf Inhaberpapiere, welcher nur die gleiche Prätension etwa die Wage halten würde, als dürfe geprägtes Silber nicht eingeschmolzen werden, um den Geldmarkt dessen nicht zu berauben.

markte entzogen und damit in dieser Richtung seiner ursprünglichen Bestimmung entfremdet werde.

Eine Anwendung des Verfahrens auf Banknoten u. dergl. würde man geradezu für absurd halten, wesfalls eine Hinweisung auf die ohnehin bekannten Gründe der Nichteinbegreifung dieser an Stelle des gemünzten Geldes kreirten Tauschmittel unter die der Vinkulirung fähigen Inhaberpapiere von Seite der Gesetzgebung genüge. — Ueber die in anderen Staaten zur Sprache gekommene Frage der Beseitigung jeder Art von Festmachung ursprünglich auf jeden Inhaber lautender Papiere resp. des Außerkurssetzens im engeren Sinne des Pr. Ldr. und insbesondere der sog. Privatvermerke hatte man keine Veranlassung zu irgend einer weiteren Aeußerung, indem solche hier nicht vorkommen und ihnen etwa vorkommenden Falles nach bayerischen Gesetzen eine Rechtswirkung nicht zugesprochen werden könnte.

7. Aus Augsburg. Das Gremium des Augsburger Handelsstandes äußert sich dahin, daß es bis jetzt nicht im Falle war, sich über die Zweckmäßigkeit von Vinkulirung ursprünglich au porteur lautender öffentlicher oder Privat-Urkunden auf den Namen von Stiftungen oder von Privatpersonen auszusprechen; es könne jedoch eine solche vom kaufmännischen Standpunkte nicht als wünschenswerth erachten, indem derartige Papiere, auch wenn sie in aller Ordnung von den Behörden devinkulirt und wieder auf den Inhaber gestellt sind, im Verkehr immer ungern gesehen werden und eine Einbuße von 1 bis 2 Procent gegen den Tageskurs der sogenannten „reinen“ oder unbeschriebenen Werthpapiere erleiden.

Eine nicht von den betreffenden Kuratel- oder anderen Behörden, sondern nur von dem Eigenthümer selbst vollzogene Vinkulirung hat nach hier bestehendem Usus keine Geltung in der Handelswelt und dürfte höchstens zu Bemängelungen und Anständen von Seiten des Käufers Anlaß geben.

8. Aus Stuttgart. Auf Grund eingezogener Erkundigungen und eigener Erfahrungen konstatirt ein besonders fachkundiger hoher Justizbeamter, daß sich dafür, daß den Staatspapieren die Inskription der auf den Inhaber lautenden Privatpapiere gesetzlich verboten werden solle, noch niemals in Württemberg eine öffentliche Stimme erhoben hat und sich wohl auch schwerlich erheben wird, indem die württembergischen Kreditinstitute bei Emittirung von au porteur Papieren von der Zulassung der Inskription umfassenden Gebrauch gemacht haben, eine Zulassung, die deshalb in ihrem Interesse ist, weil ein nicht unbedeutender Theil des Publikums, z. B. Vormünder, darauf hingewiesen ist, womöglich nur inskriptionsfähige Papiere zu erwerben. Eine die Möglichkeit der Festmachung ausschließende Gesetzes-

bestimmung würde sich hiernach des Beifalls der hiesigen Kreditinstitute in keiner Weise zu erfreuen haben.

9. Aus Karlsruhe. Einer der meistbeschäftigten und sachkundigsten Advokaten theilt als das Ergebniß besonderer Besprechungen mit Höchstangestellten, Bankiers und Kaufleuten, und als mit seiner eigenen Kenntniß und Erfahrung vollständig übereinstimmend Folgendes mit:

„Von einer Aufhebung oder einem Verbote der in unseren Lande häufig sowohl bei Staats- als auch bei Privat-Obligationen vorkommenden Bestimmung, daß die au porteur lautenden Papiere auf den Namen gestellt werden können, ist noch niemals die Rede gewesen.

Man findet diese Einrichtung außerordentlich nützlich für Vormundschaften, für Verwaltung von Stiftungen, für Anlage von Stammguts- und Lehenkapitalien 2c. 2c., weil hierdurch volle Sicherheit mit der einfachsten und wohlfeilsten Verwaltung verbunden wird.

Insbesondere hat man den großen Vortheil erlangt, daß die kirchlichen Stiftungen, seitdem sie sich dieser Kapitalanlage bedienen dürfen, weniger Liegenschaften kaufen und so die Anhäufung des Grundbesitzes in todter Hand nicht im Uebermaße ansteigt.

Von Nachtheilen der Einschreibung auf Namen hat man bei uns nicht das Geringste bemerkt. Die Masse der cirkulirenden Werthpapiere ist so ungeheuer, daß der ganz geringe Theil, welcher durch Inskription festgehalten wird, nicht in Betracht kommen kann. Irrthum oder Täuschung ist bei der allergewöhnlichsten Vorsicht nicht wohl möglich. Ohnehin ist bei uns jeder ordentliche Geschäftsmann gewohnt, Werthpapiere nur von bekannten Personen zu kaufen, um nicht wegen der nicht selten vorkommenden Zahlungssperre auf verlorene oder entwendete Papiere in Verlegenheit zu kommen.

Endlich kann auch die unbedeutende Mühe bei der kostenfrei geschehenden Ueber- oder Umschreibung kein Grund sein, von einer Uebung abzugehen, welche wenigstens bei uns eingelebt und als unbedingt nützlich anerkannt ist.

Unser ganzes staatliches System verfolgt die Richtung, dem Willen der Staatsbürger, dem Vertragsrechte und dem Verkehre keine Schranken anzulegen, wo solche nicht durch ein wichtiges öffentliches Interesse geboten sind. Wie man daher die Ausgabe von Inhaberpapieren einzelnen Personen und Gesellschaften ohne Schwierigkeiten gestattet, so überläßt man es auch dem freien Willen der Betheiligten solche Scheine wieder in einfache Darlehnsurkunden umzuwandeln."

10. Aus Hamburg. Uebereinstimmend konstatiren die Rückäußerungen zweier distinguirter und fachkundiger Rechtsgelehrten und ein von einigen bedeutenden Bankiers ausgegangenes Gutachten, daß die angeregte Frage

bei der Hamburger Handelskammer niemals zur Sprache gekommen und auch Seitens des Publikums nicht Gegenstand besonderer Erörterung gewesen ist.

In Hamburg existirt eine gewisse Klasse von Staatspapieren, deren Uebertragung von einem Eigenthümer auf den anderen durch Skripturirung geschieht; diese Papiere sind auf den Namen ausgestellt und die Zinsen werden nur gegen namentliche Quittirung des benannten Eigners ausbezahlt; die Ueberschreibung geschieht amtlich. Diese Papiere konkurriren bezüglich der Sicherheit mit Hypothek-Anlagen und können mit gleichen Klauseln zur Sicherstellung von Kapital- und Zinsansprüchen Dritter belegt werden, wie dies auch im Hypothekenwesen üblich.

Eine Möglichkeit, Inhaberpapiere dortselbst außer-, dann wieder in Kurs zu setzen, besteht ganz und gar nicht, worin wohl der Grund zu suchen, warum man sich dort mit der vorwürfigen Frage bisher noch nicht beschäftigt hat.

Die (schon oben Abschn. III. B. 4. erwähnte) Ueberschreibung auf Namen und wieder zurück auf jeden Inhaber bei Hamburger Privatpapieren ist für deren Circulationsfähigkeit, sobald sie wieder au porteur lauten, von keinem erschwerenden Einflusse.

Die au porteur lautenden Zinscoupons bleiben auch dort, wie fast überall, der Inskription des Inhaberpapieres auf einen bestimmten Namen unerachtet, nach wie vor auf den Inhaber lautend und werden ohne weitere Legitimation an den Präsentanten bezahlt. Es macht sich nun die Ansicht geltend, daß gerade der letzterwähnte Umstand eine Beseitigung auch dieser Art von Festmachung rathsam mache, weil eine wirkliche Sicherheit nicht erreicht werden könne, wenn nicht zugleich auch die Coupons festgemacht werden, was sich für den Verkehr als zu lästig und somit praktisch als unausführbar erweisen dürfte.*)

---

*) In Bayern findet man umgekehrt gerade in der unveränderten Inhaberqualität der Zinscoupons einen besonderen Vorzug der Inskription auf Namen vor dem effektiven Umtausche eines Inhaberpapieres in ein neues auf Namen lautendes, obgleich die Verordnungen auch hiefür Raum lassen; die durch Nameneinschreibung gewonnene Amortisationsfähigkeit hat nämlich eintretenden Falls auch für Sicherung der Zinsen mögliche, wenn auch nicht unbedingt und unter allen Umständen ausreichende Vorkehrungsmaßregeln im Gefolge, so daß der in der Hauptsache gesicherte Kapitalbesitzer am Ende die kleine Gefahr einer Couponentwendung gerne trägt, um nur der sich ganz- oder halbjährlich wiederholenden Beschwerlichkeit überhoben zu sein, welche die Erholung und Abquittirung der Coupons von ursprünglich auf Namen gestellten Staatspapieren mit sich bringt, oder um stets ungenirt, wie über Geld darüber verfügen zu können.

Das kaufmännische Gutachten sagt ferner:

„Außerdem stellen sich schon jetzt durch die Verschiedenheit der Art der Außerkurssetzung in den verschiedenen Ländern und die Ungewißheit, die im Verkehr darüber herrscht, wer zur Außerkurssetzung befugt ist oder nicht, und die damit verbundene Gefahr, ein nicht regelrechtes Dokument zu erwerben, so viele Unzuträglichkeiten heraus, daß solche Effekten nur schwer zu realisiren sind, an ihrem Kurswerth dadurch verlieren und die Börsen gewiß die gänzliche Aufhebung solcher Maßregeln willkommen heißen würden. Daß es nicht auch in anderen Kreisen und namentlich solchen, die schon das jetzige Verfahren als eine Beeinträchtigung der Belegung von Kapitalien in Hypotheken ansehen, gleich willkommen sein möchte, ist nicht zu bezweifeln.

Da es jedoch für manche Zwecke, z. B. Testamentsbelegungen, Stiftungen &c. &c., wünschenswerth sein möchte, eine gewisse Sicherheitsstellung des Kapitals bei der Anlage in Staatspapieren zu ermöglichen, so dürfte der praktische Ausweg nach hiesigen Ansichten der sein, daß man die Außerkurssetzung gänzlich fallen läßt, dagegen die Fakultät des Auf-Namen-Schreibens und wieder Auf-Inhaber-Transferirens bestehen läßt und hierfür allgemein gültig festsetzt, daß nur die emittirenden Behörden oder Bankfirmen dazu befugt sind. Es würde dadurch der so oft auftauchende Zweifel, ob eine Außerkurs- oder Inkurssetzung etwa von einer nicht dazu autorisirten Behörde bewerkstelligt sei, gänzlich gehoben."

11. Aus Wien. Die auf Grund gepflogener Nachforschungen und eigener Kenntniß eines mit dem Börsenwesen und dem Handelsrechte besonders vertrauten Rechtsgelehrten ertheilte Antwort lautet dahin, daß die Frage, ob es im Interesse des Verkehrs wünschenswerth sei, die Außerkurssetzung von au porteur Papieren zu gestatten oder nicht, bisher weder bei Banken noch Handelskammern Gegenstand der Erörterung gewesen ist.

Bezüglich der Umgestaltung von Inhaberpapieren in auf Namen lautende u. s. w. oder deren Umtausch wird auf die respectiven Emissionsbedingungen verwiesen, indem eine allgemeine gesetzliche Norm dafür nicht besteht.

Beigefügt ist nur eine Bemerkung über die Ausdehnung der Uebung, ursprünglich auf Namen lautende Papiere zur Erleichterung ihres Umsatzes im kaufmännischen Verkehr einfach mit giro in blanco zu versehen, was schon längst bei Bankaktien herkömmlich war und sich nun auch auf viele andere Effekten, so z. B. auf die Grundentlastungs-Obligationen der verschiedenen österreichischen Kronländer, überall unbeanstandet erstreckt.

12. Aus Bremen wird nach den Aeußerungen einiger der bedeutendsten Bankiers, auf Grund bei den kompetenten Stellen eingezogener Erkundigungen sowie der eigenen Erfahrungen des Syndikus der Handelskammer

konstatirt, daß dortselbst die Frage über die Zweckmäßigkeit der rechtlichen Möglichkeit einer Außerkurssetzung überhaupt in neuester Zeit nicht Gegenstand der Erörterung war, indem sich Unzuträglichkeiten bei dem bestehenden (bereits oben in Abschn. III. A. 4. erwähnten) Gesetze über Außerkurssetzung durchaus nicht herausgestellt haben.*)

Die dortigen großen Aktien-Institute „Bremer Bank" und „Norddeutscher Lloyd", sowie die „Fischerei-Gesellschaft" kennen eine Umwandelung von Inhaber-Aktien in Namen-Aktien und umgekehrt durch die Organe der Gesellschaft, weshalb bei diesen Aktien die Außerkurssetzung ohnehin seltener vorkommt, als z. B. bei Bremer Staatspapieren u. dgl.; überhaupt aber kommt solche nicht häufig und fast nur zu Gunsten von Stiftungen und ähnlichen juristischen Personen, allenfalls auch von Vormundschaften vor und wird in diesen Fällen von den Betheiligten als sehr zweckmäßig anerkannt.

Auch in Bremen hat in den letzten Jahren das Geschäft in Fünf-Zwanzigern, Lloyd-Aktien, Eisenbahn-Aktien und anderen Werthpapieren au porteur einen nicht unbeträchtlichen Umfang gewonnen.

Es ist jedoch bisher weder im Allgemeinen noch insbesondere Seitens des Kaufmannsstandes der Wunsch einer Aufhebung des bestehenden Gesetzes laut geworden.

Die Frage über Bedürfniß und Utilität dürfte durch den bisherigen Inhalt gegenwärtiger Schrift und insbesondere vorstehender Mittheilungen von fachkundiger Seite in materieller Beziehung so ziemlich erschöpft sein.**)

Bezüglich der Interessen des Handelsstandes wenigstens glaubt der Ver-

*) Dies ist leicht erklärlich, wenn man beachtet, daß das Bremer Gesetz vom 11. Mai, publicirt 6. Juni 1864, den einfachen Privatvermerk ohne gerichtliche oder notarielle Beglaubigung ausschließt.

**) Papiergeld und Banknoten sind zwar in einigen Staaten der Außerkurssetzung fähig, in den meisten aber ausdrücklich davon ausgenommen. Die Autoren stimmen fast ausnahmslos dahin überein, daß diese Werthpapiere nicht unter den engeren Begriff von Inhaberpapieren fallen. Ebenso ist es mit den Coupons, die fast überall speziell ausgenommen sind. Eintrittskarten u. dgl. besonders zu betrachten, scheint sogar den Theoretikern zu unpraktisch. Es wäre gewiß ungeeignet, sich hier noch weiter über diese untergeordneten Punkte zu verbreiten, wo es sich nur um eine Prinzipienfrage der Legislative handelt.

fasser, daß es der Beibringung noch weiteren Materials nicht bedürfe, um zur endlichen Konklusion zu kommen.

Ebenso wenig werden die allgemeinen Interessen einer weiteren gesonderten Erörterung bedürfen und erscheint dem Verfasser auch in dieser Beziehung die Sache spruchreif.

Dies hat jedoch nur für die materielle Seite der Frage volle Geltung. Auch die juristische Seite der Frage nämlich hat noch ihre besonderen dem Gebiete der Rechtswissenschaft angehörigen Utilitätsrücksichten, deren gleichmäßige Erwägung unerläßlich ist, um auf die gegebenen Prämissen hin eine entscheidende Antwort auf die konkrete Gesetzgebungsfrage zu geben.

Da jedoch die Ergebnisse der wissenschaftlichen sowie der materiellen Prüfung zugleich auch selbst wieder die wichtigsten Motive für die Entscheidung der rein juristischen Utilitätsfrage sind, so glaubt der Verfasser, die Beantwortung der letzteren ohne Weiteres mit nachfolgendem Resumé des Ganzen verbinden und sich an diesem Orte lediglich noch auf Angabe der gemeinrechtlichen Gesetzstellen beschränken zu sollen, welche er zur Feststellung seiner eigenen Ansicht in legislativer Beziehung für maßgebend hielt, nämlich: L. 3. 4. 5. 6. 8. 10. 14. 25 D. de leg. 1, 3. — L. 2. D. de const. 1, 4. — L. 6. C. de leg. 1, 14.

Resumé.

Die Außerkurssetzung von Inhaberpapieren als besonderes civilrechtliches Institut im engeren Sinne des Allgem. Preuß. Landrechtes läßt sich rechtswissenschaftlich nicht rechtfertigen. Eine Adoptirung der in der preußischen Gesetzgebung A. Pr. L. Thl. I. Tit. 7. §. 19. und Tit. 15. §. 45.—49. angenommenen Bestimmungen in jenen Rechtsgebieten, die den Grundsätzen des gemeinen oder Römischen Rechts folgen, würde von zerstörender Wirkung für deren ganzes Rechtssystem sein. Thunlich und unschädlich für den übrigen Theil des Pr. Civilrechtssystems wäre dagegen die Ausmerzung der als jus singulare in dasselbe eingefügten Bestimmungen der erwähnten Stellen des Pr. Ldr., besonders bezüglich der Inhaberpapiere. Praktisch schädlich sind die erwähnten Bestimmungen des Pr. Ldr. insbesondere hinsichtlich der den sog. Privatvermerken auf Inhaberpapieren zugedachten rechtserzeugenden Wirkung.

Die dagegen in Preußen selbst lautgewordenen Reklamationen des Verliner Handelsstandes und einiger für dieselben eintretenden Juristen sind berechtigt, wenngleich ihrerseits nur mit unzureichenden und ganz haltlosen juristischen Motiven, theilweise auch mit nicht beachtungswerthen Utilitätsgründen unterstützt; sie sind jedenfalls vom materiellen Standpunkt vollkommen und allgemein, nicht blos für die Klasse der Effektenhändler und Börsenleute, sondern für Alle begründet.

Unbegründet sind in praktischer Beziehung die gegen die Außerkurssetzung im Allgemeinen vorgebrachten Reklamationen, insofern sie keineswegs die Beseitigung eines tadelnswerthen civilrechtlichen Systems, sondern lediglich die thatsächliche Umgestaltung von Inhaberpapieren in auf Namen lautende betreffen und eine nicht allein unbefugte, sondern sogar vom eigenen Standpunkt deraisonirte Prätension der Börsenwelt auf die Unalterirbarkeit der Inhaberpapier-Waare und deren Reservirung als solche für den Effektenmarkt involviren.

Die sog. Außerkurssetzung im weiteren Sinne d. h. die Umgestaltung von Inhaberpapieren mittelst offizieller Inskription in auf bestimmten Namen lautende ist an sich weder wissenschaftlich noch praktisch anfechtbar; lediglich die von der preußischen Gesetzgebung und den mit ihr gleichgehenden Gesetzen einiger anderen Staaten zugelassenen sog. Privatvermerke sind es, die mit vollem Rechte durchgehends als gefährlich und den Verkehr störend betrachtet werden.

Von allen Seiten, wo nicht blos das wirkliche oder vermeintliche Interesse der Börsen und Kreditanstalten einseitig in's Auge gefaßt, sondern auch das Interesse der einzelnen Privaten, Stiftungen u. dgl., der zur Aufbewahrung verpflichteten Anstalten u. s. w. ernstlich gewürdiget wurde, lauten die wohlmotivirten Meinungsäußerungen übereinstimmend mit der Gesetzgebung dahin, daß die gesetzlich gewährte Möglichkeit der Eigenthumsvormerkung mittelst offizieller Einschreibung auf bestimmte Personen eine höchst nützliche Einrichtung sei, deren Beseitigung im öffentlichen Interesse so wie vom größten Theile der Nichtkaufleute äußerst schmerzlich empfunden werden würde.

Ein dringendes und in den Augen der Legislation vorwiegendes Interesse für Beseitigung des bestehenden Zustandes konnte in letzterwähnter Beziehung von keiner Seite konstatirt oder auch nur einigermaßen genügend motivirt werden.

Noch weniger wurde ein Bedürfniß nach Einführung des Systems des Pr. Ldr. irgendwo laut.

Die unbedingte Einführung des Art. 307. des A. D. H. G. in den dem gemeinen Rechte folgenden Rechtsgebieten, die mit aller Ruhe und ohne Einspruch von den Volksvertretungen hingenommene Vorbehaltlosigkeit der

Einführungsgesetze, der völlige Mangel jeder Reklamation gegen die Zulänglichkeit der gemeinen Rechtsregeln zur Beurtheilung einschlägiger Fälle, sowie gegen den Fortbestand der bestehenden Gesetze und Verordnungen über die amtlichen Inskriptionen in diesen Gebieten, sowohl von Seiten des Handelsstandes als des Publikums überhaupt, — dies Alles giebt ein laut sprechendes Zeugniß für das Nichtvorhandensein eines allgemeinen Reformbedürfnisses bezüglich des fraglichen Gegenstandes.

Endlich ist von Prozessen aus Veranlassung offizieller Inskriptionen nie die Rede, wo die Kompetenz zur Aufhebung der Festmachungsvermerke nur etwas mehr beschränkt ist, als in Preußen; dem Verfasser selbst wenigstens ist bisher weder aus juristischen Zeitschriften noch in seiner dreiunddreißigjährigen Anwaltspraxis auch nur ein einziger solcher Fall bekannt geworden, was gewiß nicht bloßer Zufall, sondern ein weiteres gewichtiges Zeugniß gegen das angebliche Reformbedürfniß ist.

Das Hauptergebniß läßt sich hiernach auf folgende wenige für die Schlußziehung maßgebende Sätze reduziren:

1) daß der nach preußischem Systeme civilrechtlich wirksame sog. Privatvermerk da, wo er gilt, mit Recht als ein gefährliches Rechtsinstitut und als ein besonders für die Interessen des Verkehrs mit dessen eigener Progression stets zunehmender Uebelstand betrachtet wird;

2) daß dies zwar für andere Staaten, wo der sog. Privatvermerk nicht respektirt wird, keine besondere Gefahr bringt, wohl aber auch zu Schwierigkeiten in einzelnen Fällen des internationalen Effektenhandels führen kann;

3) daß es somit im allgemeinen Verkehrsinteresse wünschenswerth, im speziellen Interesse der Gebiete des Systems der Außerkurssetzung mittelst Privatvermerk dagegen als geboten erachtet werden dürfte, den sog. Privatvermerk gänzlich beseitigt zu sehen.

Die Legislation in Preußen und der mit seinem Systeme gleichstehen- Staaten mag nun Anlaß nehmen, oder nicht, diesen Punkt dem Bedürfnisse gemäß und in einer auch der Rechtswissenschaft genügenden Weise zu ordnen, — der Gegenstand an sich bleibt immer zu unbedeutend, als daß er eines förmlichen Ausspruches des Deutschen Juristentages würdig wäre, dessen Aufgabe bisher als eine höhere betrachtet wurde, als die, sich mit Korrekturen einzelner partikularrechtlicher Singularbestimmungen zu befassen.

Zum Schluß

wird deshalb gutachtlich beantragt:

Der Deutsche Juristentag wolle — unter dem Ausdrucke des Bedauerns über den Fortbestand der sog. Außerkurssetzung von Inhaberpapieren mittelst Privatvermerkes, als den Postulaten der Rechtswissenschaft, den Ansprüchen Einzelner auf Rechtssicherheit und den Bedürfnissen des Verkehrs widerstrebend, — über die aufgeworfene Gesetzgebungsfrage zur motivirten Tagesordnung schreiten.

Augsburg, den 8. Mai 1868.

X.

Gutachten des Advokaten Herrn Dr. Georg Löhr zu Cöln

über die Frage:

Soll es zulässig sein, Inhaberpapiere außer Kurs zu setzen?

Wer die Frage, ob es zulässig sein soll, Inhaberpapiere außer Kurs zu setzen, lediglich vom theoretischen Rechtsstandpunkte aus zu besprechen und zu lösen versucht, verkennt die Bedeutung derselben. Bei dem Institute der Außerkurssetzung ist eine doppelte Seite festzuhalten. Zunächst seine Stellung im Rechtssystem überhaupt, und in dieser Hinsicht ist bei Beurtheilung desselben zu prüfen, ob und inwiefern die Außerkurssetzung mit der Natur und dem Charakter der Inhaberpapiere übereinstimmt oder nicht, sodann sein Werth im Verkehrsleben, d. h. das Verhältniß des durch das Institut angestrebten Zweckes zu den in der Regel erreichten praktischen Resultaten. Es läßt sich bezüglich des ersten Punktes nicht bestreiten, daß das Institut der Außerkurssetzung mit mehreren Punkten der in neuerer Zeit so vielfach erörterten Lehre über die Inhaberpapiere in einem gewissen Zusammenhang steht: glücklicherweise aber hängt es mit der Ansicht, welche man über die rechtliche Natur der Inhaberpapiere hat, nicht so enge zusammen, daß es nothwendig erschiene, zuerst auf die Theorien, die über die rechtliche Natur der Inhaberpapiere aufgestellt worden sind, einzugehen und den Standpunkt zu bezeichnen, welchen man selbst jenen Theorien gegenüber einnimmt. Es ist daher zur Prüfung unserer Frage ohne Bedeutung, ob man der Ansicht von Bekker beipflichtet, das Papier sei selbst der Gläubiger, oder der Theorie von Kuntze, welcher die Obligation als dem Papiere einverleibt betrachtet, oder endlich zu irgend einer anderen der bestehenden Theorien hinneigt:

die Außerkurssetzung erscheint von jedem der verschiedenen Standpunkte gleich, weil sie nur zu einem einzelnen unbestrittenen Ausflusse des Wesens der Inhaberpapiere, nämlich zu der eigenthümlichen, durch bloße Uebergabe vermittelten Umlaufsfähigkeit derselben in näherer Beziehung steht. Dagegen steht das Institut der Außerkurssetzung in einem unverkennbaren Zusammenhange mit der Frage nach der Vindikation der Inhaberpapiere, wie sich aus der weiteren Erörterung ergeben wird. Die zweite Seite der Prüfung unserer Frage betrifft die Zweckmäßigkeit des Institutes, die Würdigung des Zweckes, welcher durch die Außerkurssetzung der Inhaberpapiere erreicht werden soll, und die Einsicht in die Resultate, welche in Wirklichkeit durch dasselbe erzielt werden oder erzielt werden können. Da wir es mit einer Frage aus der Gesetzgebungspolitik zu thun haben, so kann die Berechtigung zu einer solchen Kritik nicht bezweifelt werden.

Inhaberpapiere sind Urkunden, welche einerseits die ihnen inkorporirte Forderung beweisen, andererseits für den einfachen Besitzer eine Legitimation zur Erhebung der Forderung bilden, und somit durch bloße Uebergabe des Papiers die innewohnende Forderung übertragen. Ihr eigenthümlicher Zweck ist freie Bewegung der ihnen inkorporirten Werthe im Verkehrsleben; sie sollen durch die einfache Manipulation der Uebergabe den mit der Höhe unserer entwickelten Geldwirthschaft unzertrennlichen raschen Umlauf der Werthe ermöglichen. Das Inhaberpapier hat sodann die eigenthümliche Bestimmung, die Prüfung der Legitimation dessen, der es besitzt, dem Schuldner zur Zahlung präsentirt, unnöthig zu machen, die Untersuchung aller der Rechtsgeschäfte, durch welchen es von dem Schuldner auf den gegenwärtigen Inhaber übergegangen ist, zu beseitigen. Die schwerfällige Form der Cession, der civilrechtliche Satz, daß der debitor cessus dem Cessionar die ihm gegen den Cedenten zustehenden Einreden entgegensetzen kann, waren ungeeignet, in dem fortgeschrittenen Verkehrsleben den schnellen und sicheren Kreislauf der Geldwerthe zu vermitteln: dem Bedürfniß, solche Mittel zu finden, verdanken die Inhaberpapiere ihre Entstehung, in dem dem Bedürfniß unterliegenden Grunde finden sie ihr unabänderliches Wesen. Der Zweck der Inhaberpapiere aber kann nur dann erreicht werden, wenn sie ihre Natur immanent bewahren, wenn semper et ubique der jedesmalige Inhaber als der legitimirte Forderungsberechtigte anerkannt wird und dem jedesmaligen Erwerber somit die volle Gewißheit gegeben ist, daß er der Eigenthümer der dem Papiere inkorporirten Forderung werde. Mit diesen Sätzen, mit dem Charakter der Inhaberpapiere tritt das Institut der Außerkurssetzung in den schneidendsten Widerspruch: der Federzug irgend eines Besitzers — ob der Außerkurssetzungsvermerk an mehr oder weniger Förmlichkeiten geknüpft ist, kann hier außer Betracht bleiben — genügt, um dem Inhaberpapier gerade das zu benehmen, was sein Wesen und sein Zweck ist, die freie Bewegung. Die Außerkurssetzung unterbricht den natürlichen Lauf des Papieres, fixirt, sei es mit welchem Erfolge immer, den Inhaber, durch welchen oder für welchen die Außerkurssetzung vollzogen wird, als Eigenthümer und hindert die Weiterbegebung durch einfache Tradition des Papieres, bis der Bann gelöst, das Papier wieder in Kurs gesetzt ist. Es steht diese Unterbrechung derjenigen Funktionen des Inhaberpapieres, um deretwillen es kreirt worden, mit seinem Wesen im Widerspruch: wenn einmal das Bedürfniß sich fühlbar gemacht hat, daß der Staat, Geldinstitute, Aktiengesellschaften, sei es in eigenem Interesse, sei es im Interesse der Erwerber Papiere au porteur ausstellen, so verlangt vor Allem die Konsequenz, daß diese Papiere ihre ursprüngliche Gestalt, daß sie ihren Grundcharakter bewahren und nicht durch die Laune irgend eines Besitzers für die Folge zu einem anders gearteten Werthobjekte gestempelt werden könne. Wer ein Inhaberpapier erwirbt, erwirbt es als solches und mit der Verpflichtung, ihm seinen Charakter zu belassen: er darf das Wesen des Papiers nicht ändern. Der Versuch, die rechtliche Zulässigkeit der Außerkurssetzung im Allgemeinen auf den berechtigten und zu respektirenden Willen des Eigenthümers resp. des Besitzers zu gründen, ist nicht als gelungen zu betrachten. Der Erwerber eines Vermögensobjektes kann nämlich kein anders geartetes Recht an demselben erwerben, als es die Natur des erworbenen Objektes gestattet: er kann, ohne spezielle gesetzliche Bestimmung, die Art und Weise der weiteren Uebertragung seines Eigenthums, der Bedeutung desselben Dritten gegenüber nicht im Widerspruch mit der Natur des erworbenen Objektes einseitig fixiren. Wer ein Grundstück erwirbt, kann dasselbe unter keinen Umständen in Mobiliar verwandeln, und dadurch etwa die Inskription einer urtheilsmäßigen Hypothek verhindern; wer baares Geld, Banknoten an sich bringt, kann dieselben nicht immobiliarisiren, er kann sie noch weniger zur Hypothek stellen, auch wenn er den Willen hätte. Das Papier auf den Inhaber ist seinem Wesen nach durch bloße Uebergabe übertragbar, die äußere Form, der Vermerk in der Urkunde selbst besagt es, daß der bloße Inhaber zur Erhebung der Forderung berechtigt, legitimirt ist. Der Erwerber erwirbt daher das Papier als ein mit solchen Eigenschaften behaftetes: es ist gleichsam eine lex contractus, daß er ihm seine Eigenschaft belasse und wenn er dies nicht thut, so ist sein dahin gerichteter Wille ein nicht berechtigter, nicht zu respektirender.

Man pflegt zur Vertheidigung des Institutes der Außerkurssetzung der Inhaberpapiere vielfach den Satz hinzustellen, daß das Eigenthum an dergleichen Papieren möglichst geschützt werden müsse und daß aus diesem Grunde sich das Institut rechtfertige. Wir werden demnächst auszuführen suchen, wie wenig das vorgeschlagene Mittel zur Erreichung des Schutzes des Eigenthums dienlich ist; aber auch gesetzt, es sei die Außerkurssetzung geeignet, den Besitzer eines Inhaberpapiers gegen Diebstahl, Veruntreuung u. s. w. mehr oder weniger zu schützen, so darf dennoch deswegen eine Alterirung des Charakters der Inhaberpapiere nicht eintreten. Die Konsequenz des Wesens derselben erfordert es, daß der einzige Grund, dem diese Papiere ihr Dasein verdanken, die unbedingte Circulationsfähigkeit erhalten bleibt, und daß dem Besitzer verboten ist, einseitig für seine Zwecke das Vermögensobjekt zu alteriren, und dadurch einer Reihe späterer Erwerber die Sicherheit bei dem beabsichtigten Erwerb zu benehmen. Und weshalb sollen gerade Inhaberpapiere in so hohem Maße ihrer Natur entgegen geschützt werden? Weshalb wendet man nicht bei sehr ähnlichen Klassen von Papieren, den Banknoten, Dividendenscheinen und Talons dasselbe Verfahren an? Wer Inhaberpapiere erwirbt, hat ein besonderes Interesse, gerade in diesen und nicht in Hypotheken oder sonstigen Werthen sein Kapital anzulegen: es steht ihm frei, welche Anlage er wählen will. Er weiß mithin, welche Chancen er erleidet, gerade so, wie er dies weiß, wenn er baares Geld nimmt und dasselbe aufbewahrt. Entgegnet man endlich, der Staat habe die Außerkurssetzung nöthig zum Schutze seiner Beamten, der Mündel u. s. w., deren Cautionen und Gelder meist in Inhaberpapieren bestellt seien, so ist zu erwiedern, zunächst daß der behauptete Satz allein das Institut der mit dem Begriff der Inhaberpapiere im Widerspruch stehenden Außerkurssetzung nicht begründen kann, und sodann, daß bei dem Vorhandensein großer Baarmittel in den Staatskassen, bei denen gleichzeitig Cautionen in Inhaberpapieren deponirt werden, die Gefahr, daß die Kassenbeamten an letzteren Unterschleife begehen, auf ein Minimum sich beschränkt. Wer als Beamter unter seiner Obhut befindliche Effekten unterschlagen will, greift gewiß zu dem Werth, der ihn am raschesten weiterbringt und ohne Tausch gegen andere Werthe ihm sofort Mittel giebt, er nimmt das baare Geld und nicht die schwerer realisirbaren, leicht Verdacht erregenden Aktien, Obligationen u. s. w. So lange der Staat mithin nicht alles Geld und alle Werthe, die überhaupt in seinen im Ganzen sicheren Kassen sich befinden, außer Kurs setzt und der Vindikation unterwirft, liegt ein Bedürfniß, dies bezüglich der Inhaberpapiere zu thun, nicht in dem Maße vor, daß ein Eingriff in deren rechtliche Natur nothwendig wäre.

Mußte ich bei der *theoretischen* Betrachtung des uns vorliegenden Thema mich dahin aussprechen, daß die Außerkurssetzung unverträglich sei mit der Grundlage der Inhaberpapiere, so bestimmt mich die Berücksichtigung auch der *praktischen* Wirkungen des Institutes zu der Ueberzeugung, daß **de lege ferenda** die Außerkurssetzung der Inhaberpapiere unzuläßig sein soll. Was soll, so fragt man mit Recht, durch die Außerkurssetzung der Inhaberpapiere erreicht werden, und was wird in der Wirklichkeit dadurch erzielt? Wie bereits erwähnt, ist die Konservirung des Eigenthums an den außer Kurs gesetzten Papieren für den Außerkurssetzenden der angebliche Zweck des Institutes: der Inhaber, dem außer Kurs gesetzte Papiere gestohlen oder veruntreut werden, soll dennoch den Werth der Papiere geltend machen können. Es leuchtet ein, daß der legitimirte Inhaber nur dann in Wahrheit und ausreichend geschützt sein würde, wenn der Schuldner des Werthes des außer Kurs gesetzten Inhaberpapieres verpflichtet wäre, bei Präsentation desselben die Legitimation des Präsentanten zu prüfen und die Zahlung zu verweigern so lange, bis unzweifelhaft die Identität des Präsentanten mit dem Außerkurssetzenden oder dessen durch Erbgang oder durch civilrechtliche Geschäfte gewordenen Rechtsnachfolgern festgestellt worden ist. Diese Folge aber der Außerkurssetzung der Inhaberpapiere allgemein zu statuiren, hat man in der bisherigen Gesetzgebung über die Außerkurssetzung nicht gewagt — und mit Recht, da dieselbe offenbar das charakteristische Merkmal der Inhaberpapiere vernichten würde. Nach gemeinem Rechte, und abgesehen von speziellen gesetzlichen Vorschriften, ist der Schuldner eines Inhaberpapiers, ungeachtet der Außerkurssetzung, sie mag ausgehen, von wem sie will, nicht allein berechtigt, sondern sogar verpflichtet, ohne weitere Legitimationsprüfung an den jeweiligen Inhaber und Präsentanten des außer Kurs gesetzten Papiers die in ihm ausgedrückte Summe zu bezahlen: selbst wenn der Schuldner und ein zeitweiliger Inhaber übereingekommen wären, das Inhaberpapier in eine gewöhnliche civilrechtliche Schuldurkunde zu verwandeln, in welchem Falle der Schuldner selbstredend nur an den gemäß dem Civilrechte legitimirten Forderungsberechtigten zahlen könnte, würden meines Erachtens die sonst üblichen Formen der Außerkurssetzung, der Vermerk auf dem Papier „außer Kurs gesetzt" u. s. w. nicht genügen, sondern es wird der Schuldner dem bloßen Inhaber die Zahlung nur dann verweigern können, wenn das Inhaberpapier formell verändert, in seiner Fassung zur civilrechtlichen Schuldurkunde gemacht, des Vermerkes „an den Inhaber zahlbar" entkleidet worden ist, die Bezeichnung des Gläubigers und Schuldners enthält, — kurz alle Requisite eines gewöhnlichen Schulddokumentes zeigt. Nur wenn der Schuldner ein Kaufmann ist, erscheint nach Art. 301. des H. G. B. die Bezeichnung des Verpflichtungsgrundes nicht nothwendig. Im Uebrigen ist ein Inhaberpapier, welches die auf- oder überschriebenen Worte „außer Kurs gesetzt" von einer beliebigen Person ausgegangen enthält, als ein wahres Zwitterding zu betrachten, dessen rechtliche Bedeutung und Behandlung nach allen Richtungen hin eine halbe und verfehlte ist. Das Preußische Recht, — um diese Behauptung an der praktischen Gesetzgebung

Deutschlands zu bewahrheiten, — welches sich im A. Ldr. (Thl. I. Tit. 15. §§. 47—51) und in zwei besonderen Gesetzen (Gesetz vom 16. Juni 1835 und bezüglich der im Jahre 1866 mit der Preußischen Monarchie vereinigten Landestheile, Verordnung vom 16. August 1867) mit der Außerkurs- und Inkurssetzung von Inhaberpapieren befaßt, erklärt ausdrücklich, daß die Außerkurssetzung durch eine Privatperson für den Schuldner des Inhaberpapiers keine bindende Kraft habe. Zwar hat der Schuldner resp. das schuldende Institut die Befugniß, das Papier zum gerichtlichen Depositum zu geben, aber eine Verpflichtung dazu ist nirgend vorgeschrieben. Wenn es dann in dem angeführten Gesetze von 1835 §. 2. und von 1867 §. 8. weiter heißt, daß, sofern im Falle des Verlustes eines außer Kurs gesetzten Inhaberpapiers dem betreffenden Schuldinstitute Anzeige gemacht worden sei, letzteres die etwa zur Einlösung präsentirten, außer Kurs gesetzten Papiere anhalten solle, so ist dies eine lex imperfecta, deren Nichtbefolgung keinen Anspruch des außer Kurs setzenden Inhabers zur Folge hat, und ihm daher um so weniger einen Schutz gewährt, als die Anhaltung und Prüfung der Legitimation des Präsentanten für das Schuldinstitut mit mannigfachen Unbequemlichkeiten verknüpft ist. Was die von dem Institute, welches das Inhaberpapier ausgestellt hat, oder den öffentlichen Behörden — an der Bestimmung dieses Begriffes fehlt es — außer Kurs gesetzten Inhaberpapiere betrifft, so läßt die preußische Gesetzgebung im Zweifel, ob das Schuldinstitut die Einlösung derartiger Papiere verweigern darf: der §. 5. des Gesetzes von 1835 besagt, daß an der Außerkurssetzung, welche durch das Institut selbst oder durch eine andere öffentliche Behörde geschehe, durch das fragliche Gesetz Nichts geändert werde. Der Gegensatz zur Klasse der von Privatpersonen außer Kurs gesetzten Papiere ließe darauf schließen, daß die erstere Gattung einer Bevorzugung genieße, indeß ist mir nicht bekannt, daß, außer etwa in den Statuten einzelner Institute, über die Wirkung der Außerkurssetzung durch öffentliche Behörden gesetzliche Bestimmungen getroffen worden sind. Die Verordnung vom 16. August 1867, im Uebrigen eine fast wörtliche Reproduktion des Gesetzes vom 16. Juni 1835, hat den gedachten §. 5. nicht wiederholt und damit den Gegensatz zwischen durch Privatpersonen und durch öffentliche Behörden oder das Institut selbst außer Kurs gesetzten Papieren, welchen sie aufstellt, unverständlich gemacht.

Weiter als die preußische Gesetzgebung geht die Verordnung der freien Stadt Bremen vom 6. Juni 1864, welche verfügt, daß der Schuldner des Werthes des Inhaberpapiers vor Tilgung des die Außerkurssetzung enthaltenden Vermerkes zur Zahlung nicht verpflichtet ist, und nur dann an den jeweiligen Inhaber des Papiers Zahlung leisten darf., wenn die Außerkurssetzung in dem Papier selbst ausgeschlossen ist, sonst aber nur an diejenige

Person, zu deren Gunsten das Papier außer Kurs gesetzt worden ist, oder deren Erben. Es ist nicht zu leugnen, daß in diesem Gesetze der Zweck der Außerkurssetzung der Inhaberpapiere konsequenter durchgeführt und mithin in der Praxis der Eigenthümer weit kräftiger geschützt wird als nach den meisten anderen Gesetzgebungen: aber grade deswegen hat das bremische Gesetz, wie wir unten sehen, die Außerkurssetzung an so strenge und kostspielige Formen geknüpft und knüpfen müssen, daß ihre Anwendung höchst erschwert und dadurch vielfach verhindert wird. Es leidet das bremische Gesetz an wesentlichen Mängeln, so daß auch, wenn man seine Konsequenzen billigt, der Schutz des Eigenthums zu theuer erkauft werden dürfte.

Als einzige allgemein festgesetzte Folge der Außerkurssetzung der Inhaberpapiere bleibt die Zulässigkeit der Vindikation des außer Kurs gesetzten Papiers selbst gegen den gutgläubigen Besitzer. Die Frage, ob und in wie weit Inhaberpapiere vindicirbar seien, war bekanntlich vor Einführung des Allg. deutschen Handelsgesetzbuchs sehr bestritten und in den deutschen Partikularrechten auf sehr verschiedene Weise gelöst. Das Allg. deutsche Handelsgesetzbuch hat sich der freieren Richtung angeschlossen und in den Art. 306. und 307. ausgesprochen, daß Papiere auf den Inhaber unter keinen Umständen gegen den redlichen Erwerber vindicirt werden können. Es ist bezeichnend, daß der Entwurf des Handelsgesetzbuchs von diesem Satze bezüglich der außer Kurs gesetzten Papiere eine Ausnahme nicht gemacht hat; in der Kommission (Protokoll S. 4611 ff.) zwar wurde dies nur damit motivirt, daß es zu weit führe, über die Außerkurssetzungen im Handelsgesetzbuch Bestimmungen zu treffen und daß, wolle man dies nicht, der Begriff der Außerkurssetzung zu unbestimmt erscheine; allein es dürfte wohl erlaubt sein anzunehmen, daß das Abstrahiren von Vorschriften über die Außerkurssetzung mehr oder weniger auch in dem Bedenken gelegen hat, welche die Konferenz über die Zweckmäßigkeit des Instituts selbst gehabt hat. Es ist daher den Partikularrechten die Regelung der Frage überlassen worden und diese haben selbstverständlich, soweit sie das Institut der Außerkurssetzung besitzen, in den Einführungsgesetzen zum Handelsgesetzbuch die Art. 306. und 307., für außer Kurs gesetzte Inhaberpapiere außer Anwendung gesetzt. (Vergl. Einführungsgesetz für Preußen Art. 15., Königreich Sachsen §. 17., Hannover §. 27., Kurhessen §. 21., Anhalt-Dessau-Köthen §. 24. (worin ausdrücklich demjenigen, für welchen es außer Kurs gesetzt ist, dem Dritten gegenüber eine dingliche Klage gegeben wird), Anhalt-Bernburg Art. 17. (desgl.), Braunschweig §. 41., Mecklenburg-Schwerin §. 37. No. 2., Mecklenburg-Strelitz §. 37. Abs. 2., Oldenburg Art. 23., Reuß ält. Linie Art. 24., Reuß jüng. Linie §. 24., Sachsen-Coburg Art. 20., Sachsen-Gotha Art. 22., Sachsen-Meiningen-Hildburghausen §. 21., Sachsen-Weimar-

Eisenach §. 24., Schwarzburg-Rudolstadt §. 23., Schwarzburg-Sondershausen §. 24., Waldeck-Pyrmont §. 20., Bremen §. 32.). Die Zulassung der Vindikation ist indessen einerseits nicht genügend, um dem Eigenthümer zum Ersatze des Werthes des ihm entkommenen oder veruntreuten Papiers zu verhelfen und andererseits ist sie in manchen Fällen eine Ungerechtigkeit gegen den Erwerber des Inhaberpapiers. Mit der Möglichkeit der Vindikation ist nämlich keineswegs die Kenntniß der Person dessen, welcher im Besitze ist, und gegen den die Vindikation gerichtet werden muß, gegeben, demnach, wenn auch theoretisch die Vindikation zulässig, doch nicht bei dem raschen Wechsel im Umlaufe der Papiere auf den Inhaber sofort die Klage anzustellen. Dies ist um so weniger der Fall, als der Außerkurssetzungsvermerk in sehr vielen Fällen absichtlich vernichtet und dadurch der Umsatz des Papiers im Privatverkehr ermöglicht wird. Ehe der Bestohlene oder Betrogene den Verlust merkt, kann das Inhaberpapier dem Schuldner präsentirt, an einen Dritten verkauft sein, ohne daß jener Kenntniß von dem Verluste erhalten hat, dieser die Außerkurssetzung bemerkt oder ahnt. Die Vindikation gegen jeden Inhaber involvirt endlich eine Ungerechtigkeit, weil es in der Praxis keineswegs leicht ist, zu beurtheilen und festzustellen, ob ein Papier auf den Inhaber rite außer Kurs gesetzt, oder ob es gesetzlich wieder in Kurs gesetzt ist. Abgesehen von der gegenwärtig in Deutschland noch bestehenden bedeutenden Ungleichheit der Gesetzgebung über die Bedingungen und die Form der Außerkurssetzung und der Wiederinkurssetzung — ein Uebelstand, welcher allerdings durch eine einheitliche deutsche Gesetzgebung über die hier behandelte Frage gehoben werden könnte — ist zu berücksichtigen, daß bezüglich der ausländischen Werthpapiere stets die Ungewißheit, von der wir reden, bestehen bleiben wird und sodann, daß, wie unten weiter erörtert werden soll, die Beseitigung, Unkenntlichmachung u. s. w. des Außerkurssetzungsvermerkes nicht allzuschwer ist und sehr leicht den redlichsten Erwerber täuschen kann. Es ist daher ein Unrecht, den Inhaber eines außer Kurs gesetzten Inhaberpapiers stets als mala fidei possessor zu betrachten und gegen ihn die Vindikation zuzulassen; der Erwerber wird gezwungen, gen, den Beweis des redlichen Erwerbes nicht allein seiner selbst, sondern auch seiner Vorgänger nachzuweisen, ein Beweis, der meist unerbringlich sein wird.

Faßt man die Art und Weise und die Form in's Auge, mit welcher die Außerkurssetzung der Inhaberpapiere nach den bestehenden Gesetzgebungen geschehen muß, und berücksichtigt man, daß de lege ferenda der Außerkurssetzung nur wenn sie mit einer Reihe von Vorsichtsmaßregeln umgeben wird, eine weitertragende, ihren Zweck erfüllende Bedeutung gegeben werden kann, so bietet sich ein neues Zeugniß für die Verwerflichkeit und Zwecklosigkeit des ganzen Instituts. Es wäre denkbar, daß man sich über die bereits erörterten wesentlichen Mängel des Instituts der Außerkurssetzung hinwegsetzte und selbst den theoretischen Widerspruch der Außerkurssetzung mit dem rechtlichen Charakter der Inhaberpapiere vergäße, wenn es gelänge, auf einfache untrügliche Art jeden Erwerber eines Inhaberpapieres in den Stand zu setzen, die Eigenschaft desselben als eines außer Kurs oder wieder in Kurs gesetzten oder noch ganz intakt gebliebenen Papiers zu erkennen. Aber wie weit ist man entfernt, die geäußerten Bedenken schwinden zu lassen und der Zweckmäßigkeit halber zum Schutze des Eigenthums an den Inhaberpapieren ein an und für sich mit ihrem Wesen kollidirendes, die Rechte des Schuldners tangirendes und die Sicherheit der Erwerber gefährdendes Institut als berechtigt anzuerkennen, wenn man die Bestimmungen der verschiedenen Gesetzgebungen über die Förmlichkeiten und Bedingungen, unter denen die Außerkurssetzung einig geschehen kann, und die unendlichen Zweifel kennen lernt, welche aus der Anwendung der gesetzlichen Bestimmungen sich ergeben. Daß die Verschiedenheit der Gesetzgebungen allein schon vom gefährlichsten Einflusse auf die Sicherheit des Erwerbers ist, daß er in den Besitz eines wirklich kursfähigen Papiers gelangt, daß man in Bayern nicht weiß, wie in Preußen oder Sachsen u. s. f. Papiere gültig außer Kurs gesetzt werden, soll nicht hoch angeschlagen werden; würde es doch das Bestreben sein müssen, wenn man die Außerkurssetzung beibehalten will, ein einheitliches Gesetz für ganz Deutschland zu erlangen. Nicht ganz zwar werden, wenn dieser Zweck erreicht würde, die Uebelstände aus der Unkenntniß der Bedingungen und Formen der Außerkurssetzung von Inhaberpapieren, welche fremden Ländern angehören und die ganz gewiß nur nach den gesetzlichen Vorschriften des Heimathlandes außer Kurs gesetzt werden können, gehoben sein: bei unserem raschen, man kann fast sagen kosmopolitischen Geldverkehr wird immer noch eine große Anzahl von ausländischen Inhaberpapieren zirkuliren, bei welchen die Untersuchung, ob sie kursfähig sind oder nicht, sehr schwer sein wird. Allein weit größere Nachtheile erzeugt selbst bei einem einheitlichen Rechtssystem die entweder unsichere oder mit Schwierigkeit und Schwerfälligkeit verbundene Form. Dabei ist ein Doppeltes zu berücksichtigen, der Akt der Außerkurssetzung und der Akt der Wiederinkurssetzung. Selbst die eifrigsten Vertheidiger des hier besprochenen Instituts können und werden nicht verkennen, daß ein außer Kurs gesetztes Papier nicht für immer dem Verkehr entzogen werden darf, und daß, wenn man einmal, das Prinzip der Inhaberpapiere durchbrechend, dem Inhaber das Recht einräumt, das Papier „festzumachen“, ihm auch die Befugniß nicht untersagt werden kann, das festgemachte Papier wieder loszugeben. Es muß daher eine Form geben, in welcher der jeweilige legitimirte Besitzer des außer Kurs gesetzten Inhaberpapieres, wenn der Umstand wegfällt, welcher eine Vindikation gegen jeden Erwerber wünschenswerth machte, das Papier wieder in den Verkehr bringen, gemäß seiner Bestimmung umlaufsfähig machen kann. Das Korrelat der Außerkurssetzung ist die Wiederinkurssetzung, das Wiederbeleben der gestörten Funktion der Zirkulation der Inhaberpapiere. Mit Rücksicht darauf erhebt sich die Frage, ob es möglich ist, Inhaberpapiere zur sicheren Kenntnißnahme für jeden mit gewöhnlicher Geschäfts- und Rechtskenntniß begabten Menschen mit dem Außerkurs- wie mit dem Wiederinkurssetzungsvermerk zu versehen. Die bis jetzt über unseren Gegenstand erlassenen Gesetze bewegen sich, was zunächst die Form der Außerkurssetzung anlangt, in den allerseltsamsten Kontroversen: man kann in ihnen nur ein Experimentiren und Schwanken erkennen, das beweist, wie wenig die Konsequenzen des Instituts den Forderungen des Verkehrs anzupassen sind. Während die Preußischen Gesetze (Verordnungen vom 16. Juni 1836, §. 1 und vom 16. August 1867, §. 1) den einfachen, in die Augen fallenden Vermerk irgend eines Inhabers, oder einen gemäß den Statuten des betreffenden Instituts (also des Schuldners) auf das Papier gesetzten Vermerk für genügend erachten, um das Inhaberpapier mit rechtlicher Wirkung außer Kurs zu setzen, während in Mecklenburg-Schwerin (Einführungsgesetz zum Allg. d. Hand. Ges. Buch, §. 37) die Außerkurssetzung der Inhaberpapiere sogar schon „durch eine auf ihnen gemachte Bemerkung" bewirkt wird, verlangt die Verordnung der freien Stadt Bremen vom 6. Juni 1864 in §. 2 1. einen Vermerk, daß und zu Gunsten welcher Person die Außerkurssetzung geschehe, 2. die Unterschrift derjenigen Person, welche diese Willenserklärung abgiebt und endlich 3. gerichtliche oder notarielle Beglaubigung dieser Unterschrift. Diese Verschiedenheit ist bezeichnend: in Preußen wie in den meisten anderen deutschen Staaten, welche das Institut der Außerkurssetzung kennen, ist dieselbe fast formlos, eine Unterschrift des Außerkurssetzenden oder gar eine Beglaubigung derselben wird nicht erfordert, es genügt ein Wort, eine Notiz, deren einziger Inhalt sein kann: „außer Kurs gesetzt" und deren einziges Requisit das ist, daß sie in die Augen fällt. Es bedarf keiner Ausführung, daß dieses Requisit ein höchst vages ist, und daß es, abgesehen von allem Andern, sehr schwer sein wird, im konkreten Falle zu entscheiden, ob eine Außerkurssetzung vorliegt oder nicht. An welcher Stelle des Papieres, so fragt man mit Recht, muß der Vermerk stehen, in welcher Größe muß die Schrift dem Auge erscheinen, um der Vorschrift des Gesetzes zu entsprechen? Nur zu leicht wird bei solch' unklarer und vager Bestimmung der Eine ein auf dem Papier stehendes Wort, welches der Andere als eine ohne Absicht geschehene, rein zufällige Notiz ansieht, als eine Außerkurssetzung betrachten und von dem Verkäufer verlangen, daß er das verkaufte Papier wieder in Kurs setze, zu einem verkäuflichen mache. Noch größer aber wird die Unsicherheit, wenn sich auf einem Inhaberpapier Dintenflecke oder Rasuren befinden, oder wenn an der Seite oder in der Mitte ein Stück, wenn auch nur ein kleines, abgeschnitten ist. Denn wer kann wissen, ob nicht auf der befleckten Stelle, auf dem abgeschnittenen Stück Papier ein Außerkurssetzungsvermerk gestanden hat, wer kann also mit Sicherheit ein mit einem derartigen Mangel behaftetes Inhaberpapier erwerben, so lange das Institut der Außerkurssetzung besteht? In der Möglichkeit, ein Inhaberpapier in der gedachten Art zu beschmutzen oder zu verändern, ist zudem ein leichtes Mittel gegeben, absichtlich den Vermerk einer Außerkurssetzung zu vernichten und wirkungslos zu machen. Sehr zweifelhaft ist, ob überhaupt die Vernichtung eines solchen Vermerkes dem Strafgesetze verfällt, gewiß aber, daß der Nachweis der Vernichtung äußerst schwierig sein wird, da die Inhaberpapiere meist in raschem Wechsel ihre Besitzer ändern. Es ist bekannt, daß im größeren Banquierverkehr und bei manchen Börsen bei Ankauf von Aktien, Obligationen au porteur nur ganz reine, keine Flecken u. s. w. tragende Papiere angenommen werden und daß namentlich an der Börse zu Berlin diese, wenn man will, Usance, auf das Schärfste gehandhabt wird. Wird man nun auch zugeben müssen, daß die Aengstlichkeit in Annahme beschmutzter oder beschnittener Papiere übertrieben werden kann und daß die Gerichte, sofern die Frage an sie gelangte, gewiß nicht jedes Papier, welches einen kleinen Flecken, einen geringen Abschnitt zeigt, für kursunfähig und nicht lieferbar erklären werden, so liegt dennoch die Frage, ob ein derartiges Papier als kursfähig zu betrachten ist oder nicht, rein in der Willkühr des Richters. So lange das Institut der Außerkurssetzung besteht, ohne daß man dasselbe mit solchen Förmlichkeiten umgiebt, die den Vermerk stets sichtbar machen, aber auch wie wir weiter sehen werden, dadurch den Zweck des Institutes vereiteln, bleibt das Dilemma: entweder man erklärt jedes nur irgend beschmutzte, befleckte oder beschnittene Papier für kursunfähig oder man nimmt keine Rücksicht auf Flecken oder Veränderungen des Papiers in seiner Substanz. Im ersteren Falle werden die Inhaber von Papieren, die durch einen Zufall eine Läsion erlitten haben, in der empfindlichsten Weise verletzt und zu dem kostspieligen Verfahren der Umschreibung gezwungen; in letzterem Falle tritt die Gefahr ein, daß die Außerkurssetzungen vernichtet und wirkungslos gemacht werden. Und dies um so mehr, als derjenige, welcher sich auf verbrecherischem Wege in Besitz von außer Kurs gesetzten Inhaberpapieren gesetzt hat, auch das fernere Mittel, die Vernichtung des Vermerkes der Außerkurssetzung, nicht scheuen wird, um sich in dem Besitz des unrechten Gutes zu erhalten.

Ganz die entgegengesetzte Richtung verfolgt, wie bemerkt, die bremische Gesetzgebung, und man hat bereits vor mehreren Jahren in Preußen Vorschläge gemacht, in ähnlicher Weise das Institut der Außerkurssetzung zu gestalten. Aber mit Recht ist es dazu nicht gekommen: denn was ist die Folge eines so kostspieligen und schwerfälligen Mechanismus, wie sie das bremische Gesetz für Außerkurssetzungen vorschreibt? Zunächst werden bei derartigen Bestimmungen die Außerkurssetzungen immer seltener werden: wenn der Inhaber erst zum Notar oder zum Gericht gehen muß, wenn er erhebliche Gebühren zahlen soll, ehe sein Werthpapier durch die Außerkurssetzung eines mäßigen Vortheils genießt, so wird er in den meisten Fällen lieber das Risiko tragen, als dies umständliche und dennoch im Erfolg unsichere Verfahren einzuschlagen. Zeit- und Kostenaufwand machen unter solchen Umständen den Werth des Institutes fast illusorisch. Und soll zudem die Beglaubigung der Unterschrift des Außerkurssetzenden einen größeren Raum auf dem Papiere einnehmen, so ist dies für die Deutlichkeit des Inhaltes der Urkunde selber und somit für den Werth derselben unter Umständen gefährlich; würden dagegen wenige Worte genügen, dann ist es wie bereits erörtert wurde, möglich, durch Befleckung u. s. w. den Vermerk und mithin die Außerkurssetzung zu vernichten. Wenn man nun noch gar, wie das bremische Gesetz thut, absolut die Unterschrift des außerkurssetzenden Eigenthümers auf dem Papiere verlangt, so ist die Außerkurssetzung einer ganzen Reihe von Personen, in deren Händen sich jetzt nicht selten Inhaberpapiere befinden, nämlich den Schreibensunkundigen, verwehrt, eine Beschränkung, welche nicht zu rechtfertigen ist.

Mehr Schwierigkeiten noch bietet die Behandlung des nothwendigen Korrelates der Außerkurssetzung, nämlich die Operation der Wiederinkurssetzung der Inhaberpapiere. Die bestehenden Gesetzgebungen machen bezüglich der Frage, wie außer Kurs gesetzte Papiere wieder in Kurs gesetzt werden sollen, meist eine Unterscheidung. Wenn eine öffentliche Behörde (nach manchem Gesetze auch eine Stiftung, eine unter Staatsaufsicht stehende Anstalt, eine Kirche) ein Papier außer Kurs gesetzt hat, so kann sie dasselbe ohne Weiteres und ohne Beglaubigung selbst wieder in Kurs setzen; wenn dagegen eine Privatperson den Vermerk der Außerkurssetzung gemacht hat, so bedarf es zur Wiederinkurssetzung eines gerichtlichen Aktes, welchem vorschriftsmäßig eine causae cognitio vorausgehen soll. Einige Gesetze, z. B. die bremische Verordnung vom 6. Juni 1864, erfordern auch für die Wiederinkurssetzung, welche Seitens der Behörden geschieht, stets eine gerichtliche oder notarielle Beglaubigung. Der Unterschied, welchen man in jenen Legislationen aufgestellt hat, ist weder theoretisch noch praktisch zu rechtfertigen; die Gefahr, es möchte die Wiederinkurssetzung durch eine unberechtigte Person erfolgen, ist eben so groß, wenn eine Behörde, welche doch auch nur durch einzelne Personen vertreten wird, die Außerkurssetzung vornimmt, als wenn dies durch eine Privatperson geschieht. Die Möglichkeit einer Fälschung der Unterschrift — und ein Anderes ist nicht zu besorgen — ist nicht weniger vorhanden bei dem Beamten, wie bei dem Nichtbeamten. Zu dieser Erwägung tritt hinzu, daß die sog. causa cognitio, welche der um Wiederinkurssetzung angegangene Richter eintreten lassen soll, in der Praxis durchgehend eine sehr oberflächliche ist und im Wesentlichen nur darauf hinausläuft, ob der das wieder in Kurs zu setzende Papier Präsentirende eine mehr oder weniger bekannte Person ist. Ein strenges Festhalten des Satzes, daß nur dann die Wiederinkurssetzung Wirkung hat, wenn die außer Kurs setzende Person oder deren legitimirter Rechtsnachfolger dieselbe begehren, kommt in der Praxis nicht vor und ist mit dem Verkehrsleben unvereinbar. Das Institut ist mithin auch von dieser Seite betrachtet höchst mangelhaft und gewährt nur eine zweifelhafte Sicherheit. Hat die Wiederinkurssetzung einmal stattgefunden, so ist das Papier, mag dieselbe von dem Berechtigten oder einem Unberechtigten geschehen sein, vollständig rehabilitirt und die Vindikation gegen den gutgläubigen Inhaber unzulässig: selbst das Anerbieten des Beweises, daß mit Unrecht wieder in Kurs gesetzt sei, würde die Vindikationsklage nicht begründen. Die Form entscheidet.

Was die Wiederinkurssetzung der Inhaberpapiere durch die öffentlichen Behörden betrifft, so ist zu berücksichtigen, daß wohl der größere Theil der Außerkurssetzungen überhaupt durch staatliche Behörden geschieht. Die Deponirung von Amtscautionen, die Niederlegung von Pupillengeldern bei den Gerichten (letzteres zwar in nicht allen, aber doch in den meisten deutschen Staaten) u. s. w. bringt sehr bedeutende Summen in Werthpapieren in den Besitz des Staates. Daher dürften wohl, in dem angeblichen Interesse des Eigenthümers der Papiere, die meisten Gesetze über Außerkurssetzung nicht sowohl ihre Begründung als ihre Veranlassung finden. Bei der großen Anzahl der Fälle, in denen gerade staatliche Behörden Inhaberpapiere außer Kurs setzen, sollte man glauben, daß die Wiederinkurssetzung der von Behörden außer Kurs gesetzten Papiere mit ausreichender Sicherheit bewirkt werden könne. Aber das ist nicht der Fall und wird auch durch eine veränderte Gesetzgebung niemals der Fall werden: in den meisten Gesetzen über die Wiederinkurssetzung der Inhaberpapiere ist vorgeschrieben, daß dieselbe Behörde die Papiere wieder in Kurs setzen müsse, welche dieselbe außer Kurs gesetzt hat. Hat nun schon die Frage, was unter einer „Behörde" zu verstehen sei, zu mannigfachen Zweifeln Veranlassung gegeben, so ist die erwähnte Vorschrift auch namentlich um deswillen für das Publikum bedenklich, als im Laufe der Zeit in einem Staate häufig Behörden abgeschafft werden, ihre Funktionen sich ändern, ihre Bezeichnungen wechseln u. s. w. In allen solchen Fällen ist der Eigenthümer des Papiers nicht mehr in der Lage, das Papier wieder in Kurs setzen und somit demselben seinen ursprünglichen, den Werth verleihenden Charakter zurückzugeben, mit andern Worten, das Papier ist zu einem unverkäuflichen Objekte geworden, welches erst durch Umschreibung oder eventuell durch Vernichtung und demnächstige Amortisation unter großem Verluste des Eigenthümers rehabilitirt werden kann.

Wägt man die erörterten Mißstände der Außerkurssetzung von Inhaberpapieren gegen die Vortheile ab, welche sie in Wirklichkeit bringt, so bin ich der Ansicht, daß erstere die letzteren weit überbieten, daß daher das Institut, wie vom theoretischen Rechtsstandpunkt, so auch wegen seiner praktischen Erfolge unhaltbar ist Störung des Papiers in seiner Lebensfunktion, Unsicherheit des Verkehrs mit solchen Papieren, welche sich im Verkehrsleben namentlich darin zeigt, daß an vielen Börsen außer- und wieder in Kurs gesetzte Papiere gar nicht genommen und als lieferbar betrachtet werden, Zeitversäumniß und Kosten sind die nothwendigen Begleiter des Institutes, die Möglichkeit einer Vindikation auch gegen den gutgläubigen Besitzer der einzige Gewinn desselben, wenn man letzteres überhaupt als Gewinn bezeichnen kann. Und zu welchem Ende all' dieser Apparat? Lediglich, damit in wenigen, vereinzelten Fällen ein Diebstahl, eine Unterschlagung von Inhaberpapieren erschwert, vielleicht verhütet wird. Denn, wie wir oben gesehen, liegt es im Bereiche der Möglichkeit, durch Beflecklung, Abschneiden und dergleichen den Vermerk der Außerkurssetzung zu beseitigen und es ist somit in vielen Fällen der Verbrecher — und gegen ehrliche Leute ist der Schutz des Eigenthums nicht nöthig — in der Lage, durch konsequente Durchführung der seinen Zweck vorbereitenden Mittel seine Absicht trotz der Außerkurssetzung zu erreichen. Wenn man bisher nicht daran gedacht hat, zu gestatten, daß Papiergeld, Banknoten, Dividendenscheine, Talons u. s. w. außer Kurs gesetzt werden, Papiere, welche gegenwärtig ganz unermeßliche Werthe repräsentiren, so sollte man ebenso wenig jener Schranke die Inhaberpapiere unterwerfen, die doch von der hier in Rücksicht zu nehmenden Seite den Inhaberpapieren gleichstehen. Ebenso gut wie der Staat und Privatpersonen ihr baares Geld, ihre Noten und Coupons vor dem Diebstahle oder der Veruntreuung ohne das Mittel der Außerkurssetzung zu schützen wissen, werden sie auch ihre sonstigen Werthpapiere bewahren können, und gleich dem baaren Gelde und den Banknoten verdienen die Inhaberpapiere den Vorzug ungehinderter Circulation und der Sicherheit des Erwerbes für jeden gutgläubigen Erwerber.

Ich gebe daher vom gesetzgeberischen Standpunkte aus mein Gutachten dahin ab, daß es nicht zulässig sein soll, Inhaberpapiere außer Kurs zu setzen.

XI.

Gutachten des Herrn Rechtskonsulenten Dr. Adolf Otto zu Heilbronn.

über die Frage:

„Soll die Gesetzgebung Arrest auf künftig zu verdienendes Lohn gestatten, und in welchem Umfange?“*)

Künftig zu verdienende Löhne (Besoldungen von Angestellten aller Art, Jahres- und Taglöhne von Arbeitern, Accordverdienst) bilden nach allen mir bekannten Gesetzgebungen eines der gebräuchlichsten Exekutionsmittel. Und wenn man zugeben muß, daß sie nach unserem Recht Gegenstand der Veräußerung sein können, so werden wir auch dem Staate das Recht nicht absprechen dürfen, sie in den Bereich seiner Verfügungen zu ziehen, mit denen er den fehlenden Zahlungswillen des Individuums ersetzt. Es besteht juristisch offenbar kein Unterschied zwischen künftig zu verdienendem Lohn und jeder andern künftig erst fällig werdenden Forderung. Der faktische Unterschied von einer später verfallenden Renten- oder Zielerforderung, daß nämlich der Lohn erst durch eine Thätigkeit des Cedenten oder Arrestaten entstehen muß, ändert juristisch nichts. Und daß der Schuldner im einen

---

*) Aus Mangel an Zeit, und ohne die nöthige Literatur, die ich vor Ablauf des zur Abgabe des Gutachtens bestimmten Termins mir nicht mehr verschaffen konnte, muß ich mich auf diese Bemerkungen beschränken, die kein Gutachten, sondern nur einen sehr unvollkommenen Beitrag liefern. — Der trefflichen Preisschrift des Herrn Dr. Ullmann über die persönliche Haft als Exekutionsmittel (Deutsche Gerichtszeitung N. F. Bd I.) bin ich zu großem Dank verpflichtet.

wie im andern Fall der Auflage, nicht an seinen Kontrahenten, sondern an den Cessionar oder die Behörde zu zahlen, bei Gefahr doppelter Zahlung nachkommen muß, ist nicht weniger selbstverständlich, wenn nur der Schuldner sonst keine Erschwerung seiner Lage dabei erfährt, namentlich die Schuld nicht anderswo zahlen soll, als ihre Natur mit sich bringt, also z. B. den Lohn des Fabrikarbeiters nach wie vor auf dem Comptoir zahlen darf.

Der Gläubiger, der die Beschlagnahme erwirkt, wird aber nicht wie der Cessionar Eigenthümer der Forderung, vielmehr handelt es sich zunächst nur um eine Sicherheitsmaßregel, und wenn der Lohn fällig ist, konkurriren möglicher Weise noch andere Gläubiger.

Was den Umfang dieser Lohnbeschlagnahmen betrifft, so besteht wohl allgemein der Grundsatz, daß der für den Unterhalt des Lohnberechtigten und seiner Familie (nothdürftigen oder standesmäßigen) erforderliche Theil freigelassen werden muß, und es haben die Gesetze theils einen festen Satz angenommen (für Beamtengehalte), theils die Festsetzung der richterlichen Erwägung überlassen.

Wie die einzelnen deutschen Gesetzgebungen liegen, scheint mir für meine Aufgabe kaum nöthig, hier näher darzulegen. Im Prinzip sind sie einig, und wird dasselbe auch vom rein juristischen Standpunkt aus nicht zu beanstanden sein.

Dagegen bringt allerdings der oben schon angedeutete Unterschied, daß es sich hier um Forderungen handelt, die erst durch die Thätigkeit desjenigen, dem sie entzogen werden sollen, entstehen müssen, Wirkungen hervor, welche die ernstliche Aufmerksamkeit des Gesetzgebers verdienen.

Der Staat greift hier in die Arbeitskraft und Arbeitslust des Individuums in einer Weise ein, die für den Arbeiter wie den Arbeitgeber die gröbsten Inkonvenienzen hat und häufig den eigenen Zweck verfehlt. Eine solche vielleicht auf Jahre hinaus verfügte Schmälerung des Arbeitsverdienstes führt, wie die tägliche Erfahrung zeigt, zu Entlassungen, weil der Arbeitgeber entweder mit dem Zurückbehalten des Lohnes sich nicht befassen, oder einen Arbeiter, dessen Freude an der Arbeit, ja dessen Treue dadurch beeinträchtigt wird, nicht behalten mag; sie führt den Arbeiter zum Verlassen der Arbeitsstelle, um anderswo den vollen Ertrag der Arbeit genießen zu können, nicht oder nur so viel zu arbeiten, daß für den Gläubiger nichts übrig bleibt. Wenn aber der Arbeitgeber und der Arbeiter sich entschließen, einen solchen Zustand zu ertragen, so bleibt eine Verkümmerung des Daseins und eine Störung des Vertrauens, eine Abhängigkeit des (ökonomischen und moralischen) Lebens vom Belieben der Gläubiger, die man um so weniger mit Gleichgültigkeit ansehen kann, je weitere Kreise die Calamität trifft. Es ist dies namentlich in Ländern mit schnellem und kostenlosem Verfahren in einem Grade der Fall, daß man sagen kann, es hat sich eine ganze Klasse nahezu daran gewöhnt, ihre Verbindlichkeiten nicht anders als durch den Arbeitgeber beziehungsweise den Exekutionskommissar zu erfüllen, den sie zu ihrem Zahlmeister macht.

Ist nun da zu helfen, und wie kann es geschehen?

Es läßt sich nicht verkennen, daß man, um vollständig durchzugreifen, nicht blos die richterlichen Beschlagnahmen künftiger Löhne abschaffen, sondern auch aufhören müßte, den freiwillig geschehenen Abtretungen von Arbeitsverdienst die Staatshilfe zu leihen; denn es würde sich bald zeigen, daß die Cessionen, die Anweisungen zur Umgehung des Gesetzes benutzt würden, ein System, bei dem im Vergleich mit dem jetzigen, der frühere Gläubiger vor dem späteren, der schlaue Wucherer vor dem ehrlich Vertrauenden den Vorsprung hätte, und bei dem der überdrüssige Arbeiter, wenn er wandert, ehe er voll gezahlt hat, zu der Benachtheiligung der Gläubiger noch den Vertragsbruch fügen würde.

Entschließt man sich aber, jede Rechtshülfe auf künftige Löhne abzuschneiden und beschränkt die richterliche Verfügung auf verfallene Löhne, so entsteht wieder eine Lücke, durch welche das Uebel hereinschlüpft. Der Beamte erscheint eben regelmäßig am Zahltag und Zahltisch und nimmt vorweg, was der Arbeiter bekommen soll. Weiß der letztere dies zum Voraus, so entstehen ähnliche Folgen wie bei der Beschlagnahme nicht verdienten Lohns; Komplotte zwischen Arbeitgebern und Arbeitern, Zahlungen außer der Zeit benachtheiligen die Gläubiger.

Und doch thut hier Hülfe Noth. Andere günstiger gestellte Klassen, die ihre Gläubiger nicht auf Lohnguthaben verweisen müssen, sehen sich ja geschützt; der Staat ebnet ihnen die Bahn zu neuem unverkümmertem Erwerb — durch seine Bankerottgesetzgebung. Sie verlieren zwar ganz oder theilweise, was sie haben, aber die alten Schulden sind doch abgeschüttelt. Der Arbeiter dagegen hat meistens nur seiner Hände Arbeit. Aus „Mangel an Masse“ wird er nicht vergantet, man vertheilt fortwährend seinen Lohn und läßt ihn erbarmungslos leiden sein Lebenlang (die Gesetze sehen diesen Fall expreß vor §. 195. des Anhangs zur Allg. Preuß. Gerichts-Ordnung), vielleicht an den Folgen eines einzigen Fehltritts, ohne zu bedenken, daß das beneficium competentiae, welches ihm zwei Drittel des Lohnes rettet, wesentlich verschieden ist von dem Privilegium des Reicheren, dessen Gläubiger nur an ein neu erworbenes Vermögen sich halten können.

Man kann aber nicht massenhaft verganten, nicht bei jeder Konkurrenz von Gläubigern sie abschütteln lassen, ohne geradezu dem Rechtsgang Hohn zu sprechen.

Man muß, wenn überhaupt Hülfe möglich ist, den letzten Grund des Kredits und des staatlichen Einschreitens untersuchen und die Frage so stellen.:

„Wieweit ist der Staat interessirt und verpflichtet, denjenigen, die nur Löhne als Befriedigungsmittel anweisen können, durch die Zusage einer Beschlagnahme derselben (verdiente oder künftig zu verdienende) Kredit zu verschaffen?"

Der Staat liefert dem Credit, der Grundlage alles Verkehrs, im Interesse der Gläubiger und der Schuldner selbst, die nothwendige Stütze durch Zwangsmaßregeln gegen Schuldner, denen der Zahlungswille fehlt. In früheren Zeiten war er darauf bedacht, die Forderungeu zu untersuchen, ob sie seiner Hülfe würdig seien, und er gab Gesetze, welche die Hauptquelle böser Schulden, das leichtsinnige oder wucherische Kreditiren von Genußgegenständen an schlechte Haushälter zu verstopfen suchten.

Roscher, National-Oekonomie §§. 91—93.

Heutzutage hat man es aufgegeben, diese causae cognitio zu üben und hat solche auch durch Aufhebung der Wuchergesetze und Einführung der allgemeinen Wechselfähigkeit unmöglich gemacht.

Um so vorsichtiger muß der Staat in der Wahl der Mittel sein, die er dem Gläubiger zu Gebot stellt. Um so mehr muß er sich fragen, ob er nicht durch die Art seines Einschreitens ungesunden Kredit fördert?

Wir können es uns nicht verhehlen: die Kredite, um welche es sich hier handelt, sind durchschnittlich unproduktive. Sie bestehen meist in Genußmitteln und werden nur gewährt, weil Aussicht auf künftigen Verdienst und Rechtshülfe in dieser Beziehung vorhanden ist. „Wenn mit der Abschaffung der Staatshülfe ein Theil der jetzt Kredit Genießenden denselben künftig entbehren wird, so wird es derjenige Theil sein, für welchen der Kredit nicht ein Weg zur Rettung, sondern zum vollständigen Ruin ist." In der That kann man diesem Exekutionsmittel Aehnliches sagen, wie von der persönlichen Haft.

Vollzieht es der Staat gegen einen zur Zahlung Geneigten der nur in Folge persönlichen Unglücks nicht pünktlich erfüllen kann, so bringt er diesen oft um seine wirthschaftliche Existenz. Schon die Drohung aber, die bloße Gefahr der Anwendung einer Maßregel, die dem Arbeitgeber widerwärtig ist, liefert den Arbeiter dem Wucherer in die Arme, der ihn, je ehrlicher er fortarbeitet, um so mehr im Stillen aussaugt.

Derjenige aber, der nicht zahlen will — und zu diesen wird bald jeder gehören, dem geraume Zeit hindurch Beschlagnahmen drohen — findet in unserer Zeit der Freizügigkeit und des schnellen Verkehrs mit Leichtigkeit die Mittel, sie illusorisch zu machen.

Also gerade da, wo der Staat am meisten berufen ist, einzugreifen, gegen böswillige Schuldner, hilft die Beschlagnahme am wenigsten; sie ruinirt oder demoralisirt dagegen den Zahlungswilligen.

Dazu kommt noch folgende Erwägung:

Der Staat gewährt dem Verkehr heutzutage die vollste Freiheit und weist das Individuum dem gegenüber durchweg auf Selbsthülfe, eigene oder genossenschaftliche, an.

Wie noch viele andere Theile unsrer Gesetzgebung, so stammt auch die Lohnbeschlagnahme aus Zeiten, wo der Arme noch weniger der „Zugluft" des Verkehrs preisgegeben war. Der Staat darf wohl daran denken, auch den Gläubiger mehr auf Selbsthülfe anzuweisen, ihm seinen Arm nur da zu leihen, wo er — nicht auf Staatshülfe, sondern auf den bona fide vorhanden geglaubten Zahlungswillen gestützt Kredit gegeben hat.

So wie jetzt die Gesetzgebung liegt, drückt ihr ganzes Gewicht auf den Armen zu Gunsten des Reichen, der ihn unter den Augen der Gesetze ausbeuten mag und ihn zu seinem Sklaven machen kann.

Ich suche nun Abhülfe nicht in einer Bevormundung irgend einer Art, ich verlange nur ein Kriterium, daß Kredite an Leute, die von der Hand in den Mund leben und noch zukünftigen Erwerb im Voraus verzehren wollen, auch wirklich im einzelnen Fall Staatshülfe verdienen.

Weiß der Geschäftsmann, (Wirth, Kaufmann, Kapitalist), daß er nicht unbedingt auf Beschlagnahme des Lohns zu rechnen hat, so wird er die Verhältnisse genauer prüfen, den Grund des Kreditgesuchs untersuchen. Findet der Arbeiter nicht *sofort* offene Hände — und es handelt sich in so vielen Fällen um ein Borgen, das er bei besserer Besinnung schon Stunden darauf bitter bereut — so wird er sich überlegen, daß er nicht seiner Arbeit Frucht zum Voraus verzehren darf, sondern freiwillig das je und je Entbehrliche zurücklegen muß, um für Zeiten der Noth zu sorgen.

Das Auskunftsmittel scheint mir nun darin zu liegen, daß man den Willen, zu zahlen und aus dem Lohn zu zahlen, also vor allen Dingen das Bewußtsein des Arbeiters selbst, daß er den Lohn zum Voraus verzehre, beim Kreditgeschäft schon augenscheinlich macht *und*, worauf ich großes Gewicht lege, daß man den Vollzug durch Einholung der Zusage des Arbeitgebers, seiner Zeit den Lohn inne zu behalten, möglichst sichert. Auf diese Weise erlangt auch der Gläubiger erst wirkliche Sicherheit, denn ich verstehe diese Anweisung so, daß er ein ausschließliches Anrecht auf den betreffenden Lohnantheil bekommt.

So hat der Staat eine Gewähr, daß das Kreditgeschäft wirklich ein (wenn auch im weitesten Sinne) produktives ist, und daß, wenn je unvorhergesehene Umstände dem Arbeiter es unmöglich machen, von bezogenem Lohn zu zahlen, das Einschreiten des Staats beim Arbeitgeber keinen Widerwillen findet. Es entsteht überdies zwischen dem Kreditgesuch und der Gewährung eine heilsame Pause, die allen Theilen Ueberlegung nahe legt: dem Arbeiter, ob er seinen Lohn zum Voraus verzehren will, dem Kreditgeber, ob er es mit einem Manne zu thun hat, der auch zahlen will und kann, und dem Arbeitgeber, ob wirklich die Dinge so liegen, daß er den Kredit unterstützen soll.

Wie gesagt, nicht um Bevormundung handelt es sich hier, sondern in der That um eine Maßregel des Gleichgewichts zwischen Kapital und Arbeit, um eine Maßregel, die den Kredit des Arbeiters auf sittliche Grundlagen stellt, die seine wahrhaft freie Bewegung nicht hindert, sondern sichert, und ihn nur zu rechter Zeit an die Bedingungen erinnert, auf denen sein Kredit beruht. Und dabei ist die Maßregel geeignet, vom Staate aus, soviel geschehen kann, auf einen vertrauensvollen Verkehr zwischen Arbeitgeber und Arbeitern hinzuwirken, eine Bemühung, zu der wahrlich Grund genug besteht, und die ganz unverfänglich ist im Vergleich mit dem jetzigen Zustand, der dem Arbeitgeber auch, aber wenn es zu spät ist, Einblick in die Lage des Arbeiters gewährt und ihn zur Erwägung nöthigt, ob er ihn behalten oder entlassen will.

Diese Erwägung wird nun zu rechter Zeit von ihm gefordert. Der Arbeiter aber wird erinnert, freiwillig und zu rechter Zeit zu thun, was er bis daher dem Staate zu thun überließ, und während bisher das Dichten und Trachten so Vieler dahin ging, den Griffen des Beamten sich möglichst zu entziehen, werden sie freiwillige Sparpfennige den Genossenschaften zuwenden, um sie bei Eintritt von Nothfällen oder zu ihren kleinen Geschäften parat zu haben.

Meine Ansicht geht also dahin:

Der Staat fordert als Voraussetzung für sein Einschreiten gegen Löhne, seien es schon verfallene oder künftig zu verdienende, zu Gunsten eines Gläubigers, daß beim Eingehen des Kreditgeschäfts eine schriftliche Anweisung auf den Lohn und vom Arbeitgeber die Zusage ertheilt worden ist, diese Anweisung seiner Zeit zu vollziehen.

Wie es mit gesetzlichen Verpflichtungen (Geldstrafen, Alimenten, Schadensersatz-Forderungen) zu halten, wie der Staat mit seinen Angestellten zu verfahren habe, das bleibt besonderer Feststellung vorbehalten, wie auch bei Privatbediensteten, die auf längere Dauer oder lebenslang angestellt sind, Ausnahmen gemacht werden mögen.

Um den Umfang des angewiesenen Lohns hat sich aber bei Annahme dieses Systems der Staat nicht zu bekümmern.

Berichtigungen zum dritten Bande der Verhandlungen

des VI. Deutschen Juristentages.

Seite 192 Zeile 8 statt: „Hofgerichtsrath Brauer aus Bruchsal" lies „Oberhofgerichtsrath Brauer aus Mannheim."

„ 216 Zeile 8 statt: „den Indizienbeweis" lies „die Beschränkung des Indizienbeweises."

ebendas. Zeile 9 statt: „er ist doch umgefallen" lies „sie ist doch gefallen."

Seite 209 Zeile 9 v. unten statt: „ist seit dem Jahre 1864" lies „war bis zum Jahre 1864."

ebendas. Zeile 3 v. unten statt: „$^2/_3$" lies „$^1/_3$."

Druck von G. Jansen, Berlin, Jüdenstraße 2b.

Verhandlungen

des

Siebenten deutschen Juristentages.

Herausgegeben

von

dem Schriftführer-Amt der ständigen Deputation.

Zweiter Band.

Berlin, 1869.
Commissions-Verlag von J. Guttentag.

Inhaltsverzeichniß.

Vorbemerkung. Die stenographischen Aufzeichnungen der Verhandlungen des siebenten Juristentages waren so überaus mangelhaft, daß bei dem Drucke derselben eine Reihe von Aenderungen getroffen werden mußten, um den Gedankengang der einzelnen Redner erkennbar zu machen. Hierdurch ist der Treue der Berichte in Etwas Eintrag gethan, hoffentlich nicht in wesentlichen Punkten. Sollten sich Berichtigungen als nothwendig herausstellen, so bittet man dieselben baldigst dem Schriftführeramte zuzustellen, damit deren Veröffentlichung in dem nächsten Hefte der Verhandlungen erfolgen kann.

Statut des deutschen Juristentages.*)

§. 1.

Der Zweck des Deutschen Juristentages ist: eine Vereinigung für den lebendigen Meinungsaustausch und den persönlichen Verkehr unter den Deutschen Juristen zu bilden, auf den Gebieten des Privatrechts, des Processes und des Strafrechts den Forderungen nach einheitlicher Entwickelung immer größere Anerkennung zu verschaffen, die Hindernisse, welche dieser Entwickelung entgegenstehen, zu bezeichnen und sich über Vorschläge zu verständigen, welche geeignet sind, die Rechtseinheit zu fördern.

§. 2.

Der Deutsche Juristentag tritt in der Regel alljährlich zusammen; doch ist die ständige Deputation ermächtigt, aus Gründen der Zweckmäßigkeit ausnahmsweise die Wiedereinberufung des Juristentages erst in dem auf dessen letzten Zusammentritt folgenden zweiten Kalenderjahre vorzunehmen.

§. 3.

Zur Mitgliedschaft berechtigt sind die Deutschen Richter, Staatsanwälte, Advokaten und Notare, die Aspiranten des Richteramtes, der Anwaltschaft und des Notariats, sowie Jeder, der nach seinen Landesgesetzen zum Richteramte, zur Anwaltschaft oder zur Ausübung des Notariats für befähigt erkannt ist, ferner die Lehrer an den Deutschen Hochschulen, die Mitglieder der gelehrten Akademieen, die Doktoren der Rechte und die rechtsgelehrten Mitglieder der Verwaltungs-Behörden

*) Die gesperrt gedruckten Worte sind Aenderungen des bisherigen Statuts, welche von dem Siebenten Deutschen Juristentage beschlossen worden sind.

§. 4.

Die Mitgliedschaft beginnt mit dem Empfange der Mitgliedskarte. Sie berechtigt zur Theilnahme an den Verhandlungen und an der Abstimmung.

§. 5.

Der Beitrag der Gesellschaftsmitglieder beträgt zwei Thaler jährlich und ist innerhalb vier Wochen nach Beginn jedes neuen Jahres zu entrichten, widrigenfalls derselbe durch Postvorschuß eingezogen wird. Nimmt ein Mitglied den mit Postvorschuß beschwerten Brief nicht an, so wird dies einer ausdrücklichen Austrittserklärung gleich geachtet. — Für die am Orte des Juristentages selbst zu lösende Anmeldungskarte ist Ein Thaler zu entrichten.

§. 6.

Den Plenarverhandlungen des Deutschen Juristentages gehen der Regel nach Abtheilungs-Berathungen voraus. Zu diesem Zwecke werden durch freiwillige Einzeichnung der Mitglieder folgende vier Abtheilungen gebildet:

1) Abtheilung für Privatrecht, insbesondere Obligationen- und Pfandrecht, juristisches Studium und praktische Ausbildung.
2) Abtheilung für Handels-, Wechsel-, See- und internationales Recht.
3) Abtheilung für Strafrecht, Strafproceß und Gefängnißwesen.
4) Abtheilung für Gerichtsverfassung und Civilproceß.

Die Abtheilungen wählen ihre Vorsitzenden, Schriftführer, Berichterstatter und benachrichtigen den Vorsitzenden der Plenar-Versammlung (§. 7), sobald ihre Berathungen über einzelne Gegenstände geschlossen sind; ihre Anträge sind schriftlich zu fassen. In jeder Abtheilung stimmen nur Diejenigen mit, welche sich in die betreffende Abtheilung bereits eingezeichnet haben.

Sämmtliche Beschlüsse der Abtheilungen werden in der Plenar-Versammlung mitgetheilt. Es findet jedoch eine Erörterung und Entscheidung im Plenum nur dann statt, wenn dieselbe von der betreffenden Abtheilung vorgeschlagen, oder wenn sie von mindestens zehn Mitgliedern beantragt und von der Plenar-Versammlung beschlossen wird. Ueber die Vorfrage, ob dem von mindestens zehn Mitgliedern gestellten Antrage auf Plenar-Entscheidung stattzugeben, wird nur einem der Antragsteller und dem Berichterstatter das Wort ertheilt.

§. 7.

Die Verhandlungen der Plenar-Versammlung leitet ein Vorsitzender, welcher für die Dauer eines jeden Juristentages in der ersten Plenar-Versammlung durch Stimmzettel oder Akklamation gewählt wird. Derselbe ernennt zwei bis vier Stellvertreter und vier Schriftführer. Er bestimmt die Tagesordnung und kann einzelne Gegenstände, ohne Vorberathung in den Abtheilungen (§. 6), unmittelbar zur Plenar-Berathung stellen. Auch ist er befugt, Nichtmitglieder als Zuhörer zuzulassen.

§. 8.

Bei allen Beschlüssen der Plenar-Versammlung und der Abtheilungen entscheidet einfache Stimmenmehrheit der anwesenden Mitglieder, bei allen Wahlen relative Majorität und im Falle der Stimmengleichheit das Loos.

§. 9.

Wird Schluß der Debatte beantragt, so wird über diesen Antrag sofort abgestimmt. In der Plenar-Versammlung sind alle Anträge mit Ausnahme des Antrages auf Schluß der Debatte schriftlich zu stellen.

§. 10.

Vor dem Schlusse eines jeden Juristentages wird von der Plenar-Versammlung durch Akklamation oder in einem einzigen Skrutininm durch Stimmzettel eine aus neunzehn Mitgliedern und dem Präsidenten des letzten Juristentages als Ehren-Präsidenten bestehende ständige Deputation gewählt. Von jenen neunzehn Mitgliedern müssen mindestens drei am Orte des letzten Juristentages und jedenfalls zwölf auswärts wohnen. Die Liste der zur Akklamation vorzuschlagenden Personen wird durch den Präsidenten der Plenar-Versammlung, seine Stellvertreter und je zehn von jeder Abtheilung gewählte Vertrauensmänner gemeinschaftlich festgestellt.

Die ständige Deputation hat folgende Befugnisse und Obliegenheiten:

1) sie sorgt für die Ausführung der von dem Juristentage gefaßten Beschlüsse, veranlaßt nach eignem Ermessen den Druck der Protokolle und Vorlagen, bewirkt die Vertheilung der Drucksachen an die Mitglieder und verwahrt alle Akten und Schriftstücke des Juristentages;

2) sie bestimmt Zeit und Ort des nächsten Juristentages, trifft

die für denselben nöthigen Vorbereitungen, erläßt die Einladungen, stellt die vorläufige Tagesordnung auf, wobei sie in der Regel nur die bis zum 31. Mai des laufenden Jahres eingegangenen Vorlagen zu berücksichtigen hat, und bereitet Abänderungs-Vorschläge in Betreff der Geschäftsordnung für die Plenar-Versammlung vor;

3) sie nimmt die Beitrittserklärungen neuer Mitglieder entgegen, fertigt die Mitgliedskarten aus, empfängt die Beiträge, bestreitet die Ausgaben und legt der folgenden Deputation Rechnung;

4) sie ergänzt sich selbst, falls eins oder mehrere ihrer Mitglieder während des Geschäftsjahres ausscheiden.

Die Deputation wählt aus ihrer Mitte einen Vorsitzenden, einen Schriftführer, welcher ein von der Deputation festzusetzendes Pauschquantum für baare Auslagen erhält, und einen Kassirer. Der letztere ist verpflichtet, der ständigen Deputation bei ihrem jedesmaligen Zusammentritte einen Kassenabschluß vorzulegen. Die Deputation läßt durch eines oder mehrere ihrer Mitglieder die Rechnung prüfen und die Kasse revidiren. Der Sitz der Deputation ist der Ort des letzten Juristentages. Zur Giltigkeit ihrer Beschlüsse ist die Einladung sämmtlicher Mitglieder sowie die Mitwirkung von wenigstens fünf Mitgliedern erforderlich.

§. 11.

Abänderungen dieses Statuts können zwar von der Plenar-Versammlung durch einfache Stimmenmehrheit, jedoch nur auf schriftlichen Antrag, der vier Wochen vor dem Zusammentritt des Juristentages der ständigen Deputation (§. 10) überreicht worden, beschlossen werden.

Erste Plenarversammlung

des

Siebenten Deutschen Juristentages

zu Hamburg am 27. August 1868,

Morgens 9 Uhr,

im großen Saale des Convent-Gartens.

Die Sitzung wird durch den Vorsitzenden der ständigen Deputation, Herrn Justiz-Ministerialrath Dr. v. Kalb aus München eröffnet.

Justiz-Ministerialrath Dr. **von Kalb**: Geehrte Herren! Den ersten Gegenstand der heutigen Tagesordnung bildet die Wahl eines Vorsitzenden der Versammlung. Dieselbe hat bekanntlich nach §. 7. der Statuten durch Acclamation oder durch Stimmzettel zu erfolgen. In der bisher gewohnten Uebung erlaubt sich die ständige Deputation, Ihnen mit einem Vorschlage entgegen zu kommen, wobei ich allerdings einen Ausdruck des Bedauerns nicht ganz unterdrücken kann darüber, daß ein gewohntes Haupt, ein wahrer Wächter des Deutschen Juristentages, sich diesmal nicht in unserer Mitte befindet. Wir erlauben uns daher, Ihnen einen Mann vorzuschlagen, der nicht allein durch seine glänzenden Leistungen in rechtswissenschaftlicher Beziehung, durch hervorragende Thätigkeit sich auszeichnet, sondern der sich auch stets als einen der eifrigsten Förderer und treuesten Mitarbeiter des Juristentages bewährt hat. Sein Name ist Gneist. Die ständige Deputation ladet Sie daher ein, den Herrn Professor Dr. Gneist zum Vorsitzenden des 7. Deutschen Juristentages durch Acclamation zu erwählen.

(Allgemeine Zustimmung.)

Ich ersuche demnach den Herrn Professor Dr. Gneist, den Sitz des Präsidenten einzunehmen.

(Herr Professor Dr. Gneist nimmt den Präsidentensitz ein.)

Präsident Professor Dr. **Gneist**: Meine Herren! Der deutsche Juristentag hat die Ehre gehabt, vom ersten Augenblicke seines Entstehens an einen Mann an seiner Spitze zu sehen, der bei jeder Gelegenheit von uns bezeichnet worden ist als das, was er ist, als eine Zierde unserer deutschen Rechtswissenschaft, als eine Ehre für den Richterstuhl, den er seiner Zeit eingenommen, als einen Mann bewährt in allen Richtungen, in denen ein deutscher Jurist sich bewähren kann, unsern verehrten Freund, Geheimen Rath Professor Dr. v. Wächter. Wir alle werden lebhaft bedauern, daß seine sichere vortreffliche Leitung uns diesmal fehlt. Nach einem Schreiben, welches ich eben erhalte, haben wir keine Hoffnung, ihn in unserer Mitte erscheinen zu sehen. Da er erschöpft von der Last und Hitze eines schweren Sommer-Semesters, da er noch mehr genöthigt ist, eine Pietätspflicht gegen ein nahe stehendes Mitglied seiner Familie zu erfüllen, müssen wir für dieses Mal auf seine Leitung verzichten. Wenn dadurch eine Stellvertretung nöthig wird, so kann ich mir nicht verhehlen, daß die hochgeehrte Versammlung die sichere Hand des Leiters schwer vermissen wird, daß sie vermissen wird die liebenswürdige humane Weise, mit der er stets unsere Verhandlungen geleitet hat. Wird aber eine Stellvertretung nöthig und Sie wollen mir dieses Amt anvertrauen, so sehe ich es als selbstverständlich an, daß die höchste Ehre, die überhaupt uns widerfahren kann, die Uebertragung eines Vertrauensamtes, eines Vertrauensamtes durch die Berufsgenossen, in deren Mitte so viele sitzen, die zu einer Leitung berufen und an Leitung gewöhnt sind, daß ein solches Amt, mag es noch so schwer sein, sich nicht ablehnen läßt. Ich nehme daher den Auftrag mit dem herzlichsten, wärmsten Dank an, aber zugleich mit der dringend motivirten Bitte, daß Sie es mir durch Ihre gütige Unterstützung, durch Ihre große Nachsicht möglich machen, die Stellvertretung unseres bewährten Leiters für dieses Mal zu ersetzen.

Das erste Geschäft, welches mir nach den Statuten obliegt, ist die Konstituirung des Bureaus, die durch 4 stellvertretende Vorsitzende und 4 Schriftführer geschehen muß. Ich lade zuerst den Herrn Dr. Kierulff, Präsidenten des Ober-Appellationsgerichts zu Lübeck, ein, die Stelle eines stellvertretenden Vorsitzenden zu übernehmen und auf den Stühlen Platz nehmen zu wollen, die entweder da sind, — oder da sein könnten.

(Heiterkeit.)

Ist Herr Präsident Dr. Kierulff anwesend? Derselbe scheint nicht anwesend zu sein. Meine Herren, der erste Richter der Landschaft, in der wir die Ehre haben zu tagen, hat in der Regel an unsern Sitzungen als stellvertretender Präses Theil genommen, und ich bedauere es lebhaft, daß wir nicht die Ehre haben können, ihn an dieser Stelle zu sehen, denn ich trage Bedenken, ein Amt zu offeriren, ohne zu wissen, ob Herr Dr. Kierulff geneigt ist, dasselbe anzunehmen. Ich muß also unter diesen Umständen darauf verzichten, bitte aber nunmehr Herrn Senator Dr. Versmann, uns die Ehre zu erweisen, den Vicepräsidentensitz einzunehmen. Ich darf hoffen, bei der lebhaften Theilnahme, die derselbe dem Zustandekommen unseres Juristentages gewidmet, daß er die Bitte nicht ablehnen wird, und ich nehme dies stillschweigend als angenommen an. Ich bitte darnach Herrn Ober-Appellationsgerichtsrath Dr. Voigt gütigst Platz zu nehmen. Der Herr ist anwesend und ich darf aus seinem Schweigen die freundliche Annahme unserer Bitte entnehmen. Sodann bitte ich den Herrn Justizministerialrath Dr. v. Kalb aus München die Güte zu haben, den Platz einzunehmen, und endlich Herrn Ober-Landesgerichtsrath Dr. v. Keller aus Wien. Ich darf mich Ihrer freundlichen Zustimmung versichert halten.

Demnächst handelt es sich um die Ernennung von 4 Schriftführern. Ich ernenne kraft der Statuten zunächst Herrn Kreisgerichts-Direktor v. Kunowsky aus Neu-Ruppin zum Schriftführer (Herr v. Kunowsky hat uns die Ehre erwiesen, schon beim ersten Juristentage diese Stelle einzunehmen); sodann den Herrn Hof- und Gerichts-Advokaten Dr. Ritter von Kißling aus Linz, endlich den Herrn Sekretair des Bürger-Ausschusses Dr. Leo und Herrn Dr. J. G. Mönkeberg aus Hamburg. Darf ich die geehrten Herren bitten, die Plätze als Schriftführer einnehmen zu wollen?

(Die Herren nehmen ihre Plätze ein.)

Meine Herren, nach Konstituirung des Bureaus gebe ich mir die Ehre, kraft des mir gewordenen Auftrages den 7. deutschen Juristentag für eröffnet zu erklären. Der Juristentag befindet sich in der angenehmen Lage, seine Sitzungen nunmehr ohne Vorrede eröffnen zu können; die Vereinigung der deutschen Juristen existirt und sie wird bestehen, weil das Bedürfniß, der Beruf und die Neigung dazu vorhanden ist, und noch sicherer und selbstverständlicher wird die Einheit der Gerichtsverfassung und des Rechts in den Dingen, auf die es ankommt, in Deutschland bestehen. Mag in und um Deutschland geschehen, was da wolle, diese Einheit, meine Herren, wie sie durch Jahrhunderte bestanden hat, sie wird bestehen, so sicher wie die Einheit unserer schönen Sprache, trotz aller Dialekte, und eben so unzweifelhaft wird bestehen die Theilnahme unserer deutschen Juristen an dem werdenden Werke unserer Gesetzgebung, unserer Gerichtsverfassung, wie es dem deutschen Juristenstande nach der Stufe seiner Intelligenz und nach seinem Charakter zukommt. Wir treten also, meine Herren, denke ich, in die Fortsetzung der Berathungen, die wir nun das Glück haben, seit einer Reihe von Jahren gemeinschaftlich führen zu können.

Als ersten materiellen Gegenstand unserer Berathungen ergiebt die vorläufige Tagesordnung, die Ihnen durch die kleine Schrift, welche wir der

Güte des Hamburger Local-Comités verdanken, mitgetheilt ist, die Vertheilung der Geschäfte unter die einzelnen Abtheilungen. Die geehrte Versammlung wird definitiv zu beschließen haben, welche Gegenstände in die einzelnen Abtheilungen gehen sollen. Ich bevorworte Folgendes: Wir haben auf dem letzten Juristentage gefunden, daß die Geschäftszweige der ersten und zweiten Abtheilung vielfach in einander gerathen und es deshalb zweckmäßig erschien, die erste und zweite Abtheilung zu combiniren. Die ständige Deputation schlägt Ihnen denselben Weg für die diesmalige Vertheilung der Geschäfte vor. Wir würden dann vorbehaltlich des definitiven Beschlusses der geehrten Versammlung die Geschäfte in 3 Gruppen eintheilen. Ich will zur Information mittheilen (die Abstimmung erfolgt im Einzelnen), daß wir Ihnen empfehlen würden, der 1. und 2. kombinirten Abtheilung die Fragen 2, 3, 7, 9, 13, und der 3. Abtheilung die Fragen 4, 5, 6, 11 zuzuweisen; der 4. Abtheilung, die sonst überreichlich bedacht war, bleiben dann nur 3 Gegenstände, nämlich die Fragen No. 8, 10 und 12.

Vor dem Eingehen auf die einzelnen Fragen bedarf es nun der Entscheidung der Vorfrage, ob die geehrte Versammlung damit einverstanden ist, die 1. und 2. Abtheilung kombinirt bei einander zu lassen. Wenn sich dagegen kein Widerspruch erhebt, was nicht geschieht, so nehme ich diese Vorfrage als bejaht an und bitte nun, über die Vertheilung der einzelnen Fragen auf die Abtheilungen abzustimmen. Wir gehen nach der Reihenfolge des Büchleins.

Die Frage 2, Seite 15 des Buches: „Soll es zulässig sein, Inhaber-Papiere außer Kurs zu setzen? würde jedenfalls vor die 1. und 2. Abtheilung gehören." In Ermangelung eines Widerspruchs nehme ich Ihre Genehmigung an.

Frage 3: „Empfiehlt sich die Beibehaltung des Instituts der Handels-Mäkler?" würde wohl eben so unzweifelhaft die 1. und 2. Abtheilung interessiren; in Ermangelung eines Widerspruchs nehme ich Ihre Genehmigung an.

Frage No. 4: „Soll in der Hauptverhandlung des Strafprozesses von dem Angeklagten, welcher sich nichtschuldig erklärt, noch eine spezielle Einlassung oder Rechtfertigung auf die Anklage verlangt werden?" gehört vor die 3. Abtheilung, wie wohl keinem Zweifel unterliegt. Ich bemerke nur, daß statt des abwesenden entschuldigten Herrn Referenten, Appellationsgerichtsraths Dr. v. Groß aus Jena, der Staatsanwalt v. Stenglein aus München das Referat in der 3. Abtheilung übernehmen wird.

Frage 5: „Ist die Wiederaufnahme des Strafverfahrens zu Gunsten des Verurtheilten schon in dem Falle als zulässig zu erachten, wenn nach der Verhandlung neue Thatsachen oder Beweismittel auftauchen, welche als geeignet erscheinen, in wesentlichen Punkten die Sachlage zu Gunsten des Verurtheilten zu ändern, oder soll die Zulässigkeit von dem Vorhandensein bestimmt bezeichneter Verhältnisse, eventuell welcher, abhängig gemacht werden?" wird wohl selbstverständlich der 3. Abtheilung zugehören.

Frage 6: „Ist es für das mündliche Strafverfahren angemessen, auf Grund der schriftlichen Akten der Voruntersuchung ein Erkenntniß darüber zu erlassen, ob Anklage zu erheben sei oder nicht?" wohl eben so selbstverständlich für die 3. Abtheilung.

Frage 7: „Soll die Gesetzgebung Arrest auf künftig zu verdienendes Lohn gestatten, und in welchem Umfange?" kann in die 1., 2. und 4. Abtheilung gehören. Wegen des besonders nahen Zusammenhanges mit Handels- und Gewerbsinteressen würden wir Ihnen vorschlagen, sie auf die 1. und 2 Abtheilung zu übernehmen, da diese ohnehin keine sehr ausgiebigen Themata hat. Wenn sich kein Widerspruch erhebt, was nicht geschieht, nehme ich Ihre freundliche Zustimmung an.

Amtsassessor Dr. **Hopf** aus Gotha: Es wird wohl zuläſſig sein, aus einer Abtheilung in die andere überzutreten?

Präsident: Ich bin Ihnen sehr dankbar, daß Sie mir durch Ihre Frage Gelegenheit zu dieser Bemerkung geben; sämmtliche geehrte Mitglieder haben nach unserm Usus die Berechtigung, jeden Augenblick aus der einen Abtheilung in die andere überzugehen, und unsere Lokale liegen nicht weit auseinander. Die 1. und 2. und die 3. Abtheilung tagen hier, während die 4. im Gebäude der patriotischen Gesellschaft ihre Sitzungen hält. Ihre Frage ist damit wohl erledigt.

Es folgt nun die Frage No. 8: „Soll einem prozeßordnungsmäßig erlassenen strafrichterlichen Urtheile, wodurch eine Frage entschieden ist, welche der Entscheidung einer Civilsache präjudizirt, für diese letztere die Kraft eines vollen Beweises eingeräumt werden?" kann vor die 3. oder 4. Abtheilung kommen. Da die 4. Abtheilung dieses Mal ungewöhnlich schwach mit Berathungsgegenständen versehen ist, so schlagen wir Ihnen die 4. Abth. vor.

Ein Mitglied: Ich möchte mir die Anfrage erlauben, ob es nicht zweckmäßiger sei, die 3. und 4. Abth. dieses Mal zu kombiniren, denn der Gegenstand 8 gehört eben so gut in die eine wie in die andere Abtheilung.

Präsident: Meine Herren, diese Frage ist eine so natürlich sich darbietende, daß sie an jedem Juristentage erörtert ist. Die Bedenken dagegen sind folgende: Die 3. und 4. Abtheilung erfreuen sich erfahrungsmäßig der stärksten Betheiligung. Die 3. und 4. Abtheilung zusammen bedeutet beinahe Plenum, und wir haben stets die Erfahrung gemacht, daß bei einer Kombination der 3. und 4. Abth. eine große Unordnung in die Debatte gekommen und die Geschäftsleitung sehr schwierig gewesen ist. Der Juristentag hat es daher in allen früheren Sitzungen aus diesen Zweckmäßigkeits-

Gründen abgelehnt, diese beiden Abtheilungen zu kombiniren. Das Bedürfniß ist in keinem Falle dringlich, da wir früher schon immer in die verschiedenen Abtheilungen haben Mittheilung ergehen lassen, wenn der betreffende Gegenstand zur Verhandlung kam. Ich möchte daher den Herrn Antragsteller bitten, auf diese Kombination zu verzichten und seinerseits Kenntniß zu nehmen, wenn der Gegenstand in der 4. Abtheilung zur Sprache kommt.

Rechtsanwalt Dr. **Steinfeld** aus Kassel: Meiner Ansicht nach scheint es gar nicht zweifelhaft zu sein, daß die Frage, welchen Einfluß ein strafrichterliches Erkenntniß auf das Civilverfahren habe, in derjenigen Section zu verhandeln ist, welche überhaupt über den Civilprozeß zu entscheiden hat. Es ist eine Frage, welche sich der Civilrichter für die civilrichterliche Entscheidung vorlegt, sie gehört also in die 4. Sektion.

Präsident: Ich bin ganz Ihrer Meinung, glaube aber, daß die Frage schon stillschweigend erledigt ist. Unser Vorschlag ist, dieselbe in die 4. Abtheilung zu verweisen. Der Vorschlag hat keinen Widerspruch gefunden und ich nehme deswegen Ihre Zustimmung an.

Die 9. Frage: „Soll der Staat, beziehungsweise die Gemeinde, für Schäden und Nachtheile, welche die von ihnen angestellten Beamten durch vorsätzliche oder kulpose Verletzung ihrer Dienstpflichten einem Dritten zufügen, überhaupt haften, und bejahenden Falles, in erster Reihe, unbedingt oder nur subsidiär?“ gehört in die 1. und 2. Abtheilung, wo sie auch schon verhandelt ist, das wird auch wohl kein Bedenken erregen.

Frage 10: „Soll im Civilprozeß für das Vorbringen von Thatsachen, Einreden und Beweismitteln in erster Instanz eine Präklusivfrist bestehen, und bejahenden Falles, welche?“ ist seit vielen Jahren ein Bijou der 4. Abtheilung gewesen.

Sodann Antrag 11: Der deutsche Juristentag wolle beschließen: „Dem Staatsanwalte ist die Befugniß einzuräumen, zu Gunsten des Angeklagten sowohl die Nichtigkeitsbeschwerde einzuwenden, als auch auf Wiederaufnahme der Untersuchung anzutragen, und zwar unter den Voraussetzungen und in den Fällen, in welchen es dem Angeklagten gestattet sein würde?“ gehört wohl unbedenklich in die 3. Abtheilung.

Antrag 12: des Verwaltungsrathes Dr. Jaques zu Wien in Betreff der Stellung der Advokaten. Die 4. Abtheilung, welche die Gerichtsverwaltung u. s. w. zu besprechen hat, wird natürlich für diesen Gegenstand berufen sein, der ihr Hauptthema bilden wird. Wenn ich keinen Widerspruch höre, nehme ich Ihre Zustimmung an.

Endlich Antrag 13: „Der deutsche Juristentag beschließt: Die Anfechtbarkeit der Verträge wegen Verletzung über die Hälfte (laesio enormis) ist aus den deutschen Civilgesetzgebungen zu beseitigen“, wird als privatrechtliche

Frage in die 1. und 2. Abtheilung gehören, was wohl keinem Bedenken unterliegt. Ich bemerke nur, da der Herr Referent nicht anwesend ist, so hat sich, wenn der Gegenstand noch zur Verhandlung kommt, eventuell Dr. Gneist erboten, das Referat zu übernehmen. Meine Herren, ich darf Ihre Zustimmung zu dieser Vertheilung wohl annehmen und rekapitulire die Gegenstände für die einzelnen Abtheilungen noch einmal.

(Wiederholung.)

Privatdocent Dr. **Hilse** aus Göttingen: Meine Herren! Ich möchte über die Punkte sprechen, welche von dem Comité auf die vorläufige Tages-Ordnung des Juristentages von 1869 verschoben sind. Einige von diesen können wohl in diesem Jahre auch schon verhandelt werden.

Ich bin derjenige, meine Herren, welcher die Anträge 4 und 5, die auf die vorläufige Tagesordnung des nächsten Juristentages gestellt sind, eingebracht hat. Der §. 7 der Statuten bestimmt, daß zu den Verhandlungen des Juristentages alle diejenigen Anträge gezogen werden können, welche bis zum 31. Mai bei der ständigen Deputation eingereicht sind. Beide Anträge sind vor dem 31. Mai dem Schriftführer übergeben worden. Nach einer Mittheilung, welche mir erst gestern gemacht worden ist, habe ich erfahren, daß die Zurückstellung dieser beiden Anträge für den nächsten Juristentag erfolgt ist, weil man eine Vorbereitung der Verhandlung der Anträge für nothwendig erachtet hat. Was nun den 4ten Antrag anlangt, so habe ich mich der Ueberzeugung gern angeschlossen, daß vielleicht, da diese Materie überhaupt bisher nicht sehr sorgfältig bearbeitet ist, eine Verschiebung sich rechtfertigen läßt. Ich bin aber nicht in der Lage, die Ansicht theilen zu können, daß auch die Frage über Einführung der Civilehe und über das Connubium zwischen Christen und Nichtchristen nothwendiger Weise verschoben werden müsse, und daß die Mitglieder des Juristentages noch nicht ausreichend informirt seien, um über diese Fragen sich äußern zu können. Es ist bekannt, daß seit dem Jahre 1848, seit der damals konstituirenden deutschen Nationalversammlung, diese Frage wiederholt zur Sprache gekommen ist, daß die Gesetzgebung sich damit beschäftigt hat, daß einer der bedeutendsten Staaten, Oesterreich, gegenwärtig auf diesem Gebiet der Gesetzgebung vorgegangen ist, daß der Norddeutsche Reichstag sich gleichfalls mit dieser Frage beschäftigt hat und daß wir eine Kirchenversammlung in nächster Zeit tagen sehen werden, in welcher von klerikaler Seite und in klerikalem Sinne die Sache besprochen werden soll. Alle diese Umstände lassen es vollständig gerechtfertigt erscheinen, namentlich mit Rücksicht darauf, daß der Herr Präsident gesagt hat, die 1. und 2. Abtheilung sei nur schwach mit Material bedacht, schon in diesem Jahre in die Berathung über diese Frage einzutreten und die Civilehe und das Connubium zwischen Christen und Nichtchristen für diesen Juristentag zur Berathung zu stellen. Ich stelle also den bestimmten Antrag als Fortsetzung meines damals rechtzeitig eingereichten Antrages, zu beschließen, ob die Debatte darüber schon in diesem Jahre anfangen soll.

Präsident: Ich bitte den Herrn Antragsteller, der Geschäftsordnung wegen, den Antrag schriftlich dem Schriftführer der ständigen Deputation zu übergeben, in der Fassung: Antrag 5 auf Seite 22 sei der 1. und 2. Abtheilung zu überweisen. Wir können sonst den Antrag geschäftsordnungsmäßig nicht annehmen. Der Sache nach ist das Bedenken ad 4 erledigt. Der Herr Antragsteller wünscht nun aber Antrag 5 Seite 22 dies Mal erörtert zu sehen. Die Verschiebung dieses Antrages ist von der Deputation Ihnen vorgeschlagen, aus Gründen, die zu Gunsten des Antrages gemeint waren, weil nämlich es doch wünschenswerth schien, eine Frage, die in einer Reihe von Partikular-Verfassungen und Gesetzen verschieden geordnet ist, einigermaßen gründlich durch Gutachten vorzubereiten. Außerdem ist der Uebelstand vorhanden, daß kein ernannter Referent vorhanden ist, also auch für die formelle Behandlung der Sache noch nicht die vollständige Vorbereitung da ist. Ich glaube nun, dieses zweite Bedenken ließe sich erledigen, es ist nur die Frage, ob es bei der Wichtigkeit und Komplizirtheit der Frage nicht wünschenswerth wäre, ein sachlich eingehendes Gutachten vorausschicken zu lassen, was wir ja jedenfalls von tüchtiger Hand erhalten würden. Ich glaube, berechtigt ist die hochgeehrte Versammlung in jedem Fall zu beschließen, der Gegenstand soll dieses Mal erörtert werden und zur 1. und 2. Abtheilung überwiesen werden. Sollten Sie dieses beschließen, so glaube ich, darin liegt stillschweigend die Ermächtigung für den Vorsitzenden der 1. und 2. Abtheilung, ehe die Berathung beginnt, noch einen Referenten für die Frage zu ermitteln. Ich werde die Willensmeinung der geehrten Versammlung einholen. Ich bitte die Herren, welche die Frage 5 Seite 22 den Verhandlungen des diesjährigen Juristentages überweisen wollen, ihre Hand zu erheben.

(Geschieht.)

Es ist die Minorität. Wir werden also diese Frage auf dem nächsten Juristentage verhandeln, und ich hoffe, daß dies der gründlichen Vorbereitung günstig ist.

Der folgende Gegenstand unserer Berathungen sind zwei Vorschläge auf Statuten-Aenderung. Der geborne Referent für diese Frage ist der Schriftführer der ständigen Deputation. Ich lade also den Herrn Rechtsanwalt Makower ein, als Berichterstatter der geehrten Versammlung zunächst eine Mittheilung über unsere ökonomischen Verhältnisse zu erstatten und die Anträge auf Aenderung der Statuten vorzutragen.

Rechtsanwalt **Makower** aus Berlin: M. H., es liegen zwei Anträge auf Statuten-Aenderung vor, von denen der eine von der ständigen Deputation ausgeht, während der andere von einem Mitgliede gestellt ist. Der erste Antrag ist dadurch veranlaßt, daß der frühere Schriftführer, Herr Rechts-Anwalt Hiersemenzel, sein Amt niedergelegt hatte und es sich späterhin herausstellte, daß eine Kombinirung aller Geschäfte in einer Hand nicht rathsam sei. Diese waren bei einer Anzahl von über 2000 Mitgliedern größer, als daß ein Einzelner sie hätte bewältigen können, und wurde deswegen von der ständigen Deputation die Einrichtung getroffen, daß dieselben, so weit sie die Vertheilung und Versendung der Drucksachen betrafen, einer Buchhandlung übergeben wurden. Diese Einrichtung bedarf keiner Statuten-Aenderung, da der Juristentag seine geschäftlichen Angelegenheiten durch die ständige Deputation ordnet. — Dagegen würde eine andere Einrichtung eine Statuten-Aenderung nothwendig machen. Die Geldangelegenheiten unseres Vereins haben eine Ausdehnung gewonnen, daß sie von dem Schriftführeramt so nebensächlich nicht behandelt werden können; es handelt sich um eine Einziehung von 2600 Beiträgen, und die Mitgliederzahl wächst alle Augenblicke, so daß eine ganze Reihe von Geschäften blos in diesen Geld-Angelegenheiten zu erledigen ist. Es müssen Rechnungen gelegt und geprüft werden, und alles dies konnte das Schriftführeramt nicht übernehmen, es mußte für eine anderweitige Kassenverwaltung Sorge getragen werden.

Herr Geheimer Justizrath Borchardt aus Berlin hat sich bereit finden lassen, dieses undankbare und mühevolle Amt zu übernehmen; dadurch wurde es aber nothwendig, da nach den Statuten die Kassengeschäfte noch in einer Hand konzentrirt waren, eine Aenderung der Statuten vorzunehmen.

Ich möchte diese Gelegenheit nun gern benutzen, den Mitgliedern kurz mitzutheilen, daß wir ein ziemlich wohl situirter Verein sind, soweit es unsere Geldangelegenheiten betrifft. Früher fanden dergleichen Mittheilungen über die Geldangelegenheiten an die Mitglieder nicht statt, die ständige Deputation wünscht aber, daß alljährlich ein Bericht über unsern Kassenbestand gegeben werde. Ich werde dafür sorgen, daß alljährlich ein solcher Bericht aufliege, für jetzt theile ich nur mit, daß, nachdem 2000 Thlr. für die Kosten des diesjährigen Juristentages abgegangen sind, außerdem noch ein Betrag von 6700 Thlrn. praeter propter zu unserer Verfügung steht, der in zinstragenden Papieren angelegt ist. Ich bemerke ausdrücklich, dieser Bestand ist nicht zu hoch, weil wir nicht blos einige Tausend Thaler für Drucksachen verwenden müssen, in Bezug auf welche die ständige Deputation das Princip hat, den einzelnen Mitgliedern gegenüber möglichst gentil zu verfahren und ihnen Drucksachen zu geben, so viel sie irgend wollen, sondern weil wir immer einen erheblichen Bestand in der Kasse behalten müssen, um die Kosten des Zusammenkommens an solchen Orten zu bestreiten, wo nicht so liberal für uns gesorgt ist, wie Seitens der hiesigen Juristen.

Wegen der Einrichtung eines besonderen Kassenführers schlägt Ihnen nun die ständige Deputation vor, Sie möchten beschließen, den Schluß des §. 10 der Statuten zu ändern. Der Schluß lautet jetzt so: „Die Deputation wählt aus ihrer Mitte einen Vorsitzenden und einen Schriftführer, welcher Letztere ein von der Deputation festzusetzendes Pauschquantum für baare Auslagen erhält. Der Sitz der Deputation u. s. w.", dies soll nun so geändert werden: „Die ständige Deputation wählt aus ihrer Mitte einen Vorsitzenden, einen Schriftführer, welcher ein von der Deputation festzusetzendes Pauschquantum für baare Auslagen erhält, und einen Kassenführer. Der Letztere ist verpflichtet, der ständigen Deputation bei ihrem jedesmaligen Zusammentritte einen Kassenabschluß vorzulegen. Die Deputation läßt durch eines oder mehrere ihrer Mitglieder die Rechnung prüfen und die Kasse revidiren." Ich denke, meine Herren, es werden wohl schwerlich materielle Bedenken hiergegen erhoben werden. Würde dieser Antrag angenommen, so müßte es natürlich im Eingange desselben Paragraphen statt „achtzehn" „neunzehn Mitglieder" heißen, da jetzt der Kassenführer hinzukommt.

Also die Aenderungen, die von der Deputation vorgeschlagen werden, sind: Im Eigange des §. 10 statt 18, das Wort kommt zwei Mal vor, 19 zu setzen, und dann den Schluß so zu ändern, wie ich mir erlaubt habe, Ihnen vorzutragen. Ich stelle anheim, ob noch über diesen Antrag debattirt und beschlossen werden soll.

Präsident: M. H.! Ich eröffne die Debatte über den gestellten Antrag und verlese denselben noch ein Mal.

(Geschieht.)

Rechtsanwalt **Sander** aus Arnswalde: Ich möchte mir zunächst die Frage erlauben, ob es nicht offen steht, darauf anzutragen, daß die Verpflichtung des Kassenamts so festgestellt wird, nicht jedes Mal, wenn die ständige Deputation zusammentritt, einen Kassenabschluß vorzulegen, sondern nur nach einem bestimmten Zeitraum, vielleicht alljährlich. Ich glaube nämlich, es wird auf der einen Seite schwierig sein, wenn ein Kassenabschluß vielleicht in gar nicht langer Zeit vorgelegt werden wird, und auf der andern Seite möchte das vielleicht auch dazu führen, dem Kassenbeamten unnütze Arbeit zu machen. Der Stand der Kasse ist doch höchst wahrscheinlich ein solcher, daß die Ausgabe sowohl wie die Einnahme immer in einem bestimmten Zeitraum wieder vorkommt. Soll also der Kassenbeamte, wenn die ständige Deputation zusammentritt, immer einen Bericht erstatten, und ist vielleicht in dieser Zeit gar nichts vorgefallen, so wird es kommen, daß der Bericht eben so lautet wie der vorige. Ich stelle also aus diesem Grunde den Antrag, daß der Kassenabschluß nur alljährlich festgestellt werde.

Präsident: Der Herr Berichterstatter wird die Güte haben, darauf sogleich einige Erläuterungen zu geben, von denen wahrscheinlich die Stellung des Antrages noch abhängt.

Rechtsanwalt **Makower** aus Berlin: M. H.! Nach unsern Statuten ist völlig unbestimmt, wann und wie oft die Deputation zusammentritt. Es hat sich aber die feste Praxis — und zwar aus Nützlichkeitsgründen — herausgebildet, daß der Zusammentritt zu Pfingsten erfolgt. Daß die Deputation überhaupt zusammentritt, ist nothwendig. Denn ein Schriftführeramt kann unmöglich alle Geschäfte, welche vorliegen, so rein nach seinem Ermessen behandeln. Ueber eine Reihe von Fragen habe ich es für nothwendig erachtet, die Deputation zu befragen, ob die Herren damit einverstanden sind.

Es wird aber für die Deputation bei jedem Zusammentreten nothwendig sein, zu wissen, über welche Geldmittel wir gebieten. So sind wir in der Lage, zu beurtheilen, ob wir die Kosten für Abhaltung des Juristentages zu bestreiten im Stande sind oder nicht, und ferner zu beschließen, wie viel Kosten dieser verursachen darf. Wir müssen auch wissen, wie viel uns für Druckschriften u. s. w. verbleibt. Die Fassung des Paragraphen, wie sie vorgeschlagen ist, ist aber, wie ich bemerken muß, auf ausdrücklichen Wunsch des Herrn Geheimen Justizraths Borchardt gewählt. Er ist also ganz damit einverstanden. Außerdem schien es uns wünschenswerth, beim Zusammentreten des Juristentages eine kurze Mittheilung über unsern Vermögensstand machen zu können, etwa so, wie ich es heute gethan habe. Es wird also keine zu große Belästigung für den Kassenführer sein, und darum empfehle ich Ihnen, den Antrag so, wie die ständige Deputation ihn gestellt hat, zu belassen.

(Rufe: Ja, Ja!)

Präsident: Wird der Herr Antragsteller noch darauf bestehen, daß über sein Amendement abgestimmt werde?

Rechtsanwalt **Sander:** Nein.

Präsident: Dies dürfte also erledigt sein. Wollen Sie mir jetzt, da sich Niemand zum Wort meldet, noch ein Paar erläuternde Bemerkungen erlauben. Wir hatten am vorigen Juristentage die ständige Deputation beauftragt, durch ein Sub-Comité die ökonomischen Angelegenheiten unseres Vereins zu ordnen. Wir setzten voraus, daß das Geschäft bei der verwickelten Gestalt der großen Sendungen und Einzahlungen außerordentlich schwierig sein würde. Wir können Ihnen, wie es durch den Mund des Herrn Berichterstatters geschehen ist, die angenehme Mittheilung machen, daß sich die scheinbar sehr verwickelten Vermögensverhältnisse in ganz zufriedenstellender, auch ökonomisch günstiger Weise erledigt haben. Wir haben uns aber überzeugt, daß diese Kombination der Aemter eines Schriftführers und eines Rechnungsbeamten des Juristentages eine Last mit sich führt, für deren

Uebernahme wir nachträglich unserm bewährten Schriftführer, Herrn Hiersemenzel, großen Dank schuldig sind. Diese Vereinigung läßt sich aber auf die Dauer nicht ertragen. Sie würde die Widmung einer ganzen, ungetheilten Kraft voraussetzen. Es ist also im Interesse der jetzt in Gang gekommenen Verwaltungsmaschinerie, wenn Sie die Geneigtheit haben, diese Aenderung der Statuten zu bewilligen. Wenn sich kein Widerspruch erhebt, so darf ich wohl annehmen, daß ich die Sache zur Abstimmung stellen kann.

Rechtsanwalt **Sehlmacher** aus Pyritz: Es scheint mir nothwendig, daß bei dem Kassenführer auch die Bestimmung getroffen wird, daß derselbe ein Pauschquantum bekommt.

Präsident: M. H., wenn ich genau gefolgt bin, so beantragt Herr Rechtsanwalt Sehlmacher ein Pauschquantum für den Kassenführer. Es ist vom Herrn Geheimen Justizrath Borchardt das Amt des Kassenführes mit großer Bereitwilligkeit und Aufopferung übernommen worden, und zwar als reines Ehrenamt. Ich bin der Meinung, daß man einem so wohl situirten Kassenführer, wie Herrn Geheimen Justizrath Borchardt,

(Heiterkeit.)

nicht gut ein Pauschquantum oktroyiren kann, und möchte den Herrn Antragsteller bitten, für jetzt darauf zu verzichten.

Rechtsanwalt **Makower**: M. H.! Um das Bedenken des Herrn Sehlmacher zu beseitigen, will ich Folgendes bemerken: Die Buchhandlung, welche unsere Versendungen übernommen hat, verlegt auch sämmtliche Auslagen, welche die Versendung der Drucksachen und das Kassenwesen betreffen. Sämmtliche Zusendnngen, welche auf letzteres Bezug haben, gehen direkt an die Buchhandlung. Wir muthen also unserm Kassenführer nicht zu, baare Auslagen aus seiner Tasche zu machen. Dagegen mußte dem Schriftführer ein Pauschquantum bewilligt werden, da dieser die Auslagen für Porto u. dergl. selber bestreitet.

Privatdocent Dr. **Hilse** aus Göttingen: Ich halte es nicht für zweckmäßig, daß die Versendung der Drucksachen durch eine Buchhandlung in Packeten geschieht. Ich halte die Versendung unter Kreuzband für billiger.

Rechtsanwalt **Makower**: Was die Versendung betrifft und wie sie am billigsten herzustellen ist, darüber ist in einem kleinen Sub-Comité viel hin und her berathen worden. Wir haben mit der Post verhandelt, wir haben die Absicht gehabt, wenn möglich pr. Kreuzband zu versenden, und versucht, ob die Post darauf eingehen würde; wir haben mit den Buchhandlungen und einer Reihe von Sachverständigen und Postbeamten konferirt, wie wir es machen sollten, und es hat sich eine andere Form der Versendung gar nicht finden lassen. Die Kreuzbandsendungen sind nur angebracht, wenn sie ein bestimmtes Maß haben, unsere Drucksachen enthalten aber die doppelte

Bogenzahl und müßten demnach zerschnitten werden. Wir hätten dann 2000 neue Adressen zu schreiben und wahrscheinlich würde es doch vorkommen, daß von den zerschnittenen Drucksachen mancher die eine Hälfte doppelt und die andere gar nicht bekommt. Wir haben die Frage bis zum Ueberdruß erwogen, wie es am billigsten gemacht werden kann, aber keinen andern Weg ausfindig machen können.

(Rufe: Schluß! Schluß!)

Präsident: Ueber den Schlußantrag muß nach unserer Geschäftsordnung sofort abgestimmt werden. Will die geehrte Versammlung den Schluß des Gegenstandes?

(Ja! Ja!)

Besteht der Herr Antragsteller noch auf eine Abstimmung? Ich darf wohl annehmen, daß der Herr Antragsteller durch diese Erläuterungen zufrieden gestellt ist. Nun ist der Antrag auf ein Pauschquantum für den Kassenführer gestellt; hält Herr Sehlmacher den Antrag aufrecht?

Rechtsanwalt **Sehlmacher:** Mit Rücksicht auf die Devise: Beneficia non obtruduntur nehme ich meinen Antrag zurück.

Präsident: Wir kommen nun zur Abstimmung über den 2. Theil des §. 10. Es muß jedenfalls erst und eigentlich allein die positive Aenderung beschlossen werden; die Zahl 19 versteht sich dann von selbst. Die Vorlage lautet:

(Verliest dieselbe.)

(Der Antrag wird angenommen.)

Die Aenderung im 1. Absatz ist selbstverständlich damit auch genehmigt. Die 2te Statutenänderung, welche beantragt ist, wird Ihnen der Herr Berichterstatter ebenfalls vortragen.

Rechtsanwalt **Makower:** Der zweite Antrag geht vom Herrn Ober-Staatsanwalt v. Lauhn aus und bezweckt eine Aenderung, resp. Ergänzung des Statuts. Ich werde mir erlauben, Ihnen zunächst die Motive des Herrn Antragstellers mitzutheilen; dieselben lauten wie folgt: „Die Statuten sind jetzt derart, daß ein Mitglied des Juristentages nicht entfernt werden kann, auch wenn es wegen der gemeinsten Verbrechen resp. Vergehen bestraft und aus dem Justizdienste entlassen ist. Diese Lücke des Statuts muß ausgefüllt werden.“ Der obige Antrag bezweckt den § 4 dahin zu ergänzen:

„Die Mitgliedschaft kann beendigt werden, wenn sich ein Mitglied unwürdig bewiesen hat, noch ferner dem deutschen Juristentage anzugehören, wenn es wegen entehrender Verbrechen oder Vergehen bestraft resp. aus dem Justizdienste entlassen worden ist.

„Der Antrag, ein Mitglied auszustoßen, kann nur von einem Mitgliede des Juristentages gemacht werden, muß die Thatsachen enthalten, auf Grund deren die Ausstoßung erfolgen soll, und ist bei der ständigen Deputation einzureichen. Von dieser ist er dem betr. Mitgliede zur Kenntnißnahme und Rechtfertigung resp. zur Erklärung mitzutheilen, ob das Mitglied vorzieht, freiwillig auszutreten.

„Geht die Austrittserklärung binnen der ihm von der ständigen Deputation bestimmten Frist nicht ein, und rechtfertigt sich das betr. Mitglied nicht in der gegebenen Frist, resp. widerlegt es nicht die in der Anklage angeführten Thatsachen, so ist die ständige Deputation berechtigt, nach Feststellung dieser Thatsachen die Ausstoßung des betr. Mitgliedes zu beschließen.

„Gegen einen solchen Beschluß kann das Mitglied Widerspruch erheben und den Antrag stellen, daß im Plenum des nächsten Juristentages die Frage über die beantragte Ausstoßung zur Erörterung gestellt und darüber endgültig beschlossen wird."

Nach unsern Statuten hat die ständige Deputation alle Abänderungs-Vorschläge in Betreff der Geschäftsordnung für die Plenarverhandlung vorzubereiten. Sie ist in Berathung über diesen Gegenstand getreten und schlägt Ihnen vor, den Antrag abzulehnen.

(Bravo! Bravo!)

Im Schooße der Deputation wurde die Befürchtung laut, daß, wenn wirklich der Fall, der hier vorausgesetzt ist, eintritt, die Erörterung desselben zu sehr übeln Verhandlungen Anlaß geben und demnächst am Ende die Plenarversammlung spalten könne. Wir wollen also das geringere Uebel wählen und ein solches Mitglied mit seiner Mitgliedskarte unter uns lassen. Die Aufnahme in unsern Verein wird so leicht erlangt, man braucht nur seine Examina hinter sich zu haben und 2 Thaler Beitrag zu zahlen; damit ist aber noch nicht ausgesprochen, daß wir mit jedem Einzelnen fraternisiren müssen. Hoffentlich wird nie der vom Antragsteller vorausgesetzte Fall eintreten; kommt er aber vor, so denke ich, wird jeder Einzelne von uns wissen, was er mit einer solchen Person anzufangen hat.

(Rufe: Sehr wahr! Sehr wahr!)

Dieser Antrag schreckt auch noch dadurch ab, weil er einen solchen Umfang hat, daß er beinahe so groß ist, wie das ganze Statut. (Heiterkeit.) Und es würde doch offenbar auffallen, wenn wir diese Disziplinarvorschrift für einen jedenfalls sehr seltenen Fall in unser Statut aufnehmen wollten. Von Seiten der Deputation kann ich die Ablehnung dieses Antrages nur befürworten.

(Bravo! Schlußrufe.)

Präsident: Meine Herren! Ich setze voraus, wir haben gemeinsam gefühlt, daß der Gegenstand sich zu einer außerordentlich kurzen Verhandlung eignet. Ich erlaube mir also über den Schlußantrag abstimmen zu lassen.

(Der Schluß wird angenommen.)

Will Herr v. Lauhn noch das Wort nehmen?

Staatsanwalt **v. Lauhn**: Nein.

(Bravo!)

Präsident: M. H., wenn Sie dem Antrage beistimmen, diese Statutenänderung abzulehnen, so bitte ich Sie, die Hand zu erheben.

(Abstimmung.)

Unzweifelhafte Majorität, und noch lebhafter ist mein Wunsch, daß wir nie Veranlassung haben mögen, auf diesen Antrag zurückzukommen.

(Bravo!)

Auch dieser Gegenstand der Tagesordnung ist erledigt; es folgt nunmehr der Bericht, den früher die ständige Deputation ausgearbeitet, oder der wenigstens für die ständige Deputation erstattet worden ist, die Rechts-Entwickelung des letzten Jahres seit den Tagen des letzten Juristentages betreffend. Die hochgeehrte Versammlung hat sich schon früher thatsächlich damit einverstanden erklärt, daß die ständige Deputation, die als Kollegium nicht gut den Bericht erstatten kann, eines der Mitglieder um die Uebernahme der ziemlich detaillirten Arbeit ersucht. Wir haben den Herrn Assessor und Privatdocenten Dr. Behrend in Berlin bereit gefunden, die Bericht-Erstattung zu übernehmen. Ich lade also denselben ein, die Berichterstattung zu beginnen.

Privatdocent **Dr. Behrend** aus Berlin: M. H.! Der Bericht, den ich zu erstatten habe, umfaßt die Zeit seit dem August v. J. Gleich die erste Thatsache innerhalb dieses Zeitraums erscheint bestimmend für den Charakter desselben. Am 2. August 1867 ist in Berlin das erste Stück von dem Bundes-Gesetz-Blatt des Norddeutschen Bundes erschienen. Dasselbe enthält außer der Bundesverfassung eine Verordnung vom 26. Juli 1867, durch welche das Bundesgesetzblatt zum Organ für die Verkündigung sämmtlicher Bundesgesetze, so wie der Anordnungen und Verfügungen des Bundes-Präsidiums bestimmt wird. Ein neuer bedeutungsvoller Factor ist hiermit in die gesetzgeberische Entwickelung eingetreten. Zum ersten Mal seit langer Zeit ist wenigstens für einen großen Theil von Deutschland eine Quelle für formell gemeines Recht vorhanden und die bisherige Erfahrung hat bereits zur Genüge dargethan, daß diese Rechtsquelle der Productivität keineswegs entbehrt.

Neben dem unmittelbaren Einfluß, welchen die Schöpfung des Norddeutschen Bundes auf die Gestaltung des Rechtszustandes in Deutschland hat, äußert sie auch eine mittelbare Einwirkung auf die Particulargesetzgebung derjenigen Länder, welche dem Bunde angehören. Sie wirkt hier theils negativ, indem sie die Thätigkeit der einzelnen Legislationen mehr oder minder absorbirt, theils positiv durch den Antrieb, die alten Verhältnisse den neuen

Einrichtungen anzupassen. — Entfernter stehen diesen Einflüssen die süddeutschen Staaten, welche äußerlich allein durch das Band des Zollvereins und der Militairconventionen mit Norddeutschland vereinigt sind. Aber auch in Süddeutschland läßt sich der Einfluß der politischen Ereignisse auf die Gesetzgebung nicht verkennen. In weit höherem Maße noch gilt dies von Oesterreich, wo mit nicht geringer Energie die ersten Schritte zur Verwirklichung verfassungsmäßiger Zustände gethan werden.

Aus dieser Uebersicht ergiebt sich, daß mit dem verflossenen Jahre eine neue Phase der Rechtsentwickelung für Deutschland begonnen hat. Die Ereignisse des Jahres 1866 fangen an sich zu vollziehen, auch auf den Gebieten, welche das Interesse des Juristentages zunächst in Anspruch nehmen, im Bereich des Privatrechts, des Strafrechts und des Processes. Welche Früchte jene Ereignisse auf diesen Gebieten bringen werden, vermag noch Niemand in vollem Umfange zu ermessen; eine Erwartung aber läßt sich schon jetzt zuversichtlich aussprechen: die deutsche Gesetzgebung wird fortan in freieren und breiteren Bahnen wandeln als bisher; die Geleise des Particularismus werden mehr und mehr verlassen werden. Wenn auch zur Zeit noch vielfache Gegensätze die Parteien und Interessen in unserm Vaterlande von einander scheiden: den Einflüssen, welche hier in Betracht kommen, wird sich Niemand entziehen können, Niemand entziehen wollen. Wo es sich um Codificationen des materiellen Rechts und des Processes handelt, da wird sich kein deutscher Staat von der Gemeinsamkeit ausschließen. Diese Hoffnung werden alle hier Anwesenden theilen.

Der Juristentag hat seit acht Jahren dieselben Bestrebungen verfolgt, welche gegenwärtig zu praktischen Aufgaben der Gesetzgebung geworden und in den Vordergrund der Tagespolitik getreten sind. Als er im Jahre 1860 zum ersten Mal zusammenkam, erschienen diese Ziele zum größten Theil noch in unbestimmter, fast idealer Ferne liegend, er war das einzige Organ, welches sich ihrer ernstlich annahm und sie mit Consequenz ins Auge faßte. Dies beides verlieh seinen Berathungen einen eigenthümlichen Schwung, und es wird unserm Vereine das Zeugniß nicht versagt werden, daß er durch seine Arbeiten wesentlich mit dazu beigetragen hat, jene Bestrebungen der Unbestimmtheit zu entrücken, ihnen in den Augen des deutschen Volkes eine concretere Gestalt zu geben. Die Debatten und Beschlüsse des Juristentages wurden so ein nicht unwichtiges Moment in der deutschen Rechtsentwickelung, welches auch bei der Gesetzgebung in immer weiterem Maße Beachtung fand.

Der deutsche Juristentag darf mithin mit einiger Genugthuung auf die Ergebnisse seiner bisherigen Thätigkeit zurückblicken. Ist ihm aber auch in Zukunft die Aussicht eröffnet, daß er diese Thätigkeit mit ersprießlicher Wirksamkeit fortsetzen könne? Die zahlreichen aus allen Theilen Deutschlands hier versammelten Juristen werden nicht zögern, diese Frage, die in der That eine Lebensfrage für uns ist, zu bejahen. Allein außerhalb unseres Kreises wird dieselbe von Manchen verneint, wird uns das Recht auf Fortexistenz geradezu abgesprochen. Diesen gegenüber sei die nachfolgende Bemerkung gestattet.

Der Juristentag kann sich weder politischen Discussionen noch den Detailberathungen unterziehen, welche die Aufgabe gesetzgebender Körperschaften oder vorbereitender Fachkommissionen bilden. Ersteres verbietet der Zweck unserer Genossenschaft, die ein Vereinigungspunkt für die deutschen Juristen sein will, gleichviel auf welchem politischen Standpunkt sie stehen. Letzteres ist unmöglich in einer großen nur auf wenige Tage zusammentretenden Versammlung. In klarer Erkenntniß der Grenzen, welche ihm hiernach gesetzt sind, hat sich auch der Juristentag niemals darauf eingelassen, Gesetzesvorschläge zu machen, sondern sich begnügt, Grundsätze aufzustellen, die ihm für die Gesetzgebung empfehlenswerth schienen. Auf der Einhaltung dieser Grenzen gründete sich sein Einfluß. Eine Versammlung von solcher Beschaffenheit kann nur dann lebensfähig sein, wenn sie Träger einer nationalen Idee ist, in der die Parteiunterschiede sich auflösen und die Differenzen in Bezug auf das Einzelne verschwinden. So lange dies aber der Fall ist, wird sich auch Spielraum für die Thätigkeit finden, werden ihre Beschlüsse nicht wirkungslos verklingen.

Gerade bei dem Antagonismus, der gegenwärtig Deutschland noch spaltet, ist dem Juristentag diese Bedeutung gesichert. Die politische Luft ist klarer aber schärfer geworden, und wenn wir in der Klärung einen Fortschritt erblicken, so dürfen wir nicht verkennen, daß damit auch eine Gefahr verbunden ist. Wir dürfen vertrauensvoll der Zukunft entgegengehen, **non magna relinquo, magna sequor** ist unser Wahlspruch — allein noch haben wir das Ziel nicht erreicht, wenn wir ihm auch näher gekommen sind; mehr als je bedarf es hierzu des ernsten und aufrichtigen Zusammenwirkens Aller, denen dasselbe am Herzen liegt. Unter diesen Umständen wird der Juristentag seine Aufgabe nicht als erledigt ansehen können. Und wenn blos die Thatsache bestände, daß die deutschen Juristen aller Stämme und der verschiedensten Parteien hier eine Berührung mit einander haben, so würde dies ein genügender Grund sein, unsere Vereinigung aufrecht zu erhalten. Denn schon durch Ihre Zusammenkunft constatiren Sie, daß Ihnen das Gemeinsame höher steht, als die Unterschiede, daß Sie Sich als zu einander gehörig und mit einander verbunden betrachten und daß die Trennung nur eine vorübergehende sein kann.

Große Fragen erschöpfen sich, der Juristentag wird nicht immer Anregungen von weitgreifender principieller Bedeutung geben können, er wird sich hier und da auch mit Materien beschäftigen müssen, die eine weniger in die Augen springende Wichtigkeit haben. Allein er wird sich diese Arbeit nicht verdrießen lassen; es wird ihn auch hierbei der Gedanke beleben, daß er vorläufig noch immer der alleinige Ausdruck des gemeinsamen deutschen Rechtsbewußtseins ist.

Von diesem Gesichtspunkt aus verfolgt denn auch der Juristentag von Versammlung zu Versammlung die inzwischen stattgehabte Entwickelung der deutschen Gesetzgebung. Gern vermerkt er jeden Fortschritt, jede Annäherung an das zu erstrebende Ziel. Und wenn diesmal die Norddeutschen Juristen mit lebhafter Freude begrüßen, daß in Oesterreich deutsche Freiheit und deutsches Recht sich eine festere Stätte gründen, so mag man uns auch von jenseits des Main die Anerkennung nicht versagen, daß frische Impulse und neue Thatkraft hier zur Geltung gelangt sind. Nur wenn diese Gesinnung uns durchdringt, kann das Band, welches uns verknüpft, auch über den Kreis der Berufsgenossen hinaus segensreich wirken.

Gestatten Sie mir hiernach, m. H., Ihnen die Einzelheiten in der Ordnung vorzuführen, daß ich mit der Gesetzgebung des Norddeutschen Bundes beginne, darauf die einzelnen zum Norddeutschen Bunde gehörigen Staaten folgen lasse, demnächst zu Süddeutschland übergehe und endlich mit Oesterreich schließe.

I. Die Gesetzgebung des Norddeutschen Bundes.

Die Verfassung des N. B. hat bekanntlich im Art. 4 eine Reihe wichtiger Angelegenheiten der Gesetzgebung des Bundes unterstellt. Von den den Juristentag interessirenden Gegenständen gehören hierzu vorzugsweise die gemeinsame Gesetzgebung über das Obligationenrecht, Strafrecht, Handels- und Wechselrecht und das gerichtliche Verfahren; Bestimmungen über die wechselseitige Vollstreckung von Erkenntnissen in Civilsachen und Erledigung von Requisitionen überhaugt; die Erfindungspatente, der Schutz des geistigen Eigenthums. Zum Theil dem internationalen und öffentlichen Recht angehörig, aber doch auch in das Privatrecht herübergreifend sind folgende Gegenstände: die Bestimmungen über Freizügigkeit, Heimaths- und Niederlassungsverhältnisse, Staatsbürgerrecht, Paßwesen, Fremdenpolizei, über den Gewerbebetrieb einschließlich des Versicherungswesens; über die Kolonisation und die Auswanderung nach außerdeutschen Ländern; die Ordnung des Maß-, Münz- und Gewichtssystems, die allgemeinen Bestimmungen über das Bankwesen; Organisation eines gemeinsamen Schutzes des deutschen Handels im Auslande, der deutschen Schifffahrt und ihrer Flagge zur See und Anordnung einer gemeinsamen konsularischen Vertretung; das Eisenbahnwesen; der

Flößerei- und Schifffahrtsbetrieb auf den mehreren Staaten gemeinsamen Wasserstraßen; das Post- und Telegraphenwesen. Die in Bezug auf diese Gegenstände erlassenen Bundesgesetze gehen den Landesgesetzen vor und erhalten ihre verbindliche Kraft durch ihre Verkündigung von Bundeswegen vermittelst des Bundesgesetzblattes. Die Gesetzeskraft beginnt, sofern nicht in dem publicirten Gesetz selbst ein anderer Anfangstermin bestimmt ist, mit dem 14. Tage nach dem Ablauf desjenigen Tages, an welchem das betreffende Stück des Bundesgesetzblattes in Berlin ausgegeben worden ist.

Zur Verwirklichung dieser Verfassungsbestimmungen sind verschiedene Gesetze bereits erlassen; andere umfassendere noch im Stadium der Vorbereitung begriffen. Von letzteren ist vor Allem die Civilproceßordnung zu erwähnen, mit welcher sich, wie Ihnen bekannt ist, eine eigene in Berlin tagende Commission beschäftigt. Die principiellen Gegensätze, die hierbei zur Sprache kommen, die Grundsätze des gemeinen, des preußischen, hannoverschen und französischen Processes sind innerhalb derselben durch angesehene aus den betreffenden Rechtsgebieten hervorgegangene Juristen vertreten. Wie verlautet, ist Aussicht vorhanden, die erste Lesung noch in diesem Jahre zu Ende zu bringen, und soll alsdann der Entwurf veröffentlicht und weiterer Begutachtung unterzogen werden.

In einem weniger vorgerückten Stadium befinden sich zur Zeit noch ein gleichfalls in Angriff genommenes Gesetz über das geistige Eigenthum, sowie die Bearbeitung des Strafrechts und des Strafprocesses. In letzterer Beziehung ist eine Gemeinsamkeit bisher allein hinsichtlich des Militairstrafrechts und der Militairstrafgerichtsordnung herbeigeführt; auf Grund des Art. 61 der Bundesverfassung sind durch eine V. vom 29. Dezember 1867 die hierauf bezüglichen Preußischen Gesetze für das ganze Bundesgebiet in Kraft gesetzt worden. Ein Reichstagsbeschluß vom 18. April d. J. fordert den Bundeskanzler auf, Entwürfe eines gemeinsamen Strafrechts und eines gemeinsamen Strafprocesses, so wie die dadurch bedingten Vorschriften der Gerichtsorganisation vorbereiten zu lassen. Der Bundesrath ist hierauf mit der Maßgabe eingegangen, daß er zunächst das materielle Strafrecht in Angriff genommen zu sehen wünscht, wogegen die Vollendung des Strafprocesses bis nach Vollendung der Civilproceßordnung ausgesetzt werden soll. Demgemäß ist gegenwärtig mit der Ausarbeitung des Entwurfs für ein gemeinsames Strafgesetzbuch begonnen worden.

Ein fernerer hier zu erwähnender Beschluß des Reichstages ging auf den Entwurf eines Gesetzes, durch welches das H.-G.-B. und die D. Wechsel-Ordnung nebst der dazu gehörigen Novelle als gemeinsames Gesetz des N. B. eingeführt oder da, wo sie bereits als Landesgesetz gelten, für Bundesgesetz erklärt würden. Von der materiellen Rechtsgemeinschaft, welche in Bezug auf die W.-O. und das H.-G.-B. im Bereich des N. B. bereits besteht, ist lediglich Lauenburg und Schaumburg ausgeschlossen; in ersterem gilt eine besondere Lauenburgische W.-O. vom 23. Februar 1858, die jedoch bis auf wenige Modificationen mit unserer deutschen übereinstimmt. Das zu erlassende Einführungsgesetz wird hierauf, aber auch auf den Umstand Rücksicht nehmen müssen, daß die Bestimmungen des H.-G.-B. vielfach aus dem in den verschiedenen Staaten zur Anwendung kommenden bürgerlichen Recht zu ergänzen sind.

Endlich scheint es, daß die in Betreff des Hypothekenwesens und des Realcredites vom Bundeskanzler veranstaltete Enquête zur Vorlage einer gemeinsamen Hypothekenordnung für den N. Bund führen werde.

Von den wirklich zu Stande gekommenen Gesetzen hebe ich zunächst diejenigen hervor, welche das Recht der Person und die unmittelbar aus der Persönlichkeit hervorgehenden Befugnisse betreffen. Das wichtigste derselben ist das Gesetz über die Freizügigkeit vom 1. November 1867. Bereits Art. 3 der B.-V. gewährt ein gemeinsames Bundesindigenat, kraft dessen sämmtliche Bundesangehörige hinsichtlich der Befugniß zur Gründung eines festen Wohnsitzes, zum Gewerbebetrieb, zum Erwerb von Grundstücken, zur Erlangung des Staatsbürgerrechts und öffentlicher Aemter wie Einheimische behandelt werden sollen. Das genannte Gesetz will diese Verfassungsbestimmung in den ersten drei Beziehungen realisiren. Jedem Bundesangehörigen wird das Recht gegeben, sich an jedem Orte aufzuhalten und niederzulassen, wo er eine eigene Wohnung oder ein Unterkommen sich zu verschaffen im Stande ist, Grundeigenthum aller Art zu erwerben, umherziehende und stehende Gewerbe unter den für Einheimische geltenden Bedingungen zu betreiben. Alle bisher in dieser Hinsicht vorhandenen Einschränkungen, Untersagungsrechte und Privilegien werden aufgehoben; Ausnahmen bestehen nur für rückfällige Bettler und Landstreicher und die unter Polizeiaufsicht stehenden Personen. Anzugsgelder dürfen von den Gemeinden nicht erhoben werden. Denselben steht allerdings die Befugniß zu, neu angezogene Personen, wenn sie vor Erwerb eines Unterstützungswohnsitzes verarmen, wiederum auszuweisen, doch nur unter der Voraussetzung, daß eine andere Gemeinde zur Aufnahme bereit ist oder zu derselben gezwungen werden kann. Sind bei einem hierüber stattfindenden Streit verschiedene Personen betheiligt, so kommt die Gothaer Convention vom 15. Juli 1851 zur Anwendung.

Hiernach ist zwar die Grundlage für eine gleichmäßige Behandlung der Bundesangehörigen in sämmtlichen Bundesstaaten gegeben; indeß sind doch in den einzelnen Staaten die Rechte der Bundesangehörigen viel zu verschieden bestimmt, als daß diese allgemeine Grundlage genügen könnte. In mehr oder minder starker Ausprägung sind vielfach Ueberreste veralteter

Rechtsanschauungen vorhanden, mit denen entschieden gebrochen werden muß in einem Staatswesen, welches nur auf dem Princip der Rechtsgleichheit aufgebaut werden kann. Diesen Weg haben vorläufig zwei Gesetze betreten: das Gesetz über die Aufhebung der polizeilichen Beschränkungen der Eheschließung vom 4. Mai 1868, welches das natürlichste Recht des Menschen, sich eine Familie und einen eigenen Herd zu gründen, unabhängig macht von den national-ökonomisch und sittlich gleich sehr verwerflichen Hemmnissen, die hierbei durch das Erforderniß einer Genehmigung Seitens der Polizei, der Gutsherrschaft oder der Gemeinde an einzelnen Orten noch auferlegt waren, — und das s. g. Nothgewerbegesetz oder, wie es officiell heißt, das Gesetz über den Betrieb der stehenden Gewerbe vom 8. Juli 1868. In Ermangelung einer vollständigen Gewerbeordnung beseitigt dasselbe vorläufig die dringendsten Nothstände in Bezug auf den Gewerbebetrieb: den Zunftzwang, das Erforderniß eines Befähigungsnachweises, welches nur noch bestehen bleibt für Aerzte, Apotheker, Hebammen, Advocaten, Notare, Seeschiffer, Seesteuerleute und Lootsen, ferner den Unterschied zwischen Stadt und Land in Bezug auf den Gewerbebetrieb, das Verbot des gleichzeitigen Betriebes mehrerer Gewerbe, die Beschränkung der Handwerker auf den Verkauf selbstverfertigter Waaren, der Gewerbetreibenden in Bezug auf die Wahl der von ihnen zu haltenden Gesellen, Gehülfen und Lehrlinge, so wie andererseits dieser letztern in Bezug auf die Wahl der Meister und Arbeitgeber.

Wenngleich in diesen Gesetzen unverkennbar ein großer Fortschritt enthalten ist, so bleibt doch noch viel zu thun übrig, um die bürgerliche und staatsbürgerliche Gleichstellung der Bundesangehörigen in den einzelnen Bundesstaaten zu voller Geltung zu bringen. Hoffen wir, daß der eingeschlagene Weg nach dieser Richtung hin auch in Zukunft energisch verfolgt werden wird.

Endlich gehören an diese Stelle noch zwei andere Gesetze, die gleichfalls auf die persönliche Freiheit Bezug haben. Das Paßgesetz vom 12. Oktober 1867 entbindet Bundesangehörige wie Ausländer von der Verpflichtung, Pässe oder andere Reisepapiere mit sich zu führen. Das Gesetz über die Aufhebung der Schuldhaft vom 29. Mai 1868 beseitigt den Personalarrest als Executionsmittel in bürgerlichen Rechtssachen, sofern dadurch die Zahlung einer Geldsumme oder die Leistung einer Quantität vertretbarer Sachen oder Werthpapiere erzwungen werden soll. Aufrecht erhalten bleiben die Vorschriften, welche den Personalarrest als Sicherungsarrest gestatten. Das Gesetz ist sofort mit dem Tage seiner Publication in Kraft getreten. Ueber die Bedeutung desselben dürfte nach den vielfachen Discussionen über die Schuldhaft, welche die neueste Zeit in juristischen und unjuristischen Kreisen, in der Literatur und in Versammlungen hervorgerufen hat, kaum noch ein Streit herrschen. Zweifelhafter ist es, ob die Fassung des Gesetzes glücklich gewählt ist, ob sie nicht bei der Anwendung verschiedenen Auslegungen Raum giebt. Schon die bisherige Erfahrung scheint in dieser Hinsicht zu Bedenken Veranlassung zu geben. Indeß werden wir unser Urtheil hierüber zu suspendiren haben; sollten sich die Bedenken in der That als begründet erweisen, so werden auch die Mittel zur Abhülfe gefunden werden.

In das Gebiet theils des Obligationenrechts, theils des Handels- und Seerechts greifen folgende Gesetze ein: das Gesetz vom 4. Nov. 1867, betr. die Höhe der vertragsmäßigen Zinsen, wonach die Höhe der Zinsen, sowie überhaupt die Vergütigung für Darlehen und andere kreditirte Forderungen der freien Vereinbarung der Parteien unterliegt und die entgegenstehenden privat- und strafrechtlichen Bestimmungen aufgehoben werden mit der einzigen Beschränkung, daß, wenn höhere als 6procentige Zinsen bedungen sind, dem Schuldner auch bei einer anderweitigen Verabredung gestattet ist, das Kapital mit halbjähriger Frist zur Rückzahlung zu kündigen. Auch mit diesem Gesetz ist eine seit lange vorbereitete und reif gewordene Entwickelung zum Abschluß gebracht. In mehreren benachbarten wie dem Bunde angehörigen Ländern waren die Zinsbeschränkungen schon früher gefallen; in Preußen hatte man sie noch bis zuletzt für die hypothekarischen Darlehne aufrecht erhalten, da ein Factor der Preußischen Gesetzgebung hierin beharrlich eine Wahrung der Interessen der Grundbesitzer erblickte. Indem der N. B. sich über diese Bedenken hinwegsetzte, hat er eine Sonderstellung der Grundbesitzer beseitigt, die in Wahrheit ein privilegium odiosum für dieselben enthielt und mehr geeignet war, ihnen den Kapitalzufluß zu entziehen, als sie gegen die Ausbeutung durch Wucherer zu schützen.

Das Gesetz über die privatrechtliche Stellung der Erwerbs- und Wirthschaftsgenossenschaften vom 4. Juli 1868 gewährt den aus dem Antrieb der Selbsthülfe hervorgegangenen und auf der Grundlage der Solidarhaft errichteten Genossenschaften unter bestimmten Modalitäten kaufmännische Rechte und regelt ihre Rechte im Einzelnen als die einer besonderen Associationsform, die rechtlich eine eigenthümliche Zwischenstellung zwischen der Actien- und offenen Handelsgesellschaft einnimmt. Die Normen des Gesetzes entsprechen, soweit sich dies bis jetzt beurtheilen läßt, den Bedürfnissen des Verkehrs und schließen sich im Wesentlichen an das Preußische Gesetz vom 27. März 1867 an.

Die Gesetze über das Postwesen vom 2. und das Posttarwesen vom 4. Nov. 1867 haben ihren Schwerpunkt zumeist in der großen wirthschaftlichen Bedeutung, welche der erleichterten Benutzung der Postanstalten beizumessen ist, und in dieser Hinsicht schließen sich ihnen die zahlreichen Postverträge an, die Seitens des N. B. bereits geschlossen sind. Das erste dieser beiden Gesetze macht aber auch auf das Interesse des Juristentages Anspruch, insofern es im zweiten Abschnitt: „von der Garantie", die privatrechtliche Stellung der Postanstalten als Frachtführer normirt und dadurch als eine Ergänzung des H.-G.-B. in Betracht kommt. In dem Gesetze ist ferner die Unverletzlichkeit des Briefgeheimnisses ausgesprochen; die bei strafrechtlichen Untersuchungen, in Concurs- und andern Processen nothwendigen Ausnahmen sollen durch ein Bundesgesetz festgestellt werden.

Das Gesetz vom 25. Oct. 1867, betr. die Nationalität der Kauffahrteischiffe, regulirt die Bedingungen, unter welchen den zum Erwerb durch die Seefahrt bestimmten Schiffen die Befugniß zur Führung der Bundesflagge und der Anspruch auf den hiermit verbundenen Bundesschutz zustehen soll. Diese Bedingungen sind: formell, die bereits im H.-G.-B. vorgeschriebene Eintragung in das Schiffsregister des Heimathshafens, materiell daß die Schiffe in ausschließlichem Eigenthum von Bundesangehörigen stehen. Die letztere Bedingung, die sich einem von den meisten maritimen Staaten Europas angenommenen Grundsatz des Englischen Seerechts anschließt, war schon früher hinsichtlich der Landesflagge in allen Einführungsgesetzen der Küstenstaaten enthalten mit alleiniger Ausnahme von Mecklenburg Schwerin, welches aus einer nicht zu billigenden Rücksichtnahme auf die Interessen seiner Rhederei gestattet hatte, daß ein Viertel des Schiffes sich im Eigenthum von Ausländern befinden könne. In Betracht der hiernach von den Mecklenburgischen Rhedern zu treffenden Vorkehrungen ist die Geltung dieses Gesetzes, welches im Uebrigen mit dem 1. April d. J. in Kraft getreten ist, für Mecklenburg Schwerin noch bis zum 1. April 1869 suspendirt worden. Gleichzeitig mit diesem Gesetz ist durch eine V. vom 25. Nov. v. J. die äußere Gestalt der von den Kauffahrteischiffen vorn zu führenden Bundesflagge bestimmt worden, sie besteht bekanntlich aus einer Zusammenstellung der Farben schwarz, weiß, roth.

Das Gesetz, betr. die Organisation der Bundes-Consulate, vom 4. Nov. 1867, ordnet in eingehender Weise die Befugnisse der Bundes-Consuln, namentlich in Bezug auf die freiwillige und streitige Gerichtsbarkeit. Das Verfahren bei Ausübung der letzteren regelt sich einstweilen nach dem Preußischen Gesetz vom 29. Juni 1865.

Aus dem Gebiet des Strafrechts sind nur zwei Gesetze von untergeordneter Wichtigkeit zu nennen, beide vom 8. Juli 1868. Sie betreffen die subsidiarische Haftung der Brauerei- und Brennereiunternehmer für Zuwiderhandlungen gegen die Steuergesetze durch ihre Verwalter, Gewerbsgehülfen und Hausgenossen.

Um die Uebersicht über die gesetzgeberische Thätigkeit des N. B. annähernd zu vervollständigen, mögen endlich noch erwähnt werden die Gesetze über die Aufhebung des Salzmonopols vom 12. Oct. 1867, über die Verpflichtung zum Kriegsdienst vom 8. Nov. 1867, das G. betr. die Schließung und Beschränkung der öffentlichen Spielbanken vom 4. Juli 1868 und die Maß- und Gewichtsordnung vom 17. August d. J.

Von den internationalen Verträgen, welche Namens des Bundesgewalt abgeschlossen sind, ist der Postverträge bereits gedacht worden. Hier ist noch der Vertrag hervorzuheben, der die hauptsächlichste Vereinigung mit Süddeutschland bildet und Vertreter der süddeutschen Stämme zu einer gemeinsamen parlamentarischen Versammlung nach Berlin beruft. Der Zoll- und Handelsvereinsvertrag vom 8. Juli 1867, welcher vom 1. Januar 1868 an zunächst auf 12 Jahre gilt, kommt für uns wesentlich in Betracht durch die in demselben ausgesprochene Aufhebung des Stapel- nnd Umschlagsrechtes, so wie durch eine Vereinbarung, kraft deren die Paciscenten sich verpflichtet haben, Erfindungspatente unter gleichmäßigen Normen zu ertheilen. In Bezug auf diese letztere Verabredung ist jedoch auch während der Dauer des Vertrages der Rücktritt mit dreimonatlicher Kündigung vorbehalten.

II. Die einzelnen zum Norddeutschen Bund gehörigen Staaten.

1. Preußen. Die Gebietsvergrößerung, welche der Preußischen Monarchie durch den Prager Frieden zu Theil geworden ist, begründete die Aufgabe, die neu erworbenen Landestheile dem Gesammtorganismns einzufügen. Bis zum 1. Oct. 1867 geschah dies durch königliche Verordnung kraft der der Krone übertragenen Machtvollkommenheit, von da ab mit Ausnahme des bisher lediglich im Verhältniß der Personalunion stehenden Herzogthums Lauenburg unter Mitwirkung der drei gesetzgebenden Factoren. Die Gesetzsammlung des J. 1867, bei Weitem der umfangreichste Jahrgang, den die Preuß. Gesetzsammlung seit ihrer Entstehung überhaupt aufzuweisen hat, besteht zum größten Theil aus königl. Verordnungen, welche für die neuen Provinzen bestimmt sind. Die erheblichsten derselben fallen bereits in die Periode des vorjährigen Berichtes und ich darf mich eines Eingehens auf das Detail um so mehr enthalten, als es an dieser Stelle doch nicht möglich sein würde, den Einverleibungsproceß in seinen Einzelheiten zu verfolgen. Eine Rechtsgemeinschaft mit den alten Provinzen ist, abgesehen von spezielleren Gesetzen, herbeigeführt für das Handels- und Wechselrecht, das Bergrecht (für dieses jedoch bisher mit Ausnahme von Schleswig-Holstein) und das Strafrecht; auch ist den neuen Landestheilen das zweifelhafte Geschenk der Preuß. Competenzgesetzgebung gemacht worden. Für sämmtliche neue Provinzen ist die schon im letzten Bericht erwähnte Civil- und Strafproceßordnung erlassen und zugleich das in Berlin errichtete Ober-Appellationsgericht als höchste Instanz eingesetzt.

Der Werth dieser Maßregeln hat zum Theil, namentlich in den neuen Provinzen selbst, eine verschiedene Beurtheilung erfahren. Für die Preuß. Juristen und die Preuß. Rechtsprechung ist es ein unzweifelhafter Gewinn, daß in Folge der Einverleibung eine nähere Berührung mit großen Gebieten des gemeinen Rechts und der gemeinrechtlichen Jurisprudenz stattfindet. Andererseits ist aber auch zu hoffen, daß diese Berührung für die deutsche Rechtsentwickelung nicht resultatlos bleiben werde, da sie die Hauptschwierigkeit bei einer Gesetzgebung über das materielle Recht, die Ausgleichung zwischen dem gemeinen Recht und dem Standpunkt der neueren Codificationen, der Lösung näher entgegenführt.

Im Uebrigen sind die Ergebnisse der Preußischen Gesetzgebung nicht sehr beträchtlich. Ein Gesetz vom 24. Februar d. J., betreffend die Bedingungen und das Verfahren bei Todeserklärungen der an den Kriegen von 1865 und 1866 betheiligt gewesenen Personen. Die Todeserklärung erfolgt durch Erkenntniß auf Grund des Nachweises, daß der Betreffende am Kriege Theil genommen hat, daß er in demselben vermißt worden und daß seit dem Friedensschluß keine Nachricht über ihn eingegangen ist, so wie auf Grund eines von dem Extrahenten abzuleistenden Eides in Betreff des letzten Umstandes. Als Todestag gilt der 31. Dezember 1864 und resp. 1866, derselbe ist in das Erkenntniß mit aufzunehmen. — Das Gesetz vom 5. März d. J. über die Schließung und Beschränkung der öffentlichen Spielbanken ist durch das inzwischen erlassene Bundesgesetz bereits antiquirt. — Das Gesetz vom 6. März 1868 normirt die depositalmäßige Sicherheit der auf Grundstücke auszuleihenden Kapitalien mit Rücksicht auf die Grundsteuerrolle. — Das Gesetz vom 18. März gestattet den Gemeinden öffentliche Schlachthäuser zu errichten und in diesem Fall die Benutzung der Privatschlachthäuser so wie die Hausschlächterei zu untersagen. Das Gesetz, welches auf sanitätspolizeilichen Rücksichten beruht, ist juristisch erheblich nur insofern, als es für den Fall des Verbots zugleich die Entschädigung der Eigenthümer und Nutzungsberechtigten von Privatschlachthäusern und das Verfahren bei Ausmittelung derselben festsetzt. — Das Gesetz vom 8. April 1868 enthält eine Bestimmung über das Expropriationsverfahren im Bezirk des Justizsenats zu Ehrenbreitenstein. — Das wichtigste gesetzgeberische Ereigniß des abgelaufenen Jahres ist die Grund- und Hypothekenbuchs-Ordnung für Neuvorpommern und Rügen vom 21. März 1868. Bisher galt hier bekanntlich das Römische Pfandrechtssystem mit seinen stillschweigenden, generellen und Privathypotheken (sogenannte Wechsel), die namentlich an dem zu Johannis stattfindenden Umschlagstermin umgesetzt wurden. Eine gewisse, wenngleich sehr ungenügende Sicherung der Priorität gewährte das Separationsrecht, vermöge dessen die vom Besitzvorgänger bestellten Hypotheken denen seines Nachfolgers vorgingen. Dieses Separationsrecht konnte durch das **Reservatum dominii innoxinum** auch auf Kaufgelderrückstände ausgedehnt werden. In Folge dessen waren im Verkehr die s. g. **credita avita** am beliebtesten; je älter die Urkunde, desto gesicherter erschien die Forderung.

Das neue Gesetz führt Grund- und Hypothekenbücher ein, welche nach Realfolien geordnet sind und aus dem Titelblatt und drei Rubriken bestehen. Die Prinzipien der Publizität und Spezialität sind streng durchgeführt; das Legalitätsprinzip der Preuß. Hypothekenordnung ist großen Theils verlassen. Das Titelblatt enthält die Bezeichnung und Beschreibung des Grundstücks, ferner Angabe der Größe und des Ertrages nach dem Grundsteuerkataster. Die Berichtigung des Besitztitels erfolgt auf die Erklärung des bisherigen Eigenthümers, daß er das Eigenthum überlasse und die Annahmeerklärung des Erwerbers. Die Benennung des Erwerbsgrundes ist nicht erforderlich; dieser, der Erwerbspreis, Taxe, Feuerversicherung werden nur auf Antrag vermerkt. Nur der eingetragene Eigenthümer ist zu rechtlichen Verfügungen über das Grundstück bei dem Grund- und Hypothekenbuch befugt; wer sich in gutem Glauben mit ihm einläßt und Eigenthum und dingliche Rechte von ihm erwirbt, dessen Recht kann von einem nicht eingetragenen Erwerber nicht angefochten werden. Lasten und Pfandrechte erlangen dingliche Wirkung nur durch die Eintragung, behalten sie alsdann aber auch bis zur Löschung. Hypotheken können nur auf eine bestimmte Geldsumme lauten; die Eintragung darf auch auf den Namen des Eigenthümers geschehen, der alsdann selbst in das Verhältniß eines Hypothekengläubigers tritt. Den Realberechtigten haften außer dem Grundstück selbst auch die Versicherungsgelder für abgebrannte oder durch Feuer beschädigte Gebäude. Die Führung der Hypothekenbücher erfolgt durch Hypothekenämter, denen Einzelbeamte vorstehen, die richterliche Qualification besitzen müssen, aber die Stellung von nicht richterlichen Beamten haben. Die Eintragungen und Löschungen erfolgen auf Grund öffentlicher oder beglaubigter Privaturkunden, das Verfahren bei Legalisation der letzteren ist sehr einfach, zur Aufnahme protokollarischer Anträge sind auch die Subalternen der Hypothekenämter befugt. Ueber die Eintragungen werden Hypothekenbuchsauszüge in möglichst abgekürzter Form ertheilt, welche als Hypothekendokumente dienen. — Außerdem hat der Preuß. Staat im Laufe des verflossenen Jahres mehrere Verträge zur Beförderung der Rechtspflege und zur Feststellung der Gerichtsbarkeitsverhältnisse abgeschlossen, so mit Gotha, Meiningen, Oldenburg. Nach dem mit Waldeck geschlossenen Staatsvertrage vom 27. Juli 1867, der ebenfalls erst in diesem Jahre publicirt worden, übernimmt Preußen zunächst auf 10 Jahre die gesammte innere Verwaltung der Fürstenthümer Waldeck und

Pyrmont und ist namentlich berechtigt, die Justizbehörden anderweitig zu organisiren und deren Befugnisse Preußischen Behörden zu übertragen.

Endlich ist hier noch ein neuerdings veröffentlichter Staatsministerial-Erlaß vom 21. Juli d. J. zu erwähnen, der in Verfolg der bereits hervorgehobenen Bestimmung der Norddeutschen Bundesverfassung verordnet, daß es der für Ausländer vorgeschriebenen höheren Genehmigung bei Zulassung zu öffentlichen Aemtern in Betreff der Angehörigen des Norddeutschen Bundes nicht mehr bedarf.

2. Königreich Sachsen. In das Privatrecht greifen folgende Gesetze ein: das Gesetz die juristischen Personen betreffend, vom 15. Juni 1868. Die Persönlichkeit wird gewährt: a) für Stiftungen und Anstalten, welche zu dauernden kirchlichen, mildthätigen oder gemeinnützigen Zwecken selbstständig errichtet sind, durch die Genehmigung Seitens der competenten Verwaltungsbehörde; b) für Personenvereine (Genossenschaften) durch Eintragung in ein beim Gericht zu haltendes Genossenschaftsregister. Ausgenommen hiervon sind die dem öffentlichen Recht angehörigen juristischen Personen, deren Verhältnisse bereits durch besondere Gesetze geregelt sind. — Das Gesetz vom 30. Juni 1868 entzieht die bisher dem Ehegatten und gewissen Verwandten desselben unter bestimmten Voraussetzungen gegebene Befugniß, bewegliche Sachen, welche der andere Ehegatte während der Ehe aus seinem Vermögen veräußert hat, die ihm im Wege der Execution abgepfändet sind oder abgepfändet werden sollen oder beim Concurse mit Beschlag belegt werden, in Anspruch zu nehmen. Auch ist das der Ehefrau wegen der hierauf gegründeten Schadensansprüche im Concurse des Ehemannes zustehende Vorrecht aufgehoben. — Das Berggesetz vom 18. Juni 1868 stellt für metallische Mineralien die Bergbaufreiheit her, die Aufsuchung und Gewinnung derselben steht unter Beobachtung der gesetzlichen Vorschriften Jedermann frei. Das Bergbaurecht hinsichtlich der Braun- und Steinkohlen ist ein Ausfluß des Grundeigenthums; die Benutzung von Steinsalz und Salzquellen verbleibt dem Staatsfiscus. Für jedes vom Staat verliehene oder vom Grundeigenthümer eingeräumte Bergbaurecht ist auf Antrag der Betheiligten ein Folium im Grund- und Hypothekenbuch anzulegen. Das Bergbaurecht und dessen Zubehörungen werden rechtlich als Grundstücke angesehen. Die für die Geschäfte des Bergwesens eingesetzten Behörden sind in unterer Instanz die Bergämter mit beigegebenen technischen Beamten, in der oberen Instanz das Finanzministerium.

Aus dem Gebiet des Civilprocesses sind zu erwähnen: eine V. vom 24. Juli 1867, welche den privilegirten Gerichtsstand, der bisher noch für fiskalische Kassen und das Domkapitel zu Meißen bestand, abschafft, das G.

vom 18. Dezember 1867, welches die s. g. Meßferien in Leipzig aufhebt; zwei Gesetze vom 30. Juni 1868, von denen das eine das Verfahren bei Interventionsansprüchen in der Executionsinstanz regelt, das andere einzelne Bestimmungen über den Subhastationsproceß ertheilt.

Bedeutende Reformen sind für das Strafrecht und den Strafprozeß angebahnt. Die hierauf bezüglichen Gesetze sollen zunächst einer nochmaligen Revision unterzogen und in die bereits vorhandenen Gesetzbücher eingearbeitet werden. Mit dieser Arbeit sind gegenwärtig unser geehrtes um die Strafrechtspflege hochverdientes Mitglied der General-Staatsanwalt Schwarze und der O.-A.-R. Otto beschäftigt, voraussichtlich wird dieselbe bereits im September d. J. zum Abschluß gelangen. In wie fern die inzwischen in Angriff genommenen Arbeiten für ein gemeinsames Norddeutsches St.-G.-B. hierauf einwirken werden, ist mir nicht bekannt; jedenfalls enthalten die Vorarbeiten in vielen Punkten erhebliche Fortschritte gegenüber den meisten bisherigen Gesetzbüchern, und es ist deshalb dringend zu wünschen, daß diese Gesetze bei der bevorstehenden gemeinsamen Gesetzgebung des N. B. eingehende Berücksichtigung finden mögen. Vor Allem gilt dies von der wichtigsten Reform im Gebiete des materiellen Strafrechts, der Abschaffung der Todesstrafe, an deren Stelle lebenslängliche Zuchthausstrafe tritt. Hoffentlich wird das Beispiel Sachsens ganz Deutschland nach sich ziehen und einer Forderung zum Siege verhelfen, die, wenigstens nach der Ansicht Ihres Referenten, nicht oft und nicht laut genug an die Gesetzgebung gestellt werden kann.

Von Verbesserungen in Bezug auf das materielle Strafrecht ist ferner hervorzuheben die Abschaffung sämmtlicher Strafschärfungen, vorbehaltlich nur die Disciplinarstrafmittel in den Strafanstalten — und die Entfernung mehrerer Vergehen aus dem St.-G.-B. überhaupt, so der Medikasterei, der Winkelschriftstellerei, der gemeinen Unzuchtsverbrechen.

Die hauptsächlichste Reform im Gebiete des Strafprozesses besteht in der Einführung der Schwurgerichte. Die Wahl der Geschworenen erfolgt auf Grund einer Vereinigung des Capacitäten- und des Censussystems. Dieselben werden besonders aus denjenigen Männern genommen, die bereits durch das Vertrauen ihrer Mitbürger zu öffentlichen Ehrenämtern im Staate und in die Gemeinde berufen worden waren. Es findet eine zweimalige Reduction statt; die erste ist in die Hände eines Ausschusses gelegt, welcher vorzugsweise aus den Vorständen der betreffenden Stadt- und Landgemeinden zusammengesetzt ist und von einem höheren Richter präsidirt wird, — die zweite Reduction erfolgt durch den Schwurgerichtspräsidenten der vorangegangenen Schwurgerichtsperiode. — Die Zuständigkeit der Geschworenen regelt sich nach dem Strafmaß; politische und Preßvergehen bilden in dieser Hinsicht keine besondere Kategorie. Die Mitwirkung der Geschworenen ist von Beschränkungen möglichst befreit. Den Geschworenen wird die volle Schuldfrage überwiesen, eine Zurückführung der Rechtsbegriffe auf die entsprechenden thatsächlichen Momente ist nicht unbedingt vorgeschrieben, eine Cognition des Cassationshofes darüber, ob eine solche nöthig oder zweckmäßig gewesen, unbedingt ausgeschlossen. Ein Resumé des Präsidenten findet nicht statt, dagegen wird die Rechtsbelehrung desselben besonders scharf hervorgehoben. Zum Schuldverdict sind zwei Drittel der Stimmen erforderlich. — In den Fällen, die weder an das Schwurgericht noch vor den Einzelrichter gehören, erfolgt die Aburtheilung durch ein aus drei Richtern und vier Schöffen zusammengesetztes Gericht, bei welchem zur Verurtheilung eine Mehrheit von fünf Stimmen erforderlich ist. Die Schöffen werden aus der Urliste der Geschworenen genommen. — Zu erwähnen ist ferner, daß die Rechte des Vertheidigers gegen früher erweitert sind; es ist ihm namentlich das Recht der Mitwirkung bei Lokalbesichtigung, Sektionen und anderen Feststellungen des Thatbestandes gegeben. Die Berufungs-Instanz in Bezug auf Criminal-Erkenntnisse fällt fort; nur gegen die Höhe des Strafmaßes ist die Appellation gestattet.

Endlich ist in Sachsen im verflossenen Jahre noch eine Reihe in das öffentliche Recht einschlagender Gesetze erlassen worden, die hier jedoch als minder wichtig unerwähnt bleiben können.

3. Eine zusammengehörige Gruppe bilden die vier sächsischen Herzogthümer, das Herzogthum Anhalt, die Fürstenthümer Schwarzburg Rudolstadt und Sondershausen und die beiden Fürstenthümer Reuß. Diese neun Staaten haben für das Gebiet der Rechtspflege und der Gerichtsorganisation gemeinsame Institutionen. Allen neun gemeinschaftlich ist das Ober-Appellationsgericht zu Jena, ferner hatten bisher Sachsen-Weimar, die beiden Schwarzburg und Reuß j. L. ein gemeinschaftliches Appellationsgericht zu Eisenach. Die übrigen vier Staaten besaßen jeder ein besonderes Appellationsgericht für sich, von denen das größte eine Bevölkerungszahl von ca. 180,000, das kleinste eine Bevölkerungszahl von ca. 40,000 Seelen umfaßte. Diesen Luxus haben im verflossenen Jahre Sachsen-Coburg-Gotha und Reuß ä. L. aufgegeben und sich dem Appellationsgericht zu Eisenach angeschlossen, der Anschluß soll mit dem 1. Oktober d. J. ins Leben treten. Die Appellationsgerichte von Meiningen, Altenburg und Anhalt bleiben in ihren Würden.

In Bezug auf die einzelnen zu dieser Gruppe gehörigen Staaten ist Folgendes zu bemerken: In S.-Weimar ist durch ein Gesetz vom 19. Februar 1868 ein Mahnverfahren in bürgerlichen Rechtssachen eingeführt. Das Gericht erläßt einen Zahlungsbefehl, der rechtskräftig wird, wenn er Seitens des Schuldners ohne Widerspruch bleibt. — In Meiningen ist unterm 8. Juni 1867 ein neues liberaleres Preßgesetz erlassen. — In Schwarzburg-Sondershausen bestimmt ein Gesetz vom 9. Februar 1868 über die Veräußerungen zahlungsunfähiger Schuldner zum Nachtheil der Gläubiger. — Im Fürstenthum Reuß j. L. sind durch das Gesetz vom 18. Juni 1867 einige Verbesserungen im Civilverfahren herbeigeführt, jedoch unter Beibehaltung des schriftlichen Prozesses.

4. Erheblicher war die Thätigkeit der Gesetzgebung in Braunschweig. Das Gesetz vom 10. Aug. 1867 enthält eine anderweitige Organisation des bereits i. J. 1850 errichteten Handelsgerichts. Dasselbe hat hiernach seinen Sitz zu Braunschweig und besteht aus zwei rechtsgelehrten und drei kaufmännischen Richtern, welche letzteren nebst ihren Stellvertretern aus der Stadt Braunschweig auf drei Jahre gewählt werden, jedoch so, daß alljährlich ein Mitglied und ein Stellvertreter ausscheidet. Das Amt der kaufmännischen Mitglieder ist ein Ehrenamt, welches nur nach Vollendung des 60. Lebensjahres oder wegen körperlicher Gebrechen abgelehnt werden kann. Die Staatsanwaltschaft ist beim Handelsgericht nicht vertreten. Alle sonstigen hierher gehörigen Bestimmungen beruhen auf älteren nicht modificirten Gesetzen. — Durch das Gesetz vom 13. September 1867 wird festgesetzt, daß bei Expropriationen zu Staats- und Gemeindezwecken dem Expropriaten volle Entschädigung, sowohl für den entstandenen Schaden, wie für den entzogenen Gewinn zu gewähren ist. Der Betrag wird, wenn keine gütliche Einigung zu erzielen ist, durch drei Sachverständige geschätzt, welche von der Landes-Oeconomie-Commission ernannt werden, und demnächst von dieser letzteren definitiv festgestellt. Das Verfahren, welches dies Gesetz vorschreibt, ist nicht zu billigen, da es den Rechtsweg in ungewöhnlicher, durchaus nicht zu rechtfertigender Weise beschneidet. Das Eigenthum der expropriirten Grundstücke geht übrigens mit erfolgter Zahlung resp. gerichtlicher Deposition der Geldentschädigung auf den Expropriaten über. — Das Gesetz vom 5. Aug. 1867 bestimmt, daß der Lohn des Landgesindes, welches sich auf ein Jahr vermiethet hat, so weit er in baarem Gelde besteht, nach Ablauf des ersten und zweiten Vierteljahres nur zu je einem Sechstel, nach Ablauf des dritten und vierten Quartals zu je einem Drittel bezahlt werden soll. Der Lohn, der während der beiden ersten Quartale zwar verdient aber nicht ausbezahlt wird, dient der Herrschaft als Sicherheit für ordnungsmäßige Vertragserfüllung. — Aus dem Gebiet des Strafrechts ist hervorzuheben: das Gesetz vom 3./15. August 1867 wendet die Bestimmungen des C.-G.-B.

auf Handlungen gegen die Existenz-Integrität und Verfassung des N. B. an. Beleidigungen und Verleumdungen der Landesversammlung, des Bundesraths und des Reichstages sollen auf Antrag derselben von der Staats-Anwaltschaft oder durch einen von dem betreffenden Collegium bestellten Vertreter im Wege der Privatanklage verfolgt werden. — Das G. vom 18. Juni 1868 überweist in Folge der neuen Organisation der braunschweigischen Truppen das Polizeimilitair, welches bisher dem militairischen Gerichtsstand unterworfen war, wegen aller nicht disciplinarisch zu verfolgender Vergehen und Verbrechen den ordentlichen Landesgerichten.

5. Aus Mecklenburg ist nichts zu melden. In Lübeck ist ein unbedeutender Nachtrag zur Strafprozeßordnung und ein Gesetz über die Zuständigkeit der Civilgerichte, für Ansprüche aus Ehren- und Körperverletzungen, erlassen worden. In Hamburg wird zur Zeit zwischen Senat und Bürgerschaft verhandelt über Einführung eines Staatsexamens behufs Zulassung zur Advokatur; ferner über Einführung der Nürnberger Novellen zur W.-O. und über ein neues Strafgesetz nebst Strafverfahren. Für das Strafrecht macht sich nämlich in den Ländern, in welchen dasselbe lediglich auf der Grundlage der gemeinrechtlichen Praxis beruht, nach Einführung des mündlichen Anklageverfahrens das Bedürfniß einer Codification unabweislich geltend. Dies ist der Grund, weshalb man hier trotz der in Aussicht stehenden gemeinschaftlichen Gesetzgebung nicht länger warten will. Dasselbe scheint in Bremen der Fall zu sein, wo gleichfalls die Veröffentlichung eines Strafgesetzentwurfes bevorsteht. In letzterer Stadt ist überdies ein Gesetz über Abkürzung der Verjährungsfristen vorbereitet, welches sich an die Bestimmungen des Dresdener Entwurfes für das deutsche Obligationenrecht anschließt. — In Oldenburg ist aus Sparsamkeitsrücksichten die äußerliche Verschmelzung des Ober-Appellations- mit dem Appellationsgericht beschlossen; ferner stehen verschiedene Aenderungen in Bezug auf das Strafrecht und das Strafverfahren bevor, namentlich auch neue Bestimmungen über die Wiederaufnahme der Untersuchung nach rechtskräftigem Urtheil. Von diesen mag die nachfolgende wegen ihres Interesses für die gerade jetzt dem Juristentage vorliegende Frage wörtlich angeführt werden:

„In den Fällen, wo ein rechtskräftiges Endurtheil ergangen ist, kann die Untersuchung nur wieder aufgenommen werden:

1) zu dem Zwecke, daß ein Verurtheilter von der angeschuldigten That gänzlich freigesprochen werde,

wenn durch neue Beweismittel oder neue Thatsachen für sich allein oder in Verbindung mit früheren Beweisen die Unschuld des Verurtheilten wahrscheinlich gemacht wird.

Als neue Thatsachen oder Beweismittel gelten nur diejenigen, welche der Beschuldigte in der dem Erkenntniß vorausgegangenen mündlichen Verhandlung nicht gekannt oder doch aus entschuldbaren Gründen nicht vorgebracht hat.

2) zu dem Zwecke, daß ein Verurtheilter bezüglich der angeschuldigten That entweder gänzlich freigesprochen oder doch unter Anwendung eines milderen Strafgesetzes zu einer geringeren Strafe verurtheilt werde:
wenn nachgewiesen oder doch wahrscheinlich gemacht wird, daß in dem früheren Verfahren eine in dem 8. und 22. oder dem 27. Titel des Strafgesetzbuchs (betr. Meineid, Urkundenfälschung und Verbrechen oder Vergehen im Amte) mit Strafe bedrohte Handlung begangen worden ist, sofern sich ergiebt, daß dieselbe auf den Ausfall des früheren Endurtheils zum Nachtheile des Verurtheilten von Einfluß gewesen sein kann."

Den Uebergang

III. zu den Süddeutschen Staaten

bildet Hessen-Darmstadt, welches mit einem Fuß innerhalb, mit dem andern außerhalb des N. B. steht. Ein mir vorliegendes Schreiben von dort her beklagt bitter, daß in Folge dieser politischen Gestaltung es einem Theile des Landes unmöglich ist, an der Schaffung von Gesetzen mitzuarbeiten, deren Einführung auch in den linksmainischen Provinzen des Großherzogthums zur Nothwendigkeit wird, sobald sie durch Publikation im Bundesgesetzblatt für, die Provinz Oberhessen gesetzliche Geltung erlangt haben. Unsere Gesetze sagt der Briefsteller, werden ohne Mitwirkung von den Vertretern des ganzen Großherzogthums in Berlin gegeben und den Kammern in Darmstadt zur „unweigerlichen" Annahme vorgelegt. Von einer eigentlichen Gesetzgebung läßt sich hiernach nur in sehr geringem Maße reden; die Hauptthätigkeit bestand eben in der Erstreckung der Bundesgesetze auf die übrigen hessischen Landestheile, so der Gesetze über die Aufhebung der Schuldhaft und der polizeilichen Ehebeschränkung. Abgesehen hiervon, so wie von der in Folge der Militair-Convention nothwendig gewordenen Einführung der Preußischen Militair-Strafgesetzgebung beschränkt sich das Ergebniß der Hessen-Darmstädtischen Gesetzgebung während des verflossenen Jahres auf Folgendes: Das Gesetz vom 22. Mai 1867 enthält polizeiliche Anordnungen zur Verhinderung von Viehseuchen, und bestimmt dabei zugleich den Modus der von Staatswegen zu leistenden Entschädigung für die auf Geheiß der Polizeibehörde getödteten Thiere. Das Gesetz vom 14. Aug. 1867 betrifft die Aufbringung der Kosten für das zur Erbauung von Eisenbahnen erforderliche Gelände. Das G. vom 8. April 1868 macht für Aktiengesellschaften, welche den Bau und Betrieb von Eisenbahnen zum Gegenstande haben, von der im Art. 249 des H.-G.-B. den Einzelstaaten eingeräumten Befugniß Gebrauch und gestattet diesen Gesellschaften, in ihrem Statut mit staatlicher Genehmigung festzusetzen, daß die im Art. 222 des allgem. deutschen Handelsgesetzbuchs bestimmte Höhe der Einzahlungen von 40 % des Nominalbetrages der Aktien auf 25 % dieses Betrages herabgesetzt werde. Ein bereits ausgearbeiteter Entwurf einer Civilprozeßordnung wird wohl im Hinblick auf das zu erwartende Bundesgesetz zurückgelegt werden.

2. Bayern. Hier ist ebenfalls der Entwurf einer Civilprozeßordnung vorbereitet, aber der Vollendung näher als in Hessen-Darmstadt, da er bereits vom Ausschuß der zweiten Kammer zum großen Theil erledigt ist. Man hofft, daß demnächst auch andere nothwendige Justizreformen in Fluß kommen werden, namentlich wird erwartet eine Umgestaltung der Advokatur, ein Gesetz über die Stellung des Richterstandes, eine Revision der seit 1849 geltenden Strafprozeßordnung. Ergangen sind im verflossenen Jahre ein Gesetz über die Aufhebung der Zinsbeschränkungen, über das Contumacialverfahren in Strafsachen, über die Berechtigung der Staatsregierung, bei Auslieferung von Verbrechern dem fremdem Staate Straflosigkeit des Auszuliefernden zuzusichern, ferner einige Abänderungen des Strafgesetzbuchs und Polizei-Strafgesetzbuchs von 1861. Aus dem letzteren ist namentlich hervorzuheben, daß die höhere Strafe des Rückfalles nur dann eintritt, wenn die zweite Verurtheilung innerhalb einer bestimmten Frist nach der ersten erfolgt, während das frühere Strafgesetz eine solche Zeitgrenze nicht kannte.

Die Strafbestimmungen über Defraudationen und Contraventionen bei Brauereibetrieb sind durch ein neueres Gesetz wesentlich gemildert. — Ebenso begründete das neue Wehrverfassungsgesetz eine Umänderung der bisherigen Bestimmungen über die Bestrafung des Ungehorsams in Bezug auf die Wehrpflicht.

Wichtig sind ferner die sogenannten Sozialgesetze. Das Gesetz über Heimath, Aufenthalt und Verehelichung steht ziemlich auf dem Standpunkt der dieselben Gegenstände betreffenden Bundesgesetze, nur daß sich dieses Gesetz lediglich auf Bayern bezieht; aus demselben ist insbesondere zu erwähnen, daß die bisher gerade in Bayern sehr zahlreich vorhandenen Beschränkungen der Eheschließung auf ein Minimum reducirt werden. Hiermit in Verbindung steht ein weiteres Gesetz, welches für die einer anerkannten Religionsgesellschaft nicht angehörigen Personen die obligatorische Civilehe einführt. Das neue Gewerbegesetz setzt an die Stelle des bisherigen Concessionssystems die Gewerbefreiheit in umfassendster Ausdehnung, namentlich auch für die Preßgewerbe. Im Anschluß an dasselbe wird voraussichtlich in nächster Zeit eine gesetzliche Regelung derjenigen Aktiengesellschaften, bei welchen der Gegenstand des Unternehmens nicht in Handelsgeschäften besteht, so wie der Genossenschaften, stattfinden. Für beide Gesetze liegen bereits Entwürfe vor. Der Entwurf zu ersterem Gesetz stimmt wesentlich mit den Bestimmungen des Preußischen G. vom 15. Februar 1864 überein; hinsichtlich der Genossenschaften beschränkt sich der Entwurf nicht auf die s. g. Erwerbs- und Wirthschafts-Genossenschaften, sondern erstreckt sich auch auf sonstige Vereinigungen zu erlaubten Zwecken und stellt keine Präceptivbestimmungen über die Solidarhaft auf. In beiden Beziehungen ist jedoch der Entwurf schon vielfach bekämpft worden und die Stimmen hierüber sind sehr getheilt.

Außerdem ist zu erwähnen, daß ein neues Berggesetz bevorsteht, welches sich stark an das Preußische anlehnt.

Endlich sind noch von kleineren im Laufe des verflossenen Jahres erlassenen Gesetzen zu nennen: ein Gesetz, durch welches die s. g. Ehehaftsreichnisse für ablösbar erklärt werden. Es ist dies ein veraltetes grundzinsähnliches Institut, welches in Gestalt der Schmied- und Baderehehaften, namentlich in Süd-Bayern, Geltung hatte; ferner ein Gesetz über die Entschädigung der Vieheigenthümer für ihre im Falle des Ausbruchs der Rinderpest getödteten Thiere; zwei Gesetze enthaltend Abänderungen des in der Pfalz geltenden französischen Rechts über das Notariat und über Privilegien und Hypotheken.

3. In **Württemberg** sind die in dem letzten Bericht erwähnten Justizgesetze verkündet worden, nämlich das G. über die Gerichtsverfassung vom 13. März 1868, die Civilprozeßordnung vom 3. April 1868 und die Strafprozeßordnung vom 17. April 1868.

Nach dem Gesetz über die Gerichtsverfassung wird die Gerichtsbarkeit in Civilsachen ausgeübt:

1) von den Ortsgerichten, welche blos aus den Laienelementen, nämlich den Gemeinderaths-Collegien, bestehen, bis zum Betrage von 30 F.; ferner
2) von den Oberamtsgerichten, bestehend aus 2 Juristen und 3 Schöffen, in Civil- und Strafsachen mit beschränkter Competenz;
3) von den Kreisgerichtshöfen, die vier Abtheilungen: Civil-Kammer, Ehegericht, Raths- und Anklage-Kammer und Straf-Kammer, haben;
4) von den Schwurgerichten, und
5) von dem Ober-Tribunal.

In Handelsstreitigkeiten muß bei den Oberamtsgerichten unter den drei Schöffen ein Kaufmann sein. Bei den Kreisgerichten und dem Ober-Tribunal besteht in Handelsstreitigkeiten das Gericht aus 3 Juristen und 2 Kaufleuten.

In Strafsachen besteht bei den Kreisgerichten und dem Ober-Tribunal eine Staatsanwaltschaft. Der Staatsanwalt muß Richter sein und tritt nach Zurücknahme seines Auftrages von selbst in die Verrichtungen seines Richteramtes.

Die Handelsgerichts-Ordnung vom 13. August 1865 tritt mit Einführung der neuen Gesetze (1869) außer Kraft.

Die Civilprozeß-Ordnung folgt im Wesentlichen dem in Hannover ausgearbeiteten Entwurf einer allgemeinen deutschen Civilprozeß-Ordnung. Insbesondere ist der Grundsatz der Unmittelbarkeit der mündlichen Verhandlung vor dem erkennenden Gericht mit Consequenz durchgeführt, nur eine einmalige Berufung für zulässig erklärt und die Nichtigkeitsbeschwerde auf Verletzung, unrichtige Auslegung und falsche Anwendung eines Rechtssatzes ausgedehnt. Dagegen hat das Verfahren von Amtswegen eine größere Ausdehnung erhalten. Die Leitung der Verhandlungen ist auch außerhalb der mündlichen Verhandlung in die Hände des Gerichts gelegt und selbst bei den höheren Gerichten den Parteien freigestellt, ohne Anwalt zu handeln. Am bedeutendsten ist die Abweichung von dem Hannoverschen Entwurfe im Verfahren vor den Ober-Amtsgerichten, indem hier bis zu einem Streitwerth im Betrage von 200 F. (was nach statischer Erhebung bei ungefähr 12% aller Prozesse zutrifft) ein nicht öffentliches protokollarisches Verfahren vor dem Instruenten eintritt. Das Gesetz enthält viel größeres Detail als der Hannoversche Entwurf, nämlich 940 Artikel, während der Hannoversche Entwurf nur 689 §§. enthält.

Die Strafprozeß-Ordnung ist auf dem Grundsatz der Anklage durch die Staatsanwaltschaft gebaut. Eine Berufung in Beziehung auf die Thatfrage findet nicht statt. Dagegen ist gegen Enderkenntnisse eine Nichtigkeits-Beschwerde, auch wegen Verletzung eines Gesetzes oder eines Rechtsgrundsatzes gestattet und im gleichen Umfang eine einfache Beschwerde im Laufe des Untersuchungsverfahrens. Die Zuständigkeit der Schwurgerichte ist, mit Rücksicht auf den bei allen Strafsachen durchgeführten Grundsatz der Oeffentlichkeit in beschränkterem Umfang als bisher normirt.

Außer diesen 3 Gesetzen ist durch das G. vom 12. März 1868 die Strafe der körperlichen Züchtigung, so weit sie bisher noch bestand, gänzlich abgeschafft.

Durch das G. vom 13. März 1868 ist ferner die gerichtliche Kraftloserklärung von Inhaberpapieren und durch Bankindossement übertragenen Akten der Privaten ermöglicht, und durch ein zweites G. vom gleichen Tage die Kraftloserklärung von Wechseln und Ordrepapieren der Art. 301 und 302 des H.-G.-B. näher geordnet.

4. Was Baden betrifft, so ist im Berichte vom vorigen Jahre darauf hingewiesen, daß bei der neuen umfassenden Gesetzgebung auf den Rechtsgebieten, welche der deutsche Juristentag vorzugsweise verfolgt, hierin eine größere Thätigkeit kaum mehr zu erwarten stand; dieselbe befaßte sich während des Landtages 1867/8 hauptsächlich mit dem Ausbau der politischen Entwickelung, so wie mit der Hebung der Wehrkraft, des Schul- und Verkehrwesens.

In dieser Beziehung werden nun im Allgemeinen erwähnt die Gesetze: über Abänderung und Ergänzung der Verfassungsurkunde vom 21. Oktober 1867 und über Ministerverantwortlichkeit vom 20. Februar 1868, über das Vereins- und Versammlungsrecht vom 21. November 1867, ferner das Wehrgesetz vom 2. Februar 1868 und das Contingentsgesetz vom 21. Februar 1868 nebst einer ausführlichen Gebrechensordnung, so wie das provisorische Gesetz über die Militairstrafrechtspflege vom 6. April 1868 (nachdem hierwegen eine Vereinbarung über den in beiden Kammern mehrfach berathenen Entwurf mit Rücksicht auf den nahe bevorstehenden Schluß des Landtages nicht mehr erzielt werden konnte), welche Militairgesetze mit den Preußischen thunlichst übereinstimmen, sodann die Gesetze über den Besuch der Gewerbeschulen vom 29. Januar 1868, über den Elementarunterricht vom 8. März 1868 und über die Rechtsverhältnisse der Volks- und Gewerbeschullehrer vom 11. März 1868, und endlich außer mehreren Eisenbahngesetzen die über Eintheilung, Anlage und Unterhaltung der öffentlichen Wege vom 14. Januar 1868, über die Anlage der Ortsstraßen und die Feststellung der Baufluchten, so wie das Bauen längs der Landstraßen und Eisenbahnen vom 20. Februar 1868.

Wenden wir uns zu unserm eigenen Felde zurück, so ist von den im vorjährigen Berichte genannten Gesetzen bzw. Entwürfen

1) zunächst das Gesetz über die Gerichtsbarkeit und das Verfahren in Untersuchungen gegen Refraction und Desertion vom 25. Mai 1865 wieder einer Abänderung unterworfen worden
   a. durch dasjenige über das Verfahren gegen ungehorsame Wehrpflichtige und deren Bestrafung vom 20. Februar 1868, worin der Thatbestand des hier zu verfolgenden Vergehens bestimmt bezeichnet, die Zuständigkeit des Gerichts (Strafkammer) festgestellt, so wie das Verfahren geordnet wird, und
   b. durch obiges provisorische Gesetz, worin u. A. die Desertion wieder an die Militairgerichte überwiesen ist.

2) Das Gesetz über Einführung der Einzelhaft in den Weiberstrafanstalten vom 13. Juli 1866 ist — nach Beendigung der baulichen Einrichtungen — durch V. O. vom 9. Mai 1868 mit dem 25. gl. M. in Vollzug getreten; jene Anstalten sind in Bruchsal, wo sich bekanntlich auch das Zellengefängniß für zu Zucht- oder Arbeitshaus verurtheilte Männer befindet.

3) Der Entwurf des Preßgesetzes, dessen allgemeine Richtung und wesentlicher Inhalt bereits mitgetheilt worden, ist durch das Gesetz vom 2. April 1868 erledigt. In Uebereinstimmung mit der erneuten Vorlage vom 28. August 1867 ist u. A. darin (§. 14) die wichtige Bestimmung getroffen, daß der Herausgeber (Redacteur), Verleger und Drucker einer Druckschrift als Zeuge nicht gezwungen werden kann, den Verfasser derselben zu benennen.*) Eine wiederholte und ausführliche Berathung fand auch diesmal über eine erweiterte Mitwirkung der Geschworenen über Preßvergehen statt; allein beim Mangel einer Vereinbarung verblieb es bei den bekannten Bestimmungen der Gerichtsverfassung.

4) Die s. Z. gegebene Zusage über Vorlage eines Gesetzentwurfs bezüglich der Rechtsverhältnisse der Studirenden**) auf den beiden Landes-Universitäten ist durch das Gesetz vom 20. Februar 1868 erfüllt.

Hiernach stehen die Studirenden lediglich unter den allgemeinen Landesgesetzen; die besondere Gerichtsbarkeit derselben, wie das Gesetz vom 21. Juli 1823 über deren Schulden ist aufgehoben und bezüglich der letzteren auf das badische Landrecht Art. 1124 b.***) verwiesen. Ehrenkränkungen zwischen Akademikern kann der Beleidigte zur disciplinaren Bestrafung — mit Ausschluß der ordentlichen Strafgerichte — bringen; Zweikämpfe fallen unter das gemeine Strafgesetzbuch, jedoch werden leichtere Fälle, wenn der Zweikampf mit Schlägern im Amtsbezirke der Universitätsstadt stattfindet und weder bleibenden Schaden noch Krankheit oder Arbeitsunfähigkeit von mehr als 14 Tagen nach sich zieht, nur als Polizeiübertretungen mit Gefängniß bis 4 Wochen bestraft, sofern die Polizei nicht die gerichtliche Verfolgung beantragt. Als Disciplinarstrafe kann Carcer erkannt werden. Die akademische Disciplin, deren Behörden und Verfahren werden durch Vollzugsverordnung geregelt.

---

*) Vgl. D. J.-T. V. 54 ff., 78 ff., VI. 96 ff.

**) Vgl. D. J.-T. VI. 3 ff., 423 ff. Vrhdlg. VI. 269 ff.

***) Des Inhalts: Ein Vollmünder (= Minderjähriger im Alter von 16—21 Jahren), der außer der Eltern oder Pfleger Haus, und nicht einem Fürsorger übergeben, mithin sich selbst überlassen ist, schließt giltig alle für seinen Unterhalt und Beruf geeigneten Verträge, vorbehaltlich der Umstoßung im Verletzungsfall.

Einem lang gefühlten Bedürfnisse entsprechen ferner:

5) Das Gesetz über die Rechts-Verhältnisse der Dienstboten vom 3. Februar 1868 zur Ergänzung des Landrechts. Nach Bezeichnung des bürgerlich rechtlichen Dienstvertrages sind darin zweckmäßige Bestimmungen getroffen über Regelung der Termine für Stadt und Land, theilweises Rückbehaltungsrecht des Lohns Seitens des Dienstherrn, gegenseitiges Kündigungs- und Entlassungs- bzw. Austrittsrecht, Entschädigungsverbindlichkeit des Dienstherrn und Gesindes wegen vertragswidriger Nichtannahme und Entlassung bzw. Nichteintritts und Austritts, wie über die Entschädigungsverbindlichkeit Dritter wegen wissentlicher Annahme eines vertragswidrig ausgetretenen Dienstboten, und endlich über das (summarische) Verfahren bei entstehenden Streitigkeiten vor den ordentlichen Gerichten.

6) Die Ordnung über Führung der Grund- und Pfandbücher vom 23. April 1868, worin neue Anordnungen zwar nicht getroffen, aber die vielfach zerstreuten bestehenden Gesetze und Verordnungen vollständig und klar zusammengestellt sind.

Von besonderer Wichtigkeit, sowohl im Interesse einer gediegenen Justizpflege, als für die persönlich Betheiligten, sind schließlich die landesherrliche Verordnung vom 6. Mai 1868 über die Vorbereitung zum öffentlichen Dienste in der Justiz und inneren Verwaltung, so wie die Vollzugsverordnung vom 8. dess. M. über die Beschäftigung der Rechtspraktikanten und Referendarien, womit auch dieser Gegenstand auf eine dem heutigen Bedürfnisse und der gegenwärtigen Organisation entsprechende Weise neu geregelt ist.

IV. Oesterreich.

Die österreichische Gesetzgebung war in der letzten Zeit vornehmlich mit staatsrechtlichen Aufgaben beschäftigt.

Zunächst galt es, die Verfassung vom 26. Februar 1861 mit der geänderten Stellung der zur ungarischen Krone gehörigen Länder in Einklang zu bringen und das Verhältniß der beiden Reichshälften zu einander festzustellen.

Nachdem eine Deputation des Reichsraths mit einer Deputation des ungarischen Reichstages auf Grund des Gesetzes vom 16. Juli 1867 in Verhandlung getreten war, wurden die beiden Reichshälften gemeinsamen Angelegenheiten in dem Gesetze vom 21. Dezember 1867 festgestellt, und die Verhandlung der diese Angelegenheiten betreffenden Gesetze in einer aus dem Reichsrath und dem ungarischen Reichstage hervorgehenden Delegation geregelt. An dieses Gesetz schließen sich das Gesetz vom 24. Dezember 1867 über die Beitragsleistung der westlichen Reichshälfte zu dem Aufwande für die gemeinsamen Angelegenheiten, so wie die am gleichen Tage erlassenen Gesetze über ein Uebereinkommen betreffend die Beitragsleistung der östlichen Reichshälfte zu den Lasten der Staatsschuld, dann über ein Uebereinkommen zur Herbeiführung eines Zoll- und Handelsbündnisses zwischen den beiden Reichshälften, endlich die Gesetze vom 10. Juni 1868 über die Gebahrung und Controle der gemeinsamen Staatsschuld, dann der consolidirten und der nicht gemeinsamen schwebenden Staatsschuld.

Gleichzeitig mit der Feststellung der gemeinsamen Angelegenheiten und der Art ihrer Behandlung wurde das Grundgesetz über die Reichsvertretung einer Revision unterzogen und hierbei die Competenz des Reichsrathes gegenüber den Landtagen neu abgegrenzt. An demselben Tage, an welchem die revidirte Reichsverfassung erschien — am 21. Dezember 1867 — traten auch die Staatsgrundgesetze über die allgemeinen Rechte der Staatsbürger, über die Einsetzung eines Reichsgerichtes, über die richterliche Gewalt und über die Ausübung der Regierungs- und Vollzugsgewalt ins Leben.

Im Zusammenhange mit der Umgestaltung der Verfassung stehen auch das Gesetz vom 25. Juli 1867 über die Verantwortlichkeit der Minister und das Gesetz vom 12. Juni 1868 über die Aufhebung des Staatsrathes.

Die Principien, welche durch die Staatsgrundgesetze zur Herrschaft gelangt waren, führten auch zu einer Aenderung der das Verhältniß zwischen Staat und Kirche berührenden Gesetzgebung. Das Gesetz vom 25. Mai 1868 stellt die weltliche Gerichtsbarkeit und die Anwendung des allgemeinen bürgerlichen Gesetzbuches in Ehesachen in dem vor Einsetzung der geistlichen Ehegerichte bestandenen Umfange wieder her, und gestattet die Eheschließung vor weltlichen Behörden in den Fällen, in denen dieselbe vom Seelsorger ohne gesetzliche Gründe verweigert wird. An demselben Tage erschienen auch die Gesetze über das Verhältniß der Schule zur Kirche und über das interkonfessionelle Verhältniß der Staatsbürger; das erstere hat zum Zweck die Unabhängigkeit der Schule von der Kirche, das letztere die Gleichberechtigung aller Confessionen durchzuführen.

Die in das Gebiet der Justizgesetzgebung fallenden Gesetze sind theils Ausführungsgesetze zu den Staatsgrundgesetzen, theils sollen sie einzelne dringende Reformen herbeiführen, welche man bis zum Zustandekommen der neuen Codificationen nicht aufschieben wollte.

Die Ablösung des Lehenbandes ist für Steiermark und Salzburg durch die Gesetze vom 31. Dezember 1867 ermöglicht. Das Gesetz vom 13. Juni 1868 macht die Errichtung neuer Fideicommisse von einem Akt der Gesetzgebung abhängig. Die Sonderbestimmungen über Vererbung von Bauerngütern sind durch das Gesetz vom 27. Juni 1868 aufgehoben, die

Wirksamkeit dieser Aufhebung jedoch von der durch die Landesgesetzgebungen einzuführenden freien Theilbarkeit abhängig gemacht.

Zur Vorbereitung der Umgestaltung des Gerichtsorganismus und zugleich zur Ausführung der Staatsgrundgesetze ist das Gesetz vom 21. Mai 1868 über die Disciplinar-Behandlung richterlicher Beamten erlassen, welches den Grundsatz der richterlichen Unabsetzbarkeit verwirklicht. Die Trennung der Justiz von der Administration ist durch die Gesetze vom 19. Mai 1868 über die Einrichtung der Verwaltung und vom 11. Juni 1868 über die Organisation der Bezirksgerichte durchgeführt. Im Zusammenhange mit dem letzteren Gesetze steht das Gesetz vom 25. Mai 1868, durch welches die Gehalte einer Kategorie der bei den Gerichtshöfen dienenden Subalternen erhöht werden.

In das Bereich der Gesetze, welche die Umgestaltung der Rechtspflege anbahnen sollen, gehört auch die Advokaten-Ordnung vom Juli 1868, welche den Eintritt in die Advokatie von jeder Ernennung unabhängig macht und eine volle Freizügigkeit zuläßt.

Auf dem Gebiete des gerichtlichen Verfahrens sind folgende Reformen herbeigeführt: die Schuldhaft mit Ausnahme der Fälle des Sicherheits-Arrestes ist durch das Gesetz vom 4. Mai 1868 aufgehoben, die Eidesablegung vor Gericht ist durch das Gesetz vom 3. Mai 1868, welches für alle Confessionen die gleichen Eidesformeln einführt, geregelt; die Gesetze vom 3. Mai und vom 2. Juli 1868 beseitigen mehrere Schwierigkeiten, die sich in Beziehung auf die Amortisation einiger Staatspapiere und anderer Inhaberpapiere ergaben.

Eine Novelle zur Strafprozeßordnung vom 15. November 1867 beseitigt die Freisprechung ab instantia.

Auf dem Gebiete der Strafgesetzgebung sind gleichfalls einzelne bedeutende Reformen ins Werk gesetzt; das Gesetz vom 15. November 1867 beseitigt die Anwendung der körperlichen Züchtigung so wie die Anlegung von Fesseln und schränkt die Dauer der mit einer strafgerichtlichen Verurtheilung verbundenen Ehrenfolgen ein; das Gesetz vom 14. Juni 1868 hebt alle gegen den Wucher bestandenen Strafbestimmungen auf; ein Gesetz vom Juli 1868 enthält mehrere Aenderungen der Preßgesetzgebung; die wichtigsten derselben bestehen in dem Aufgeben der Einstellung periodischer Druckschriften, und in einer Umgestaltung des sogenannten objectiven Strafverfahrens, welche der Vertheidigung größeren Spielraum giebt.

Außer mit diesen Gesetzen hatte die Reichsvertretung sich mit mehreren umfassenden Gesetzentwürfen, und zwar mit den durch die Regierung eingebrachten Entwürfen eines Strafgesetzes, einer Civilprozeß-Ordnung, einer Concurs-Ordnung zu beschäftigen. Dem Reichsrathe ist auch in der

Voraussicht, daß die Strafprozeßordnung und die Civilprozeßordnung nicht in der nächsten Zukunft zu Stande kommen werden, der Entwurf eines Gesetzes über die Einsetzung der Jury in Preßsachen, und eine Executionsordnung vorgelegt worden. Außer diesen Codificationen stehen beim Reichsrathe noch in Berathung das Wasserrechtsgesetz, das Gesetz wegen Auflösung des Lehenbandes in Mähren, Ober- und Niederösterreich, dann das Gesetz über die Executionsfähigkeit der von Gemeindeorganen geschlossenen Vergleiche.

Die Berathung der umfangreichen Gesetzesvorlagen dauert auch während der Vertagung des Reichsraths und nach dem Schlusse seiner Session fort; dies wird durch das gleichfalls in der letzten Session zu Stande gekommene Gesetz vom 30. Juli 1867 ermöglicht.

Zur Vorlage an den Reichsrath werden vorbereitet mehrere Ausführungsgesetze zu den oben aufgezählten Gesetzen, wie ein Gesetz über die Bildung des Reichsgerichts und das Verfahren vor demselben, ein Disciplinarstatut für die Advokatur; ferner die Grundbuchsordnung, die Gesetze über die Ausübung der freiwilligen Gerichtsbarkeit und über die mit der neuen Heeresverfassung in Einklang zu bringende Abgrenzung zwischen der Civil- und Militairgerichtsbarkeit.

Die vorstehende Ueberſicht zeigt, daß es im verflossenen Jahre nicht an ernster Thätigkeit auf dem Gebiet der deutschen Gesetzgebung gefehlt hat. Aber auch den oft gehörten Wunsch läßt sie von Neuem rege werden, daß es gelingen möge, der Fülle von Intelligenz, von Fleiß und Arbeitskraft, die fortdauernd von den Juristen und Gesetzgebern Deutschlands aufgewendet werden, einen würdigen Mittelpunkt zu geben. Noch immer zersplittert sich ein großer Theil der besten Kräfte im Bereich der Partikularrechte, und doch sind es nur in den seltensten Fällen „berechtigte Eigenthümlichkeiten", die hierzu Veranlassung bieten. Ein erfreulicher Fortschritt gegen früher ist es, daß dies gegenwärtig allgemein als ein Uebelstand anerkannt wird, und daß man allerseits bereit scheint, die Hand zur Abhülfe zu reichen. Möge es dem deutschen Juristentage vergönnt sein, an seinem Theile dazu mitzuwirken, daß das deutsche Recht einer einheitlichen nationalen Gestaltung immer mehr theilhaftig werde.

(Lebhafter Beifall.)

Präsident: Wir sagen dem Herrn Berichterstatter unsern Dank für die Mühe, der er sich durch die Uebernahme des Berichts unterzogen hat.

Das Schriftführeramt wird die Güte haben, den vollständigen Bericht sogleich mit dem ersten Heft durch den Druck zu vervielfältigen. — Es liegen jetzt noch einige Mittheilungen an die geehrte Versammlung vor. Es ist zunächst ein Schreiben eingelaufen an die Mitglieder des Juristentages von Herrn C. L. Leonhardt aus Königsberg. Der Mann hat einen Prozeß verloren und die Instanzen versäumt, und will unsere Hülfe in Anspruch nehmen; er wünscht ferner, daß der Juristentag ihm zu seinem Rechte verhelfen möge — (Heiterkeit); ich werde dieses Schreiben auf den Tisch des Hauses niederlegen; dem Mann ist dadurch nicht viel geholfen. Herr Dr. jur. Weiß überreicht drei Exemplare seiner Zeitschrift für Staats- und Rechtskunde in Bezug auf die Frage von der Zulässigkeit der Versetzung in den Anklagestand mit einem Schreiben, in dem er sich verbreitet über die Gutachten unserer geehrten Mitglieder v. Tippelskirch und Geyer. Ich lege diese Exemplare auf den Tisch des Hauses nieder. Ein Herr aus Hamburg, Herr A. G. Todtenhaupt, überreicht 10 Exemplare der hiesigen „Reform" mit einem offenen Sendschreiben an die Mitglieder des Juristentages mit philosophischen Betrachtungen übar das Wesen des Rechts; meine Herreu, ich lege auch diese 10 Exemplare hier nieder und stelle anheim, einen weiteren Gebrauch davon zu machen.

Zuletzt, meine Herren, wird Ihnen noch ein hochverdientes Mitglied unseres Vergnügungs-Comité's, Herr Dr. May, einige Mittheilungen über den Lebenslauf des heutigen Tages machen. Ich lade Herrn Dr. May ein, darüber das Wort zu ergreifen.

(Herr Advokat Dr. May aus Hamburg giebt die gewünschten Mittheilungen.)

Es folgen geschäftliche Mittheilungen, worauf der Herr Präsident die Sitzung um 11½ Uhr schließt.

Erste Sitzung der ersten und zweiten Abtheilung
Donnerstag, den 27. August 1868, Mittags 12 Uhr.

Stadtgerichtsrath Graf v. **Wartensleben** aus Berlin: Im Auftrage der ständigen Deputation des deutschen Juristentages erkläre ich die Sitzung der ersten und zweiten Abtheilung hierdurch für eröffnet und ersuche vorläufig den Herrn Dr. Otto, Advokat aus Heilbronn, und Dr. Braband, Advokat aus Hamburg, als Schriftführer zu fungiren. Nach der bisherigen Praxis erlaubt sich die ständige Deputation, Ihnen Behufs Bildung des Bureaus Vorschläge zu machen. Im Auftrage derselben schlage ich Ihnen als Vorsitzenden vor Herrn Advokat Dr. Wolffson aus Hamburg.

(Lebhafter Beifall.)

Bei dem so lebhaft geäußerten Beifall kann ich Ihre Zustimmung zu diesem Vorschlage wohl annehmen und ersuche deshalb Herrn Dr. Wolffson, sich über die Annahme der Wahl zu äußern.

Advokat Dr. **Wolffson** aus Hamburg: Ich nehme die Wahl mit Dank an.

Graf v. **Wartensleben**: Als stellvertretenden Präsidenten erlaube ich mir den Herrn Handels-Appellationsgerichtsrath Merz aus Nürnberg vorzuschlagen; wenn die Herren damit einverstanden sind (Beifall), so ersuche ich den Herrn Merz, sich über die Annahme zu erklären.

Handels-Appellationsgerichtsrath Dr. **Merz** aus Nürnberg: Da ich glaube, annehmen zu dürfen, daß Sie mich meines Vaterlandes wegen gewählt haben, so erlaube ich mir, die Wahl anzunehmen.

Graf v. **Wartensleben**: Nun ersuche ich die Herren Dr. Wolffson und Dr. Merz, die Plätze des Präsidiums einzunehmen.

(Die Herren nehmen die Plätze ein.)

Präsident Dr. **Wolffson**: Meine Herren, ich danke Ihnen vielmals für die mir erwiesene Ehre, werde aber in der Leitung der Geschäfte Ihre Nachsicht um so mehr in Anspruch nehmen müssen, als ich bisher sehr wenig Gelegenheit gehabt habe, persönlichen Antheil an den Arbeiten des deutschen Juristentages zu nehmen und Manches, was sich hier ausgebildet hat, mir wenig bekannt ist. Die Herren Schriftführer betrachte ich als definitiv gewählt.

Nach dem Beschlusse der Plenarverhandlung sind folgende Gegenstände hier in unserer Abtheilung zur Diskussion und Erledigung zu bringen: die Fragen 2, 3 7. 9 und 13. Ich denke, wir setzen die Fragen No. 2 und No. 7 auf die heutige Tagesordnung, so daß uns für die zweite Sitzung die Fragen 3, 9 und 13 verbleiben. Wir wenden uns also jetzt zum ersten Gegenstande der Tagesordnung, zur Außerkurssetzung der Inhaberpapiere.

Ehe wir aber zu diesem Gegenstande übergehen, erlaube ich mir, Sie darauf aufmerksam zu machen, daß Herr Dr. Julius Hopf dem Präsidium für die bevorstehende Debatte über den Arrest auf künftig zu verdienende Löhnung 12 Exemplare seiner Schrift über die Verkümmerung der Arbeits- und Dienstlöhne überreicht hat. Ich werde diese Exemplare hierher legen, wenn Einer oder der Andere von Ihnen speziell Einsicht zu nehmen wünscht, stehen Ihnen dieselben zur Disposition.

Ich lade nunmehr Herrn Rechtsanwalt Makower ein, das Referat über die Frage nach der Zulässigkeit der Außerkurssetzung der Inhaberpapiere zu beginnen.

Rechtsanwalt **Makower** aus Berlin: Meine Herren! Ueber die Frage: „Soll es zulässig sein, Inhaberpapiere außer Kurs zu setzen?" liegen zwei Gutachten vor, das eine von Herrn Advokaten Dr. Löhr zu Köln (Verhandlungen VII. S. 168), das andere von Herrn Hofrath Dr. v. Kerstorf zu Augsburg (ebenda S. 123). Ich darf annehmen, daß die anwesenden Herren jene Gutachten gelesen haben, und beschränke mich deshalb darauf, zur Auffrischung der Erinnerung die leitenden Ideen jener Gutachten kurz zu skizziren.

Herr Dr. Löhr prüft die gestellte Frage, welche er in preußisch-rechtlichem Sinne versteht, vom Standpunkte der Theorie und von dem der Zweckmäßigkeit, und findet sich von beiden Gesichtspunkten aus veranlaßt, den Satz zu vertheidigen, daß es de lege ferenda nicht zulässig sein soll, Inhaberpapiere außer Kurs zu setzen. In ersterer Beziehung erachtet er das Institut der Außerkurssetzung als im schneidendsten Widerspruch mit dem Wesen und Zweck der Inhaberpapiere stehend, da die letzteren geschaffen seien, um den jedesmaligen Inhaber ohne Weiteres als den Forderungsberechtigten zu legitimiren, und durch einfache Tradition von Hand zu Hand zu gehen. Dem Inhaber könne nicht gestattet werden, das Inhaberpapier seines Charakters zu entkleiden und dadurch spätere Erwerber zu gefährden. Bei Banknoten, Coupons, Dividendenscheinen und Talons sei die Außerkurssetzung überall ausgeschlossen.

Vom Standpunkte der Zweckmäßigkeit aus, bemerkt Herr Dr. Löhr, sei die Absicht des Instituts, das Eigenthum des Besitzers zu schützen; indeß werde nach den meisten Gesetzgebungen nur die Wirkung an die Außerkurssetzung geknüpft, daß solche Papiere selbst gegen den gutgläubigen Erwerber vindizirt werden könnten, keineswegs aber überall auch die Folge, daß der Schuldner eines außer Kurs gesetzten Inhaberpapiers an den Präsentanten nicht zahlen dürfe. Im Gegentheil besage das Pr. Recht ausdrücklich, daß die Außerkurssetzungen durch Privatvermerke für den Schuldner nicht bindend seien, und lasse es zweifelhaft, welche Wirkungen auf die Zahlungsverpflichtung die Außerkurssetzung habe, wenn sie durch das Institut, welches das Inhaberpapier ausgestellt habe, oder durch eine öffentliche Behörde erfolge.

Die Art. 306 und 307 des H.-G.-B. schlössen die Vindikation von Inhaberpapieren gegen redliche Erwerber aus, seien aber durch das Pr. Einf.-Ges. als unanwendbar auf außer Kurs gesetzte Papiere erklärt.

Nur eine Bremer V. v. 6. Juni 1864 bestimme, daß der Schuldner eines in öffentlicher Form außer Kurs gesetzten Papiers an den nicht legitimirten Präsentanten nicht zahlen dürfe.

Es sei also im Großen und Ganzen davon auszugehen, daß die Außerkurssetzung nur rechtliche Vortheile für die Vindikation auch gegen den gutgläubigen Erwerber biete; dies sei faktisch ein geringer Vortheil; nicht immer kenne man die Person des Erwerbers, der Schuldbetrag könne eingezogen sein, ehe man den Verlust gewahr werde, der Vermerk könne leicht durch Ausstreichungen, Rasuren, Abschneiden eines Stückes ꝛc. unkenntlich gemacht werden, namentlich sei die Prüfung, ob rite außer Kurs gesetzt sei, schwierig, zumal bei ausländischen Papieren.

Je formloser die Außerkurssetzungen erfolgen könnten, desto leichter entständen Zweifel, und je mehr Formen vorgeschrieben würden, desto umständlicher und kostspieliger werde das Verfahren. Das Korrolat, die Wiederinkurssetzung, erschwere die Sache, und es sei kaum anzunehmen, daß man sich für ganz Deutschland über gemeinsame Formen einigen werde. Es sei bekannt, daß im Banquierverkehr und bei manchen Börsen nur ganz reine Inhaberpapiere genommen und andere für nicht lieferbar erklärt würden, weil man der Prüfung der Formen überhoben sein wolle; in der Regel verlören beschriebene Inhaberpapiere am Kurse.

Herr Dr. Löhr resumirt deshalb, daß der einzige, im praktischen Erfolge zweifelhafte Vortheil der Außerkurssetzungen in der Zulässigkeit der Vindikation verlorener oder gestohlener Inhaberpapiere auch gegen den gut gläubigen Erwerber beruhe, daß ein solcher Schutz gerade so wie beim Papiergelde, den Banknoten ꝛc. entbehrt werden könne, und daß jener mögliche Vortheil weit überboten werde durch die Nachtheile, welche er in seinem Gefolge habe.

Herr Dr. v. Kerstorf hat in seinem Gutachten eine dankenswerthe Zusammenstellung aller über den fraglichen Gegenstand in Deutschland geltenden Gesetze gegeben, denen ich für Preußen nur noch die beiden V. v. 4. Mai 1843 über das Wiederinkurssetzen der unter öffentlicher Autorität auf jeden Inhaber ausgefertigten Papiere und über die Umschreibung außer Kurs gesetzter oder zum Verkauf unbrauchbar gewordener unter öffentlicher Autorität auf jeden Inhaber ausgefertigter Papiere hinzufügen möchte. Außerdem findet sich in jenem Gutachten eine Sammlung von Berichten, welche dem Herrn Gutachter von Kaufleuten und Juristen aus den verschiedensten Gegenden Deutschlands über die in Rede stehende Frage ertheilt worden sind. Der Herr Gutachter selbst unterscheidet zunächst die Außerkurssetzung im Preußisch rechtlichen Sinne, d. h. die Umwandlung eines kursirenden, gegen den bonae fidei-Erwerber nicht vindizirbaren Inhaberpapiers durch einen Vermerk auf demselben in ein nicht kursirendes, vindizirbares, — von der Außerkurssetzung im weitern Sinne, d. h. von der Umwandlung eines Inhaberpapiers durch offizielle Vermerkung des Eigenthümers auf demselben in ein auf Namen lautendes, wodurch es, so lange es diese Inskription trägt, aufhört, Inhaberpapier zu sein.

Hinsichtlich der ersteren Art der Außerkurssetzungen findet er, daß nach gemeinrechtlichen Grundsätzen der Privatvermerk keine rechtserzeugende Kraft habe, vielmehr nur den Identitätsbeweis erleichtere und unter Umständen als Beweismittel gegen die dem Erwerber zur Seite stehende praesumtio bonae fidei dienen könne. Nach Preuß. Recht sei die Außerkurssetzung auch durch Privatvermerk ein rechtserzeugender Akt, kraft dessen ein sonst gegen den gutgläubigen Erwerber nicht vindizirbares Papier in ein der Vindikation unterliegendes verwandelt werde. In diesem Sinne finde sich das Institut der Außerkurssetzung fast in sämmtlichen Rechtsgebieten des Norddeutschen Bundes, jedoch mit der Beschränkung, daß die Außerkurssetzung nicht durch Privatvermerk, sondern nur durch offizielle Beglaubigung der Inskription erfolgen könne.

In Bremen sei durch V. v. 6. Juni 1864 der Privatvermerk nur, wenn er unterschrieben und mit gerichtlicher oder notarieller Beglaubigung versehen sei, welche ergeben muß, für wen das Papier außer Kurs gesetzt ist, wirksam erklärt, hindere dann aber bis zur gerichtlichen Tilgung des Außerkurssetzungsvermerks die Cirkulationsfähigkeit durch bloße Uebertragung und die Zahlung an einen andern als denjenigen, für welchen das Papier außer Kurs gesetzt sei.

Die Umwandlung eines Inhaberpapiers durch die emittirenden Institute in ein auf Namen lautendes und dann als solches kursfähiges Papier sei in Bayern, Baden, Württemberg und Hamburg bekannt; in Oesterreich komme es vor, daß die Institute an Stelle des Inhaberpapiers auf Verlangen ein auf Namen lautendes Papier ausstellen.

Der Herr Votant faßt seine Ansicht dahin zusammen, daß die Außerkurssetzung durch Privatvermerk theoretisch nicht zu rechtfertigen sei und praktisch zu den größten Unzuträglichkeiten führe, daß dagegen die offizielle Außerkurssetzung weder theoretisch noch praktisch anfechtbar sei, weshalb es wünschenswerth sei, die Außerkurssetzungen durch civilrechtlich wirksame Privatvermerke gänzlich zu beseitigen.

Da jedoch die Aufgabe des Juristentages nicht in der Korrektur einzelner partikularrechtlicher Singularbestimmungen bestehe, so beantragt der Herr Votant:

> der deutsche Juristentag wolle — unter dem Ausdrucke des Bedauerns über den Fortbestand der sog. Außerkurssetzung von Inhaberpapieren mittelst Privatvermerkes, als den Postulaten der Rechtswissenschaft, den Ansprüchen Einzelner auf Rechtssicherheit und den Bedürfnissen des Verkehrs widerstrebend — über die aufgeworfene Gesetzgebungsfrage zur motivirten Tagesordnung schreiten.

Dies, meine Herren, ist der wesentliche Inhalt der erstatteten Gutachten.

Gestatten Sie mir, meine eigene Ansicht hinzuzufügen. Zunächst dürfte zu prüfen sein, ob die aufgeworfene Frage durch irgend eine motivirte Tages-Ordnung von dem Gesichtspunkte aus beseitigt werden soll, daß sie nur die Singularbestimmung eines Partikularrechts betreffe, mit dessen Korrektur wir uns nicht zu befassen hätten. Ich meine, nein. Die Rechtseinheit, welche wir für Deutschland anstreben, wird nicht nur dadurch gefördert, daß wir neue gemeinsame Satzungen empfehlen. Die Frage liegt daher im Bereiche unserer Zwecke; sie hat auch nicht blos für Preußen, sondern ersichtlich auch für die andern deutschen Staaten ein nahe liegendes Interesse, weil der Handel die in Preußen vorkommenden Inhaberpapiere auch in die anderen deutschen Länder bringt, und diese daher, wenn die Beseitigung des Instituts wünschenswerth ist, ein gleiches Interesse wie Preußen daran haben, und weil eben wegen dieser Beziehungen auf die Länge der Zeit entweder die Beseitigung oder die Verallgemeinerung jener Einrichtung wird erfolgen müssen. Das Gutachten des Herrn v. Kerstorf giebt selbst den besten Beweis, daß über die fragliche Materie die verschiedensten Bestimmungen in den einzelnen Ländern getroffen sind, welche kaum der Jurist leicht zu übersehen vermag.

Gehen wir auf die materielle Beantwortung der Frage über, so sind die Herren Löhr und v. Kerstorf darüber einig, daß die Außerkurssetzung durch Privatvermerk rechtlich und praktisch unhaltbar sei. Während Herr Löhr jedoch die Außerkurssetzungen durch die öffentlichen Behörden verwirft, scheint Herr v. Kerstorf diese zulassen zu wollen.

Da nun schwerlich Jemand wird verwehren wollen, daß die emittirenden Institute statt der Inhaberpapiere auf Wunsch des Inhabers Namenpapiere ihm ausstellen und umgekehrt die Namenpapiere wieder auf Wunsch gegen Inhaberpapiere vertauschen, so ist eine Differenz der Ansichten eigentlich nur darüber vorhanden, ob die Außer- und Wiederinkurssetzungen durch die emittirenden Institute und die Gerichte mit den Wirkungen, welche das Preuß. Recht damit verbindet, zweckmäßigerweise gestattet sein sollen.

Der Kaufmannsstand verlangt fast durchgängig die Beseitigung auch dieser Art von Vermerken auf Inhaberpapieren. Einzelne Private hingegen und die öffentlichen Behörden, welche fremde Gelder zu verwahren haben, suchen hierin einen Schutz gegen den Verlust der Papiere.

So lange die verschiedenen deutschen Staaten verschiedene Formvorschriften haben, ist der Zustand ein unleidlicher; aber auch dann, wenn eine gemeinsame Form gefunden und bestimmt würde, wäre die Sache nicht um Vieles gebessert. Der Erwerber von Inhaberpapieren würde immer die Belästigung haben, wiederholte Prüfungen vorzunehmen, ob er das Papier erwerben dürfe, und selbst bei den möglichst einfachen Formen ergäben sich eine Reihe von Zweifeln. Dies ist bei Ankäufen einzelner Stücke erträglich; bei den großen Quantitäten indeß, welche im größeren Verkehr geliefert werden, und bei der Schnelligkeit, mit der die Prüfungen in der Regel vorgenommen werden müssen, werden auch die offiziellen Vermerke ein Verkehrshinderniß. Sind die Vermerke auf ausländische Papiere gesetzt, so wird oft jeder weitere Vertrieb derselben unmöglich, und bei inländischen Papieren tritt eine Werthminderung ein. Alles dies könnte man indeß sich gefallen lassen, wenn nur derjenige darunter litte, welcher den Vermerk auf das Papier setzte, indeß der Regel nach leiden andere Personen darunter. Wenn z. B. eine Preuß. Gerichtsbehörde das russische Papier, welches einem Mündel gehört, außer Kurs setzt, so mag dies für den Beamten erwünscht sein, welchem die Verwahrung obliegt, das Papier wird aber auch nach der Wiederinkurssetzung entweder ganz unverkäuflich oder nur mit Werthsverlust verkäuflich;

das Mündel trägt den Verlust. Es kommt auch vor, daß Papiere, auf welchen sich Vermerke der gedachten Art befinden, bona fide von Hand zu Hand gehen bis irgend Jemand, der mit den Formalien besonders vertraut ist, einen Mangel entdeckt, und dann leidet in der Regel ein Anderer darunter, als derjenige, welcher den Vermerk veranlaßt hat. Prozesse über die Frage, ob wegen solcher Vermerke ein Papier lieferbar sei oder nicht, sind durchaus nicht so selten, als Herr v. Kerstorf annimmt.

Mir scheint es daher am gerathensten, das ganze nur durch soziale Satzungen eingeführte, nicht aus allgemeinen Grundsätzen sich ergebende Institut der Außer- und Wiederinkurssetzung aufzuheben. Der Schutz des Eigenthums durch dasselbe ist mehr imaginair als wirklich; gegen Verluste und Diebstahl giebt es andere faktische Schutzmittel, und wenn diese beobachtet werden, bedarf es jenes positivrechtlichen Schutzes nicht. Sollte der Verkehr es als wünschenswerth herausstellen, daß der Besitzer eines Inhaberpapiers von dem Schuldner für dasselbe ein Namenpapier erhalten könne und umgekehrt, so werden die emittirenden Institute, wenn dadurch ihre Papiere im Verkehr beliebter werden, dies leicht gewähren.

Ich würde mich daher für den Antrag des Herrn Dr. Löhr erklären:

Der deutsche Juristentag erklärt, daß es nicht zulässig sein soll, Inhaberpapiere außer Kurs zu setzen.

Hofrath Dr. **v. Kerstorf**, Advokat aus Augsburg: Meine Herren! Zuerst verwahre ich mich dagegen, übersehen zu haben, daß eine Verordnung vom Mai vorigen Jahres auch über die Wiederinkurssetzung erschienen ist. Ich habe das nicht übersehen, ich habe geflissentlich nicht darauf eingehen wollen, weil es nicht hierher gehört; das wird auch ohne weitere Erörterung jeder gleich einsehen, der sich den eigentlichen Sinn meiner Deduction angeeignet hat, die sich mit der Außerkurssetzung beschäftigt und zwar theoretisch und systematisch, mit dem Hinweis auf die Rechtsprinzipien des gemeinen Rechts, wovon man denn doch in den verschiedenen Partikularrechten mehr oder minder Anwendung zu machen bemüht war. Diese allgemeinen Rechtsprinzipien kennen eine Auctoritas des Privaten, Gesetze zu machen und an der Natur der Dinge zu ändern, nicht. Die Singulargesetzgebung hat es ihnen gegeben. Der Unterschied ist nur der, daß nach dem einen Rechtssysteme durch die Außerkurssetzung ein rechtserzeugender Akt gepflogen wird, der die Sache zu einer andern macht, bei andern Rechtssystemen kein rechtserzeugender Akt vorliegt, sondern die Sache nur in ihrer objektiven äußeren Erscheinung geändert wird, und die Konsequenzen in der gemeinen Rechtsregel und nicht in der Singularbestimmung liegen. Das ist der Hauptunterschied zwischen den Bestimmungen des in meinem kleinen Gutachten citirten preußischen Rechtssystems und dem derjenigen Staaten, die eigentlich vollkommen dem römischen Recht oder was wir darunter verstehen, der römischen Rechtsschule folgen. Ich habe die Außerkurssetzung angegriffen und auf die Frage, wie sie gestellt ist, „soll die Außerkurssetzung von Inhaberpapieren gestattet sein?“ hatte ich nothwendig die Frage zu berühren: Was heißt denn das nun „Außerkurssetzen?“ Der Herr Referent hat, wie mir scheint, in dieser Beziehung wenigstens Argumente gegen meine Erörterung nicht vorbringen wollen oder können. Dann aber muß ich wünschen, daß in der Diskussion das Außerkurssetzen in seiner verschiedenen Bedeutung aus einander gehalten werde, sonst kommen wir wieder auf etwas Zweideutiges, und das, glaube ich, ziemt sich an diesem Platze nicht.

Als Juristen ex professo, glaube ich, müssen wir entschieden sagen, es giebt im Bereiche des Privatrechts nicht irgend ein Ding, welches Außerkurssetzung durch Private heißt. Wenn nun aber eine einzelne Gesetzgebung sich so ausdrückt, und wir untersuchen den Ausdruck, so müssen wir das rein Privatrechtliche von der Gesetzessprache trennen und unterscheiden. Meine Abhandlung ist eigentlich eine Reihe von Fragen an diejenigen, die diese Gesetzgebungsfrage gestellt haben. Ich habe mir erlaubt, eine kleine Zweideutigkeit zu moniren. Ich glaube, darüber werden wir einig sein.

Was die Konsequenzen betrifft, so sind andererseits gar keine Argumente vorgebracht, als praktische, als die des vermeintlichen praktischen Bedürfnisses, welches angeblich auf dem Verlangen eines Schutzes des Eigenthums beruht. Ich habe diese Frage im wissenschaftlichen Theile meines Gutachtens gar nicht berührt, weil ich sie nicht im Mindesten für entscheidend erachte. Haben wir Eigenthum, haben wir dessen Konsequenzen, haben wir Papiere, über die die Gesetzgebung in neuerer Zeit sich vollkommen gleichförmig schlüssig gezeigt hat, so ist das, weil sie auf den Inhaber lauten, eine besondere Art von Vermögens- oder von obligatorischen Dokumenten. Haben wir das, so müssen wir die rechtlichen Konsequenzen von selbst ziehen und brauchen wahrhaftig nicht für die Gesetzgebung einen neuen Weg behufs Stattgebung der Konsequenzen von Sätzen, die ohnehin innerhalb des Bereiches der Gesetzgebung schon gegeben sind. Ist eine Sache Gegenstand des Verkehrs und nicht extra commercium, sondern ist sie Gegenstand des Eigenthums, als was unsere neuere Gesetzgebung alle Au-porteur-Papiere erklärt, so ist sie Gegenstand der Vindication, wo das Gesetz nicht entgegensteht. Sagt ein singuläres Gesetz: Nein, man soll solche Gegenstände nicht vindiciren dürfen, gut; aber unberechtiget bleibt der Sprung dahin, vom gesetzgeberischen Standpunkte zu sagen: „Die Außerkurssetzung ist ein ganz besonderes Ding,' Außerkurssetzung ist die Verwandlung einer kursfähigen Sache in eine nicht kursfähige Sache, einer vindicablen Sache in eine nicht vindicable Sache, und das soll jedem Eigenthümer freistehen.“ Dazu bedürfte es allerdings eines ganz besonderen Gesetzes wie in Preußen, welches sagt: Trotzdem soll diese Sache durch die Auctoritas des Privaten in eine andere Kategorie von Sachen versetzt werden. Im Gebiete des Privatrechts, mit Ausnahme des preußischen Landrechts, ist dieser Satz nicht in einer einzigen Gesetzgebung ausgesprochen, nie und nirgend kann man der Auctoritas des Privaten die Folgen eines rechtserzeugenden Aktes für alle Welt geben, und dagegen opponire ich im Prinzip, weil wir von hier aus nicht Pflaster auf einige wirkliche oder vermeintliche Bedürfnisse zu setzen haben, sondern weil wir die Rechtseinheit blos durch die Einheit der Rechtsgrundsätze finden und nicht durch die Uniformität einer verwerflichen Verordnung. Die Rechtseinheit besteht in höheren Dingen, als daß man an den Ausläufern derselben Uniformität einführt, und ich ereifere mich darüber, und ich gestehe offen, und ich bin hierin sehr puristisch, wenn wir die Lehre des römischen Rechts, wenn wir die strengen Lehren des Privatrechts nicht in allen diesen Fällen, die uns vom nationalökonomischen Gebiete herübergeschoben werden, wenn wir dieses Recht hier nicht festhalten, so kommen wir dahin, daß der Juristentag eine Verflachung der Gesetzgebung in den Ausdrücken und eine Verflachung der ganzen Legislation herbeiführen wird. Wir kommen auch noch an andere Fälle, wo man an sogenannte nationalwirthschaftliche Grundsätze anknüpft. Es mag der Staat, wenn er Gesetze giebt, in seiner Machtvollkommenheit die Rücksicht nehmen, die ihm allgemeine Rechtssätze gestatten und gebieten, aber er mag sich wohl hüten, sie auszudehnen auf Fälle, wo eine einzelne Klasse, in einzelnen Fällen sogar nur ein Theil einer Klasse von Unterthanen, von Bürgern ein Interesse hat, daß ihnen hierin etwas extra gemacht werde. Dazu ist die Justiz und die Gesetzgebung am wenigstens da.

Ich concludire kurz, indem ich Sie schon zu lang aufgehalten zu haben befürchte, und auch anderen Gegenständen ihren Raum gewähren will. Ich habe mich nämlich sehr besonnen, ob ich mich zu irgend einer positiven oder negativen Resolution entschließen soll. Ich bin vollkommen überzeugt, daß nur der Antrag, wie ich ihn gestellt habe, daß wir nach Diskussion der Sache zur Tagesordnung übergehen, der richtige sei und zwar aus folgenden Gründen, die nach meiner Meinung schlagend sind. Wenn wir statuiren, so sollte nächst dem praktischen ein wissenschaftliches, gemeinsames Votum zu Grunde liegen, eine communis opinio der Juristen, der auch das Plenum beistimmen kann und zwar mit voller Ueberzeugung. Die vorliegende Frage wird immer eine theoretische bleiben. Betrachten wir die Sache genauer, so ist mit Nichten der Schutz des Eigenthums die Pointe der Sache, sondern das System. Was den Schutz des Eigenthums betrifft, so bekümmert mich derselbe gar nicht. In demselben Augenblicke, wo Sie die Grundsätze der Vindication oder Nicht-Vindication besprechen, in demselben Augenblicke, wo Sie den Grundsatz, daß blos die Gesetzgebung das Recht hat, Gesetze zu machen, nicht der Private wie nach preußischem Landrecht, in demselben Augenblicke, wo Sie das ausgesprochen haben, da kommen wir an die Konsequenzen von selbst. Die meisten Gesetzbücher sagen darüber alle dasselbe. Mit Ausnahme dessen, daß man da und dort von Eigenthume an geistigen Werken spricht, ist der Begriff des Eigenthums allenthalben gleich. Was braucht es denn mehr?

Zuletzt ist zu fragen, wo liegt das Bedürfniß derjenigen, die darauf dringen, man solle sich noch weiter aussprechen? Das ist eine Klasse von Leuten, die mit Papieren handeln, und denen es bequemer wäre, wenn es gar nicht vorkäme, daß man etwas darauf schreibt. Da jedoch das allgemeine Interesse auch durch den Privatvermerk nicht gefährdet wird, so sage ich ganz einfach, wenn irgend eine singuläre Gesetzgebung sich mit dem Privatvermerk belästigen will und ihre Unterthanen damit behelligen mag, gut, der Juristentag darf aber, kann nur sagen: das ist eine singuläre Bestimmung, über die wir den Stab brechen, wir können aber nicht einen allgemeinen Satz über die Bestimmung aufstellen, sondern nur den allgemeinen Rechtssatz, daß ein Privatvermerk unserer Ansicht nach nie ein rechtserzeugender Akt sein kann; wo eine singuläre Bestimmung es gleichwohl ausspricht, da können wir nichts machen. Die andern Gesetzgebungen, die diese Bestimmung nicht haben, die haben längst entschieden; nicht in Frankreich, nicht in Oesterreich, nicht in Bayern ist davon die Rede, in keinem Lande, wo man nicht gerade das preußische Landrecht hat. — Wo soll denn da der wissenschaftliche Jurist den Anhalt finden, um eine Gesetzgebungsfrage daraus zu machen? Soll aus der preußischen Gesetzgebung die Bestimmung über den Privatvermerk hinausgeworfen werden und Sie stellen diese Frage an den Juristentag, gut, dann sage ich: Ja, werft sie hinaus! Und das sagen wir dann, wenn Sie meinen Antrag annehmen. Gehen Sie aber auf einen allgemeinen Satz ein, so bringen Sie die Außerkurssetzung als ein wissenschaftliches Prinzip, und es ist doch kein juristischer Begriff, denn was verstehen Sie doch eigentlich darunter? Dann werfen Sie aber das ganze System des Privatrechts über den Haufen. Das hieße die Bedürfnisse Einzelner durch besondere Aussprüche wahren wollen, und davor warnte ich schon am ersten Juristentage, und heute am siebenten bin ich noch dafür, daß wir nicht darauf eingehen. Es ziemt dem Juristentage, wenn wir sagen, wir gehen zur motivirten Tagesordnung über.

Advokat Dr. **Auerbach** aus Frankfurt a. M.: Ich bedaure, dem Herrn Vorredner nicht beistimmen zu können, daß wir in der Befürchtung, unsere Aussprüche würden bloße Sentenzen bleiben und der Realisation entbehren, das nicht aussprechen sollen, was wir für Recht halten. Ich kann ebenso dem geehrten Herrn Vorredner nicht beistimmen, daß wir, weil wir eine solche Bestimmung bis jetzt nur in einer partikulären Gesetzgebung finden, — wobei ich bemerke, daß leicht eine andere nachkommen könnte, die anlehnend an die singuläre Bestimmung in der Preußischen Gesetzgebung, eine gleiche singuläre Bestimmung treffen könnte, — uns abhalten lassen sollten, unsere communis opinio auszusprechen. Ebenso wenig halte ich dafür, daß wir uns hier strict als Juristen, als Lehrer und Schüler der reinen juristischen Wissenschaft, als Jünger des gemeinen Rechts betrachten und mit einem gewissen, ich will nicht sagen, Stolze, so doch mit einer gewissen Abgeschlossenheit uns vom praktischen Leben fern halten und sagen: Ihr Leute, die Ihr mit Papieren handelt, es ist Eure Sache, wie ihr die Sache behandelt, es ist Eure Sache, was Ihr dabei thun wollt. Nun, die Leute, die mit Papieren handeln, die wenden sich aber an uns Juristen und fragen: „Sollen wir einen solchen Satz fortbestehen lassen?" Ich kann damit nicht übereinstimmen, daß wir hier in einem abgeschlossenen Raum der Rechtswissenschaft stehen, und volkswirthschaftliche Bedürfnisse, die zu den Zeiten der Römer noch nicht da gewesen sind, strenge abweisen wollen. Unsere Jurisprudenz wird gewinnen, je mehr sie die wahre Volkswirthschaft aufnimmt, unsere Jurisprudenz wird gewinnen, je mehr wir den theoretischen mit dem praktischen Standpunkte verbinden.

Ich kann sogar nicht einmal damit übereinstimmen, daß die Auctoritas der Privaten nicht rechtserzeugend sein könne; creiren sie doch ihre Inhaberpapiere! Ich will jedoch auf die Frage, ob und inwieweit der Staat mitzusprechen habe, nicht eingehen. Sie sollten sich aber daran erinnern, daß in allen den Staaten, wo eben die Staatsgenehmigung zu den Aktiengesellschaften nothwendig ist, und wo die Aktien auf den Inhaber lauten, allerdings der Privatakt auch Rechtswirkung zeuge; und dadurch komme ich auf etwas, das ich hier verwenden möchte. Wir können aus dieser Frage keine Quelle, aus der das Recht erzeugt wird, Private oder Institute scheiden, sondern müssen die Frage gleicherweise nach beiden Seiten hin entscheiden; das Publikum sieht die Wirkungen, fragt nicht, von wem gehen dieselben aus, von Privaten oder Instituten. Ich meine nun, daß nach beiden Seiten hin die gleichen juristischen, wie volkswirthschaftlichen Bedenken vorhanden sind, ein solches Institut fortbestehen zu lassen.

Eine gesunde Jurisprudenz, die mit einer weisen Volkswirthschaft geht, gebietet, daß ein solches Institut aufgehoben werde, und wenn wir dieses aussprechen, so glaube ich, daß es allerdings doch ein solches Urtheil ist, welches früher, als Sie vielleicht denken, seine praktische Geltung erlangen wird.

Professor Dr. **Götz** aus Leipzig: Es ist mir, meine Herren, von meinem Standpunkt aus, von höchster Wichtigkeit, daß die großen Börsen, wie uns eines der Gutachten in dankenswerther Weise mittheilt, rücksichtlich der Außerkurssetzung der Inhaberpapiere Bedenken gefunden haben. Demnach erachte ich berufsgemäß als nächstliegende Aufgabe, dieser Thatsache klar in's Auge zu sehen und nach den Gründen für den Juristen zu fragen. Es ist meines Erinnerns diese vorliegende Frage durchaus nicht neu, sondern es zeigten sich u. A. schon bei der Bearbeitung des Handelsgesetzbuches Zweifel. Soviel ich mich erinnere, lautete unser gegenwärtiger Art. 307 des Handelsgesetzbuches, welcher die Vindication der Inhaberpapiere gegen den Gutgläubigen ausschließt, in dem Entwurfe so, daß ausdrücklich der außerkursgesetzten gedacht war. Diese sollten der gewöhnlichen Vindication unterworfen bleiben. Der Artikel wurde aber in dieser Fassung nicht angenommen, weil man es bedenklich fand, in dem für die allgemeine Geltung bestimmten Handelsgesetzbuche sich über die Außerkurssetzung auszusprechen; man meinte, es werde über die Form des Verfahrens bei der Außerkurssetzung allgemein Adäquates sich nicht bestimmen lassen. Man hatte aber auch materielle Bedenken: es werde hierbei ankommen auf die der Kreation unterliegenden Verhältnisse.

Was ist mit letzteren gemeint? Ich habe mir die Sache klar zu machen gesucht, indem ich die Arten der Inhaberpapiere, beziehentlich die Verwandten dieser Familie überschaute, von dem sogenannten qualifizirten Legitimationspapiere ausging, dann der sogenannten unvollkommenen Inhaberpapiere gedachte, dann weiter des wirklichen Inhaberpapiers, endlich der Banknote. Die schwächlichste Gestalt der Familie, das sogenannte qualifizirte Legitimationspapier, ist bekanntlich ein Papier, wo der Gläubiger namentlich genannt, aber daneben Zahlbarkeit an den Inhaber offen gehalten ist. Das unvollkommene Inhaberpapier dagegen wäre ein solches, wo ebenfalls der Gläubiger genannt ist, aber der Schuldner sich auch verpflichtet hat, dem Inhaber zu zahlen. Worunter fällt dann jenes Erstere, das sogenannte qualifizirte Legitimationspapier, wenn wir es juristisch in's Auge fassen? Solche Papiere, will ich erinnern, liegen uns u. A. vor in den Sparkassenbüchern, oder in den Büchern über Einlagen bei Creditinstituten; hier namentlich in dem Maaße, daß vor Allem im Buch der Einzahler genannt ist, daneben aber auch bemerkt ist, daß auch Rückzahlung an den Inhaber des Buches die Anstalt liberiren soll: eine Einrichtung, gewiß zur Bequemlichkeit des Schuldners und zur Erleichterung seiner Arbeit, die ja eine ganz andere sein würde, wenn er, um richtig zu zahlen, nach Namen und Legitimation zu fragen hätte. Ich frage nun, wird Jemand wohl dem Einleger das Recht zuschreiben wollen, jenen Vermerk im Buche, welcher die Rückzahlbarkeit an den Inhaber vorbehält, einseitig zu streichen? Niemand wird ihm dies zugestehen, da der Schuldner sich als sein kontraktliches Recht vorbehalten hat, an den Inhaber mit Liberirungseffekt zahlen zu dürfen. Das geht eben nicht nach gemeinen Grundsätzen vom **solutionis causa adjectus**, denn der Inhaber ist nur ein Adjectus. Wenn sich dies nun schon so verhält bei der schwächlichsten Figur aus der Verwandtschaft der Inhaberpapiere, wie kommen wir nun bei dem wirklichen Inhaberpapiere, um von ihm sofort zu reden, dazu, einem jeweiligen Inhaber als Forderungsberechtigten das Recht zuzusprechen, dem Schuldner jene vorbehaltene leichte Zahlung mit Liberirungseffekt durch die Außerkurssetzung zu nehmen? Wie kommen wir dazu, ihm damit, wie in dem Gutachten hervorgehoben ist, wenn eine spätere Wiederinkurssetzung beliebt worden ist, eine doppelte Prüfung aufzubürden, eine Prüfung, die vielleicht keine leichte sein wird, schon wenn man z. B. an den Fall denkt, daß der Außerkurssetzer gestorben ist und seine Erben das Papier wieder in Kurs haben setzen lassen! Welch' eine Prüfungslast, statt der früheren Bestimmung: Zahlung an jeden Inhaber!

Und all dergleichen hat der Schuldner doch wohl durch die Stellung auf den Inhaber vermeiden wollen.

Diese Betrachtung hat meines Dafürhaltens wenigstens das Gute, daß sie geeignet ist, unsern Blick zu richten nach den beiden Seiten, die hier in Betracht kommen: einmal dem Verhältniß des Inhabers zu seinen Nachfolgern, und andrerseits dem zu seinem Schuldner. Wird in jenem die Vindication durch die Außerkurssetzung wiederhergestellt, ist darum überall dem Schuldner das Recht genommen, einem Inhaber, welcher das zwar noch nicht wieder in Kurs gesetzte Papier zur Zahlung präsentirt, mit Liberirungseffect zu zahlen, wie dies doch von Hause aus sein kontraktliches Recht war? Einen Wink dahin, daß hier im Grunde eine **animi quaestio** vorliegt, möchte ich in der Gesetzgebung Bremens erblicken, da nach dieser Gesetzgebung die Außerkurssetzung nur dann nicht verfängt, wenn sie ausdrücklich vom Schuldner abgelehnt würde.

Möchte man sich doch durch das Institut der Außerkurssetzung der Inhaberpapiere nicht in die Gefahr begeben, daß die Gesetzgebungen, welche über die Wirkungen derselben nach den vorhin erwähnten beiden Seiten: über das Verhältniß des Gläubigers zu seinen Nachfolgern einerseits und über das Verhältniß zum Schuldner andrerseits — Normen zu geben haben Entgegengesetztes bestimmen.

Nach Allem meine ich, daß man zwar gegen die Außerkurssetzung vom rechtlichen Standpunkte aus kein Bedenken haben mag, wenn der Schuldner sich selbst ihr unterworfen hat. Durch eine Außerkurssetzung darüber hinaus scheint mir die Einfachheit, die Gestaltung nur nach möglichst allgemeinen Grundsätzen, welcher die Inhaberpapiere bedürfe, nicht gefördert zu werden.

Von der Frage, in wie weit ist Außerkurssetzung juristisch zu rechtfertigen, möchte ich aber geschieden wissen die andere, in wie weit sie etwa von praktischen Gesichtspunkten aus zu mißbilligen wäre. — Es besteht aber wohl kein Grund gegen die Stimmen, der Börsen, wie vorhin geschehen ist, Mißtrauen zu äußern. Fände man dort seinen Gewinn bei der Außerkurssetzung, so würde man sich nicht so aussprechen, wie man sich ausgesprochen hat. Wir mögen daran denken, daß ihr Gewinn doch auch unser Gewinn ist, denn auch sie sind ja nichts weiter, als Glieder am lebendigen Leibe des Verkehrs.

Advokat Dr. **Töhr** aus Köln: M. H., gestatten Sie mir noch einige Worte! Mein Herr Correferent v. Kerstorf scheint meines Erachtens verkannt zu haben, welche Bedeutung die vorliegende Frage hat, und welche Fragen der deutsche Juristentag zu lösen hat. In materieller Beziehung scheint unter denjenigen Herren, welche über die Sache gesprochen und geschrieben haben, kein Zwiespalt zu herrschen. Es scheint mir, daß von Allen auch eingesehen und von Allen auch zugegeben wird, das der einfache Privat-Vermerk unter allen Umständen aufgehoben werden muß, das ist ein Satz, der durchaus als feststehend betrachtet wird, und an diesen reihe ich einen zweiten. Wenn man den einfachen Privatvermerk beseitigen will, dann ist es einzig und allein richtig, den Vermerk durch eine Behörde ebenfalls zu beseitigen. Wie mein Herr Vorredner, Dr. Auerbach, ganz richtig hervorgehoben hat, das Publikum sieht nicht und kann nicht sehen, von wem der Vermerk ausgegangen ist; ihm ist es gleichgültig, es sieht nur die schlimme Wirkung. Das ist die materielle Seite der Frage.

Wäs die formale betrifft, so hält Herr Dr. v. Kerstorf die gegenwärtige Frage nicht für eine solche, über welche der Juristentag sein Gutachten und seine Ansicht auszusprechen habe; er hat gesagt, es sei das Institut der Außerkurssetzung von Inhaberpapieren ein in einem Partikularstaate bestehendes, aber verwerfliches Institut, über das wir mit Stillschweigen hinweggehen könnten. Nach meiner Ansicht ist der Juristentag aber nicht allein dazu da, positive Sätze aufzustellen, sondern auch diejenigen schlechten Einrichtungen, die noch in Deutschland bestehen, zu beseitigen. Es ist Thatsache, daß das Institut der Außerkurssetzung in Deutschland besteht. Es wird also auf der einen Seite durch den Ausspruch des Juristentages die schlechte Einrichtung, auf der andern Seite würden Zweifel beseitigt werden, die man in andern Staaten bisher gehegt hat. Wenn man unsere Competenz zu einem Votum, wodurch eine positive Einrichtung als verwerflich bezeichnet wird, bestreitet, so kann ich mit demselben Rechte sagen, wir hätten auch die Angemessenheit der Todesstrafe nicht abvotiren sollen. Ich bin daher zu dem Resultat gekommen, wie ich auch mein Gutachten abgegeben habe, daß der deutsche Juristentag nicht nur in der Lage ist, sondern auch das Recht und die Pflicht hat, seine Ansicht von der Verwerwerflichkeit der Außerkurssetzung auszusprechen.

Hofrath Dr. v. **Kerstorf**: Verzeihen Sie, meine Herren, daß ich gegen die Gewohnheit das Wort zum zweiten Male ergreife. Wir schweben noch immer auf dem zweideutigen Ausdrucke und Begriffe der Außerkurssetzung. Wollen doch diejenigen, welche über die Außerkurssetzung votiren, erst vollkommen mit einander darüber einig sein, was darunter zu verstehen ist, denn die Einwendungen, die ich gehört habe, gehen mit Leichtigkeit über die verschiedenen Bedeutungen des Ausdruckes weg. Ich setzte voraus, wie der Herr Referent sagte, daß man die Gutachten kenne, und hätte es für unschicklich gehalten, Ihnen die Hauptunterscheidungsmerkmale zu erörtern. Wer das nicht weiß, ist nicht fertig zum Votiren. Die Außerkurssetzung hat nach den Begriffen derjenigen Staaten und Gesetzgebungen, die strenge an den alten Rechtsbegriffen halten, durchaus nicht die Bedeutung einer eigenmächtigen Aenderung der Natur der Sache, oder jener besonderen Consequenzen, die an den Ausdruck im engeren Sinne geknüpft werden. Die Außerkurssetzung hat in jenen Gesetzgebungen nicht einmal dem Namen nach Platz gefunden; etwas ganz Anderes ist die Umwandlung. Ich habe gar nichts dagegen, im Gegentheil, ich bestehe darauf, es soll Jedem gestattet sein, seine Sache sub auctoritate publica — nämlich unter sichtbarer Beurkundung der gesetzlichen Behörde — dahin umwandeln zu lassen, daß sie nicht mehr ein Inhaberpapier, sondern ein der Vindication fähiges Namenpapier ist. Nun will man mich widerlegen dadurch, daß man sagt; Ja, wenn Sie das Alles wollen und zugeben müssen, so müssen Sie die Außerkurssetzung überhaupt verwerfen! Ich habe dagegen, nämlich gegen die sogenannte Außerkurssetzung im weiteren und allgemeinen Sinne, gegen die Verwandlung von Inhaberpapieren in Namenpapiere überhaupt nicht eine Silbe geäußert, ich sage nur, das muß Einem freistehen, aber nicht auf eigene Faust einem jeden Einzelnen, nicht ohne amtliche Mitwirkung, denn die Gesetze sagen, es sind Inhaberpapiere, und keine Namenpapiere, und sind als solche zu betrachten. Aber ich frage: Geht denn unser Votum auf Inhaberpapiere, oder geht es auf Namenpapiere? Wenn ich ein Inhaberpapier nach dem beliebten Ausdrucke außer Kurs setze, oder richtiger der Vindication dadurch wieder unterstelle, daß ich Jemanden durch seinen Namen als Inhaber bezeichne, dann ist ja ein Namenpapier daraus geworden, und das ist der juristische Unterschied. Deswegen wiederhole ich, hierin bin ich puristisch. Das Ineinandermengen des weiteren und des engeren Begriffs von Außerkurssetzen führt zur Unklarheit, zu einer Verflachung der Begriffe. Und wenn man mir das praktische Bedürfniß entgegenhält, — ich glaube gezeigt zu haben, daß ich demselben Rechnung trage, und gehöre sogar zu denjenigen, welche

Sie als Volkswirthschaftler bezeichnen; aber, meine Herren, ich verlange nicht, daß man mir ein verhunztes Privatrecht für etwaige Sonderzwecke einrichte, sondern ich verlange, daß man mir ein allgemein brauchbares gutes Privatrecht zu meiner Bedienung darbiete, womit mir dann besser gedient ist. Ich begegne im Verkehr recht häufig dem Bedürfniß, Inhaberpapiere in Namenpapiere zu verwandeln; dann nehme ich aber auch alle Konsequenzen des Namenpapiers in Anspruch.

Wir finden in der preußischen Gesetzgebung insbesondere den Privatvermerk als etwas durchaus verwerfliches und zwar systematisch hineingebracht in einer, wenn ich nicht irre, nach dem einstimmigen Urtheile der bedeutendsten Privatrechtslehrer sehr üblen und mißlungenen Weise. Daraus folgt gleichwohl nicht, daß ich hier überhaupt über die s. g. Außerkurssetzung in allen Beziehungen ein Votum hervorzurufen hätte; ich frage blos: Wollen Sie die Außerkurssetzung mittelst Privatvermerk, wollen Sie den Privatvermerk? Ich behaupte: Nein! Wollen Sie aber über die Außerkurssetzung im weitesten Sinne absprechen und, als darunter mitverstanden, auch die förmliche Umwandlung von Inhaberpapieren in Namenpapiere verwerfen, dann opponire ich mich. Es ist kein Grund, kein Bedürfniß, so weit zu gehen. — Die ganze Belästigung des Verkehrs an den Börsen, deren Interesse ich so hoch wie Irgendjemand schätze, bezieht sich auf den Privatvermerk. Man ruft uns zu: „Entlastet uns doch endlich von dieser Unordnung, von diesem Wirrwarr, von diesem rechtswidrigen, allen Grundsätzen widerstrebenden Singulargesetz, ein Papier als Inhaberpapier fortexistiren zu lassen und es doch auf Namen zu setzen. Das Aergste dabei ist der s. g. Privatvermerk und dieser Unsinn muß ausgemerzt werden!" Das trifft aber nicht das ganze System der Inskriptionen; ja ich stehe nicht an, jenen Reklamanten selbst zu lieb zu sagen, wir wollen jenes System (der Umwandlung mittelst amtlicher Inskription), gleichwohl aufrecht stehen lassen. Wir als Juristen können nur antworten: der Privatvermerk muß fallen; wenn es Ihnen nicht genügt, diese Warze wegschneiden zu lassen, lassen Sie sie in Gottes Namen stehen, die juristische Welt leidet nicht darunter! Warum? Weil sie Mittel genug hat, sich auf andere Weise zu helfen.

Entweder kommen Sie dazu, auch da, wo bisher die Fakultät nicht gegeben ist, sich vom Staate Namenpapiere zu erholen, statt seiner Inhaberpapiere, diese Fakultät gewähren zu müssen, oder Sie gelangen gar zu dem extremen Argumente: weil man den Schutz des Eigenthumes bei Inhaberpapieren braucht und weil die Festmachung durch Privatvermerk etwas Schädliches ist, sollen alle emittirenden Anstalten gezwungen sein, jederzeit auf Namen lautende Papiere auszugeben gegen einzuliefernde Inhaberpapiere.

Meine Herren, wie viele unter Ihnen, und auch ich, haben Hunderte,

Tausende, ja Millionen in solchen Papieren creirt für eine Menge von Anstalten, die sie emittiren dürfen, entweder unter der Autorität des Staates nach besondern Statuten oder weil die Gesetzgebung des Landes ein allgemeines Recht dazu giebt. Wenn Sie diese Summe erwägen, so frage ich Sie, wollen Sie zu einem solchen Gesetze, welches jeder emittirenden Anstalt, auch jeder Privatanstalt, die Papiere ausgiebt, die Verbindlichkeit auflegt, Jedem, der kommen wird zu seiner Zeit: Geben Sie mir jetzt ein anderes Papier, ein auf Namen lautendes! ein anderes Papier zu geben? Heißt das, dem Verkehr nützen und den Verkehr fördern? Wo man es bekommen kann, mag man es holen, wo nicht, mag man es bleiben lassen; wo die Einrichtung gegeben ist, daß ein Inhaberpapier verwandelt werden kann, ist es gut, wo aber ein Inhaberpapier so ausgestellt ist, daß es doch auf Namen lautet und doch wieder ein Inhaberpapier sein soll, daß es durch den Privaten selbst dem Verkehr entzogen werden kann, da hört alle Konsequenz auf und nur da ist die Unordnung, sonst nirgends.

Man erwähnte neuerdings der vielen Rechtsstreite aus Anlaß der Umwandlung. Ich wiederhole Ihnen trotzdem, mir ist in ganz Süddeutschland in meiner drei und dreißigjährigen Praxis nicht ein einziger Fall der Art vorgekommen. Die Fälle, welche Anstoß gegeben haben, sind blos solche, denen ein Privatvermerk nach Preußischem Landrecht zu Grunde liegt, wobei der ursprüngliche Charakter des Papieres von Privaten auf eigene Faust abgeändert wird und bei späteren Akten Zweifel über die genügende Beachtung der vom Spezialgesetze vorgeschriebenen Formalitäten, deren Aechtheit u. dgl. entstehen. Kommt ein offiziell aus einem Au porteur lautenden in ein auf bestimmten Namen festgemachtes Papier vor, so ist es durch diese Umwandlung wirklich ein auf Namen lautendes, und hat die Konsequenzen zu tragen, die hierfür im Gesetze stehen. Die Umwandlung an sich ist es nicht, was Anstoß giebt, sondern die Art derselben. Deswegen votire ich nochmals, es ist nicht an uns, wegen jener Singularbestimmung, die in den seltenen Fällen zu Anstoß führt, und wegen einer einzelnen Klasse des Publikums einen allgemeinen Ausspruch zu thun.

Endlich und zur Vermeidung der Zweideutigkeit des Ausdruckes wähle man doch jedenfalls einen anderen Ausdruck, als gerade „Außerkurssetzung", wähle man eine andere Formulirung der Frage; es wird sich darüber reden lassen; wie die Frage gestellt ist, scheint mir eine kategorische Antwort darauf kaum thunlich; immerhin ist sie die dankenswerthe Veranlassung einer Erörterung über diese Materie geworden; es ist zum ersten Male, wo sich der Juristentag befaßt mit dieser Sache, zum ersten Male aber auch, wo, wie ich glaube, der deutsche Juristentag zeigen muß, daß gerade die Rechtseinheit um die Einheit der Principien höher stehe, als ein momentanes Bedürfniß, insbesondere nur einer besondern Klasse, und noch dazu blos einer einseitigen Richtung in derselben, und wo es überdies andere Mittel giebt, sich zu helfen. Ich bleibe dabei, ich habe Recht, indem ich Ihnen vorschlage, zu erklären: Mit Bedauern über den Privatvermerk des preußischen Landrechtes gehen wir zur motivirten Tagesordnung über.

Rechtsanwalt **Heidsieck** aus Rahden: Die Frage ist von beiden Seiten so ausführlich erörtert, daß ich nur wenige Worte hinzuzusetzen habe. Ich bin 43 Jahre im Justizdienst und habe gesehen, wie wichtig es ist, den Inhaber solcher Papiere zu schützen. Es ist leicht gesagt „schütze dich selbst“, aber den Schutz des Eigenthums möglichst nach allen Seiten auszudehnen, ist Aufgabe des Staats. Der Grundsatz aber, daß solche Papiere außer Kurs gesetzt werden können, hat sich vielfach schon so nützlich bewiesen, daß nur die Frage noch offen bleibt, auf welche Weise sie geschehen soll. Der Privatvermerk genügt allein nicht; es kann keinem zugemuthet werden, die Handschriften Aller zu kennen. Dagegen ist es ganz einfach, wenn einer öffentlichen Behörde das Recht zusteht, zu erklären: „N. N. ist erschienen und hat das erklärt“; dann ist Keiner berechtigt daran zu zweifeln, ob die Sache selbst sich so verhält. Den Grundsatz haben wir auch bei unserer Hypothekenbehörde, da wird der geschützt, der eingetragen ist, mag er auch mit Unrecht hineingekommen sein. Ich möchte meinen Antrag so formuliren, daß zwar der bloße Privatvermerk nicht genügt, ein Papier außer Kurs zu setzen, wohl aber eine Bescheinigung einer öffentlichen Behörde die Außerkurssetzung bewirken könne.

Rechtsanwalt Dr. **Otto** aus Heilbronn: Wenn ich nicht irre, ist eben ein Antrag auf eine Einrichtung gestellt worden, die in kleinen Staaten, wie in Württemberg bereits existirt. Aber gerade diese öffentliche Beurkundung führt zuweilen auf Uebelstände, welche wir vermeiden wollen. Es wurde zu Anfang gesagt, das falls man an der Börse ein Papier offerire, welches wieder in Kurs gesetzt sei, dasselbe doch nicht zu begeben sei, mag die Außerkurssetzung geschehen sein, wie sie wolle. Die ganze Frage ist also entsprungen aus dem Bedürfnisse des Börsenverkehrs, und da läßt sich nicht verkennen, das dieser schnelle Verkehr es nicht zuläßt, daß der Händler mit Staatspapieren jedes einzelne Papier untersucht, ob etwas darauf steht oder nicht, oder ob das, was darauf steht, in Ordnung ist oder nicht.

Es handelt sich nun, wenn ich recht verstehe, weniger um die Frage: ist es zulässig, ein solches Papier außer Kurs zu setzen, als um die, ein außer Kurs gesetztes wieder in den Kurs zu setzen. Ob ein Papier eine Inschrift trägt, die es für den Börsenverkehr unzulässig macht, ist leicht untersucht, in der Praxis handelt es sich aber wesentlich um die Frage, ob die Erfordernisse einer gültigen Wiederinkurssetzung vorhanden sind.

Das ganze Institut ist im Grunde hervorgegangen zur Sicherung der Inhaber, namentlich der Mündel, die auf diese Weise gegen Diebstahl gedeckt sind. Ich glaube, wir können trotzdem den Hauptantrag des Herrn Dr. Löhr ruhig annehmen, denn wenn wir für diese Art von Inhaber sorgen wollen, so müssen wir diese Sorge den Staaten überlassen, welche Schulden machen; wenn Staatspapiere in den Händen von Mündeln sein dürfen, so können ja diese Papiere auf den Namen und nicht auf den Inhaber lauten. Das Bedürfniß des Verkehrs fordert aber die Annahme des Löhr'schen Antrags auf Beseitigung der Außerkurssetzung, sowohl der durch Privatvermerk als auch der durch offiziellen Vermerk.

Oberamtsrichter **Birkler** aus Tübingen: Ich sehe keinen Grund, in die Vertragsrechte der Parteien einzugreifen. Einigt sich Schuldner und Gläubiger, daß das Inhaberpapier in ein Namenpapier verwandelt werden könne, weshalb soll dies nicht gestattet sein? Unzweckmäßig mag es sein, aber ich kann doch ebenfalls alle Tage unzweckmäßig über mein Vermögen verfügen; deshalb würde ich darin mit dem Herrn v. Kerstorf übereinstimmen. Ich möchte beinahe noch weiter gehen; es ist nicht allein die Vertragsnatur zu beachten, sondern auch das Eigenthumsrecht an Mobilien. Wenn nur diese Seite hervorgehoben wird, so sollte man bedenken, der Inhaber eines solchen Papiers habe das Recht, ähnliche Akte der Umwandlung seines Rechts einseitig vorzunehmen, wie mit seinen übrigen Eigenthum. Wenn ich ein Papier habe, das bisher kursfähig war, und es zu einem unausgebbaren mache, so hat der Schuldner kein Interesse daran, weil er doch nicht anders bezahlt, als auf dem Papier gedruckt zu lesen ist. Ich also, der ich allein Interesse daran habe, nehme die Umwandlung vor, und ich sehe keinen Grund, weshalb dies unbedingt verboten werden sollte.

Referent verzichtet auf das Schlußwort.

Präsident: Es liegen folgende drei Anträge vor:

Antrag 1. Von Herrn Dr. v. Kerstorf: „Der deutsche Juristentag wolle unter dem Ausdrucke des Bedauerns über den Fortbestand der sogenannten Außerkurssetzung von Inhaberpapieren mittelst Privatvermerks als den Postulaten der Rechtswissenschaft, den Ansprüchen Einzelner auf Rechtssicherheit und den Bedürfnissen des Verkehrs widerstrebend, — über die aufgeworfene Gesetzgebungsfrage zur motivirten Tagesordnung schreiten."

Antrag 2. Von Herrn Dr. Löhr, welcher auch vom Referenten unterstützt wird, daß es nicht zulässig sein soll, Inhaberpapiere außer Kurs zu setzen.

Antrag 3. Von Herrn Heidsieck: „daß die Außerkurssetzung durch die betreffende Behörde vorgenommen werden soll."

(Nachdem über die Reihenfolge der Abstimmung eine Debatte gepflogen war, wurde bei der hierauf folgenden Abstimmung der Antrag des Hrn. Dr. Löhr mit 60 gegen 48 Stimmen angenommen.)

Präsident: Zunächst wird zu beschließen sein, ob dieser Gegenstand zur Beschlußfassung oder zur Kenntnißnahme dem Plenum mitgetheilt werden soll; es ist bisher Gebrauch gewesen, daß, wenn von keiner Seite ein Antrag kommt, denselben zur Berathung mitzutheilen, einfach das Ergebniß der Diskussion mitgetheilt wird. Ich frage also an, ob Jemand den Vorschlag macht, daß die Entscheidung im Plenum stattfindet.

Hof- und Gerichtsadvokat Dr. v. **Kißling** aus Linz: Ich muß darum ersuchen, daß die Berathung und Entscheidung im Plenum geschieht; es ist aus der Debatte hervorgegangen, daß noch im letzten Augenblicke mehrere Redner es für nöthig gefunden haben, die Frage zu interpretiren; ferner war die Majorität nur eine geringe.

Geh. Justizrath **Borchardt** aus Berlin: Gegenüber dem Herrn Vorredner möchte ich darauf aufmerksam machen, daß, wenn auch der Beschluß der Abtheilung nur mit einer geringen Majorität gefaßt ist, sich doch in materieller Beziehung nur eine sehr unbedeutende Differenz der Meinungen herausgestellt hat.

Präsident: Es ist also der Antrag gestellt, den Gegenstand dem Plenum zur ferneren Berathung und Entscheidung vorzulegen. Ich bringe denselben zur Abstimmung.

(Der Antrag wird angenommen.)

Es würde nun noch übrig bleiben einen Berichterstatter für die Plenarversammlung zu erwählen, und ich schlage den Herrn Rechtsanwalt **Makower** aus Berlin vor.

(Zustimmung.)

Die Sitzung wird hierauf geschlossen.

Zweite Sitzung der ersten und zweiten Abtheilung am 28. August 1868.

Präsident Advokat Dr. **Wolffson**. Meine Herren! der erste Gegenstand unserer heutigen Tagesordnung ist die Bezeichnung der Vertrauensmänner, die Namens der Abtheilung an der Aufstellung der Mitgliederliste der künftigen ständigen Deputation Theil nehmen sollen. Sie haben uns gestern beauftragt, eine Liste vorher zu entwerfen, und wollen Sie mir jetzt erlauben, die Namen zu verlesen. Es sind die Herren: Ober-Appellationsgerichtsrath Becker aus Oldenburg, Stadtgerichtsrath a. D. Borchardt aus Berlin, Professor Dr. Götz aus Leipzig, Obertribunalrath Huber aus Stuttgart, Dr. v. Kerstorf aus Augsburg, Professor u. Hofrath Kraut aus Göttingen, Rechtsanwalt Makower aus Berlin, Stadtgerichtsrath Graf v. Wartensleben aus Berlin, Justitiar Wehnert aus Criwitz, Advokat Dr. Wolffson aus Hamburg. Wir haben versucht, die Liste so einzurichten, daß die verschiedenen Länder möglichst darin vertreten sind.

Ist die Versammlung mit den Vorschlägen einverstanden?

(Zustimmung.)

Meine Herren, wir haben gestern den Wunsch gehabt, zwei Gegenstände zu erledigen, es sollte die Frage des Arrestes auf Lohn noch gestern verhandelt werden; aber da die erste Frage uns längere Zeit beschäftigt hat, möchte ich Ihnen eine kleine Aenderung in der Reihenfolge vorschlagen, nämlich in Bezug auf die Handelsmäklerfrage. Herr Dr. Albrecht hat die Güte gehabt, das Referat über diese Frage zu übernehmen, und da derselbe in der anderen Abtheilung präsidiren muß, so müssen wir uns wohl etwas nach seinen Dispositionen richten. Die Versammlung wird wohl nichts dagegen haben, wenn wir diesen Gegenstand zunächst vornehmen.

Ich habe jedoch vorher der Versammlung noch Kenntniß zu geben, von einem Antrage des Herrn Dr. Hilse aus Göttingen. Derselbe empfiehlt die Frage über die Beibehaltung des Instituts der Handelsmäkler zu vertagen und die ständige Deputation zu ersuchen, durch Einholung neuer Gutachten die Sache noch gründlicher vorzubereiten.

Ich werde diese Frage zuerst zur Abstimmung bringen und zunächst dem Herrn Antragsteller das Wort geben.

Privatdocent Dr. **Hilse** aus Göttingen: Meine Herren, zur Stellung des Antrages habe ich mich deshalb veranlaßt gefühlt, weil bei Gelegenheit der Debatte in Preußen über die Einführung des Gesetzes, nach welchem den Handelsmäklern die Entgegennahme schriftlicher Aufträge gestattet werden sollte, der volkswirthschaftliche Verein in Berlin sich mit der Untersuchung derselben Frage, welche Gegenstand unserer heutigen Berathung bilden soll, befaßt hat. In dem Verein waren unter den Rednern bedeutende Capacitäten auf dem Gebiete der Nationalökonomie, aus der berliner Kaufmannschaft und auch nicht ganz namenlose Juristen. Der volkswirthschaftliche Verein sprach sich aus comerciellen und volkswirthschaftlichen, wie aus juristischen Rücksichten dafür aus, daß das Institut der Handelsmäkler nach dem Geiste der deutschen Handelsgesetzgebung nicht unentbehrlich sei, und deshalb die concessionirten Handelsmäkler beseitigt werden könnten. Da ein geehrtes Mitglied der Versammlung, der Präsident Lette, abwesend ist, ein Mann, sowohl Nationalökonom als auch Jurist, der sich besonders in dieser Frage ausgezeichnet hat, und in Berücksichtigung des Umstandes, daß schon von einer anderen Corporation ein Urtheil über die Frage gefällt worden ist, scheint es mir zweckmäßig, daß, bevor man in die Verhandlung eintritt, man sich ein ferneres Gutachten ausarbeiten läßt, vielleicht von Herrn Lette, welcher in der damaligen Verhandlung gegenwärtig war. Dadurch würde der Gesichtskreis außerordentlich erweitert. Diese Erwägungen haben mich zur Stellung meines Antrags bestimmt, um so mehr, als ich es mir nicht verhehlen kann, daß der nationalökonomische und comercielle bei weitem den juristischen Gesichtspunkt in dieser Frage überwiegt. Um nicht weitere Zeit zu verlieren, bitte ich Sie also, sich vorher über diesen Antrag zu erklären und denselben annehmen zu wollen.

Rechtsanwalt **Makower**: Ich schlage vor, über die Vertagung zu beschließen, wenn wir unsern Herrn Referenten, der noch in diesen Tagen in sehr dankenswerther Weise das Referat übernommen hat, gehört haben. Dies ist nothwendig, denn ich zweifle nicht daran, daß wir in seinem Vortrage große Belehrung finden werden. Nachher können wir über den Antrag des Herrn Dr. Hilse Beschluß fassen.

Dr. **Hilse**: Mit diesem Vorschlage erkläre ich mich einverstanden.

Präsident: Wir würden dann also die Sache so verhandeln und zunächst den Herrn Referenten bitten, das Wort zu nehmen.

Präses des Handelsgerichts Dr. **Albrecht** aus Hamburg: Meine Herren! Sie haben von unserm Vorsitzenden gehört, daß ich nicht Dr. Jaques aus Wien, sondern Dr. Albrecht aus Hamburg bin, und Sie haben von Herrn Makower gehört, daß ich erst vor kurzer Zeit, nämlich vorgestern, den Auftrag erhalten habe, Ihnen Bericht zu erstatten. Da haben Sie zwei Gründe, aus welchen Sie eine hervorragende Leistung von mir nicht erwarten können. Was ich mitzutheilen habe, beschränkt sich auf Folgendes:

Es liegt uns ein Gutachten des Herrn Puscher aus Nürnberg vor, das der Diskussion zu Grunde gelegt werden soll. Herr Puscher erklärt sich darin für die Beibehaltung des Instituts der Handelsmäkler, und zwar aus folgenden Gründen. Er sucht nachzuweisen, daß die Handelsmäkler nothwendig sind zur Vermittlung der Handelsgeschäfte und zur Feststellung der Börsenpreise, der Kurse. Es weist sodann Herr Puscher darauf hin, daß im Handelsgesetzbuch eine Reihe von Bestimmungen enthalten ist, welche das Bestehen von Handelsmäklern voraussetzen. Es ist bekannt, daß in vielen Fällen das Handelsgesetzbuch der einen Partei das Recht giebt, für Rechnung der andern Partei eine unter ihr befindliche Waare zum Verkaufe zu bringen. Es geschieht das, — abgesehen von den Fällen einer Verpfändung, in denen ja schon nach allgemeinen Grundsätzen dem Gläubiger dieses Recht zusteht — namentlich dann, wenn der Käufer mit der Bezahlung im Verzug ist, und es wird ferner dieses Recht auch in einzelnen Fällen dem Kommissionär gegen den Kommittenten eingeräumt. Für diese und ähnliche Fälle enthält das Handelsgesetzbuch in den Artikeln 311, 343, 348, 354, 365 und 366 die Bestimmung, daß Derjenige, welchem es das Recht zum Verkauf beilegt, befugt sei, den Verkauf entweder in öffentlicher Auktion vorzunehmen, oder, wenn es sich um eine Waare handelt, die einen Markt- oder Börsenpreis hat, dieselbe unter der Hand durch einen Handelsmäkler zum laufenden Preise verkaufen zu lassen. Hierauf weist unser Berichterstatter in seinem Gutachten hin; er führt dann aber auch noch alle Fälle an, in denen sich das Handelsgesetzbuch auf Markt- und Börsenpreise bezieht, indem er anzunehmen scheint, diese könnten nicht anders festgestellt werden, als durch beeidigte Handelsmäkler. Das sind die Gründe, aus denen der Berichterstatter die Beibehaltung des Instituts der Handelsmäkler empfiehlt. Einer Modifikation ist das Institut seiner Ansicht nach nur nach einer Seite hin zu unterziehen. Es ist bereits von dem Herrn Vorredner darauf Bezug genommen worden, daß in Preußen im Jahre 1865 und 1866 die Ministerien des Handels und der Justiz einen Gesetzentwurf dem Landtag vorlegten, durch welchen von der großen Zahl der Beschränkungen, die das Handelsgesetzbuch für den Geschäftsbetrieb der Handelsmäkler aufstellt, Eine aufgehoben werden sollte. Sie erinnern sich, meine Herren, daß das Handelsgesetzbuch sehr strenge Vorschriften enthält für die Art und Weise, in welcher der Handelsmäkler sein Geschäft zu betreiben habe. Es schreibt vor, daß sie durchaus keine Geschäfte für eigene Rechnung machen, sich nicht verbürgen dürfen, alle Geschäfte persönlich abschließen sollen, weder durch Associers, noch durch Compagnons, noch durch Gehülfen, und endlich, daß alle Geschäfte nur durch directen Verkehr des Mäklers mit den betheiligten Parteien zum Abschluß gelangen sollen, der Mäkler Aufträge weder von Abwesenden, noch durch Vermittlung eines Unterhändlers entgegennehmen dürfe. Die letzte dieser Vorschriften ist es, deren Aufhebung bei dem Preußischen Landtage beantragt wurde, und die Aufhebung dieser Vorschriften ist es auch, die unser Berichterstatter in seinem Gutachten empfiehlt; im Uebrigen meint er, daß das Institut der Handelsmäkler beizubehalten sei. Es ist nun nicht meine Absicht, diesem Gutachten irgend welchen Vorwurf zu machen, aber ich kann es nicht verhehlen, das Gutachten berücksichtigt diejenigen Gründe, welche gegen die Beibehaltung der Handelsmäkler geltend gemacht werden, gar nicht, er führt sie weder an, noch widerlegt er sie. Ich mache ihm aber deshalb hieraus keinen Vorwurf, weil die Diskussion über diese Frage erst nach der Zeit, in welcher das Gutachten abgefaßt worden ist, so recht in Fluß gerathen ist.

Zur Ergänzung des Gutachtens in dieser Beziehung erlaube ich mir nun zunächst anzuführen, daß die Novelle, welche dem Preußischen Landtage vorgelegt wurde, in dem Abgeordnetenhause nicht angenommen worden ist. Es sprachen sich für dieselbe aus, so viel ich weiß, Michaelis und Elven, gegen dieselbe unser verehrter Hr. Vorsitzende, Prof. Gneist, ferner Twesten, Lesse und Lasker. Ich entnehme diese Notizen einem in Busch' Archiv befindlichen, recht guten Aufsatz vom Stadtgerichtsrath Koch in Berlin. Die Diskussion im Abgeordnetenhause nahm den Verlauf, daß man geltend machte, es solle kein Loch in's Handelsgesetzbuch geschlagen werden. Das wäre nun freilich nicht der Fall gewesen, denn das Handelsgesetzbuch gestattet den Landesgesetzen, von den strengen Verpflichtungen, die es den Handelsmäklern auferlegt, zu dispensiren. Offenbar war aber die Meinung damals die, daß man in das von der Handelsgesetzgebung aufgestellte System kein Loch schlagen wollte, man war — so wenigstens scheint es mir — der Ansicht, daß, wenn der Handelsmäkler fortbestehen sollte, es auch bei den strengen Verpflichtungen, die das Handelsgesetzbuch denselben auferlegt, sein Verbleiben haben müsse. Man dachte: Sint, ut sunt, aut non sint. Die Ablehnung des Gesetzentwurfs hat denn auch die Folge gehabt, daß das Handelsministerium an die verschiedenen Handelskammern in Preußen die Frage richtete, ob das Institut der Handelsmäkler beizubehalten sei oder nicht, also dieselbe Frage, die wir hier entscheiden wollen.

Nun, meine Herren, ich bin nicht im Stande, von jeder einzelnen Kammer anzugeben, wie sie votirt hat, ich kann nur bemerken, daß die Handelskammern in Berlin und Frankfurt a. M. für die Beibehaltung der Handelsmäkler, diejenigen in Stettin und Cöln für die Aufhebung des Instituts sich ausgesprochen haben. Koch berichtet in seiner bereits angeführten Abhandlung, daß auch die Handelskammern in Danzig und Königsberg für die Aufhebung sich erklärt haben sollen. Auch der Dresdener Handelsverein, der übrigens keine Behörde, sondern nur eine freie Vereinigung zu sein scheint, spricht sich in einem mir vorliegenden, recht gut motivirten Gutachten für die Aufhebung aus. Anzuführen habe ich aber nur noch, daß wir einen Bundesstaat haben, in welchem das Institut der Handelsmäkler bereits aufgehoben ist. In Bremen ist im Dezember vorigen Jahres ein Gesetz erlassen worden, welches im Wesentlichen die Handelsmäkler aufhebt, und es ist dieses Gesetz am 1. Januar dieses Jahres in Kraft getreten.

Wir haben hier hoffentlich unter uns Herren, die uns darüber berichten können, ob die Aufhebung sich bewährt hat; ich habe das Gegentheil nicht gehört. Das Gesetz nimmt den Gang, daß es Mäkler unter dem Namen von Börsenmäklern fortbestehen läßt, jedoch nur zur Abhaltung von Auctionen, zur Erstattung von Gutachten, zur Vornahme von Taxationen, also auch zur Feststellung der Marktpreise. Damit wird aber das Wesen des Instiuts der Handelsmäkler aufgehoben, denn Auctionen kann jeder halten, der eine publica fides hat, und im Uebrigen sind die Befugnisse der Börsenmäkler nur die Befugnisse von Sachverständigen. Amtliche Vermittler von Handelsgeschäften sind die Börsenmäkler nicht mehr, und hierauf kommt es an, wenn man fragt, ob das Institut der Handelsmäkler aufgehoben werden solle. Es ist also in Bremen im Wesentlichen dieses Institut beseitigt. Das, meine Herren, ist, was ich zur Ergänzung des Berichts historisch anzuführen habe.

Es würde nun meine Pflicht sein, Ihnen meine Meinung über diese Frage mitzutheilen; wir haben aber, wie Sie gehört haben, einen Antrag, der auf Aussetzung der Frage gerichtet ist. Für diesen Antrag könnte angeführt werden, daß Ihnen ein vollständiger, gedruckter Bericht nicht vorliegt, und ich für meinen Theil müßte es für eine unbescheidene Zumuthung halten, wenn ich Sie veranlassen wollte, über diese Frage zu entscheiden, nachdem Sie zur Ergänzung des gedruckten Gutachtens meinen Vortrag gehört haben.

Sie könnten aber auch meinen, daß die Akten über diese Frage noch nicht geschlossen seien, sie könnten sagen, daß zunächst noch die Handelskammern, die Kaufmannschaft, das Publikum sich weiter über dieselbe aussprechen müßten.

Wenn das Ihre Meinung ist, so brauchen wir uns in die Diskussion der Frage heute noch nicht einzulassen; die Entscheidung hierüber überlasse ich Ihnen; von derselben hängt es ab, ob ich meinen Vortrag jetzt abbrechen soll, oder nicht.

(Rufe: fortfahren!)

Meine Herren, dann müssen Sie mir erlauben, daß ich Ihnen meine Meinung über diese Frage mittheile: nach meiner Ueberzeugung muß ich mich für die Aufhebung des Instituts erklären.

Die Gründe, welche mich dazu bestimmen, sind die folgenden:

Wenn Sie einen Blick auf das Handelsgesetzbuch werfen, so werden Sie sofort sehen, daß das Gesetzbuch mit Consequenz aus dem Begriff, daß die Handelsmäkler amtlich angestellte Vermittler von Handelsgeschäften sind, die Folgerungen entwickelt. Die strengen Vorschriften für den Betrieb des Mäklergeschäfts sind die Consequenzen aus der amtlichen Stellung der Mäkler. Die Mäkler sind ähnlich gestellt, wie die Notare; sie haben eine publica fides, denn in dem Artikel 77 heißt es, daß das ordnungsmäßig geführte Tagebuch, sowie die Schlußacte in der Regel Beweis ausmachen, und zwar sowohl über die Frage, ob das Geschäft abgeschlossen sei, als über den Inhalt des abgeschlossenen Geschäfts. Will man diese publica fides den Mäklern zugestehen, dann muß man sie auch als unparteiische Leute hinstellen, als Leute, die ein eigenes Interesse an den von ihnen vermittelten Geschäften nicht haben. Deshalb, meine Herren, ist es auch, wie ich glaube, recht, wenn man die Mäkler in diesem Sinne fortbestehen lassen will, daß man wenig, möglichst gar nichts an den Bestimmungen des Handelsgesetzbuches ändert. Andererseits wird man es aber als ausgemacht ansehen müssen, daß dem Handelsstande diese amtlichen Vermittler nicht genügen. Der Handelsstand gebraucht zur Vermittlung seiner Geschäfte keine Beamte, sondern Geschäftsleute, Leute, die sich freier bewegen können, als das Gesetzbuch den Mäklern einräumt. Die Mäkler des Handelsgesetzbuches werden oft nicht in der Lage sein, ein Geschäft zu vermitteln, welches ein Vermittler, der nicht an die Vorschriften des Gesetzbuches gebunden ist, wird abschließen können.

Ich will dies an einem Beispiel zeigen. Die erste beengende Vorschrift für den Betrieb des Mäklergeschäfts ist die, daß der Mäkler kein Geschäft für eigene Rechnung machen darf, er soll nur vermittelnder, kein „übernehmender" Makler sein. Wenn daher ein Kaufmann, der 100 Sack Kaffee zu verkaufen hat, diese nur zusammen verkaufen will, so wird der Mäkler, der an die Vorschriften des Handelsgesetzbuches gebunden ist und nur einen Auftrag auf 50 Sack hat, von dem Kauf abstehen müssen, der unbeeidigte Unterhändler, welcher an die Vorschriften des Handelsgesetzbuches nicht gebunden ist, wird aber, wenn er den Kaffee billig findet, die ganzen 100 Sack kaufen, 50 Sack seinem Kunden ablassen und für die übrigen 50 Sack sich einen Abnehmer suchen. Umstände dieser Art geben hierorts häufig die Veranlassung, daß ganze Schiffsladungen von Mäklern übernommen werden. Der unbeeidigte Unterhändler kann also mehr leisten, als der beeidigte Mäkler.

Daß dem Handelsstande nicht mit beeidigten Mäklern allein gedient ist, geht auch daraus hervor, daß in allen Einführungsgesetzen, oder doch jedenfalls in denjenigen der bedeutenderen Staaten, das Privilegium der beeidigten Mäkler, insofern denselben ein solches zustand, ausdrücklich aufgehoben worden ist. Man sagte: wenn bisher Geschäfte durch beeidigte Mäkler vermittelt werden durften, so wollen wir das Gesetzbuch einführen und die Mäkler an die strengen Vorschriften des Gesetzbuchs binden, doch auf derandern Seite die Vermittelung von Geschäften frei geben, so daß also Jeder, der nicht Mäkler ist, ebensowohl den Abschluß von Geschäften vermitteln kann. So, meine Herren, ist das unter andern hier in Hamburg geschehen. Wir hatten vor Einführung des Handelsgesetzbuches, also bis zum 1. Mai 1866, 762 beeidigte Mäkler, und wir hatten am 28. Mai dieses Jahres nur noch 107. Wir haben also jetzt kaum 1/7 der damaligen Zahl. Ich bemerke aber dabei, daß das Mäkler, nicht Handelsmäkler sind, von denen ich spreche. Wir haben hier kein besonders Institut der Handelsmäkler, nur ein Institut der Mäkler, und das ist für uns nicht ganz dasselbe. Es existirt nämlich bei uns eine Klasse von Mäklern, die sich, wenn sie auch den Abschluß anderer Geschäfte vermitteln darf, sich doch hauptsächlich mit der Vermittlung solcher Geschäfte beschäftigt, welche sich auf Grundstücke beziehen, also mit dem Verkauf von Grundstücken, mit der Vermiethung und der Belastung derselben. Von diesen s. g. Hausmäklern befinden sich unter obigen 107 Mäklern etwa 25; die Zahl der hiesigen Handelsmäkler ist also jetzt eine verhältnißmäßig sehr geringe. Alle bedeutenden Mäkler haben mit der Einführung des Handelsgesetzbuches ihr Amt niedergelegt, ihren Mäklerstock, das Zeichen des hiesigen beeidigten Mäklers, zurückgegeben; nur die kleinen Mäkler, die weniger bedeutendere Geschäfte vermitteln, oder nur eine geringe Kundschaft haben, erblickten wohl gewissermaßen in dem Mäkleramte eine Folie, und behielten ihr Amt bei. Wer keine große Kundschaft, keinen bei dem handeltreibenden Publikum angesehenen Namen hat, wird darauf, daß er sich als Mäkler bezeichnen darf, einigen Werth legen. Unter denen, die jetzt noch als beeidigte Mäkler in der hiesigen Liste aufgeführt stehen, sind überdies noch mehrere ältere Leute, die keine Veranlassung gehabt haben, ihr Amt niederzulegen, weil sie überhaupt sich von den Geschäften zurückgezogen haben. Es werden daher unter den hiesigen beeidigten Mäklern nur noch sehr wenige sich befinden, deren Geschäftsbetrieb einen bedeutenden Umfang hat. Das scheint mir aber ein Anzeichen dafür zu sein, wie wir die vorliegende Frage zu entscheiden haben. Bedenken Sie, in welchem Mißverhältnisse, in welcher verkehrten Stellung die jetzt noch beeidigten Mäkler zu denjenigen stehen, die freie Hand haben. Die weniger bedeutenden Mäkler haben die publica fides und die bedeutenden Mäkler, die, wenn es darauf ankommen würde, jeden Schaden mit ihrem Vermögen wieder gut zu machen im Stande wären, haben keine publica fides. Darin liegt jedenfalls etwas Ungesundes. Bei Weitem schlimmer ist aber das Folgende. Es können aller Erfahrung nach die Mäkler die Vorschriften des Handelsgesetzbuches nur sehr schwer einhalten, und es wird ihnen dieses noch viel schwerer werden, wenn man neben ihnen noch unbeeidigte Unterhändler zuläßt. Der unbeeidigte Unterhändler kann sein Geschäft betreiben, wie er es für angemessen hält, er kann sich mit Anderen associiren, sich eines Gehilfen zum Abschluß von Geschäften bedienen, Aufträge von auswärts entgegennehmen, Geschäfte für eigene Rechnung abschließen, Garantien übernehmen u. s. f. Wie soll nun mit einem Mäkler, der so freie Hand hat, der beeidigte Mäkler concurriren? Entweder, meine Herren, er macht keine Geschäfte, dann können wir das Institut aufheben, oder er macht Geschäfte, und macht sie unter Verletzung der Vorschriften des Handelsgesetzbuches, dann müssen wir es aufheben, denn Gesetze, welche sich nicht halten lassen, müssen, wenn die öffentliche Moral nicht verletzt werden soll, aufgehoben werden.

Das sind die Gründe, meine Herren, die mich bestimmen, für die Aufhebung des Instituts der Handelsmäkler zu votiren.

Nun, meine Herren, darf ich Ihnen aber auch die Gründe nicht vorenthalten, welche von anderer Seite für die Beibehaltung dieses Instituts geltend gemacht werden. Diese Gründe sind hauptsächlich zwei; wenigstens halte ich zwei für die wesentlichsten. Der eine bezieht sich auf die Beweiskraft der Schlußnote. Denken Sie Sich den Fall, daß ein hiesiger Commissionär ein Geschäft für einen Berliner Committenten abgeschlossen hat; bestreitet der Berliner, daß das Geschäft abgeschlossen sei, oder doch, daß es in der Weise, wie der Hiesige angiebt, abgeschlossen sei, so wird der Hiesige nur die Schlußnoten eines beeidigten Mäklers vorzulegen haben, und der Beweis, daß das Geschäft abgeschlossen, und zu den angegebenen Bedingungen abgeschlossen sei, wird zufolge Art. 77 des Handelsgesetzbuchs in der Regel als geführt, oder doch jedenfalls als soweit geführt betrachtet werden müssen, daß dem Berliner Committenten nur noch ein Gegenbeweis, etwa der Beweis der Simulation, nachgelassen werden könnte. Wie wird das nun aber sein, wenn man die beeidigten Mäkler abschafft? Mit Einführung des Handelsgesetzbuchs im Mai 1866 wird hierorts aus den oben angegebenen Gründen die überwiegende Zahl aller bedeutenden Geschäfte durch unbeeidigte Mäkler vermittelt, es hat dieses aber noch zu keinen Inconvenienzen geführt. Die obige Beweisfrage ist bisher noch nicht aufgetaucht, und wenn sie in Zukunft auftauchen sollte, würde, glaube ich, der Hiesige sich sehr wohl vor Schaden schützen können. Einige Beweiskraft wird man doch immer der Schlußnote, dem Handbuch und den Geschäftsbüchern des unbeeidigten Mäklers beilegen müssen, der hiesige Commissionär wird sich aber ferner auch auf seine Handlungsbücher und auf das Zeugniß seines Geschäftspersonals, sowie auf dasjenige des Unterhändlers berufen können, und ich meine, es wird sich in solcher Weise ein genügender Beweis erbringen lassen. Dieser Grund möchte also allein nicht ausreichen, um die Beibehaltung der beeidigten Mäkler zu rechtfertigen.

Einen besonderen Werth legt man nun aber auf die Beibehaltung wegen der Kursnotirungen. Ich bitte in dieser Beziehung, zu beachten, daß die beiden Handelskammern, die, wie oben angeführt, sich für die Beibehaltung des Instituts erklärt haben, an Orten ihren Sitz haben, an denen großartige Handelsgeschäfte gemacht werden, und daß man in diesen Städten hauptsächlich der Kursnotirungen wegen für die Beibehaltung des Instituts der Handelsmäkler sich ausgesprochen hat. Hier in Hamburg findet eine offizielle Kursnotirung nur für die hier vorkommenden Geldsorten, sowie für Wechsel, nicht aber für Staatspapiere und Aktien statt. Seit Einführung des Handelsgesetzbuchs wird aber der Geld- und Wechselkurs durch unbeeidigte Unterhändler notirt, und es hat sich ein Uebelstand hieraus bisher nicht ergeben.

Ich halte auch in dieser Beziehung etwas auf die Oeffentlichkeit. Glauben Sie denn, daß, wenn die Kurse anhaltend unrichtig notirt werden, die Kaufmannschaft sich das gefallen läßt? Die Kaufmannschaft macht ja selbst die Kurse, sie hat das beste Urtheil darüber, ob die Notirungen richtig sind.

Ich glaube nun aber auch, meine Herren, man taxirt die menschliche Natur unrichtig, wenn man meint, es dürfe die Notirung der Kurse nicht solchen Unterhändlern anvertraut werden, die Geschäfte für eigene Rechnung machen, ihnen würde es an der nöthigen Unbefangenheit und Unparteilichkeit fehlen. Diese Befürchtung möchte kaum auf einem besseren Grund beruhen, als wenn man gegen die Besetzung der Handelsgerichte mit Kaufleuten geltend machen wollte, diese Richter würden ihren eignen Vortheil im Auge behalten, ihre Entscheidungen würden gegen ihre Concurrenten und zu Gunsten ihrer Geschäftsfreunde ausfallen. Man wähle nur zur Notirung der Kurse aus der Zahl der Unterhändler diejenigen aus, welche das meiste Vertrauen bei der Kaufmannschaft genießen, bezeichne dieses ihr Amt als ein Ehrenamt, gebe ihnen somit öffentlich zu erkennen: Ihr seid diejenigen, auf die wir vertrauen, und es wird sich auch hier der Spruch bewähren: „Wer Vertrauen säet, wird Treue ernten." So wird es auch mit den Handelsmäklern in Berlin und Frankfurt gehen; man mache nur keinen Unterschied mehr zwischen wirklichen Mäklern und Pfuschmäklern, stelle sie alle gleich und wähle aus ihnen die vertrauenswürdigsten zur Notirung der Kurse heraus. Es ist ja eine bekannte Thatsache, daß, wenn man Jemand auf eine höhere Stufe stellt, als er zur Zeit noch verdient, er in der Regel sich bemühen wird, auf dieser Stufe stehen zu bleiben, daß, wenn man ihn dagegen auf eine tiefere Stufe stellt, als ihm gebührt, er sehr leicht die Selbstachtung verliert und noch tiefer sinkt. Man wage daher auch dreist, durch Mäkler, die nicht an die Beschränkungen des Handelsgesetzbuches gebunden sind, die Kurse notiren zu lassen, und es wird sich dieses meiner Ueberzeugung nach in der Praxis bewähren.

Es würde das dahin führen, daß man allenthalben eine ähnliche Einrichtung treffen würde, wie sie jetzt schon in Bremen besteht. Ob durch ein Gesetz, wie es in Bremen erlassen worden, das Handelsgesetzbuch abgeändert wird, scheint mir eine unwichtige Frage. Ich für meinen Theil vermag in solcher Abänderung an und für sich noch kein Uebel zu erkennen, mir scheint es nur darauf anzukommen, daß jede derartige Veränderung von den Factoren vorgenommen werde, die das Gesetzbuch geschaffen haben, dann wird es immer ein Allgemeines Deutsches Gesetzbuch bleiben. Ja, mir scheint es, als ob wir, wenn wir dieses Bindemittel aller deutschen Stämme in Ehren halten wollen, darauf Bedacht zu nehmen hätten, daß, sobald eine Verbesserung sich als nothwendig herausstellt, sie vorgenommen werde, und als ob wir jede solche Verbesserung mit Freuden zu begrüßen hätten, wenn sie gemeinsam eingeführt wird. — Bemerken will ich hier übrigens noch, daß nach dem Bremer Gesetz zwar dem Abschnitt des Handelsgesetzbuchs „Ueber die Handelsmäkler" sein Substrat entzogen wird, die Artikel des Gesetzbuches aber, die von dem Verkaufe durch beeidigte Mäkler sprechen, dessen ungeachtet unverändert in Kraft bleiben.

Hiernach glaube ich, meine Herren, wenn Sie über die vorliegende Frage einen Beschluß fassen wollen, Ihnen folgenden Antrag empfehlen zu dürfen:

> Der Deutsche Juristentag wolle aussprechen, daß nach seiner Ueberzeugung überwiegende Gründe für die Aufhebung des Instituts der Handelsmäkler sprechen.

(Lebhafter Beifall.)

Präsident: Wir würden nun zunächst den Antrag des Herrn Dr. Hilse zur Abstimmung zu bringen haben.

Dr. **Hilse**: Ich ziehe meinen Antrag zurück, da in dem eben so glänzenden als gründlichen Vortrage des Herrn Referenten alle diejenigen Gründe vollständig berührt worden sind, welche ich in dem bisher bekannten Gutachten bekenne in diesem Grade nicht aufgefunden zu haben.

Präsident: Wir können nun sofort in die Diskussion eintreten, vorher aber möchte ich mir noch zwei Bemerkungen erlauben. Zunächst möchte ich diejenigen Herren, welche sich an der Diskussion betheiligen wollen, darauf aufmerksam machen, daß unsere Tagesordnung eine sehr umfangreiche ist, und daß deshalb Kürze doppelt geboten ist, und dann möchte ich die Bitte aussprechen, daß alle diejenigen Anträge, welche nicht rein die Geschäftsbehandlung betreffen, mir schriftlich eingereicht werden.

Advokat Dr. **Auerbach** aus Frankfurt a. M.: Meine Herren, ich freue mich, daß der Antrag auf Vertagung zurückgenommen ist, aus dem einfachen Grunde, weil ich glaube, daß heute in dieser Frage ein Forum zu sprechen hat, das noch nicht gesprochen hat und das meines Erachtens eben so sehr berufen ist, in dieser Sache zu sprechen, wie reine Volkswirthschaftler und reine Kaufleute. Wir praktischen Juristen sind gerade in der glücklichen Lage, hier Theorie und Praxis zu vereinen.

Ich möchte deshalb an das, was unser geehrter Herr Berichterstatter bezüglich des Votums der beiden Handelskammern Berlin und Frankfurt, welche sich für die Beibehaltung des Instituts der Wechselmäkler ausgesprochen haben, angeführt hat, noch einige historische Daten über das Mäklerwesen in Frankfurt anreihen. Sie werden dann einsehen, daß unsere Handelskammer denn doch in dieser Frage nicht die Consequenz bewahrt hat, die sie an den Tag legen sollte. Wir haben 3 Arten von Mäklern, das heißt vom objektiven Gesichtspunkt aus: Fonds- und Wechselmäkler, Häusermäkler, wie sie auch hier in Hamburg existiren, und Produktenmäkler, d. h. Mäkler, die das Produktengeschäft an der Börse vermitteln, entweder zwischen Börsenmitgliedern, oder zwischen solchen und Anderen nach den Satzungen der Produktenbörse. Dieses Institut der Produktenbörse ist etwas Besonderes. Als man die Produktenbörse errichtete und die Statuten entwarf, ging man alsbald davon ab, daß beeidigte Mäkler die Börsenkäufe vermitteln, und daß beeidigte Mäkler die Kursnotirung feststellen sollten. Die Kurse werden, wie in Bremen, nicht durch alle Mäkler, sondern durch unvereidigte s. g. Notirungsmäkler festgestellt. Man hat bisher freilich, und das will ich nicht leugnen, gefunden, daß oft Unrichtigkeiten bei diesen Notirungen der unbeeidigten Mäkler vorkommen; aber, meine Herren, hat man nicht eben so oft gefunden, daß auch bei Notirungen der beeidigten Handelsmäkler Unrichtigkeiten vorkommen? Ich weiß nicht, ob die Herren die neue Frankfurter-Handelszeitung kennen; diese hat es sich zum Beruf gemacht, einen controllirenden Kursbericht jeden Tag erscheinen zu lassen, und es sind die Fälle sehr häufig, wo dieser unoffizielle Kursbericht nachweisen muß, daß der andere, offizielle, falsch ist.

Man hatte auch in Frankfurt sich an die Bestimmungen des Handelsgesetzbuches angeschlossen, man erkannte aber bald, daß mit den Bestimmungen des Handelsgesetzbuches an der Börse und außerhalb derselben nicht auszukommen sei. Man benutzte deshalb den Artikel 84, der eben den einzelnen Landesgesetzen gestattet, die Bestimmungen über die Handelsmäkler zu modifiziren, und man schoß eine gewaltige Bresche in die Bestimmung über die Handelsmäkler. Man hat den Artikel 69, wonach zunächst die Makler für eigene Rechnung keine Geschäfte machen dürfen, weder unmittelbar noch mittelbar, auch nicht als Commissionäre, geändert. Ich will hier nebenbei bemerken, daß sich das Handelsgesetzbuch nicht richtig auszudrücken scheint.

Der Commissionär macht auf eigenen Namen für fremde Rechnung Geschäfte; an unserer Frankfurter Börse giebt es keine Handelsmäkler, es sind alle Commissionäre, es sind beeidigte Commissionäre. Sie nennen bei Verkaufsaufträgen nicht den Verkäufer, für den sie verkaufen, sie schreiben ihn auch nicht auf die Schlußnote, sie schreiben den darauf, an den sie verkaufen. Bekommen sie den Auftrag zu kaufen, so nennen sie nicht den Namen dessen, für den sie kaufen, sondern nennen den, von dem sie kaufen. Man hat in Frankfurt, um der Erweiterung Eingang zu verschaffen, unrichtigerweise nicht den ersten Satz: „Sie dürfen auf eigene Rechnung" u. s. w. aufgehoben, sondern hat eigenthümlicher Weise den Satz aufgehoben: „Sie dürfen sich für die Geschäfte nicht verbindlich machen."

Was die Schlußnoten anbetrifft, so kann ich wenigstens denselben keine größere Beweiskraft beilegen, als den Handelsbüchern der Kaufleute, und es ist ein Glück, daß das Handelsgesetzbuch, wenn es im ersten Satz Art. 77 sagt, die Schlußnoten und Tagebücher liefern in der Regel vollen Beweis, gleich hinzugefügt: Jedoch hat der Richter zu entscheiden, ob den Schlußnoten ein solcher Werth beizulegen sei. Die wichtigste Aufgabe jedoch, welche das Handelsgesetzbuch den Handelsmäklern zuweist, ist die Notirung der laufenden Preise. Dabei hat aber das Handelsgesetzbuch Artikel 353 anerkannt, einerseits, daß an vielen Orten keine örtlichen Einrichtungen für die Feststellung der Kurse bestehen, und andererseits daß, wo solche vorhanden sind, der Gegenbeweis der Unrichtigkeit nicht ausgeschlossen ist. Wenn wir die einzelnen Artikel 311, 343 und 354, in denen des Instituts der Handelsmäkler Erwähnung geschieht, ansehen, so ist immer der „laufende Preis" erwähnt. Der Pfandgläubiger kann verkaufen lassen durch einen Handelsmakler oder durch einen zu Versteigerungen befugten Beamten, aber immer nur zum laufenden Preise. Wenn wir dieses „zum laufenden Preise" haben, dann ist ein Schutz gegen unrichtige Notirungen vorhanden, dann brauchen wir keine Handelsmäkler.

Hinsichtlich der Notirungsmäkler hat man bei uns eine Bestimmung getroffen, die dahin lautet: das Notirungsanerbieten zum Kauf und Verkauf von Staatspapieren, berechnet auf die öffentliche Kursnotirung irgendwie einzuwirken, ist für dieselbe ein für alle Mal nicht maaßgebend. Also schon hier bemerkte man, daß obgleich das Institut der Handelsmäkler eingeführt sei, doch sich falsche Notirungen sehr leicht bilden, und wollte dagegen Schutz suchen. Bei der Produktenbörse hat man dasselbe Bedürfniß gespürt, und man wollte den Satz aufstellen, daß alle Kurse sich nach den Preisen zu richten hätten, die angeboten und bezahlt werden, und daß alle andern exceptionellen Preise nicht berücksichtigt würden; aber der verständige Kaufmann hat bald bemerkt, daß diese Bestimmung müßig ist. Hier ist es die öffentliche Controllirung, von der ich mir sehr viel verspreche. Das Publikum wird allmälig daran gewöhnt werden, diesen offiziellen Kursnachrichten kein blindes Vertrauen zu schenken, und es wird das Amt der Presse sein, darüber zu wachen. Ich glaube, daß es genügt, wenn aus der Zahl der Privatmäkler bestimmte Notirungsmäkler ernannt werden, die ausschließlich damit beauftragt sind, die Kurse festzustellen. Danach muß jeder Geschäftsabschluß, den ein Privatmäkler macht, mit zur Feststellung des mittleren Preises dienen. Der Notirungsmäkler kann, wenn er wirklich sieht, daß hier und da auf künstliche Weise ein Kurs gebildet werden soll, solche Angaben zurückweisen. Ich glaube dem Herrn Berichterstatter auch darin vollständig beipflichten zu müssen, daß die Furcht vor künstlichen Kursbildungen kein Grund für das Fortbestehen des Instituts der Handelsmäkler abgeben kann. Unser Handelsgesetzbuch ist kein abgeschlossenes für alle Zeiten, und das Organ, welches dasselbe gemacht hat, kann nicht nur ändern nach dem Bedürfniß und nach der besseren Erkenntniß, sondern soll und muß ändern, wenn das Bedürfniß es erfordert.

Referent Dr. **Albrecht**: Ich erlaube mir nachträglich noch das Neueste in dieser Materie anzuführen.

Ich glaube nämlich keinen Mißbrauch eines mir geschenkten Vertrauens zu begehen, wenn ich Ihnen mittheile, daß die hiesige Handelskammer vor Kurzem bei unserer Regierungsbehörde, dem Senat, die Aufhebung des Instituts der beeidigten Mäkler beantragt hat.

Stadtgerichts-Rath **Borchardt** aus Berlin: Die Nothwendigkeit, aus der die Aufhebung des siebenten Titels des ersten Buches des Handelsgesetzes hergeleitet worden, ist wesentlich darauf gestützt, daß einerseits das Verbot des Art. 69 Nr. 1 täglich umgangen wird und andererseits hiermit nicht die publica fides des Mäklers bestehen bleiben könne. Wenn auch anzuerkennen, daß das Vlrbot des Art. 69 Nr. 1 nicht mehr aufrecht zu erhalten ist, so wird doch auch zugegeben werden müssen, daß die Fortdauer der publica fides des Mäklers, welche besonders im Art. 77 sowie in Ansehung der Feststellung des Kurses der Waaren und Effekten sich zeigt, wünschenswerth ist. Da nun aus der Aufhebung des Art. 69 Nr. 1 m. E. nicht nothwendig die Aufhebung der publica fides des Mäklers, sondern nur eine Beschränkung derselben folgt, so würde allen Anforderungen schon durch eine Modifikation der betreffenden Bestimmungen des Handelsgesetzbuches genügt werden, durch eine Modifikation, welche die Freigabe des eignen Geschäfts, insbesondere die Zulässigkeit der Selbstübernahme des Mäklers ausspricht, und die Unparteilichkeit des Mäklers, welche zur publica fides erforderlich ist, in Betreff seiner übrigen Funktionen zu bewahren möglich macht.

Ich erlaube mir deshalb Ihnen folgenden Antrag:

„Der Juristentag wolle unter Aufhebung der Nr. 1 des Art. 69 H. G. B. aussprechen:

1. Wenn die amtliche Feststellung des Werthes resp. Kurses der Staatspapiere, Produkten ꝛc. unter Zuziehung der Mäkler und nach Maßgabe des von ihnen geschlossenen Geschäfts erfolgt, dürfen nur die zwischen Anwesenden von den Mäklern vermittelten Geschäfte zu Grunde gelegt werden.

   Die von den Mäklern für eigene Rechnung oder für Auswärtige geschlossenen Geschäfte dagegen bleiben hierbei unberücksichtigt.

2. Ebenso finden die Bestimmungen der Art. 77 sequ. in Bezug auf die Beweiskraft der Eintragungen und Notirungen der Mäkler keine Anwendung auf die von denselben für eigene Rechnung oder für Auswärtige geschlossenen, Geschäfte

vorzuschlagen und zu Ihrer Annahme zu empfehlen.

Präsident: Da sich Niemand weiter zum Worte gemeldet hat, so ist die Diskussion geschlossen.

Es liegen also 3 Anträge vor, zuerst der Antrag des Herrn Referenten, dann derjenige des Gutachterstellers Puscher und drittens ein Antrag des Herrn Geh. Justizrath Borchardt.

Die beiden letzten Anträge sind beides Anträge unter der Voraussetzung, daß die Frage der Beibehaltung bejaht wird. Ich bin nun dafür, daß wir erst die allgemeine Frage, den Antrag des Herrn Referenten, dann den des Herrn Borchardt und dann den des Herrn Puscher zum Beschlusse stellen.

Ich nehme, da sich kein Widerspruch erhebt, dies für genehmigt an, nnd bitte nun die Herren, welche für den Antrag des Herrn Referenten:

„Der deutsche Juristentag wolle aussprechen, daß nach seiner Ueberzeugung überwiegende Gründe für die Aufhebung des Instituts der Handelsmäkler sprechen“

stimmen wollen, aufzustehen.

(Geschieht.)

Der Antrag ist mit sehr großer Majorität angenommen, damit erledigen sich die beiden anderen Anträge.

Wir haben nun noch für die Berichterstattung im Plenum einen Referenten zu erwählen.

Ich schlage Ihnen den Herrn Präses Albrecht vor (Zustimmung), und falls derselbe verhindert sein sollte, den Herrn Auerbach.

(Zustimmung.)

Wir gehen nun zum zweiten Gegenstand unserer Tagesordnung über, zur Frage 7: „Soll die Gesetzgebung Arrest auf künftig zu verdienendes Lohn gestatten und in welchem Umfange?“

Es liegen über diese Frage zwei Gutachten vor, eins von Herrn Rechtsconsulenten Dr. Otto zu Heilbronn und eins von Herrn Stadtgerichtsrath Koch zu Berlin, und wird Herr Oberappellationsgerichtsrath Becker zu Oldenburg die Güte haben das Referat zu erstatten.

Oberappellationsgerichtsrath **Becker** aus Oldenburg:

Meine Herren! Die Frage ist Ihnen so eben von dem Herrn Vorsitzenden mitgetheilt worden, über welche ich mein Referat erstatten soll.

Es ist die Frage: Soll die Gesetzgebung Arrest auf künftig zu verdienendes Lohn gestatten und in welchem Umfange? Es sind darüber zwei werthvolle, Ihnen durch den Druck bekannte Gutachten abgegeben von dem Herrn Stadtgerichtsrath Koch in Berlin und dem Herrn Rechtsconsulenten Dr. Otto zu Heilbronn, außerdem ist bei der gestrigen Verhandlung mir eine Schrift von Herrn Hopf über die Verkümmerung der Arbeiter- und Dienstlöhne übergeben worden.

Beide Gutachten und auch die Schrift des Herrn Hopf betonen die große wirthschaftliche und sociale Bedeutung der Frage. Dasjenige des Hrn. Koch weist diese Bedeutung an einzelnen Beispielen näher nach und zeigt dann, wie sehr verschieden diese Frage bis jetzt von den Gesetzgebern und Gerichten der einzelnen deutschen Länder beantwortet ist, wie auch eine größere Einigung nicht von der Wissenschaft und der Praxis, sondern nur von der übereinstimmenden Gesetzgebung zu erwarten ist.

In dieser Beziehung mit Herrn Koch durchaus einverstanden, habe ich nur noch nachzutragen, daß der Norddeutsche Reichstag nach Annahme des Gesetzes über die Aufhebung der Schuldhaft, unter Anerkennung des Satzes: „daß die wirthschaftliche Thätigkeit des Menschen wegen seiner Schulden über die Gegenwart hinaus ebensowenig angetastet werden dürfe, als seine persönliche Freiheit" mit großer Mehrheit und ohne Widerspruch in der Debatte, die Resolution angenommen hat: „den Bundesrath zur Vorlage eines Gesetzes aufzufordern, worin das unbedingte Verbot jeder Beschlagnahme noch unverdienter Arbeitslöhne und Dienstlöhne im Exekutions-Arrestwege ausgesprochen wird."

Dieser Antrag geht weiter, wie derjenige des preußischen Abgeordnetenhauses von 1865, weil er das Verbot selbst einer beschränkten Beschlagnahme in Anspruch nimmt, er ist aber enger, weil er sich nicht auf schon verdienten Arbeitslohn erstreckt.

Die Frage, wie sie die ständige Deputation gestellt hat, hat den Arrest als Exekutionsmittel im Auge, mag nun ein exekutionsfähiger Anspruch vollstreckt, oder die Vollstreckung eines noch nicht exekutionsfähigen Anspruches gesichert werden sollen. Da der besondere Sicherheitsarrest hier kaum eine Bedeutung hat, glaube ich mit beiden Begutachtern und auch Herrn Hopf von der im norddeutschen Gesetze über die Aufhebung der Schuldhaft getroffenen Unterscheidung absehen zu können.

Die Frage erstreckt sich auf Lohn jeder Art, Arbeits- und Dienstlohn, Privatbesoldung, Gehalte, doch hat Herr Dr. Otto eine besondere Feststellung vorbehalten, wie der Staat mit seinen Angestellten zu verfahren habe, und giebt auch für Privatbedienstete, die für längere Dauer oder lebenslänglich angestellt sind, eine Ausnahmestellung zu. (Gutachten Seite 187.)

Die Frage geht auf Verpflichtungen jeder Art, ebenso die Gutachten der Herren Koch und Hopf, Herr Otto dagegen will gesetzliche Verpflichtungen (Geldstrafen, Alimente, Schadensersatzforderungen) besonderer Feststellung vorbehalten.

Die Frage erstreckt sich nur auf künftig noch zu verdienenden Lohn; Herr Koch hat seine Antwort auf schon fälligen, die Herren Otto und Hopf auch auf jeden schon verfallenen Lohn erstreckt.

Mit diesen Modifikationen will Herr Koch die Zulässigkeit des Arrestes auf 1/4 des Lohnes, Herr Dr. Otto auf den Lohn beschränken, in Betracht dessen beim Eingehen des Creditgeschäftes die Zulassung des Arrests vom Arbeiter (schriftlich) und dem Arbeitgeber (schriftlich oder mündlich) anerkannt ist. Herr Hopf will über den Arrest das Arbitrium des Richters frei entscheiden lassen.

Beide Gutachter und auch Herr Hopf gehen von dem als richtig anzuerkennenden und aufrecht zu erhaltenden Satze unsers geltenden Exekutionsrechts aus:

> „daß nicht blos das gesammte gegenwärtige Vermögen, sondern auch der zukünftige Vermögenserwerb für die Tilgung bestehender vermögensrechtlicher Verbindlichkeiten in Anspruch genommen werden kann,"

beide halten auch Forderungen für künftigen Lohn ebensowohl wie andere noch nicht fällige Forderungen nach allgemeinen Rechtsgrundsätzen für zulässige Exekutionsobjecte und wollen die vorgeschlagenen Beschränkungen nur aus wirthschaftlichen und socialen Gründen unter Anerkennung des unverkennbaren Zuges der Rechtsentwickelung, die Strenge des Schuldrechts allmählich zu mildern.

Ich kann den von den Herrn Verfassern der Gutachten für die Beschränkung vorgebrachten Gründen nur beistimmen, komme aber zu einem theilweise verschiedenen Resultate.

Unter den verschiedenen Ausnahmen, die man von der unbeschränkten Haft alles gegenwärtigen und künftigen Vermögens zum Zwecke der Exekution bisher ziemlich allgemein in Deutschland zugelassen hat, scheint mir für unsern Zweck und unsere Frage die erheblichste, daß man dem Kridar theils nach jedem Konkurse, theils wenigstens nach solchen Konkursen, in welchen dem sogenannten redlichen Schuldner die Wohlthat der Güterabtretung eingeräumt wurde, von dem gesammten spätern Erwerbe die Competenz freigelassen, das ist, eine fernere Exekution gegen den Kridar nur im Falle eines größeren Vermögens-Erwerbes, als zu seinem und der Seinigen nothdürftigen Unterhalt erforderlich ist, zugelassen hat.

Was vom Konkurse gilt, sollte von jeder den ganzen zeitigen Vermögensbestand ergreifenden Exekution und insbesondere von der Exekution gegen den Arbeiter gelten, welche, wie Herr Dr. Otto mit Recht bemerkt, regelmäßig nur des Mangels an Masse wegen nicht zum Konkurse kommen. Daß wenigstens von den Forderungen auf künftigen Lohn dem Arbeiter sein und seiner Familie Lebensunterhalt bei jeder Exekution gelassen werden müsse, sieht Herr Dr. Otto auch als einen wohl allgemein bestehenden Grundsatz an, doch hat ein solcher, wie das Gutachten des Herrn Koch angiebt, nicht bei allen deutschen Gerichten Anerkennung gefunden, selbst bei vielen unter preußischen Gerichten nicht, ungeachtet der feststehenden — besonders in Erkenntnissen von 1847 und 1852 ausgesprochenen — Annahme des Obertribunals zu Berlin: „daß eine Forderung auf einen künftigen zum Lebensunterhalt dienenden Arbeitslohn an einen bestimmten Arbeitgeber, wegen dessen Befugniß, den Arbeiter, dem die Subsistenzmittel entzogen seien, zu entlassen, nicht als schon existent angesehen und deshalb nicht zum Gegenstande des Arrestes gemacht werden könne."

Wie es sich aber auch mit der Beschränkung auf den nothwendigen Lebensunterhalt nach bestehendem Recht und bestehender Praxis verhalten möge, vom Standpunkte der Gesetzgebungspolitik muß sie gefordert werden, weil sie nicht blos richtigen wirthschaftlichen Grundsätzen, sondern auch einer humanen Rechtsanschauung entspricht, wie solche der heutigen Zeit gebührt.

Ich will zugeben, daß die Furcht, in Folge drohender Beschlagnahme künftigen Lohnes in Noth und Elend zu gerathen, einzelne Arbeiter zu erhöhter Anstrengung treibt, um ihre Gläubiger, von denen sie eine solche Beschlagnahme zu erwarten haben, durch Zahlung zu befriedigen, vielleicht auch einen oder den andern Arbeiter vom Schuldenmachen abhält, auf der andern Seite muß aber die erfolgte Beschlagnahme des Arbeitslohnes, von dem der Arbeiter mit seiner Familie künftig leben soll, diesen zur Arbeit unlustig machen, und wenn sie häufig wiederkehrt, die Arbeitstüchtigkeit des Arbeiters und der Arbeit selbst verschlechtern, sie muß sogar, weil sie Unmenschliches verlangt, den ernsten Willen des Schuldners, seinem Gläubiger gerecht zu werden, schwächen und zum Widerstande gegen solche Rechtsanwendung den stärksten Sporn bieten, denn Noth kennt kein Gebot.

Sucht nicht der Arbeiter selbst andere Arbeitgeber, vielleicht mit Hilfe der Freizügigkeit an anderen Orten, um, vielleicht selbst mit Bruch des Arbeitsvertrages, der Beschlagnahme dessen zu entgehen, von dem er leben muß, so veranlaßt solche Beschlagnahme auch den arbeiterfreundlichsten Arbeitgeber zu des Arbeiters Entlassung, theils weil er selbst als Schuldner des Arbeitslohnes durch die Beschlagnahme in Unannehmlichkeiten und oft nicht unbedeutende Weiterungen kommt, — es sind z. B. 1864 bei einem Etablissement in Beuthen mehr als 500 Arrestanlagen zur Gesammtsumme von 8000 Thlr. vorgekommen, so daß dieserhalb ein besonderer Geschäftsführer gehalten werden mußte — theils weil er auf die Arbeitstüchtigkeit und Treue des Arbeiters, der nicht den nothwendigen Lebensunterhalt hat, nicht rechnen kann.

Außer dem Schaden, der im Wechsel, besonders in häufigem Wechsel liegt, wird aber auch dem entlassenen Arbeiter ein neues Unterkommen erschwert, andere Arbeitgeber fürchten gleiche Nachtheile, er kommt in die Alternative entweder zu verhungern oder moralisch zu verderben, und Staat und Gemeinde erhalten statt eines sich und seine Familie ernährenden Arbeiters einen Kandidaten für Armenunterstützung oder gar für das Strafgefängniß.

Allerdings bestimmt der Umfang der zuläßigen Exekution den persönlichen Kredit, dieser Kredit wird daher für den Arbeiter ein geringerer sein, wenn die Beschlagnahme künftigen zum Lebensunterhalt erforderlichen Lohnes kassirt, als wenn dieselbe gestattet wird; allein hierauf ist schon deshalb kein großes Gewicht zu legen, weil der Gebrauch dieses Kredites ihn selbst für die Zukunft vernichtet, und weil der Werth dieses Kredites doch wesentlich auf der Persönlichkeit des Schuldners und seinem guten Willen beruht. Dazu kommt, daß dieser Kredit, weil er im Mißverhältniß mit der wirklichen Zahlungsfähigkeit steht, ein durchaus ungesunder ist. Der Neigung des Arbeiters von geringerer Bildung, sich für Kredit Genüsse zu verschaffen, seiner Sorglosigkeit und Unerfahrenheit kommt hier erfahrungsgemäß die Bereitwilligkeit einer Klasse von kleinen Kaufleuten und Wirthen entgegen, welche mit Rücksicht auf das Recht der Beschlagnahme der Löhne dem Arbeiter zu hohen Preisen einen unmäßigen Kredit gewähren, und ihn dann durch die Drohung, von diesem Rechte Gebrauch zu machen, in fortwährender Abhängigkeit halten und zu neuer Kreditnahme nöthigen. Es kann nur richtig sein, dem Arbeiter diesen ihm selbst verderblichen Kredit zu nehmen. Dem Gläubiger, dem man von Vorne herein die Möglichkeit abschneidet, einen solchen Kredit zu gewähren, geschieht auch kein Unrecht, er wird nur gezwungen, das zu unterlassen, was er von freien Stücken unterlassen sollte, und ihn von einem Konflikte zwischen seinem Interesse und seinem Gewissen befreit.

Soweit ein Schuldner seines Arbeitslohnes bedarf, um leben und weiter arbeiten zu können, halte ich demnach die Inangriffnahme desselben für seine Schulden und damit die Gefährdung seiner ganzen künftigen Arbeit für etwas so sehr und durchaus volkswirthschaftlich falsches, auch der Natur eines humanen Rechts Widersprechendes, daß meines Erachtens der Schuldner die Befugniß gar nicht haben darf, sich selbst und seine von ihm in Betreff des Unterhalts abhängige Familie der Möglichkeit einer Fortexistenz durch seine Arbeitskraft zu berauben. Was von der Beschlagnahme für Schulden im Wege des Arrestes gilt, gilt daher *hier* meines Erachtens auch von der freiwilligen Veräußerung — Assignation — Cession — Verpfändung, und glaube ich, daß sich der Ausspruch des Juristentages auf dieses Verbot zu erstrecken hätte.

Daß der bestehende, die Frage offen lassende Zustand der meisten Gesetzgebungen in Deutschland für viele Richter hat Veranlassung sein können, auch den zum Lebensunterhalte erforderlichen künftigen Lohn des Arbeiters mit Beschlag zu belegen, kann ich mir nur aus der Mißanwendung des Satzes erklären, der so manche juristische Ungeheuerlichkeit zu verantworten hat: „Fiat justitia, pereat mundus."

Es kann hier auch von keiner *beschränkten* Beschlagnahme die Rede sein. Was vom Ganzen gesagt ist, gilt von jedem Theile. Das zum nothdürftigen Lebensunterhalt Erforderliche läßt keine Theilung zu. Der Gegengrund:

> „ein einsichtiger Gläubiger werde im eigenen Interesse die Arbeitskraft seines Schuldners schonen und nicht mehr vom Lohne in Anspruch nehmen, als der Schuldner unbeschadet seiner Arbeitskraft entbehren könne —"

ist nicht stichhaltig. Was Recht, Billigkeit und allgemeine Wohlfahrt vom Gläubiger verlangen, soll man nicht in seinen Willen legen. —

Schwieriger ist die Frage zu beantworten, welcher Theil des künftigen

Lohnes zum nothdürftigen Unterhalt des Arbeiters nebst Familie nicht erforderlich ist.

Für den größten Theil der sogenannten Tagelöhner, gemeiner Hand- und Feldarbeiter, ferner für einen Theil der unselbstständigen Handwerker, Fabriks- und Bergwerksarbeiter wird ein solches plus nicht existiren; aber je mehr die Tüchtigkeit, Geschicklichkeit, Wissen des Arbeiters wachsen, desto mehr wird sein Lohn das zum Lebensunterhalt Erforderliche überschreiten. Es stehen hier Arbeiter jeder Art in Frage; Künstler, Beamte und dergleichen haben dasselbe Recht auf Freiheit ihres künftigen Lohnes vom Arrest, wie der gewöhnliche Arbeiter. Herr Koch bemerkt mit Recht, daß die einzelnen Gattungen der Lohnarbeit heutzutage in einander fließen; die Gesetzgebung ist nicht in der Lage, die Kategorien genau zu präcisiren, und wo dies thunlich, wäre es ein Unrecht, solche Kategorien deshalb vor andern Arbeitern in gleicher Lage zu bevorzugen. Von einem Privilegium für besondere Gesellschaftsklassen soll hier überhaupt nicht die Rede sein; vielmehr soll möglichst Allen zu Theil werden, was bisher schon einzelnen höhern Arbeiterklassen gewährt ist.

Wo der Anspruch für künftigen Lohn noch gar nicht in obligatione ist, kann meines Erachtens ohnehin von Exekution und Arrest gar nicht die Rede sein, wie auch Herr Hopf sehr richtig bemerkt; denn hier fehlt solchem Anspruche noch jegliche Existenzbasis.

Wo aber zwischen Arbeiter und Arbeitgeber bereits ein auf Arbeit gegen Lohn gerichtetes obligatorisches Verhältniß existirt, ist zwar die Möglichkeit eines Arrestes selbst bei einseitiger Kündigungs- oder Entlassungsbefugniß gegeben, doch hängt die Existenz der Forderung immer noch von ihrer — nicht des arrestsuchenden Gläubigers — sei es nun einseitiger oder beiderseitiger Willkür ab. Der kreditgebende Gläubiger kann daher auf solche Forderung nicht mit Sicherheit rechnen, er rechnet auch nicht auf die in der Natur der Sache liegende Sicherheit, sondern auf besondere Umstände, welche für den Arbeiter, wie auch für den Arbeitgeber, ungeachtet einer Arrestanlage auf die Lohnforderung, die Erfüllung der zwischen diesen bestehenden Obligationen wünschenswerth erscheinen lassen, rechnet regelmäßig nur auf die in der Verschlechterung der künftigen Lebensstellung des künftigen Arbeiters liegende Drohung. Rücksicht auf künftige Gläubiger, die freiwillig Gläubiger werden, kann daher für den Gesetzgeber kein Grund sein, die Rechnung auf eine solche Sicherheit bestehen zu lassen.

Anders steht es mit dem unfreiwilligen Gläubiger, ich nenne z. B. den Gläubiger aus unerlaubten Handlungen des Schuldners, den Fiskus in Betreff der ihm zukommenden Abgaben, mag die Beitreibung gerichtlich oder administrativ geschehen. Daß Rücksicht auf diese Gläubiger eine Zulässigkeit der Beschlagnahme künftigen das Lebensbedürfniß des Schuldners und seiner Familie übersteigenden Lohnes wünschenswerth macht, ist meines Erachtens nicht zu leugnen.

Ich komme zur Rücksichtnahme auf den künftigen Schuldner. Arbeiter, die nur auf täglichen Lohn oder sehr kurze Zeit arbeiten, kommen hier nicht in Betracht, weil ihre Lohnforderungen sich ohnehin der Beschlagnahme entziehen. Arbeiter mit regelmäßig dauernden Engagements. z. B. Bergwerksarbeiter, deren Lohn nur alle 14 Tage ausgezahlt wird, Schauspieler, Buchhalter, sind am häufigsten in der Lage des Kredites zu bedürfen, den ihr künftiger Lohn gewähren kann, ja, manche unter ihnen leben Jahr aus, Jahr ein von Anweisungen auf ihren künftigen Lohn. Doch ist dies großentheils ein durchaus ungesunder, durch den Leichtsinn der Schuldner nöthig gewordener Kredit, den sie theuer bezahlen müssen. Besser wäre es für sie, wenn sie einen solchen Kredit nie gehabt hätten, besser daher auch — abgesehen von der Uebergangszeit — wenn sie künftig auf einen solchen Kredit verzichten müßten. Diejenigen Fälle, in denen den Arbeitern ein solcher Kredit zu wünschen ist, können nur Ausnahmsfälle besonderer durch Unglück, Krankheit u. s. w. herbeigeführter Noth sein.

In solchen Fällen aber, die jeden Menschenfreund, zunächst den Arbeitgeber!, zum Kreditgeben besonders auffordern, wird die Unzulässigkeit einer Beschlagnahme ihres künftigen Lohnes ihren Kredit um so weniger hindern, als, wie ich vorhin bemerkte, dieser Kredit doch mehr auf der Persönlichkeit des Schuldners als auf einem wirklichen Sicherheitsfond ruht.

Dazu kommt, daß für solche Fälle von Altersher besondere Stiftungen und in neuerer Zeit die Arbeiterassociationen, Kreditvereine und dgl. mehr Aushülfe bieten und noch mehr bieten werden, wenn das Bedürfniß es fordern sollte.

Auch soll in denjenigen Distrikten Deutschlands, wo schon bisher Gesetz oder Praxis einen Arrest auf künftigen Arbeitslohn nicht zuließen, sich ein Nachtheil für den Kredit der Arbeiter nicht herausgestellt haben.
(Bericht der 14. Kommission des Preußischen Abgeordnetenhauses von 1861 Seite 13. 14.)

Nehme ich nun noch hinzu, daß der erweiterte Begriff der freien Persönlichkeit des Menschen, der in der Aufhebung der Schuldhaft Anerkennung gefunden hat, auch dahin führt, nur den Menschen für wahrhaft frei anzusehen, dessen künftiger Arbeitsverdienst frei von jedem Anspruche, dessen künftige wirthschaftliche Thätigkeit ungebunden ist, so glaube ich der Gesetzgebung empfehlen zu können:

> „auch die Beschlagnahme des unverdienten Lohnes, welcher das nothwendige Bedürfniß des Arbeiters überschreitet, zu untersagen, soweit nicht besondere Gründe Ausnahmen rechtfertigen.“

Zu solchen Ausnahmen rechne ich:

1. Die Lohnforderungen der Staats- und Privatbeamten, welche lebenslänglich angestellt sind, so daß ihnen auch in dem Falle, daß ihre Arbeit nicht mehr verlangt wird, ein Anspruch auf Lohn — Pension — zusteht. Bei diesen Personen kann von einem Anspruche auf unverdienten Lohn nur zum Theil die Rede sein, ihr künftiger Lohn ist nur zum Theil eine Gegenleistung für künftige Arbeit, zum andern Theile hat er die Natur einer Rente, welche schon verdient ist, für welche wenigstens eine Gegenleistung in der Zukunft nicht mehr gefordert wird. Wartegelder — nehmen in noch höherm Grade, *Pensionen ganz die letztere Natur an. Hier empfiehlt sich, auch abgesehen von dem Interesse des Staates, sich dienstfähige Beamte zu erhalten, eine Quotenbestimmung des Lohnes, der arrestfrei sein soll.
2. Die Beschlagnahme der Lohnforderung für Schulden, zu deren Abtragung der Gläubiger keinen Kredit gegeben hat. Hier ist die Rücksicht auf den Gläubiger überwiegend, selbst bei Steuern.
3. Wenn die Schulden auf Kreditgeben und Nehmen beruhen, wäre meines Erachtens nur eine Beschlagnahme der Lohnforderung ohne Zustimmung des Arbeiters zu untersagen, nicht die freiwillige Veräußerung der Forderung. Soweit glaube ich dem Antrage des Hrn. Dr. Otto aus den von ihm hervorgehobenen Gründen beitreten zu können, wenn ich ihnen auch keine große praktische Bedeutung beimesse. Der Arbeiter wird so von allzusorglosem Borgen abgehalten und in der Freiheit einer mit vollem Bewußtsein vorgenommenen Verfügung über seine Forderung an künftigen Lohn nicht unnöthig beschränkt, ihm für wirkliche Nothfälle das Borgen erleichtert. Wird auch des Arbeitgebers Zustimmung gefordert, möchte diese Möglichkeit zu sehr an praktischem Werth verlieren, auch die durchaus nicht wünschenswerthe Abhängigkeit des Arbeiters vom Arbeitgeber vermehrt werden. Auch das Erforderniß der Schriftlichkeit scheint mir unnöthig, unpassend für die meist sehr unbedeutenden Obligationsverhältnisse und nur neue Streitursache.

Besondere Schwierigkeiten bildet jetzt noch die Frage: Wieweit dasjenige, was von der Forderung auf noch unverdienten Lohn gesagt ist, auch für die Forderung auf noch nicht fälligen und selbst bereits fälligen Lohn gelten soll?

Auf die Schwierigkeit, die Forderung auf noch unverdienten Lohn von derjenigen auf bereits verdienten, aber noch nicht fälligen Lohn zu unterscheiden, kann ich kein erhebliches Gewicht legen. Die noch von Arbeitsleistung abhängige und die nur betagte Lohnforderung sind begrifflich so streng geschieden, daß auch für die meisten Fälle des Lebens ihre — bei ausbleibender Arbeit stets nothwendig werdende — Unterscheidung nicht sehr schwer fallen kann, und es nicht gerechtfertigt sein würde, um dieser Schwierigkeit willen eine sonst nicht gerechtfertigte Ausdehnung der Arrestfreiheit anzunehmen.

Der noch nicht fällige bereits erworbene, verdiente Arbeitslohn gehört wie der fällige zum bereits erworbenen Vermögen des Arbeiters. Beide sind meines Erachtens gleich zu behandeln, und so weit der Lohn nicht zum nothdürftigen Lebensunterhalt des Arbeiters erforderlich ist, weiß ich hier eine Beschränkung der Exekution nicht zu rechtfertigen.

Was aber den zum nothdürftigen Lebensunterhalt des Arbeiters erforderlichen Lohn anbetrifft, so möchte ich mit Herrn Hopf vorschlagen, beide, den verdienten noch nicht fälligen Lohn und den fälligen, dem unverdienten Lohne gleichzustellen.

Dem Arbeiter, der vom Lohne seiner Arbeit leben muß, dient in der Regel der fällige Lohn nur dazu, seinen Lebensunterhalt bis dahin zu bestreiten, daß der nächste Lohn fällig wird. Dieser fällige Lohn ist daher aus denselben Gründen, wie der gleichartige noch unverdiente von der Beschlagnahme auszuschließen. Selbst der gehobene Lohn solcher Art muß, da er zum unmittelbaren Lebensunterhalte erforderlich ist, von den Objekten der Vollstreckung meines Erachtens ausgenommen werden, was ich hier aber nur der Konsequenz und Harmonie des ganzen Vollstreckungsverfahrens wegen bemerke. Dieser Lohn kann auch nur kurze Zeit rückständig sein; der längere Zeit rückständig gebliebene Lohn muß die Eigenschaft, zum nothwendigen Lebensunterhalt des Arbeiters erforderlich zu sein, von selbst verlieren und so wieder Exekutionsobjekt werden.

Ich empfehle daher der geehrten Abtheilung — falls sie über die gestellte Frage hinaus auch den Anspruch auf bereits verdienten Lohn ihrer Beschlußfassung unterwerfen will:

> „in Betreff des zum nothwendigen Lebensunterhalte erforderlichen Lohnes, was vom noch unverdienten Lohne gelten soll, auf jeden verdienten Lohn auszudehnen, — in Betreff des nicht zum nothwendigen Lebensunterhalte erforderlichen Lohnes aber jede Ausdehnung der Arrestfreiheit abzulehnen."

Zum erstern rechne ich auch den Ueberverdienst der Sträflinge, der dazu dienen soll, ihnen die Möglichkeit einer neuen ihnen Lebensunterhalt gewährenden Stellung zu verschaffen, unterlasse aber einen desfallsigen Antrag, um ein für den Juristentag zu großes Detail zu vermeiden.

Aus dem Gesagten ergiebt sich meine Herren, daß ich mit den Gesetzgebungen von Würtemberg und Schwarzburg, sowie mit den Gesetzentwürfen von Sachsen und Bayern die Unterscheidung zwischen den zum nothwendigen Lebensunterhalt erforderlichen und dem hierzu nicht erforderlichen Lohne für eine ganz durchgreifende halte.

Dann aber muß ich noch dem Einwande des Herrn Stadtgerichtsrath Koch (Gutachten Seite 118) Rechnung tragen, der dahin geht:

> „der unbestimmten, schwer und umständlich bestimmbaren, bei dem nothwendigen Ermessen des Beamten fester Anhaltepunkte entbehrenden Grenze, „was zum nothdürftigen Lebensunterhalt gehört" sei für Gläubiger wie für Schuldner die feste Grenze einer Quote des Lohnes vorzuziehen."

Ich halte das, was zum nothdürftigen Lebensunterhalt eines Schuldners und seiner Familie erforderlich ist, für nicht so schwer zu bestimmen, daß es sich einer ziemlich sichern Feststellung des arbitrirenden Richters — besonders wenn dieser, wie bei der Exekution gewöhnlich der Fall, ein mit den allgemeinen Verhältnissen bekannter Einzelrichter ist — entziehen sollte. In Alimentensachen, bei neuer Klage gegen einen frühern Kridar lag dem Richter schon bisher diese Pflicht ob. Für das, was ein Arbeiter geringsten Grades zum nothwendigen Lebensunterhalt für sich allein braucht, wird sich in bestimmten Orten oder Gegenden bald eine feste Summe oder Quote ergeben, die dann den Anhaltspunkt für Arbeiter mit Familie und Arbeiter höhern Ranges darbietet. Nur in seltenen Fällen wird es weiterer Nachforschung bedürfen. Auch die administrative Exekution von Steuern bildet kein Hinderniß. Es wird sich annehmen lassen, daß der Arbeiter nur soweit, als sein Verdienst nicht zum nothwendigen Lebensunterhalt erforderlich ist, zu Steuern angesetzt wurde und sich hiernach die Grenze fast von selbst ergeben.

Auf der andern Seite kann ich die Festsetzung einer arrestfreien Quote des Lohnes nur für den Fall einer lebenslänglichen Anstellung mit Pensionsberechtigung für angemessen halten. Im Uebrigen läßt sie, wie auch Herr Hopf ausführt, einerseits eine völlig ungerechtfertigte Beschlagnahme des zum Lebensunterhalte nothwendigen Lohnes zu, andererseits eine ganz unnöthige Freiheit hohen, dem Schuldner durchaus entbehrlichen Lohnes selbst von der Exekution für Deliktsforderungen und Steuern, setzt den alleinstehenden Arbeiter demjenigen gleich, der für eine zahlreiche Familie zu sorgen hat, und trägt überhaupt den verschiedenen Vermögens-, Orts-, Personal-, und Lohnverhältnissen keine Rechnung. Sie belästigt den Arbeitgeber nicht minder, wie die unbeschränkte Zulassung des Arrestes, und beseitigt nicht, mindert nur die in der wirklichen Noth des Arbeiters für den Arbeitgeber liegende Gefahr. Ihre leichte praktische Handhabung ist ihre einzige Empfehlung, eine gerechte und billige Lösung der Frage enthält sie meines Erachtens nicht.

Nur dazu könnte ich mich allenfalls verstehen, daß dem Beamten eine Quote — 1/4 — des Lohnes als dem Schuldner für sich und der Seinigen nothdürftigen Lebensunterhalt entbehrlich anzunehmen, so lange verstattet wird, bis ihm vom Gläubiger, respective Schuldner der Nachweis geliefert wird, daß eine größere, beziehungsweise geringere Quote entbehrlich sei.

Ich schlage der geehrten Abtheilung folgende Sätze zur Annahme vor:

1. Soweit der Arbeitslohn, verdienter und noch unverdienter, zum nothdürftigen Lebensunterhalte des Arbeiters und seiner von ihm zu ernährenden Familie erforderlich ist, hat der Gesetzgeber nicht blos jede Beschlagnahme der Lohnforderung im Wege des Arrestprozesses oder der gerichtlichen administrativen Exekution, sondern auch jede Veräußerung der Lohnforderung zu untersagen.
2. Soweit noch unverdienter Arbeitslohn nicht zu des Arbeiters und seiner Familie nothdürftigem Lebensunterhalte erforderlich ist, hat der Gesetzgeber eine Beschlagnahme der Lohnforderung im Wege des Arrestprozesses oder der gerichtlichen und administrativen Exekution nur zu gestatten:
   a. bei lebenslänglich mit Pensionsberechtigung Angestellten in Betreff einer bestimmten Quote des Gehaltes,
   bei andern Arbeitern:
   b. für Schulden, zu deren Abtragung der Gläubiger keinen Kredit gegeben hat, und
   c. für Schulden, zu deren Abtragung der Gläubiger Kredit gegeben hat, wenn der Arbeiter die Lohnforderung veräußert hat.

Aber, meine Herren, dieser Vorschlag leidet, das verkenne ich nicht, für den Juristentag an einem riesigen Fehler, er hat viel zu viel Detail, als daß er sich zu einem eigentlichen Beschlusse machen ließe, ich möchte daher unmaßgeblich der Versammlung vorschlagen, auf die ursprüngliche Frage zurückzukehren, also den noch nicht fälligen verdienten Arbeitslohn aus Debatte und Beschluß zu streichen, den Beamten wegzulassen, auch die Veräußerungsfrage wegzulassen, also einfach uns auf den Arrest auf künftig zu verdienenden Lohn zu beschränken. Dann würde mein Antrag ungefähr der Art sein, die Abtheilung wolle beschließen:

> Der Gesetzgeber hat eine Beschlagnahme der Forderung noch unverdienten Arbeitslohnes im Wege des Arrestprozesses oder der Exekution nur zu gestatten für nicht vertragsmäßige Schulden und auch für diese nur, soweit solcher Arbeitslohn nicht zu dem nothdürftigen Un-

terhalt des Arbeiters und seiner von ihm zu ernährenden Familie erforderlich ist.

(Beifall.)

Amtsassessor Dr. **Julius Hopf** aus Gotha: Meine Herren, ich habe an der vorliegenden Frage, wie der Herr Referent schon bemerkte, ein besonderes Interesse genommen, indem ich vor Kurzem darüber eine kleine Schrift veröffentlicht habe, und sie werden mir gestatten, meine Meinung an dieser Stelle mit wenigen Worten zu vertreten. Ich werde mich um so kürzer fassen können, als ich in der Hauptsache den Vorschlägen des Referenten aus nahe stehenden Gründen ziemlich beistimme. Die Frage hat, wie bereits hervorgehoben worden ist, eine doppelte Seite, eine juristische und eine sozial-politische. Jener, der juristische Theil, ist gewiß der minder wichtige, obwohl er derjenige ist, der vorzugsweise vor unser Forum gehört.

Man hat aus allgemeinen Rechtsgründen gegen die Zulässigkeit einer Beschlagnahme unverdienter Löhne Bedenken erhoben, indem man behauptet, ein Objekt, welches selbst noch gar nicht existirt, könne nicht Gegenstand einer richterlichen Verfügung sein. Ich halte dieses Bedenken nicht für zutreffend.

Eins allerdings wird nothwendig vorausgesetzt werden müssen; um in die Zukunft hineinzugreifen, muß bereits in der Gegenwart die rechtliche und thatsächliche Möglichkeit begründet sein, daß überhaupt ein Lohnanspruch für den Arbeiter zur Existenz kommt. Es muß also ein Arbeitsvertrag existiren. Das, meine Herren, scheint mir das Einzige zu sein, was erlangt werden kann; wie dieser Vertrag geschlossen sein mag, das ist einerlei. Es ist gleich, ob der Arbeiter nach dem Stück oder nach der Zeit bezahlt wird, ob er auf bestimmte oder unbestimmte Zeit, das heißt auf Kündigung engagirt ist. Der Vertrag selbst nämlich erzeugt im Momente seiner Perfection auf beiden Seiten Rechte und Verbindlichkeiten. Auf Seiten des Arbeiters also namentlich, wenn auch zunächst in Abstraction, das Forderungsrecht auf seinen Lohn; nur ist dieses Forderungsrecht von vornherein kein durchaus definitives und unwiderrufliches. Der Inhalt und der Umfang, deren Bestimmung der Zukunft überlassen wird, ist ungewiß und bedingt vor allen Dingen durch die eigene Arbeitsleistung von Seiten des Arbeiters. Indeß, meine Herren, die Bedingtheit eines Rechts schließt bekanntlich seine Verfügbarkeit nicht aus. Eben so gut nun, wie von reinem Rechtszustande betrachtet, der Arbeiter selbst unzweifelhaft das Recht freier Verfügung über den verdienten Lohn hat — denn eigentlich haben wir uns doch die Sache so vorzustellen, daß der Arbeiter selbst als Schuldner durch eine Anweisung auf seinen Lohn seine Gläubiger befriedigen und sicherstellen will — eben so weit kann sein mangelnder guter Wille durch einen äußern Zwang ersetzt werden, und diese Zwangsbefugniß geht eben so weit, als die eigene Berechtigung des Subjects.

Aus diesen allgemeinen Gründen halte ich die Beschlagnahme auf künftig noch zu verdienenden Lohn juristisch für unbedenklich unter der einen Bedingung, daß ein perfectes Verhältniß vorliegt und noch in Kraft steht.

Die andere Seite der Frage, die social politische, ist entschieden die wichtigere; hier liegen die Motive, welche den materiellen Inhalt des zu statuirenden Rechtes und die Richtung unsers Votums bestimmen müssen. Daß wir auch zur Beurtheilung dieser Seite mit berufen sind, wird wohl keinem Zweifel unterliegen, obwohl derselbe an anderer Stelle laut geworden ist.

Wenn wir überhaupt Gesetzgebungsfragen discutiren wollen, so müssen wir auf die realen Verhältnisse zurückgreifen, um deren Ordnung und rechtliche Gestaltung es sich handelt. Ich glaube deshalb, daß wir auch diesen Theil der Frage zu beurtheilen sowohl berufen wie verpflichtet sind.

Was nun das Votum des Norddeutschen Reichstages über die vorliegende Frage anlangt, der, wie Sie wissen, sie einfach verneint hat, so ist dasselbe, glaube ich doch, ein etwas übereiltes gewesen. Der Arbeiterstand ist allerdings ein wichtiger Factor in dem gesammten Leben des Volkes, er wird aber heut zu Tage oft zum schönen Kind gemacht; in dem an und für sich lobenswerthen Streben, seine Lage zu verbessern, sucht man ihn mit Privilegien auszustatten und darin geht man zu weit. Wie immer bei solchen Privilegien ist auch hier die Gefahr vorhanden, daß der Erfolg in das Gegentheil umschlägt. Es liegt auf der Hand, daß die Lösung unserer Frage in dem oder jenem Sinne auf die gesammte wirthschaftliche Lage den größten Einfluß ausüben muß. Es ist unbestreitbar, daß auch der Arbeiter fortwährend des Credites bedarf; der Credit aber, meine Herren, den Jemand genießen soll, ist und bleibt überall abhängig von dem Maße der Sicherheit, welches er seinem Gläubiger zu bieten im Stande ist. Auch mit dem genossenschaftlichen Credit, auf den man den Arbeiter verweisen will, ist es nicht anders, denn er kann auch nicht ins Blaue hinein gewährt werden. Jene Sicherheit kann möglicherweise gefunden werden in dem bloßen persönlichen Vertrauen, aber dieses ist einerseits nicht überall vorhanden, andererseits doch nur eine schwankende und unsichere Unterlage. Für den Gläubiger wird das Vorhandensein parater Mittel, die er nöthigenfalls ergreifen kann, jeder Zeit schwer wiegen, und da haben wir bei dem Arbeiter einestheils seine Habe, anderntheils den fortlaufenden Ertrag seiner Arbeit. Jene, seine Habe, ist selten von einiger Erheblichkeit; in der Regel pflegt sie über die einfachsten und gewöhnlichsten Lebensbedürfnisse nicht hinauszugehen. Sein fortlaufender Verdienst ist das Einzige, worauf der Gläubiger mit Sicherheit seinen Credit stützen kann. Sollte nun die Möglichkeit, diesen Verdienst nöthigenfalls auf dem Zwangswege zu verwerthen, abgeschnitten werden, so würde dadurch der Credit des Arbeiters schwer geschädigt, vielleicht auch vernichtet werden. Des Credites bedarf aber der Arbeiter wie jeder andere Mensch, und nicht blos zu unnützen und verschwenderischen Zwecken, sondern auch zu nothwendigen Ausgaben.

Ferner aber, meine Herren, verdient auch das Recht des Gläubigers, welches ein wohlbegründetes ist, Beachtung, besonders da, wo es sich um einen Executionsarrest, nicht um einen bloßen Sicherheitsarrest handelt; und das ist ja weitaus der gewöhnlichste und wichtigste Fall, wo andere Deckungs-Objecte für den Kläger oft nicht vorhanden, oder sehr bald erschöpft sind. Sollte da der Gläubiger, nachdem er einmal dem Arbeiter Credit gegeben und ihn dadurch unterstützt hat, dem böswilligen Schuldner gegenüber machtlos sein, während diesem vielleicht sehr wohl die Möglichkeit gegeben wäre, durch fortgesetzte Ersparniß die Mittel zur Befriedigung seines Gläubigers zu gewinnen? Ich, meine Herren, würde dies für eine sehr gefährliche und unbillige Durchbrechung der allgemeinen Rechtsordnung halten. Ich glaube also, daß uns sowohl das Interesse des Arbeiterstandes selbst, wie das Recht derjenigen, die ihm als Creditgeber gegenüberstehen, abhalten muß, den künftigen Arbeitslohn von der Beschlagnahme gänzlich zu eximiren.

Eben so wenig aber wird dieses Recht dem Kläger ohne jegliche Einschränkung gegeben werden können. Der Arbeiter ist und bleibt mit seiner Familie auf diesen Verdienst, als auf die wesentlichste und oft die einzige Quelle seines Unterhaltes, angewiesen. Die gänzliche Entziehung desselben müßte seine gesammte wirthschaftliche Existenz untergraben. Die Gesellschaft hat aber sowohl das Recht wie die Pflicht, durch ihre Einrichtungen dafür Sorge zu tragen, daß derjenige, welcher noch arbeiten kann und will, vor dem Elend und dem Verkommen geschützt werde. Es muß eine Grenze gezogen und eine Vermittelung gefunden werden, und als Princip dafür stelle ich, meine Herren, in Uebereinstimmung mit dem Herrn Referenten auf: Der Lohn des Arbeiters soll an und für sich dem Kläger zur Verfügung stehen, wie jedes andere Object, und zwar der bereits erworbene, wie der künftig zu verdienende Lohn, aber nur so weit er nicht für die Existenz des Schuldners und der Personen, die von demselben abhängig sind, schlechterdings unentbehrlich ist. Der Lohn soll mit andern Worten zwischen dem Gläubiger und Schuldner getheilt werden, und es fragt sich nun, wo die Grenzlinie gezogen werden soll?

Man hat, wie Herr Koch in seinem Gutachten, den Vorschlag gemacht, das Princip durch ein festes Zahlenverhältniß auszudrücken, also eine bestimmte Quote des Lohnes freizugeben, das übrige aber sicher zu stellen. Ich halte aber ebenfalls diese Modalität für unannehmbar.

Die verschiedenen Bedingungen in dem materiellen Leben der Einzelnen gehen so außerordentlich weit auseinander, daß sie sich gegen jede derartige Schablonisirung sträuben. Man mag den Bruchtheil so hoch oder so niedrig greifen, wie man will, immer würde derselbe nur für einen kleinen Theil aller Fälle ungefähr das richtige Maß ausdrücken, im Uebrigen aber würde, sei es durch eine Ueberlastung oder durch eine zu große Schonung des Schuldners, gegen das aufgestellte Princip wieder verstoßen werden. Ich kann es daher nur als den einzig richtigen und praktischen Ausweg ansehen, daß das Maß des Abzuges in jedem einzelnen Falle unter Berücksichtigung seiner konkreten Beschaffenheit durch eine richterliche causae cognitio besonders festgestellt werde, wie dies in einzelnen Ländern geschieht. Freilich kann auch diese Einrichtung keine unbedingte Garantie für die Ermittelung der Wahrheit in jedem einzelnen Falle gewähren, indeß gestattet sie doch eine möglichste Annäherung an dieselbe, so weit sie überhaupt durch eine menschliche Einrichtung erreichbar ist.

Man hat diesem Vorzug wohl entgegengehalten, daß die causae cognitio, welche wir dem Richter zuschieben wollen, leicht praktische Schwierigkeiten bereiten könne. Ich halte dafür, daß dies Bedenken nicht begründet ist. Dasjenige, was in jedem einzelnen Falle zu ermitteln und zu berücksichtigen wäre, wird sich auf einige wenige Momente zurückführen lassen. Die allgemeinen Preisverhältnisse sind dem Richter ohnehin bekannt, dagegen spielen aber die Hauptrolle die Familienverhältnisse und die größere oder geringere absolute oder relative Beträchtlichkeit des Lohnes. Da sollte ich aber meinen, es würden sich durch eine bloße Vernehmung der Parteien die vorstehenden Momente zur Genüge finden lassen. Sollten aber selbst ausführliche und detaillirte Nachforschungen nöthig werden, so hat ja der Richter in seinem Executionspersonal eine Art von Sachverständigen; diese Leute stehen mit den betreffenden Volkskreisen in beständiger Berührung, sie würden also unmittelbar Auskunft geben und zur Einziehung von weitern Nachweisen verwandt werden können. Ich will freilich nicht ganz in Abrede stellen, daß die Sache in einzelnen Fällen schwierig sein kann, dann ist es aber die Schuldigkeit des Richters, sich einer solchen Prüfung zu unterziehen.

Was nun unser Votum über die Frage anlangt, so glaube ich, wird es zweckmäßig sein, dabei die doppelte Seite derselben, die juristische und die volkswirthschaftliche, strenge auseinander zu halten und uns auf die Frage, wie sie gestellt ist, zu beschränken. Ich möchte daher der Abtheilung folgenden Antrag vorlegen:

Die Abtheilung wolle aussprechen.

1) Die Beschlagnahme noch nicht verdienter Arbeitslöhne auf Grund eines bestehenden Arbeitsvertrages ist juristisch unbedenklich.

2) Die Gesetzgebungspolitik gebietet jedoch, diese Beschlagnahme auf dasjenige [im einzelnen Falle durch eine causae cognitio zu ermittelnde und durch das richterliche Arbitrium festzustellende] Maß zu beschränken, welches zum Unterhalt des Schuldners und der auf ihn angewiesenen Personen nicht schlechterdings unentbehrlich erscheint.

Rechtsanwalt Dr. Otto aus Heilbronn: Meine Herren! Gestatten Sie mir als dem Verfasser des Einen der vorliegenden Gutachten das Wort, um meine Uebereinstimmung mit dem Herrn Referenten auszusprechen. Namentlich bin ich darin mit ihm einverstanden, daß wir die Frage der Cession künftiger Löhne vorerst weglassen.

Ich hatte diese Frage hereingezogen, da die Lohnbeschlagnahme, wenn man sie als Arrestverfügung aufhebt, im Wege der Umgehung des Gesetzes, durch die Cession zur andern Thür hereinschlüpfen wird. Ich war dadurch genöthigt, die Stellung des debitor cessus dabei ins Auge zu fassen und vorzuschlagen, daß dieser schon bei der Cession mitwirke. Lassen wir nun diese Frage offen, so finden wir zwei Meinungen hier vertreten. Die Eine will die Beschlagnahme ganz aufgehoben wissen, die andere sie bestehen und dem Ermessen des Richters überlassen, das Maß derselben zu bestimmen; der Vorschlag, dasselbe ein für allemal auf eine bestimmte Quote zu beschränken, ist bis jetzt in diesem Saale nicht unterstützt worden.

Wir stehen nun hier vor einer, wie sich in der Debatte gezeigt hat, nur social-politischen Frage. Es ist heute von keiner Seite berührt worden, daß der Staat das Recht nicht habe, den Lohn als Executionsmittel zu ergreifen. Ich lasse dies auch dahingestellt. Die Frage der Gesetzgebungspolitik, vor der wir also stehen, wirkt nun in demselben Maße aufregend, wie die Frage der Aufhebung des Personalarrests. Daß dies in weiteren Kreisen geschieht, geht aus einer mir gewordenen Zuschrift des Herrn Conradi aus Essen hervor, der mich ersucht, das am Kreisgericht Essen herrschende Verfahren der Lohnbeschlagnahme zu empfehlen. Ich will nun nicht den ganzen Brief vorlesen, sondern bitte Sie, nur einige Sätze hervorheben zu dürfen, um zu zeigen, wie diese Frage im Publikum aufgefaßt wird. Es wird hier gesagt, schon die Aufhebung des Personalarrestes habe den Credit des Arbeiters geschädigt, es werde von Gewerbtreibenden wie von Schuldnern beklagt, daß die Aufhebung erfolgt sei, und daß man nun im Begriff stehe, allen Credit durch die vom Norddeutschen Reichstage empfohlene und unserer heutigen Versammlung zur Berathung vorliegende Aufhebung des Lohn-Arrestes zu beseitigen. Es wird behauptet, daß die Klasse von Arbeitern, um die es sich handle, der Bevormundung bedürfe, daß sie nicht in der Lage seien, ihre Einnahme, welche sie gewöhnlich alle 14 Tage oder 4 Wochen beziehen, so über diese 14tägige oder 4wöchentliche Periode von selbst zu vertheilen, daß sie ausreichen. Man müsse nur sehen, wie diese Leute leben, sie wollen und müssen bevormundet werden, sie verstehen nicht, sich zu regieren, und so sei es also nothwendig, daß das Gesetz eingreife und den Leuten helfe. Es wird nun näher auseinandergesetzt, wie diese Bevormundung in Essen organisirt ist, und behauptet, daß sie allen Credit verlieren, wenn man die Lohnbeschlagnahme abschaffe; außerdem, wird hier auch gesagt, entstehe für diese Klasse ein Privilegium.

Was nun letztere Behauptung betrifft, so hat es allerdings den Anschein, daß man in der Weise, wie es vom Norddeutschen Reichstage beabsichtigt wird, ein Privilegium schaffe, daß man einen Stand anders stelle, als den andern, aber bei näherer Betrachtung ist es im Gegentheil die Herstellung einer Rechtsgleichheit, welche dieser Antrag bezweckt. Wer nichts hat, als seinen künftigen Lohn, mag derselbe nun groß oder klein sein, ist in derselben Lage wie derjenige, der durch ein Concursverfahren das verloren, was er besessen hat. Besitzt Jemand nur einigermaßen etwas Greifbares für den Richter, so wird ein Concursverfahren eingeleitet, denn es ist eine „Masse" da. Die Gläubiger melden sich und fallen mit dem größten Theil ihrer Forderungen, oder wenn etwa das Vermögen in einem verpfändeten Grundstück bestand, ganz durch. Der Schuldner aber ist ein freier Mann. Es wird nicht daran gedacht, wenigstens bei uns in Württemberg und ich glaube anderwärts auch nicht, den zukünftigen Lohn des Mannes den Gläubigern bis auf eine gewisse Quote zuzuweisen. Hat aber ein solcher Mann keine „Masse", so wird nicht vergantet, die Gläubiger halten sich an den künftigen Lohn. So scheint es mir vielmehr, daß die etwas Besitzenden den gar nichts Besitzenden gegenüber ein Privilegium haben. Diese nichts besitzenden Leute schleppen wegen Mangels an „Masse" ihre Kugel ihr Leben lang. Man belegt, und wenn noch so viele Gläubiger da sein sollten, ihren Lohn mit Beschlag, und sie sind in einer viel schlechteren Lage, als derjenige, welcher eine Masse anbieten und nun nach erlangtem beneficium competentiae über seinen Arbeitslohn frei verfügen kann. Ich glaube also, daß es am Ende sich darum handelt, diese Thatsachen zur rechtlichen Existenz zu bringen und beide gleichzustellen.

Wer nur auf Arbeitslohn angewiesen ist, soll ihn auch frei haben. Die übeln Folgen des bisherigen Systems, welche in verschiedener Weise schon geschildert worden sind, haben einen großen Umfang angenommen. In Heilbronn z. B. haben wir 4—5000 jährliche Executionen, wovon ²/₃ durch Lohnbeschlagnahme vollzogen werden. Die Beschlagnahme ist bei uns sehr leicht, weil sie fast gar keine Kosten macht. Die executirende Behörde ist die Ortsbehörde und besorgt die Execution durch einen Beamten, der allerdings in der Lage sein mag, die Verhältnisse der Schuldner zu kennen, wie es Herr Hopf voraussetzt. Die wirklichen Schwankungen in der Lohnbeschlagnahme sind daher auch ziemlich erheblich, man sieht solche zu 1/8, 1/6, 1/5, oft auf Reklamation noch weniger, aber gerade bei uns, wo das von Herrn Hopf empfohlene System existirt, wird es als Uebel sehr empfunden, und der Executions-Kommissär ist geradezu der Zahlmeister einer ganzen Reihe von Arbeitern geworden. Ich kann also in dem Antrag des Herrn Hopf kein Heilmittel erkennen.

Wenn es sich aber um die Behauptung handelt, daß diese ganze Klasse von Leuten den Credit verliere, so frage ich, ob denn der Staat verpflichtet ist, ein Mittel anzuwenden, das nach allgemeiner Anerkenntniß so viel Schlimmes mit sich bringt, und ob der Staat nicht Ursache hat, den Personal-Credit auf andere gesundere Grundlagen zu verweisen?

Ich würde jedoch zu weitläufig werden, wollte ich dies hier erörtern, und wiederhole, daß ich die Lösung der Frage im Sinne des Norddeutschen Reichstages für die richtige halte, vorbehaltlich besonderer Bestimmungen für nicht vertragsmäßige Verbindlichkeiten und die Regelung der Cessionen.

Advokat Dr. **Embden** aus Hamburg: Meine Herren! Es ist anerkannt worden, daß diese Frage social-politisch ist, und in der That muß ich gestehen, daß das juristische Interesse der Frage ein ganz geringes ist. Ich bin mit dem Herrn Hopf einverstanden, daß die Frage einer Controverse nicht unterliegen kann, ob die Beschlagnahme juristisch zulässig sei oder nicht. Sie ist unbedingt juristisch vollkommen zulässig und in der Ordnung. Nun sind freilich eine Menge der social-politischen Gründe angeführt worden, um die bisher vorgeschlagenen Sätze zu motiviren, was ich aber vermisse, ist ein gründliches und wahrhaftes Eingehen auf diese Seite der Frage. Man muß doch, wenn man zugiebt, diese Frage soll auf dem social-politischen Gebiete entschieden werden, fragen, was sagt denn die Socialpolitik über das Bildungsgesetz und über die factisch bestehende Durchschnittshöhe der Arbeitslöhne? Nur von dieser Vorfrage aus können Sie unsere Frage social-politisch entscheiden, wenn Sie überhaupt eine solche Lösung suchen. Es ist eine bekannte Sache, was die Wissenschaft darüber sagt. Die Wissenschaft hat in einigen ihrer Koryphäen anerkannt, daß derjenige Satz, welchen man das Ricardo'sche Gesetz nennt, richtig sei. Dieses Gesetz behauptet, daß die Arbeitslöhne in der Regel niemals höher sind, als das Bedürfniß des Lebensunterhaltes einer Durchschnittsarbeiterfamilie es erfordert. Es lehrt mit andern Worten, die Arbeit, d. h. die Handarbeit wird mit demjenigen bezahlt, was zum Lebensunterhalte einer Durchschnittsarbeiterfamilie erforderlich ist. Ricardo hat behauptet, daß dies ein nothwendiges, ein ewiges, ein ehernes Gesetz sei, während die volkswirthschaftlichen Lehrer anderer Schulen dies bestreiten und meinen, daß bei einem Fortschritte der Cultur sich die Bezahlung der Arbeit einmal höher stellen könnte. Ob nun aber Ricardo Recht hat oder seine Gegner: — darüber, daß in den großen Industrie-Städten und Bezirken unserer europäischen Culturländer factisch der Arbeiterlohn zu dieser Zeit nicht viel höher ist, als das Ricardo'sche Gesetz ihn normirt und ihn mit Recht oder Unrecht für ewige Zeiten zu normiren glaubt; darüber, daß die Formel dieses Ricardo'schen Gesetzes die factischen Arbeiterzustände, wie sie in diesem Augenblick bestehen, im Grunde richtig definirt, darüber, meine Herren, ist unter Kennern der Arbeiterverhältnisse ein erheblicher Zweifel niemals gewesen.

Dieser factische Zustand, wie er nun einmal ist, ist die social-politische Grundlage der Frage, und wohin führt mich das? Zu einem Amendement, nämlich dazu, daß Sie, wie Sie ja überhaupt als eine wissenschaftliche Versammlung nur Prinzipien auszusprechen haben, die Beschränkung, welche von allen Seiten motivirt worden ist, daß man von dem Lohn das nicht zum Lebensunterhalte Nöthige mit Beschlag belegen könne, weglassen und einfach sagen: „Eine Beschlagnahme von Arbeitslohn ist überhaupt verwerflich." Dann möchte ich mir noch eine Bemerkung erlauben. Gegen die Ausdehnung der Frage auf Verträge mit Buchhaltern, Schriftstellern u. s. w. ist im juristischen Sinne nichts einzuwenden; denn juristisch gehören alle diese Verträge zusammen mit dem Lohnvertrag unter den Begriff der Conductio. Social-politisch aber ist zwischen dem Lohn des Handarbeiters und dem des Schriftstellers oder Buchhalters ein himmelweiter Unterschied, und eine Ausnahme, die man zu Gunsten des Lohnes der Handarbeiter machen will, auch auf diese andern Personen auszudehnen, scheint mir vollkommen über den Zweck der Sache hinauszugehen. Sie alle geben zu, daß es sich um ein zu gebendes social-politisches Ausnahmegesetz handelt, die social-politische ratio, der Sie folgen wollen, ist aber streng auf die Klasse der Handarbeiter beschränkt. Die geehrte Versammlung wolle daher — das ist meine Meinung — ihren Beschluß beschränken 1) auf die Löhne der Handarbeiter und wolle dann 2) absolut beschließen, daß die Beschlagnahme des Lohnes der Handarbeiter unzulässig sei. Dann werden Sie ein klares und einfaches Prinzip ausgesprochen haben, und Sie werden damit der Weitläufigkeit entgehen, die das vorgeschlagene beneficium competentiae mit sich führt, und die in der That zur reinen Willkür führen muß, einerlei, ob Sie eine Quote bestimmen und $^3/_4$ des Arbeitslohnes dem Einen geben, und dem Andern $^1/_4$ lassen, oder ob Sie jeden einzelnen Fall durch den Richter arbitriren lassen. Es giebt Fabrikstädte in Deutschland, wo der dort übliche Arbeitslohn noch nicht einmal ganz zum Lebensunterhalt ausreicht. So gestellten Arbeitern gegenüber $1/4$ ihres Lohnes mit Beschlag zu belegen, führt gerade zu der Härte, die wir vermeiden wollen. Sagt man aber, der Richter solle für jeden Fall das feststellen, was mit Beschlag belegt werden soll, so werden Sie, wenn Sie nur die vorhin über die Häufigkeit des Lohnbeschlages in einer einzigen Fabrik angeführten Zahlen ansehen, finden, daß gerade in Fabrikdistrikten diese Feststellung unmöglich eine gründliche und eine billige sein kann. Der Richter hat einfach keine Zeit dazu. Denn es würde bei solcher Feststellung darauf ankommen, in jedem einzelnen Fall zu untersuchen, wie groß die Zahl der Kinder, ob vielleicht Anverwandte oder alte Eltern zu ernähren sind, es würde der Gesundheitszustand der Familie in Betracht kommen, ob sie anderswoher Unterstützung bekommen, und viele andere Dinge. Mit einem Worte, Sie bürden durch die Verpflichtung der Abschätzung im einzelnen Fall dem Richter die ganze schwierige Geschäftsthätigkeit auf, die sonst einem guten Armenpfleger obliegt, wenn er die Unterstützung richtig vertheilen will. Nun, meine Herren, der Unterschied zwischen dem Richter und Armenpfleger ist aber ein innerlicher, den man nicht verwischen sollte. Der Armenpfleger muß einige Willkür üben dürfen, denn er vertheilt freiwillige Gaben, der Richter entscheidet aber zwischen Rechten und Pflichten, und diese Entscheidung von willkürlichen Untersuchungen und Voraussetzungen abhängig zu machen, scheint mir vollkommen verkehrt. Im Interesse einer consequenten Lösung der Frage möchte ich Sie bitten, auf mein Amendement einzugehen, 1) nur von Handarbeitern zu reden und 2) diese Beschränkung, die in der Praxis in Nichts zerfallen würde, wegzulassen und die Frage rund und klar zu lösen. Ueberlassen Sie Weiteres doch den Leuten, die in legislativen Körperschaften sitzen. Diese mögen das Prinzip beschränken, wenn sie es für zweckmäßig halten. Solche kleine Riegel, wie das beneficium competentiae, vorzuschieben, ist unnütz, denn der Erfolg würde der sein, daß der Richter, wenn er gewissenhaft prüft, beinahe in jedem einzelnen Falle sagen muß, der ganze Lohn gehört zum Lebensunterhalt, und dann hat das beneficium competentiae sich von selbst in sich aufgelöst.

Rechtsanwalt **Lipke** aus Danzig: Meine Herren! Seitdem die Frage, welche uns heute beschäftigt, durch Herrn Held in Berlin auf die Tagesordnung gebracht ist, seitdem Schulze-Delitzsch den bekannten Antrag gestellt hat, und das Preuß. Abgeordnetenhaus, zwar nicht mit Einstimmigkeit, aber doch mit großer Majorität den bekannten Beschluß gefaßt hat, so ist es schwer, gegen diese Resolution, gegen die aura popularis zu kämpfen. Ich glaube aber, daß der Juristentag diesen Kampf nicht zu scheuen hat. Daß die Beschlagnahme von künftig zu verdienendem Lohn juristisch gerechtfertigt ist, darüber sind fast alle Vorredner des heutigen Juristentages einig, obgleich gerade dies bei der Reichstags-Versammlung bestritten worden ist, und obgleich in Beziehung darauf **Waldeck** das merkwürdige Tribunal-Erkenntniß angeführt hat, wonach ein Gläubiger, der einen solchen Lohn mit Beschlag belegte, und, da der Arbeitsgeber den Lohn dennoch an die Arbeiter auszahlte, gegen jenen klagte, mit seiner Klage abgewiesen wurde. Schon Herr **Hopf** und der Referent haben nachgewiesen, daß dies nicht richtig ist, daß, wo eine Obligation vorhanden ist, auch eine greifbare Forderung vorliegt. Ich kann keinen Unterschied annehmen, ob man eine Miethes- oder Arbeitsforderung mit Arrest belegt; die Miethe ist noch nicht verdient, wenn das Haus dem Miether eingeräumt wird, und doch kann man sie mit Arrest belegen. Man hat noch einen andern Grund vorgebracht, den auch **Waldeck** angeführt hat: es wäre doch ungerechtfertigt, wenn der arrestirende Gläubiger sich zwischen Arbeitgeber und Arbeitnehmer drängen könnte. Dieselbe Meinung ist in einem Aufsatze der Börsenzeitung als ein Hauptmotiv angeführt. Nun denke ich mir doch aber, m. H., daß bei Beschlagnahme von Forderungen sich der Beschlagnehmende **immer** zwischen den ursprünglichen Gläubiger und den Schuldner drängt. Ich dränge mich, wenn ich die Miethsforderung mit Beschlag belege, doch jedenfalls auch zwischen den Gläubiger und den Schuldner! Ich glaube, alle diese Gründe sind nicht stichhaltig, um auf der Rechtsseite das Bedenken zu rechtfertigen, ob eine künftige Lohnforderung mit Arrest belegt werden könne.

Die andere Seite der Frage ist aber die humane, und hier, glaube ich, daß uns ja unsere Jurisprudenz auch das Mittel an die Hand giebt, wonach die Strenge des Gesetzes gemildert werden kann, und zwar durch die Belassung der Competenz. Ich halte es nur nicht für richtig, daß man sagt, der Staat solle hier eintreten. Man muß das jedenfalls dem Schuldner überlassen, daß er von dem Rechte der Competenz Gebrauch macht, daß er in jedem einzelnen Falle sagt: „Du läßt mir Jenes frei, und das darfst du mir nehmen." Diese Competenz darf dem Arbeiter aber nur auf seinen Wunsch belassen werden.

Ich bin auch nicht damit einverstanden, daß der Credit, der dem Arbeiter auf diese Weise gegeben wird, **kein** gesunder Credit sei. Der Arbeiter bedarf dieses Credits; es ist ein Irrthum, wenn man meint, der Gläubiger sei immer ein Wucherer oder Budiker, der den Arbeiter durch Lieferung von Schnaps an sich fessele. Grade der belegt den Lohn nicht mit Beschlag; dies thut vielmehr der arme Handwerker, der Schuhmacher, der Schneider, der das Geld eben so nothwendig braucht, wie der Arbeiter. Der ist es, den man beschädigen würde. Wenn man sich in diesem Falle zwischen die beiden mischen wollte, so ist dazu nach meiner Ansicht gar keine Veranlassung vorhanden. Ich dächte, wir könnten das, was von Socialwissenschaft gesprochen wird, entbehren, wir könnten uns daran halten, was wir als Juristen kennen und gewohnt sind Wir kennen als Juristen sowohl das jus civile, wie das prätorische Recht, wir wissen, was die aequitas fordert und gestattet. Wir wissen auch, daß selbst nach römischem Recht dem Schuldner nicht Alles zu nehmen, sondern daß ihm, nach dem Ausspruche des Paulus, so viel zu lassen ist, daß er nicht darbt. Wenn man dieses beneficium dem Arbeiter einräumt, so ist Alles geschehen, was der Arbeiter verlangen kann.

Es ist sehr falsch, wenn man die Arbeiter als eine einzelne Klasse mit Privilegien versehen will. Ich glaube gern, was uns aus dem Essener Bericht mitgetheilt wurde, daß die Aufhebung des Personalarrestes bereits einen großen Einfluß auf den Credit des Arbeiters gehabt habe. Der Staat soll nach meiner Ansicht aus sittlichen Gründen sich nicht hergeben, die persönliche Freiheit dem Schuldner zu rauben, selbst wenn derselbe sie einsetzt, um sich Credit zu verschaffen. Warum er aber die Arbeit nicht einsetzen solle, um sich Credit zu verschaffen, darin sehe ich durchaus nichts Unsittliches und keinen Grund für den Staat, verbietend einzuschreiten.

Ich würde Ihnen also einfach vorschlagen, unsere Resolution dahin zu fassen:

„Der Juristentag wolle aussprechen: im Wege der Gesetzgebung Arrest auf künftig zu verdienendes Arbeits- oder Dienstlohn zu verbieten, ist nicht gerechtfertigt, wohl aber ist bei Beschlagnahme von Arbeits- und Dienstlohn das Recht auf die Belassung einer Competenz dem Schuldner einzuräumen."

Herr Koch schlägt in seinem Gutachten vor, dem Arbeiter $^3/_4$ seines Lohnes arrestfrei zu belassen. Ich halte jedoch eine solche Durchschnittsbestimmung nicht für zulässig, da der freigelassene Betrag bald für den Schuldner zu niedrig, bald für den Gläubiger zu hoch sein wird. Andernfalls glaube ich aber nicht, daß in den meisten Fällen dem Arbeiter sein ganzes Lohn freigelassen werden muß, da ich mich von der Richtigkeit des Ricardoschen Gesetzes nicht überzeugen kann. Man muß vielmehr die Bestimmung des arrestfreien Betrages, wenn der Arbeiter auf die Competenz Anspruch macht, dem richterlichen Arbitrium und der richterlichen Würdigung der concreten Verhältnisse überlassen.

Amtsassessor Dr. **Hopf** aus Gotha: Ich möchte im Gegensatz zu dem Herrn Vorredner bemerken, daß gerade die Frage, wie die Competenz festgestellt werden soll, praktisch von solcher Wichtigkeit ist, daß ich Ihnen nur die Annahme meines Antrages empfehlen kann. Im Uebrigen sind die Gründe pro und contra ziemlich erschöpft worden, und ich will mich nicht auf eine ausführliche Widerlegung des Herrn Redners einlassen.

Präsident: Da sich kein Redner mehr zum Worte gemeldet hat, so erkläre ich die Discussion für geschlossen, und gebe zum Schluß nur noch dem Herrn Referenten das Wort.

Referent Ober-Appellationsgerichtsrath Dr. **Becker** aus Oldenburg: Meine Herren! Da keiner der Herren Redner sich auf die Discussion der Veräußerungsfrage und der Frage über bereits verdiente Arbeitslöhne weiter eingelassen hat, so nehme ich an, daß Sie mit mir einverstanden sind, diesen Gesichtspunkt bei Seite zu lassen, und die Abtheilung spricht darum sich nicht über meinen Antrag A., sondern über meinen Antrag B. aus. Es liegen nun mehrere Anträge vor, die im Wesentlichen dem meinigen ganz gleich sind, und sich nur durch kleine Abänderungen unterscheiden, zunächst der Antrag des Herrn Dr. Hopf. In seinem zweiten Gesichtspunkte trifft derselbe ganz mit dem meinigen zusammen, nur sagt er: Die Gesetzgebungspolitik gebietet u. s. w. Ich für meine Person halte es für überflüssig, speziell dabei zu bemerken, daß Gesetzgebungspolitik das gebiete. Ich kann überhaupt das Juristische von dem Sozialpolitischen nicht so genau trennen, wie dies Herr Dr. Embden thut. Ich glaube, es läuft daher der erste Theil auf den einfachen Satz hinaus, den ohnehin kein Mensch bestreitet, die Beschlagnahme ist rechtlich unbedenklich.

Wesentlich unterscheide ich mich aber von dem letzten Redner, der ausdrücklich gar kein eigentliches Verbot will, sondern nur ein beneficium competentiae. Ich will das beneficium competentiae nur eintreten lassen bei gesetzlicher Schuld; bei vertragsmäßigen Schulden halte ich, wie ich im Gegensatze zu dem Herrn Vorredner ausgeführt habe, den auf dem Lohnarreste beruhenden Credit für einen ungesunden, der beseitigt werden muß. Mein Antrag bezweckt das Doppelte: für Schulden, die auf Credit-Geben und Nehmen beruhen, findet kein Arrest mehr statt, für andere Schulden das beneficium competentiae. Dem gegenüber steht der Antrag von Koch, der eine bestimmte Quote vom Arrest befreit wissen will, für welchen Antrag sich Niemand ausgesprochen hat. Ein bestimmter Antrag des Herrn Dr. Embden ist mir noch nicht zur Kunde gekommen.

(Der Präsident übergiebt dem Herrn Berichterstatter den Embden'schen Antrag.)

Derselbe lautet:

„Die Beschlagnahme von Arbeitslöhnen der Handarbeiter ist unzulässig."

Ob der Ricardo'sche Satz, auf den sich dieser Antrag stützt, wirklich richtig ist, wollen wir dahingestellt sein lassen. Ich meine aber, daß die Bedenken des Herrn Dr. Embden in meinem Antrage bereits genügende Berücksichtigung gefunden haben; ich kann also nur bei demselben stehen bleiben.

Präsident: Der Herr Referent hat seinen Antrag dahin modifizirt, die Abtheilung wolle beschließen:

Der Gesetzgeber hat eine Beschlagnahme der Forderung noch unverdienten Arbeitslohnes im Wege des Arrest-Prozesses oder der Execution nur zu gestatten für nichtvertragsmäßige Schulden, und auch für diese nur insoweit, als der Arbeitslohn nicht zu dem nothdürftigen Unterhalt des Arbeiters und seiner von ihm zu ernährenden Familie erforderlich ist.

Auf Vorschlag des Herrn Präsidenten wird hierauf in folgender Reihenfolge abgestimmt:

1) Der Antrag des Herrn Dr. Embden: „Die Beschlagnahme u. s. w.“

(Wird abgelehnt.)

2) Der Antrag des Herrn Koch. Er geht dahin: „Die noch nicht fälligen Arbeits- und Dienstlöhne, Privatbesoldungen und Gehalte jeder Art unterliegen nur zu einem Viertel ihres Betrages der Beschlagnahme im Wege des Arrestprozesses oder der Execution.“

(Wird abgelehnt.)

3) Der Antrag des Herrn Lipke, welcher lautet: „Der Juristentag wolle aussprechen: Im Wege der Gesetzgebung Arrest auf künftig zu verdienendes Arbeits- oder Dienstlohn zu verbieten, ist nicht gerechtfertigt, wohl aber ist bei Beschlagnahme von Arbeits- und Dienstlohn das Recht auf die Belassung einer Competenz dem Schuldner einzuräumen.“

(Dieser Antrag wird mit 42 gegen 30 Stimmen angenommen.)

Präsident: Der vierte Antrag des Herrn Hopf und der fünfte Antrag des Herrn Referenten sind hiermit erledigt.

Rechtsconsulent Dr. Otto: Ich möchte den Antrag stellen, diesen Beschluß dem Plenum zur Abstimmung vorzulegen.

(Der Antrag wird angenommen.)

Präsident: Ich schlage Ihnen dann Herrn Lipke als Berichterstatter für das Plenum vor.

(Zustimmung.)

Wir kommen nun zur Frage 9, welche uns vom vorigen Juristentage überwiesen wurde. Der Gegenstand derselben ist damals bereits in der vereinigten ersten und zweiten Abtheilung verhandelt worden, und zwar auf Grund eines Berichtes, den Herr Dr. Bluntschli abgestattet hatte. Es wurde damals folgender Antrag von der Abtheilung angenommen:

„Die Abtheilung spricht aus, daß der Staat, beziehungsweise die Gemeinde, für Schäden und Nachtheile haften, welche die von ihnen angestellten Beamten durch vorsätzliche oder kulpose Verletzung ihrer Dienstpflicht einem Dritten zufügen.“

Da aber am vorigen Juristentage beschlossen wurde, daß der diesjährige die Sache noch einmal gründlich erörtern solle, so werde ich das Weitere dem Referenten, Herrn Justizrath **Primker** aus Berlin, überlassen.

Professor Dr. **Götz** aus Leipzig: Ich wollte mir erlauben, Ihnen den Vorschlag zu machen, da uns nur noch kurze Zeit gegeben ist, die allerdings mißliche Frage noch einmal zu vertagen und lieber die Frage über die Bestimmung wegen der laesio enormis in den Vordergrund treten zu lassen, welche weit weniger Discussion erfordert.

Referent Justizrath **Primker** aus Berlin: Ich glaube allerdings, daß diese Frage eine so wichtige ist, daß es von größtem Nachtheil sein könnte, wenn sie oberflächlich behandelt würde.

Mein Referat würde ohnehin doch eine Stunde in Anspruch nehmen, und aus diesem Grunde schon würde ich mich dafür erklären, diese Frage für heute bei Seite zu lassen und mich von der Erstattung meines Referats zu entbinden.

Advokat Dr. v. **Kerstorf** aus Augsburg: Ich bitte den Herrn Referenten, das Referat zu erstatten; hiernach können wir über die weitere Vornahme entscheiden.

(Die Abtheilung beschließt die Vertagung der Frage auf den nächsten Juristentag.)

(Pause.)

Präsident: Meine Herren! Ich muß Ihnen zu meinem Bedauern mittheilen, daß Herr Professor Gneist nicht im Stande ist, hierher zu kommen, um uns über den letzten Gegenstand der Tagesordnung, die laesio enormis, das versprochene Referat zu erstatten. Es fragt sich nun, ob die Versammlung in eine Discussion und Beschlußnahme eingehen will, ohne den Berichterstatter zu hören, oder ob wir beschließen wollen, auch diese Frage dem nächsten Juristentage zu überweisen. — Da der Gegenstand zu erheblichen Zweifeln kaum Veranlassung geben wird, so möchte ich Ihnen vorschlagen, sofort in die Discussion einzutreten.

(Es wird demgemäß beschlossen.)

Präsident: Wir treten also in die Discussion über die 13. Frage ein:

„Der deutsche Juristentag beschließt: die Anfechtbarkeit der Verträge wegen Verletzung über die Hälfte (laesio enormis) ist aus den deutschen Civilgesetzgebungen zu beseitigen."

Da Niemand das Wort verlangt, so werde ich sofort zur Abstimmung schreiten.

(Der Antrag wird hierauf mit großer Majorität angenommen.)

Ich würde Herrn Ober-Appellationsgerichtsrath Dr. **Voigt** aus Lübeck bitten, die Berichterstattung über diesen Beschluß zu übernehmen.

(Zustimmung.)

Unsere Tagesordnung ist damit erledigt. Ich habe Ihnen nur noch meinen besten Dank auszusprechen für Ihre lebhafte Theilnahme und für die Unterstützung, die Sie mir bei der Führung der Geschäfte haben angedeihen lassen.

Advokat Dr. v. **Kerstorf** aus Augsburg: Erlauben Sie, daß ich noch ein Wort zu Ihnen rede: Ich glaube, ich spreche in Ihrer Aller Namen, wenn wir der Stadt Hamburg, die uns so freundlich aufgenommen hat, insbesondere noch dafür dankbar sind, weil sie uns die besten Männer zur Förderung unserer Zwecke gestellt hat. Zu besonderem Danke sind wir aber dem Herrn Präsidenten verpflichtet, der sich so großer Mühe unterzogen hat, und ich denke, wir erheben uns Alle von unseren Sitzen, um ihm dadurch ein Zeichen unseres Dankes zu geben.

(Geschieht.)

Präsident: Ich danke Ihnen recht herzlich und erkläre hiermit die Sitzungen der ersten und zweiten Abtheilung für geschlossen.

Erste Sitzung der dritten Abtheilung des deutschen Juristentages am 27. August 1868.

Oberlandesgerichtsrath Dr. **Keller** aus Wien: Meine Herren! aus denselben Gründen, die Herr Ministerialrath Dr. v. Kalb bereits dem Plenum entwickelt hat, schlägt die ständige Deputation den Abtheilungen den Vorsitzenden vor, und ich habe die Ehre, im Auftrage und im Namen der ständigen Deputation Ihnen zum Vorsitzenden den altbewährten Herrn General-Staatsanwalt Dr. Schwarze aus Dresden in Vorschlag zu bringen. Diejenigen Herren, welche mit diesem Vorschlage einverstanden sind, bitte ich die Hand zu erheben.

(Der Herr General-Staatsanwalt Dr. Schwarze wird einstimmig erwählt und nimmt den Präsidentensitz ein.)

General-Staatsanwalt Dr. **Schwarze** aus Dresden: Meine Herren! Ich empfange mit dem verbindlichsten Danke aus Ihren Händen heute zum sechsten Male das Präsidium dieser Abtheilung. Möge mir es auch vergönnt sein, dies Mal wie die früheren Male durch Ihre gütige Unterstützung das Vertrauen zu rechtfertigen, mit welchem Sie mich auf diesen Stuhl gerufen haben. Ich habe nun die Ehre, Ihnen, meine Herren, im Auftrage der ständigen Deputation denjenigen Herrn vorzuschlagen, welcher mit mir die Ehre des Präsidiums zu theilen hat, und wir erlauben uns, Ihnen in Vorschlag zu bringen den durch seine ausgezeichneten Leistungen in der Strafrechtswissenschaft allseitig bekannten Herrn Ober-Tribunalsrath Dr. Goltdammer in Berlin.

(Zustimmung.)

Ist Herr Dr. Goltdammer zugegen, so möchte ich ihn bitten, sich darüber zu erklären, ob er die Wahl annehme?

Ober-Tribunalsrath Dr. **Goltdammer**: Ich nehme die Wahl mit größtem Danke an.

Präsident: Meine Herren! Es erübrigt noch, die beiden Herren Schriftführer für diese Abtheilung zu bestimmen. Ich ernenne als solche Herrn Assessor Dr. Rubo aus Berlin, den altbewährten, und dann an zweiter Stelle den Herrn Polizeisecretair Dr. Stammann von hier.

Damit erkläre ich die dritte Abtheilung für konstituirt und ich habe nur noch in Bezug auf die Tagesordnung unserer Geschäfte den Herren ins Gedächtniß zurückzurufen, daß folgende Gegenstände unserer Begutachtung und Beschlußfassung überwiesen worden sind:

Erstens die Frage: „Soll in der Hauptverhandlung des Strafprozesses von dem Angeklagten, welcher sich nicht schuldig erklärt, noch eine spezielle Einlassung oder Rechtfertigung auf die Anklage verlangt werden?"

Es liegt ein Gutachten vor von Herrn Sectionschef Dr. Glaser zu Wien, und in Abwesenheit des Herrn Referenten, des Ober-Appellationsgerichtsraths Dr. v. Groß zu Jena, wird Herr Staatsanwalt v. Stenglein die Güte haben, das Referat zu übernehmen.

Die nächste Frage lautet: „Ist die Wiederaufnahme des Strafverfahrens zu Gunsten des Verurtheilten schon in dem Falle als zuläßig zu erachten, wenn nach der Verhandlung neue Thatsachen oder Beweismittel auftauchen, welche als geeignet erscheinen, in wesentlichen Punkten die Sachlage zu Gunsten des Verurtheilten zu ändern, oder soll die Zuläßigkeit von dem Vorhandensein bestimmt bezeichneter Verhältnisse, event. welcher, abhängig gemacht werden?" Es liegt hierüber ein Gutachten des Herrn Bezirksgerichts-Direktor Gareis zu Löbau in Sachsen vor, und ich selbst bin zum Referenten von der ständigen Deputation ernannt.

Weiter: „Ist es für das mündliche Strafverfahren angemessen, auf Grund der schriftlichen Akten der Voruntersuchung ein Erkenntniß darüber zu erlassen, ob Anklage zu erheben sei oder nicht?" Es liegen hierüber zwei Gutachten vor: von dem Herrn Ober-Tribunalsrath Dr. v. Tippelskirch zu Berlin und von Herrn Professor Dr. Geyer zu Innsbruck.

Das Referat hat Herr Ober-Hofgerichtsrath Brauer aus Mannheim übernommen.

Dann ferner ein bereits auf dem vorigen Juristentage auf der Tages-Ordnung befindlich gewesener, damals aber noch nicht zur Berathung gelangter und übertragener Gegenstand unter No. 11, ein von mir selbst eingebrachter Antrag: „Der deutsche Juristentag wolle aussprechen: dem Staats-Anwalte ist die Befugniß einzuräumen, zu Gunsten des Angeklagten sowohl die Nichtigkeitsbeschwerde einzuwenden, als auch auf Wiederaufnahme der Untersuchung anzutragen, und zwar unter den Voraussetzungen und in den Fällen, in welchen es dem Angeklagten gestattetsei n würde." Es liegt hierüber ein Gutachten vor vom Staatsanwalt Herrn Dr. Wirk aus Wolfenbüttel. Das Referat hat Herr Staatsanwalt v. Stenglein aus München übernommen. Ich würde nun bitten, daß Herr Staatsanwalt v. Stenglein sich darüber erkläre, welches der Referate er zunächst zu erstatten gedenkt, da er zwei Referate übernommen hat.

Staatsanwalt v. **Stenglein**: Ich möchte die Referate in der Reihenfolge der Tagesordnung vornehmen.

Präsident: Ich bitte also den Herrn Staatsanwalt v. Stenglein, uns zunächst über die Frage No. 4 der Festschrift: „Soll in der Haupt-Verhandlung des Strafprozesses von dem Angeklagten, welcher sich nichtschuldig erklärt, noch eine spezielle Einlassung oder Rechtfertigung auf die Anklage verlangt werden?" das gütigst übernommene Referat zu erstatten.

Staatsanwalt v. **Stenglein** aus München: Meine Herren! Ich habe erst gestern Abend den Auftrag der ständigen Deputation, den leider abwesenden Herrn Dr. v. Groß aus Jena zu vertreten, erhalten. Sie werden mir also um so mehr gestatten, mich kurz zu fassen, als ich mich dahin erklären kann, daß ich mit den sämmtlichen Gründen des Herrn Dr. Glaser zu Wien vollständig einverstanden bin, und hoffen kann, auch die hohe Versammlung werde sich mit diesen Gründen einverstanden erklären.

Es hat Herr Dr. Glaser die Frage: „Soll u. s. w." verneint und spezielle Anträge daran geknüpft. Die Gründe, welche er für diese Verneinung geltend macht, sind in Kürze folgende: Es sei ein Antagonismus zwischen dem Richteramt und der Aufgabe des Vorsitzenden, durch ein inquisitorisches Verhör ein Geständniß zu erwirken. Ich halte das für vollständig richtig.

Wenn der Vorsitzende durch ein detaillirtes Verhör von dem Angeschuldigten ein Geständniß hervorzurufen sucht, so befindet er sich offenbar in derselben Lage, in welcher der frühere Untersuchungsrichter war, der gleichzeitig die Aufgabe hatte, aus dem Angeklagten selbst die Beweismittel für die Anklage herauszubringen und über denselben zu richten. Die Uebelstände, welche die Combination dieser verschiedenen Aufgaben mit sich brachte, hat zur Verwerfung des Inquisitionsprozesses und zu dem Erkenntniß geführt, daß das Richteramt von dem Inquisitionsamt zu trennen und letzteres als selbstständiges in den Strafprozeß einzufügen sei.

Trotzdem ist in den meisten Prozeßgesetzen, die in Deutschland noch bestehen, dem Vorsitzenden noch eine ähnlich Wirksamkeit eingeräumt. Er soll in der Einleitung des Verfahrens den Angeschuldigten inquiriren, soll aber gleichzeitig die wichtigste Rolle bei der Aburtheilung spielen, also ein vollständig unparteiischer Richter sein. Es führt dies zu Inconvenienzen, die Jeder in seiner Praxis häufig selbst gefunden, selbst erfahren hat.

Ein zweiter Grund, den der Herr Gutachter geltend macht, ist der, daß ein eingehendes Verhör sich nicht gesetzlich regeln läßt, daß somit die Gefahr nahe liege, daß über diejenigen Regeln, nach welchen der Richter vollständig gerecht, unparteiisch verfahren soll, leicht hinweggegangen werde, daß das, was man mit dem technischen Ausdruck: Suggestiv-Fragen nennt, angewandt werde.

Ein dritter Grund, aus dem auch ich empfehlen möchte, das einleitende eingehende Verhör mit dem Angeklagten zu beseitigen, ist der, daß es gegen das Prinzip der Mündlichkeit verstößt, wenn auf Grund der Voruntersuchungs-Akten eine Reihe von Vorhalten dem Angeklagten gemacht werden, welche sich möglicherweise in dem nächstfolgenden mündlichen Prozesse durchaus nicht bestätigen, und somit einen Widerspruch hervorrufen zwischen dem, was zur Beantwortung vorgehalten worden, und dem, was schließlich das Resultat des Prozesses ist.

Der letzte Grund endlich, den das Gutachten geltend macht, ist der, daß dieses Verhör nur geringen Nutzen bringe. An sich müsse man auch ein Geständniß, was auf diesem Wege erzielt worden, nur als Beweismittel betrachten und deswegen sehr genau prüfen, um so genauer, wenn durch eine bezügliche Fragestellung das Geständniß erzielt sei. Man gewinne mithin nur sehr wenig für die künftige Aburtheilung, nicht mehr, als wir durch die objektiven Beweismittel ebenfalls erzielen würden; um so mehr könnte also ein eingehendes Verhör mit dem Angeklagten als Einleitung des Prozesses erspart werden. Es scheinen diese Gründe ziemlich durchschlagender Natur zu sein, und ich möchte nur noch einen Grund anführen, welcher das Endresultat des Gutachtens unterstützt. Es ist, glaube ich, keine ganz richtige und würdige Stellung, welche man dem Richter anweist, eine Aufgabe zu übernehmen, ohne die entsprechenden Mittel, sie geltend zu machen; man müßte also, wollte man ein solches Verhör einführen, nothwendiger Weise dem Richter Straf- oder Zwangsbefugnisse einräumen, um den sich Weigernden zum Verhör zu bringen. Man würde zu Ungehorsamsstrafen kommen müssen, welche sich ganz gewiß mit der Stellung des Angeklagten im heutigen Anklage-Prozeß nicht vertragen. Wirklich haben denn auch die deutschen Gesetzgebungen davon ziemlich Abstand genommen, sie haben an die Stelle des Verhörs meistens eine Belehrung gesetzt, daß sich der Angeklagte durch Nichtbeantwortung der Fragen leicht in eine ihm ungünstige Stellung versetzen könnte. Dadurch wird aber das wieder aufgehoben, was dem Vorsitzenden vorgeschrieben ist, nämlich zu Anfang des Verfahrens ein eingehendes Verhör mit dem Angeklagten durchzuführen. Es wird dem Angeklagten damit gesagt, du hast zwar auf die Fragen des Vorsitzenden, auf das eingehende Inquisitorium und den Vorhalt der Verdachtsgründe zu antworten, wenn du aber nicht antwortest, so ist es so ziemlich dasselbe, und wir schreiten zum Beweisverfahren, was die Quintessenz des mündlichen Verfahrens ist und sein muß. Man schreibt da auf der einen Seite etwas vor, was sich nicht durchführen läßt, und nimmt dieser Vorschrift die Wirkung dadurch, daß man irgend einen Nachtheil an die Nichtbeachtung derselben nicht knüpft. Das, worauf es im mündlichen Verfahren ankommt, ist doch offenbar nur, dem Angeklagten jede Gelegenheit zu geben, sich über jeden einzelnen Anklagepunkt und jedes einzelne Beweismittel, welches für die Anklage dienen soll, umständlich zu äußern. Ein Mehr kann man nicht erzwingen und deshalb gesetzlich nicht verlangen.

Es hat nun das Gutachten an diese Gründe einen detaillirten Antrag geknüpft, welcher dahin geht, zu beschließen:

> „Wenn in der Hauptverhandlung der Angeklagte den Vortrag der Anklage mit der Erklärung beantwortet, er sei nicht schuldig, eröffnet ihm der Vorsitzende, daß er zu einer weitern Erklärung oder zu einer Beantwortung an ihn gerichteter Fragen nicht verpflichtet, daß er aber berechtigt sei, der Anklage eine zusammenhängende Erzählung des Sachverhaltes sofort entgegenzustellen und nach Vorführung jedes einzelnen Beweismittels seine Bemerkungen darüber vorzubringen.
>
> Steht dem Angeklagten kein Vertheidiger zur Seite, so kann der Vorsitzende denselben nach Vorführung einzelner Beweismittel oder am Schluß des Beweisverfahrens auf einzelne Umstände aufmerksam machen, welche aufzuklären im Interesse seiner Vertheidigung gelegen ist."

Es sind dies detaillirte Vorschläge, welche in einem Gesetzbuch wohl Platz finden können; eine andere Frage ist es aber, ob es wohl angemessen sein würde, wenn der Juristentag eine solche detaillirte Beschlußfassung unternehmen wollte. Ich glaube, man würde mit einem solchen Detail im Ausspruch sehr leicht dahin kommen, gegen die einzelnen Gesetzbücher in ihrer Reihenfolge, in ihrer gesammten Anordnung zu verstoßen. Der moralische Einfluß, den der Juristentag üben kann, wird, glaube ich, besser geübt, wenn wir das Prinzip rein und einfach aufstellen. Ich möchte daher der hohen Versammlung vorschlagen, sich einfach an die Frage, wie sie von der ständigen Deputation gestellt ist, zu halten und zu beschließen:

> „Es soll in der Hauptverhandlung von dem Angeklagten, welcher sich nicht schuldig erklärt, eine spezielle Einlassung oder Rechtfertigung auf die Anklage **nicht** verlangt werden."

Das Detail muß jeder einzelnen Gesetzgebung überlassen werden. Es muß dann Sache des Vorsitzenden sein, den richtigen Gebrauch von dem aufgestellten Prinzipe zu machen, und mit richtigem Takte das herauszufühlen, wodurch es seine Verwirklichung findet.

Präsident: Nach der vom Herrn Referenten abgegebenen Erklärung würden wir den einfachen Satz zur Discussion stellen, wie ihn der Herr Referent so eben formulirt hat, nicht aber die am Schlusse des Glaser'schen Gutachtens enthaltenen speziellen Vorschläge.

Ich eröffne somit die Discussion.

Ober-Staatsanwalt **v. Graevenitz** aus Marienwerder: Das Gutachten des Herrn Professor Glaser ist in hohem Maße dankenswerth. Eine große Objektivität, Klarheit und Schärfe tritt daraus hervor, und es wird mir schwer, eine wenigstens nach einigen Richtungen hin abweichende Auffassung an dieses Gutachten zu knüpfen. Ich bin im Wesentlichen mit dem Gutachten einverstanden. Ich bin aber, wie ich schon im Voraus bemerken will, nicht vollkommen einverstanden mit dem Antrage, wie er von dem Herrn Referenten gestellt ist, wonach überhaupt eine Erklärung von dem Angeklagten bei der Eröffnung der mündlichen Verhandlung nicht gefordert werden solle. Mir scheint, es hat sich in der Praxis unseres Strafprozesses als ein bezeichnendes Streben herausgebildet, daß die Form nicht prävaliren soll über die Sache, daß das höchste Ziel, was der Strafprozeß zu erreichen hat, immerhin die Ermittelung der materiellen Wahrheit bleiben soll.

Wenn das der Fall ist, so folgt daraus, daß dem Richter fortdauernd auch bei der Hauptverhandlung eine selbstständige Thätigkeit zum Zwecke der Ermittelung der Wahrheit eingeräumt werden muß. Der Richter hat sogar, wenigstens nach unserer Praxis, auch die materielle Vertheidigung des Angeklagten fortwährend wahrzunehmen. Ich glaube nun nicht, daß es angemessen ist, dem Richter irgend ein wichtiges Mittel für die Feststellung materieller Wahrheit zu verschließen, und ich halte die Vernehmung des Angeklagten im Eingang des Verfahrens für ein solches Mittel. Das Gutachten selbst geht davon aus, daß der entgegengesetzte Grundsatz des englischen Rechtes nicht in unser Verfahren überzunehmen ist, und in der That haben wir auch aus einem berühmten Kriminalfalle wohl die Ueberzeugung gewonnen, daß das Recht des Angeklagten, nicht gehört werden zu müssen, sich unter Umständen in ein Recht des Richters wandeln kann, den Angeklagten nicht hören zu müssen. Meiner Ansicht nach ist die Vernehmung des Angeklagten unentbehrlich schon deßhalb, weil es sich von vornherein um die wichtigen Fragen der Identität, der Willensmeinung, des Thatbestandes handelt, die auf eine andere Weise gar nicht erörtert werden können, als

Vertheidiger und der Staatsanwalt in dieser Richtung beibringen, wird wirkungslos bei den Geschworenen verhallen, wenn nicht eine Grundlage durch das lebendige Wort seitens des Angeklagten selbst gegeben worden ist. Das wird wenigstens in den meisten Fällen derart sein. Ich möchte darauf aufmerksam machen, daß schon die Aufforderung an den Angeklagten, sich darüber zu erklären, ob er sich schuldig bekennt, zusammen mit den Fragen, die sich seitens des Richters daran knüpfen, sich als eine Art von Verhör darstellt. Die Grenze wird hier schwer zu finden sein, sie entzieht sich jeder Gesetzgebung.

Ich bin aber ferner der Ansicht, daß die Vernehmung des Angeklagten im Wesentlichen und fast immer nur in seinem eigenen Interesse liegt. Dem Rechte der freien Selbstbestimmung des Angeklagten muß allerdings jeder Schutz gewährt werden; dem steht aber das Recht des Richters gegenüber, die Wahrheit zu ermitteln. Daß der Richter dieses Recht mit möglichster Schonung des Angeklagten ausübt, wird durch den Geist gewährleistet, der über unser Verfahren Gewalt gewinnt und bereits gewonnen hat. Ich will zwar dem Gutachten zugeben, daß auch die Gesetzgebung in dieser Beziehung einen Einfluß äußern kann, und halte es auch für angemessen, daß dem Angeklagten von vornherein erklärt wird, er sei nicht verpflichtet sich über die ihm vorzulegenden Fragen zu äußern; ich weiche von dem Gutachten des Herrn Professor Glaser nur insofern ab, als ich annehme, daß die Vernehmung des Angeklagten nicht von seiner Initiative abhängig gemacht, und das richterliche Fragerecht nicht ausgeschlossen werden darf. Allerdings muß das Letztere in dem Falle, wenn der Angeklagte eine bestimmte Erklärung dahin abgiebt, er wolle sich nicht auslassen, zurücktreten, denn das Recht freier Selbstbestimmung kann demselben nicht genommen werden. Ebenso darf die Vernehmung auch nicht von dem Wunsche der Vertheidigung abhängig gemacht werden; denn einmal läßt sich nicht beurtheilen, wie der Angeklagte und ob er richtig vertheidigt wird, und andererseits ist es nicht angemessen, das richterliche Fragerecht von der Genehmigung irgend eines andern Factors abhängig zu machen. Ich bin daher der Meinung, daß auch der Antrag des Herrn Referenten nur insofern einer Modification bedarf, daß man ausspricht:

> „Wenn in der Hauptverhandlung der Angeklagte den Vortrag der Anklage mit der Erklärung beantwortet, er sei nicht schuldig, eröffnet ihm der Vorsitzende, daß es von ihm abhänge, ob er eine weitere Erklärung abgeben und die ihm vorgelegten Fragen beantworten wolle."

Justizministerialrath Dr. v. Kalb aus München: Ich bin im Wesentlichen ebenfalls mit den Gründen einverstanden, welche der Herr Gutachtersteller für seinen Antrag aufgestellt hat, aber ich meine, man solle das Kind nicht mit dem Bade ausschütten. Spricht man von vornherein von einem Verhöre, so wird Jeder von Ihnen, der mit dem mündlichen unmittelbaren Strafverfahren bekannt ist, damit einverstanden sein, daß das nicht angeht, man kann nicht wieder die Untersuchungsmomente hervorziehn und sie zum Gegenstande des Verhörs machen, nicht dasjenige wieder produziren, was Alles in den geheimen Akten vorgekommen ist. Es würde das auch in der Regel resultatlos sein.

Giebt man aber dem Angeklagten durch Vorlegung einzelner Fragen Gelegenheit, sich zu äußern, so dient eine solche Einrichtung gewiß nicht zur Erpressung eines Geständnisses, sondern gerade dazu, die einzelnen Belastungsmomente zu beseitigen und die Entlastungsmomente gehörig hervorzuheben. Durch die Anhörung einer solchen Erklärung des Angeklagten wird oft die ganze Beweisaufnahme erleichtert; es wird dadurch sofort den Geschworenen verständlich gemacht, worauf es noch ankomme, und wie sie die Beweisaufnahme aufzufassen hätten. In manchen Fällen wird eine solche spezielle Anhörung sogar absolut nothwendig sein. Wir dürfen uns nur den Fall denken, daß das Nicht-Schuldig vom Angeklagten deshalb gesagt wird, weil ihm eine Einrede zur Seite steht, wenn die Momente der Anklage zwar erwiesen, der Angeklagte aber durch irgend einen außerhalb des Thatbestandes eines gewissen Vergehens liegenden Umstand, z. B. Nothwehr rc., entschuldigt wird. Diese Einrichtung, wonach dem Angeschuldigten Veranlassung gegeben wird, sich über die Anklage zu erklären, ist demnach eine natürliche und im Interesse des Angeklagten selbst.

Dagegen würde ich eine spezielle Eröffnung an den Angeklagten darüber, daß er nicht schuldig sei, auf an ihn gestellte Fragen zu antworten, für geradezu gefährlich halten. Der Angeklagte würde daraus ein Recht für sich ableiten, er würde glauben, es sei zu seinen Gunsten, wenn er gar nicht antworte, während es nicht selten gerade zu seiner Belastung dienen würde, wenn er sich nicht äußert. Daß wir von einem förmlichen Verhör absehen müssen, ist schon vom Herrn Referenten offenbar richtig unter Hervorhebung des Umstandes ausgesprochen worden, daß wir ja eine Antwort nicht erzwingen können. Der bayerische Strafprozeß sagt in dieser Beziehung: „Wenn der Angeklagte entweder alle Antworten oder die Antwort auf bestimmte Fragen verweigert, so hat ihn der Präsident darauf aufmerksam zu machen, daß durch eine solche Weigerung seine Lage sich leicht verschlimmern könnte, und sodann in der Verhandlung fortzufahren."

Es liegt darin nicht nur eine Veranlassung des Angeklagten, sich auf die Anklagepunkte zu äußern, sondern auch eine Berechtigung des Vorsitzenden, den Angeklagten in Abwesenheit des Vertheidigers auf einzelne Umstände aufmerksam machen, auf welche sich zu erklären ihm gelegen sein muß.

Eine solche Berechtigung des Präsidenten halte ich durchaus nicht für überflüssig, sondern im Gegentheil für sehr vortheilhaft zur Ermittelung der Wahrheit, die doch die einzige Aufgabe des Präsidenten ist.

Nach dem Allen will ich somit die Vernehmung des Angeklagten in keiner Beziehung unbedingt ausschließen, sondern würde blos sagen, daß nach Anhörung des Angeklagten der Präsident verpflichtet ist, den Angeklagten zu einer Erklärung auf die Anklage zu veranlassen. Diese Erklärung wird in den meisten Fällen auch dem Angeklagten selbst erwünscht sein, denn versetzen wir uns in die Lage derjenigen, die ein Nichtschuldig plaidirt haben, so werden wir finden, daß gerade sie den Wunsch haben, zu sprechen. Ich stelle einen besonderen Antrag nicht, glaube aber im Wesentlichen darin mit meinem geehrten Herrn Vorredner übereinzustimmen, wenn ich annehme, daß die Einrichtung, wodurch dem Angeklagten Veranlassung gegeben wird, sich auf die Klage im Ganzen und, wie in seinem Belieben liegt, auf die einzelnen Anklagepunkte zu äußern, der Sache nur förderlich sein kann, und halte es im Uebrigen in den natürlichen Takt jedes Schwurgerichtspräsidenten gelegt, daß er diese Veranlassung nicht dazu benutzt, um von dem Angeklagten ein Geständniß zu erpressen.

Ober-Hofgerichtsrath **Brauer** aus Mannheim: Ich theile die Bedenken des geehrten Herrn Vorredners. Ich wollte mir zunächst eigentlich eine Anfrage erlauben in Bezug auf die vorgeschlagene Fassung. Wenn diese so gemeint sein soll, daß nur ein „eingehendes", sehr ausführliches Verhör unterbleiben, daß aber das natürliche Recht der Wahrheitsforschung des Vorsitzenden nicht ausgeschlossen sein soll, so unterliegt es keinem Bedenken. Es scheint aber die Sache so aufgefaßt zu werden, daß mit der Antwort „nicht schuldig" alles Andere aufhört. Ich glaube allerdings, daß man hier in Gefahr kommt, das Kind mit dem Bade auszuschütten und allzusehr das Fremde zu bevorzugen. Dieses Recht des Schwurgerichtspräsidenten, habe ich durch lange Erfahrungen gefunden, ist ein natürliches, und ich möchte es ihm nicht entziehen.

Ich erinnere mich eines Falles in England, in dem einem Ausländer schweres Unrecht geschah, weil er nicht gehört wurde.

Es giebt kein Mittel, welches geeigneter wäre, die Sache aufzuklären, als die Aeußerung des Angeklagten auf ihm vom Präsidenten vorgelegte Fragen. Man hat einige Gründe angeführt, daß ein solches Fragerecht gemißbraucht werden könne. Der Mißbrauch hebt aber den Gebrauch nicht auf, und nur gegen den Mißbrauch sind alle diese Gründe gerichtet.

Das ist der Fehler, daß man zu ungeeignet gefragt hat und nicht in der rechten Weise. Wenn man aus den Akten Fragen vorhält, hat man gefehlt.

Ich theile demnach die Ansicht der Herren, die vor mir gesprochen haben, daß dieses Recht des Präsidenten, gehörig gehandbabt, viel mehr zu Gunsten des Angeklagten, als zum Nachtheil desselben dient.

Referent v. **Stenglein**: Meine Herren! Es dient vielleicht zur Kürzung der Debatte, wenn ich gegenüber den angeregten Bedenken mich auf den Sinn der aufgeworfenen Frage noch etwas genauer einlasse. Beantragen wir die Verneinung der gestellten Frage, so stellen wir hiermit einen theoretischen Satz auf, der Anspruch darauf hat, ganz nach allen Regeln der juristischen Interpretation behandelt zu werden.

Ich lege nun das Hauptgewicht auf drei Worte in diesem Satz: erstens auf das Wort „speziell." Es ist davon die Rede, daß keine spezielle Einlassung gefordert werden soll, d. h. eine in alle Details der Anklage eingehende, ehe noch diese Anklage in ihren Beweismitteln gründlich erwogen ist. Zweitens auf das Wort: „auf die Anklage." Es ist hiermit der Zeitpunkt des Verhörs gegeben, und zwar offenbar das Anfangsstadium der mündlichen Verhandlung gemeint. Es soll damit ausgeschlossen werden, daß auf das in den schriftlichen Untersuchungsakten enthaltene Material eine ganz spezielle Einlassung verlangt wird. Das dritte Wort endlich, auf das ich ein Gewicht lege, ist: „verlangt werden soll." Man hat dem Angeklagten als eine Art von Pflicht auferlegt, daß er sich darüber ausläßt, denn sonst könnte man doch offenbar von einem Verlangen einer Einlassung nicht sprechen, wenn man ihm nur die Berechtigung einräumt, wenigstens müßte man das nach allen Regeln der deutschen Sprache in anderer Weise ausdrücken. Faßt man diese drei Worte in der von mir angegebenen Weise auf, so wird hiermit nur verneint, daß, ehe noch die Beweismittel erhoben sind, dem Angeschuldigten als eine Art von Pflicht auferlegt wird, daß er sich auf die Anklage in allen denjenigen Punkten, die ihr zu Grunde liegen, nach den schriftlichen Voraussetzungen genauer einlassen soll.

Davon kann aber natürlich keine Rede sein, daß man in irgend einer Weise dem Angeklagten das Verhör verkürzt, daß man ihn in irgend einer Weise mundtodt mache. Er muß in jedem Stadium des Prozesses die vollste Gelegenheit haben, sich über die Anklage vernehmen zu lassen, sich auf die einzelnen Beweismittel zu äußern. Ist ihm das gewährt, so ist Alles geschehen, was die Gerechtigkeit verlangt.

Gehe ich nun auf den Antrag des Herrn Ober-Staatsanwalts v. Graevenitz ein, so scheint mir damit das Thema noch nicht erschöpft zu sein; er wünscht, daß nur ausgesprochen werde: Wenn in der Hauptverhandlung der Angeklagte die Anfrage des Präsidenten beantwortet, er sei nicht schuldig, eröffnet ihm der Vorsitzende, daß es von ihm abhänge, ob er eine weitere Erklärung abgeben und an ihn gerichtete Fragen beantworten wolle. Hiermit ist zwar ein Theil dessen geschehen, was bei einem derartigen Prozeß geschehen soll, es ist damit aber ein detaillirtes Verhör als Beweismittel durchaus nicht ausgeschlossen. Es würde, wenn Sie diesen Antrag annehmen, noch möglich sein, daß sodann der Vorsitzende auf ein detaillirtes Verhör eingeht und es eben darauf ankommen läßt, ob und wie es ihm beantwortet wird.

Ich gebe nun allerdings zu, eine Beschränkung in dieser Richtung ist vor Allem wegen des möglichen Mißbrauchs erwünscht, allein, meine Herren, haben denn nicht alle Prozeßregeln mehr oder minder den Zweck, einen Mißbrauch zu verhüten? Wenn wir uns auf den Standpunkt des patriarchalischen Gesetzes stellen, so können wir uns ungeheuer kurz fassen und eben der Discretion des Richters Alles mehr oder minder überlassen. Ich sehe das Prozeßgesetz nur von dem Standpunkte an, daß dadurch eine gerechte Justiz gesichert werde. Wenn das die Aufgabe des Prozesses ist, dann, glaube ich, sollen wir den Angeschuldigten vor einem Verhör schützen, das ihn möglicherweise zu einer Aussage bringt, die nicht in seinem Interesse gelegen ist. Wenn nun nach dieser Eröffnung eine Reihe von Fragen künstlicher und verwickelter Natur, deren Endziel sich jeglicher Berechnung entzieht, an den Angeklagten gerichtet wird, wie leicht kann ihm irgend eine Antwort entschlüpfen, die er nicht in allen Consequenzen durchdacht hat, wie leicht ist es da nicht möglich, daß er sogar dazu gereizt wird, auf das eine oder andere zu antworten und sich so leicht in das Verhör zu verwickeln, welches nach der Tendenz des vorliegenden Antrages vermieden werden soll. Ich glaube, daß nur dann der Gerechtigkeit wirklich Genüge geschieht, wenn ein Gesetz speziell verbietet, daß ein solches detaillirtes Verhör vor Aufnahme sämmtlicher Beweismittel mit dem Angeschuldigten vorgenommen wird, also, wie ich schon im Eingange dieses zweiten Vortrages bemerkt habe, daß es auf die Anklage vor Eröffnnng des Beweisverfahrens verlangt wird, daß es überhaupt verlangt wird, und daß eine spezielle Einlassung verlangt wird, d. h. eine über das ganze Detail der Anklage nach Lage der Voruntersuchung gerichtete.

Verneinen Sie das, so ist hiermit nicht im Mindesten ausgeschlossen, daß in jedem einzelnen Stadium der Angeschuldigte die vollste Gelegenheit bekommt, sich zwar nicht über die Anklage, wohl aber über den gegen ihn geführten Beweis zu erklären, und daran wird sich naturgemäß die Vertheidigung des Angeschuldigten anknüpfen.

Kreisrichter **Matthiae** aus Holzminden: Meine Herren! Es ist von verschiedenen Herren Vorrednern immer das Wort „Schwurgericht" besonders betont worden; ich setze voraus, daß der Antrag auf alle Strafsachen Bezug hat. Es ist ferner in dem Glaser'schen Gutachten mit Recht nach meiner Meinung behauptet, es wäre die Aeußerung des Angeschuldigten gewissermaßen ein Beweismittel. Ich meine, wenn der Angeklagte angehalten werden soll, sogar Beweismittel gegen sich selbst durch Geständnisse und dergl. zu liefern, dies ein Eingriff in das Wesen des Anklageprozesses bildet und den Prinzipien desselben vollständig zuwider ist. Das Verhör mit dem Gemeinplatze rechtfertigen zu wollen, — „es wäre die Pflicht der Richter, die materielle Wahrheit an's Licht zu bringen", ist unmöglich; auf dieselbe Weise könnte man auch die Inquisitionsmethode rechtfertigen. Ich möchte aber den Herren mittheilen, was vielleicht vielen derselben nicht bekannt ist, nämlich eine Bestimmung, die wir im Herzogthum Braunschweig haben. In unserm Strafprozeßgesetz § 43 ist ausdrücklich vorgeschrieben, daß auch in der Voruntersuchung dem Angeklagten eröffnet würde, er sei nicht verpflichtet, auf irgend eine Frage des Untersuchungsrichters eine Antwort oder Auskunft zu ertheilen, daß hierüber ein Protokoll aufgenommen werde, welches von dem Angeschuldigten, von dem Untersuchungsrichter und dem Secretair bei 200 Thlr. Strafe zu unterschreiben ist. Als dies Gesetz erlassen wurde, sagten die ergrauten Richter, jetzt würde alle Justiz in Braunschweig aufhören. So schlimm ist die Sache indeß nicht geworden. Das Resultat ist, daß vielleicht 2, höchstens 3 % der Angeschuldigten davon Gebrauch gemacht haben; sie haben es für zweckmäßiger gehalten, sich von dem Untersuchungsrichter auf die Anklage vernehmen zu lassen. Dies hat nun mit unserm Falle eine gewisse Aehnlichkeit, und ich glaube deshalb, daß, wenn dem Angeschuldigten eine solche Eröffnung gemacht wird, dadurch die Justiz nicht untergehe.

Staatsanwalt Dr. **Mittelstaedt** aus Altona: Ich wollte mir nur eine kurze Bemerkung erlauben zur Unterstützung des Vorschlages, welchen uns der geehrte Herr Berichterstatter unterbreitet hat. Ich glaube nämlich auch, daß die Fassung, die der Herr Berichterstatter dem in Frage stehenden Princip gegeben hat, wenn wir uns eben nicht in legislatives Detail einlassen wollen, die nützlichste und sachgemäßeste ist. Es scheint ja in der ganzen Versammlung kein Streit darüber zu sein, daß dem Angeklagten der Platz offen bleiben muß, so lange wir eben noch die schriftliche Anklage als Einleitung des eigentlichen Hauptverfahrens haben, sich auf diese Anklage einzulassen. Nur darin ist meines Erachtens eine Differenz vorhanden, in wie weit der Vorsitzende dem Angeklagten die Thür öffnen und ihn einladen soll, sich zu erklären. Hierin ist allerdings ein Gegensatz in der Versammlung hervorgetreten: die Einen waren der Meinung, und zu den Anhängern dieser Meinung gehöre ich, es liege im Interesse des öffentlichen Verfahrens, es liege im Interesse der Prinzipien der Mündlichkeit und der integren Stellung des

Richters, wenigstens von Seiten des Strafprozesses die Thür zuzuschließen und den Angeklagten in keiner Weise zu invitiren, sich einzulassen, während die andern Herren aus dem praktischen Bedürfniß den Angeklagten eingeladen wissen wollen, er möge sich darüber auslassen. Nun meine ich aber, giebt man dem Angeklagten nur Gelegenheit, sich über die Anklage auszulassen, dann haben wir Alles, worüber sich Herr Dr. Glaser mit so vieler Schärfe und beweisender Kraft ausgelassen hat, erreicht; das Ringen zwischen dem Vorsitzenden und dem Angeklagten ist dann beseitigt. Deshalb glaube ich, da eben in der ganzen Versammlung kein Streit darüber ist, daß wir nicht nach dem englischen Verfahren hinaus wollen, wir sollten uns darauf beschränken, dem Antrage beizutreten, wie der Herr Referent ihn formulirt hat.

Obergerichtsrath v. **Pestel** aus Celle: Meine Herren! Ich wollte mir nur erlauben, mit zwei Worten die Ansicht des Herrn Ober-Staatsanwalts v. Graevenitz in Etwas zu rechtfertigen und Einiges noch hinzuzusetzen. Es mag sein, daß dieser Antrag sich noch auf andere Weise fassen ließe, und man vielleicht sagen könnte: „Der Angeklagte ist nicht verpflichtet, sich auf ein spezielles Verhör in Bezug auf die Anklage einzulassen." Man muß es aber dem Präsidenten, sei es eines Schwurgerichtshofes oder eines andern Gerichtes (nach meiner Auffassung ist der Antrag nicht blos für Schwurgerichte gestellt, wenigstens liegt nach der hannoverschen Strafprozeßordnung jeder Strafsache eine Anklage zu Grunde) frei geben, Fragen zu stellen, über die der Angeklagte zu vernehmen ist. In dieser Rücksicht würde sich vielleicht, um etwaige Mißverständnisse zu beseitigen, folgende Fassung empfehlen: „Der Angeklagte ist nicht verpflichtet, auf das Verhör des Präsidenten, auf die Befragung des Präsidenten über die Anklage und die einzelnen Punkte derselben sich einzulassen, er ist berechtigt, die Antwort, sei es im Allgemeinen, sei es durch eine Erklärung auf spezielle Fragen, zu verweigern." Aber ich glaube, andererseits wird es sowohl im Interesse des Angeklagten liegen, als auch zur Ermittelung der materiellen Wahrheit dienen, und das soll der Zweck des Schlußverfahrens sein, daß dem Angeklagten von dem Präsidenten, nachdem die Anklage verlesen ist, wie es beim Schwurgericht, wie es bei der Strafkammerverhandlung geschieht, Gelegenheit gegeben wird, sich über die Anklage zu äußern. Nun könnten diejenigen, die vielleicht weniger praktische Erfahrung haben, darin der Ansicht sein, daß, wenn dem Angeklagten nur Gelegenheit gegeben wird, sich darüber zu äußern, er seine Rechte schon zu wahren wissen werde. Aber diejenigen Herren, die die Praxis mitgemacht haben, die werden mir Recht geben, daß, abgesehen von abgefeimten Inkulpaten, die bereits mehrfach ein richterliches Strafverfahren durchgemacht haben, 90 % der Angeklagten dann im Allgemeinen nicht in der Lage sein werden, sich über die Anklage zu äußern. Denn die größere Mehrzahl gehört nicht den gebildeten Ständen an und ist in Folge mangelnder Bildung nicht im Stande, sich in einem freien Vortrage zu äußern und diejenigen Punkte hervorzusuchen und zu widerlegen, die als gravirend hingestellt sind, so daß gerade bei der großen Mehrzahl der Angeklagten dem Präsidenten nichts weiter erübrigt, als durch spezielle Fragen die Sache aufzuklären. Gerade bei Schwurgerichtssachen ist dies höchst zweckmäßig. Es muß auch dem Präsidenten ein Mittel gegeben sein, die Schuldmomente und die Vertheidigungsmomente klar hinzustellen, und dazu empfiehlt sich in hohem Maße die Befragung des Angeklagten. Ich will einmal annehmen, die Frage der Unzurechnungsfähigkeit taucht auf. Wie soll der Präsident Gelegenheit finden, die Unzurechnungsfähigkeit des Angeklagten klar zu machen? Etwa durch Anschauung desselben? Das Benehmen des Angeklagten selbst, seine Antwort auf verschiedene Fragen sind wesentlich zur Ermittelung der Wahrheit. Nach meiner Erfahrung werden sehr häufig schon durch das Betragen des Angeklagten selbst, dem ja immer das Recht zugestanden werden soll, Antworten auf an ihn gerichtete Fragen zu verweigern, gewisse Anklagesätze bestätigt, und oft wird schon durch den Ausdruck selbst in den Geschworenen die Ueberzeugung von der Schuld des Angeklagten begründet und dadurch die Beweisaufnahme verstärkt, andererseits aber werden auch die Beweismomente, die die Anklage vorgeführt hat, sehr abgeschwächt.

Durch unser Voruntersuchungsverfahren wird der Angeklagte ja auch in die Lage gesetzt, auf die einzelnen Fragen gehörig antworten zu können, da der Untersuchungsrichter verpflichtet ist, ihm alle gegen ihn ermittelten Beweismomente vorzuhalten und ihn aufzufordern, nochmals Alles, was zur Vertheidigung dienen könnte, vorzubringen. Es ist also dem Angeklagten schon vorher das Material angegeben, welches gegen ihn vorgeführt werden soll; außerdem wird ihm die Anklageschrift vorher zugestellt, in der ebenfalls die Beweismittel angegeben sind.

Wenn vielfach darauf recurrirt ist, der Vertheidiger könne die Rechte des Angeklagten wahrnehmen, so mache ich darauf aufmerksam, daß der Angeklagte in der Mehrzahl der Fälle gar keinen Vertheidiger hat, oder daß der Vertheidiger häufig nicht in der Lage ist, die Vertheidigungsmomente gehörig hervorzuheben und zu Gehör zu bringen, wie ich aus der Praxis bezeugen kann. In außerordentlich vielen Fällen gehen die Beklagten eben vor der Strafkammersitzung zum Vertheidiger hin und sagen ihm, er möchte jetzt gefälligst mitkommen; die Instruktion muß er also nur durch die Verhandlung gewinnen. Bei Schwurgerichten ist das anders; das will ich zugeben.

Ich möchte demnach anheimstellen, sich für den Antrag des Herrn Ober-Staatsanwalt v. Graevenitz auszusprechen.

Ober-Staatsanwalt **v. Graevenitz:** Ich möchte nur noch hervorheben: das Hauptbedenken, die Vernehmung des Angeklagten auszuschließen oder sie nicht zur Regel des Verfahrens zu machen, das liegt darin, daß, wenn der Angeklagte nicht von vornherein im Eingange der Verhandlung vernommen wird, die Verhandlung selbst in den meisten Fällen des Lichtes entbehren wird, daß es gar nicht möglich sein wird, die einzelnen Beweismittel, Urkunden, ja selbst die Glaubwürdigkeit der Zeugen ausreichend zu beurtheilen. Wenn das der Fall ist, wenn in der That die Vernehmung ein Essentiale des Verfahrens ist, wenn davon wesentliche Vortheile abhängen, dann muß sie herbeigeführt werden. Es kann sich dann nur fragen, ob Veranlassung vorhanden ist, dem Mißbrauch, welchen der Vorsitzende mit der Vernehmung treiben könnte, entgegen zu treten.

Im Wesentlichen bin ich der Ansicht, daß die Praxis, in der die Vernehmung des Angeklagten bisher gehandhabt wurde, keine Veranlassung zu dem Antrage giebt, und daß wir deshalb den Antrag ablehnen können. Fürchtet man aber einen Mißbrauch, dann weiß ich kein anderes Mittel, als wir nehmen den Antrag so an, wie er von mir gestellt und zuletzt von dem Herrn Redner sehr überzeugend unterstützt wurde.

Referent **v. Stenglein:** Meine Herren! Ich glaube mich auf wenige Anmerkungen beschränken zu können. Es hat der Hauptgegner des gestellten Antrages, Herr Ober-Staatsanwalt v. Graevenitz, so eben in seiner Schlußäußerung darauf aufmerksam gemacht, wie nothwendig vor dem Gange der Verhandlung das Verhör sei, wie es ein Essentiale der Verhandlung sei. Ist das richtig, meine Herren, so werden Sie sich dem Geständniß nicht verschließen können, daß Zwangsmittel geschaffen werden müssen, um dieses Essentiale zu beschaffen. Denn sobald Sie dem Angeschuldigten die Berechtigung einräumen, sich nicht verhören zu lassen, würde es in diesem Falle an einem Essentiale gebrechen. Der ganze Antrag geht darauf hinaus, daß dem Angeklagten sein Recht eingeräumt werde, sich zu vertheidigen; daß aber diese Vertheidigung nicht erschwert werden darf, daß man dem Angeklagten die freie Disposition darüber einräumt, was er vorbringen will. Wenn er es in seinem Interesse hält, sich zum Verständniß schon im Anfang der Verhandlung zu äußern, sich über die ganze Anklage auszusprechen, so wird er es thun, hält er es nicht in seinem Interesse, so sind sämmtliche Redner einverstanden, daß er nicht gezwungen werden soll. Ich glaube, meine Herren, wir können uns füglich dahin erklären, daß eine solche Auslassung nicht verlangt werden kann, daß sie ihm nicht als Pflicht auferlegt werden soll. Die Meinungsdifferenz ist bei Weitem nicht so groß, als sie anscheinend vorliegt, sobald wir uns auf den einen Punkt beschränken, daß es keine Pflicht des Angeklagten sein soll, auf die Fragen des Präsidenten zu antworten. Daß es unter Umständen nützlich ist, gebe ich vollständig zu, aber diesen Nutzen muß der Angeklagte in seinem Interesse erwägen; auferlegt kann es ihm nicht werden und Zwangsmittel dafür giebt es nicht; denn ich wüßte wirklich nicht, wie man einen Menschen zum Reden zwingen sollte. Ich denke, wir können uns daher einigen, ohne daß irgend Jemand seiner Ansicht etwas vergiebt, indem wir aussprechen, eine Einlassung wird vom Angeklagten nicht verlangt, es soll ihm solche nicht als Pflicht auferlegt werden.

Nach einer kurzen Geschäftsordnungsdebatte lassen v. Graevenitz und der Referent ihre ursprünglichen Anträge fallen; derjenige des Referenten wird von dem Kreisrichter Matthiae wieder aufgenommen. Die beiden ersten Herren einigen sich über folgende Fassung:

> „In der Haupt-Verhandlung soll dem Angeklagten, welcher sich nicht schuldig erklärt, eine spezielle Einlassung oder Rechtfertigung auf die Anklage nicht zur Pflicht gemacht werden."

Dieser Antrag wird, nachdem der nunmehrige Antrag des Kreisrichters Matthiae abgelehnt war, mit überwiegender Majorität angenommen.

Präsident: Wir gehen nun über zu dem Gegenstande, welcher Nummer 6 der Festschrift angeführt ist, wo es heißt: „Ist es für das mündliche Straf-Verfahren angemessen, auf Grund der schriftlichen Akten der Voruntersuchung ein Erkenntniß darüber zu erlassen, ob Anklage zu erheben sei oder nicht?" Ich bitte den Herrn Ober-Hofgerichtsrath Brauer aus Mannheim, uns darüber Bericht zu erstatten.

Ober-Hofgerichtsrath **Brauer** aus Mannheim: Meine hochzuverehrenden Herren! Sie haben eben den Wortlaut der Frage gehört, welche uns vorliegt. Die Frage gewinnt dadurch eine besondere Bedeutung, daß sie mit wichtigen Hauptgrundsätzen des neuen Strafverfahrens in naher Verbindung steht, nämlich mit dem Grundsatz der Mündlichkeit und mit dem Anklage-Grundsatz im weiteren wie im engeren Sinne. Sie berührt offenbar einen noch wunden Flecken unseres Strafverfahrens. Was die Fassung der gestellten Frage betrifft, so könnte man, wenn man so sagen darf, sie etwas präjudicirlich finden. Diese Frage trägt gleichsam, wie die Zinshenne den Handlohn auf dem Schwanz, die Antwort zum Theil schon in sich. Das darf uns aber nicht abhalten, dieselbe einer freien und selbstständigen Prüfung zu unterziehen. Reichen Stoff dazu geben uns die beiden vorliegenden gediegenen Gutachten des Herrn Obertribunalsrath Dr. v. Tippelskirch aus Berlin und des Herrn Professor Dr. Geyer zu Innsbruck. Betrachten wir den Inhalt derselben etwas genauer.

Beide Herren kommen darin überein, daß sie die bisher gewöhnliche

Einrichtung in diesem Theil des Strafverfahrens, nämlich die regelmäßige, umständliche Vorprüfung der Anklage durch das Gericht, ja sogar eine doppelte Prüfung durch Raths- und Anklagekammern neben der Anklage-Erhebung durch den Staatsanwalt, nicht als zweckmäßig anerkennen. Sie verlangen eine wesentliche Verbesserung dieses Theils des Strafverfahrens. Sie halten auch dafür, daß unter gewissen Voraussetzungen selbst die gänzliche Beseitigung des Anklagebeschlusses sich empfehlen würde: dennoch aber nehmen sie zur Zeit noch Anstand, so weit zu gehen. Sie beschränken sich daher, indem sie von weiter gehenden Anträgen Umgang nehmen, auf solche Anträge, die das Bestehende durch wesentliche Vereinfachung zu verbessern bezwecken.

Herr Ober-Tribunalsrath v. Tippelskirch, der mehr von dem practischen und, wenn ich so sagen darf, von dem staatsanwaltlichen Gesichtspunkte ausgeht, will die Vereinfachung durch Aufhebung aller unnöthigen Weitläufigkeiten und Förmlichkeiten bei der gerichtlichen Vorprüfung der Anklage erwirken. Er nimmt hierbei die Preußische Strafprozeßordnung für die neuen Provinzen vom 25. Juni 1867 zum Muster.

Herr Professor Geyer dagegen, der mir mehr vom theoretischen Standpunkt auszugehen scheint, will die richterliche Vorprüfung mit dem Anklagebeschluß nicht mehr als Regel für alle Fälle gelten lassen, sondern er will sie nur als eine Ausnahme, wenn der Angeklagte einem Privatankläger gegenübersteht, und sich dieser Anklage widersetzt, beibehalten wissen, jedoch so, daß auch dann eine unmittelbare Anhörung des Angeklagten, wie des Anklägers stattfindet. Hierdurch würde das ältere Verfahren wesentlich vereinfacht. Herr Professor Geyer schließt sich hierbei den ausgezeichneten Erörterungen des Herrn Professor, jetzt Sections-Chef Glaser in Wien an. Aus der nähern Ausführung der beiden Gutachten entnehmen wir Folgendes:

Herr Ober-Tribunalsrath v. Tippelskirch erkennt vollkommen an, daß, nach Einführung des neuen Verfahrens mit Mündlichkeit und Oeffentlichkeit, so Manches aus dem alten Verfahren herübergekommen ist, was dem Wachsthum des neuen Verfahrens mehr oder weniger im Wege steht. Er erkennt auch die Frage als vollkommen berechtigt an: ob hierzu nicht auch die Anklagebeschlüsse, Anklage- oder Verweisungserkenntnisse gehören, und ob nicht ein die Anklage genehmigender Gerichtsbeschluß gänzlich entbehrt werden könne, da in der Person des Staatsanwalts schon ein öffentlicher Beamter vorhanden sei, dem die Prüfung der Voruntersuchung, besonders auch der Statthaftigkeit der Anklage, obliege. In diesem Sinne faßt Herr Ober-Tribunalsrath v. Tippelskirch die gestellte Frage. Die Beantwortung dieser Frage scheint ihm wesentlich davon abhängig, welches Prinzip man dem Strafverfahren zu Grunde legt, und welche Stellung man dem Staatsanwalt einräumt. Er bringt daher den Entwickelungsgang unseres Strafverfahrens nach seinen verschiedenen Stufen in Erinnerung. Zuerst das älteste Verfahren, den reinen Anklageprozeß, einem Civilprozeß ähnlich, mit der Devise: Wo kein Kläger ist, da ist kein Richter. Hier ist von einem Anklagebeschlusse keine Rede. Dann die zweite Periode, wo bei erweitertem Gesichtskreis das Verbrechen zugleich als Verletzung der öffentlichen Ordnung aufgefaßt wurde. Jeder aus dem Volke konnte wegen des Friedensbruches klagen. Hier war allerdings wegen des möglichen Mißbrauches eine schützende Form nothwendig. Er weist hierbei auf die Rechtsentwickelung in Rom, England, so wie in Schottland hin, auf die Anklage-Jury und das Verschwinden der Privatanklage in England, und was Schottland betrifft, das Seltenerwerden der Privatanklagen, wozu die Erlaubniß des obersten Staats-Anwalts, des Lord-Advokaten, erforderlich ist. Endlich folgt die unheilvolle Zeit, wo der hereinbrechende Inquisitionsprozeß das alte Anklageverfahren nach und nach ganz verdrängte. Hier war der Wahlspruch: „Alles von Amtswegen"; es bedurfte sonach gar keines Anklägers mehr.

Der Herr Verfasser des Gutachtens legt uns näher dar, wie in Frankreich, trotz der Abschaffung des Anklageprozesses, der schon in älterer Zeit, zuerst im 16. Jahrhundert, vorkommende Procureur du roi sich allmählig zum Staatsanwalt in seiner jetzigen Gestalt entwickelte. Hierbei faßt er den Staatsanwalt mehr als Wächter des Gesetzes, denn als öffentlichen Ankläger auf. Er hebt hervor, daß auch nach dem Code d'instruction criminelle vom Jahre 1808 das Hauptgewicht mehr auf das Anklage-Erkenntniß des Gerichts gelegt sei, so daß dieser Act, nicht aber die Anklage, als das Entscheidende zu betrachten sei. Er weist darauf hin, daß selbst die Gesetzes-Aenderungen von 1834, 1835 und 1856 im Wesentlichen hieran nichts geändert hätten. (Diese Gesetzesänderungen beziehen sich auf die Beseitigung des Anklage-Erkenntnisses für gewisse politische Verbrechen, auf die unmittelbare Vorladung des Angeklagten vor die Assisen und auf den Wegfall der Rathskammer.) Die Frage, ob es rathsam sei, diese Neuerungen von Frankreich bei uns nachzuahmen, oder dieselben noch zu überbieten, indem man die Anklageprüfung gänzlich beseitige, beantwortet Herr v. Tippelskirch mit Unterscheidung. Vom rein prozessualischen Standpunkt nimmt er keinen Anstand zu erklären, daß da, wo eine Anklage des Staatsanwalts vorliegt, nicht noch ein Anklage-Erkenntniß oder Anklagebeschluß nöthig ist. Anders verhält sich nach seiner Auffassung die Sache in criminalpolitischer Hinsicht. Hier weist er namentlich auf den Unterschied des französischen und deutschen Staatsanwalts hin, und führt aus, der deutsche Staatsanwalt sei vom französischen Staatsanwalt nur eine unvollkommene Nachbildung. Nicht, wie in Frankreich, mit dem Beamtenthum emporgewachsen, sondern gleichsam als ein Fremdling in das deutsche Strafverfahren eingedrungen, genieße er, wenigstens zur Zeit, noch keineswegs ein solches Ansehen, wie der französische Staatsanwalt. In der Volksmeinung gelte er, ob mit Recht oder Unrecht, blos als ein dienstwilliges Werkzeug der Regierung. (So die Auffassung des Herrn v. Tippelskirch, die doch wohl jedenfalls hierin zu weit geht!) Es sei daher zur Zeit noch bedenklich, ihm auch in den schwersten Fällen ein volles, selbstständiges Anklagerecht einzuräumen, ein Recht, wie es selbst der schottische Lord-Advokate in seiner ungeheuern Machtfülle nicht einmal besitze. Er kommt hiernach zu dem schon angedeuteten Schlußergebniß, daß für jetzt noch keine Beseitigung der Anklagebeschlüsse anzurathen sei, wohl aber eine möglichste Vereinfachung der gerichtlichen Vorprüfung. Er schlägt vor, daß Anklagebeschlüsse nicht in Form weitläufiger Erkenntnisse erlassen werden sollen, vielmehr die Anklageschrift nur vorgelegt und im Fall der Zustimmung vom Anklagesenat durch eine einfach darauf gesetzte kurze Bemerkung gebilligt werde.

Was das zweite Gutachten des Herrn Professor Dr. Geyer betrifft, so erinnert derselbe vor Allem daran, daß die Frage, wie das Verfahren bei Versetzung in den Anklagezustand zu regeln sei, schon früher Gegenstand der Besprechung beim Juristentage gewesen sei, nämlich beim zweiten und dritten Juristentage bezüglich des Antrages des Herrn Oberlandesgerichtsraths Keller, betr. die nothwendige gründliche Verbesserung der Voruntersuchung. Es war damals unter Anderm vorgeschlagen, daß auf Begehren des Angeklagten auch ohne Anklagebeschluß die Hauptverhandlung angeordnet werden möge, und später, daß auch der Angeklagte vor Gericht zu vernehmen sei. Man ging damals nach Antrag des Referenten Herrn Professor Dr. Glaser auf die Hauptfrage nicht ein, doch wurde mit großer Mehrheit beschlossen, daß die Oeffentlichkeit, mindestens die Parteienöffentlichkeit, auch für die Voruntersuchung allgemein als Grundsatz anzuerkennen sei. Dieser Beschluß, (von dem wir hier in der freien Hansestadt Hamburg wohl schwerlich abgehen werden,) erscheint allerdings in gewissem Maße schon vorentscheidend für unsere Frage, nach der Auffassung des Herrn Professor Dr. Geyer sogar völlig durchschlagend. Man würde mit dem Beschluß offenbar in Widerspruch kommen, wenn man trotzdem zugeben wollte, daß noch eine Prüfung der Anklage blos auf Grund der Akten, etwa blos unter Zuziehung des einen Theils, des Staatsanwalts, stattfinden könne. Mit der Fassung der Frage ist Herr Professor Dr. Geyer ebenfalls nicht ganz einverstanden: und zwar in einer andern Richtung, weil sie voraussetze, daß überhaupt ein Anklage-Erkenntniß ergehen solle, das stehe aber keineswegs so zweifellos fest, wie man annehme. Er bespricht mit Bezug auf bekannte ältere und neuere Erörterungen des Herrn Professor Glaser (Neues Criminal-

Archiv, vom Jahre 1852, Gerichtssaal 1857, Allgemeine österreichische Gerichtszeitung 1862) die Mängel des zur Ungebühr nachgeahmten französischen Anklageverfahrens, mit seinen Widersprüchen, mit der bunten Mischung von accusatorischem und inquisitorischem Wesen, Mündlichkeit und Schriftlichkeit, Heimlichkeit und Oeffentlichkeit, erinnert daran, wie die Anklage-Jury vorzugsweise aus politischen Erwägungen des ersten Kaisers Napoleon den Anklagekammern weichen mußte, und verlangt, daß auch diesem Theile des Verfahrens sein juristischer Charakter wieder hergestellt werde. Die jetzige Einrichtung erscheint ihm nicht nur mit der Mündlichkeit des Verfahrens, sondern auch mit dem Anklagegrundsatz nicht vereinbar. Er erklärt sich nämlich für den reinen Anklagegrundsatz nach dem alten Spruch: „wo kein Kläger ist, da ist auch kein Richter", und hält nach dem Gang des bezüglichen Streites in den letzten zehn Jahren den völligen Sieg dieses Grundsatzes nur für eine Frage der Zeit. Hierdurch erst würden wir uns eines wahrhaft juristisch organisirten Strafverfahrens erfreuen. Die bloße Trennung der anklagenden und erkennenden Richter helfe wenig. Das Anklage-Erkenntniß sei immer eine Art Vorentscheidung, die schwer auf dem Angeklagten laste. Um so mehr müßte man dem Angeklagten die weitgehendsten Schutzmittel zur Abwendung der Versetzung in den Anklagestand gewähren. Es könnten aber in dieser Beziehung die versuchten Mittel durchaus nicht helfen, weder die Stellung eines höhern besser besetzten Gerichts für das Anklagegeschäft, wenigstens für die schwersten Fälle, noch die Gewährung von Rechtsmitteln. Das Uebel werde nur um so größer, denn das Anklageverfahren werde nur umständlicher, je mehr man solche Mittel anwende. Der Schwerpunkt des Verfahrens falle statt in die Hauptverhandlung, in das vorbereitende Verfahren. Die Berufung aber sei eine zweischneidige Waffe, die noch mehr Verschleppung und leicht eine noch schlimmere Lage für den Angeklagten herbeiführe; und doch könnte man es leicht gegen ihn deuten, wenn er sie unterlassen würde. Zurückweisung sei für ihn dann noch schlimmer. Ueber solche Mißstände, meint nun Herr Professor Dr. Geyer, sei nicht wohl hinauszukommen. Er weist namentlich auf den Fall hin, wenn z. B. der Staatsanwalt mit der Minderzahl des Collegiums gegen die Klageerhebung ist und dennoch Klageerhebung beschlossen wird. Darum sollte man nun das Anklageprinzip zur vollen Geltung bringen, statt solchen Scheinwesens die Stellung des Staatsanwalts so, wie in Schottland, wenn auch nicht unbedingt so, gestalten. Man sollte ihn wirklich zum Herrn der Anklage machen, so daß er mit vollem Bewußtsein seiner alleinigen ungetheilten und ungeschwächten Verantwortlichkeit handelte, Mißbrauch sei hier nicht zu besorgen, wenn dem Staatsanwalt kein Anklage-Monopol gewährt werde, sondern das Recht der subsidiären Privatanklage für die Fälle vorbehalten bleibe, wo der Staatsanwalt keine Anklage erheben wolle. Nur wenn eine solche Privatanklage, die allerdings leicht mißbraucht werden könnte, stattfinde, sei ausnahmsweise noch eine gerichtliche Vorprüfung der Anklage zu fordern, aber selbst da nicht unbedingt, sondern nur, wenn der Angeschuldigte eine solche verlangt. Wenn der Staatsanwalt gehörig unabhängig gestellt sei, und die volle Controle der Oeffentlichkeit stattfinde, könnte diese geringe Ausnahme wohl auch noch fallen.

Zum nämlichen Ergebniß kommt Herr Professor Geyer in Bezug auf den Grundsatz der Mündlichkeit. Er nimmt an, daß auch in Bezug auf den Grundsatz des mündlichen Verfahrens das gegenwärtige Verfahren sich nicht rechtfertige. Auch bei möglichster Vereinfachung des fraglichen Zwischenverfahrens werde die Schriftlichkeit immer in bedenklicher Weise überhand nehmen, besonders, wenn Rechtsmittel stattfinden; dadurch entständen dann große Verzögerungen. Die altgewohnte deutsche Gründlichkeit und Schreibseligkeit mache sich auch namentlich in den Verweisungserkenntnissen nicht selten breit. In Bezug auf die Anwendung des Grundsatzes der Mündlichkeit sei ein durchschlagender Grund für eine verschiedene Auffassung des Anklage-Erkenntnisses und des Enderkenntnisses nicht zu ersehen. Es gebe zahlreiche Fälle, wo mehrere unbefangene Personen die Sache anders ansehen würden, als der befangene Ankläger, weshalb für solche Fälle bei der Vorprüfung die möglichste unmittelbare Vorführung der Beweise zu fordern sei. Eine auffallende Einseitigkeit liegt jedenfalls darin, daß der Staatsanwalt in diesem Verfahren gehört werde, während der Vertheidiger gar nicht gehört werde, was schon Höchster in seinem bekannten Lehrbuch des französischen Strafverfahrens gerügt habe. Ebenso verlangten die Verbesserungsvorschläge zweier preußischer Staatsanwälte, Bertrab und Dalcke, ein einfaches contradictorisches Verfahren statt der doppelten Vorprüfung, und bei Schuldbekenntniß sofortiges Urtheil. (Goltdammer V. 188, X. 454, XIV. 17. 27.)

Um konsequent zu sein, müßte man eine vollständige öffentliche und mündliche Verhandlung, auch Beeidigung der Zeugen und Sachverständigen schon beim Vorprüfungsverfahren einführen. Dadurch würde aber allerdings das Vorverfahren zum Hauptverfahren gemacht, und es wird das Hauptverfahren im Grunde nur ein mattes Nachspiel des Vorverfahrens, was zuletzt mittelbar die Beseitigung der Hauptverhandlung sammt dem Schwurgericht zur Folge haben würde, allerdings ein radikales Ergebniß. (v. Bar Recht und Beweis im Geschworenengericht Seite 50,)

Auch von dem Gesichtspunkt der Mündlichkeit sei es nothwendig, daß man die gerichtliche Vorprüfung als Regel ganz fallen lasse, und sie nur als Ausnahme für den schon bezeichneten Fall des Einspruchs des Angeklagten bei der Privatanklage beibehalte.

Das ist in den Hauptpunkten der Inhalt der vorliegenden Gutachten. Sie sehen, meine Herren, daß eine einfache directe Antwort auf unsere gestellte Frage eigentlich in beiden Gutachten nicht zu finden ist, und zwar nicht ohne guten Grund. Der Grund ist der, daß sie weder einfach zu bejahen, noch einfach zu verneinen ist. Es scheint mir der wahre Kern der Frage aber darin zu liegen, ob und wie eine Verbesserung des fraglichen Theils unseres Strafverfahrens im Sinne und Geist einer zeitgemäßen und volksthümlichen auf Mündlichkeit und Oeffentlichkeit gebauten Strafprozeßgesetzgebung stattzufinden hat.

Ihr Referent hat das Recht und ich glaube auch die Pflicht, Ihnen seine Ansicht über die Sache darzulegen. Erlauben Sie mir, daß ich dieses in wenigen bestimmten Sätzen thue.

Der Grundsatz der Mündlichkeit des Verfahrens, meine Herren, ist ein hoher, er steht in wesentlicher Verbindung mit der Oeffentlichkeit. Es ist dringend zu wünschen, daß dieser Grundsatz der Mündlichkeit und Oeffentlichkeit immer mehr ins Leben tritt. Es wird immer noch viel zu viel nach dem Alten verfahren, es werden zahlreiche Vorhalte aus den Akten gemacht, es werden Schriften, Zeugenaussagen und allerlei Akten in großer Zahl vorgelesen; alles das muß fallen. Wenn dies geschieht, wird Manches anders werden, und mancher Uebelstand in Wegfall kommen. Wenn nun auch dieser Grundsatz hoch zu achten ist, so ist er doch nicht in starrer Absolutheit aufzufassen, sondern cum grano salis: als Mündlichkeit des Verfahrens in der Hauptsache, namentlich im Hauptverfahren. Unbedingte Verbannung aller Schriftlichkeit wäre rein unmöglich, schon die Anklageschrift ist ja schriftlich, die Fragebögen für die Geschworenen sind schriftlich u. s. w. Ein Blick in jede wohlgeregelte Hauptverhandlung zeigt dieses klar.

Kein Zweifel, meine Herren, daß auch im Zwischenverfahren, so wie auch im Nachverfahren der Grundsatz der Oeffentlichkeit und Mündlichkeit nicht ganz verlassen werden darf, er ist im Gegentheil gebührend zu beachten. Dieses Verfahren soll mit dem Hauptverfahren im Einklang stehen, es darf nicht dem Geist desselben widerstreben. Indeß ist hier auch der wichtige Gesichtspunkt der praktischen Ausführbarkeit und Zweckmäßigkeit ins Auge zu fassen, und man muß auch stets daran denken, daß die Form niemals über das Wesen geht. Alle überflüssigen Schreibereien und Förmlichkeiten sollten verbannt werden.

Was den wahren Begriff des Anklagegrundsatzes betrifft, so scheint mir darüber noch immer viel Meinungsverschiedenheit, man könnte sagen Verwirrung, zu herrschen.

So viel steht fest, daß bei uns, wie in Frankreich, der Anklagegrundsatz hauptsächlich nur in Hinsicht der äußern Gestalt der Strafverfolgung (als Anklageform) zur Ausführung gekommen ist, während daneben noch der ältere Untersuchungsgrundsatz als leitender Gedanke in gewissem Maße beibehalten wurde. Ich erinnere aber daran, daß auch in England und Schottland bedeutende Spuren dieses Untersuchungsgrundsatzes sich zeigen, daß nach einer gewissen Auffassung die Staatsanwaltschaft selber als ein Ausfluß dieses Prinzips angesehen werden kann. Je nachdem nun diese Anklageform mit mehr oder minder Strenge im Strafverfahren zur Ausführung kommt, je nachdem man sich in einzelnen Sätzen mehr dem Anklagegrundsatze oder dem Untersuchungsgrundsatze annähert, wird auch die Art, wie das System sich entfaltet, verschieden sein. Berechtigt scheint nun wohl das Verlangen, daß die Anklageform überall zu vollständiger und consequenter Durchbildung gelange, und nicht bloß eine leere Form bleibe. Dagegen, so scheint es mir wenigstens, würde die Rückkehr zum absoluten Anklagegrundsatz, nach Art der Verhandlungsmaxime (nach der starren Regel: „Wo kein Kläger ist, da ist auch kein Richter") in Wahrheit nicht als ein Fortschritt, sondern als ein Rückschritt anzusehen sein. Sie würde in Widerspruch stehen mit der modernen Staatsanschauung, mit dem Bedürfniß des Lebens und mit dem Rechtsbewußtsein unseres Volkes, und überdies auch mit den früheren Beschlüssen dieses Juristentages, insbesondere dieser Abtheilung, bezüglich der schon erwähnten Anträge des Herrn Oberlandesgerichtsraths Keller. Ich weise nur auf v. Bar, Recht und Beweis im Geschworenengericht, Seite 16 Note 124 und Goltdammer's Archiv Band 12 Seite 335 in diesem Punkte hin. Wenn nun verlangt wird, man solle den Staatsanwalt ganz zum Herrn der Anklage machen, so vermag ich diesem Verlangen nicht beizupflichten, so gut auch die Absichten scheinen, auf denen der Vorschlag beruht.

Meine Herren! Ist es nicht überall ein anerkannter Grundsatz, daß es vom Uebel ist, wenn ein einzelner Mann, wie hoch er auch stehe, in wichtigen Rechtsangelegenheiten selbstständig zu entscheiden hat? Man denke an Einzelrichter und Collegialgerichte, Schwurgerichtshöfe, an die Zwölfzahl der Geschworenen und die Siebenzahl der Cassationsrichter. Mir scheint dieser Grundsatz auf den Staatsanwalt vollkommen zu passen, er ist auch hier anzuwenden, wie groß auch das Ansehen und Vertrauen ist, das unsere Staatsanwälte mit Recht genießen. Ich glaube daher, daß man den Staatsanwalt aus diesem Grunde keineswegs zum Herrn der Anklage machen darf. Er soll Wächter des Gesetzes, er soll Diener der Gerechtigkeit sein, aber Herr der Anklage kann er nicht sein. Ich weise in dieser Beziehung auf frühere Gutachten des Herrn Justizraths Dorn und des Herrn Professor Geßler, so wie des Herrn Staatsanwalt Heinze hin. Wenn das nun richtig ist, so sollte man auch die richterliche Vorprüfung nicht zu gering anschlagen, eben weil es menschlich ist, daß ein Einzelner sich irrt. Eben darum ist überall eine solche Mitprüfung nothwendig oder wenigstens nützlich. Man sollte also diese Controle nicht so ganz fallen lassen, sondern sie auf das Nothwendige beschränken und zweckmäßig vereinfachen. Hierbei ist allerdings noch, wie ich schon erwähnte, dem Grundsatz der Mündlichkeit und Oeffentlichkeit gehörig Rechnung zu tragen; soweit es die Natur der Sache erlaubt. Eine doppelte, vollständige mündliche Verhandlung, ein Verfahren in Gestalt eines Hauptverfahrens, und ein Hauptverfahren in Gestalt eines Nachverfahrens erscheint praktisch und theoretisch als ein Unding; aber auch eine halbe oder Viertels-Hauptverhandlung als Vorspiel wäre nicht viel besser oder vielmehr noch schlechter! Man stellt sich auch gewöhnlich die Verhandlung vor der großen Jury in England ganz anders vor, als wie sie im wirklichen Leben ist, da sie eigentlich als Hauptverhandlung betrachtet gar keinen Werth hat. Man wird sich daher mit dem zu begnügen haben, was zweckmäßig und ausführbar erscheint. Dazu gehört jedenfalls, daß nicht bloß der Staatsanwalt, sondern auch der Angeklagte im Verfahren der Vorprüfung mündlich vernommen werde. Es sollte wenigstens in schweren Fällen eine kurze contradictorische Verhandlung zugelassen werden, sofern eine gerichtliche Vorprüfung überhaupt stattfindet. Ganz unterbleiben könnte vielleicht, um die Vereinfachung zu erzielen, die richterliche Vorprüfung, wenn der Angeklagte auf Befragen auf diese Prüfung verzichtet, und etwa auch, wenn der Angeklagte sich in jeder Beziehung für schuldig erklären will. Aber dem Antrage, die Vorprüfung nur für die Fälle der Privatanklage eintreten zu lassen, kann ich nicht beitreten; es scheint mir, man könnte fast eher zu dem entgegengesetzten Ergebniß gelangen. Ferner ist, im Einklang mit dem früheren Beschluß des Juristentages (dritter Juristentag, dritte Abtheilung) die sogenannte Parteienöffentlichkeit für das Verfahren im vollen Maße zu gewähren. Ich sehe das als ein feststehendes Princip an. Ebenso wird auch das Recht der Vertheidigung durch einen Rechtsbeistand in diesem Vorverfahren dem Angeklagten in angemessenen, nicht zu eng gezogenen Schranken einzuräumen sein. Es ist das in der badischen Strafprozeßordnung von 1864 bereits geschehen (§ 197). Nicht so weitgehend, sondern etwas zu enge, scheint mir der schon erwähnte Preußische Entwurf vom Jahre 1865. Ein Hauptpunkt aber bleibt die zweckmäßige Vereinfachung des Vorprüfungsverfahrens. Hier theile ich vollkommen die Ansicht des Herrn v. Tippelskirch, daß bezüglich der Einrichtung der Verweisungsbeschlüsse durch Beseitigung aller unnöthigen Förmlichkeiten und Schreibereien wesentlich geholfen werden könnte. Ueber Bord mit all dem unnöthigen Wust von Thatsachen! man soll das Nothwendigste und Wesentliche in kurzen Worten sagen. Wenige auf die Anklageschrift selbst gesetzte Worte würden gewiß in vielen Fällen vollständig genügen, um den Zweck zu erreichen. Es ist dann freilich durchaus nothwendig, daß die Anklageschrift zuerst eingereicht wird.

Nach meiner Ueberzeugnng kann und soll die Doppelprüfung durch Rathskammer und Anklagekammer endlich beseitigt werden, wie es in Frankreich seit dem Gesetz von 1856 geschehen ist; die Gründe, die man für Beibehaltung derselben anführt, halte ich durchaus nicht für gewichtig.

Diese Sätze enthalten die Ansicht, die ich in der Sache gewonnen habe. Eine Beantwortung der Frage ist, wie Sie gehört haben, eigentlich nicht direkt gegeben. Wenn ich sie zu geben hätte, würde ich den Vorschlag machen, auf die Frage etwa Folgendes zu erwidern:

Es sei die vorgelegte Frage weder unbedingt zu bejahen, noch unbedingt zu verneinen. Es sei zwar anzuerkennen, daß das bisher gewöhnlich angenommene Verfahren der gerichtlichen Vorprüfung der Anklage bloß auf Grund der schriftlichen Akten den Anforderungen einer zeitgemäßen, auf Mündlichkeit und Oeffentlichkeit gebauten Strafprozeßordnung nicht ganz entspreche, dasselbe daher in geeigneter Weise zu verbessern, namentlich mit dem Grundsatze der Mündlichkeit und Oeffentlichkeit mehr in Einklang zu bringen sei. Dagegen sei eine völlige Beseitigung der gerichtlichen Vorprüfung und des Anklagebeschlusses, und eine umfassende mündliche Verhandlung mit unmittelbarer Vorführung der Beweise schon in diesem Vorverfahren wegen der entgegenstehenden überwiegenden Bedenken nicht als rathsam zu erkennen, die Verbesserung vielmehr in anderer Art zu erstreben..

Ich will mich enthalten, die Ergebnisse nochmals zu rekapituliren, um so mehr, da ich glaube, es würde sich vielleicht empfehlen, wenn wir bloß den ersten Theil meines Vorschlages in Berathung nähmen. Es könnte wohl auch in Frage kommen, ob es nicht besser wäre, die Sache noch einer späteren Zeit aufzubewahren, und ob es nicht gut wäre, wenn wir noch weitere Gutachten zu diesen beiden erhielten, die eigentlich zusammentreffen; dagegen würde ich für eine unbedingte bejahende oder verneinende Beantwortung der Frage nicht stimmen.

Entschuldigen Sie, meine Herren, im Hinblick auf die Wichtigkeit der Sache, wenn ich Sie länger aufgehalten habe, als es unsere Zeit eigentlich erlaubt.

Präsident: Wenn es den Herren genehm ist, würden wir über den Vortrag des Herrn Ober-Hofgerichtsraths Brauer aus Mannheim morgen in die Discussion treten.

(Zustimmung.)

Für heute haben wir nur noch zwei geschäftliche Fragen zu erledigen. Zunächst haben wir uns in Bezug auf die bereits entschiedene Frage, in welcher Herr Staatsanwalt v. Stenglein aus München das Referat erstattet hat, schlüssig zu machen, ob wir den gefaßten Beschluß dem Plenum nur anzeigen, oder aber dem Plenum zur Discussion und Beschlußfassung überweisen wollen.

Staatsanwalt v. **Stenglein**: Mein Antrag geht dahin, den gefaßten Beschluß nur zur Anzeige im Plenum zu bringen.

Präsident: Ist die Versammlung damit einverstanden, daß wir den Beschluß dem Plenum nur zur Anzeige bringen?

(Zustimmung.)

(Auf Antrag des Ober-Staatsanwalts v. Lauhn wird das Bureau mit der Aufstellung einer Liste von 10 Vertrauensmännern zum Zwecke der Wahl der ständigen Deputation betraut, und demnächst die Sitzung von dem Präsidenten geschlossen.)

Zweite Sitzung der dritten Abtheilung des deutschen Juristentages am 28. August 1868.

Der Präsident, Herr General-Staatsanwalt Dr. **Schwarze** aus Dresden, eröffnet die Versammlung und bittet den Herrn Schriftführer Dr. Rubo das Protokoll zu verlesen. Dasselbe wird genehmigt.

Demnächst werden zu Vertrauensmännern der Versammlung nach dem Vorschlage des Bureaus erwählt:

Professor Dr. v. Bar aus Rostock.
Landesgerichts-Präsident Ritter v. Boschan aus Wien.
Ober-Hofgerichtsrath Brauer aus Mannheim.
Rechtsanwalt Calm aus Bernburg.
Ober-Tribunalsrath Dr. Goltdammer aus Berlin.
Ober-Staatsanwalt v. Graevenitz aus Marienwerder.
Professor Dr. Schletter aus Leipzig.
General-Staatsanwalt Dr. Schwarze aus Dresden.
Staatsanwalt Dr. v. Stenglein aus München.

Präsident: Der nächste Gegenstand der Tagesordnung ist die Debatte über das Referat des Herrn Ober-Hofgerichtsrath Brauer aus Mannheim, das derselbe uns in der gestrigen Sitzung erstattet hat. Die Versammlung hat gestern beschlossen, die Debatte auf heute zu vertagen, und ersuche ich nun Herrn Brauer, seinen Antrag zu formuliren.

Ober-Hofgerichtsrath **Brauer:** Meine Herren! Ich hatte bisher nicht die Zeit dazu und werde mich jetzt darauf beschränken, die Hauptpunkte ergänzend hinzuzufügen.

Ich bin nämlich der Ansicht, daß die Vorprüfung zwar nicht ganz abgeschafft, aber in geeigneter Weise vereinfacht werden müßte, so daß in gewissen Fällen diese Vorprüfung wegfallen könnte, namentlich dann, wenn der Angeklagte auf dieselbe verzichtet, oder wenn er sich gleich Anfangs für schuldig erklärt. Sodann würde ich die doppelte Prüfung durch Raths- und Anklagekammer für verwerflich halten und nur eine einmalige Vorprüfung statuiren; ich würde die Beseitigung aller unnöthigen Schreibereien und Formalitäten befürworten; und ferner würde ich, und das ist ein Hauptpunkt, weil er mir am nächsten liegt, ein kurzes contradictorisches, mündliches Verhör vorschlagen, in dem nicht bloß ein Theil, sondern beide Theile, denn auch der Staatsanwalt ist ein Theil, vorgeführt und gehört werden.

Präsident: Der Herr Referent mag mir die Bemerkung nicht übel nehmen, das sind eigentlich die Punkte, über die zu discutiren sein würde. Sie sind zum Theil von einander loszulösen, so daß sie einzeln zur Discussion gestellt werden können, wenn auch immerhin eine Generaldebatte zuläßig sein würde. Nach dem, was der Herr Referent uns so eben vorgetragen hat, sieht mir dieser sein Antrag mehr als eine Art Motivirung aus, denn als ein Antrag; ich würde vielmehr glauben, nach dem, was er uns so eben vorgetragen hat, seine Meinung zu treffen, wenn wir folgende Sätze aufstellen:

1) Eine richterliche Vorprüfung des Anklageantrages des Staatsanwalts findet nicht statt, wenn entweder der Angeklagte auf eine solche Vorprüfung verzichtet, oder wenn er sich schuldig erklärt.
2) Eine doppelte richterliche Prüfung des Antrages, durch Rathskammer und Anklagekammer, findet in keinem Falle statt, sondern jedenfalls nur eine einmalige richterliche Prüfung.
3) Es findet behufs der Frage, ob der Anklageantrag des Staatsanwalts zuläßig, beziehentlich ausreichend begründet sei, bereits in diesem Vorverfahren eine contradictorische Verhandlung zwischen Staatsanwalt und Vertheidiger vor dem Gerichte statt.

Ich glaube unmaßgeblich, daß die drei Anträge des Herrn Referenten ungefähr so lauten können.

Ober-Hofgerichtsrath Brauer: Ich bin mit dieser Formulirung meiner Anträge einverstanden.

Präsident: Ich eröffne jetzt die Discussion über die Anträge, und nehme an, daß, wenn sich kein Widerspruch erhebt, die Herren damit einverstanden sind, alle drei Sätze zusammen zur Discussion zu stellen.

Oberlandesgerichtsrath Dr. **Keller** aus Wien: Meine Herren! Wir Alle wissen recht gut, daß die mächtigen Fortschritte, welche das Strafverfahren in den letzten 20 Jahren in Deutschland gemacht hat, zunächst und vorzüglich der Aufnahme der hochwichtigen Prinzipien der Mündlichkeit, Unmittelbarkeit und Oeffentlichkeit im Anklageverfahren, und der dadurch nothwendig gewordenen Trennung der Functionen des Anklägers, Vertheidigers und Richters zuzuschreiben sind. Aber wir wissen eben so gut, daß diese von der Wissenschaft längst als die Grundpfeiler eines rationellen Strafverfahrens anerkannten Grundprinzipien bei der Gesetzgebung! des deutschen Strafverfahrens wohl Aufnahme, aber noch lange nicht eine consequente Durchführung gefunden haben. Ein Beleg hierfür ist gerade nach meiner Ansicht der Fortbestand des Anklagebeschlusses. Denn dieser Beschluß widerspricht allen den genannten Prinzipien und ist in seiner Wesenheit nichts Anderes, als eine richterliche Genehmigung der Anklage. Er verletzt die Unmittelbarkeit und Mündlichkeit, denn er fußt selbst, abgesehen einstweilen von dem hier beantragten contradictorischen Verfahren, zunächst auf dem Ergebnisse der schriftlichen Form.

Ich glaube nun nicht, daß mit dem beantragten contradictorischen Verfahren eine Verbesserung des Strafverfahrens erreicht würde. Dasselbe müßte, wenn es wirklich als sicherer Weg zur Erforschung der Wahrheit dienen soll, mit all den Garantien versehen sein, die wir für eine Hauptverhandlung fordern müssen; ist dasselbe nur kurz und ungründlich, so nützt es nichts; ist es aber ausführlich, dann würden wir unser Strafverfahren, anstatt es zweckmäßig abzukürzen, nur noch verlängern, wir würden zwei Hauptverhandlungen hervorrufen, und vielleicht die eigentliche Hauptverhandlung zu einem matten Abklatsch des vorausgegangenen contradictorischen Verfahrens machen. Um mich hier nicht weiter darauf einzulassen, weise ich nur auf das englische Verfahren hin, welches in Bezug auf die Thätigkeit der Grand Jury den Zweck hat, ungegründete Anklagen abzuhalten, und ich glaube, wir wissen Alle, mit welcher Oberflächlichkeit, mit welcher Leichtigkeit dabei vorgegangen wird. Es muß Jeder von uns, der die Gelegenheit hatte, sich davon selbst zu unterrichten, die Ueberzeugung mitgenommen haben, daß dieses Verfahren gar keinen Werth hat.

Welches ist denn nun der Grund, warum, trotzdem der Anklagebeschluß den mehr genannten Prinzipien widerspricht, er dennoch in unser Strafverfahren aufgenommen wurde, nachdem denn doch Inconsequenz, wenn auch ein Fehler aller Menschen, doch nicht ein Hauptfehler der deutschen Nation ist, welcher von competenter Seite das Compliment gemacht ist, sie sei eine Nation von Denkern? Wie ist es gekommen, frage ich, daß dieser Anklagebeschluß in alle Gesetzgebungen Deutschlands, wo das Verfahren ein rationelles und den Prinzipien der Mündlichkeit entsprechendes sein soll, eingeführt und aufgenommen wurde?

Ich möchte darauf nicht antworten, wie es gewöhnlich geschieht, es sei zum Schutz des Angeklagten gegen eine unbegründete Anklage geschehen. Ich möchte vielmehr behaupten, der Grund liege in der der menschlichen Natur innewohnenden Gewohnheitsliebe, dem Haften an dem Hergebrachten; und endlich in dem ausgebreiteten Mißtrauen gegen den Staatsanwalt.

In der Regel wird als Grund des Anklagebeschlusses der erforderliche Schutz gegen eine unbegründete Anklage ins Feld geführt. Sehen wir der Sache nur einigermaßen auf den Grund, ist denn das wirklich der Fall?

Wir wissen Alle recht wohl, wie in der Praxis bei Prüfung der Anklage vorgegangen wird. Der Staatsanwalt oder Privatankläger stellt die Anklage, der Richter prüft, ob die Hauptmomente, die dem Angeklagten zur Last gelegt werden, erheblich nachgewiesen oder wahrscheinlich gemacht sind. Daß man dabei in der Regel mit einer außerordentlichen Oberflächlichkeit zu Werke geht, daß dabei der Richter sich auf die Verantwortlichkeit des Staatsanwalts und dieser in sehr vielen Fällen sich auf die richterliche Verantwortlichkeit verläßt, daß gewissermaßen die Verantwortlichkeit von den Schultern des Einen auf die des Andern geschoben und dadurch zersplittert wird, ist eine allgemein gemachte Erfahrung.

Eben so wenig wird mir widersprochen werden, daß trotz der wiederholten Prüfung manche unbegründete Anklage durchgeht, und Verwerfungen der von Seiten der Staatsanwaltschaft gestellten Klageanträge höchst selten sind.

Andererseits ist es aber sicher, daß die richterliche Vorprüfung der Anklage Nachtheile hat, welche den gewünschten Schutz gegen ungegründete Anklagen, wenn nicht aufheben, so denn doch außerordentlich abschwächen. Zur Fassung des Anklagebeschlusses ist einmal ein Verfahren nothwendig, und wenn dasselbe auch noch so beschleunigt wird, so geht doch damit eine sehr kostbare Zeit verloren. Der Angeklagte, und zwar in der Regel derjenige, der sich schuldig weiß, nimmt dagegen auch noch Berufungsmittel in Anspruch. Diese ihm zu verweigern, wird, sobald man den Anklagebeschluß als wünschenswerthes, als nothwendiges Requisit anerkennt, kaum wohl von irgend Jemand beantragt werden, es wird also damit der Strafprozeß verlängert.

Was mir aber viel bedeutender scheint, es wird durch den Anklagebeschluß ein Präjudiz geschaffen, die Anklage ist dann nicht mehr die Antragsache des Anklägers, die dem Richter vorgelegt wird, sie ist ein richterlicher Spruch. Um wie viel mehr ist dies der Fall, wenn, wie dies nach einigen Strafprozeßordnungen geschieht, der Anklagebeschluß von einer Anklagekammer, welche einen Theil des Appellationssenats bildet, geschöpft wird, oder wenn die Anklage in Folge der Berufung von einer zweiten Instanz bestätigt worden ist, bei welcher Bestätigung wahrscheinlich sehr häufig, wie notorisch bei einem der größten Gerichtshöfe Deutschlands das Hauptmotiv ist: irgend ein

Grund zur Anklage ist da, überlassen wir die Entscheidung der Hauptverhandlung. In erster Instanz aber heißt es ja, das Obergericht hat die Anklage gerechtfertigt gefunden (ich spreche von zweifelhaften Anklagen), es muß also doch ein Grund da sein, durch den eine Verurtheilung gerechtfertigt wird. Damit ist nicht nur kein Schutz gegeben für den Angeklagten, ich glaube, dadurch ist der Angeklagte sehr erheblich benachtheiligt.

Wenn nun der Anklagebeschluß dem Angeklagten weder einen Schutz gewährt, noch den früher erwähnten Prinzipien des rationellen heutigen Strafverfahrens entspricht, so bleibt wirklich nichts Anderes übrig, als die Annahme, man habe zu dem Staatsanwalt zu wenig Vertrauen. Forschen wir den Gründen nach, welche für die Anklage noch gestern an dieser Stelle vorgetragen sind, so ist es ganz klar ausgesprochen, es sei zu gefährlich, einem Einzelnen die Entscheidung über die Anklage zu überlassen, ihn zum Herrn der Anklage zu machen. Nun, meine Herren, ist damit nicht das Bestehen eines Einzelrichters über Bord geworfen? Können wir, wenn wir es zu gefährlich finden, einen einzelnen Menschen als denjenigen hinzustellen, der mit einem Antrage an den Richter geht, können wir dann noch zulassen, daß ein einzelner Mensch über Vermögen und Freiheit eines Mitmenschen definitiv abspricht? Ich halte es für unrichtig, den Staatsanwalt den Herrn der Anklage zu nennen: er ist der Träger der Anklage, der Richter ist und bleibt der Herr der Anklage. Ich meine aber auch, daß, wenn der Staatsanwalt allein die Verantwortlichkeit für die Anklage übernimmt, er bei Weitem gründlicher vorgehen wird, als wenn er seine Verantwortlichkeit mit einem Andern theilt. Denn erstens ist er seinem Vorgesetzten gegenüber verantwortlich, und dies ist nicht gering zu schätzen, will doch Jeder vorwärts und strebt nach Erfolgen! — und dann ist er der Oeffentlichkeit gegenüber verantwortlich. Da wo die freie Presse besteht, wird dieselbe mit Recht ungegründete Anklagen mit aller Kraft bekämpfen. Ich glaube aber auch, daß man in der Wahl der Staatsanwälte nicht so ganz leichtsinnig vorgehen und nur Männer zu diesem Amte wählen wird, die gewissenhaft und kenntnißreich genug sind, eine so verantwortliche Stellung einzunehmen, und die auch gegenüber dem Angeklagten genug Menschengefühl haben, um nicht ohne Grund Jemanden der Qual einer öffentlichen Verhandlung auszusetzen.

Wie kommt es denn aber, daß heute, nachdem wir denn doch in den meisten deutschen Staaten ein Institut der Staatsanwaltschaft haben, nirgend mehr das noch vor 8 Jahren bei dem Beginn des deutschen Juristentages so häufig in seinem Bestande angezweifelte Institut angefochten wird? Wie kommt es denn andererseits, daß man trotz der Ueberzeugung, es sei ein nothwendiges Institut im Strafverfahren, noch immer dieses Mißtrauen gegen den Staatsanwalt hat, wie dies am Klarsten in dem sehr gründlichen Gutachten des Herrn Ober-Tribunalsraths v. Tippelskirch ausgesprochen ist, dessen Antrag eigentlich in diesem Mißtrauen begründet ist?

Nun, meine Herreu, wir haben die Staatsanwaltschaft in den aufgeregten Tagen des Jahres 1848 bekommen. In den meisten Staaten fing man fast über Nacht an zu reformiren, und in der Hast griff man nach dem Muster, welches den Staaten zum Theil am nächsten lag, zum Theil sich am meisten bewährt hatte, der französischen Staatsanwaltschaft. Daß die französische Staatsanwaltschaft mit ihrem Disciplinarverfahren und ihrer Ueberordnung über den Richter dem Charakter des Deutschen, dem wohlbegründeten Credit und dem Ansehen des deutschen Richters nicht entspricht, das glaube ich. Man hat deshalb zu reformiren gesucht, dabei freilich wieder mit solchem Schwanken, daß man in einen entgegengesetzten Fehler verfiel, der Staatsanwaltschaft alle Wirksamkeit raubte, und sie zu einem leeren Namen machte. Wenn dies nicht der Fall ist, wenn der Staatsanwaltschaft diejenige Stellung eingeräumt wird, die ihr nach dem Zwecke ihres Bestehens in einem rationellen Strafverfahren gebührt, wenn sie nicht zum Herrn des Richters dadurch gemacht wird, daß ihr ein Disciplinarverfahren gegenüber dem Richterstand eingeräumt wird, und wenn bei der Wahl der Staatsanwälte mit der nöthigen Umsicht und Rücksicht vorgegangen wird, dann, glaube ich, ist es ganz ungegründet, zu sagen, es sei gefährlich, den Staatsanwalt zum Herrn der Anklage zu machen, im Gegentheil, man wird sogar mit Leichtigkeit zu dem Entschlusse kommen, die Anklage lediglich dem Staatsanwalt zu überlassen. Und eben so wenig, als es zu rechtfertigen ist, daß der Staatsanwalt im Disciplinarsenat gewissermaßen der Controleur des Richters ist, eben so wenig ist es gerechtfertigt, daß der Richter der Controleur des Staatsanwalts bei Erhebung der Anklage ist. Dazu kommt ein Motiv, das in dieser Frage nach meiner Ueberzeugung eine große Rolle spielt, aber am wenigsten beachtet wird, weil es mit den Schwächen der menschlichen Natur zusammenhängt, das ist die Gewohnheit, der Hang am Hergebrachten, an dem, was wir zu sehen gewohnt sind, und vielleicht auch lieben gelernt haben. Wir sind gewohnt gewesen, in dem Richter Alles in Allem zu sehen; er war in dem früheren Verfahren der Ankläger, er hatte die Verpflichtung, Alles, was zu Gunsten des Angeklagten war, gleich zu erforschen, und bei dem Vorsitzenden des Gerichtshofes vorzutragen. Er war also Vertheidiger, und sollte auch richterliche Functionen mit üben. Daß diese Cumulirung eine unnatürliche sei, daß sie dem Zwecke der Gerechtigkeit nicht entspreche, darüber sind wir Alle einig, und doch können wir es noch nicht über uns gewinnen, dem Richter nicht den Vorzug zu schenken, wenn es sich darum handelt, wer mehr Vertrauen verdient, der Richter oder der Staatsanwalt. Ich bin der Ansicht, wenn erst einmal die Functionen beider präcisirt sind, wenn einmal festgestellt ist, was Aufgabe des Einen und was des Andern ist, daß dann, wenn diese Aufgabe in tüchtigen Händen ist, Beiden, sowohl dem Einen, als dem Andern, gleich viel Vertrauen geschenkt werden wird.

Daß die französische Gesetzgebung nicht den Schutz des Angeklagten mit dem Anklagebeschluß beabsichtigt hat, das lehren uns alle französischen Autoren, welche Aufschlüsse über die Berathung des Code de procédure geben.

Nach französischer Anschauung soll die Staatsanwaltschaft der eigentliche Ausdruck der öffentlichen Gewalt sein; daher ihre Organisation, ihre Ueberordnung über den Richter, daher die große Gewalt des Procureur-Général. Der Anklagebeschluß sollte deshalb auch gar nicht ein Schutz des Angeklagten gegen ungerechtfertigte Anklagen sein, sondern ein Schutz der „öffentlichen Gewalt" gegen unbegründete Verwerfungen von Anklagen seitens der Richter.

Wenn es nun richtig ist, daß der Anklagebeschluß den Prinzipien der Oeffentlichkeit und der Mündlichkeit widerspricht, daß darin kein Schutz des Angeklagten liege, sondern dadurch vielmehr die Interessen des Angeklagten gefährdet werden, wenn die Besorgnisse, welche man gegen die Vertrauenswürdigkeit des Staatsanwalts haben kann oder trägt, auf eine andere Weise, durch eine gute Organisation dieses Instituts, beseitigt werden können, dann, glaube ich, gelangen wir nothwendiger Weise zu dem Schlusse, der Anklagebeschluß sei überflüssig und habe in einem rationellen Strafverfahren zu fallen.

Die von Seiten des Herrn Referenten beantragten Verbesserungen werden nach meiner Ansicht kaum die eben bezeichneten Bedenken beseitigen. Er giebt zu, daß der Anklagebeschluß dann zu entfallen hat, wenn entweder der Angeklagte darauf verzichtet, oder wenn dieser sich für schuldig erklärt. Dieser Modification liegt die Idee zu Grunde, der Anklagebeschluß ist zum Schutze des Angeklagten; verzichtet daher der Angeklagte auf diesen Schutz oder giebt er zu, die Anklage ist begründet, so habe der Beschluß als überflüssig zu entfallen. Ich glaube jedoch, wenn auch nur kurz, aber für Fachmänner hinreichend betont zu haben, daß auch da, wo dies nicht der Fall ist, der Anklagebeschluß kein Schutzmittel für den Angeklagten, möglicher Weise sogar, und vielleicht in den meisten Fällen, eine Gefährdung desselben ist.

Der Referent beantragt weiter nur eine einmalige Prüfung. Nun, daß Niemand, wenn man auch noch so sehr für den Anklagebeschluß schwärmt, eine Doppelprüfung, oder gar die Verlegung der Anklageprüfung in die zweite Instanz befürworten will, davon bin ich überzeugt, und ich glaube also, darüber hinweggehen zu können.

Der Referent beantragt aber weiter ein contradictorisches Verfahren. Wenn wir ein solches Verfahren zum Zweck des Anklagebeschlusses zulassen, so setzen wir den Angeklagten zweimal der Pein eines öffentlichen contradictorischen Verfahrens und dem Verdict der öffentlichen Meinung aus, welche immer argumentiren wird, es müßten auch zu dem ersten Stadium der Untersuchung dringende Gründe vorgelegen haben. Es wird gewiß ferner der Staatsanwalt, wie ich ihn mir vorstelle, und welchem Ideal die meisten deutschen Staatsanwälte entsprechen, ohne Grund einen Angeklagten vor dieses Verfahren nicht bringen. Es wird daher eigentlich nichts Anderes sein, als daß das Hauptverfahren in zwei Theile getheilt wird. Ja, ich fürchte aber, es wird dann das Interesse des Hauptverfahrens auch ein eben so getheiltes und gespaltetes werden, und es wird der Schwerpunkt der Verhandlung anstatt in die Hauptverhandlung, in dieses Vorverfahren gelegt werden. Wir haben dies überall dort gesehen, wo man aufrichtig mit dem früheren Verfahren nicht brechen, und nicht aufrichtig dem neuen Verfahren sich anschließen wollte, wo man also den Schwerpunkt der Verhandlung in die schriftliche Voruntersuchung legte und, um den Anforderungen der Zeit möglichst zu entsprechen, ein mündliches Schlußverfahren als eine Art Schlußdecoration zuließ.

Dieses Schlußverfahren war wirklich nur ein matter Abklatsch des Hauptverfahrens, welches in der schriftlichen Untersuchung lag; es enthielt nicht die Garantien eines öffentlichen contradictorischen Verfahrens, und man hat sich überzeugt, daß es nichts als ein Almosen an die öffentliche Meinung sei. Ich fürchte, daß, wenn man zur Verbesserung des Anklagebeschlusses ein contradictorisches Verfahren zulassen wollte, dies einen großen Nachtheil für denjenigen Act bringen wird, in dem allein der Schwerpunkt des ganzen Verfahrens liegen muß, für den unmittelbaren Act vor dem Erkenntniß.

Aus diesen Gründen, meine Herren, erlaube ich mir, den Antrag zu stellen, die Frage, wie sie der Versammlung vorgelegt ist, mit einer Verneinung zu beantworten, also zu beschließen: es habe in einem rationellen Strafverfahren der Anklagebeschluß oder das Verweisungs-Erkenntniß zu entfallen.

Staatsanwalt v. **Stenglein**: Meine Herren! Nach dem vollständigen Vortrage des Herrn Vorredners bleibt es mir nur übrig, in allen Richtungen eine kleine Nachlese anzustellen. Ich möchte nämlich den Antrag, den Herr Dr. Keller gestellt hat, so warm, wie möglich, unterstützen. Es scheint auch mir, daß ein Anklagebeschluß im mündlichen Strafverfahren nicht Platz finden kann. Wir Alle wissen, wie in Deutschland das mündliche und öffentliche Strafverfahren zur Einführung kam. Es haben sich die deutschen Gesetzgebungen sämmtlich mehr oder minder an das französische Verfahren angeschlossen, und wir wissen es und haben es zu verschiedenen Malen schon betont gehört, daß in dem französischen Verfahren sich eine eigenthümliche

Mischung des alten Inquisitionsverfahrens mit dem Anklageverfahren vorfindet, daß aber eine solche Reihe von Akten des alten Inquisitionsverfahrens sich hier breit mache, daß es sich mehr diesem als jenem nähert. Es kann hier natürlich nicht der Ort sein, alle die Spuren des Inquisitionsverfahrens in unserem, dem französischen Vorbilde nachgeahmten, Anklageverfahren aufzusuchen; hier möchte ich nur ein Gewicht darauf legen, daß diese Spuren sich hauptsächlich vorfinden in dem großen Werth, welchen man auf die Voruntersuchung legt, in dem Umstande, daß der Richter auch in dem Stadium mitwirkt, in welchem noch nicht zu urtheilen, sondern eben noch zu untersuchen ist.

Die Frage, welche uns vorliegt, wird sich hauptsächlich daraus beantworten, welche Stelle man der Voruntersuchung im Verfahren einräumen will. Ich glaube rationell und natürlich ist es nur, wenn man in der Voruntersuchung nichts weiter findet, als die Sammlung der Beweisbehelfe, eine Vorbereitung für das öffentliche Verfahren, wenn man das ganze Gewicht, das bei dem Inquisitionsverfahren in dem schriftlichen Verfahren lag, in das mündliche Beweisverfahren verlegt. Es ergiebt sich demnach von selbst, daß über diese Beweissammlung ein richterliches Urtheil keineswegs zu erfordern ist. Ich glaube, man kommt nothwendigerweise, wenn man die richterliche Mitwirkung in der Voruntersuchung beibehält, in das Dilemma, entweder der Voruntersuchung und dem Anklagebeschluß im Anklageverfahren eine solche Wichtigkeit beizumessen, daß wieder der Schwerpunkt des ganzen Verfahrens in die Voruntersuchung gelegt wird; und ich bin besorgt, es geschieht dies insbesondere, wenn der dritte Punkt des Antrages unseres Herrn Referenten zur Ausführung kommen sollte; — oder man giebt der Voruntersuchung die richtige Stellung als bloße Findung von Beweismitteln, und legt das Hauptgewicht auf die Erhebung derselben, dann ist die richterliche Mitwirkung in diesem Stadium überflüssig. Nehmen wir die Anträge des Herrn Referenten durch, so scheint es mir, daß er zwar anerkannt hat, daß der Anklagebeschluß, wie er jetzt in allen deutschen Staaten besteht, an großen Mängeln leidet; er will aber nicht mit einem kräftigen, energischen Schritte diesen Mängeln dadurch abhelfen, daß man eben den Anklagebeschluß ganz streicht, sondern er will die Beibehaltung des durch einige kleine Verbesserungen modificirten Anklagebeschlusses.

Die Frage ist dahin gerichtet, ob es für das mündliche Strafverfahren angemessen sei, einen Anklagebeschluß zu erlassen. Wenn man nun damit antwortet, es soll die Fassung des Anklagebeschlusses etwas vereinfacht werden, man solle ihn in gewissen Fällen, wo es unschädlich sei, allenfalls weglassen, in den meisten Fällen aber beibehalten, man solle keine doppelte Prüfung anstellen, man solle sich in dem Schriftlichen und, was damit verbunden ist, möglichst kurz fassen, so sind das allerdings kleine Behelfmittel, aber über das Princip sprechen sie nichts aus.

Legen Sie aber ein contradictorisches Verfahren in das Anklagebeschlußverfahren, dann, meine Herren, glaube ich, werden wir nothwendigerweise dazu kommen, was Herr Professor Dr. Geyer in seinem Gutachten ausgesprochen und der Herr Vorredner ebenfalls angeführt hat, nämlich, daß das Hauptgewicht in dieses contradictorische Verfahren gelegt wird, daß die Schlußverhandlung vor dem Urtheile der Richter nur noch ein wahres Nachspiel wird. Allein ich glaube, ein solches contradictorisches Verfahren leidet auch an und für sich an großen Mängeln. Wie sollen wir es uns denn denken? Sollen in diesem contradictorischen Verfahren schriftliche Beweismittel vorgelegt werden? Es scheint, nachdem es in der Frage heißt, ob auf Grund der schriftlichen Akten der Voruntersuchung ein Erkenntniß über Anklageerhebung zu erlassen sei oder nicht, als wenn das contradictorische Verfahren sich nach dem schriftlichen Vorverfahren richten solle. Ich glaube, dieses schriftliche Vorverfahren soll eben möglichst abgeschnitten, möglichst abgekürzt und möglichst nicht schriftlich gemacht werden. Allein, verstößt es eben nicht durchaus gegen das Princip der Mündlichkeit, wenn wir die Akten verlegen lassen und auf dieses trügerische Hülfsmittel hin irgend einen wesentlichen Schritt im Prozeß thun? Führt man aber in diesem contradictorischen Verfahren zum Behufe des Anklagebeschlusses die Beweismittel unmittelbar vor, führt man die Zeugen vor und läßt sie vernehmen, dann stehen wir auf dem Punkte, daß wir bereits die Vorverhandlung, wie Herr Professor Dr. Geyer sagt, zur Hauptverhandlung gemacht haben, und es ist dann gar kein Grund, sie noch einmal zu wiederholen. Ja, eine solche Wiederholung, glaube ich, ist im höchsten Grade gefährlich; denn wir wissen Alle, daß, wenn ein Zeuge zum zweiten Male gefragt wird, er nicht mehr der unbefangene Zeuge ist, der eine wahre aufrichtige Erklärung giebt.

Was ist eigentlich in dem Anklagebeschluß gegeben? Nach der gegenwärtigen Gestalt scheint mir, ist es der Ausspruch des Richters, daß der Richter richten dürfe; dazu braucht er doch, glaube ich, keine Erlaubniß. Der Angeklagte hat ein Recht, vor einen unpartheiischen Richter gestellt zu werden, er hat ein Recht, in seiner Vertheidigung in keiner Weise gekürzt zu werden, seinen Entlastungsbeweis vollständig zu führen und vor dem Richter die Folgerungen daraus zu ziehen, die sich ihm dafür darbieten. Werden ihm diese Erforderniße geboten, so kann er sich nicht beschweren, daß er irgendwie verkürzt sei. Wenn Sie nun dem dadurch Genüge leisten, daß Sie den Angeklagten mit der vollsten Freiheit, sich zu vertheidigen, unmittelbar vor seinen Richter stellen, wenn Sie alle Garantien dafür haben, daß dieser Richter ein unparteiischer Richter ist, so ist der Anforderung des Prozesses vollständig Genüge geleistet. Einer Vorprüfung, glaube ich, bedarf es dann nicht.

Eine Vorprüfung auf Grund schriftlicher Akten verstößt ferner gegen das Princip der Mündlichkeit, sie setzt den Richter in die Lage, einen präjudiciellen Schritt auf höchst mangelhafte Beweismittel hin zu thun; denn, meine Herren, darüber kann man sich doch nicht täuschen, daß, je mehr Gewicht man auf den Anklagebeschluß legt, man ihm eine um so präjudiciellere Bedeutung einräumt. Der Beklagte soll, wenn er für schuldig erklärt ist, verurtheilt werden, wenn man ihn aber mit einem richterlichen Beschlusse beschwert, wonach er, auf Grund mangelhafter schriftlicher Beweise, im höchsten Grade für verdächtig erklärt ist. so thut man ihm ein Unrecht, das sich unter keinen Umständen rechtfertigen läßt.

Es hat unser Herr Referent gestern ausgeführt, es sei höchst gefährlich, wenn ein einzelner Mann über die Anklage entscheide, er könnte sich zu leicht einer gewissen Leidenschaftlichkeit hingeben, er könnte eine gewisse Voreingenommenheit haben, und dergleichen mehr. Ja, meine Herren, wenn man der Anklage durch den Staatsanwalt irgend ein präjudicielles Gewicht, irgend eine entscheidende Kraft beilegt, dann hat der Herr Referent Recht; aber das ist es eben, wie ich glaube, was ganz entschieden dem Princip der Gerechtigkeit widerspricht, wenn man der bloßen Anklage, der bloßen Behauptung, daß der Angeklagte schuldig sei, ein solches präjudicielles Gewicht beilegt. Legt man es nicht bei, dann frage ich, über was entscheidet dieser einzelne Mann, der Staatsanwalt? Er *entscheidet* über gar nichts, er veranlaßt nur, daß der Richter sich über einen Anklagefall ausspricht; und das ist, glaube ich, vollständig in der Ordnung. Aber irgend einen Nachtheil fügt er dem Angeklagten nicht zu, er fügt ihm, glaube ich, sogar einen Vortheil zu, er bringt ihn nämlich in die Möglichkeit, gegenüber der Anklage die Satisfaction zu haben, daß er von seinem Richter freigesprochen, und zwar öffentlich freigesprochen wird, während ihm diese Satisfaction nicht zu Theil wird, wenn er nur dem Staatsanwalt gegenüber hinter verschlossenen Thüren sich gegen eine Anklage vertheidigen soll, wie dies bei dem von dem Herrn Referenten vorgeschlagenen Verfahren geschehen würde.

Dies sind die Gründe, weshalb ich glaube, daß wir blos dann zu einer erquicklichen Gestaltung des Prozesses kommen, wenn wir einfach die Frage, welche erhoben ist, verneinen, und ich möchte Sie daher dringend bitten, einen dahin gehenden Beschluß in unserer Abtheilung zu fassen.

Ober-Staatsanwalt **von Graevenitz** aus Marienwerder: Zuvörderst möchte ich constatiren, daß die uns vorgelegten beiden Gutachten die aufgeworfene Frage: ob Verweisungserkenntniß oder Anklagebeschluß erforderlich sei, grundsätzlich verneinen, allerdings mit Modificationen und

Bedingungen. Herr von Tippelskirch will nur zur Zeit den Anklagebeschluß nicht beseitigen, Professor Geyer ihn nur noch als Ausnahme gelten lassen. Danach möchte man annehmen, daß diese Herren Gutachter die Frage selbst noch nicht für ausgetragen, für die Gesetzgebung noch nicht geeignet erachten. Es will mir aber auch scheinen, als ob in diesen Gutachten, und dasselbe gilt von den verehrten Herren Vorrednern, die gesprochen haben, nach dem Standpunkt, welchen die Herren einnehmen, die Frage, welche Gründe denn in der That für das richterliche Verweisungserkenntniß vorliegen, in ihrer Fülle und sachlichen Bedeutung wenig berührt und nicht getroffen ist. Wenn ich mit kurzen Worten auf die beiden Gutachten zurückgehe, so unterscheidet Herr von Tippelskirch einen prozessualischen Gesichtspunkt und einen kriminal-politischen Gesichtspunkt, und richtet die Beantwortung der Frage vom prozessualischen Gesichtspunkt dahin, zu sagen, das Anklageerkenntniß ist überflüssig, weil die Anklageschrift vorhanden ist. Ja, dem kann man entgegenstellen, was sehr häufig mit gewichtigen Gründen entgegengestellt ist: Die Anklageschrift selbst ist überflüssig, weil das Verweisungserkenntniß vorhanden ist. Die kriminal-politische Betrachtung des Gutachtens gipfelt gewissermaßen in dem Satze, daß der französische Staatsanwalt einen höheren Einfluß ausübe, eine geachtetere Stellung als der deutsche Staatsanwalt inne habe, und daß, bis man zu diesem Ziel in Deutschland gelangt sei, man gut thue, den Anklagebeschluß aufrecht zu erhalten. Hiergegen wird dann aber doch die Frage aufgeworfen werden können, ob denn diese angebliche höhere Werthschätzung des französischen Staatsanwalts auf dem höheren Werthe seiner Thätigkeit beruht, oder nicht vielmehr auf seiner äußeren Stellung, darauf, daß ihm, wie gesagt wird, eingeräumt ist eine Stellung als Träger der Justizgewalt, überhaupt als Vorgesetzter der Richter. Man kann wohl die Frage aufwerfen, ob der deutsche Geist denn überhaupt geneigt ist, eine solche Staatsanwaltschaft zu ertragen, und ob denn nicht gerade die anspruchslosere Stellung des Staatsanwalts bei uns diejenige ist, die wir wollen. Jedenfalls bin ich der Ansicht, daß, wenn man dahin gelangte, daß dem Staatsanwalte eine solche bevorzugte Stellung eingeräumt würde, wie das in Frankreich stattfindet, sich dann gerade die Nothwendigkeit der Verweisungserkenntnisse noch klarer herausstellen würde. Ich stelle der Ansicht der beiden Gutachten und auch der Ansicht der beiden verehrten Herren Vorredner die gerade entgegengesetzte Ansicht gegenüber, daß ich die gerichtlichen Verweisungserkenntnisse für nothwendig halte, und zwar deshalb für nothwendig, weil sie nach ihrer Natur und Beschaffenheit der richterlichen Cognition nicht entzogen werden können.

Ich meine dabei zuerst, die Aufgabe, die das Verweisungsverfahren oder der Richter bei der Vorprüfung zu erledigen hat, die ist doch in der That keineswegs identisch mit der Aufgabe des Spruchrichters, wie man nach der Auffassung des Herrn Dr. Geyer annehmen könnte. Es handelt sich doch bei einem Verweisungserkenntniß darum, festzustellen, ob diejenige Beweisgrundlage vorhanden ist, welche unerläßlich ist, um überhaupt ein öffentliches Verfahren stattfinden zu lassen. Das ist meiner Auffassung nach eine ganz materielle Frage, eine sehr wichtige und vollkommen selbstständige. Es ist dieselbe, welche die englische Anklage-Jury zu beantworten hat. Ich bin überzeugt, daß die Erfahrungen des Herrn Dr. Keller richtig sind, daß die Anklage-Jury ihre Pflicht in England nicht erfüllt; aber daraus würde doch nur folgen, daß hier der Sache nach es sich nicht um die Thätigkeit von Geschworenen handelt, sondern um eine fachwissenschaftliche. Mir scheint das bedeutungsvollste Moment in dieser Richtung, daß der Angeklagte in England darauf hingewiesen wird, daß er im Zweifelsfalle von vorn herein sich an den Richter zu wenden habe. Das wird nicht geändert dadurch, daß es sich dort um eine gesetzliche Beweistheorie handelt, während bei uns der Richter auf dasjenige System von Beweisregeln angewiesen ist, welches ihm die Erfahrung und die Kenntniß an die Hand giebt.

Ich bin ferner der Ansicht, daß bei dem Anklageerkenntniß allerdings das Interesse des Angeklagten in den Vordergrund tritt. Ich will die Möglichkeit von Fällen nicht bestreiten, daß Jemand, der von der öffentlichen Meinung eines Verbrechens angeschuldigt wird, den Wunsch hat, vor der öffentlichen Meinung gereinigt zu werden, also selbst den Wunsch hat, vor den Spruchrichter gestellt zu werden; aber, meine Herren, das ist eine Ausnahme, eine Regel ist das nicht. In der Regel fürchtet der Angeklagte das öffentliche Verfahren. Ich trete daher hierin meinem verehrten Collegen, Herrn von Stenglein, entgegen, der annimmt, es geschehe durch eine öffentliche Anklage dem Angeklagten kein Nachtheil; meiner Ansicht nach geschieht ihm ein schweres Uebel, indem er einer Untersuchung, einer öffentlichen Untersuchung, unterworfen wird. Ich will nur auf Eines aufmerksam machen: Die Oeffentlichkeit ist ja ein Palladium für alle Strafrechtspflege, aber für denjenigen, der dem Verfahren unterworfen wird, hat die Oeffentlichkeit doch eine außerordentlich bittere Seite. Es handelt sich hierbei in der That um die Aufhellung eines ganzen menschlichen Lebens im Lichte der Oeffentlichkeit. Es ist nicht jedes menschliche Leben, und wir brauchen dabei nicht etwa an bestrafte Personen zu denken, dazu geeignet, im Lichte der Oeffentlichkeit zu glänzen, und der unschuldig Angeklagte, dem aber, sei es in seinem Familienleben oder anderswo, manches Menschliche zu Schulden gekommen ist, der kehrt aus einem solchen Verfahren zwar zuweilen frei gesprochen, aber geschädigt an Ehre und an guter Meinung zurück. Das werden wir Alle wissen, das sind so seltene Fälle nicht, daß die öffentliche Verhandlung nach ihrer Natur das scharfe Messer der Justiz an alle einzelnen Handlungen des Menschen legt. Wenn dem so ist, so bleibt ja eben nur die Frage zu beantworten übrig, ob denn in der That dem Richter oder dem Staatsanwalte die so wichtige Frage zu überlassen ist, ob Jemand in Anklagezustand zu versetzen ist oder nicht. Hier meine ich nun, dürfte uns die geschichtliche Entwickelung, die uns vorliegt auf sämmtlichen Rechtsgebieten, doch einen Fingerzeig gewähren. Wir wissen, im gemeinen Recht wurde auf Spezialwürdigung vor versammeltem Strafcollegium erkannt. In Folge des neuern Verfahrens bildete sich in Frankreich und in England die Anklagejury, die jedoch in Frankreich später beseitigt wurde. An die Stelle der Jury trat das Verweisungserkenntniß. Wenn demnächst in Frankreich bei einzelnen bestimmten Vergehen, das haben wir wohl in's Auge zu fassen, das Verweisungserkenntniß beseitigt ist, so werden wir uns in Beziehung auf die Tendenz dieser Beseitigung doch eines Mißtrauens nicht erwehren können. Jedenfalls steht das fest, meine Herren, daß bis auf den heutigen Tag die Nothwendigkeit des Verweisungserkenntnisses in der französischen Literatur anerkannt ist. Es fragt sich nun, was gibt uns denn die Berechtigung, diese Bahn zu verlassen zu einer Zeit, wo man doch im Ganzen wenig Neigung hat, die richterliche Machtvollkommenheit zu beschränken?

Was nun aber die innern Gründe, warum diese Frage Sache der Indikatur ist, betrifft, so giebt es nach meiner Auffassung für die damit ausgesprochene Frage, welche Sache der richterlichen Entscheidung unterbreitet werden muß, ja eben nur den Maaßstab der objectiven Erheblichkeit. Wenn nun die Aufgabe, ich habe sie vorhin formulirt: die Beweisgrundlage aufzufinden, welche erforderlich ist, um einen Mann vor den Richter zu stellen, wenn diese Aufgabe in der That von größter materieller und objectiver Erheblichkeit ist, wenn sie auf das Tiefste einschneidet in das Interesse des Angeklagten und damit auch in das Interesse des Staates, so fällt sie selbstverständlich dem Richter zu. Wir wollen aber auch den Gegenstand der Entscheidung in's Auge fassen, die von dem Richter in solchem Falle zu geben ist.

Fassen Sie in's Auge, daß wir der Voruntersuchung bedürfen, ja sogar einer eingehenden, zuverlässigen, gründlichen Voruntersuchung. Ich habe die Erfahrung gemacht, daß solche Voruntersuchungen von den Geschwornen am meisten verlangt werden und zwar von den gewissenhaftesten Geschwornen; sie pflegen zu sagen, die Sache ist noch nicht genügend für uns vorbereitet. Wenn diese Voruntersuchung nach Lage des schweren Verbrechens einen großen Umfang auch bei der größten Gewissenhaftigkeit einnimmt, dann muß nothwendig ein Zeitpunkt kommen, wo eine Sichtung des Materials, das vielleicht das Beweismaterial ist, erfolgen muß. Ich möchte darauf aufmerksam machen, daß, wenn doch einmal die Voruntersuchung eine unbezweifelte

Stellung einnimmt, es nothwendig ist, festzustellen, ob es nicht gerade sehr befördernd ist, einmal zuzusehen, wie es mit den schriftlichen Erhebungen steht, die demnächst benutzt werden sollen. Ich glaube, daß das Verweisungserkenntniß gerade dazu dient, um das Inquisitionsprinzip in dieser Beziehung mit dem Anklageprinzip zu vermitteln. Fassen sie auch das Schwurgericht in's Auge. Wir sind Alle davon durchdrungen, daß wir die Schwurgerichte behalten wollen, und daß sie ein Schatz für die Rechtsprechung sind; wir sind aber auch vollkommen darüber einig, daß die deutschen Schwurgerichte reformbedürftig sind. Es wird nun Niemand bestreiten, daß die Reform auf keinem Gebiete so schwierig ist, als gerade auf diesem. Wenn das der Weg ist, dann hat die Gesetzgebung die Pflicht, diejenigen Mittel zu schaffen und namentlich zu erhalten, welche den Geschwornen ihre Aufgabe erleichtern, welche dahin führen, materiell richtige Straferkenntnisse zu erhalten. Zu solchen Mitteln dient nun nach meiner Erfahrung das Verweisungserkenntniß, welches die aufgesammelten Thatsachen läutert und klärt.

Ich gehe aus diesen Gründen so weit, daß ich es für nothwendig halte, die Vorprüfung und damit das Verweisungserkenntniß oder den Anklagebeschluß einem außer der Sache selbst stehenden höheren Gerichtshofe zu übertragen, also einem Anklagesenat; wobei ich die Frage, ob denn außerdem eine Vorprüfung durch die erste Instanz erforderlich ist, bei Seite lasse.

Ich will kurz hervorheben, daß diejenige Controle, welche von dem Anklagesenat, nicht in Beziehung auf den Richter der Voruntersuchung, wohl aber auf die ganze Voruntersuchung geübt wird, von großer Bedeutung ist, und daß sie auf einem andern Wege in der That, im Allgemeinen sowohl, wie für die einzelne Sache gar nicht zu bewirken ist. Die Objectivität und Unpartheilichkeit der deutschen Staatsanwälte ist mir außer aller Frage, und zwar nach den Erfahrungen, die ich in einem langen Berufsleben, nicht an mir selbst, sondern an Andern gemacht habe, und ich kann demjenigen nach meiner persönlichen Auffassung nicht beitreten, was Herr v. Tippelskirch in Beziehung auf die politischen Meinungen gegenüber der Staatsanwaltschaft behauptet hat. Der Herr Referent hat schon in liebenswürdiger Weise auf denselben Gegenstand hingedeutet, den ich mit Rücksicht auf meine persönliche Stellung wohl hier verlassen kann. Aber wenn überhaupt von Mißtrauen gegen die Staatsanwaltschaft zu sprechen wäre, nun, dann möchte ich sagen, dieses Mißtrauen wird am richtigsten beseitigt, wenn man die Regel, „Jedem das Seine" aufrecht erhält, und wenn man dem Richter giebt, was des Richters ist, und dem Staatsanwalte, was des Staatsanwaltes ist. Ich gehe dabei allerdings von der vielfach bestrittenen Ansicht aus, daß die Frage, um die es sich hier handelt, ihrer materiellen Wichtigkeit halber eine Sache der richterlichen Judicatur sein und bleiben muß.

Es ist vollkommen richtig, daß überwiegend, in den meisten Fällen, die Anschauung der Staatsanwaltschaft mit derjenigen des Richters übereinstimmt. Indeß, meine Herren, durchgehends ist die Sache doch nicht so. Während ich als Oberstaatsanwalt bei dem Appellationsgericht in Marienwerder fungirt habe, welches die Provinz Westpreußen und damit 2 Regierungsbezirke umfaßt, sind in jedem Jahre etwa vierhundert Anträge dem Anklagesenat des Appellationsgerichts unterbreitet, und von diesen Sachen ziemlich regelmäßig in jedem Jahre 30 so behandelt worden, daß dem Angeklagten eine günstigere Auffassung zu Theil geworden ist, daß also entweder die Versetzung in den Anklagestand überhaupt abgelehnt, oder doch das schwurgerichtliche Verfahren ausgeschlossen wurde. Ich kann demnach für meine Auffassung wenigstens das geltend machen, daß doch immerhin ein Collegium von 5 intelligenten Richtern während eines Jahres in 30 Fällen sich dahin erklärt hat, daß einer günstigeren Auffassung für den Angeklagten Raum zu geben sei.

Im Ganzen nehme ich an, daß, wenigstens so weit ich mir darüber ein Urtheil verschafft habe, auch ein großer Theil, wenn nicht der überwiegende Theil der Staatsanwaltschaft mit der Auffassung einverstanden ist, wie ich sie hier ausgesprochen habe. Es scheint mir, als ob dem Staatsanwalte der Kampf, den er gegen den Angeklagten mit aller Kraft zu führen hat, doch als ein loyalerer erscheint, wenn zuvor Alles geschehen ist, was in Beziehung auf die Frage, ob sein Gegner in Anklagestand zu versetzen ist, geschehen konnte.

Ich habe zum Schluß nur noch einige Bemerkungen in Beziehung auf die Einwendungen, die im Einzelnen in der Sache gemacht worden sind, zu geben. Einmal wird in beiden Gutachten auf das Anklageprincip Bezug genommen, und es scheint, als ob es überhaupt wesentlich prozessualische Gründe sind welche zu einer der meinigen entgegengesetzten Auffassung geführt haben. Nun aber gilt in der Voruntersuchung noch das Inquisitionsprinzip, und die sittliche Bedeutung des Inquisitionsprincips in dieser Beziehung ist nie verkannt worden. Es will mir doch scheinen, wie ich vorhin schon andeutete, daß es sich in unserm deutschen Processe um eine Combination beider Principien handelt. Mag die Wissenschaft die Consequenzen eben auf's Aeußerste ziehen; meiner Auffassung nach wird die Wissenschaft immer nur dahin führen, den Umfang zu bestimmen, in welchem beide Principien zur Geltung kommen. Ich bin der Ansicht, daß es seine Bedenklichkeiten hat, den Criminalproceß in einseitiger Weise zu formuliren und demgemäß der richterlichen Thätigkeit wichtige Momente des Processes zu entziehen. Ich glaube nicht, daß der Strafprozeß an Vertrauen gewinnen würde, wenn man ihn in solcher Weise von der ganzen geschichtlichen Entwickelung lösen würde.

Ein sehr wichtiges Moment ist dann endlich, daß von vielen Seiten angenommen wird, es könnte das Verweisungserkenntniß ein Präjudiz gegen den Angeklagten bewirken. Hier kann ich mich als Practiker nur auf meine Erfahrung berufen; ich habe die vollkommene Ueberzeugung, daß das Verweisungserkenntniß im Wesentlichen, im Großen und Ganzen nur das Interesse des Angeklagten schützt; allerdings, darauf muß ich noch in Kürze hinweisen, darf man nicht weiter gehen, als es das Interesse des Angeklagten verlangt. Ein contradictorisches Verfahren ist unmöglich aus Gründen, die vielfach erörtert sind. Ich bin vollkommen bereit, dem Vertheidiger in der Vorverhandlung eine Theilnahme zu geben; ich glaube auch, daß dem Angeklagten gegen das Verweisungserkenntniß, soweit es richterliche Fragen berührt, ein Rechtsmittel gegeben werden kann; aber von einem contradictorischen Verfahren müssen wir allerdings absehen. Wenn man bei der von mir vertheidigten Vorprüfung das richtige Maaß hält, dann kann, nach meiner Erfahrung, von einem Präjudiz, welches dem Angeklagten dadurch zugefügt würde, nicht die Rede sein. Bedenken Sie und nehmen Sie Ihre Erfahrung in dieser Beziehung zur Hand, fragen Sie sich, ob in dem mündlichen Verfahren, vor dem Ernste der Verhandlung und vor der Verantwortlichkeit der Aufgabe, die den Geschwornen gestellt ist, mit dem Augenblick, wo die Verhandlung beginnt, das Verweisungserkenntniß, die Existenz des Verweisungserkenntnisses nicht vollkommen beseitigt ist. Glauben Sie mir, meine Herren, wenn Jemand der Factoren der Untersuchung auf ein solches Erkenntniß während der Verhandlungen Bezug nehmen würde, so würde sich die Schärfe einer solchen Beweisführung nur gegen ihn selbst richten.

Einen Umstand habe ich noch zu erwähnen. Es ist vielfach darauf hingewiesen worden, es sei das Verweisungserkenntniß zu beseitigen, denn man könne damit ein consequentes juristisches Verfahren nicht erreichen; indeß man solle ein Verweisungserkenntniß dann zulassen, wenn es der Angeklagte selbst fordert. Das halte ich aber für vollkommen falsch; damit geben wir die Gleichmäßigkeit des Verfahrens auf und machen dasselbe von der Stimmung und Anschauung des Angeklagten abhängig. Sie legen dem Angeklagten die Beantwortung einer Frage auf die Schulter, die außerordentlich schwer wiegt, und die er schwerlich mit derjenigen Ruhe beantworten kann, wie ein Richtercollegium.

Das sind die Gründe, weshalb ich in schweren Untersuchungen, in Schwurgerichtsfällen, die Prüfung der Anklage durch ein Richtercolleginm für nothwendig halte.

(Es wird Schluß der Debatte beantragt und beschlossen.)

Oberhofgerichtsrath **Brauer**: Meine Herren, gestatten Sie mir als Referent nur wenige Worte. Ich stehe hier einer Reihe von Staatsanwälten gegenüber, die bewiesen haben, daß sie würdig wären, Herren der Anklage zu sein. Ich kann nur die einfache Sprache der Wahrheit, die meiner Ueberzeugung, sprechen. Ich bin kein einseitiger Freund des Hergebrachten, und habe das bewiesen; ich halte das Recht für einen wachsenden Baum, die faulen Zweige, die fallen theils von selber ab, theils muß die nachhelfende Hand sie abhauen. Bei diesem Abhauen muß man aber vorsichtig zu Werke gehen, und sich hüten, nicht zuviel abzuhauen. Ich glaube, daß wir hier sind, eine volksgemäße und zeitgemäße Rechtspflege anzubahnen, und daß wir auch auf die öffentliche Meinung und das Rechtsbewußtsein des Volkes Rücksicht nehmen müssen. Ich frage nun, meine Herren, würden wir in diesem Sinne handeln, wenn wir Alles in die Hand Eines Mannes legten? Ich habe wiederholt erklärt, daß ich ein festes Zutrauen zu der Unpartheilichkeit unserer Staatsanwälte hege, aber es giebt ein Mißtrauen, das Jeder gegen sich selbst üben muß, und das auch auf das Volk übergeht, so daß man sich überzeugt, daß in dieser Hinsicht möglichst vorgesorgt werden muß. Ich bleibe nun auf meinem Grundsatz stehen; es ist ein allgemeiner Rechtsgrundsatz, daß ein Mann nicht über Leben und Tod, über Freiheit und Güter, wenn auch nur in untergeordneter Weise, allein entscheiden soll. Dieser Grundsatz ist anerkannt worden dadurch, daß man ausgesprochen hat, die Einzelrichter sollen, soweit es angeht, nicht mehr allein richten, daß man dem Einzelrichter Schöffen an die Hand gegeben hat. Dieser Grundsatz findet nun aber auch auf den Staatsanwalt Anwendung.

Man hat sich nach Vorbildern umgesehen in Frankreich, und die dortigen Vorbilder sind zurückgewiesen worden. Das rechtfertigt sich in vielen, doch nicht in allen Dingen. Aber England und die andern Länder? ist denn dort eine solche Einrichtung vorhanden? Dort findet ja eine Vorprüfung statt. Wir haben also allermindestens eine Neuerung vor uns, die sehr gewagt genannt werden kann. Man hat mir vorgeworfen, eine Heilung müsse durchgreifend sein. Es ist dies richtig, wo es sich blos um Heilung handelt; aber wenn es sich darum handelt, ein Glied abzuschneiden, da wird jeder gewissenhafte und weise Arzt Anstand nehmen, ohne Noth und allzu eilig vorzuschreiten. Nun hat man das Vorbild zurückgewiesen in Bezug auf diese Richtung, in der ich es grade für wichtig halte; man hat aber in Bezug auf den Staatsanwalt und dessen Stellung, die sich in Frankreich eigenthümlich entwickelt hat, nicht Anstand genommen, diese Entwickelung auf unsere Verhältnisse zu übertragen. Das halte ich nicht für angemessen und gerechtfertigt. Man hat gesagt, es würden die Nachtheile vermieden, die eine solche Vorentscheidung gegen den Angeklagten haben würde. Die Staatsanwälte haben die Tragweite ihrer Wirksamkeit unterschätzt, wenn sie meinen, daß es kein großes Gewicht habe, wenn eine Anklage erhoben wird; im Gegentheil, es hat ein großes Gewicht, und derselbe Nachtheil wird demnach auch hier eintreten.

Ich kann aber aus Erfahrung bestätigen, daß die richterliche Vorprüfung in vielen Fällen einen wirklichen Werth hat. Wir hatten in neuesten Zeiten bei dem Oberhofgericht in Mannheim zwei sich ähnliche Fälle, wo durch die richterliche Vorprüfung die Anklage verhindert wurde. (Wir haben nämlich in Baden als zweite Instanz bei der Vorprüfung ein Rechtsmittel, und zwar nach meiner Ansicht zweckmäßig und vollkommen richtig, das Rechtsmittel der Beschwerdeführung in allereinfachster Weise.) Es waren zwei ganz ähnliche Rechtsfälle, und sie werden mir erlauben, daß ich sie mit ein paar Worten andeute. Es war in Heidelberg vorgekommen, daß ein Mann von höherem Stande, ein gebildeter Beamter, sich mit seiner Dienstmagd, die eine üble Person zu sein schien, entzweit hatte. Er wußte sich, um ein dienstwidriges Weglaufen derselben abzuwenden, nicht anders zu helfen, als daß er zur Selbsthülfe griff, geschwind die Zimmerthür zuschloß und zum Richter lief, um die Sache anhängig zu machen. Es hatte vielleicht eine Stunde gedauert, bis die Magd wieder befreit wurde. Dieser Mann wurde nun vor Gericht gestellt, wegen widerrechtlicher Gefangenhaltung, so lautete der Antrag. Es wurde jedoch in diesem Falle die Zurückweisung des Antrages, zwar nicht von der Anklagekammer, aber doch von dem oberen Gericht in der richterlichen Vorprüfung erkannt. Dadurch wurde diesem Manne erspart, daß er durch die Hauptverhandlung für sein ganzes Leben blamirt werde, wegen eines unbedeutenden Vergehens. Es kam noch ein ganz ähnlicher zweiter Fall vor.

Ich komme nun zum Schluß auf das vorgeschlagene contradictorische Verfahren. Ich habe nur ein kurzes Verfahren, Ausführung und Gegenausführung, im Auge gehabt. Wird eine Voruntersuchung mit richterlicher Vorprüfung für nothwendig erkannt, so glaube ich, daß wir dem edlen Princip der Mündlichkeit und Oeffentlichkeit in soweit Rechnung zu tragen schuldig sind, daß wir es auch in diesem Vorverfahren nicht ganz vernachlässigen. Wenn das fragliche Verfahren gehörig geregelt und gehandhabt wird, so wird dabei keineswegs gleichsam eine vorläufige Hauptverhandlung stattfinden, sondern es würde ein ganz einfaches kurzes Verfahren genügen.

Das ist, was ich zu sagen hatte. Ich hoffe, daß Sie die Fragen, wie sie nun gestellt sind, in dem Sinne beantworten, wie ich Ihnen vorzuschlagen die Ehre hatte.

Präsident: Schreiten wir nun zur Abstimmung über den Antrag des Herrn Dr. Keller; er ist derjenige, der am weitesten geht, und alle Specialfragen sofort erledigt. Es würde der Antrag, wie ihn der Herr Dr. Keller dann noch zu formuliren haben würde, wenn ich glaube in seinem Sinne sprechen zu können, so lauten:

„Es ist für das mündliche Strafverfahren nicht angemessen, auf

Grund der schriftlichen Acten der Voruntersuchung ein Erkenntniß darüber zu erlassen, ob Anklage zu erheben sei."

(Herr Oberlandesgerichtsrath Dr. Keller erklärt sich damit einverstanden.)

Sollte dieser Antrag angenommen werden, dann erledigen sich die speciellen Anträge des Herrn Referenten von selbst; würde er abgelehnt, dann würden wir zu den speciellen Anträgen des Herrn Referenten übergehen, die einzeln zur Abstimmung zu bringen wären. Ich bringe daher, wenn gegen diese Fragestellung keine Einsprache erhoben wird, dieselben nach der Reihenfolge zur Abstimmung, und richte zunächst die Abstimmung auf den Antrag des Herrn Dr. Keller.

(Der Antrag wird abgelehnt.)

Wir gehen nun über zu den Anträgen des Herrn Referenten. Der erste Antrag desselben lautet:

„Eine richterliche Vorprüfung des Anklage-Antrages des Staats-Anwalts findet nicht statt, wenn entweder der Angeklagte auf eine solche Vorprüfung verzichtet, oder wenn er sich schuldig erklärt."

(Abstimmung.)

Die Mehrheit hat diesen Antrag abgelehnt. Ich muß also annehmen, daß damit ausgesprochen ist, daß die richterliche Vorprüfung des Antrages überhaupt eintreten soll. Ich will eine Frage an die Versammlung richten, ob sie mit dieser Consequenz einverstanden ist: daß, nachdem der Antrag des Herrn Brauer abgelehnt ist, die Versammlung ausgesprochen hat, daß eine richterliche Vorprüfung im Anklagefalle überhaupt eintreten soll.

(Rufe: darüber muß abgestimmt werden!)

Ich kann nicht abstimmen lassen, da kein Antrag gestellt ist, es ist die Consequenz der Ablehnung des Antrags des Referenten.

Oberlandesgerichtsrath Dr. **Keller**: Meiner Ansicht nach ist Uebergang zur Tages-Ordnung beschlossen, wenn Niemand einen Antrag stellt.

Präsident: Ich fasse das anders auf. Ich bin der Meinung, der zweite Antrag des Herrn Brauer, wonach eine einmalige richterliche Vorprüfung stattfinden soll, ist nach der Entwickelung der Debatte ein ganz unabhängiger; ich füge mich aber dem Beschlusse der Versammlung.

Kreisgerichtsdirektor **von Kunowski** aus Neu-Ruppin: Ich bin der Meinung, wenn kein positives Resultat der Abstimmung erreicht ist, dann ist die erste Consequenz: es ist nicht angemessen, einen Verweisungsbeschluß eintreten zu lassen. Die Anträge des Herrn Referenten richten sich auf Modifikationen des Princips; sie sind im ersten Punkte verworfen, also in allen, da ausgesprochen ist, daß das Princip aufrecht zu erhalten sei.

Präsident: Ich bitte mir noch eine Bemerkung zu erlauben. Ich bin mit der ersten Consequenz, wie ich schon vorhin ausgesprochen, vollkommen einverstanden; ich glaube auch, die Versammlung hat ausgesprochen, es soll eine Vorprüfung der Anklage stattfinden. Nun kommen aber noch die andern Anträge des Herrn Brauer; die, glaube ich, stehen vollständig daneben. Wenn wir von dem Satze ausgehen, die Versammlung hat ihre Ansicht dahin kund gegeben, daß eine richterliche Vorprüfung stattfinden soll, so ist die Frage noch gar nicht erledigt, „soll eine einfache oder doppelte Vorprüfung stattfinden", und der dritte Antrag: „soll ein contradictorisches Verfahren stattfinden"? Also müssen der zweite und dritte Antrag noch zur Abstimmung kommen.

Oberstaatsanwalt **v. Graevenitz**: Ich wollte noch hervorheben, daß die Ansicht des Herrn Dr. Keller, es wäre Uebergang zur Tagesordnung beschlossen, ein Resultat ergeben würde, das Niemand will. Dies ist ein Punkt, der auch der Auffassung unseres Herrn Präsidenten entschieden praktisch zur Seite tritt.

Staatsanwalt **v. Stenglein**: Das Resultat ist so, wie unser Herr Präsident angegeben hat, aber formell ist es nicht richtig, einen Beschluß einer Versammlung durch Schlußfolgerung zu extrahiren. Ist die Majorität der ausgesprochenen Ansicht, die Anklageprüfung solle bestehen bleiben, so würde das eine Abstimmung leicht einfach und bestimmt ergeben Ich würde bitten, abstimmen zu lassen.

Präsident: Darf ich annehmen, daß das die Ansicht der Versammlung ist?

Oberstaatsanwalt **v. Graevenitz**: Es will mir nur erscheinen, als ob die Beantwortung der Frage, wie sie Herr von Stenglein stellt, wieder in Widerspruch treten kann mit dem Beschlusse der Versammlung. Dieser Beschluß ist rechtskräftig, und ich glaube nicht, daß man in solcher Weise Fragen stellen kann.

Staatsanwalt **v. Stenglein**: Entweder ist die Schlußfolgerung. daß die Versammlung in beiden bis jetzt zur Abstimmung gebrachten Anträgen das Princip der Anklageprüfung als richtig anerkannt, dann wird sich die Majorität erheben, oder diese Schlußfolgerung ist nicht richtig, und es finden verschiedene Erwägungen statt, dann wird sich die Minorität erheben, aber wir kommen auf jeden Fall auf diese Weise zu einem sichern Resultat, welches nicht bestritten werden kann, und das hat, glaube ich, für den Zweck Juristentages einen wesentlichen Werth.

Präsident: Ich erlaube mir, aufmerksam zu machen, daß möglicher Weise das Resultat der Abstimmung auseinander gehen könnte, weil wir nicht vorher wissen, ob eine Majorität oder Minorität sich erhebt; aber ich unterwerfe mich dem Beschluß der Versammlung. Aber erst wäre über die Vorfrage zu entscheiden, ohne Rücksicht auf den materiellen Inhalt der Sache. Beschließen Sie, darüber abzustimmen, ob eine richterliche Vorprüfung überhaupt stattfinden soll? Diejenigen Herren, welche der Meinung sind, daß eine solche Frage noch zu stellen ist, bitte ich sitzen zu bleiben, die andern Herren aber bitte ich aufzustehen.

(Abstimmung.)

Es ist keine Majorität für die Stellung der Frage, somit hat dieselbe zu unterbleiben.

Meine Herren, es steht also fest durch diesen, wenn auch jetzt nur formellen Beschluß, daß die Ansicht der Versammlung dahin geht, es findet eine richterliche Vorprüfung statt.

Nun komme ich auf Nummer zwei der Brauer'schen Anträge. Er lautet dahin:

„Jedenfalls findet nur eine einmalige richterliche Vorprüfung statt."

(Abstimmung.)

Der Antrag ist angenommen. Jetzt kommen wir zum dritten und letzten Antrage des Brauerschen Referats:

„Es findet behufs der Frage, ob der Anklageantrag des Staatsanwalts zulässig, beziehentlich ausreichend begründet sei, bereits in diesem Verfahren eine contradictorische Verhandlung zwischen Staatsanwalt und Vertheidiger vor dem Gerichte statt."

(Abstimmung.)

(Der Antrag ist mit überwiegender Majorität abgelehnt.)

Meine Herren, es resümirt sich also, ich bitte, mich zu controliren, der Beschluß dahin: „es findet eine richterliche Vorprüfung der Anklage der Staatsanwaltschaft statt, jedoch nur eine einmalige Vorprüfung." Das, glaube ich, ist das Resultat; sind Sie damit einverstanden?

(Zustimmung.)

Dann ist dieser Gegenstand erledigt, und es steht nur noch die geschäftliche Behandlung in Frage, ob wir diese Anträge nur zur Anzeige oder zur Discussion und Beschlußfassung an das Plenum bringen wollen.

Obergerichtsrath v. **Pestel** aus Celle: Ich beantrage, eine Discussion im Plenum herbeizuführen, weil Minoriät und Majorität für die Hauptfrage nur schwer zu unterscheiden war.

Oberlandesgerichtsrath Dr. **Keller**: Ich schließe mich dem Antrage aus demselben Grunde an.

Präsident: Ich bringe nunmehr den Antrag zur Abstimmung.

(Abstimmung.)

(Der Antrag ist angenommen.)

Wir kommen nunmehr zu dem Antrage unter Nr. 11, der von mir selbst eingebracht ist.

(Obertribunalsrath Dr. Goltdammer übernimmt das Präsidium und ertheilt dem Referenten das Wort.)

Staatsanwalt v. **Stenglein** aus München: Meine Herren! Der Antrag, den Herr Dr. Schwarze auf dem vorigen Juristentage gestellt hat, ist abgedruckt im 1. Bande der Verhandlungen des 6. Juristentages, Seite 362. Er wurde in seinem ersten Theile, welcher dahin geht, „dem Staatsanwalte ist die Berufung gegen die Enderkenntnisse der Kollegialstrafgerichte zum Nachtheile des Angeklagten nicht einzuräumen", auf dem 6. Juristentage discutirt und angenommen. Es wurde jedoch sowohl in der Discussion als in der schriftlichen Formulirung des Antrages derselbe näher dahin präcisirt, daß unter Berufung nur das Rechtsmittel über die Thatfrage zu verstehen sei. Ich halte diese Vorbemerkung deshalb für nothwendig, weil Dr. Wirk zu Wolfenbüttel im Eingange der Begutachtung des 2. Theils der These die Frage aufgeworfen hat, warum hier nicht von Berufung, sondern nur von Nichtigkeitsbeschwerde die Rede sei. Wenn die Berufung über die Thatfrage überhaupt ausgeschlossen werden soll, so kann natürlich nicht davon die Rede sein, daß dem Staatsanwalte zu Gunsten des Angeschuldigten eine solche Berufung eingeräumt werde.

Der 2. Theil des Antrages, mit dem wir uns heute zu beschäftigen haben, lautet:

> „Der deutsche Juristentag wolle aussprechen: dem Staatsanwalte ist die Befugniß einzuräumen, zu Gunsten des Angeklagten sowohl die Nichtigkeitsbeschwerde einzuwenden, als auch auf Wiederaufnahme der Untersuchung anzutragen, und zwar unter den Voraussetzungen und in den Fällen, in welchen es dem Angeklagten gestattet sein würde."

Es hat der Gutachtensteller, Herr Staatsanwalt Dr. Wirk, diese Fragen getrennt und hat sich dahin ausgesprochen, daß Berufung und Nichtigkeitsbeschwerde dem Staatsanwalt zu Gunsten des Angeklagten nicht einzuräumen seien, wohl aber das Rechtsmittel der Wiederaufnahme des Verfahrens. Er hat hier diejenigen Fälle, in welchen er eine Wiederaufnahme zulässig finden will, auf wenige Punkte präcisirt, insbesondere darauf, daß innerhalb des frühern Strafverfahrens unwahre Beweismittel vorgebracht wurden, oder daß eine Illoyalität des früheren Strafverfahrens stattgefunden hat, insbesondere eine Bestechung des Richters oder ähnliche Fälle. Ich gestehe nun, daß ich mich mit den Schlußfolgerungen des Herrn Gutachtenstellers nicht einverstanden erklären kann, sondern daß ich mich dahin aussprechen muß, es sei in sämmtlichen Fällen, in denen dem Angeklagten ein Rechtsmittel eingeräumt wird, dasselbe auch dem Staatsanwalt zu Gunsten des Angeklagten einzuräumen. Geht man das Gutachten des Herrn Staatsanwalt Dr. Wirk durch, so findet sich vor allem der Satz, es solle der Staatsanwalt nicht Anwalt des Angeklagten werden; er werde es aber dann, wenn er ein solches regelmäßiges Rechtsmittel zu Gunsten des Angeklagten einwende. Ein fernerer Satz des Gutachtenstellers ist, daß es zwar die Allgemeinheit, welche der Staatsanwalt zu vertreten habe, in Unruhe versetzt, daß das Princip der Gerechtigkeit an seiner Wurzel verletzt werde, wenn eine Unwahrheit im Prozeß stattgefunden habe, also wenn der Fall stattgefunden habe, daß ein wirklich unwahres Beweismittel vorgebracht wurde, oder daß der Richter oder andere Mitwirkende bei dem Verfahren bestochen worden seien, daß aber eine solche Beunruhigung der Allgemeinheit, eine solche Verletzung des Rechtsgefühls und des Princips der Gerechtigkeit im Wesentlichen nicht stattfinde, wenn es sich nur darum handle, ob der Angeschuldigte ein Rechtsmittel ergreifen und dadurch eine Modification des Richterspruches hervorrufen solle. Ich kann mich nun mit dieser Unterscheidung durchaus nicht einverstanden erkären; ich bin der Ansicht, daß die Allgemeinheit in gleichem Maaße interessirt ist, ob das Urtheil nur theilweise ein richtiges, oder ob es vollständig unrichtig ist. Ja, ich könnte mir Fälle denken, daß diejenigen Voraussetzungen, welche der Gutachtensteller als zur Wiederaufnahme des Strafverfahrens geeignet ansieht, die Allgemeinheit weit weniger berühren, als wenn z. B. ein Angeschuldigter zwar auf vollständig richtige Beweismittel hin, aber ungerecht verurtheilt wurde. Selbst in dem Falle, daß die Strafe nur zu hoch ausgefallen ist, kann der Schuldausspruch des Richters ganz gewiß unter Umständen die Allgemeinheit durch die dadurch entstehenden Differenzen in der Rechtsprechung sehr empfindlich verletzen, während die Fälle, in denen eine Wiederaufnahme des Strafverfahrens stattfinden soll, unter Umständen dennoch ein materiell richtiges Resultat geben können.

Man wird, um zu einem Endziele in dieser Frage zu gelangen, sich vor Allem fragen müssen, welche Stellung will man dem Staatsanwalt überhaupt im Strafverfahren einräumen. Es hat der Herr Gutachtensteller das dahin präcisirt, es sei der Staatsanwalt der Vertreter der Allgemeinheit. Ich will dies durchaus nicht bestreiten, nur glaube ich, daß eine solche Bezeichnung an einer gewissen „Allgemeinheit" leidet, die eine bestimmte Schlußfolgerung noch nicht nach sich zieht; ich bin deshalb auch ferner dafür, Ausdrücke anderer Art für die Stellung gebrauchen zu müssen, als welche heute aufgeführt worden sind: er sei Wächter des Gesetzes, das Auge der

Gerechtigkeit u. dgl. mehr. Ich glaube, man wird mich nicht in dem Verdacht haben, ich trete der Staatsanwaltschaft zu nahe, es scheinen mir aber solche Ausdrücke etwas zu emphatischer Natur zu sein und nicht so ganz mit der Prosa des Lebens übereinzustimmen. Mit solchen allgemeinen, zu viel und zu wenig sagenden Ausdrücken gewinnt man ein schlechteres Resultat, als wenn man sich auf das Princip der Arbeitstheilung beschränkt. Es hat der Inquisitionsprozeß gezeigt, daß eine Vereinigung von sämmtlichen Functionen des Strafprocesses in der Hand des Richters unthunlich ist, daß dies zu Unzukömmlichkeit führt, daß es die unpartheiische Stellung des Richters in einer Weise beeinträchtigt, daß dadurch dem Principe der Gerechtigkeit keine Genüge geleistet wird. Man ist dadurch dazu gekommen, die verschiedenen Functionen zu theilen, und man hat, wie in dem so eben behandelten Gutachten des Herrn v. Tippelskirch, wie ich glaube, ganz richtig ausgeführt ist, das Bedürfniß nach einer Person gefühlt, welche als promovens inquisitionem erscheint. Also, die Initiative im Strafprozeß sollte einer bestimmten Person eingeräumt werden, um dadurch den Richter auf diejenigen Functionen zu beschränken, welche demselben allein angemessen sind, nämlich auf die Function des unpartheiischen Urtheilens. Wenn nun im Interesse der allgemeinen Gerechtigkeit der Staatsanwalt die Rolle hat, ein Inquisitorium vorzubereiten, zu veranlassen und in allen einzelnen Stadien zu fördern, dann glaube ich, kann von diesem Gesichtspunkte aus nicht in Abrede gestellt werden, daß die Gerechtigkeitspflege eben sowohl erfordert, daß zu Gunsten des Angeklagten die Inquisition respectirt werde, als zu Ungunsten desselben; daß die Gerechtigkeitspflege erfordert, daß, so oft der erste Richter eine Frage, sei es über Thatsachen, sei es eine Rechtsfrage, nicht richtig behandelt hat, auch dann, wenn der Angeklagte, aus welchen Gründen immer, vom Rechtsmittel nicht Gebrauch macht, der Staatsanwalt eine weitere Urtheilsfällung veranlassen muß. In dem Gutachten ist dies auch damit bekämpft, daß ja auch die Entscheidung des Staatsanwalts, das erste Urtheil sei nicht richtig, durchaus nicht als so überwiegend betrachtet werden könnte, daß man deßhalb zu einem weiteren Urtheilsspruche schreiten müsse. Ich komme hier auf einen ähnlichen Satz zurück, wie ich ihn in der gestrigen Discussion behandelt habe. Dem Angeschuldigten scheint mir durch Einlegung des Rechtsmittels ein Nachtheil durchaus nicht zu entstehen, es scheint mir, als wenn dadurch, daß der Staatsanwalt ein Rechtsmittel einlegt, er eben nur einen neuen Urtheilsspruch provocirt, daß aber der Entscheidende eben doch nur der Richter zweiter Instanz ist, daß man also von einer Entscheidung des Staatsanwaltes in einem solchen Falle durchaus nicht sprechen kann.

Die Frage, ob ein solches Rechtsmittel dem Staatsanwalte einzuräumen sei oder nicht, muß doch wohl auf einer Gleichung zwischen dem Interesse der Allgemeinheit und dem des Angeklagten beruhen; nun trifft aber dieses vollständig überein. Es hat die Allgemeinheit nur das Interesse, daß ein objectiv und subjectiv richtiger Richterspruch erlangt wird. Ganz dasselbe Interesse hat der Angeklagte. Der Staatsanwalt hat aber nur das Interesse der Allgemeinheit zu vertreten, und wenn der Angeklagte auch, aus welchen Gründen immer, das Rechtsmittel einzulegen nicht veranlaßt ist, so bleibt das Interesse der Allgemeinheit bestehen, welches den Staatsanwalt gebietet, ein solches Rechtsmittel einzulegen und dadurch einen andern Richterspruch zu provociren. Sieht man die praktische Gesetzgebung durch, und ich werde bei der Kürze der Zeit mich wohl enthalten müssen, dies im Einzelnen zu thun, so hat sich auch in Deutschland die überwiegende Majorität dahin erklärt, daß dem Staatsanwalte das Rechtsmittel auch zu Gunsten des Angeklagten einzuräumen sei. Es ist dies Princip in der österreichischen Gesetzgebung mit ausdrücklichen Worten anerkannt; es ist nicht ausdrücklich ausgesprochen in dem preußischen Entwurfe der Strafprozeßordnung und auch in der französischen Gesetzgebung ist eine Bestimmung nicht enthalten; die Praxis aber ist nicht zweifelhaft, daß der Staatsanwalt zu Gunsten des Angeklagten Rechtsmittel einwenden kann. Der bayerische Proceß hat sich dem französischen in dieser Richtung angeschlossen. Auch in der bayerischen Gesetzgebung ist eine bestimmte Entscheidung darüber nicht gegeben, sondern dem Staatsanwalt sind nur im Allgemeinen Rechtsmittel eingeräumt; die Praxis ist aber nicht in Frage darüber, daß ein Staatsanwalt alle Rechtsmittel einwenden kann, mögen sie nun zu Gunsten oder zu Ungunsten des Angeklagten lauten. In dem württembergischen Proceß dagegen befindet sich die ausdrückliche Bestimmung, daß jeder Theil zu Gunsten seiner eigenen Interessen, der Angeklagte in seinem Interesse, der Staatsanwalt nur im Interesse der Anklage Rechtsmittel erheben könne. In dem sächsischen Proceß ist die Berufung dem Angeklagten allein eingeräumt, während die Nichtigkeitsbeschwerde auch von dem Staatsanwalte eingelegt werden kann. Aus diesen Vergleichen geht hervor, daß weitaus die überwiegende Majorität der Gesetzgebung sich dahin entschieden hat, daß dem Staatsanwalt einzuräumen sei, Rechtsmittel zu Gunsten des Angeklagten einzuwenden, und ich glaube, daß ich mich darauf beschränken kann, Sie zu ersuchen, dem Antrag insofern zuzustimmen, daß der deutsche Juristentag ausspreche:

> „Dem Staatsanwalt ist die Befugniß einzuräumen, zu Gunsten des Angeklagten sowohl die Nichtigkeitsbeschwerde einzuwenden, als auch auf Wiederaufnahme der Untersuchung anzutragen, und zwar unter den Voraussetzungen und in den Fällen, in welchen es dem Angeklagten gestattet sein würde."

Obergerichtsrath **von Pestel** aus Celle: Wollen Sie mir einen Zusatzantrag zur Sicherung des Angeklagten erlauben. Ich gehe davon aus, daß eine nochmalige Untersuchung wider den ausdrücklichen Willen des Angeklagten nicht stattfinden darf, und möchte deshalb anheimgeben, dem Antrag des Referenten den Zusatz hinzuzufügen:

„Es darf jedoch der Staatsanwalt gegen den Widerspruch des Angeklagten das Rechtsmittel u. s. w. nicht verfolgen,"

damit dem Angeklagten die Möglichkeit gegeben sei, über sein Interesse zu wachen und dasselbe sicher zu stellen.

Gerichts-Assessor Dr. **Kubo** aus Berlin: Wir gehen im Allgemeinen davon aus, im menschlichen Leben überhaupt, im Gerichtsleben insbesondere, daß, wenn Einer etwas schlecht gemacht, Etwas verdorben habe, es seine Pflicht sei, es wieder gut zu machen. Eine Verurtheilung des Angeklagten erfolgt stets nur auf Antrag des Staatsanwalts. Wenn daher der Staatsanwalt, eine Staatsbehörde, später zur Einsicht gelangt, es sei die Verurtheilung, folgeweise also auch die erhobene Anklage eine ungerechtfertigte gewesen, so glaube ich, ist es Pflicht dieser Staatsbehörde alles Mögliche zu thun, was überhaupt zur Wiedergutmachung des angerichteten Schadens dienen kann. Ein Wiedergutmachen geht aber nicht bloß dahin, daß aus Rechtsgründen die Wiedergutmachung erfolgt; im Gegentheil, aus thatsächlichen Gründen kann noch vielmehr gesündigt worden sein, es kann aus einer nachträglichen Auffindung von Zeugen sich zeigen, daß sich die angebliche Schuld nicht ergiebt.

Ich bitte daher aus allgemeinen Billigkeits- und Rechtsgrundsätzen den Antrag anzunehmen, aber in folgender Fassung:

„Dem Staatsanwalt ist die Befugniß einzuräumen zu Gunsten des Angeklagten sowohl die dem Angeklagten zustehenden Rechtsmittel einzuwenden, als auch auf Wiederaufnahme der Untersuchung anzutragen u. s. w."

Es giebt einzelne Länder, in denen die Appellation, die sogenannte thatsächliche Berufung, nicht stattfindet. In dem Falle braucht auch der Staatsanwalt die Berufung, als etwas Exceptionelles, nicht zu haben. Wir wollen aber nicht präjudiciren. Sind jedoch Länder vorhanden, in denen Berufung stattfindet, dann, meine Herren, wollen wir dem Staatsanwalte auch das Recht einräumen, zu Gunsten des Angeklagten dieselbe einzulegen.

Man hat darauf hingewiesen, der Staatsanwalt sei Parthei. Ein alter Rechtsgrundsatz sagt jedoch: Parthei ist der Staatsanwalt, aber er soll nicht partheiisch sein, und ich glaube, wenn er als Staatanwalt auftritt, so ist es folgeweise nothwendig, daß er überall das Staatsinteresse wahre.

General-Staatsanwalt Dr. **Schwarze**: Meine Herren! ich freue mich sehr, von Herrn von Stenglein und von Herrn Dr. Rubo den von mir gestellten Antrag so warm vertheidigt zu hören, und erlaube mir nur noch ein paar letzte Anmerkungen. Es ist zunächst in der Proceßordnung für das Königreich Sachsen formell der Unterschied gemacht worden, den soeben der Herr College Rubo als einen nicht richtigen bezeichnet hat. Man hat in der sächsischen Proceßordnung dem Staatsanwalt zu Gunsten des Angeklagten die Nichtigkeitbeschwerde, nicht aber auch die Berufung eingeräumt. Man hat gesagt, der Angeklagte, als ein rechtsunkundiger Mann, wird meistens nicht beurtheilen können, ob das Verfahren vollständig formgerecht gewesen, und ob das Erkenntniß wirklich auf einer richtigen Rechtsanwendung beruhe, wohl aber sei er, wenn er auch noch so rechtsunkundig sei, im Stande zu beurtheilen, ob der Richterspruch auf Thatsachen beruhe, die nicht bewiesen sind. Das ist eine Frage, die, ich möchte sagen, zunächst von ihm vollständig beantwortet werden kann; in dieser Beziehung braucht man ihm nicht noch durch die Behörde beizuspringen, während der Angeklagte in seinem Innern, in seinem Bewußtsein, sehr wohl sich selbst sagt, du bist ganz mit Recht schuldig und überführt, oder die Beweise, in Folge deren du verurtheilt bist, sind falsch.

Dessenungeachtet schließe ich mich dem Antrage des Herrn Dr. Rubo an, weil ich glaube, in dieser Sache nicht genug thun zu können, um dem rechtsunkundigen Angeklagten alle Rechtsmittel zu sichern. Ich kann wenigstens versichern, daß gerade diese Bestimmung, deren Durchbringung mir damals in unsern sächsischen Kammern große Noth und Mühe gemacht hat, als außerordentlich günstig in der Praxis sich bewährt hat. Die Leute, die rechtsunkundig sind, haben bei allem Bewußtsein, daß sie mit Unrecht verurtheilt worden, doch nicht übersehen können, ob die Anwendung des Gesetzes auch eine richtige gewesen ist, und es sind wiederholt Fälle vorgekommen, daß durch Rechtsmittel des Staatsanwalts die frühere Entscheidung zu Gunsten des Angeklagten cassirt worden ist, obgleich der Angeklagte sich dieser Entscheidung unterworfen hatte. Die neueste Revision der sächsischen Strafproceßgesetzgebung hat übrigens die Berufung in Wegfall gebracht, und damit hat sich die Frage in Bezug auf dieses Rechtsmittel erledigt. Es hat dieselbe ferner in die Proceßordnung den Satz aufgenommen, wie ihn der Herr College Dr. Rubo formulirt hat. „Jedes Rechtsmittel, welches dem Angeklagten zusteht, kann auch von dem Staatsanwalt zu Gunsten des Angeklagten eingewendet werden."

Dagegen möchte ich mich gegen den Zusatzantrag des Herrn Collegen v. Pestel erklären. Er steht im Widerspruch mit den Grundsätzen, aus denen der Antrag selbst hervorgegangen ist. Wenn wir sagen, das allgemeine Interesse verlangt, daß ein gerechtes Urtheil gesprochen werde, und daß der

Verzicht des Angeklagten auf ein gerechtes Urtheil nicht zu beachten sei, dann dürfen wir das Recht, welches dem Staatsanwalt aus diesen Motiven eingeräumt werden soll, nicht wieder dadurch abschwächen, daß wir sagen, es hängt aber von der Disposition des Angeklagten ab, ob er geschehen lassen will, daß der Staatsanwalt von diesem Recht Gebrauch mache. Es ist also, genau genommen, nicht das Recht des Angeklagten, welches der Staatsanwalt geltend macht, sondern es ist eine Pflicht der Allgemeinheit, eine Pflicht des Staates, daß ein Erkenntniß revidirt werde, von welchem der Staatsanwalt überzeugt ist, daß es nicht der Sachlage oder dem Recht entspricht. Ich glaube demnach, diese Auffassung des Herrn Collegen steht im Widerspruche mit den Motiven, welche dem Antrage selbst unterliegen.

Noch bemerke ich, beiläufig gesagt, daß ich alle Phrasen, wie „Wächter des Gesetzes" und „Arm der Gerechtigkeit" ebenso wenig liebe, wie der Herr Referent, und daß der Antrag, wie ich ihn gestellt habe, aus der Erwägung hervorgegangen ist, daß dem Staatsanwalte vorzugsweise die Aufgabe gestellt ist, das Recht und Gesetz aufrechtzuerhalten, und daß wir keinen Weg unversucht lassen müssen, diese Pflicht des Staates zu erfüllen, ohne Rücksicht auf die Erklärung des Angeschuldigten selbst.

Staatsanwalt v. **Stenglein**: Meine Herren! Ich kann mit wenigen Worten schließen, weil eine so schöne Uebereinstimmung stattfindet. Was den Antrag des Herrn Dr. Rubo betrifft, so schließe ich mich demselben an: eine Unterscheidung der Rechtsmittel kann nicht gemacht werden, und wenn in dem gestellten Antrage eine solche Unterscheidung gemacht ist, so habe ich mich bereits dagegen erklärt. Was dagegen den andern gestellten Antrag betrifft, so muß ich mich gegen denselben erklären, theilweise aus den Gründen, welche bereits der Herr Antragsteller erwähnt hat. Es kann doch ganz gewiß dem Staatsanwalt nur im Interesse der Allgemeinheit das Rechtsmittel eingeräumt werden, und er würde, wenn der Angeklagte ihm das Rechtsmittel verwehren könnte, wirklich, wie das Gutachten sagt, zum Anwalt des Angeklagten werden, und nicht Anwalt des allgemeinen Interesses, der Gerechtigkeit bleiben. Allein ich habe noch ein weiteres sachliches Bedenken dagegen, und bin in der angenehmen Lage, mich auf einen Fall beziehen zu können, den der Herr Gutachtensteller selbst vorgeführt hat. Ich glaube, die meisten Herren sind vielleicht augenblicklich nicht im Besitze der älteren Bände der Verhandlungen des 6. Juristentages, und ich erlaube mir, hier den Fall vorzulesen:

„Ein junger Mensch von 20 Jahren klagt aus Lebensüberdruß sich selbst verschiedener schwerer Verbrechen fälschlich an. Er weiß diese Selbstanklage mit so viel Geschick zu begründen und durchzuführen, daß er wirklich verurtheilt wurde — zum Tode. Vor der Vollziehung des Urtheils kommt durch einen Zufall seine Unschuld an den Tag."

Ich glaube, meine Herren, wir können in einem solchen Falle unmöglich, wenn auch der Angeklagte sich gegen die Aenderung des ersten Erkenntnisses sträubt, den Staatsanwalt, der sich im Besitze der Beweismittel der Unschuld des Angeklagten befindet, durch den lebenssatten Angeklagten zwingen lassen, ruhig zuzusehen, wie ein Justizmord begangen wird!

Ich empfehle Ihnen aus diesem Grunde die Ablehnung des Amendements.

Obertribunalsrath Dr. **Goltdammer**: Wir kommen nunmehr zur Abstimmung und zwar zunächst über den Antrag des Herrn Dr. Rubo. Derselbe lautet:

„Dem Staatsanwalte ist die Befugniß einzuräumen, zu Gunsten des Angeklagten sowohl die dem Angeklagten zustehenden Rechtsmittel einzuwenden, wie auf die Wiederaufnahme der Untersuchung anzutragen, und zwar unter der Voraussetzung und in den Fällen, in welchen es dem Angeklagten gestattet sein würde."

(Abstimmung.)

Der Antrag ist einstimmig angenommen; damit erledigt sich der ursprüngliche Antrag des Herrn Dr. Schwarze. Ich bringe jetzt das Amendement des Herrn v. Pestel zur Abstimmung.

(Abstimmung.)

Das Amendement ist fast einstimmig abgelehnt. Es fragt sich nun noch, wünschen Sie, daß dieser Beschluß dem Plenum zur Mittheilung oder Discussion übergeben werde. Ich möchte Ihnen bloße Mittheilung empfehlen.

(Zustimmung.)

Somit wäre dieser Gegenstand der Tagesordnung erledigt, und wir kämen zu dem letzten Gegenstand unserer Tagesordnung, nämlich zu der Frage:

„Ist die Wiederaufnahme des Strafverfahrens zu Gunsten des Verurtheilten schon in dem Falle als zulässig zu erachten, wenn nach der Verhandlung neue Thatsachen oder Beweismittel auftauchen, welche als geeignet erscheinen, in wesentlichen Punkten die Sachlage zu Gunsten des Verurtheilten zu ändern? oder soll diese Zulässigkeit von dem Vorhandensein bestimmt bezeichneter Verhältnisse event. welcher abhängig gemacht werden?"

Auf den Antrag des Herrn v. Stenglein wird die Discussion und

Beschlußfassung über diese Frage auf den nächsten Juristentag zu verschieben beschlossen.

Demnächst giebt Herr Generalstaatsanwalt Dr. Schwarze einige Mittheilungen über die neuesten Strafproceßreformen im Königreich Sachsen. Nachdem noch Herr Hofgerichtsrath Brauer dem Herrn Vorsitzenden den Dank für seine vortreffliche Leitung Namens der Abtheilung ausgesprochen hatte, wurde die Sitzung geschlossen.

Erste Sitzung der vierten Abtheilung am 27. August 1868.

Nachdem im Auftrage der ständigen Deputation deren Mitglied Dr. Ruhwandl (vormaliger Advokat) aus München die Sitzung für eröffnet erklärt und den Herrn Dr. Albrecht, Präses des Handelsgerichts in Hamburg, zum Vorsitzenden der Abtheilung vorgeschlagen, die Versammlung auch diesen Vorschlag durch Acclamation genehmigt hatte, übernahm Dr. Albrecht das Präsidium und sprach:

> Die ehrenvolle Wahl, die auf mich gefallen, habe ich dem Umstande zu verdanken, daß ich ein Hiesiger bin. Es ist das eine Courtoisie gegen die Hamburger, für die ich jedoch auch persönlich außerordentlich dankbar bin. Denn es ist ja etwas Großes, als ein würdiger Repräsentant der Vaterstadt betrachtet zu werden. Empfangen Sie denn meinen Dank und lassen sie mich zugleich aussprechen, daß ich das Amt annehme mit erheblichem Zweifel an meiner Befähigung, aber in der Hoffnung auf Ihre Nachsicht.

Hierauf wurde durch Vorschlag des Vorsitzenden und Acclamation der Versammlung die Wahl des Justizraths Dorn aus Berlin zum stellvertretenden Vorsitzenden und der Rechtsanwälte Mayersohn aus Aschaffenburg und Levy aus Hamburg als Schriftführer vollzogen, sodann vom Vorsitzenden eine vorläufige Besprechung wegen Ernennung der Vertrauensmänner zur Wahl der neuen ständigen Deputation veranlaßt und endlich die Tagesordnung so bestimmt, wie sie in der Reihenfolge der nachstehenden Verhandlungen eingehalten ist.

Als Berichterstatter für den ersten Gegenstand erhält das Wort:

Professor Dr. **Hermann Seuffert** aus München: Meine Herren! Es ist dem Deutschen Juristentage folgende Gesetzgebungsfrage vorgelegt und der IV. Abtheilung zur Berathung und Beantwortung überwiesen worden:

> Soll einem proceßordnungsgemäß erlassenen strafrichterlichen Urtheile, wodurch eine Frage entschieden ist, welche der Entscheidung einer Civilsache präjudicirt, für diese letztere die Kraft eines vollen Beweises eingeräumt werden?

Die Frage ist seit langer Zeit eine sehr bestrittene. Ohne der Darstellung im Einzelnen vorzugreifen, will ich zur Beleuchtung der Gegensätze folgende Thatsachen anführen. Das Berliner Obertribunal hat in einem Plenarbeschlusse vom 15. Dezember 1856, allerdings nur über einen, aber gerade über den wichtigsten Anwendungsfall der Frage mit aller wünschenswerthen Bestimmtheit eine verneinende Antwort gegeben. Sein Ausspruch lautet: „Nach Preußischem Rechte ist die Entscheidung des Strafrichters über eine zur Untersuchung gekommene strafbare Handlung für den Civilrichter, welcher über einen Entschädigungsanspruch zu entscheiden hat, in seiner Beurtheilung der Beweisfrage hinsichtlich der zur Begründung dieses Anspruches dienenden Thatsachen insoweit nicht maßgebend, als besondere gesetzliche Bestimmungen nicht das Gegentheil rechtfertigen." Das Plenum des bayerischen Oberappellationsgerichtes hat am 19. Mai 1857 einen entgegengesetzten Ausspruch gethan: „Einem nach dem Strafproceßgesetze vom 10. November 1848 erlassenen strafgerichtlichen Erkenntnisse, wodurch eine Frage entschieden ist, welche der Entscheidung einer Civilsache präjudicirt, kömmt vermöge seiner Rechtskraft für diese letztere die Wirkung eines vollkommenen Beweises zu; dem freisprechenden jedoch nur insoweit, als dasselbe einen Thatumstand in bejahender oder verneinender Weise als gewiß bekundet hat."

Im Jahre 1856 hat der Abgeordnete Rohden im preußischen Abgeordnetenhause den Antrag gestellt, über die Frage einen Beschluß zu fassen. Die Justizcommission des Abgeordnetenhauses trat in Berathung darüber und hat einstimmig den Antrag abgelehnt. Dabei ging man von der Ansicht aus, daß es nicht zweckentsprechend sei, eine neue Beweisregel in das Prozeßrecht aufzunehmen. Dagegen haben die Gesetzgebungsausschüsse der bayerischen Kammern bei Berathung des Civilproceßgesetzentwurfs einen entgegengesetzten Beschluß gefaßt; es ist hier gleichfalls einstimmig folgender Artikel angenommen worden: „Thatsachen, wegen deren Jemand durch rechtskräftiges Urtheil eines inländischen Strafgerichts für schuldig erkannt wurde, haben auch vor den bürgerlichen Gerichten als erwiesen zu gelten, und ist hiegegen keine Beweisführung weiter zuläßig." Ich glaube daher, daß wir dem Fragesteller Dank wissen dürfen, daß er dem deutschen Juristentage Gelegenheit gegeben hat, sich über diese Streitfragen auszusprechen. Es sind über die Frage zwei Gutachten abgegeben worden, das eine von dem Meister des deutschen Proceßrechts, Herrn Professor Dr. Planck in München, das andere von dem Oberlandesgerichtsrath Herrn Dr. Ritter v. Liszt in Wien. Damit auch da der Zwiespalt nicht fehle, stehen die beiden Gutachten einander diametral gegenüber. Herr Professor Dr. Planck ist gegen die Erlassung einer gesetzlichen Bestimmung über den Beweiswerth des Strafurtheiles im Civilprocesse. Er will es dem richterlichen Ermessen überlassen haben, zu bestimmen, wie viel Werth dem in dem Strafurtheil liegenden Zeugniß über eine Thatsache beigemessen werden soll. Herr von Liszt bejaht in der Hauptsache die Frage und beantragt die Aufnahme einer dahingehenden Bestimmung in die Proceßgesetzgebung. Meine Aufgabe ist nun die, Ihnen über den Stand der Frage, insbesondere über die Gründe für und wider Bericht zu erstatten und Ihnen einen Ausspruch vorzulegen, durch dessen Annahme Sie Ihre Ansicht über die Streitfrage kund geben können. Ich werde in meinem Vortrage drei Abtheilungen machen. Die erste soll der Begrenzung und der Erläuterung der Frage gewidmet sein. In der zweiten will ich den Standpunkt des geltenden Rechtes feststellen, in der dritten die Gesetzgebungsfrage beantworten.

Zur Begrenzung der Frage führe ich Folgendes an. Jedes Strafurtheil enthält die Aussprache über einen geltend gemachten Strafanspruch. Dieser Aussprache muß die Feststellung über das Vorkommen oder Nicht-Vorkommen der Thatsachen vorausgehen, auf Grund deren der Strafanspruch erhoben wurde. Unsere Frage geht nun dahin, ob die künftige deutsche Gesetzgebung dieser Thatsachen-Feststellung eine gesetzliche Beweiswirkung beilegen soll, in der Art, daß der Civilrichter an die Feststellung des Strafrichters gebunden ist, wenn bei ihm dieselbe Frage wiederkehrt, oder ob die Gesetzgebung, indem sie von einer bezüglichen Bestimmung Umgang nimmt, die Würdigung des im Strafurtheile enthaltenen Zeugnisses dem Ermessen des Civilrichters zu überlassen habe. Es geht uns also die Frage nichts an, welche Wirkungen die Aussprache über den Strafanspruch selbst haben, welche Ehrenfolgen, welche privatrechtliche Beschränkungen damit verbunden sein sollen. Auch mit der Frage haben wir uns nicht zu beschäftigen, auf welche Weise die Existenz eines Strafurtheiles als solchen in einem Civilprocesse, in dem etwas auf diese Existenz ankommt, bewiesen werden solle.

Nunmehr ein paar kurze Erläuterungen bezüglich einiger in unserer Frage gebrauchten Ausdrücke. Ich glaube voraussetzen zu dürfen, daß der Fragesteller nur Endurtheile im Auge gehabt hat, freiprechende und verurtheilende. Die Instanzentlassungen kommen als eine abgethane Sache bei unserer Frage nicht in Betracht. Bei dem Ausdrucke „proceßordnungsgemäß erlassenes Strafurtheil" ist an ein Urtheil zu denken, gegen welches kein ordentliches Rechtsmittel mehr eingelegt werden kann. Prozeßordnungsgemäß erlassen ist aber auch ein Contumacialurtheil, und wir müssen uns die Frage vorlegen, ob auch einem solchen Urtheile Rechtswirkung für den Civilproceß beizulegen sei. Die Ansichten gehen gerade über den letzten Punkt auseinander. Herr von Liszt will den Contumacialurtheilen keine Rechtswirkung beigelegt wissen; das Bayerische Oberappellationsgericht und die bayerischen Gesetzgebungsausschüsse unterscheiden nicht zwischen contradictorischen und Contumacialurtheilen. Wir haben uns auszusprechen über die Wirksamkeit eines Strafurtheiles, in dem eine später wiederkehrende Frage entschieden ist. Es ist an die sogenannte Thatfrage zu denken. Zu dieser gehört es aber nicht blos, ob der A dem B mit einem Messer einen Stich versetzt, ob der A aus der Wohnung des B eine Sache fortgetragen habe. Zur Thatfrage gehört vielmehr die Frage nach dem Vorhandensein des ganzen subjectiven und objectiven Thatbestandes, also ob eine gewisse strafbare Willensrichtung und ein gewisses Einwirken auf die Außenwelt stattgefunden hat. Die Strafbarkeit der Willensrichtung hängt aber vielfach von dem Bestehen gewisser Verhältnisse ab, theils thatsächlicher, theils sittlicher, theils politischer, theils privatrechtlicher, Verhältnisse, in welchen sich der Angeschuldigte oder eine bestimmte dritte Person befunden haben muß. Z. B. Diebstahl ist nur dann vorhanden, wenn der Dieb nicht Eigenthümer des gestohlenen Gegenstandes ist; Forstfrevel ist nur dann vorhanden, wenn der Angeschuldigte nicht Besitzer des betreffenden Forstgrundes ist. Ehebruch setzt voraus, daß wenigstens die eine von den beschuldigten Personen verheirathet sei. Incest kann nur unter Verwandten vorkommen. Es gehört mithin zur Feststellung der Schuldfrage in erster Linie die Feststellung über das Bestehen oder Nichtbestehen solcher Verhältnisse. Wir haben die Frage zu beantworten, ob auch diese Feststellungen des Strafrichters den Civilrichter binden sollen. Wenn es heißt, eine Frage welche präjudicirt, so ist damit offenbar eine Frage gemeint, welche wiederkehrt; denn ob deren Entscheidung präjudiciren solle, das wollen wir ja erst feststellen. Wenn endlich von „vollem Beweise" die Rede ist, so denken dabei die Einen an vollständigen Beweis im Gegensatz zum unvollständigen; andere haben den Beweis mit Ausschluß des Gegenbeweises im Sinne. Wir müssen die Frage nach beiden Richtungen hin beantworten. —

Ich meine also, daß wir uns die Frage in folgender Weise stellen sollen:

Soll einem proceßordnungsgemäß erlassenen strafgerichtlichen Urtheile, wodurch eine Frage entschieden ist, welche auch in einer Civilsache beantwortet werden muß, für diese letztere die Kraft eines vollen Beweises mit oder ohne Ausschluß des Gegenbeweises eingeräumt werden?

Ich leite die Darstellung des geltenden Rechts mit einem kurzen Ueberblick über die geschichtliche Entwickelung der Frage ein, da meines Erachtens der Hauptgrund des Zwiespalts der Meinungen in einem geschichtlichen Mißverständniß zu suchen ist. Wir gehen dabei vom römischen Rechte aus, weil das Institut der Rechtskraft vom deutschen Rechtsleben in der Gestalt aufgenommen wurde, in welche es die römischen Juristen gebracht hatten.

Das römische Recht charakterisirt sich durch folgende Sätze. Der Strafrichter und der Civilrichter sind vollständig unabhängig von einander, keiner wird in irgend einer Weise durch den Ausspruch des Andern gebunden, sondern jeder kann seine Ueberzeugung in freier Weise gewinnen. Die Römer haben den Urtheilen der Straf- und Civilgerichte Rechtswirkung, d. h. bindende Wirkung nur unter den Parteien beigelegt, auf welche sich das Urtheil bezog, und nur in der Angelegenheit, welche durch das Urtheil entschieden wurde. Von diesem Grundsatze haben sie nur wenige Ausnahmen gemacht; das Verhältniß einer Civilsache zu einer früher entschiedenen Strafsache, in welcher dieselbe Frage vorkam, gehörte nicht zu den Ausnahmen. Dagegen haben die Römer den Urtheilen ihrer Gerichte nicht bloß Rechtswirkung, sondern auch Beweiswirkung beigelegt, das heißt, sie haben, wenn einmal durch ein Urtheil eine Thatsache oder ein Verhältniß festgestellt worden war, darin ein Zeugniß für die Wahrheit einer auf diese Thatsache gehenden Behauptung erblickt. Wir finden bei juristischen und nicht juristischen Schriftstellern Aeußerungen, welche den hohen Werth erkennen lassen, den die Römer thatsächlich auf das in einem früheren Urtheile enthaltene Zeugniß gelegt haben.

Das canonische Recht hat diesen Standpunkt nicht verlassen. Die italienischen Juristen des Mittelalters fanden den Gedanken, daß ein Urtheil — seltene Fälle abgerechnet — nur unter den Parteien Rechtswirkung habe, und nur in der nämlichen Sache, mit so großer Bestimmtheit im römischen Rechte ausgesprochen, daß sie ihn nicht ignoriren konnten. In die freie Beweiswirkung eines Urtheiles konnten sie sich aber nicht hinein finden. — Schon hatte jener berühmte, bis auf den heutigen Tag nicht ausgekämpfte Kampf des römischen und germanischen Proceßrechtes seinen Anfang genommen. Das deutsche Beweisrecht, welches nicht auf Hervorbringung einer freien Ueberzeugung berechnet war, sondern den Sieg Rechtens von Erfüllung gewisser, zum Theil mit dem Aberglauben zusammenhängender Formalitäten oder von Erprobung persönlichen Muthes und persönlicher Kraft abhängig machte, mußte dem römischen Rechte unterliegen, welches den Richter auf die Erkenntnißgründe der Wahrheit verwies, so wie sie auch im gewöhnlichen Leben benutzt werden. Allein der Formalismus des deutschen

Rechts trug doch im Vereine mit der nunmehr üppig wuchernden Scholastik insoferne einen Sieg davon, als über die aus dem römischen Rechte herübergenommenen Beweisgründe ein System von Regeln aufgestellt wurde; — theils darüber, unter welchen Voraussetzungen die einzelnen Beweismittel benutzt werden dürften, theils über ihren Beweiswerth, wenn sie benutzt waren. Den äußeren Anlaß zu diesen Regeln fand man in einigen Sätzen des römischen Rechtes, welche aber nur wohlmeinende Rathschläge und nichts weniger als bindende Beweisregeln enthielten. Ueber den Beweiswerth des Strafurtheils fanden sich keine Regeln; man wußte daher dasselbe nicht in dem Kataloge der Beweismittel unterzubringen. Die Folge davon war, daß man zuerst demselben gar keine Beweiswirkung beilegte. Da man aber die Bedeutung des Strafurtheils auf die Dauer doch nicht ganz ignoriren konnte, so machten einzelne Juristen den Versuch, ihm Rechtswirkung beizulegen, so z. B. Joh. Pet. de Ferrariis in seiner praxis aurea, ein Versuch, der aber keine vielseitige Anerkennung fand. In Deutschland überkam man die vorher beschriebene Auffassung. Da sich aber die Ansicht, welche dem Strafurtheile Rechtswirkung beilegt, im Hinblicke auf die bestimmten Quellenaussprüche bezüglich der eadem res und der eaedem personae, besonders seitdem der Accusationsproceß dem Inquisitionsproceß hatte weichen müssen, gar nicht halten ließ, so fing man an, über das Strafurtheil auf die demselben zu Grunde liegenden Erhebungen — Geständnisse, Zeugenaussagen u. s. w. zurückzugreifen. Es bildete sich nun die bis zum Jahre 1848 ziemlich unbeanstandet gebliebene gemeinrechtliche Lehre, daß zwar dem Strafurtheile keine Rechtswirkung (Rechtskraft) für den Civilproceß zukomme, daß aber die im Strafprocesse gemachten Erhebungen im Civilprocesse benutzt werden dürften.

Erst das Jahr 1848 hat die Controverse wieder recht angeregt. Es hat uns einen andern Strafprozeß gebracht, in welchem die ganze Beweistheorie, welche durch Jahrhunderte hindurch in den Schriften der Juristen und in den Gesetzbüchern fortgeschleppt wurde, über Bord geworfen ist. Secundum conscientiam suam, ex sententia animi sui sollte nunmehr der Strafrichter sein Urtheil fällen. Keine Regeln über den Beweiswerth der ihm vorgelegten Ueberzeugungsgründe sollten ihn mehr binden. Wie stand es jetzt mit der Beweiswirkung des Strafurtheils? Der bisherigen Theorie war gewissermaßen der Boden unter den Füßen weggezogen. Die Voruntersuchungsakten, das Sitzungsprotokoll und das Strafurtheil enthielten wohl selten mehr das benutzte Beweismaterial in einer Form und mit einer Vollständigkeit, wie diese für den Civilproceß nach der in diesem fortgeltenden Beweistheorie nöthig war? Die Franzosen haben uns den neuen Strafproceß abgelassen, der uns so viele Freude gemacht, — da werden sie auch in diesen Nöthen Rath für uns wissen! Das war wohl so ziemlich der Ideengang vieler Juristen in der Zeit, in welcher man auch in übertriebener Weise alles juristische Heil von jenseits des Rheines her erwartete. Und richtig: le criminel emporte le civil war ein Dogma, das von einer großen Anzahl französischer Juristen gelehrt wurde. Die Entscheidung im Strafpunkt präjudicirt der Entscheidung des Civilpunktes. Das war ein einfacher Satz, der sich leicht annehmen ließ, dessen Annahme das nichtsnutzige, verwünschte Läugnen in den Parteischriften vielfach paralysirte! Also den Franzosen nachgefahren! Freilich hat man dabei mancherlei übersehen. Einmal, daß gerade die hervorragendsten französischen Schriftsteller — Criminalisten wie Civilprocessualisten, ich führe an Hélie, Carré und Chauveau, Boitard, — die in der Praxis und Doctrin aus einer ungerechtfertigten Verallgemeinerung einiger Sonderbestimmungen des französischen Rechts und insbesondere aus einer falschen Auslegung des „le criminel emporte le civil" hervorgegangene Ansicht über die Rechtswirkung des Strafurtheils bekämpfen. Dann hat man übersehen, daß bei den Franzosen wenigstens der Hauptsache nach, die Beweiswürdigung im Civil- und im Strafprocesse auf der nämlichen Grundlage ruht, daß daher die Franzosen eher dazu kommen konnten, ihren Strafurtheilen Rechtswirkung für den Civilprozeß beizulegen. Der Umstand, daß zur Zeit noch bei uns Civil- und Strafprozeß auf andern Beweisgrundlagen ruhen, hat denn auch viele Juristen abgehalten, den neuen Satz anzunehmen. Andere dagegen haben sich damit geholfen, daß sie sagten, im Strafprocesse werde materielle, im Civilprocesse blos formelle Wahrheit hergestellt, also könne man unbedenklich das im ersteren, wo alles viel genauer genommen werde, erzielte Resultat auch für den letzteren gelten lassen.

Prüfen wir die Praxis der obersten Gerichte in Deutschland, so ist dieselbe, wie es unter den obwaltenden Umständen nicht anders zu erwarten ist, keine einheitliche. Besonders die Gerichtshöfe, in welchen Senate für die Provinzen des rheinischen Rechts bestehen, neigen sich mit mehr oder weniger Schwankungen dem dem gemeinen Rechte fremden Satze zu, daß dem Strafurtheile für den Civilproceß Rechtswirkung zukomme.

In den bis jetzt erschienenen 20 Bänden des von meinem Vater gegründeten Archives für oberstrichterliche Entscheidungen in Deutschland sind, wenn mir nichts entgangen ist, 9 Urtheile enthalten, welche unsere Frage de lege lata mit mehr oder weniger Einschränkungen b e j a h e n. Sie datiren aus den 50 und 60ger Jahren und rühren her von den höchsten Gerichten zu B e r l i n, M ü n c h e n, M a n n h e i m, J e n a, W o l f e n b ü t t e l und dem früheren Ober-Appellationsgericht zu K a s s e l. Berlin hat in dem schon erwähnten Plenarbeschlusse seine Meinung geändert. Mannheim, München und Jena haben früher die andere Ansicht befolgt.

An der früheren Lehre, daß dem Strafurtheile keine Rechtswirkung für den Civilproceß zukomme, halten dagegen dreizehn Urtheile, von zahlreichen Gerichtshöfen ergangen, fest. Vor Allem sind hier zu nennen Lübeck, Kiel, Stuttgart und Dresden, dann Darmstadt, Jena, Mannheim und München, welch' letztere 3, wie schon erwähnt, ihre Ansicht zu Gunsten des angeblichen französisch-rechtlichen Standpunktes geändert haben, während Berlin als seinen letzten Ausspruch in der Sache den Ihnen bekannten Plenarbeschluß verkündete, an dem es meines Wissens bisher festgehalten hat.

Vergleicht man die Motivirung der vorliegenden Erkenntnisse, so drängt sich einem unwillkührlich der Gedanke auf, daß diejenigen unter denselben, welche dem neuen Satze huldigen, unvermerkt vom Rechtsstandpunkte auf den Zweckmäßigkeitsstandpunkt gekommen sind. Berücksichtigt man außerdem das Zeugniß der großen Mehrzahl neuerer und älterer Schriftsteller über unsere Frage, so darf man wohl mit gutem Grunde den Satz aufstellen: Nach dem im größten Theile Deutschlands geltenden Rechte kommt dem Strafurtheile als solchen keine Rechtswirkung für den folgenden Civilproceß zu; wohl aber wird den im Strafprocesse gemachten Erhebungen mit mehr oder weniger Einschränkungen, je nach der Beweistheorie des betreffenden Landes, Beweiswirkung zugestanden.

Von den Partikularrechten enthalten nur Einzelne besondere Bestimmungen über unsere Frage, so Bayern, wo aber meines Erachtens der daselbst ergangene Plenarbeschluß weit über das gesetzliche Ziel hinausgeschossen ist, dann die alte badische Proceßordnung v. 1845, die sächsische v. 1855. Die im Verordnungswege unterm 25. Juli 1867 für die neuen preußischen Provinzen erlassene Strafproceßordnung enthält im §. 10 die Bestimmung, daß verurtheilenden Straferkenntnissen Rechtswirkung im Civilprocesse zukomme.

Was die neue bayerische Gesetzgebung beabsichtigt, ist schon erwähnt worden. Der im Jahre 1864 erschienene preußische Entwurf einer Proceß-Ordnung steht im Wesentlichen auf demselben Standpunkte, wie das bayerische Gesetzgebungsprojekt, macht jedoch die Rechtswirkung des Strafurtheils davon abhängig, daß dasselbe auf Grundlage eines Geständnisses oder einer Beweiserhebung erging und nicht in einer Uebertretungssache erlassen worden ist. Schließlich sei noch angeführt, daß nach dem Zeugnisse englischer Schriftsteller die englischen Civilgerichte sich durch die Urtheile der Strafgerichte nicht für gebunden erachten.

Ich gehe zur Gesetzgebungsfrage über. Wir sollen uns darüber schlüssig machen, ob die künftige deutsche Gesetzgebung den Strafurtheilen für die Civilprocesse Rechtswirkung beilegen solle oder nicht.

Die Bejahung der Frage würde nach der bisherigen Ausführung für den größten Theil Deutschlands neues Recht begründen. Eine Aenderung des bestehenden Rechts ist aber nur dann veranlaßt, wenn der bestehende Rechtszustand zu Ungerechtigkeiten führt oder sich als ein höchst unzweckmäßiger erweist; oder wenn die beabsichtigte Aenderung erhebliche Vortheile erwarten läßt, ohne mit dem, bei den Unbefangenen vorhandenen, Gerechtigkeitssinne in Widerspruch zu gerathen. Nach diesen Richtungen hin haben wir eine Prüfung anzustellen.

Ist der gegenwärtige Rechtszustand ein solcher, der zu Ungerechtigkeiten führt, sollen wir deßwegen unser Recht ändern? Gewiß nicht! Niemand wird behaupten wollen, daß eine zweimalige Untersuchung derselben Frage ungerecht sei; auch dann nicht, wenn die Resultate der beiden Untersuchungen sich widersprechen. Ungerecht ist nur das eine oder das andere Urtheil, die doppelte Untersuchung und der Widerspruch aber nicht. Es könnte sich höchstens die Gesetzgebungsfrage aufwerfen, ob nicht Einrichtungen zu treffen sind, durch welche ein solcher bereits vorhandener Widerspruch zwischen einem Civil- und einem Strafurtheile beseitigt werden könnte. Aber man sagt: Die Unabhängigkeit des Civilrichters vom Strafrichter begünstigt die Chikane, verlängert und vertheuert die Processe. Richtig ist, daß zur Zeit da, wo diese Unabhängigkeit gilt, nicht selten Behauptungen aufgestellt, Erklärungen abgegeben werden, die sich mit der Wahrheit nicht vereinigen lassen, bezüglich welcher jeder von vornherein überzeugt ist, daß sie unwahr sind. Richtig ist, daß in Folge dessen überflüssige, die Sache verlängernde und vertheuernde Beweisführungen unternommen werden müssen. Ich frage aber, muß man eine Einrichtung deßhalb verwerfen, weil sie mißbraucht werden kann, weil sie mißbraucht wird? Ist nicht vielmehr Veranlassung gegeben, daß man dem Mißbrauch zu steuern sucht? Ich glaube gewiß das Letztere! Die Ursachen der eben berührten Mißbräuche liegen nicht in der Unabhängigkeit des Civilrichters vom Strafrichter, sondern ganz anderswo. Sie liegen in der Schriftlichkeit und Heimlichkeit des jetzt noch im größeren Theile Deutschlands bestehenden Civilprocesses, sie liegen in der scharfen Trennung der Behauptungen und Beweisungen, sowie in der gemeinrechtlichen Beweistheorie, die es dem Richter nicht gestattet, sich in freier Weise eine Ueberzeugung zu bilden. Da, meine Herren, muß abgeholfen werden. Man hat es mit Recht als einen großen Mißstand betrachtet, daß bezüglich einer Frage, über welche ein klarer Ausspruch des Strafrichters vorliegt, nachträglich noch eine Eideszuschiebung stattfinden darf. Werden wir auch in Zukunft eine solche Eideszuschiebung ohne Weiteres zulassen?

Der Civilrichter, welcher an keine Beweistheorie gebunden ist, wird nach Einsicht des Strafurtheiles regelmäßig erklären, daß er die in demselben festgestellte Thatsache für bewiesen erachte, daß es daher auf einen Eid nicht mehr anzukommen habe.

Man sagt, die Unabhängigkeit des Civilrichters ermögliche Widersprüche und schädige dadurch das Ansehen der Rechtspflege. Allerdings können, wenn der Civilrichter nicht an die Aussprüche des Strafrichters gebunden ist, Widersprüche zwischen den Urtheilen der beiden vorkommen, und wenn dies häufig der Fall wäre, würde dies das Ansehen der Rechtspflege schädigen. Würde aber an solchen Widersprüchen die Unabhängigkeit des Civilrichters Schuld sein? Wir müssen auch diese Frage verneinen. Schuld daran wäre die Mangelhaftigkeit des Civilproceßrechtes, insbesondere wieder die Beweistheorie, welche den Richter in der Feststellung der Wahrheit hemmt, Schuld wäre vielleicht die mangelhafte Besetzung der Gerichte oder die Mangelhaftigkeit der menschlichen Erkenntniß überhaupt. Würde aber im letzten Falle der Mangel immer auf Seite des Civilrichters zu suchen sein? Würde dies festgestellt werden können, dann wäre vielleicht eine den Civilrichter in Bezug auf den Beweiswerth des Strafurtheiles bindende Regel veranlaßt. Aber wer kann denn sagen, daß immer der Civilrichter der irrende ist? Kann nicht im Falle eines Widerspruchs auch der Strafrichter geirrt haben? Und wenn wir zugeben, daß bei der bestehenden Unabhängigkeit Widersprüche vorkommen können, dafür, daß solche Widersprüche häufig vorkommen, und daß diese Widersprüche bisher das Ansehen der Rechtspflege geschädigt haben, dafür sind uns die Nachweise bis jetzt nicht erbracht. Man hat wohl mehr mit Möglichkeiten als mit Thatsachen operirt! Man muß also sagen: die Unabhängigkeit des Civilrichters vom Strafrichter ist es nicht, die zu Mißständen in der Rechtspflege führt; es besteht bezüglich unserer Frage kein Reformbedürfniß! Nun wollen wir prüfen, ob die Bejahung unserer Frage so große Vortheile bringen und so wenige Nachtheile veranlassen wird, daß doch eine Aenderung des bestehenden Rechts empfohlen werden müßte.

Wir untersuchen zuerst die Wirkung des neuen Satzes, wenn durch denselben dem Strafurtheile Beweiswirkung mit Ausschluß einer Gegenbeweisführung beigelegt werden würde, dann die Wirkung des neuen Satzes, wenn er die Gegenbeweisführung vorbehielte.

Nehmen wir an, jede in einem Strafprocesse entschiedene Frage sollte auch für alle späteren Civilprocesse, in denen sie wiederkehrte, eine abgethane sein, was würde dadurch bewirkt? Beantworten wir diese Frage zunächst vom theoretischen Standpunkte aus, so müssen wir sagen: eine Erweiterung der Rechtskraft des Strafurtheils, oder von einer andern Seite aus betrachtet, —

— die Aufstellung einer neuen Beweisregel von sehr großer Tragweite! Eine Erweiterung der Rechtskraft würde durch Annahme des neuen Satzes bewirkt, denn das Strafurtheil würde für und gegen andere Personen Rechtswirkung erlangen, als welche in dem Processe, der dem Urtheil vorausging, die Parteien waren; es würde für eine andere Angelegenheit Rechtswirkung erlangen, als für diejenige, für welche es veranlaßt wurde. Eine neue Beweisregel würde der projectirte Satz enthalten, denn es würde durch denselben dem Civilrichter vorgeschrieben, eine Behauptung oder Erklärung ohne Rücksicht auf eigene Ueberzeugung für wahr zu halten. Es bedarf wohl keiner weiteren Ausführung, daß die Aufstellung neuer Beweisregeln der Rechtsentwickelung unserer Zeit nicht entspricht. Aber auch die Erweiterung der Rechtskraft widerstrebt unseren Anschauungen. Die Rechtskraft ist eine Concession des Rechts an die Forderungen der Zweckmäßigkeit. Man läßt sich lieber die Möglichkeit eines ungerechten Urtheils gefallen, als das unbegrenzte Streben nach einem gerechten Urtheile. Diese Concession ist aber nur in gewissen Grenzen erträglich. Wir haben von den Römern als solche Grenzen die Begriffe der eadem res und der eaedem personae überkommen, und es sind keine willkürlichen Grenzen, denn sie beruhen auf dem Gedanken, daß über Niemanden ein rechtlicher Nachtheil verhängt werden soll, dem nicht Gelegenheit gegeben war, sich vollständig über die Thatsache vernehmen zu lassen, auf Grund welcher die Verhängung des Nachtheils beantragt wird. Wir würden aber, wie nachher gezeigt werden soll, dies thun, wenn wir den neuen Satz in unser Recht aufnähmen.

Wollen wir nun die praktischen Consequenzen einer Bejahung unserer Frage betrachten! Richtig ist, daß manche Civilprocesse kürzer und wohlfeiler werden könnten, wenn man sich in denselben einfach auf die Abmachung einer Frage in einem vorausgehenden Strafprocesse berufen dürfte. Richtig ist, daß, wenn der neue Satz in seiner ganzen Tragweite aufgenommen würde, keine Widersprüche zwischen Civil- und Strafurtheilen mehr vorkommen würden. Allein was wäre auf der andern Seite die Folge? Wir würden mit diesen Vortheilen außerordentliche Nachtheile in der Rechtspflege erhalten. Wir würden die Civilgerichte in die Lage bringen, in manchen Fällen gegen ihre Ueberzeugung ein Urtheil zu fällen. Nehmen wir an, der neue Satz sei eingeführt. Es wird Jemand wegen Diebstahls in Untersuchung gezogen. Da er behauptet, Eigenthümer der angeblich gestohlenen Sache zu sein, so muß die Eigenthumsfrage im Strafprocesse festgestellt werden. Der Beschuldigte wird freigesprochen unter der Annahme, daß er Eigenthümer der angeblich gestohlenen Sache sei. Also gilt er als solcher dem Beschuldiger und allen dritten gegenüber! Umgekehrt das verurtheilende Erkenntniß spricht sich dahin aus, daß nicht der Angeschuldigte, sondern der als Zeuge vernommene Beschuldiger der Eigenthümer sei. Auf Grund des neuen Satzes wäre nun die Eigenthumsfrage nicht blos zwischen dem Beschuldiger und dem Verurtheilten, sondern auch zu Gunsten des Beschuldigers jedem dritten gegenüber festgestellt, der nicht einen Erwerbgrund aus der Zeit nach der Verurtheilung für sich anführen könnte! Oder in einem Diebstahlsprocesse handelt es sich um den Werth der gestohlenen Sache, jedoch nur wegen der Strafausmessung innerhalb der gesetzlichen Strafgrenzen. Man begnügt sich mit der eidlichen Schätzung durch den Bestohlenen. Gilt der neue Satz, so kann der Bestohlene die selbst beschworene Summe ohne Weiteres als Entschädigung vom Diebe verlangen. — Nehmen Sie einen Strafproceß wegen Körperverletzung! Das bayerische Recht bedroht die Körperverletzung, welche eine mehr als 60 tägige Arbeitsunfähigkeit zur Folge hat, mit demselben Strafmaße (Maximum und Minimum) wie die Körperverletzung, welche einen bleibenden Nachtheil verursacht. Steht daher fest, daß der Verletzte in Folge der Mißhandlung über 60 Tage arbeitsunfähig war, so hat der Beschuldigte im Strafprocesse wenig Interesse, die Annahme zu bekämpfen, daß ein Finger des Mißhandelten auf die Dauer steif bleiben werde. Es wird auch dies, also ein bleibender Nachtheil, im Strafurtheile konstatirt. Diese Thatsache müßte nun im Entschädigungsprocesse festgehalten werden, wenngleich mittlerweile der Finger geheilt worden wäre! Endlich noch ein durch Herrn v. Liszt angeführtes Beispiel, an welchem er die Wirkung des von ihm empfohlenen Satzes darthun will. Ein wegen Nothzucht Angeklagter wird auf Grund der Annahme der Zurechnungsunfähigkeit (in Folge Geistesgestörtheit) freigesprochen. Damit steht auch fest, daß ein vom Losgesprochenen in der Zeit des Strafvorfalles gemachtes Testament ungiltig sei; der Civilrichter, der über die Giltigkeit des Testamentes zu entscheiden hätte, brauchte, ja dürfte gar keine weiteren Untersuchungen über den Geisteszustand des Testators vornehmen! Halten Sie, meine Herren, all' diese Resultate für erträglich? Halten Sie dieselben insbesondere dann für erträglich, wenn der Civilrichter, wie es nach den Beschlüssen der bayerischen Gesetzgebungsausschüsse angenommen werden müßte, an den Ausspruch des Strafrichters gebunden ist, selbst, wenn dieser Ausspruch in Abwesenheit des Beschuldigten, ja sogar wenn er im sogenannten Mandats- oder Mahnverfahren ergangen ist? Hören Sie noch ein Beispiel, um zu ersehen, wohin diese ganz exorbitante Ausdehnung, welche man in Bayern dem neuen Satze geben will, führen wird! Ein wegen Forstfrevel Beschuldigter versäumt es, gegen das Mandat, welches ihn zwei Groschen Strafe und etliche Groschen Kosten bezahlen heißt, Einspruch zu erheben, die Geschichte ist ihm zu unbedeutend. Hinterdrein entsteht über das Eigenthum an dem Waldboden, auf dem er gefrevelt haben soll, zwischen ihm und einem Nachbarn Prozeß, oder es wird die Berechtigung zum Laubstreu- oder Dürrholzholen streitig. Der Prozeß wird rasch zu Ende sein, denn im früher ergangenen Mandat des Strafrichters ist ja schon festgestellt worden, daß der Beschuldigte am Waldboden des N. N. gefrevelt hat; es steht also fest, daß der N. N. Eigenthümer ist!!

Mit Rücksicht auf die Unerträglichkeit dieser Resultate ist der Vorschlag gemacht worden, den neuen Satz nur mit Unterscheidungen anzunehmen. Die Einen wollen nur dem verurtheilenden Straferkenntnisse Rechtswirkung beilegen. Allein, ich frage, wenn es erträglich ist, daß der Civilrichter sich mit einem freisprechenden Urtheile in Widerspruch setzt, warum ist es unerträglich, daß der Civilrichter von einem verurtheilenden Erkenntnisse abweicht? Man antwortet, weil freisprechende Erkenntnisse auch gegen Dritte wirken würden, die keine Gelegenheit hatten, im Strafprocesse ihre Interessen zu wahren. Es ist aber gezeigt worden, daß auch durch die Feststellungen eines verurtheilenden Erkenntnisses, Dritte, am Strafprocesse nicht Betheiligte, geschädigt werden können, wenn sie dieselben anerkennen müssen, z. B. durch die Feststellung, daß der Beschuldiger Eigenthümer der angeblich gestohlenen Sache sei. Sodann kommt in Betracht, daß der Beschuldigte im Strafprocesse nur Veranlassung bekömmt, sich in Bezug auf die strafrechtlichen Folgen gegen die ihm vorgeworfenen Thatsachen zu vertheidigen, nicht aber in Bezug auf die privatrechtlichen. Andere haben gesagt, nur die Feststellung von Thatsachen soll den Civilrichter binden, welche nach dem Strafrechte zum Thatbestande des vorgeworfenen Delictes gehören, nicht aber die Feststellung reiner Civilfragen. Ich frage aber: Was sind reine Civilfragen? Gehört nicht jede in Bezug auf eine Anklage vorgenommene Feststellung über Thatsachen zur Feststellung des strafrechtlichen Thatbestandes, so z. B. die Feststellung der Eigenthumsverhältnisse in Bezug auf die angeblich gestohlene Sache? Ich glaube, daß sich der Ausdruck „reine Civilsache“ besser empfinden, als denken und begreifen läßt.

Man hat ferner gesagt, nur die Feststellung von Thatsachen soll den Civilrichter binden, nicht auch die Feststellung von Rechtsverhältnissen. Lassen sich aber Rechtsverhältnisse feststellen, ohne daß vorher Thatsachen festgestellt werden? Wird es sodann weniger mißlich sein, wenn auf Grund der nämlichen Thatsachen der eine Richter den Hinz, der andere den Kunz als Eigenthümer einer Sache erklärt, als wenn sie in Bezug auf die Feststellung der Thatsachen abweichen? Ich glaube, daß eine verschiedene Beantwortung der Rechtsfrage in Bezug auf dasselbe Verhältniß für das Ansehen der Rechtspflege viel mißlicher ist, als eine widersprechende Lösung der sogenannten Thatfrage.

Einige haben endlich die Wirkung des neuen Satzes nur auf die sog.

Schädenprozesse erstrecken wollen, d. h. auf die Civilprozesse, in welchen auf Grund einer Handlung Schadenersatz verlangt wird, wegen welcher vorher eine strafrechtliche Verurtheilung erfolgte. Aber selbst in dieser Beschränkung werden wir die neue Regel nicht brauchen können. Soll nach derselben durch das Strafurtheil für den Civilprozeß blos festgestellt sein, daß der Peter den Kaspar geschlagen, gestoßen, gestochen habe, so wäre damit sehr wenig gewonnen, denn der Peter könnte im Civilprozesse noch immer entgegnen, er sei total betrunken gewesen, er habe sich in Nothwehr befunden, der Xaver habe ihn an den Kaspar gerannt u. s. w. Soll aber durch das Strafurtheil mehr als das Schlagen u. s. w., soll auch das Verschulden des Peter festgestellt sein, so ist auch hier einzuwenden, daß dem Peter im Strafprozesse keine Veranlassung, ja keine Gelegenheit geboten war, sich gegen die vorgeworfene Thatsache mit Rücksicht auf ihre privatrechtlichen Folgen (die möglicher Weise für ihn erheblicher sind, als die strafrechtlichen) zu vertheidigen. Auch ließe sich mit gutem Grunde die Frage wiederholen: Warum ist in Schädenprozessen die Ungebundenheit des Civilrichters unerträglich, wenn man sich in andern Fällen nicht daran stört.

Nach Allem, was ich gesagt, kann ich die Annahme der neuen Regel, wonach das Strafurtheil gesetzliche Beweiswirkung mit Ausschluß des Gegenbeweises erhalten würde, nicht empfehlen. Wenn man aber auch den Gegenbeweis vorbehielte, so könnte ich doch die Aenderung des geltenden Rechtes, die Aufnahme einer Bestimmung über die Beweiswirkung des Strafurtheiles in die neue Gesetzgebung nicht empfehlen.

Eine solche Bestimmung würde auf der einen Seite ohne Wirkungen, auf der andern Seite schädlich für die Gestaltung der Prozesse sein. Ohne Wirkungen, denn der mit dem Strafurtheile nicht Einverstandene brauchte im Civilprozesse die dem Strafurtheile widersprechenden Behauptungen nur gehörig zu substanziiren und Beweis dafür anzubieten, alsdann müßte ein Beweisverfahren eingeleitet werden, und all' der gehoffte Gewinn wäre vereitelt. Der neue Satz (mit Vorbehalt des Gegenbeweises) würde aber auch schädlich sein, denn er enthielte eine neue Regel über die Beweislast, welche durchaus nicht immer der Sachlage entspräche; ganz abgesehen davon, daß die Vermehrung der Specialbestimmungen über die Beweislast überhaupt nicht der heutigen Rechtsentwickelung entspricht.

Ich komme zum Schluß. Der Juristentag hat meines Erachtens in vorwürfiger Frage nicht mehr ganz freie Hand; er hat sich selbst schon zwei Präjudicien gegen die Annahme des neuen Satzes geschaffen. Im Jahre 1863 haben wir uns für das Prinzip der freien Beweiswürdigung im Civilprozesse ausgesprochen. Durch Annahme des neuen Satzes würden wir eine bedenklich weit gehende Ausnahme von dem gutgeheißenen Prinzipe machen.

Voriges Jahr, zu München, haben wir für den sogen. Schädenprozeß — und für diesen wäre die neue Regel vorzugsweise von Bedeutung — die Aufnahme des Satzes in die Gesetzgebung verlangt, daß der Richter die Höhe des Entschädigungsbetrages nach freiem Ermessen festzustellen habe. Der Juristentag dieses Jahres würde wohl nicht gut daran thun, den früher mit so großer Entschiedenheit festgehaltenen Standpunkt aufzugeben.

Für diejenigen aber, welchen die Wiederholung einer Verhandlung über eine schon entschiedene Frage und die Möglichkeit widersprechender Urtheile Anstoß erregt, möchte ich noch Folgendes sagen.

Richtet den Adhäsionsprozeß wieder ein, laßt den Beschädigten seinen Anspruch vor dem Strafrichter geltend machen, dann können, wie im Falle der subjectiven Klagenhäufung, zwei Prozesse in Einem Verfahren durchgeführt und durch ein Urtheil erledigt werden. Dadurch werden Abkürzungen erzielt, Kosten erspart und Widersprüche in den Urtheilen vermieden.

Für die seltenen Fälle aber, in welchen ein Civilurtheil mit einem Strafurtheile in einem wesentlichen Punkte in Widerspruch tritt, ließe sich wohl die Gestattung einer Wiederaufnahme des Strafverfahrens in Erwägung ziehen.

Mit Rücksicht auf das Gesagte erlaube ich mir, Ihnen folgenden Ausspruch zur Annahme vorzuschlagen:

> Der deutsche Juristentag erachtet die Erlassung einer gesetzlichen Bestimmung über die Beweiswirkung der Strafurtheile in den bürgerlichen Rechtsstreiten nicht für entsprechend.

Präsident: Ich erlaube mir, die Diskussion über den vorliegenden Gegenstand zu eröffnen. Herr Rechtsanwalt Dr. Steinfeld hat das Wort.

Rechtsanwalt Dr. **Steinfeld** aus Cassel: Ich erlaube mir auf den Antrag, den der Herr Referent in eingehender und umfassender Weise erläutert hat, in Kürze zu erwidern. Ich glaube nicht, daß wir die Frage so kurz abfertigen können, wie es in dem Antrage des Herrn Referenten geschehen ist. Soll der Civilrichter gebunden sein an das Urtheil, an die Thatsachen, welche der Strafrichter festgestellt hat? Das ist die Frage. Der Herr Referent schlägt vor, diese Frage dahin zu beantworten, daß die deutsche Gesetzgebung keine Veranlassung finde, diesen Satz in das Gesetzbuch aufzunehmen. Ich glaube, wir können einen andern Ausweg finden, wir können die Frage dahin beantworten, daß der Civilrichter ein Strafurtheil nur anzusehen hat wie eine Urkunde, daß es von dem Ermessen des Civilrichters abhängt, welche Bedeutung er dieser Urkunde beilegen will. Der Civilrichter ist ein unabhängiger Richter, er hat eine unabhängige Stellung; wollte man die Frage bejahen, so würde man dem Civilrichter seine freie Stellung nehmen: es würde der Satz: „audiatur et altera pars" im höchsten Grade verletzt werden; es würden die Grundsätze der Rechtskraft über den Haufen geworfen werden, mit einem Worte, es würden durch die Annahme dieses Satzes wesentliche Rechtsgrundsätze erschüttert werden. Ich kann Ihnen an einem Beispiel zeigen, daß die Bejahung der Frage zu ungeheuren Ungerechtigkeiten führte. Der Fall, den ich selbst erlebt habe, und der beim Ober-Appellations-Gericht zu Cassel dahin entschieden ist, daß der Civilrichter an die im Strafurtheile festgestellten Thatsachen gebunden ist, ist folgender: Es verkauft Jemand als Commissionair mehrere Grundstücke meistbietend, öffentlich; ein Dritter, der bisher an der Versteigerung nicht Theil genommen hat, kommt hinzu und fragt den Verkäufer: „wie viel ist geboten worden?" Antwort: 1700 Thlr., obgleich nur 1300 Thlr. geboten waren. Darauf bietet der Mann 1720 Thlr., das Grundstück wird ihm zugeschlagen, und nach einigen Jahren erfährt er, daß er getäuscht wurde. Jetzt wird ein Strafverfahren anhängig gemacht und durch die Geschworenen die Schuldfrage bejaht. Der Angeklagte hatte eine unwahre Thatsache dem Dritten mitgetheilt und wird zu einer Zuchthausstrafe von 8 (oder 12 Monaten) verurtheilt. Der Angeklagte stirbt im Gefängniß, und nun erhebt der Beschädigte einen Schadensanspruch und verlangt eine Entschädigung von 400 Thlr. Die Erben des Angeklagten erwidern: ein Schade sei nicht entstanden, im Gegentheil, der Kläger habe noch einen Gewinn von 400 Thlr. gemacht. Es wurde angenommen, daß durch das Strafverfahren bereits festgestellt sei, daß der Kläger einen Schaden von 400 Thlr. erlitten habe, und die Erben wurden verurtheilt, diese Summe zu zahlen, und mit ihrem Gegenbeweis ausgeschlossen. Sie aber werden aus diesem Beispiel die Ueberzeugung gewinnen, daß durch die Annahme eines solchen Rechtssatzes die größten Ungerechtigkeiten entstehen können. Ich beantrage daher, der Juristentag möge aussprechen:

> „daß die Urtheile des Strafverfahrens als Urkunden betrachtet und so benutzt werden können, wie eine andere Urkunde, daß die Beweiskraft dieser Urkunde zu prüfen ist und das Weitere dem Ermessen des Civilrichters überlassen bleiben muß.

Justizrath Dr. **Zachariae** aus Stettin: Meine Herren! Was das Amendement des Herrn Vorredners betrifft, so vermag ich nicht einzusehen, was damit erzielt werden soll; ich finde, daß durch dasselbe nichts Neues vorgeschlagen wird. Zur Unterstützung des Antrages des Herrn Referenten möchte ich aber noch auf Folgendes aufmerksam machen. Im Strafverfahren werden die Beweise hauptsächlich durch Zeugen geführt; unter denselben befindet sich regelmäßig der Damnifikat; dessen Aussagen bilden häufig die Haupterkenntnißquelle für den Strafrichter. Würden wir nun das strafgerichtliche Urtheil ohne Weiteres auch für den folgenden Civilprozeß gelten lassen, so würden wir die Glaubwürdigkeit der Damnifikaten in den Strafprozessen gründlich herabdrücken. Aus dieser einfachen Erwägung kann ich mich nur vollkommen der Ausführung des Herrn Referenten anschließen und dem Resultate beistimmen, daß eine Veranlassung zur Aenderung nicht vorhanden ist.

Präsident: Es wird Verlesung des Antrags des Herrn Referenten gewünscht. (Verliest denselben und den Antrag des Herrn Dr. Steinfeld.)

Advokat Dr. **Mayersohn** aus Aschaffenburg: Meine Herren! Die Frage ist so gründlich erörtert, daß nur wenige Worte von meiner Seite nöthig sein werden Ueber die wichtigsten Güter des Menschen, über Leben, Freiheit und Ehre, urtheilen die Richter lediglich nach ihrer Ueberzeugung. Eine Beweistheorie ist hier nicht gegeben.

In Bezug auf Streitigkeiten über das Vermögen will man aber eine weitgehende Beweisregel aufstellen. Das ist ungereimt! Kehren wir die Sache einmal um. Nehmen wir an, es sei in einem Civilprozesse auf Grund des Gutachtens von Sachverständigen eine Urkunde als falsch erklärt und Kläger als der Fälscher angenommen worden. Würde es nun Jemand einfallen, dem Strafrichter, an den nunmehr die Sache gelangt, vorschreiben zu wollen, den Ausspruch des Civilrichters seinem Urtheile ohne Weiteres zu Grunde zu legen? Gewiß Niemandem! Geht aber dies nicht an, dann können wir auch dem Civilrichter nicht durch den Strafrichter die Hände binden lassen.

Obergerichts-Anwalt Dr. **Götting** aus Hildesheim: Meine Herren! Ich glaube, daß der vortreffliche Vortrag unseres Herrn Referenten die Frage erschöpft, aber zu einem anderen Antrage führt, als vom Referenten vorgeschlagen ist. Ich glaube nämlich, daß wir weiter gehen und den Ausspruch thun müssen: „Der deutsche Juristentag spricht seine Ueberzeugung aus, daß das Urtheil des Strafrichters den Civilrichter nicht bindet." Ich glaube, daß hauptsächlich das Gefühl des Unbehagens über widersprechende Urtheile die Frage immer wieder auftauchen macht, und daß man namentlich, um das Ansehen der Rechtspflege nicht zu schädigen, die Gebundenheit des Civilrichters verlangt. Allein solche Gefühle, solche äußere Rücksichten dürfen uns nicht bestimmen; wir haben darauf zu achten, daß das Recht zur Geltung gelange und nicht durch Zweckmäßigkeitsvorschriften geschädigt werde. Das Amendement des Herrn aus Cassel kann ich nicht gut heißen. Aber auch dem Antrage des Herrn Referenten kann ich nicht beitreten. Die Frage lautet: Soll einem prozeßordnungsgemäß erlassenen strafrichterlichen Urtheile, wodurch eine Frage entschieden ist, welche der Entscheidung einer Civilfrage präjudicirt, für diese letztere die Kraft eines vollen Beweises eingeräumt werden? Mit Rücksicht auf das Schwanken der Meinungen, halte ich den vom Herrn Referenten projectirten Ausspruch nicht für genügend. Wir müssen uns mit Bestimmtheit aussprechen, daß wir dem Strafurtheile keine Beweiskraft für den Civilprozeß beigelegt wissen wollen. Deshalb empfehle ich Ihnen, meinen Antrag anzunehmen.

Präsident: Wenn Niemand mehr das Wort verlangt, so wird die Diskussion geschlossen, und der Berichterstatter hat zum Resumé das Wort.

Referent Professor Dr. **Seuffert**: In der Sache selbst haben sich die geehrten Herren Vorredner mit mir einverstanden erklärt. Allein über die Art und Weise, in welcher der deutsche Juristentag seine Meinung kund geben solle, herrscht Verschiedenheit der Ansichten.

Es sind von zwei Herren Anträge gestellt worden, welche beide einen Ausspruch des Juristentages über den Beweiswerth des Strafurtheiles in den Civilprozessen veranlassen wollen, während ich Ihnen vorschlage, auszusprechen, die Gesetzgebung solle über den Beweiswerth des Strafurtheiles keine Bestimmung erlassen.

Der Antrag des Herrn Dr. Steinfeld lautet:

„Der Juristentag spricht aus, daß die Urtheile des Strafverfahrens als Urkunden betrachtet und so benutzt werden können, wie eine andere Urkunde, daß die Beweiskraft dieser Urkunde zu prüfen ist und das Weitere dem Ermessen des Civilrichters überlassen bleiben muß."

Niemand wird es nun bezweifeln, daß das Blatt Papier, auf welches das Strafurtheil geschrieben ist, eine Urkunde sei; aber ich glaube, daß wir das nicht erst besonders auszusprechen haben. Die Fassung der beiden folgenden Sätze scheint mir nicht geeignet zu sein, das auszudrücken, was wir sagen wollen.

Herr Dr. Götting beantragt, „der deutsche Juristentag solle die Ueberzeugung aussprechen, daß der Civilrichter durch das Urtheil des Strafrichters nicht gebunden werde."

Meine Herren, ich habe lange geschwankt, welche Fassung ich meinem Antrage geben solle. Ich hatte einen Ausspruch gewählt, im Wesentlichen so, wie ihn Herr Dr. Götting hier vorgeschlagen hat. Ich habe mich aber schließlich entschieden, Ihnen einen Ausspruch in der Ihnen bekannten Fassung vorzuschlagen. Folgende Erwägung hat mich dazu bestimmt. Wenn wir sagen, das Urtheil des Strafrichters bindet den Civilrichter nicht, so sagen wir mehr, als wir wollen, wenigstens kann man mit gutem Grunde in unserem Ausspruche mehr finden. Wenn wir wünschen, daß das Strafurtheil regelmäßig den Civilrichter vollkommen überzeugen werde, — und das wünschen wir doch — so nimmt sich der Ausspruch: „Der Civilrichter wird durch den Ausspruch des Strafrichters nicht gebunden", nicht sehr gut aus.

Würden Sie es billigen, wenn der Juristentag ausspräche: „Der Civilrichter wird durch die Aussagen zweier Zeugen nicht gebunden?" Ich glaube, nein! Ebenso wenig sollen Sie aber bezüglich des Beweiswerthes eines anderen Beweisgrundes ein so kategorisch absprechendes Urtheil fällen. Ich meine sodann, daß auch die Klugheit uns zu der von mir vorgeschlagenen Fassung bestimmen sollte. Es läßt sich nicht verkennen, daß in unserem Rechtsleben da und dort die Neigung vorhanden ist, den strafgerichtlichen Urtheilen eine gewisse Präponderanz gegenüber den Urtheilen der Civilgerichte einzuräumen. Wir können diese Neigung in ziemlich maßgebenden Kreisen wahrnehmen. Wenn wir nun in so schroffer Weise aussprechen, der Civilrichter werde durch die Urtheile des Strafrichters nicht gebunden, so wird man uns entgegenhalten, daß wir die Civilrichter verleiteten, gar nichts auf die Strafurtheile zu geben; und man wird unsern Ausspruch für unannehmbar erklären. Ich glaube, der deutsche Juristentag spricht sich mit genügender Bestimmtheit aus, wenn er es als nicht geeignet erklärt, daß die Gesetzgebung eine Bestimmung über den Beweiswerth der Strafurtheile aufstelle. Seien Sie überzeugt, daß Derjenige, der auf die Beschlüsse des deutschen Juristentages irgendwie Gewicht legt, nicht blos die Paar Zeilen, in welchen wir unseren Beschluß niederlegen, liest, sondern daß er auch die Verhandlungen ausführlich durchstudirt. Da wird er dann mit wünschenswerther Bestimmtheit unsere Ansicht ausgesprochen finden, daß dem Civilrichter nicht die Hände gebunden sein sollen, daß wir dem Strafurtheil kein bindendes Gewicht, daß wir ihm aber einen bedeutenden Werth als frei zu würdigenden Beweisgrund beilegen wollen. Ich glaube daher, wiederholt die Annahme des von mir gestellten Antrages empfehlen zu sollen.

Präsident: Wir schreiten nunmehr zur Abstimmung. Nach meiner Meinung kommen für dieselbe die Anträge der gedruckt vorliegenden Gutachten der Herren Professor Dr. Planck und Oberlandesgerichtsraths Dr. v. Lißt nicht in Betracht, da Niemand in dieser Versammlung diese Anträge aufgenommen hat. Es würden demnach nur die folgenden drei Anträge zur Abstimmung gelangen: Erstens der Antrag des Herrn Dr. Steinfeld, zweitens der Antrag des Herrn Obergerichtsanwalt Götting, und drittens der Antrag des Herrn Referenten:

(Die Anträge werden von dem Präsidenten verlesen.)

Ich glaube, daß wir über diese Anträge in derselben Reihenfolge, wie sie eben verlesen sind, abstimmen können. Wenn sich kein Einspruch hiergegen erhebt, so werden wir die Abstimmung demgemäß vornehmen. Es wird nicht nothwendig sein, die Anträge noch einmal zu verlesen.

Ich bitte diejenigen Herren, welche noch nicht Platz genommen haben,

Platz zu nehmen, damit wir uns durch Aufstehen und Sitzenbleiben über die Majorität versichern können.

Die Abstimmung über den Antrag des Herrn Dr. Steinfeld erfolgt. (Derselbe wird abgelehnt.)

Der Antrag des Herrn Obergerichtsanwalts Götting wird ebenfalls abgelehnt.

Der Antrag des Herrn Referenten wird mit an Einstimmigkeit grenzender Majorität angenommen.

Präsident: Es liegt uns nun ob, denjenigen Herren, welche über die von uns diskutirte Frage die gedruckt vorliegenden Gutachten erstatteten, unseren Dank abzustatten, ich glaube aber auch, meine Herren, in Ihrer Aller Namen, unserm Berichterstatter, Herrn Professor Seuffert, unsere Anerkennung für seinen lichtvollen Vortrag aussprechen zu dürfen (Zustimmung!) Ich meine aber auch, daß unser Herr Berichterstatter uns noch zu besonderem Danke verpflichten wird, wenn derselbe in der Plenar-Versammlung die Berichterstattung über diesen Gegenstand übernehmen wollte. Erklärt sich der Herr Referent damit einverstanden?

Professor Dr. **Seuffert**: Ich bin bereit, der Plenar-Versammlung die erforderliche Mittheilung zu machen.

Präsident: Es fragt sich nun noch, ob wir unsern Beschluß der Plenar-Versammlung zu einer weiteren Prüfung und Entscheidung oder nur zur Kenntnißnahme mittheilen wollen. Nach den Statuten des Juristentags hat die Abtheilung hierüber Beschluß zu fassen. Ich glaube, daß eine Mittheilung zur Kenntnißnahme genügen wird. Erhebt sie kein Widerspruch gegen diesen Vorschlag, so nehme ich an, daß Sie mit demselben einverstanden sind.

Wir haben nun noch zwei Gegenstände von großer Tragweite auf unserer Tagesordnung. Der erste ist, wie Sie sich erinnern werden, auf dem vorjährigen Juristentage nicht vollkommen zum Austrag gekommen; der andere betrifft die Freigebung der Advokatur.

In Rücksicht darauf, daß beide Gegenstände voraussichtlich zu einer längeren Diskussion Veranlassung geben werden, werden Sie es mir nicht übelnehmen, wenn ich heute mit dem Dank dafür, daß Sie so lange ausgehalten haben, die Bitte verbinde, morgen früh rechtzeitig zu erscheinen. Die Versammlung beginnt um $^1/_2$ 9 präcise. Die heutige Versammlung ist geschlossen.

Zweite Sitzung der vierten Abtheilung
am 28. August 1868.

Vice-Präsident Justizrath **Dorn**: Meine Herren! Unser erster Vorsitzender wird verhindert sein, der Eröffnung der heutigen Sitzung beizuwohnen, da er in einer der anderen Abtheilungen ein Referat übernommen hat, und ich erlaube mir daher, als Vice-Präsident die Sitzung zu eröffnen. Das Protokoll der gestrigen Abtheilungs-Sitzung liegt zur Einsicht beim Schriftführeramte vor; es wird dasselbe nur kurz und summarisch sein, da die ausführlichen Protokolle demnächst durch den Druck veröffentlicht werden. Der Gegenstand unserer heutigen Tagesordnung besteht zunächst in der Wahl der Vertrauensmänner, welche mit Stimmenmehrheit die Mitglieder der ständigen Deputation zu wählen haben und zwar in Vereinigung mit den Vertrauensmännern der anderen Abtheilungen, unter Vorsitz des Plenar-Präsidenten und unter Zuziehung der vier Vice-Präsidenten. Es ist immer so gehalten worden, daß vom Vorstande der betreffenden Abtheilung eine Liste von 10 Personen in Vorschlag gebracht worden ist, was indeß nicht ausschließt, daß auch andere Collegen in Vorschlag gebracht werden. Das Bureau hat gestern eine Liste zusammengestellt aus folgenden 10 Mitgliedern, deren Ernennung zu Vertrauensmännern ich Ihnen vorschlage: Unsern Vorsitzenden, Herrn Dr. Albrecht von hier, ferner Herrn Ober-Appellationsgerichtsrath Brinkmann aus Kiel, Herrn Obergerichtsanwalt Götting aus Hildesheim, Herrn Dr. Levy, Advokat von hier, unsern Schriftführer, Herrn Advocat Dr. Mayersohn aus Aschaffenburg, unsern Schriftführer, Herrn Ober-Appellationsgerichts-Präsidenten Dr. Preußer aus Kiel, Herrn Justizrath Romberg aus Berlin, Herrn Professor Dr. Seuffert aus München, Herrn Ober-Appellationsgerichtsrath Zimmermann aus Lübeck und Herrn Justizrath Dr. Zachariae aus Stettin. Ich erlaube mir nun, nochmals mit Weglassung der Titel dieselben zu wiederholen. (Geschieht.) Und jetzt möchte ich die Anfrage an Sie richten, ob wir den kurzen Modus der Acclamation, die Vertrauensmänner zu wählen, einschlagen wollen. Wenn wir Stimmzettel schreiben, so ist das eine Action, welche sehr zeitraubend ist, und die Sache ist nicht so wichtig, um uns längere Zeit dabei aufzuhalten. Ich würde mir nun den Vorschlag erlauben, wenn kein Widerspruch sich erhebt, daß durch Acclamation gewählt wird. Hat Jemand noch anderweitige Vorschläge zu machen? Wenn nicht, so würde ich also bitten, durch Handaufheben zu erklären, ob diese Liste der 10 Personen genehmigt ist. (Geschieht.) Die Liste ist also genehmigt. Wir gehen jetzt auf den materiellen Gegenstand unserer Tagesordnung über. Es ist Nr. 10, vom vorigen Juristentage überwiesen: „Soll im Civilprozeß für das Vorbringen von Thatsachen, Einreden und Beweismitteln in erster Instanz eine Präclusivfrist bestehen, und bejahendenfalls, welche?“ Die Berichterstattung hat Herr Dr. Ruhwandl aus München freundlichst übernommen.

Dr. **Ruhwandl** aus München: Für die eben verlesene Frage haben, wie aus den gedruckten Verhandlungen des 6. und 7. Juristentags bekannt ist, die Rechtsanwälte Andrä aus Osnabrück, Marquard Barth aus Kaufbeuern und König aus Cleve, jene durch Gutachten, dieser mittels eines schriftlichen Berichtes den Berathungen vorgearbeitet, wobei, wie sich von selbst versteht, überall von einem bestimmten Prozeß-Systeme ausgegangen wurde. — Nun ist zwar keine Juristen-Versammlung formell gebunden an dasjenige, was bei früheren gut geheißen wurde, doch wird man bei der Beschäftigung mit einem einzelnen Punkte mit Recht — um nämlich die Verhandlung nicht nutzlos zu erweitern — vor Allem fragen, was an bedingenden Prämissen etwa bereits als communis opinio feststeht. Indem ich im vorliegenden Falle so verfahre, finde ich, daß für den Civilprozeß folgende einschlägige Grundsätze als fixirt erscheinen:

> Ein consequent durchzuführendes mündliches Verfahren, unmittelbarer Anschluß des erforderlichen Beweisanerbietens an die erste Verhandlung, und hiernach dann ein Beweisresolut, welches über die Beweislast nichts bestimmt und auch in keiner andern Hinsicht den Richter bindet.

Geht man von diesen Voraussetzungen aus, so kann von der Eventualmaxime im Sinne des gemeinen deutschen und auch des seit 1852 in Hannover geltenden Prozesses an sich keine Rede mehr sein, die Anwendung dieser Maxime unterliegt vielmehr jedenfalls starker Einschränkung, und auf diesem Standpunkte befinden sich denn auch die Anträge von M. Barth und König und der eventuelle von Andrä.

König (wie gesagt, Berichterstatter in der 4. Abtheilung des 6. Juristentages) formulirt seinen Vorschlag so:

1) Im Civilprozesse soll für das Vorbringen sowohl von Einreden als von Beweismitteln eine Praklusivfrist bestehen, jedoch mit der Maßgabe, daß später neue Einreden und Beweismittel unter der Bedingung zugelassen werden dürfen, wenn deren Berücksichtigung die Endentscheidung nicht hinausschiebt,

2) die erwähnte Präclusivfrist läuft für die Einreden mit dem Schlusse der ersten mündlichen Verhandlung ab, für die Beweismittel mit dem ersten Beweisantretungstermine, also, falls Beweis mit Behauptungen verbunden wird, ebenfalls mit dem Schlusse der ersten mündlichen Verhandlung.

Weiter geht (unter den obigen Voraussetzungen: Mündlichkeit, Beweisverbindung, nicht bindendes Interlokut) Andrä, welcher am Schlusse seines Gutachtens sagt:

> Man werde vor dem Endurtheil (von prozeßhindernden Einreden abgesehen) keine Einreden und Beweise zu präkludiren haben, es sei denn, daß der Richter sie als vexatorisch verwerfe.

Damit stimmt im Wesentlichen auch die Ansicht von M. Barth nach dessen bei dem 6. Juristentage in der 4. Abtheilung abgegebener Erklärung (Band III. S. 301 und 302) überein.

Bei der Verhandlung in eben erwähnter Abtheilung endlich kam es auf den Antrag des Rechtsanwalts Makower von Berlin (mit Umgehung von Details, welche etwa hinsichtlich der Klage-Aenderung, der dilatorischen Einreden u. dergl. sich empfehlen könnten) zu einem Mehrheitsbeschlusse des Inhaltes:

> „Im Civilprozesse soll für das Vorbringen von Thatsachen und Beweismitteln in erster Instanz eine Präklusivfrist nicht bestehen.“

Da indessen, als dieser Beschluß gefaßt wurde, sehr viele Mitglieder — durch die Diskussion über die vorausgegangenen Gegenstände und den fraglichen letzten ermüdet — die Versammlung verlassen hatten, bei der Wichtigkeit der Frage aber ein Ergebniß von größerer Bedeutung wünschenswerth erschien, so hat das Plenum in seiner zweiten Sitzung die nochmalige Verhandlung bei dem nächsten Juristentage beschlossen.

Hiernach ist also zunächst die gegenwärtige 4. Abtheilung berufen, sich darüber zu entscheiden, ob sie dem erwähnten alle Präklusivfristen für entbehrlich erklärenden Conklusum beitreten, oder der Eventualmaxime doch auf irgend eine andere Weise Geltung verschaffen möchte, als durch diejenigen indirekten Mittel, welche der erwähnte Beschluß voraussetzt. Denn — so viel ist gewiß, daß Diejenigen, welche alle Präklusivfristen für entbehrlich erklären, damit keineswegs sagen wollen, es müsse gesetzlich den Parteien das Recht gewährt sein, in jedem Stadium des Prozesses, so lange nicht definitiv erkannt ist, mit oder ohne vorgängigen Vorbehalt auf den Grund neuer Thatsachen oder Beweise die Wiederaufnahme des Verfahrens (mit Haftung für die hierdurch entstehenden Mehrkosten) zu verlangen. Dieses wäre der extreme Gegensatz der Eventualmaxime.

Will man einerseits ein solches Parteirecht nicht statuiren, andererseits aber — mit Beseitigung des Rechtsmittels der **restitutio in integrum** — alle Präklusivfristen fallen lassen, so involvirt das von selbst neben dem erwähnten, zwar meistens doch nicht immer ausreichenden indirekten Zwangsmittel der Kostenaufbürdung auch noch ein weitgehendes freies Ermessen des Gerichtes. — Diese beiden indirekten Mittel werden allerdings geeignet sein, die Parteien dazu zu nöthigen, daß sie in der Regel gerade so, als wären Präklusivfristen vorhanden, ihre Rechtsbehelfe — primäre wie eventuelle — gleichzeitig vorbringen, während für seltene Ausnahmsfälle immerhin nach dem Ermessen des Gerichtes diejenige Abhilfe vor dem Endurtheile (mit Hinausschiebung desselben) gewährt werden kann, welche außerdem erst hinterher, durch die Restitution gegeben werden könnte.

Darauf also, ob eine solche diskretionäre richterliche Macht in den Civilprozeß eingeführt werden solle, oder nicht, reducirt sich im Wesentlichen die Meinungs-Differenz, welche in vorliegender Frage jetzt noch besteht.

Scheut man sich, jene Macht in die Hände der Richter zu legen, so wird man die Grenze so ziehen müssen, wie Herr König vorschlägt. Man erstrebt auch damit die Präklusivfrist gewissermaßen bis an den Schluß der dem Endurtheil vorausgehenden Verhandlung, — gewissermaßen, sage ich, nämlich mit der Einschränkung, daß nach der ersten Verhandlung Neues nur unter der Bedingung zulässig sei, wenn durch dessen Berücksichtigung die Endentscheidung nicht hinausgeschoben wird, also Behauptung in dem Falle, wenn sie keines Beweises bedarf, Beweis dann, wenn er sofort zur Hand ist u. dgl.

Daß durch das System der Beseitigung aller Präklusivfristen mit freiem richterlichen Ermessen der Förderung des materiellen Rechts die möglichst weite Bahn eröffnet wird, läßt sich kaum verkennen. Denn zu größerer Strenge, als das andere System ganz allgemein mit sich bringt, kann einerseits das Gericht niemals greifen, und andererseits hat man keinen Grund anzunehmen, daß die Gerichte ihre Befugniß, Neues zuzulassen, frivolem Mißbrauche preisgeben werden.

Durch diese kurze Darlegung glaube ich, genügende Anhaltspunkte für Ihre Diskussion geliefert zu haben, und zur Formulirung eines Beschlusses dürften die Propositionen der Herren König, Andrä resp. Barth und Makower sich vollkommen eignen.

Obergerichts-Anwalt Dr. **Freudentheil** I. aus Stade: Ich habe mich um so mehr zum Wort gemeldet, da, wie schon angedeutet worden, in der hannoverschen Prozeßordnung die Eventualmaxime beibehalten ist. Wir haben das Interlocut; da können also neue Einreden, wenn einmal auf Beweis erkannt ist, in erster Instanz unter keiner Bedingung zugelassen werden, und ähnlich verhält es sich mit den Beweisen nach abgelaufener Antretungsfrist. Wenn diese Bestimmung auf den ersten Blick drückend oder der Forderung des materiellen Rechts hinderlich erscheint, so scheint das nur so. Es ist das nicht der Fall, da in zweiter Instanz neue Thatsachen, neue Beweismittel vorgebracht werden können. Aber in keiner Hinsicht hängt das von den Richtern ab. Die Richter dürfen in erster Instanz keine verspäteten Einreden zulassen, und sind gebunden, ganz wie im gemeinen Prozeß. Diese Frage ist bekanntlich auch bei der Commission, die in Hannover zur Berathung einer deutschen Civilprozeßordnung tagte, zur Sprache gekommen, und da hat ein Theil der Mitglieder Tabula rasa machen wollen — gar keine Präklusivfrist! Da könnte also der Richter am Schlusse des ganzen vorgängigen Verfahrens dasselbe gleichsam annulliren. Ich dagegen muß mich für ein bindendes Interlocut erklären. Für die erste Instanz giebt es ohne solches kaum ein Verfahren, mittels dessen man die Sache in übersehbare Ordnung bringen kann. Die Gründe für diese Ansicht können hier nicht näher entwickelt werden; Leonhardt, der die Civilprozeßordnung herausgegeben, äußert sich ausführlich hierüber. Daß es nur vom Richter abhängen soll, ob das Verspätete noch zugelassen werden kann oder nicht, könnte ich nimmermehr gutheißen; es würde dadurch doch eine zu große Macht in seine Hände gelegt. Auch wird, wenn das Interlocut nicht wenigstens für die erste Instanz gelten soll, das Verfahren sehr verweitläufigt. Ich erkläre mich daher gegen die Anträge, wie sie gestellt sind, und bin dafür, daß das Interlocut für die Instanz, für welche es gegeben, rechtsgültig sein solle. Nachtheile, welche hierdurch einer Partei zugehen, können dann in der weiteren Instanz, in welche die Präclusion und das Interlocut nicht bindend hinüberwirken, beseitiget werden.

Justizrath **König** aus Cleve: Für den Fall, daß man von dem hannöverschen Prozeßsystem ausgeht, ist es allerdings nicht möglich, die Eventualmaxime auszuschließen. Dort theilt man den Prozeß in zwei Hauptstücke ein, in das erste und das Beweisverfahren. Nach dem Schlusse können überall fernere Behauptungen selbstredend nicht zugelassen werden. Aber, meine Herren, die Frage, ob das Beweis-Interlocut binden soll oder nicht, kann doch nicht neuerdings Gegenstand der Erörterung werden. Man muß von der Voraussetzung ausgehen, die mehrfach auf den Juristentagen festgestellt worden ist, daß das Interlocut nicht binden soll. Von dieser Voraussetzung ist auch mein Bericht ausgegangen, welchen bei dem vorigen Juristentage Herr Dr. Ruhwandl vorgetragen hat. Ich will, daß zwar das Prinzip der Eventual-Maxime im Civilprozeß sich Geltung verschaffe, jedoch in sehr mäßiger, nämlich in der Weise, daß nicht nur bis zum Schluß des mündlichen Verfahrens jede Einrede noch beigebracht werden kann, sondern auch nach dem Schlusse, nachdem das Interlocut gesprochen ist, bei jeder Veranlassung, wo vor dem Richter nochmals die Sache verhandelt wird, neue Einreden und Thatsachen zulässig sein sollen, dieses jedoch nur unter der Bedingung, daß die neuen Einreden und Beweise die Entscheidung nicht aufschieben. Hierbei bedarf es denn nicht, wie im hannöverschen Prozeß, eines förmlichen Rechtsmittels. Sobald jene Bedingung erfüllt ist, kann der Richter ohne Weiteres die neuern Thatsachen und Beweise berücksichtigen. Das ist der Grundsatz, den ich vertheidigt habe. Dem entgegen steht ein Antrag des Herrn Rechtsanwalts Makower, der so lautet: „Im Civilprozeß soll für das Vorbringen von Thatsachen und Beweismitteln in erster Instanz eine Präklusivfrist nicht bestehen."

Also auch bei der schließlichen mündlichen Verhandlung, nachdem das Intercolut gesprochen, nachdem das Beweismaterial vorgetragen ist, auch dann sollen noch neue Einreden zulässig sein.

Die volle Bedeutung dieses Vorschlages läßt sich erst erkennen, wenn man auf dessen Motivirung eingeht. Es zeigt sich alsdann, daß Herr Makower auf den Effekt der Eventual-Maxime nicht verzichten, sondern ihn nur mittelbar erreichen will durch die Rechtsfolge der Kostenaufbürdung für die durch Nachschleppung von Rechtsbehelfen nöthig gemachte neue Verhandlung, und durch das Ermessen des Richters, welchem anheimgegeben sein soll, einen nachgeschleppten Rechtsbehelf sofort zu verwerfen, wenn nach seiner Ueberzeugung damit bloß Verzögerung der Sache beabsichtigt ist. Was nun jene Kostenaufbürdung betrifft, so scheint mir dieselbe mit dem Wortlaute des Makower'schen Vorschlages, strenge genommen, in Widerspruch zu stehen. Man kann doch nicht einerseits durch Abschaffung aller Präklusivfristen den Parteien das Recht gewähren, den Zeitpunkt für ihr Vorbringen ganz nach Belieben zu wählen, und es andererseits doch wieder für eine wenigstens durch Kostenaufbürdung zu rügende Handlung erklären, wenn sie von diesem Rechte Gebrauch machen. Das Ermessen des Richters aber muß meines Erachtens an eine objektive Regel gebunden sein, nämlich die, welche ich verlange, daß keine Aufschiebung des Endurtheils involvirt werde, und so weit fällt mein Antrag mit dem Makower'schen zusammen, denn wenn ein neues Vorbringen keinen solchen Aufschub nöthig macht, wird der Richter auch niemals die Absicht der Chikane daraus ableiten können. Der Unterschied zwischen den beiden Anträgen tritt erst in der Beziehung hervor, daß nach jenem Makowers der Richter auch dann, wenn das Endurtheil hinausgeschoben wird, Nova noch zulassen darf, falls er die Absicht der Chikane nicht annehmen zu können glaubt, und eine solche Macht dem Richter einzuräumen halte ich nicht für rathsam. In Frankreich, wo das von Makower empfohlene System gilt, zeigt sich nur zu oft, welche Unsicherheit daraus entsteht, wenn man die Aburtheilung über derlei Punkte der subjektiven Auffassung der Richterpersonen überläßt, welche so sehr von der Individualität bestimmt wird, daß häufig Rücksichten auf die Entscheidung Einfluß üben, die mit der Sache selbst nichts zu thun haben.

Will man der Prozeßverschleppung eine feste Schranke entgegenstellen, so darf man dieselbe auch nicht dem freien richterlichen Ermessen preisgeben, man muß vielmehr die der Natur der Sache entprechende objektive Regel aufstellen, welche ich vorschlage. Auch durch diese schon wird die Eventualmaxime, so weit thunlich, beseitigt. Erlauben Sie mir, dieses durch ein Beispiel noch klarer zu machen. Gesetzt es sei ein unzweifelhaft verjährter Anspruch eingeklagt und vom Beklagten übersehen worden, die Einrede der Verjährung vorzubringen, so daß es zum Beweis- und Schlußverfahren kommen mußte. In diesem erst verfällt er endlich auf jene Einrede. Wird nun dieselbe als gegründet erkannt, so muß sie, obwohl so spät vorgebracht, noch berücksichtigt, und der Beklagte von der Klage entbunden werden. So ermäßigt ist nach meiner Ansicht das Eventualprincip auch im mündlichen Verfahren durchführbar.

Obergerichtsanwalt **Götting** aus Hildesheim: Meine Herren! Ich theile ganz die Ansicht des Herrn Referenten, daß man nicht leicht von früher gefaßten Beschlüssen abweichen, und also bei Beantwortung vorliegender Frage von der Voraussetzung eines nicht rechtskräftigen Beweis-Interlocuts ausgehen soll. — Ich glaube aber, daß solche allgemeinen Principien eben dann erst, wenn man versucht, sie im Einzelnen anzuwenden, die Feuerprobe zu bestehen haben. Eine solche Feuerprobe tritt nun bei der gegenwärtigen Frage ein. Diese Frage führt uns nämlich mit Nothwendigkeit auf die erste principielle Frage zurück, mit solcher Nothwendigkeit, daß wir sie gar nicht aus den Augen lassen können. Der Gang unseres Prozesses ist ja nicht etwa willkürlich dahin geschieden, daß wir bislang ein sogenanntes erstes Verfahren hatten, wo bloß die Thatsachen vorgetragen wurden, und an diese dann das Beweisverfahren sich anschloß. Um die in den Normen über Rechtsverhältnisse gegebenen Begriffe auf Thatsachen anzuwenden, also um zu prüfen, ob die Thatsachen, wie sie behauptet wurden, die Merkmale eines bestimmten Rechtsgeschäftes enthalten u. dgl., hat man nichts anderes nöthig, als die Vergleichung jener Begriffe und des Vorbringens bezüglich dieser Thatsachen. Zeigt schon solche Vergleichung, daß das Vorbringen kein einen Rechtsgrund enthaltendes Verhältniß darstelle, so wäre es höchst gleichgiltig, also überflüssig, noch zu fragen, ob das Vorbringen wahr sei oder nicht. — Erst, wenn das Gegentheil der Fall, nämlich eine relevante Behauptung aufgestellt ist, immer also in zweiter Linie, entsteht noch die weitere Frage nach der Wahrheit. So geht demnach die Gliederung des Prozesses in erstes und Beweisverfahren aus der Natur der Sache selbst hervor, und deßhalb können wir davon nicht lassen, ohne durcheinanderzumengen, was geschieden sein soll. — Daß aber bei jener Gliederung des Prozesses, welche meines Erachtens allein zu einer möglichst schnellen und zugleich möglichst richtigen Entscheidung führen kann, Präclusivfristen bestehen müssen, unterliegt keinem Zweifel.

Die Ansicht meines geehrten Herrn Vorredners geht dahin, man solle alle Präclusivfristen beseitigen, aber doch nur in so weit, daß die Endentscheidung dadurch nicht hinausgeschoben werde. Dieser Beschränkung liegt offenbar der Gedanke zu Grunde, und macht sich unaufhaltsam Bahn, man müsse Präclusivfristen haben; nur will der Eine sie durch diese, der Andere durch jene Hinterthür hereinbringen. Uns gilt das als Beweis, daß es unrichtig ist, das rechtskräftige Beweis-Interlocut aufzuheben. Was den Vorschlag des Herrn Collegen König anlangt, so frage ich: Warum macht er denn die Beschränkung: „wenn nur die Endentscheidung nicht hinausgeschoben wird"? Aus dem einfachen Grunde, weil eben ein Ende für den Prozeß sein muß. Weshalb legt er aber den Termin so weit hinaus, unmittelbar vor die Endentscheidung? Wir haben ja einen naturgemäßen früheren Abschnitt, wohin der Termin verlegt werden kann, ohne irgendwelche Rechtsbeschränkung der Parteien. Das ganze Streben unseres Prozesses ist dahin gerichtet, materielles Recht zu schaffen; es muß nur eine Handhabe da sein, um zu diesem materiellen Recht zu kommen, und diese Handhabe kann nur eine formelle sein, — wir müssen uns also schließlich mit formellem Recht begnügen, das mit dem materiellen Recht möglichst übereinstimmt. Käme nun der Vorschlag des Herrn König zur Anwendung, so müßte z. B., wenn eine Partei bei der Schlußverhandlung eine neue relevante Einrede vorbrächte und Zeugen für deren Wahrheit anführte, das Gericht mit Verwerfung dieser Einrede zum Endurtheil schreiten, dagegen, falls die Einrede mittelst vollbeweisender Urkunde dargethan werden könnte, dieselbe auch jetzt noch berücksichtigen. Das Motiv für diese verschiedene

Behandlung läge ganz allein in dem Streben, den Prozeß etwa vier Wochen früher zu Ende zu bringen. Um dieses Zweckes willen müßte also im ersteren Falle das etwaige materielle Recht weichen. Geht man aber einmal davon aus, daß, um in nicht allzulanger Zeit zum formellen Rechte zu gelangen, die Möglichkeit materiellen Unrechtes gleichwohl bis zu einer zweckmäßigen Gränze zugelassen werden müsse, so ist doch sicherlich vorzuziehen, die Präclusion gleich an denjenigen Abschnitt zu knüpfen, in welchem mit Aufstellung der relevanten Thatsachen eine feste Basis des Prozesses dargeboten wird. Und das ist eben das System des hannoverschen Prozesses. Ich glaube demnach, daß der Vorschlag des Herrn Collegen König nicht der richtige ist; er beseitigt nicht die Möglichkeit des materiellen Unrechts, denn er fordert doch auch einen endlichen formellen Abschnitt; diesen formellen Abschnitt aber können wir ebenso gut vorwärts verlegen, und das System der hannoverschen Prozeßordnung beweist, daß das geschehen kann ohne irgendwelchen Nachtheil; denn das Zeugniß sämmtlicher Anwälte Hannovers lautet dahin, dieses System habe sich ausgezeichnet bewährt.

Ich komme zum Vorschlag des Herrn Collegen Makower. Haben wir kein rechtskräftiges Beweis-Interlocut, so fordert allerdings die eiserne Consequenz, daß man jederzeit neue Beweismittel und Thatsachen vorbringen könne. Aber es ist auch mit dieser Consequenz nicht voller Ernst, vielmehr wird die Eventualmaxime durch eine Hinterthür hereingelassen. College Makower sagt also: Neue Beweismittel und Thatsachen sollen zugelassen werden, wenn sie dem Richter nicht als chicanös erscheinen. Meine Herren! Damit verzichten wir auf jede rechtliche Ordnung des Prozesses, damit verzichten wir auf jede gesetzliche Grundlage, wenn wir eine so wesentliche Maßregel ganz dem richterlichen Ermessen anheimstellen. Das richterliche Ermessen unterliegt natürlich so gut dem menschlichen Irrthum, wie alles Andere. Verspätetes Einbringen von Thatsachen und Beweismitteln führt sehr häufig den Anschein des chicanösen Hinausschiebens mit sich; der Richter wird sehr häufig, fast jedesmal in der Lage sein, zu sagen: „Mein Gott, warum ist der Mann nicht vor vier Monaten gekommen, da es Zeit war? Das ist ein Versuch, den Prozeß noch einmal zu verschleppen!" und wir werden, nach meiner Erfahrung als Anwalt, optima fide sehr häufig materiell ungerechte Abschneidung neuer Thatsachen und Beweismittel erleben.

Ich sehe also weder in dem einen noch in dem anderen Antrage, die jetzt zur Discussion stehen, irgend ein geeignetes Mittel, dem materiellen Recht im Prozeß seine Geltung zu verschaffen, und daher haben diese Anträge durchaus nichts voraus vor dem System, welches in einen früheren Zeitpunkt des Prozesses nämlich des formellen Abschlusses durch das Beweis-Interlocut, die Präclusion verlegt, wie es der hannoversche Prozeß thut. Daß wir damit, wenn wir uns diesem System anschließen, unseren früheren Beschluß, es solle ein rechtskräftiges Beweisurtheil im Prozeß nicht vorkommen, wieder aufheben, ist richtig, aber — ich gestehe offen — es ist das mein lebhaftester Wunsch. Ich bin hannöverscher Jurist; ich habe sechszehn Jahre diese Prozeßordnung mit durchgemacht und ich bestätige, daß die Anwälte des Landes Hannover, als inzwischen die Frage wieder zur Sprache kam, ob das bindende Beweis-Intercolut fallen gelassen werden solle, sich einmüthig dagegen aussprachen. Ich bemerke dabei, daß es nicht im pecuniären Interesse des Anwalts liegt, das hannöversche Prozeßsystem vorzuziehen. Ein Prozeß, der die Handhabe bietet, um hier und da mit Leichtigkeit neue Thatsachen und Beweismittel vorzubringen, der würde jedem Anwalte, der nur seinem materiellen Interesse nachginge, erwünscht sein. Ein Prozeß, der einen möglichst frühen Termin bestimmt, wodurch das weitere Vorbringen von Thatsachen und Beweismitteln abgeschnitten ist, der wird dem Geldinteresse stets entgegen sein. Um so mehr ist darauf Gewicht zu legen, daß sämmtliche Anwaltskammern Hannovers sich gegen die Aufhebung des rechtskräftigen Beweis-Interlocuts ausgesprochen haben; einmüthig und mit einer gewissen Energie und großer Zähigkeit halten sie daran, weil sie nur darin einen ordnungsmäßigen, sichern Fortschritt des Prozesses und die Bürgschaft dafür erblicken, daß die Prozesse nicht verschleppt werden. Nach statistischen Nachweisen kommen bei uns Verschleppungen selten vor, sei es durch Chicane, sei es durch Vernachlässigung der Parteien im Einbringen der Beweismittel; kurz, Ausnahmen abgerechnet, verlaufen die Prozesse in Hannover wunderbar rasch und zur Zufriedenheit der Richter, der Anwälte und des Publikums. Und das ist doch die Hauptsache. Ich ersuche Sie deßhalb, die Frage, die uns hier gestellt ist, zu bejahen: Es soll im Civilprozeß für das Einbringen von Thatsachen und Beweismitteln eine Präclusivfrist bestehen; und die weitere Frage: „eventuell bejahendenfalls, welche?" dahin zu beantworten, daß mit dem ersten mündlichen Verhandlungstermin für das Vorbringen von Thatsachen die Präclusivfrist abgelaufen sei, und für die Beweismittel mit dem ersten Termin des Beweisverfahrens.

Justizrath Dr. **Zachariae** aus Stettin: M. H., ich würde glauben, nicht völlig bei der vorliegenden Frage zu bleiben, wenn ich darauf einginge, in Erwägung zu ziehen, ob es richtig ist, rechtskräftige Interlocute beizubehalten oder nicht. Von meinem Standpunkte aus kann darauf auch gar nichts ankommen, denn ich bin gegen alle Vorschläge, d. h. ich bin für die Ablehnung des früher gefaßten Beschlusses (und die anderen Herren Redner, welche sich darüber ausgelassen haben, scheinen derselben Ansicht zu sein), so wie auch gegen die anderen heute erörterten Vorschläge. Man könnte sich bei bloß theoretischer Auffassung ganz damit einverstanden erklären, daß neue

Thatsachen, Einreden und Beweismittel immer noch zugelassen werden, insofern eine Verschleppung des Prozesses nicht stattfindet. Ja, man muß anerkennen, daß dies dem Ideal der Rechtsprechung am meisten entspricht. Man könnte fragen: Wozu denn in aller Welt Abschneidung solcher neuen Einwendungen, welche entschieden von Einfluß sind und eine Verzögerung des Prozesses nicht herbeiführen, während doch die Präclusivfrist gar nichts weiter im Auge hat, als die Verzögerung zu verhindern!

Aber dieser Satz, so schön er klingt, meine verehrten Herren Collegen, scheint mir illusorisch, weil, mit verschwindend wenigen Ausnahmen, in der Praxis jeder nachgeschleppte Rechtsbehelf, wenn man im Uebrigen nach richtigen Grundsätzen verfährt, doch jederzeit zur Prozeßverzögerung führen wird. Soll etwa der Gegner, dem eine solche neue Thatsache im Schlußtermin entgegentritt, gar nicht das Recht haben, hierauf zu antworten? Soll er nicht, wenn solche neue Thatsachen vorkommen, einer Vorbereitung bedürfen? Soll nicht der Anwalt das Recht haben, mit seiner Partei darüber Rücksprache zu nehmen, um dagegen Thatsachen anzuführen, welche vielleicht die ganze Behauptung wieder umstoßen? Sollte also der Richter nicht in die Lage kommen können, einen Audienz-Termin aufheben oder eine neue Erörterung zulassen zu müssen? Es ist ja doch ganz unabweislich, daß auf jede neue Thatsache dem Gegner zustehen muß, noch einmal zu antworten. Und von diesem Rechte wird auch jederzeit und überall Gebrauch gemacht werden, jeder gewissenhafte Rechtsanwalt wird in fraglichen Fällen sagen: Ich kann mich heute nicht darüber erklären, ich weiß nicht, was meine Partei dagegen anzuführen hat. Auch das von Herrn König benützte Beispiel führt zu keinem andern Ergebnisse. Kommt im Schlußtermin der Einwand der Verjährung, an den man vorher gar nicht gedacht hat, vor, so wird auch da der Gegner jederzeit sagen: Warte, ich muß doch mit meiner Partei darüber sprechen, die kann vielleicht Thatsachen anführen, wodurch die Verjährung unterbrochen wurde u. dgl. Soll dies etwa abgeschnitten werden? Meine Herren, das würde am Ende zu dem Manöver verlocken, irgend einen Einwand aufzubewahren bis zum Schluß, damit der Gegner nicht in die Lage kommen könnte, über denselben Rechenschaft zu geben. Das kann denn doch die Meinung nicht sein und so würde also eine Verschleppung auch unter diesen Umständen eintreten. Man hat sonach in der That nur die Wahl zwischen dem Makower'schen Antrage, der auf dem früheren Juristentage angenommen ist, gemäß welchem jede Eventual-Maxime zu beseitigen und die Präclusivfrist abzuschaffen wäre, und der Ablehnung aller Anträge. Für das letztere bin ich, und glaube, daß der Juristentag, wenn er hierauf eingeht, damit keine bedenkliche Lücke offen lassen werde, weil, sobald ein Prozeßsystem in den übrigen Grundsätzen feststeht, sich auch unschwer ergeben wird, welche Art von Verwendung der Eventualmaxime zu demselben paßt. Deshalb empfehle ich Ihnen die Ablehnung aller vorliegenden Anträge.

Obergerichtsanwalt **Noltemeier** aus Hannover: Meine Herren! Nachdem Sie schon viel über die vorliegende Frage gehört haben, wird es nur noch weniger Worte meinerseits bedürfen. Ich erlaube mir Ihre Aufmerksamkeit zunächst auf das dermalige Streben der Gesetzgebung zu lenken, möglichst zu vereinfachen, während unser ganzes legislatorisches Elend in Deutschland in der Vielfältigkeit und Verschiedenheit der Bestimmungen begründet war. Wir kehren jetzt zurück zu einfacheren Formen und diese müssen wir unbedingt als die besten anerkennen, sobald sie ihren Zweck erfüllen. Wenn wir feststehende Präclusivfristen annehmen, so haben wir damit eine einfache bestimmte Form; wir wissen, bis zu einer gewissen Zeit müsse alles vorgelegt werden; was bis dahin nicht vorgelegt worden, könne nicht zur richterlichen Entscheidung gelangen. Es kommt dadurch eine feste Gliederung in den Prozeß. Jeder Theil, Richter sowohl wie Partei, weiß genau, bis zu welcher Grenze man gehen könne, sie haben also das Bewußtsein und die Pflicht, sich darnach zu achten. Ein Hin- und Herfahren im Prozesse kann nicht stattfinden, und das hat seine Vortheile, weil wir doch nicht mit idealen Wesen, sondern mit Menschen zu thun haben, die oft sehr wenig bedenklich sind. Wenn wir keine Präclusivfrist haben, so wird die richterliche Thätigkeit und Aufmerksamkeit zerhackt und zerstückelt. Sie muß bald hier- bald dahin, und es kommt keine gehörige Ordnung hinein. Sodann mache ich Sie noch auf einen Vortheil aufmerksam — ich setze dabei das mündliche Verfahren voraus. — Der Anwalt, der einen Prozeß im Gericht vorzutragen hat, muß, wenn er Kläger ist, bevor er seine Sache vorträgt, sich einen vollkommenen Feldzugsplan machen. Er muß sich also zunächst klar machen, welche Klagen, welche Rechtsmittel, welche Beweismittel statthaft sind. Er kann drei, vier, fünf verschiedene Klagen eventuell mit einander verbinden, die alle den Antrag begründen; er kann vielleicht unter fünf, sechs verschiedenen Klagen die Auswahl haben, er muß sich aber vorher erst über alle diese Klagen klar werden, er muß wissen, dies und jenes gehört zu jeder derselben; hat er sich diese Rechenschaft ganz klar zurecht gelegt, hat er sich die Thatsachen genau vorgelegt, so kann er dann vor den Richter treten und sagen, hier sind meine Klagen, hier sind meine Thatsachen, darauf stütze ich meinen Antrag. Es ist nichts Kleines, vor den Gerichtshof und die Gegenpartei hinzutreten und da Anträge zu stellen und eine Anklage so zu begründen, daß nicht das Gericht nachher erklären kann: Diese Deine Klage ist nicht verständlich, Du hast selbst nicht recht gewußt, wie Du deinen Antrag begründen sollst; Du hast einen Fehler gemacht, den Deine Partei sehr theuer bezahlen muß. Solchen Anforderungen kann man nur bei einer Prozeßordnung genügen, welche gegliedert ist, wie die Hannöversche. Nach dieser muß beiderseits alles, was sich auf die Begründung des Streitfalles bezieht, miteinander vorgetragen werden. Der Prozeß gewinnt damit gewissermaßen eine dramatische Natur, was unerläßlich ist, um im mündlichen Verfahren jene Veranschaulichung der Sachlage zu erreichen, ohne welche nicht richtig aufgefaßt und geurtheilt werden kann. Diese lebhafte Veranschaulichung alles Gegenwärtigen verliert man dadurch, wenn man es von dem richterlichen Ermessen abhängen läßt, ob hinterher noch Einreden u. s. w. vorgebracht werden dürfen oder nicht. Der Richter muß, wenn er in die Lage versetzt wird, daß es von seinem Gutdünken abhängt, ob er hernach noch Einreden zulassen soll oder nicht, in eine unerträgliche Situation gerathen. Auf der einen Seite steht ein Anwalt, der ihm als rechtschaffen bekannt ist, auf der andern Seite auch, und da soll nun der Richter nicht als Rechtskundiger, sondern als Herzenskundiger darüber urtheilen, ob es die Absicht des Einen sei, die Sache zu verschleppen. Wie will man denn das rechtfertigen? Wir haben nicht mit mystischen Dingen, sondern mit verständlichen, klaren und beweisbaren Thatsachen zu schaffen, und können daher den Richter nicht veranlassen wollen, im Civilprozeß nach der Absicht, mit welcher etwaige Einreden früher oder später vorgetragen werden, zu forschen und ein Urtheil darüber abzugeben. Das ist nicht Sache des Richters. Es kann sich auch Niemand mit Recht beschweren, wenn das Gesetz ein für alle Mal sagt, bis hierher und nicht weiter sollen in erster Instanz die Rechtsbehelfe vorgebracht werden. Denn es giebt eine sehr gute Methode, um dessenungeachtet dem materiellen Recht seine Existenz zu wahren. In zweiter Instanz kann man Einreden und sonstige Rechtsbehelfe zulassen, die in erster Instanz nicht vorgebracht sind. Das wird aber immer nur eine Nachlese, eine Ausnahme von der Regel sein, und man hat nicht zu befürchten, daß die Parteien in erster Instanz von ihren Rechten keinen Gebrauch machen, um die Hauptsache in die zweite Instanz zu verlegen. Es spricht dafür eine lange Erfahrung, und es lassen sich auch kaum Umstände denken, die es einer der Parteien gleichgiltig machen sollten, wie die Sache in erster Instanz ausfalle, weil die zweite Instanz noch zu Gebote stehe.

Auch in der eingetretenen Rechtskraft braucht man nicht eine absolute Schranke gegen alle Einreden zu finden, vielmehr müssen solche unter gewissen Umständen selbst in der Exekution noch statthaft sein. Aus diesen Erwägungen bin ich der Meinung des Herrn Vorredners, daß die gestellten Anträge sämmtlich zu verwerfen seien.

Rechtsanwalt Dr. **Steinfeld** aus Cassel: Die vorliegende Frage, meine Herren, ist mit sehr vielen Schwierigkeiten verbunden, namentlich deshalb, weil wir auf diesem Gebiete noch nicht Erfahrung genug gemacht haben, weil wir bislang an die Eventual-Maxime gewöhnt waren. Wir sehen ein, daß die strenge Durchführung dieses Principes zu enormen Härten führen kann, und deßhalb ist man in neuerer Zeit bestrebt, dieser Eventual-Maxime eine andere Bedeutung beizulegen, oder dieselbe theilweise abzuschaffen, um nicht die Harmonie, die zwischen dem materiellen und formellen Rechte bestehen soll, zu stark zu beeinträchtigen. All unser Streben ist gerichtet auf die Hilfsmittel zur Findung eines materiellen, eines wirklichen Rechts; wir sind aber noch nicht einig, welche Mittel wir anwenden wollen. Wir haben da verschiedene Vorschläge gehört. Der eine Antrag geht dahin, ein für alle Mal jede Präclusivfrist für das Vorbringen von Thatsachen und Beweismitteln abzuschaffen. Ein anderer Antrag will es dem richterlichen Ermessen anheim stellen, welche Einreden und welche Beweismittel in einem späteren Stadium noch zugelassen werden dürften; der dritte Antrag geht dahin, unter der bestimmten Bedingung noch neue Thatsachen und Beweismittel für zulässig zu erklären, daß dadurch keine Verzögerung des Prozesses entstehen kann. Meine Herren, der letzte Antrag will mir nicht einleuchten. Er ist mir allerdings etwas verständlich geworden durch das Beispiel von der Verjährung, welches Herr College König aufgeführt hat. Man könnte auch ein anderes Beispiel geben, vielleicht das: „Es bringt Jemand vor Fällung des Urtheils eine vollgültige Urkunde vor. Der Gegner kann sich darüber erklären, und es wird dadurch keine Verzögerung bewirkt." Mit einer so beschränkten Zulassung von neuen Thatsachen und Beweismitteln ist aber der Förderung des materiellen Rechts doch gar zu wenig gedient, und deshalb stimme ich für den vorjährigen Abtheilungsbeschluß, nach welchem im Civilprozesse alle Präclusivfristen abgeschafft werden sollen.

Rechtsanwalt **Sander** aus Arnswalde: Ich glaube, wir können die Frage, die an uns gestellt ist, nicht beantworten, ehe wir nicht wissen, welches Civilverfahren wir im Uebrigen haben sollen, insbesondere ehe wir uns nicht über den Umfang zulässigen Vorbringens in zweiter Instanz klar sind. Würde z. B. hinsichtlich der Frage, ob eine zweite Instanz zulässig sei, ein Unterschied zwischen dem Verfahren in Bagatellsachen und in anderen Streitigkeiten gemacht, so müßten auch in Bezug auf die Geltung der Eventualmaxime nach Umständen für die beiderlei Fälle verschiedene Normen gegeben werden. Ich glaube also, wie die Sache steht, können wir heute nicht schlüssig werden über die Frage. Das scheint mir zweifellos, daß eine Präclusivfrist bestehen muß, um Verzögerungen der Prozesse abzuschneiden. Aber es ist zweifelhaft, wie weit die Grenze gehen soll, das kann aber nur mit Rücksicht auf ein bestimmtes Proceßsystem beurtheilt werden. In Bezug auf den Vorschlag des Herrn König wurde bereits von Herrn Justizrath Zachariä mit Recht darauf hingewiesen, daß bei neuem Vorbringen der Gegenpartei das Recht niemals entzogen werden könne, sich gegen die Nova zu vertheidigen und zwar nach gehöriger Vorbereitung, Rücksprache des Anwalts mit der Partei u. s. w., daß von dem hierdurch begründeten Rechte, Vertagung zu verlangen, im Großen und Ganzen immer Gebrauch gemacht würde, und sonach die Fälle, in welchen Nova keine Prozeßverschleppung zur Folge hätten, gar nicht vorkommen könnten. Darum und weil wir, wie gesagt, nur unter Voraussetzung eines bestimmten Prozeßsystems die vorliegende Frage beantworten können, schließe ich mich dem Antrage des Herrn Zachariä an, alle vorliegenden Vorschläge abzulehnen.

Vice-Präsident Justizrath **Dorn**: Ich glaube, die Discussion ist jetzt erschöpft, und bitte den Herrn Berichterstatter, das Wort zu ergreifen.

Dr. **Kuhwandl**: Meine Herren! Es wird am Besten sein, wenn ich an das anknüpfe, was der Herr Vorredner seinem Antrage zu Grunde legt. Er sagt nämlich, wir könnten einen einzelnen Satz nicht zum Beschluß bringen, ohne daß wir wissen, welche Prozeßordnung wir haben sollen. — Der Juristentag arbeitet nun seit 8 Jahren daran, Principien für eine Prozeßordnung festzustellen, und das ist denn doch der einzige Weg, auf welchem er dazu gelangen kann, zur Schaffung gemeinsamer Gesetze für Deutschland mitzuwirken. Wenn wir verlangen wollten, daß die Prozeßordnung vorher gegeben sei, dann könnten wir uns freilich alle Mühe ersparen. Wir müssen erst gewisse Richt-Punkte für eine Prozeßordnung auffinden und die allgemeine Meinung darüber feststellen. Und alle diese Richtpunkte müssen, wie sich von selbst versteht, zu einander passen, sie müssen eine consequente Prozeßordnung in den Grundlinien geben. Wenn nun auch diejenigen Herren, welche hier anwesend sind, nur zum Theil sich erinnern an das, was in den letzten acht Jahren auf den Juristentagen gearbeitet worden, so werden sie doch so viel wissen, daß gerade die Frage: „Soll ein bindendes Beweis-Intercolut bestehen" einen besonders lange währenden Kampf zwischen den Herren aus Hannover und ihren Gegnern hervorgerufen hat. Mehrere Jahre hintereinander war dies der Gegenstand der lebhaftesten Verhandlung, und nur mit Mühe ist es gelungen, endlich den Satz zur Annahme zu bringen: „Die Proceßordnung soll kein bindendes, auch nicht den ersten Richter bindendes Interlocut enthalten." Will man auf dem erwähnten allein zu einem Ziele führenden Wege fortschreiten, so muß man diesen Satz nun als feststehend hinnehmen, man darf nicht so verfahren, als wäre jetzt neuerdings die Frage: ob bindendes Interlocut oder nicht, zur Verhandlung gebracht.

Ueberblicke ich aber den Gang unserer heutigen Debatte, so zeigt sich mir klar, daß die Erörterung vorwiegend gerade auf jene Vorfrage zurückgegriffen hat. Die Herren aus Hannover, welche ihre Ansicht äußerten, gehen davon aus, daß das bindende Interlocut unerläßlich sei, und gelangen dann selbstverständlich zur Aufrechthaltung der Eventualmaxime. Einer dieser Herren, wenn ich nicht irre, Herr **Gött ing**, hat dabei erklärt, daß allerdings, wenn das bindende Interlocut beseitigt sei, alsdann mit eiserner Consequenz die Eventualmaxime fallen müsse. Die dermalige Situation ist demnach dahin geklärt, daß in der That nicht über die der Abtheilung vorgelegte Frage, sondern neuerdings wieder darüber, ob ein bindendes Interlocut begutachtet werden soll, abgestimmt werden will. Hätte ich hierüber Bericht zu erstatten gehabt, so wäre begreiflicherweise der Inhalt meines Referats ein ganz anderer geworden So wie die Sache jetzt liegt, kann man jene von mir als erledigt betrachtete Frage nicht als für die Abstimmung vorbereitet anerkennen, und nach meinem Dafürhalten würde daher, wenn die Aufrechthaltung der Präclusivfristen im Sinne der hannöverschen Prozeßordnung die Majorität fände, dieses Ergebniß, weil es eben das bindende Interlocut voraussetzt, nur als Ablehnung aller vorliegenden Anträge gelten können, so daß über die zur Berathung gestellte Frage gar kein auf die Sache eingehender Beschluß gegeben wäre. Dieses zu konstatiren, scheint mir Pflicht des Berichterstatters, und ich glaube denn auch, daß diejenigen, welche das, was bereits durch frühere Majoritätsbeschlüsse als zur Grundlage der Prozeßordnung geeignet errungen ist, nicht acceptiren wollen, korrecterweise jetzt nur dazu gelangen können, alle vorliegenden Anträge abzulehnen.

Vice-Präsident Justizrath **Dorn**: Meine Herren! ich bin der Meinung, daß zuerst über den **Makower**'schen Antrag, über den bereits auf dem vorigen Juristentage abgestimmt ist, und der dort die Majorität erlangt hat, welcher lautet:

> „Im Civilproceß soll für das Vorbringen von Einreden und Beweismitteln in erster Instanz eine Präclusivfrist nicht bestehen"

abgestimmt werden muß.

Der andere Antrag:

> „Es soll eine Präclusivfrist bestehen"

enthält das gerade Gegentheil von dem ersten, und dieser muß meines Erachtens vorangestellt werden, weil er der weitgehendste ist. Ich erlaube mir dabei, Sie darauf aufmerksam zu machen, daß darin die Worte enthalten sind: „**in erster Instanz**" hat eine Präclusivfrist nicht zu bestehen, es sich hier also überhaupt nur um solche Streitsachen handelt, für welche eine zweite Instanz gegeben ist. Das von Herrn Collegen **Sander** angeregte Bedenken, daß nach Umständen für Bagatell- und andere Sachen verschiedene Grundsätze zu gelten hätten, kann daher unsere gegenwärtige Abstimmung nicht berühren. Besondere Bestimmungen für Bagatellsachen bleiben selbstverständlich vorbehalten.

Zwischen den Bestimmungen über Präclusivfristen in erster Instanz und über die Behandlung der Nova in zweiter wird freilich immer Wechselwirkung bestehen. Aber keineswegs scheint es mir in der Sache zu liegen, daß jene für die II. Instanz als die bedingenden zu gelten habe. Es wird vielmehr das umgekehrte Verhältniß das richtige sein. Sind Präclusivfristen statuirt, so wird der Gesetzgeber um so mehr veranlaßt sein, der Partei, welche dadurch in erster Instanz vielleicht um ihr Recht kam, in zweiter Instanz die Nachholung des Versäumten zu gestatten. Ist dagegen das Verfahren in erster Instanz nach dem von Makower vorgeschlagenen System geordnet, so mag daraus folgen, daß man für Zulassung der Nova in zweiter Instanz engere Schranken ziehe. Ich trage demnach kein Bedenken, für die vorliegenden Sätze, ohne Rücksicht auf das, was für die zweite Instanz sich empfehlen möchte, abstimmen zu lassen, und zwar zunächst über den Makower'schen Antrag, indem ich annehme, daß, wenn dieser die Majorität erhält, damit alle anderen Anträge von selbst erledigt sind.

Obergerichtsanwalt Dr. **Götting** aus Hildesheim: Nach meiner Ansicht würde zu fragen sein: Soll im Civil-Prozeß-Verfahren eine Präclusivfrist bestehen? und: bejahendenfalls welche, das würde eine zweite Frage sein.

Vice-Präsident Justizrath **Dorn**: Die von Herrn Götting so eben bezeichnete erste Frage wäre ja eben im Allgemeinen schon bejaht, wenn der Makower'sche Antrag fällt, und die Modalität der Präclusivfristen bildet dann den Gegenstand neuerlicher Abstimmung. Ich bleibe daher bei meinem Vorschlage, und wenn sich keine weitere Erinnerung dagegen erhebt,

(Allgemeines Stillschweigen.)

so lasse ich also hiermit über den Antrag abstimmen, durch den verlangt wird, daß wir beschließen, „Es soll eine Präclusivfrist für die erste Instanz nicht bestehen." Wer dafür ist, möge die Hand erheben.

(Es erhebt die Minorität die Hände.)

Der Makower'sche Antrag, welcher auf dem vorigen Juristentage die Majorität erlangt hatte, ist also abgelehnt.

Wir kommen jetzt zur Abstimmung über den Antrag: daß Präclusivfristen bestehen sollen und mit welcher Maaßgabe. Der Satz in seiner Allgemeinheit, daß Präclusivfristen bestehen sollen, ist als Gegensatz der vorigen Abstimmung in der That nun schon angenommen, auch in dieser Fassung, ohne alle Modalität, von keiner Seite in Antrag gebracht worden. Dennoch wird man, um die Meinung der Versammlung zur vollen Klarheit zu bringen, am besten thun, nun doch auch noch über die Kehrseite des abgelehnten Antrags abzustimmen, allerdings mit der Voraussetzung, daß man sich nicht darauf beschränken wolle, lediglich Präclusivfristen ohne alle nähere Maaßgabe zu verlangen. In diesem Sinne frage ich also zunächst, ob die Versammlung sich dafür entscheidet: „Für das Vorbringen sowohl von Einreden als Beweismitteln muß eine Präclusivfrist bestehen." Diejenigen, welche Präclusivfristen einführen wollen, bitte ich, die Hand zu erheben.

(Es erhebt die Majorität die Hände.)

Es handelt sich jetzt um die Modalitätenfrage, zunächst um die Maaßgabe, daß später neue Einreden und Beweismittel zugelassen werden sollen, wenn das neue Vorbringen die Endentscheidung nicht hinausschiebt, also dadurch eine Verschleppung des Processes nicht entsteht. Ich erlaube mir dabei zu bemerken, daß, wenn diese Modalität nicht beliebt werden sollte, wir am Besten thäten, uns auf ein Detail nicht weiter einzulassen, sondern bloß noch einen Beisatz zu beschließen, welcher das bereits gefaßte Conklusum gegen die Auslegung schützt, als wollten wir die Festhaltung der Eventualmaxime in ihrer vollen Strenge empfehlen. Modifikationen in dieser Hinsicht sollen wir für nöthig erklären, sie aber nicht selbst zu formuliren suchen.

Ein Mitglied: Ich glaube, es ist ein weiterer Antrag gestellt worden vom Herrn Collegen Götting, nämlich der, im bejahenden Fall solle eine Präclusivfrist bis zu Ende des ersten Verhandlungstermins bestehen.

Vice-Präsident Justizrath **Dorn**: Herr Götting hat meines Wissens keinen Antrag gestellt.

Obergerichtsanwalt Dr. **Götting** aus Hildesheim: Ich habe allerdings einen Antrag gestellt, will denselben aber zurücknehmen.

Vice-Präsident Justizrath **Dorn**: Ich würde also bitten, darüber abzustimmen, ob beliebt wird, die Nothwendigkeit von Präclusivfristen mit der Maaßgabe anzunehmen: „daß spätere Behauptungen und Beweismittel zugelassen werden dürfen, wenn das neue Vorbringen die Endentscheidung nicht hinausschiebt." Wer dafür ist, bitte ich, die Hand zu erheben.

(Es erhebt die Minorität die Hände.)

Das Resultat ist also, daß diese Modalität wegfällt, und der erste Beschluß würde also jetzt, meines Erachtens, etwa dahin zu interpretiren sein: „Für das Vorbringen sowohl von Einreden als Beweismitteln soll grundsätzlich, nämlich in der Regel eine Präclusivfrist bestehen. Ueber diese Modalität sind wir einig. Ich würde mir also erlauben, die Antwort der Versammlung, welche wir dem Plenum zu übermitteln haben, dahin zu formuliren: „Für das Vorbringen sowohl von Einreden als Beweismitteln, soll in der Regel eine Präclusivfrist bestehen! Ist die Versammlung damit einverstanden?"

(Allgemeines Schweigen.)

Ich nehme an, daß es acceptirt ist.

Obergerichtsanwalt Dr. **Götting** aus Hildesheim: Dürfte ich mir erlauben, noch ein Paar Worte zu sprechen? Wir haben den zweiten Theil der Frage: „und bejahendenfalls welche" ganz offen gelassen. Ich möchte den Antrag stellen, daß wir noch eine weitere Abstimmung darüber vornehmen und zwar in dem Sinne, daß wir die zweite Frage dahin beantworten: „Die Modalitäten können erst durch die übrigen Special-Bestimmungen der Prozeßordnung sich ergeben."

Vice-Präsident Justizrath **Dorn**: Ich glaube, daß sich das nach dem, was ich schließlich als Beschluß verkündet habe, von selbst versteht. Wir stellen eine allgemeine Norm als Regel auf und lassen das Andere sich finden. Damit ist in anderen Worten dasselbe gesagt, was Herr Götting noch durch Abstimmung aussprechen lassen will. Wenn nichts dagegen erinnert wird, so unterlasse ich demnach weitere Fragestellung.

(Allgemeines Schweigen.)

Der Gegenstand ist also erledigt. Wir haben uns jetzt darüber zu verständigen, wer die Berichterstattung über diesen Gegenstand in der Plenarversammlung übernehmen soll. Ich glaube, wir dürfen unsern Collegen Herrn Ruhwandl darum ersuchen, und würde es sich nur noch fragen, in welcher Richtung unser Herr College den Bericht erstatten soll. Soll er den Beschluß der Plenarversammlung zur Berathung und Beschlußfassung vorlegen oder nur einfach Mittheilung machen? Es scheint mir, daß es genügt, wenn wir lediglich den Beschluß mittheilen.

Referent Dr. **Ruhwandl**: Ich halte es ebenfalls für genügend, den Beschluß der Plenar-Versammlung bloß zur Kenntnißnahme mitzutheilen.

Vice-Präsident Justizrath **Dorn**: Wenn sich kein Widerspruch erhebt, nehme ich an, daß Sie damit einverstanden sind, daß wir der Plenar-Versammlung den Beschluß zur Kenntnißnahme mittheilen.

(Allgemeines Schweigen.)

(Der Präsident, Herr Präses Dr. Albrecht aus Hamburg, übernimmt den Vorsitz, wiederholt die Ablesung der Namen der für die Wahl der ständigen Deputation durch die Abtheilung mittelst Acclamation bestimmten zehn Vertrauensmänner und die Einladung zur Zusammenkunft derselben, worauf derselbe fortfährt):

Ich gehe zum nächsten Gegenstand der Tagesordnung über, zur Berathung über die Freigebung der Advocatur. Da Herr Dr. Jaques aus Wien bei diesem Juristentage nicht anwesend ist, so hat Herr Justizrath Dorn die Berichterstattung übernommen. Dieser Antrag lautet:

Der deutsche Juristentag beschließt:

Das Interesse der Gesammtheit an einer möglichst kräftigen und möglichst wohlfeilen Rechtspflege erheischt:

freie Konkurrenz unter allen zur Parteivertretung Befähigten,

Unabhängigkeit der Advocatur von den Verwaltungsbehörden und den Gerichten in dem Sinne, daß jedes Ernennungsrecht der ersteren, sowie jedes Ueberwachungs- und Expensen-Bestimmungsrecht der letzteren (die ihnen zustehende Sitzungspolizei bei Seite gelassen) entfalle,

Ueberwachung der Advokatur ausschließlich durch die Oeffentlichkeit und durch die von der Standesgenossenschaft in den Advokatenkammern autonom zu übende Disciplinargewalt,

Gleichheit der Vorbedingungen für das Richteramt und den Advokatenstand.

Hieraus gehen folgende Grundzüge der legislativen Organisation der Advokatur hervor:

1. Zur Ausübung der Advokatur ist jeder bürgerlich unbescholtene, theoretisch und praktisch geprüfte Rechtsverständige berechtigt. Die Dauer der Vorbereitungspraxis ist nur nach dem unabweislichen Erfoiderniſſe mit Ausschluß jeder andern Rücksicht zu bemessen.

2. Alle Unterscheidungen verschiedener Erfordernisse rücksichtlich der Befugniß zur Parteivertretung vor Einzeln-, Kollegial- oder vor Obergerichten, sowie alle Beschränkungen der Freizügigkeit in den unter gleicher Civil- und Strafgesetzgebung stehenden Ländern entbehren der Begründung.

3. Die Ueberwachung der Advokaten und Advokaturs-Kandidaten wird von den Advokatenkammern geübt. Gegen Erkenntnisse, welche auf Verweigerung der Zulassung zur Praxis, der Eintragung in die Liste der Advokaten oder auf Streichung aus der Liste lauten, steht die Berufung an den obersten Gerichtshof offen. In allen wichtigen, dem Plenum der Kammer vorbehaltenen Disciplinarfällen findet öffentliches und accusatorisches Verfahren statt.

4. Bezüglich des Advokatenhonorars steht es den Parteien und Advokaten zu, wann immer Vereinbarung zu treffen. Ist keine Vereinbarung getroffen, so hat eine Taxordnung zu gelten, deren Feststellung, rücksichtlich periodische Revision im Gesetzgebungswege zu erfolgen hat.

5. Es liegen keine entscheidenden Gründe vor, das Inslebentreten einer auf den vorentwickelten Principien beruhenden Advokaten-Ordnung von der Einführung neuer Kodifikationen des Civilprozeßverfahrens abhängig zu machen; vielmehr ist es im Gesammtinteresse gelegen, solche sofort ins Leben treten zu lassen.

Justizrath **Dorn**: Meine Herren! Es ist mir angenehm gewesen, daß ich betraut wurde mit dem Referat über die Anträge, die Herr Dr. Jaques in Wien gestellt hat, und die von ihm auch in einer Schrift betitelt: „Die freie Advokatur und ihre legislative Organisation" näher entwickelt sind. Herr

Dr. Jaques hat eine Reihe von Fragen zusammengestellt, die aus dem gedruckten Programm bekannt sind, und die er der Beschlußfassung des Juristentages unterbreiten will. Ich werde mir erlauben, diese Anträge in etwas veränderter Formulirung vorzulegen, denn ich habe nicht festhalten zu müssen geglaubt an dem strengen Wortlaute und habe auch einige Detail-Bestimmungen weggelassen. Einem Theile der geehrten Anwesenden wird wohl das Buch des Herrn Dr. Jaques bekannt sein, jedenfalls aber kann es nicht meine Aufgabe sein, Ihnen den reichen Inhalt desselben mit Vollständigkeit vorzutragen. Ich beschränke mich demnach darauf, einen dürftigen Auszug zu geben und Ihnen die Haupt-Gesichtspunkte, von denen der Verfasser ausgeht, mitzutheilen. Wie Sie schon aus der Ueberschrift des Buches ersehen können, interessirt sich der Verfasser für die Freigebung der Advokatur, für die Erlösung derselben von jedweder Fessel, soweit dies in einem geordneten Staats- und Gemeinwesen möglich ist. Er stellt an die Spitze den Satz: die Advokatur muß unabhängig sein von Verwaltungsbehörden und von gerichtlichen Behörden; sie muß gewissermaßen sich selbst regieren; sie muß eine würdige Stellung einnehmen im Gemeinwesen; sie muß Achtung gebietend dem Publikum gegenüber erscheinen; sie muß aus würdigen Mitgliedern bestehen; sie muß die Disciplin selbst üben; sie muß in ökonomischer und wirthschaftlicher Beziehung frei gestellt sein, vorbehaltlich gewisser nothwendiger Beschränkungen; sie muß frei sein, um politisch zu einer Bedeutung gelangen zu können.

Von vornherein wird Jedermann damit einverstanden sein, daß eine volle Unabhängigkeit von denjenigen Personen, vor welchen hauptsächlich die Thätigkeit des Anwalts sich geltend macht, nämlich vor den richterlichen Behörden, als Nothwendigkeit erscheint, selbstverständlich mit der Beschränkung, daß die gerichtliche Polizei Seitens des Richteramtes geübt werden darf. Unabhängigkeit in der Ergreifung, Unabhängigkeit bei der Betreibung des Berufes erkenne ich als Grundbedingung an, wonach jedes Ausstoßungsrecht von Seiten der Verwaltungsbehörden fortfällt, obwohl das Bedürfniß in gewissen Fällen eintreten kann, einen Advokaten aus seiner Berufsthätigkeit zu entfernen, wofür also auf andere Weise gesorgt werden muß. Wenn, so sagt der Verfasser, ein Advokat, der frei den Beruf gewählt hat, durch seine Befähigung den Anforderungen, die an ihn gestellt werden, entspricht, wenn er in Handhabung seines Berufes, in seiner Thätigkeit dem Publikum gegenüber, den Richtern, den Verwaltungsbehörden gegenüber, seine Pflichten erfüllt, so wird er auch einen mächtigen Einfluß gewinnen, einen Einfluß, den die Advokaten bei uns in Deutschland bis jetzt zum großen Theil nicht hatten, und nicht haben konnten in der abhängigen Stellung, in welcher sie sich befinden, weil die Ernennung vom Justizminister ausgeht, weil eine Auswahl getroffen wird nach der Gesinnung, nach sogenannter Würdigkeit, und auch im Uebrigen die Verhältnisse ganz andere sind, als sie nach Ansicht des Verfassers sein sollen. Es lag ganz und gar nicht im Geiste unserer früheren staatlichen Zustände, den Anwaltsstand emporzubringen. Nicht ohne Interesse ist, was der Verfasser Dr. Jaques, Seite 80—90 seines Buches hervorhebt, daß nämlich den absoluten Herrschern der Advokatenstand ganz besonders verhaßt gewesen ist. Beiläufig bemerkt, dieser Ungunst haben zum Theil auch die Richter sich zu erfreuen gehabt. Man hörte häufig: die Richter sind unbequem, bedenklich philiströs. Es war das ein ehrenwerthes Zeugniß, sie machten eben Schwierigkeiten, weil sie das Recht respektirt wissen und dasselbe nicht dem Willen des absoluten Herrschers opfern wollten. Gegen die Advokaten aber wendete sich der Zorn in verstärkter Weise, weil sie sich nicht scheuten, das Wort mächtig für den Unterdrückten zu ergreifen und mit aller Energie das Interesse ihrer Partei wahrzunehmen, auch wenn sie dabei mit dem Willen der Machthaber in Konflikt geriethen. Kein absolutistischer Herrscher kann ertragen, daß der Advokat rücksichtslos vom objectiven Standpunkte aus die Sache beleuchtet und mit weit tönender Stimme behauptet: Das Gouvernement ist im Unrecht. Der Verfasser erinnert an Friedrich den Großen, der mit Grund bewundert wird, aber doch in der hier fraglichen Beziehung den Schwächen der absoluten Herrscher unterlag, den Ausdruck ihrer Meinung für das wahre Recht zu halten. Unbequeme Richter wurden mit Gefängniß und Gehaltsverlust bedroht; die Advokatur wollte er ganz abschaffen; er konnte sie gar nicht vertragen. Und der große Napoleon, gleichfalls bewundernswerth in so vielfacher Beziehung, erließ gegenüber dem Vorschlage seines Erzkanzlers, die Advokatur freier zu stellen, folgende Entschließung:

> „Le décret est absurde, il ne laisse aucune prise, aucune action contre eux, ce sont des factieux, des artisans de crimes et de trahison; tant que j'aurai l'épée au côté, jamais je ne signerai un pareil décret; je veux qu'on puisse couper la langue à un avocat, qui s'en sert contre le gouvernement.

Der Verfasser sagt mit Recht: Man sollte glauben, daß dies ein Dey von Algier geschrieben habe! In freien Staaten allein kann sich die Advokatur gehörig entwickeln, nur in diesen verstehen sich Diejenigen, welche die Regierungsgewalt in Händen haben, dazu, alle nicht durchaus nöthigen Schranken zu beseitigen, und insbesondere Jedem, der den Beruf in sich fühlt, als Rechtsanwalt aufzutreten, die Bahn zu eröffnen, so weit es thunlich ist.

Es führen diese Betrachtungen des Verfassers ihn auf die Frage: Wer soll den Stand ergreifen dürfen? Und seine Antwort lautet: Jeder, der als Rechtsverständiger nach den festgesetzten Normen geprüft ist. In nächster Verbindung damit steht, daß von einer Beschränkung des Wohnsitzes des Advokaten nicht die Rede sein kann, daß vielmehr, wie der Verfasser sich ausdrückt, eine unbeschränkte Freizügigkeit gestattet sein muß. Es liegt natürlich im Begriffe der Freizügigkeit, daß Niemand vorzuschreiben berechtigt ist, wo der Advokat sich niederlassen soll. Es könnte ja sonst die Behörde einem ihr mißliebigen Anwalte seinen Wohnsitz in dem abgelegensten Dorfe anweisen. Und so wenig man bei der ersten Niederlassung beschränkt sein darf, so wenig kann das bei einer weiteren Ortswahl der Fall sein. Also Freizügigkeit in diesem Sinne wird sich gewiß von selbst verstehen. In Bezug auf den ersten Satz: Jeder geprüfte Rechtsverständige soll berechtigt sein, Advokat zu sein, Advokat zu werden, geht der Verfasser auch noch in die Details ein und macht Vorschläge darüber, wie die Advokaten-Prüfung vorzunehmen sei. Ich bin der Meinung, daß diese Detail-Bestimmungen mit einem andern Grundsatze des Verfassers in einem gewissen Widerspruch stehen. Der Verfasser handelt von einem Examen der Advokatur-Candidaten. An einer andern Stelle wird gesagt: Wesentlich zum bessern Gedeihen des Advokatenstandes, wesentlich zur Unabhängigkeit gleichzeitig des Richterstandes ist die „Freizügigkeit" zwischen dem Advokaten- und Richterstande nothwendig. Gewiß wird man diese Freizügigkeit zu adoptiren geneigt sein. Die Unabhängigkeit des Richterstandes ist von unbestrittener Wichtigkeit für ein geordnetes Staatswesen. Sie wird schließlich allein garantirt, wenn der Richter sofort auch Advokat werden kann. Es giebt Fälle, wo der Einfluß von oben in staatlichen Verhältnissen sich in einer Weise geltend macht, daß der Richter sich beengt fühlt, daß er nicht gern dem Drucke nachgiebt. Er wird unabhängiger auf seinem Posten stehn, wenn er sich bewußt ist, in dem Augenblicke, wo er das Richteramt aufgiebt, in die Reihe der Advokaten treten zu können. Auch ich halte daher diese sogenannte Freizügigkeit im Interesse der Unabhängigkeit der Richter für nothwendig oder doch für zweckmäßig. Andererseits wird auch die Möglichkeit in das Auge gefaßt, daß der Advokat in den Richterstand berufen werden kann. Mit Rücksicht hierauf verlangt der Herr Verfasser: Gleichheit der Vorbedingungen für die Befähigung zu dem einen und zu dem andern Berufe. Mit diesen wohl ganz richtigen Prinzipien tritt der Verfasser in Widerspruch, wenn er ein besonderes Advokaten-Examen einführt oder beibehält. Es kann der Advokat keiner anderen Prüfung unterworfen werden, als derjenigen, welche man vom Richter verlangt.

Der Verfasser geht sodann auf die Disciplin über. — Er will, daß

Advokaten-Kammern geschaffen werden, und er stellt als Regel auf, daß die Sprengel nicht zu klein sein dürfen.

Der Verfasser will die Disciplin den Advokaten-Kammern im Prinzip unbegrenzt gegeben wissen; nur eine Einschränkung macht er; wenn die Advokaten-Kammer Demjenigen, der sich als Advokat niederlassen will, die Zulassung versagt, oder wenn auf Ausstoßung erkannt wird, soll der Recurs an den obersten Gerichtshof stattfinden. Ich, von meinem Standpunkt aus, bin gegen einen solchen Recurs. Ich würde ausnahmslos daran festhalten, daß die Advocaten die Disciplin selbst üben sollen. Darum habe ich diesen Recursvorschlag in meinen Antrag nicht aufgenommen.

Der Verfasser kommt schließlich auf das Taxwesen zu sprechen. Er stellt das Prinzip auf, daß die Vereinbarung zwischen Advokaten und Clienten völlig frei sein solle, und zwar in der Weise, daß auch schon bei Uebernahme des Mandats jederzeit eine freie Vereinbarung zulässig sei. — An sich scheint das dem Grundsatz der Freiheit zu entsprechen; indeß würde ich mich gegen eine so weite Ausdehnung erklären; daß der Anwalt überall seine Thätigkeit damit beginnen könne, über seinen eigenen pekuniären Vortheil mit der Partei zu verhandeln, scheint mir zu wenig schicklich, als daß ich einer derartigen völlig schrankenlosen Freiheit das Wort reden möchte. Ich werde später mich näher über diesen Punkt erklären und fahre zunächst fort in den Angaben über den Inhalt des Jaques'schen Buches.

Der Verfasser schlägt vor, daß erst dann, wenn eine Vereinbarung nicht stattgefunden hat, die von der Gesetzgebung festgesetzte Taxe maßgebend sein soll. Der Verfasser geht hierbei von der Ansicht aus, es müsse gestattet sein, auch unter der Taxe zu arbeiten. Dies hängt mit der Anschauung des Verfassers zusammen, daß die Freigebung der Advokatur auch zur Herbeiführung einer wohlfeilen Justiz geeignet sei, indem in Folge der Konkurrenz einzelne Persönlichkeiten für ein gewisses Minimum arbeiten würden. Meines Erachtens würde durch eine solche Wirkung der Konkurrenz nichts verbessert. Man läßt das aber auf sich beruhen. Ich glaube, es wird sich aus Anstandsrücksichten eine gewisse Regel bilden, wie in der ganzen Welt auch in andern ähnlichen Verhältnissen dies zu geschehen pflegt. Der eine wird im Wesentlichen nicht billiger arbeiten, als der andere. Es wird ein Usus sich feststellen. — Hiernach komme ich auf die Frage der Vereinbarung zurück. Nach den Gesetzgebungen mancher einzelnen Länder ist jede Vereinbarung ausdrücklich verboten. Darin liegt kein vernünftiger Sinn. Es giebt besondere Rechtsangelegenheiten und Vorkommnisse, die keine Taxe auch nur annähernd vorsehen kann, und wo es gerade im Interesse des Clienten liegt, eine freie Vereinbarung treffen zu dürfen. Bei uns z. B.

besteht ein solches Verbot, der Anwalt muß sich schlechterdings mit der Taxe begnügen.

Käme bei uns Jemand zum Anwalte mit einer, alle gewöhnlichen Verhältnisse noch so weit zurücklassenden, ganz abnorm große Vorstudien verlangenden Rechtssache, worauf kein Punkt der Taxordnung auch nur entfernt paßt, so müßte auch in diesem Falle der Anwalt, dem ein extraordinär erhöhtes Honorar anbietenden Clienten sagen: Ich darf keine Vereinbarung treffen. — Die nothwendige Folge ist, daß in solchen Fällen Jeder, der es nicht wagen will, gesetzwidrig zu handeln, sich von der Sache zu befreien sucht. Das ist kein korrekter Zustand. Es wird dadurch geradezu in das berechtigte Interesse des rechtsuchenden Publikums eingegriffen.

Ganz unbestreitbar scheint mir also, daß es Fälle gibt, in denen das Honorar auch der vorgängigen freien Vereinbarung überlassen bleiben muß. Ist keine Vereinbarung getroffen, so gilt natürlich die legale Taxe. Ich erlaube mir, noch erläuternd zu bemerken, daß selbstverständlich der Verfasser von der Ansicht ausgeht, daß, wenn Jemand das Recht zur freien Vereinbarung mißbrauchen sollte, das Disciplinar-Verfahren auf Beschwerde bei der Kammer eingeleitet werden könnte. — Mißbrauch kann nämlich allerdings sehr leicht vorkommen, da der an Leib und Leben oder auch nur an seinem Vermögen erheblich Bedrohte in seiner Noth die übertriebensten Zusagen zu geben geneigt ist. Dies ist der Grund, welcher zu dem Verbote der Vereinbarung führte. Das Verbot geht zu weit. Aber die Freiheit der Vereinbarung muß durch die Möglichkeit einer Controlle und Remedur gezügelt werden.

Ich erlaube mir nun, Ihnen die Anträge vorzulegen, wie ich sie nach der Reihenfolge im Anschluß an meine bisherige Erörterung formulirt habe. Sie werden bemerken, daß ich nur da und dort aus den Jaques'schen Vorschlagen eine Detail-Bestimmung weggelassen habe. Ich möchte nachstehende Sätze zur Annahme empfehlen: E r s t e n s: „Zur Ausübung der Advokatur ist jeder geprüfte Rechtsverständige berechtigt." Der Verfasser setzt noch hinzu: Die Dauer der Vorbereitungspraxis ist nur nach dem unabweislichen Erfordernisse mit Ausschluß jeder anderen Rücksicht zu bemessen.

Z w e i t e n s: „Alle Unterscheidungen verschiedener Erfordernisse rücksichtlich der Befugniß zur Parteienvertretung vor Einzel-, Collegial- oder vor Obergerichten, sowie alle Beschränkungen der Freizügigkeit entbehren der Begründung."

Was den ersten Punkt betrifft, so scheint mir das selbstverständlich. Es darf nicht eine andere Qualifikation existiren für den Advokaten am Obergerichte und an den unteren Gerichten.

Drittens: „Die Ueberwachung der Advokatur wird durch die Advokatenkammern geübt, vorbehältlich näherer Bestimmungen.

In allen wichtigen, dem Plenum der Kammer vorbehaltenen Disciplinarfällen, findet öffentliches und accusatorisches Verfahren statt."

Viertens: „Bezüglich des Advokaten-Honorars steht es den Parteien und Advokaten zu, eine Vereinbarung zu treffen. Ist keine Vereinbarung getroffen, so hat eine Taxordnung zu gelten, deren Feststellung und periodische Revision im Gesetzgebungswege zu erfolgen hat."

Das sind Punkte, in denen ich mit dem Verfasser, Herrn Dr. Jaques, ganz einverstanden bin. — Der Verfasser schlägt indeß eine weitere Resolution vor, welche die Zeit in Aussicht nimmt, wann die Freigebung der Advokatur realisirt werden soll. Er bemerkt, es liegen keine entscheidenden Gründe vor, das Inslebentreten einer auf den vorentwickelten Principien beruhenden Advokatenordnung von der Einführung neuer Kodifikationen des Civilprozeßverfahrens abhängig zu machen; vielmehr sei es im Gesammtinteresse gelegen, solche sofort in's Leben treten zu lassen.

Ich glaube nicht, daß in dieser Beziehung irgend besondere Bedenken entstehen könnten. Der Verfasser regt insbesondere die Frage an: Ist die Freigebung der Advokatur auch da rathsam, wo schriftliches Verfahren existirt? Ich bin der bejahenden Meinung des Verfassers und wäre also nicht entgegen, diese Bestimmung, die sich auf die Zeit der Einführung bezieht, aufzunehmen.

Präsident: Erlauben Sie mir folgende Bemerkungen: Es liegt hier ein Antrag vor, der aus mehreren Bestimmungen besteht, und man könnte die Frage aufwerfen, ob nicht eine General- von einer Special-Debatte über die einzelnen Punkte zu trennen sein würde. In die General-Diskussion gehörten allgemeine Bemerkungen über das Ganze, während die Special-Discussion der Berathung über die einzelnen Punkte des Antrages gewidmet sein würde.

Ich glaube aber, meine Herren, daß wir kaum Veranlassung haben, eine General-Discussion zu eröffnen, und wenn Sie diese Ansicht theilen, so will ich Ihnen vorschlagen, sofort zur Special-Discussion überzugehen, so daß wir die Anträge, wie sie von Herrn Dr. Jaques aufgestellt sind, einzeln vornehmen.

Es enthält unser vorliegender Antrag Mehreres: Er handelt unter Nr. 1 und 2 von den Erfordernissen der Advokatur; Nr. 3 behandelt die Frage über die Advokatenkammern und Ueberwachung des Advokatenstandes durch dieselben; Nr. 4 die Honorarfrage; Nr. 5 die Zeit der Einführung der vorgeschlagenen neuen Advokatenordnung.

Ehe ich die Debatte eröffne, erlaube ich mir noch einen Vorschlag, damit die Verhandlung nicht in Verwirrung geräth: Wir nehmen zuerst Nr. 1 und 2 als zusammengehörig in Berathung, dann folgt Antrag Nr. 3: die Ueberwachung der Advokaten; dann folgt Nr. 4: die Honorarfrage und was mit dem zusammenhängt, und endlich Nr. 5. Ich glaube, meine Herren, es wird nicht nöthig sein, über die Reihenfolge der Anträge abzustimmen?

Advokat **Wachenhusen** aus Boitzenburg: Ich stehe auf einem ganz anderen Standpunkt als der Antragsteller und Berichterstatter und diese meine Anschauung kann ich unmöglich anders geltend machen, als wenn ich den Gegenstand ganz allgemein behandele.

Ich möchte Sie bitten, wenigstens zu gestatten, daß wir die Gegenstände ganz allgemein, immer in Hinblick auf den einen oder anderen Punkt behandeln.

Präsident: Ich habe nichts dagegen, daß wir über die Frage, ob eine General-Discussion stattfinden soll, abstimmen und wenn sich kein Widerspruch erhebt...

Obergerichtsanwalt Dr. **Götting** aus Hildesheim: Die Sache selbst ist ja so unendlich wichtig, daß es für äußerst wünschenswerth erachtet werden muß, auf die Special-Punkte zu kommen. Ich halte es für weniger bedenklich, jedem Redner zu gestatten, daß er sich ganz nach seinem Ermessen über die Vorschläge im Allgemeinen ausspreche, ehe er auf einzelne Punkte eingeht, als wenn die ganze Zeit für die General-Debatte verloren und nachher sehr übereilt über die einzelnen Punkte verhandelt und abgestimmt würde. Ich nehme daher den früheren Antrag des Herrn Präsidenten auf und schlage vor, sofort in die Special-Debatte einzugehen.

Advokat **Wachenhusen**: Unter solchem Vorbehalte bin ich auch damit einverstanden.

Präsident: Wenn sich kein weiterer Widerspruch erhebt, so nehme ich die Special-Debatte auf. Es scheint allgemeines Einverständniß darüber zu herrschen. Ich erlaubte mir vorzuschlagen, daß wir 1 und 2 zusammen nehmen. Sie lauten dahin:

(werden verlesen.)

Diese beiden Punkte kommen zur Diskussion.

Advokat **Wachenhusen** aus Boitzenburg: Meine Herren! Ich werde an Punkt 1 anknüpfen und daraus herausgreifen die beiden Stellen: „bürgerlich unbescholten" und „praktisch und theoretisch geprüft," denn wegen dieser Stellen werde ich mich gegen die Resolution erklären. Ich halte mich nämlich verpflichtet, mich auf die Seite des allgemeinen Publikums zu stellen, dessen Interesse eine möglichst wohlfeile Rechtspflege erheischt. Ich glaube, der Antragsteller hat sich zu einseitig auf den Standpunkt des Sachwalters gestellt. Ich erinnere daran, daß seit 1859 seitens des volkswirthschaftlichen

Congresses wesentlich darauf hingearbeitet wurde, eine allgemeine Gewerbefreiheit zu begründen, und daß derselbe demnächst über die Frage verhandelt hat, ob auch die gelehrten Berufsstände unter die Frage nach Gewerbefreiheit fallen müßten. Zuerst auf dem volkswirthschaftlichen Congreß zu Coblenz wurde ganz generell über die Gewerbefreiheit gesprochen, und dann zu Weimar 1862 die Frage ganz speciell besprochen, ob auch Aerzte, Apotheker und Advokaten frei sein sollten. Man hat sich mit Einstimmigkeit bezüglich der Letzteren dahin entschieden, daß allerdings die Advokaten als Gewerbetreibende zu behandeln seien, und die Advokatur völlig freizugeben sei. Wir haben im norddeutschen Bunde ein neues Gesetz: das Nothgewerbegesetz. Ich vertrete dasselbe in allen übrigen Punkten, in einem Punkt aber, § 2, daß die Advokatur ausgenommen sei, kann ich mich dem Majoritätsbeschluß nicht anschließen. Ich glaube auch, daß, wenn wir das neue Prozeßgesetz und Zeit gehabt hätten, diese Frage gründlich zu behandeln, jener Punkt nicht so glatt durchgegangen wäre; es würde sich eine Majorität gefunden haben, welche auch die gelehrten Stände und namentlich die Advokaten ganz frei behandelt hätte. Ich muß bemerken, daß in der Commission für die Gewerbefrage 4 Sachwalter waren, und daß diese 4 Sachwalter, welche sämmtlich dem Verlangen nach Freigebung der Advokatur beipflichten, dem erwähnten vorläufigen Beschlusse nur darum keinen kräftigen Widerstand leisteten, weil sie annahmen, es werde die Frage doch bei der neuen Civilprozeßgesetzgebung in ihrem Sinne gelöst werden. — Der Juristentag kann dieses nicht ignoriren, und eben so wenig, daß nun nach der Emanation des Nothgewerbegesetzes im Publikum die Frage auftaucht: Warum haben sich die Advokaten ferngehalten von der freien Konkurrenz? Es herrscht im Publikum darüber eine große Erbitterung, und man sagt: die Herren Advokaten werden wohl dafür gesorgt haben, daß sie ihren alten Schutz behalten, während sie das Publikum für vogelfrei erklärt haben.

Es läßt sich ganz gewiß nicht leugnen, daß die Advokatur mit unter den allgemeinen Begriff der Gewerbe fällt. Sie ist eine regelmäßige Beschäftigung zum Erwerb, und alle Geschäfte, die zu diesem Zwecke betrieben werden, werden als Gewerbe betrachtet, und Gewerbegesetze haben sich demnach auch über die Advokatur und über den ärztlichen Beruf als Gewerbe ausgesprochen.

Man weist vielfach auf Beziehungen hin, welche die Advokatur-Ausübung unter einen etwas anderen Gesichtspunkt stellen, als die übrigen Gewerbe. Es wird in dieser Richtung namentlich vom Advokaten und überhaupt vom Gelehrten der idealere Standpunkt verlangt und dieses namentlich für Denjenigen, welcher für die Handhabung des Rechts mit sorgt, hervorgehoben. Man sagt, eigentlich sei dasjenige doch nicht das Vorwiegende, warum der Advokat seinen Beruf ausübt, daß er für Lohn arbeite; vielmehr wirkt hier das höhere Motiv, daß er die Kultur entwickeln helfe. In dieser Beziehung einen so scharfen Gegensatz zwischen dem Advokatenstande und dem des Industriellen finden zu wollen, scheint mir ein Irrthum. Es ist hier wohl nur ein Unterschied im Bewußtsein. — Wenn der Gewerbtreibende seinen Beruf gewissenhaft und strebsam ausübt, so darf man sich nicht verhehlen, daß er im Allgemeinen von eben so großem Nutzen ist, wie der Jurist und der Advokat, daß in der Kette der Verkehrsfaktoren sein Einfluß eben so wenig fehlen dürfe.

Die Aufstellung eines scharfen Gegensatzes zwischen wissenschaftlichen und anderen Erwerbszweigen ist übrigens, meine Herren, nicht nur theoretisch unhaltbar, sondern auch praktisch höchst bedenklich. Sie würde, wenn sie in der Gesetzgebung hervorträte, die in der unkundigen Menge bestehenden Vorurtheile über den Werth wissenschaftlicher Arbeit und über die Ansprüche auf Honorar hierfür noch fester begründen und weiter ausdehnen. Das würde zuletzt dahin führen, daß lediglich die Reichen sich mit derlei Berufszweigen befassen könnten, und das wäre, wie ich glaube, namentlich für die Entwickelung der Jurisprudenz durchaus nicht günstig.

Man hebt auch hervor, daß der Advokat ja eine ganz andere Stellung dem Staate gegenüber habe als der Gewerbtreibende, weil er eine Verpflichtung habe, dem Unbemittelten umsonst zu dienen. Dieses Argument paßt aber nur auf den dermaligen Zustand, keineswegs auf die freie Concurrenz. Die erwähnte Verpflichtung des Anwaltstandes ist lediglich Folge des Schutzes, den die Advokaten jetzt durch das Ernennungsrecht des Staates genießen; sobald sie in die freie Konkurrenz treten, fällt jener Gesichtspunkt ganz weg, und die fragliche Verpflichtung wäre eine ungerechte Steuer. Man kann dann nicht mehr verlangen, der Advokat solle für die Rechtsuchenden, welche keine Mittel haben, die Kosten zu bezahlen, deren Angelegenheiten frei behandeln. Es wird die Zeit dahin führen, Mittel aufzufinden, dieser ungerechten Steueraufbürdung zu entgehen.

Man sagt ferner, die Gewerbtreibenden stehen eigentlich mit ihren Produktionen nicht innerhalb des Staates, sondern innerhalb der Gesellschaft. Darum müsse der Staat jetzt, da die Entwickelung der Gesellschaft so weit fortgeschritten sei, sich aus dem Gewerbeleben zurückziehen und die Entwickelung desselben der Gesellschaft überlassen. Dies könne man aber natürlich nicht sagen von dem Stande, der dem Rechte dient; denn es sei gar keine Frage, daß der Staat für die Entwickelung des Rechts zu sorgen habe; hierin liege also jedenfalls ein wesentlicher Unterschied.

Allein ich bin der Meinung, wir gehen zu weit, wenn wir das auf den Advokatenstand ausdehnen wollen. Ich glaube, die Aufgabe des Staates geht in der Rechtausübung und Rechtschaffung dahin, daß er für Fortbildung der positiven Rechtssatzungen sorgt, und daß er die Richter bestellt, bei denen man das Recht realisiren kann. Dagegen darf man nach meiner Ueberzeugung durchaus nicht vergessen, daß der Advokat nicht auf die Seite der Rechtgewährenden, sondern auf die Seite der Rechtsuchenden zu stellen ist. Der Advokat ist nie und nirgend der Vertreter der Staatsgewalt, sondern einfach der Vertreter des Rechtsuchenden. Der Rechtsuchende wendet sich an die Gerichte, und wenn der Advokat ihm dabei behülflich ist, so ist der Advokat keine andere Person, als der Rechtsuchende selbst.

Ich will mich nicht damit beschäftigen, was für den Advokatenstand vortheilhaft sein möchte. Meine innere Ueberzeugung ist die, daß, wenn er sich ganz frei unter die freie Konkurrenz stellt, er dabei am besten Bestand habe. Ich glaube, die Achtung vor dem Advokatenstand würde nur gewinnen, wenn er durchaus allem Schutz entsagte und sich ganz frei entgegenstellte aller Konkurrenz mit jedem tüchtigen, geprüften oder nicht geprüften Vertreter. Selbst das jetzt leider schon traurig genug gestellte Honorar würde, meine Herren, durch die freie Konkurrenz nicht geschmälert werden. Wir können allerdings nicht leugnen, wenn wir den Standpunkt des Advokaten selbst betrachten, daß der Durchschnittslohn, den er einnimmt, in Hinblick auf die Zwecke der Rechtswissenschaft ein äußerst geringer ist.

Jeder Stand, der außer mit Geld auch noch mit Ehrenvorzügen honorirt wird, kann naturgemäß in ersterer Beziehung nur geringere Ansprüche machen, als derjenige, dem keine solche Ehrenvorzüge zu Theil werden. Dieses Verhältniß muß durch die freie Konkurrenz mehr zur Geltung kommen, und auch darum scheint sie mir empfehlenswerth.

Was den Qualifikationsnachweis betrifft, so haben Prüfungen bisher erfahrungsmäßig nichts geleistet. Gerade wo man die größten Anforderungen an Jemand stellt, da muß man die freie Konkurrenz walten lassen. Die freie Konkurrenz allein ist es, die die tüchtigsten Rechtsanwälte erzeugt. Ob Prüfungen tüchtig machen oder nicht, ist doch gewiß nicht mehr fraglich, nachdem gewissermaßen die ganze Nation sich darüber entschieden hat bezüglich des Gewerbestandes im weitesten Umfange. Keinem einzelnen Stande kann es jetzt mehr einfallen, zu sagen: Ja, das mag für Andere wahr sein, für uns ist das nicht wahr. Wenn der Juristenstand dieses Noli me tangere aussprechen würde, wie es früher die Zünfte aussprachen; meine Herren, seien Sie überzeugt, dann würde doch die Zeit ebenso über ihn hinweggehen, wie sie über viele privilegirte Stände hinweggegangen ist.

Es ist nicht wahr, daß etwas Besonderes in unserm Stande liegt. Von allen Gewerbtreibenden ist seinerzeit gesagt worden: ja, aber in Bezug auf uns sind die allgemeinen Grundsätze nicht wahr! Wenn wir jetzt das für uns geltend machen wollten, was wir früher den Gewerben vorgeworfen haben, so würden wir uns eines Fehlers schuldig machen, den man einem so intelligenten Stande am allerwenigsten verzeihen könnte. Man kennt aus der Erfahrung die schrecklichen Mißbräuche, die aus den Requisiten des Befähigungsnachweises und der bürgerlichen Unbescholtenheit sich aufbauen können. Man weiß allgemein, daß Prüfungen nichts bewirkt haben, auch nicht einmal negativ, daß ganz Untüchtige immer zurückgewiesen worden wären. Es hat sich nach meiner Ueberzeugung vollständig herausgestellt, daß nichts sichern kann, als die freie Konkurrenz ganz allein.

Es heißt endlich, den Advokatenstand nicht etwa als Zunft erhalten, sondern als Zunft erst recht neu einführen wollen, wenn man noch verlangt, die Gesetzgebung solle diesen Stand in Anwaltkammern sich organisiren lassen. Das wäre in der That nichts anderes als eine Zunft, und ich begreife wahrlich nicht, wie man bei dem dermaligen Stande der Wissenschaft und Gesetzgebungspraxis gerade für diesen Stand noch zu einer solchen Einrichtung sollte gelangen können. Ich stimme für Freigebung der Advokatur und gegen alle dieselbe einschränkenden Anträge.

Präsident: Veranlaßt durch Aeußerungen des Redners, welcher so eben gesprochen hat, erlaube ich mir folgende Bemerkung. Erste Grundlage unserer dermaligen Verhandlung sind allerdings die Anträge des Herrn Dr. Jaques. Bei der Abstimmung werden wir uns aber doch wohl an diejenige Fassung derselben halten müssen, welche unser Herr Berichterstatter vorgeschlagen hat. Deshalb muß ich denn auch jeden Herrn, welcher etwa eine abweichende Fassung zur Abstimmung gebracht wissen will, ersuchen, seinen Vorschlag als Amendement schriftlich zu übergeben.

Was die Unterscheidung der erwähnten zweierlei Anträge in den gegenwärtig in Berathung befindlichen Punkten betrifft, so mache ich Sie aufmerksam auf die Worte, welche bei dem Antrage unseres Berichterstatters ausfallen. Es fällt aus ad 1: „bürgerlich unbescholten, theoretisch und praktisch." Die von dem vorigen Redner vorgebrachten hierher bezüglichen Einwendungen treffen also nicht den Antrag des Berichterstatters, sondern den des Antragsstellers Dr. Jaques; im übrigen stimmen beide Anträge überein. Unter Nr. 2 fallen die Worte aus: „in den unter gleicher Civil- und Strafgesetzgebung stehenden Ländern."

Justizrath **Dorn**: Da wir den Grundsatz annehmen, es könne jeder geprüfte Advokat sich niederlassen, wo er will, so versteht sich von selbst, daß, wenn in verschiedenen Provinzen verschiedene Rechtsgrundsätze herrschen, die näheren Bestimmungen den einzelnen Gesetzgebungen zu überlassen seien, und schien mir deshalb dieser Passus überflüssig.

Präsident: Ich habe Kenntniß zu geben von einem Amendement des

Herrn Advokaten Beckh in Lindau, welches lautet: „Zur Ausübung der Advokatur ist jeder geprüfte Rechtsverständige berechtigt, sobald derselbe die gesetzlich bestimmte Vorbereitungspraxis zurückgelegt hat."

Justizrath **Dorn**: Ich habe nichts dagegen einzuwenden, daß dieser Zusatz gemacht wird, es kommt natürlich auf die bezügliche Gesetzgebung an und ich halte es für selbstverständlich, daß eine praktische Vorbildung vorausgesetzt wird.

Advokat **Beckh** aus Lindau: Meine Herren! Ich erachte mich für berechtigt, in dieser Sache das Wort zu ergreifen, weil diese Frage dem Juristentag zu wiederholtem Male vorgelegt ist, und auf meinen Antrag auch der bayrische Anwaltverein sich jüngst damit beschäftigt und sich dahin geeinigt hat, daß die Advokatur, vorbehaltlich Befähigungsnachweises, frei zu geben sei. Mein Amendement, welches so eben verlesen worden ist, findet seine Veranlassung in besonderen Verhältnissen, welche in unserem Staate obwalten. Wir haben in Bayern ein theoretisches Examen nach den Universitätsstudien und nach dritthalbjähriger praktischer Vorbereitung ein weiteres Examen zu machen. In der Zwischenzeit vom theoretischen zum praktischen Examen darf kein Aspirant bei einem Advokaten arbeiten. Es kann dieses höchstens hier und da heimlicher Weise geschehen.

Wenn nun in dem Antrage, der uns vorliegt, gesagt ist, daß jeder geprüfte Rechtsverständige berechtigt sei, die Advokatur auszuüben, so wäre damit für unsere Verhältnisse ausgesprochen, daß wenn Jemand das zweite Examen gemacht hat, er dann sofort zur Ausübung der Advokatur berechtigt sei, ohne jemals in einer Advokaturkanzlei gearbeitet zu haben. Das ist etwas, was ich nicht wünsche, und für das meines Wissens sich in unserem Lande gewiß keine Stimme erheben würde. Denn im Gegensatz zu dem, was der Herr Vorredner gesagt, hat sich bei uns so ziemlich einstimmig die Anschauung geltend gemacht, daß zwar die Staatsregierung das Recht aufzugeben habe, die Advokaten zu ernennen; daß aber gesetzliche Bestimmungen dafür vorhanden sein sollen, unter welchen Bedingungen Jemand in den Anwaltsstand aufgenommen werden kann, damit verhindert werde', daß der Anwaltsstand lediglich zu einem Gewerbe heruntergedrückt werde. Es ist das keine mittelalterliche Einrichtung, wenn wir einen „Anwaltsstand" aufrecht zu erhalten suchen. Beispiele aus anderen Ländern zeigen uns, daß, wenn die Advokatur Jedem frei gegeben wird, der sein Examen auf der Universität gemacht hat, dann die Advokatur doch nicht dasjenige Ansehen im Publikum genießt und nicht genießen kann, welches demjenigen zukommt, der schon einige Zeit in der Advokatur gearbeitet hat. Das Publikum wird sich mit solchen Neulingen gewiß nicht einverstanden erklären und würde das im allgemeinen Interesse nicht statthaft sein. Meine Herren!

wenn Jemand als tüchtiger Advokat wirken will, so muß er in der That Anforderungen genügen, die über diejenigen hinausgehen, die man an das Richteramt stellt. Es ist durchaus unrichtig, daß von der Nation bereits entschieden sei, daß eine unbedingte Freigebung des Advokatenstandes stattfinden solle. Wäre das etwa im Norden der Fall, bei uns im Süden steht es nicht so. Bei uns ist im Gegentheil sogar der Kampf darüber, ob der Staatsregierung die Befugniß zur Ernennung zustehen soll, noch ein so heißer und keineswegs entschiedener, daß je weiter wir mit unseren Ansprüchen gehen, um so weniger es uns gelingen wird, dasjenige durchzuführen, was wir als nothwendig erachten, namentlich die Befreiung der Advokatur von den Banden einer staatlichen Genehmigung. Eine Vorbereitungs-Praxis erachte ich daher unter allen Umständen für nothwendig, im Interesse der Advokatur sowohl als der Gesammtheit. — Ich gehe nicht so weit, eine siebenjährige Vorbereitungspraxis zu fordern, wie in Aussicht steht, aber daß eine mehrjährige Praxis der Ausübung der Advokatur vorausgehen soll, erachte ich in Interesse des Standes und der Gesammtheit für geboten.

Präsident: Ich erlaube mir Ihnen mitzutheilen, daß Herr Wachenhusen seinen Antrag folgendermaßen formulirt hat: „Der Juristentag spricht sich dahin aus: das Interesse des rechtsuchenden Publikums erheischt die Freigebung der Advokatur und somit den Wegfall aller Prüfungen."

Professor Dr. **Gneist** aus Berlin: Meine Herren! Gewerbe — ohne Zweifel, das wollen wir nicht leugnen, ist eine hohe Ehre in unserer Zeit, wo ein Jeder mit Recht auf sein freies Gewerbe stolz ist, aber nicht überall bloßes Gewerbe! Denn wegschaffen läßt sich niemals der Gesichtspunkt, daß die Advokatur thatsächlich die Seite eines geistigen, wissenschaftlichen Berufes in sich trägt und zwar desjenigen geistigen Berufes, der am tiefsten in das Staatsleben eingreift. Unsere Aufgabe ist die, durch entsprechende Institutionen beiden Seiten gerecht zu werden. Greifen Sie nur die staatliche Bedeutung der Advokatur heraus, so kommen Sie in den Fehler unserer deutschen Gesetzgebung, die aus der Advokatur eine Staatsanstellung macht. Aber wir dürfen auch nicht in den entgegengesetzten Fehler verfallen, daß die Advokatur Gegenstand der völlig freien Concurrenz werde, wie die andern Gewerbe. — Denn während diese Gewerbe für die materiellen Bedürfnisse des täglichen Lebens sorgen, so hat die Advokatur für das Höchste, die Freiheit und das Recht des Menschen, zu wirken. Wenn wir sagen, wir wollen das Element des freien Gewerbestandes auch bei der Advokatur berücksichtigen, so wollen wir in der That doch nicht sagen, daß die Grundsätze der freien Concurrenz dabei unbeschränkt zur Geltung kommen. Wollten wir bloß die gewerbliche Seite herauskehren, so erlangten wir etwa englische Zustände. Käme das dem Publikum zu statten? Entstände dadurch wirklich bloß geistige freie Concurrenz? Streichen Sie alle in Frage stehenden Erfordernisse, so stellt sich die Sache so: die höhere Seite des Berufes wird Advokatur, die andere Anwaltschaft. Wird dadurch etwa das geistige Leben des ganzen Standes gehoben? Nein! In die höhere Klasse treten dann nur höher Gebildete und Reiche ein, die Advokatur wird eine Ehrenstelle; sie bekommt einen aristokratischen Zug, der für unser Gemeinwesen nicht paßt. Nicht der geistige Wetteifer, sondern die „Respectabilität" des Standes wird für diese Klasse befördert. — Der andere Theil entwickelt sich zum reinen Gewerbe, bei dem der materielle Punkt vorherrscht. Die geistige Bedeutung, die ich für unsere Advokaten in Anspruch nehme, werden Sie nun und nimmer im englischen Solicitor finden. Meine Herren! Sie werden, wenn Sie die englischen Zustände genau kennen, dieselben nicht wünschen. Glauben Sie, der Segen, der von der freien Concurrenz erwartet wird, ist dort, bei einem rein nominellen Examen, nicht zu finden. Die bemittelten Advokaten treten mit ihrem Vermögen in die großen soliden Firmen ein. Die Masse des Publikums wird gedrückt und ausgesogen durch einen keineswegs respectablen kleinen Gewerbestand. Wir wollen uns über keine der beiden Seiten wegsetzen und nicht vergessen, daß wir in und für Deutschland arbeiten. Auf realem Boden wollen wir bleiben, nicht nach einem Ideale jagen.

Der volkswirthschaftliche Congreß ist viel vorsichtiger gewesen, als Diejenigen, welche schrankenlose Freiheit fordern. Er hat gesagt: Es ist keine Veranlassung gegeben, eine Beschränkung der Advokatur eintreten zu lassen, so weit es sich um volkswirthschaftliche Gesichtspunkte handelt; vollkommen offen gelassen hat er die politische Seite. Er hat expreß diese Fassung gewählt, um die zweite Seite in integro zu lassen. In Deutschland kommt es darauf an, dem vorhandenen Hauptübelstand vorerst abzuhelfen. Die großen Staaten haben uns die freie Advokatur absorbirt, indem sie den ganzen Juristenstand in die Beamtenstellung hineinzogen. Dieser Zustand läßt sich nur überwinden, wenn man die Advokatur frei giebt, ihr aber zugleich die vollkommene Ebenbürtigkeit mit dem Richterthum verschafft. Das ist der politische Gesichtspunkt, dem wir in Deutschland folgen müssen. Schaffen wir lediglich freie Concurrenz, so schaffen wir damit einen Advokatenstand, der nicht mit unsern Ansichten harmonirt. Das Beamtenthum wird auf einen solchen bloß auf dem Standpunkte des Gewerbes befindlichen Advokatenstand als auf etwas tief unter ihm stehendes herabsehen, und der Staat nimmt dann seine Richter selbstverständlich nicht aus der Reihe der Advokaten, sondern aus einer engeren Zahl qualificirter Staatsangestellter. Die Richter, die Beamten finden sich dann auch in der That einer Masse von Anwälten gegenüber, die mit Recht als unter ihrer Linie stehend angesehen werden. — Um diesen Gegensatz zu überwinden, müssen

Sie den Advokaten so stellen, daß er eben so gut den Platz des Richters einnehmen kann. Bei uns ist es wohl schon vorgekommen, daß der Advokat in der Lage war, zum Richter zu sagen: Es ist ein reiner Zufall, daß Sie da sitzen, ich habe dreimal so lange da gesessen, wo Sie jetzt sitzen. Die Ueberzeugung von dem Bestehen solcher Ebenbürtigkeit muß Richter und Advokaten durchdringen, sie müssen sich dessen bewußt sein, daß sie auf dem Boden der Wissenschaft und ihrer Anwendung, wenn auch verschiedene Standpunkte, doch gleiche Höhe einnehmen. Dann erst kann es dazu kommen, daß in der Regel der Richter als der aus der Advokatur zu nehmende Jurist betrachtet, nicht der Beamte als ein Wesen höherer Gattung von der Advokatur getrennt wird. Erst dadurch wird auch die rechte Möglichkeit geschaffen, daß wenn der Richter etwa seine Beamtenstellung nicht mehr mit seinem Gewissen vereinigen kann, er zurücktritt in die Reihe der Advokaten. Aber, fragt man auf der Gegenseite, wo bleibt da das Interesse des Publikums?

Ich antworte: Hat denn das Publikum ein Recht darauf, berathen zu sein von Juristen, die keine volle Ausbildung besitzen für die schwere Handhabung unseres Berufes? So naturwüchsig ist unser Recht nicht, daß man es in die Hand eines Winkelschreibers legen könnte. Und das wäre denn doch die nothwendige Wirkung der schrankenlosen Freigabe: Winkelschreiberei mit dem Namen der Advokatur! Ist etwa das Publikum besser berathen, wenn es vom Winkeladvokaten bedient wird? Dieser bekommt bekanntlich in der Regel mehr als ein Advokat. Das Publikum hat doch wohl nicht ein Recht darauf, um schweres Geld seinen Prozeß zu verlieren, indem es in seiner Unbefangenheit sich an eine Person wendet, die sich lediglich das nöthige Ansehen zu geben weiß? Gerade so gut könnte man in Bezug auf die ärztliche Praxis sagen, das Publikum habe ein Recht darauf, sich immer vom Schröpfer curiren zu lassen. Wir können einen wissenschaftlich gebildeten Advokatenstand verlangen, wir können die Anforderungen sehr hoch stellen, und das Publikum wird immer noch Anwälte genug haben, jedenfalls so viel, wie es braucht. Das Publikum gewinnt sicherlich nicht dabei, wenn wir einer Reihe unqualificirter Pfuscher erlauben, sich mit dem Titel „Advokat“ auszustatten, und es dem Publikum überlassen, an wen es sich wenden wolle. Glauben Sie nicht, daß die volle Ausdehnung der Grundsätze der Gewerbefreiheit auf die Advokatur mit innerer Nothwendigkeit der geistigen Capacität zur Geltung verhelfen werde! Wir schiffen bei unserer Frage zwischen Scylla und Charybdis. — Wie einerseits die unstatthafte Fesselung durch die Staatsgewalt, so andererseits die Beseitigung aller Vorbedingungen bezüglich der Qualifikation — das Eine wie das Andere führt mit unwiderstehlichem Gewichte zum Ueberwiegen des Geldpunktes. Der

Stand selbst wird durch die absolute rein gewerbsmäßige Concurrenz nicht gehoben. Und doch besteht, was uns Noth thut, gerade darin, den Stand dem Beamtenthum gegenüber zu heben, ihn demselben an wohlberechtigtem Ansehen vollkommen gleich zu machen, und das können wir in Deutschland nicht ohne geistigen Census. Auch für den ärztlichen Beruf fordern wir solchen mit vollem Recht, und fragen wir uns: hat das Publikum irgendwie zu klagen über Mangel an qualificirten Aerzten? Wir haben vielmehr gesehen, daß man der Chirurgen 1. und 2. Klasse neben den wissenschaftlich gebildeten Aerzten auf die Dauer nicht bedarf, und sie nicht ertragen kann, und immer höher und höher steigen die Anforderungen, die man an die Leistungen der Aerzte stellt.

Man spricht von Zunftwesen, von Monopol! Von Dergleichen kann aber doch nicht die Rede sein, wenn die Advokaten sich in dem Verlangen vereinigen, den höchsten Anforderungen genügen zu wollen; wer sich das zur Pflicht macht, der beansprucht, bei Gott! keine zünftige Stellung, und je respektabler der Advokatenstand dasteht, desto uneigennütziger wird er seinen Beruf üben. — Will man den Advokatenstand zu dem machen, was er sein soll, so muß man ihn hoch stellen, man kann ihn kaum hoch genug stellen.

Ich will übrigens den Gegnern eine Konzession machen: Sollte es sich hinterher zeigen, daß der Advokatenstand, welcher sich unter den von mir empfohlenen strengen Vorbedingungen bildet, hinsichtlich der Zahl seiner Mitglieder nicht genüge, um durch seine Dienste dem Publikum zum Rechte zu verhelfen, — herunterlassen können wir immer noch! Aber haben Sie einmal den Advokatenstand auf den Mangel jeder Garantie für geistige Capacität basirt, so ist es schwer ihn wieder zu heben. Lassen Sie uns getrost unseren Beruf, unsern Stand recht hoch halten, lassen Sie uns wie bei den Aerzten, der Geistlichkeit, dem Lehrstande die Anforderungen recht hoch stellen; Alles Andere wird sich finden. Keine Bedenken dürfen aufkommen gegen die Mittel, welche unser Ziel sichern — eine respectable Advokatur! (Bravo!)

Obergerichtsanwalt Dr. **Freudentheil** aus Stade: Ich habe nur wenig zu bemerken. Was den ersten Redner anbetrifft, der den Antrag stellte, die Advokatur in jeder Hinsicht frei zu geben, gleichviel, ob man sich qualificirt oder nicht, welcher nämlich die Advokatur als reines Gewerbe aufgefaßt wissen will, so muß ich demselben entschieden entgegentreten. Ich habe während meiner Praxis, die schon fünfzig Jahre zählt, es stets als ein Axiom angesehen, daß der Advokat nun und nimmermehr seine Pflicht erfüllen könne, wenn er nicht von der Ueberzeugung ausgeht, sein Beruf sei mehr als ein Gewerbe, und bringe es von selbst mit sich, den Armen zu helfen, ohne bei den öffentlichen Kassen zu betteln, um sich daraus bezahlt zu machen. Was erwähnter Redner über die Advokatenkammern sagt, daß diese an die mittelalterlichen Zünfte erinnern, dem muß ich auch entschieden widersprechen, gleichwie der Meinung, daß es der modernen Zeit angemessen sei, Jeden zur Advokatur zuzulassen, der schreiben könne. Wenn eine solche Ansicht sich Bahn bräche, so würde das die Zustände des sechszehnten Jahrhunderts zurückführen. In dieser Hinsicht kann ich mich kurz auf einen Gewährsmann berufen, den Sie vielleicht als zutreffend anerkennen, wenn er auch kein Jurist war. Es ist Luther selbst, der in seinen Gesprächen und Tischreden einen Kampf führt gegen die Schwätzer und Rabulisten, gegen die Schreier, — dagegen die Doktoren der Rechte hochstellt, die sich zwischen Recht und Macht gestellt hätten als eine Mauer, um dem Rechte zu seinem Ziele zu helfen. Es gibt keine Freiheit des Advokatenstandes ohne Anwaltskammern; nur dann, wenn, wie es in Frankreich schon seit Ludwig XVI. der Fall ist, der Anwalt in Disciplinarsachen von seinen Berufsgenossen gerichtet wird, ist jener Zustand vorhanden, der die Unabhängigkeit der Advokatur sichert. — Außerdem wäre die Disciplinargewalt unvermeidlich in den Händen der Behörden, womit jene Unabhängigkeit nicht bestehen kann.

Ich pflichte den Anträgen des Herrn Referenten, in welchen alles Wesentliche zusammengefaßt ist, vollkommen bei. (Bravo.)

Präsident: Ich erlaube mir Ihnen Kenntniß zu geben von einem Amendement des Herrn Rechtsanwalts M e y e r aus Berlin, welches lautet: „Ich nehme das Wort „b ü r g e r l i c h u n b e s c h o l t e n“ wieder auf.“.

Advokat **Wachenhusen** aus Boitzenburg: Ich hatte mir vorgenommen, das Wort nicht wieder zu ergreifen, weil ich es in einer Verhandlung, wie die unsrige, für passend halte, daß Jeder nur einmal spricht. Die beiden letzten Herren Vorredner veranlassen mich aber zu einer kurzen aufklärenden Bemerkung. Ich will durchaus weder von den wissenschaftlichen Erfordernissen des Advokatenstandes in irgend einer Weise etwas ablassen, noch von dem idealen Standpunkt, den er einnehmen soll. Ich bin nur der Meinung, daß mit der Freigebung diese beiden höheren Standpunkte besser zu behaupten sind, als unter strenger Controlirung.

(Rufe: Schluß!)

Präsident: Ich muß über den Schluß der Debatte abstimmen lassen: Zuerst hat aber wohl noch Herr Rechtsanwalt M e y e r zur Begründung seines Amendements das Wort?

(Rufe: „Ja")

Ich bitte also diejenigen Herren, die den Schluß beantragen, nachdem Herr Rechtsanwalt M e y e r gesprochen haben wird, sich zu erheben.

(Die Majorität erhebt sich.)

Rechtsanwalt **Meyer** aus Berlin: Der Herr Berichterstatter hatte ganz ausdrücklich betont, es sei selbstverständlich, daß Unbescholtenheit verlangt werde, man würde Niemand zulassen, der nicht ein unbescholtener Mann sei. Den Aeußerungen des ersten Redners gegenüber halte ich es für wünschenswerth, daß aller Zweifel in dieser Hinsicht gehoben werde, was am besten durch die ausdrückliche Aufstellung des Erfordernisses der Unbescholtenheit geschieht. Es scheint mir dieses auch mit den von Herrn Professor Gneist ausgesprochenen Anschauungen, denen ich vollkommen beitrete, in Einklang zu stehen.

Justizrath **Dorn** aus Berlin, als Berichterstatter: Ich erlaube mir zunächst in Beziehung auf den zusätzlichen Antrag des Herrn Rechtsanwalt Meyer meine Motive kurz darzulegen. Ich habe nicht gesagt, es sei selbstverständlich, sondern: „ich setze voraus, daß derjenige, der sich zur Advokatur meldet, ein Unbescholtener ist." Aber ich würde diesen Ausdruck nun und nimmermehr in das Gesetz aufnehmen, weil der Ausdruck „unbescholten" zu elastisch ist und bekanntlich leicht gemißbraucht werden kann.

Traurige Erfahrungen sind in dieser Hinsicht nicht selten vorgekommen, und deshalb habe ich das Wort fortgelassen. Ich gehe davon aus, daß gewisse Anforderungen auch in Bezug auf die Integrität des Mannes gestellt werden. Ich würde also dem Herrn Collegen Meyer anheimgeben, nach den Erläuterungen, die ich gegeben habe, den Antrag zurückzunehmen.

Präsident: Wir schreiten zur Abstimmung: die Reihenfolge scheint die folgende sein zu müssen. Erst der Antrag des Herrn Wachenhusen: „der Juristentag spricht sich dahin aus, das Interesse des rechtsuchenden Publikums erheischt die Freigebung der Advokatur und somit den Wegfall aller Prüfungen." — Dann würde als weiterer Antrag derjenige des Berichterstatters folgen, vorbehältlich des Zusatzes, der sich auf die bürgerliche Unbescholtenheit bezieht, dagegen mit dem Zusatz, den Herr Advokat Beck beantragt hat; also:

1) Zur Ausübung der Advokatur ist jeder geprüfte Rechtsverständige berechtigt, sobald derselbe die gesetzlich bestimmte Vorbereitungspraxis zurückgelegt hat. Die Dauer der Vorbereitungspraxis ist nur nach dem unbeweislichen Erfordernisse zu bemessen.
2) Alle Unterscheidungen verschiedener Erfordernisse rücksichtlich der Befugniß zur Parteienvertretung vor Einzeln-Collegial- oder vor Ober-Gerichten, sowie alle Beschränkung der Freizügigkeit entbehren der Begründung.

Und endlich das Amendement des Herrn Rechtsanwalts Meyer, welches die Worte „bürgerlich unbescholten" im Satz 1 wieder aufnimmt.

Sind die Herren mit der Reihenfolge der Fragestellung einverstanden?

(Rufe: „Ja".)

Es wird zur Abstimmung geschritten, und das Ergebniß ist Folgendes:

1) Der Antrag von Wachenhusen bleibt in der Minorität.

2) Der Antrag des Berichterstatters, vorbehaltlich des Zusatzes „bürgerlich unbescholten" wird fast einstimmig angenommen.

3) Das Amendement des Herrn Rechtsanwalts Meyer wird von demselben zurückgezogen.

Präsident: Punkt 1 und 2 sind erledigt. Ich will noch bemerken, daß, nachdem wir über den letzten Punkt werden abgestimmt haben, es jedem Mitgliede frei steht, zu verlangen, daß nochmals über das Ganze abgestimmt werde. Wenn kein Widerspruch sich erhebt, so gehen wir zum Punkt 3 des Antrags über. Nach dem Antrage des Herrn Referenten soll Punkt 3 wie folgt lauten:

„Die Ueberwachung des Advokatenstandes wird durch die Advokatenkammern geübt, vorbehältlich näherer Bestimmungen. In allen wichtigen, dem Plenum der Kammern vorbehaltenen Disciplinarfällen findet öffentliches und accusatorisches Verfahren statt."

Advokat Dr. **Antoine-Feill** aus Hamburg: Meine Herren! Ich muß mir erlauben, mich ganz entschieden gegen die Errichtung von Anwaltskammern zu erklären. Ich läugne es nicht, daß die Anwaltskammern von einem gewissen Nutzen für die Anwälte sein können, doch bin ich der Meinung, daß wenn sie im Uebrigen eine Wirkung auf dieselben und für das Publikum haben, solche Wirkung eher eine ungünstige als eine günstige sein wird. Sie haben bei Gelegenheit dieser Frage sich genöthigt gesehen, von dem „Advokatenstande" zu sprechen. Ich muß meine Ansicht dahin aussprechen, daß ich keine rechte Veranlassung finde, von einem Advokatenstande überhaupt zu reden. Wenn man darunter nichts weiter versteht als eine Anzahl von Leuten, die demselben wissenschaftlichen Gewerbe angehören, so läßt sich natürlicherweise gegen ein Zusammenfassen unter dem Namen „Stand" nichts einwenden; aber damit, glaube ich, hat man dem Worte vollkommen Genüge gethan. Die Stände, wie wir sie früher den Geburtsständen nachgebildet und solche auch unter dem Gewerbe gehabt haben, verwischen sich mehr und mehr. Ich frage Sie, warum sollen gerade den Advokaten besondere Behörden vorgesetzt werden, welche die Disciplin unter ihnen handhaben sollen? Dafür ist kein Grund vorhanden, ich halte das Institut vielmehr für unnütz und schädlich. Unnütz deshalb, weil, soweit der Advokat sich Vergehen zu schulden kommen läßt, wobei er mit den allgemeinen Strafgesetzen collidirt, zu deren Repression eben diese allgemeinen Strafgesetze vorhanden sind; unnütz ferner, weil, soweit die Advokatenkammern die Aufgabe haben, unanständiges Verfahren der Advokaten zu rügen, dies doch zur Verbesserung der Moral unter den Anwälten so wenig, wie dem allgemeinen Interesse dient. Die anständigen Leute werden die Solidarität mit den unanständigen von sich abwehren, welchem Beruf oder Stand sie auch angehören. Damit ist genug auch für die Anwälte gethan. Im Uebrigen werden die schamlosen Advokaten, wenn sie moralisch verwerfliche Handlungen begehen, solche leicht so geschickt einrichten können, daß sie sich der Bestrafung durch die Anwaltskammern entziehen. Diese werden selten solche Thatsachen zu untersuchen finden, welche mit Sicherheit vor sie gebracht werden können. Der Unanständigste wird oft der Geschickteste sein, und weil die Anwaltskammern solchen nicht werden beikommen können, so werden sie schädlich wirken, weil sie gewissermaßen die Unanständigkeit mit ihrem eigenen Vorhandensein und die Straflosigkeit ihrer Angehörigen decken. Wir haben überall ganze Reihen von Leuten, denen man nicht die zu fordernde Ehrenhaftigkeit zusprechen kann, und da können Sie diese Leute nicht durch die Anwaltskammern richten, Sie können sie nicht ausschließen, und deshalb können solche Männer sagen, wir sind alle ebenso ehrenhaft, wie die ehrenhaftesten, wir berufen uns auf die Anwaltskammern. Ist das die Wirkung, die die Letzteren auf die Ehrenhaftigkeit der Advokaten und für die Sicherheit des Publikums ausüben, so sind sie auch offenbar werthlos für die Würde des sogenannten Standes. Lassen Sie mich auch berufen auf die Würde desselben in andern Ländern, wo Anwaltskammern nicht bestehen. Sind die Advokaten in England, in Amerika weniger geachtet, als in Deutschland? Ich bestreite das. Es gibt auch dort eine Menge von Leuten, die den Namen Anwalt führen, und es nicht sollten; so geht es auch uns. Täuschen wir uns nicht; es giebt der räudigen Schaafe eine Menge in der Heerde. Darum aber sind Handlungen gegen die Moral unter dem Advokatenstand nicht häufiger als anderswo. Es giebt eben anständige und unanständige Leute in allen Ständen; mit den anständigen Leuten verkehre ich, mit den unanständigen nicht. Wenn so Alle handeln, so wirkt man am besten gegen die Unehrenhaftigkeit, und auch das Publikum fühlt, wonach es sich richten kann.

Ich erlaube mir ein Amendement dahin zu stellen: „Die Advokaten sind nur den allgemeinen Strafgesetzen, und einer gerichtlichen Disciplin nur in denjenigen Grenzen zu unterwerfen, in welchen solche Disciplin zur Aufrechthaltung der Ordnung und des Anstandes in dem Gericht erforderlich ist.“

Advokat Dr. Levy aus Hamburg: Meine Herren! Herr Professor Gneist hat eben erst mit Recht erwähnt, daß der Advokat dem Richter gleichstehe, daß der Advokat dem Richter müsse sagen können: „es ist reiner Zufall, daß Du da sitzest, ich könne eben so gut eine solche Stellung einnehmen.“ Eine solche Gleichstellung wird aber nur dann möglich, wenn der Richter auch weiß, daß in dem Advokaten ein Mann ihm gegenübersteht, der nicht nur der allgemeinen Controlle, sondern auch der speziellen Controlle seiner Berufsgenossen unterworfen ist. Ich verstehe sehr wohl die Befürchtung des Herrn Vorredners. Ihm würde es bedenklich sein, eine Advokatenkammer da, wo noch keine besteht, einzuführen, weil es unmöglich sein wird, den Advokatenstand so zu stellen, daß nicht von vorn herein die räudigen Schaafe mit eingeschlossen würden. Das ist aber gerade für mich ein Grund für die Einführung der Advokatenkammern; wenn auch die alten Sünder nicht zu bessern sind, so werden die neuen doch ferngehalten.

Es ist so viel von dem Gewerbe der Advokaten verhandelt worden; — ich bedaure jeden Advokaten, der seine Advokatur als Gewerbe betrachtet, — ich bedaure bei einem solchen Advokaten die Richter, wie ich die Clienten bedaure. Der Beruf des Advokaten ist ein Ehrenberuf, und ich glaube deshalb wird es auch angemessen sein, Advokatenkammern zu haben, um einem Collegen, der ins Straucheln geräth, eine Warnung zugehen zu lassen, auf dem betretenen Wege vorzugehen, damit das Ansehen des Standes nicht compromittirt werde. Man sagt: die Advokatur ist in England eine eben so angesehene, wie in Deutschland; das heißt, man sieht sie eben nicht gut an; dagegen in Frankreich ist der Advokatenstand sehr wohl angesehen. Meine Herren! Ich möchte Sie recht sehr bitten, für die Anwaltskammern zu stimmen.

Obergerichtsanwalt Dr. **Freudentheil** I. aus Stade: Wer die Advokatenkammern nicht will, muß dieselben nicht kennen und geht von unrichtigen Voraussetzungen aus, insbesondere, wenn er glaubt, eine Advokatenkammer würde nicht einen Advokaten ausstoßen können. Daß sie nicht gleich mit der plumpen Keule dazwischen fährt, versteht sich von selbst. Die hannöversche Advokatenordnung enthält die Bestimmung, daß jeder unangemessene und die Ehre des Standes kränkende Vorfall zur Disciplinargewalt der Kammer gehöre, und die Kammer sieht gerade sehr scharf darauf, weil ihre eigene Ehre darunter leidet; aber es gehen erst Ermahnungen voraus, die doch nothwendig sind, um den Betreffenden auf sein Vergehen aufmerksam zu machen, und wenn das fruchtlos bleibt, so wird eine ordentliche Disciplinar-Untersuchung gegen ihn eingeleitet. Ich halte deshalb die Anwaltskammern aus eigener Erfahrung für nothwendig und unerläßlich. Ich habe schon früher, ehe die Anwaltskammern in Hannover eingeführt waren, diese Einrichtung dringend empfohlen und sie für eine große Wohlthat des Standes gehalten. Es ist von Frankreich die Rede gewesen. Auch ich will an dieses Land erinnern, nämlich an den Despoten Ludwig XIV.; der hat in mehreren Fällen den Anwaltskammern nachgegeben, wenn sie sich seinem Willen widersetzt haben, und hat nicht gewagt, ihre Rechte anzurühren.

Professor Dr. **Gneist**: Meine Herren! Ein Redner, welcher den Zustand wünschenswerth findet, wo keine Anwaltkammern bestehen, verweist dabei auf England. Aber selbst hier existiren Anwaltkammern, indem die Advokaten unter ihrem selbst gewählten Vorstande eine Befugniß zur Einschreitung haben, und ihnen der Recurs an die höchsten Gerichte zusteht. In England stehen die Anwälte unter einer sehr scharfen Zuchtruthe; der Richter hat die Befugniß, einen Anwalt zu entlassen, nicht blos ihn disciplinarisch zu bestrafen. Auf diese Zustände dürfen sich also Diejenigen, welche Anwaltkammern nicht wollen, am wenigsten berufen. Der Antrag des Herrn Dr. Jaques und des Berichterstatters faßt die in Deutschland bestehenden Verhältnisse ins Auge. Noch jetzt steht hier in neun unter zehn Fällen der Advokat unter der Disciplinarruthe des Richters, und wir wollen es nicht versäumen, wenigstens die nothwendige Advokatenfreiheit dadurch zu gewinnen, daß wir den Rechtsanwalt nicht unter der persönlichen Disciplin der beamteten Collegen lassen. Man befürchtet, die Disciplinarkammer würde dem Advokaten zuviel zumuthen; allein diese Gefahr ist nicht zu groß. Der Mangel ist eher, daß die Anwalkammern etwas zu milde sind. Aber werfen Sie diesen Antrag nicht ab; ich glaube nicht, daß Gefahr dabei ist.

Justizrath **Dorn**: Ich glaube, daß am Schlusse das Wort „wichtig" fallen kann. Man könnte, wenn das Wort stehen bleibt, in Zweifel sein, welche Fälle von dem Plenum der Kammer zu entscheiden wären.

Obergerichtsanwalt **Linckelmann** aus Hannover: Wenn wir das Wort „wichtig" streichen, scheint es mir wünschenswerth, daß der ganze kleine Schlußsatz gestrichen wird. Es sind darin verschiedene Sätze ausgesprochen, über die man zweifelhaft sein kann; es fragt sich insbesondere auch, ob Disciplinarfehler dem großen Publikum preisgegeben werden sollen. Wir haben in Hannover die Erfahrung gemacht, daß Derartiges praktisch unausführbar ist, und die früheren Bestimmungen unserer Advokatenordnung darüber sind jetzt aufgehoben. Es kommt jetzt nichts mehr vor das Plenum. Ebenso kann ein Zweifel darüber sein, wie weit das öffentliche Verfahren in solchen Verhandlungen zuzulassen sei. Hier scheint das Wesentliche eben zu sein, daß das Grundprinzip festgestellt wird, und ich beantrage daher, den ganzen Schlußsatz, nicht blos das Wort „wichtig" zu streichen.

Obergerichtsanwalt **Noltemeier** aus Hannover: Ich möchte einen darauf beschränkten Antrag stellen, das Wort „öffentlich" zu streichen.

Justizrath **Dorn**: Mir kam es überhaupt darauf an, das öffentliche Verfahren zu wahren, da ich von der Ansicht ausgehe, daß der Recurs, den der Herr Dr. Jaques will, in Consequenz dessen wegfallen solle. Ich halte deshalb dafür, daß die Streichung des „öffentlich" unzuträglich ist, weil ich den Recurs beseitigen will. Den genügenden Ersatz für den von Dr. Jaques empfohlenen Recurs glaubte ich in der Oeffentlichkeit finden zu müssen, um etwaigen Uebergriffen der Anwaltkammer Zaum und Zügel anlegen zu können. Ferner erlaube ich mir hier noch folgende Bemerkung. Ich habe in meinem Vortrage angedeutet, daß dieser Grundsatz der Oeffentlichkeit sich nur in Bausch und Bogen beziehen soll auf sehr wichtige Fälle, z. B. wo es sich um die Streichung der Advokatenrolle handelt, oder um Nichteintritt eines sich meldenden Aspiranten. Ich wollte übrigens nur den Grundsatz ausgesprochen wissen, die Spezialitäten können ja hier nicht hervorgehoben werden. Was ich will, ist: Controle der Advokatenkammer; in wichtigen Fällen: — öffentliches Verfahren, damit Jedermann Kenntniß erlangen kann, was da verhandelt wird. Das Publikum soll sich überzeugen, daß es richtig und unparteiisch hergeht. Ich habe übrigens nichts dagegen, daß man das Wort „wichtig" streicht, und gebe zu, daß die Formulirung dadurch noch präciser wird.

Obergerichtsanwalt **Noltemeier**: Ich möchte mir erlauben, zu befürworten, daß wenigstens in gewissen Fällen ein öffentliches Verfahren ausgeschlossen sei. Wenn wirklich hochwichtige, d. h. dem Strafgerichte unterstellte Fälle eintreten, so sind dies ja ohnehin öffentliche. Es liegt aber kein Grund vor, dem Publikum auch die sonstigen Vorkommnisse des Advokatenstandes immer und überall vor die Augen zu führen. Es ist im Interesse des Standes, das nicht zu thun. Handelt es sich um Sachen, die die Criminalität nichts angehen, sondern nur die Disciplin, so sieht man nicht ein, welches Interesse das Publikum haben soll, an Verhandlungen über gewisse peccata Einzelner mit theilzunehmen. Das Publikum hat wohl das Recht, zu verlangen, daß dieser oder der bestraft werden soll, aber weshalb soll das Publikum zugegen sein, weshalb soll die Schande, die dem Einzelnen anklebt, veröffentlicht werden? Im hannoverschen Disciplinargesetze ist das Wort „öffentlich" nicht vorhanden, und es hat sich das sehr wohl bewährt.

Rechtsanwalt Dr. **Steinfeld** aus Kassel: Die Bedenken, welche von einem der Herren Vorredner geltend gemacht sind gegen die Anwaltkammern, sind größtentheils widerlegt worden; nur Eins will ich noch hervorheben: Es ist behauptet worden, daß der Nutzen der Anwaltskammern nicht einzusehen sei; wenn Jemand ein Verbrechen begehe, so würde er ja doch bestraft. Es handelt sich hier aber bekanntlich nicht um Vergehen, die der Kriminalrichter bestraft, sondern um Disciplinarvergehen, die sich nicht in den Rahmen des allgemeinen Strafgesetzes einfügen lassen, die aber doch Anstoß erregen und das Ansehen des Standes schädigen können. Diese Handlungen sind es gerade, welche von den Advokatenkammern überwacht werden sollen, und daß solche Ueberwachung nützlich sei, läßt sich denn doch nicht bezweifeln.

(Rufe: Schluß.)

Justizrath **Dorn**: Mir scheint es in Folge der Bedenken, die gegen Einzelnheiten meines Antrages erhoben worden sind, am zweckmäßigsten, denselben dahin zu modifiziren:

„Die Ueberwachung der Advokaten, wird durch die Advokatenkammer geübt, vorbehältlich näherer Bestimmungen, namentlich auch hinsichtlich der Beschwerdeführung."

Es bleibt dann die Frage in allen weiteren Beziehungen offen; nur der Grundsatz wird hingestellt.

Präsident: Meine Herren! Es liegen zwei Anträge zur Abstimmung vor. Zuerst der Antrag des Herrn Dr. Feill, der sich gegen die Advokatenkammern ausspricht, und zweitens der Antrag des Berichterstatters für die Advokatenkammer. Ich halte es nicht für nöthig, den Antrag unseres Referenten noch einmal zu verlesen. Der von Herrn Dr. Feill eingebrachte Antrag lautet dahin:

„Die Advokaten sind nur den allgemeinen Strafgesetzen und einer gerichtlichen Disciplin nur in denjenigen Grenzen zu unterwerfen, in welchen solche Disciplin zur Aufrechthaltung der Ordnung und des Anstandes in den Gerichten erforderlich ist."

Ich bitte also diejenigen Herren, die sich für diesen Antrag erklären, sich zu erheben.

(Minorität.)

Diejenigen Herren, die für den Antrag des Referenten in seiner jetzigen Fassung sind, bitte ich, sich zu erheben.

(Majorität.)

Wir gehen nun zu Nr. 4 des Antrages des Herrn Referenten über. Dieser Punkt unterscheidet sich nur redaktionell von dem Jaques'schen Antrage und lautet folgendermaßen:

„Bezüglich des Advokaten-Honorars steht es den Parteien und Advokaten zu, eine Vereinbarung zu treffen. Ist keine Vereinbarung getroffen, so hat eine Taxordnung zu gelten, deren Feststellung und periodische Revision im Gesetzgebungswege zu erfolgen hat."

Advokat Dr. **Levy** aus Hamburg: Meine Herren! Im Interesse der Würde des Anwaltstandes bitte ich Sie, eine Beschlußfassung über diesen Passus abzulehnen. Wenn Sie im Prinzip eine Reform der Gerichte einzuführen hätten, würden Sie schwerlich dahinter schreiben: Das Gehalt der Richter wird von der Staatskasse bestritten. Ueberlassen Sie diese Bestimmung den Einzelgesetzgebungen. Wenn wir über die hier in Frage stehenden Gegenstände einen Beschluß fassen, so ist derselbe, da sich in unserer Versammlung sehr viele Anwälte befinden, unter allen Umständen unangenehmen Mißdeutungen ausgesetzt. — Man könnte, wenn gleich es nicht der Fall ist, lediglich die Absicht dahinter suchen, das Anwaltshonorar zu steigern oder gegen jede unentgeltliche Führung von Prozessen der Armen anzukämpfen u. dergl.; darum möchte ich empfehlen, den Passus 4 wegzulassen und keinen Beschluß darüber zu fassen, vielmehr über denselben zur Tagesordnung überzugehen.

Obergerichtsanwalt **Noltemeier**: Meine Herren! Ich möchte mir erlauben, diesem Antrage entgegenzutreten. — Die Ansichten darüber, ob die Advokaten durch Vereinbarung sich ihr Honorar sollen bestimmen können oder nicht, sind noch immer sehr getheilt. Manche Gesetzgebung erklärt es für eine ungiltige und strafwürdige Handlung, wenn ein Advokat sich im Voraus sein Honorar ausbedingt. Diese Ansicht mancher Gesetzgebung ist zum Theil auch in's Publikum übergegangen. Wenn also bei einer besonders schwierigen Arbeit, der Advokat für das festgesetzte Honorar seine Dienste nicht leisten will, so wird man ihm die Achtung entziehen, bis jene irrige Anschauung der richtigen gewichen ist. Mit Rücksicht hierauf erscheint es mir denn doch angemessen und zweckmäßig, daß ein Juristentag, wie der hier versammelte, der aus Richtern und Anwälten besteht, seine Ansicht darüber ausspricht.

Was die Sache selbst anlangt, das Materielle der Frage, so ist ja das Bedürfniß einer freien Vereinbarung in der Natur der Sache vollkommen begründet, da eine im voraus festgesetzte Taxe nicht für alle Fälle das Richtige treffen kann. Selbst denjenigen Gewerben gegenüber, welche es mit den nothwendigsten Lebensmitteln zu thun haben, erkennt man in der Neuzeit das Irrige jedes Zwangstarifes mehr und mehr an. Warum soll es uns, die wir unsere geistige Arbeit verwerthen, nicht zunächst zukommen, zu bestimmen, was wir dafür haben wollen? Jeder Gelehrte, sei er Professor oder Privatmann, bestimmt den Preis seiner Arbeit selbst. Weshalb soll gerade uns dies verweigert werden? Es ist kein Grund dazu vorhanden. Wir können also mit Fug und Recht dem Antrage uns anschließen, daß es zunächst den Anwälten frei stehen müsse, das Honorar mit den Clienten zu vereinbaren.

Präsident: Meine Herren! Sie werden bemerken, daß die Bänke sich bereits gelichtet haben. Die Zeit, die unserer Discussion gesetzt wurde, ist abgelaufen. Wir sind, glaube ich, nicht mehr die Hälfte, und ich möchte mir darum erlauben, der Abtheilung vorzuschlagen, daß die Berathung und Abstimmung über die Punkte 4 und 5 ausgesetzt und dieselben dem nächsten Juristentage überwiesen würden. Wir haben mit dem dritten Satze, den wir angenommen haben, einen vollkommen guten Abschluß. Ich ersuche Sie daher, meine Herren, meinem Antrage beizutreten (zustimmende Rufe), daß wir mit diesen drei Abschnitten des Antrages vor die Plenar-Versammlung treten, und ich bitte unsern Herrn Referenten, die Berichterstattung vor dem Plenum zu übernehmen. Ich glaube, daß es nicht erforderlich ist, einen Beschluß der Plenar-Versammlung zu veranlassen, und daß wir uns darauf beschränken können, den Herrn Berichterstatter zu ersuchen, daß er von unseren Beschlüssen die Plenar-Versammlung lediglich in Kenntniß setze.

(Allgemeine Zustimmung.)

Dann, meine Herren, hätten wir sämmtliche Gegenstände unserer Tages-Ordnung erschöpft. Ich schließe mit dem Danke für die freundliche Aufmerksamkeit und für die Nachsicht, die Sie mir geschenkt haben. — Die Versammlung ist geschlossen.

Zweite Plenarversammlung

des

Siebenten Deutschen Juristentages

zu Hamburg am 29. August 1868.

Präsident Dr. **Gneist**: Meine Herren, ich habe die Ehre, die zweite Plenarversammlung des 7. Deutschen Juristentages zu eröffnen, und ersuche unser Schriftführeramt, das Protokoll der 1. Plenarsitzung zu verlesen.

(Dies geschieht.)

(Das Protokoll wird genehmigt. Es folgen geschäftliche Mittheilungen.)

Ich erlaube mir, für die Verhandlungen des nächsten Juristentages eine Bitte auszusprechen. Die Deputation ist öfter in Verlegenheit, wen sie zum Begutachten für die einzelnen angeregten Fragen auffordern soll. Ich möchte die Bitte an die geehrten Mitglieder, die sich für die eine oder andere Frage interessiren, richten, Vorschläge über geeignete Begutachter zu machen. Wir werden dafür sehr dankbar sein.

Ich kann die heutige Sitzung nicht eröffnen, ohne eines Mannes zu gedenken, der an der 2. Plenarversammlung im vorigen Jahre in gewohnter Weise Antheil nahm, Professor Dr. Abegg aus Breslau, in dem wir ein altes, stets Theil nehmendes Mitglied des Juristentages zu besitzen uns rühmen durften. Abegg gehörte zu den Vertretern der deutschen Rechtswissenschaft, welche mit nachhaltigem Erfolg den allgemeinen und wahren Gesichtspunkt zur Geltung gebracht haben, daß wir die Philosophie in der Geschichte und wiederum die Geschichte in der Philosophie wiederzufinden bemüht sein sollten. Er hat seine Thätigkeit über die ganze Reihe der legislatorischen Fragen des Strafrechts erstreckt, er hat in weiten Gebieten der Wissenschaft einen ehrenvollen Ruf zurückgelassen. Wir sind ihm dankbar als einem der nahmhaftesten Vertreter unserer Wissenschaft, der das wärmste, lebhafteste Interesse an den Arbeiten des deutschen Juristentages jeder Zeit genommen hat. Alle haben in unserer Mitte den Mann lieben gelernt, wie er es verdiente. Er gehörte zu den Männern, von denen man, wie von Mittermaier, sagen kann, daß sie den Tribut der menschlichen Unvollkommenheit nur durch Eigenschaften lieferten, die einem warmen, braven Herzen angehörten. Abegg war im schönsten Sinne des Wortes ein humaner, freisinniger Jurist, eine Zierde deutscher Wissenschaft. Ich verfahre gewiß in Ihrem Sinne, wenn ich mit diesen wenigen Worten das Andenken unseres theuren Collegen ehre.

Wir treten nunmehr in den Hauptgegenstand unserer Verhandlung ein. Es ist das Resumé der Resultate unserer Abtheilungsberathungen. Der Juristentag hat schon nach dem ersten Versuche seiner Thätigkeit gefunden, daß die Mehrzahl der Gegenstände sich vorzugsweise zur Entscheidung in den Abtheilungen eignet, welche sich durch die unabweisbare Arbeitstheilung in unserm Kreise bilden. Wir pflegen die Mehrzahl der Beschlüsse dem Plenum nur zur Kenntnißnahme mitzutheilen, wobei der Antrag auf sachliche Berathung im Plenum jeder Zeit offen steht, so bald er durch 10 Mitglieder unterstützt wird. Wir haben also zweierlei Arten von Gegenständen, solche, die nur zur Mittheilung, und solche, die zur materiellen Berathung vorgelegt werden. Ich möchte den Vorschlag machen: Uebergehen wir die Nummern, die zur materiellen Erörterung vorgeschlagen sind, vorläufig, und beschränken uns darauf, zuerst die Sachen zu erledigen, die nur zur Mittheilung hierher gegeben sind. Sind wir am Schlusse dieser Mittheilungen, so behält sich die Versammlung die Beschlußnahme vor, welches Thema als das geeignetste und am meisten das allgemeine Interesse anregende vorangenommen werden soll.

Ich glaube, daß die hochgeehrte Versammlung ihr Recht, die Reihenfolge nach dem Maß des allgemeinen Interesses zu bestimmen, in dieser Weise am sichersten wahrt. Wenn ich keinen Widerspruch dagegen vernehme, werde ich so verfahren.

Wir beginnen mit den Berathungen der ersten und zweiten Abtheilung, und ersuche ich den Präses des hiesigen Handelsgerichts, Herrn Dr. Albrecht, von der Tribühne aus den Bericht zu erstatten.

Präses des Handelsgerichts Dr. **Albrecht** aus Hamburg: Meine Herren! Sie haben bereits aus dem vorliegenden gedruckten Berichte ersehen, welchen Beschluß die Abtheilung, in der ich zu referiren die Ehre hatte, hinsichtlich der hier vorliegenden Frage gefaßt hat, hinsichtlich der Frage, ob das Institut der Handelsmäkler beizubehalten sei oder nicht. Die Abtheilung hat diese Frage verneint und zwar mit überwiegender Majorität. Ich glaube, daß in diesem letzten Umstande zugleich der Grund zu suchen ist, weshalb die Abtheilung es nicht für nöthig gehalten hat, Ihnen ihren Beschluß zur Berathung zu übergeben, sondern sich mit einer Mittheilung zur Kenntnißnahme begnügt hat. Nichtsdestoweniger halte ich es für meine Pflicht, Ihnen in kurzen Umrissen die Gründe anzuführen, welche die Abtheilung bestimmt haben, sich in dieser Weise zu entscheiden. Freilich, meine Herren, müßte ich ganz außerordentlich ausführlich sein, müßte beinahe auf die ganze Debatte recurriren, wenn ich Ihnen diesen Beschluß nach allen Seiten rechtfertigen wollte. Ich glaube aber, daß es genügen wird, wenn ich Ihnen nicht mehr als ein kurzes Aperçu der Gründe gebe. Ich hoffe, daß, wenn es auf der einen Seite heißt: labor brevis est, es auf der andern Seite nicht heißen wird, obscurus fit.

Sie erinnern sich der Bestimmungen, die das Handelsgesetzbuch über die Handelsmäkler enthält. Dieselben gehen, soweit sie für unsere Frage in Betracht kommen, im Wesentlichen dahin: Die Handelsmäkler werden als amtlich angestellte Vermittler von Handelsgeschäften bezeichnet, es werden ihnen strenge Vorschriften gegeben, über die Art, in welcher sie die Vermittlung zu betreiben haben, unter anderen, daß sie keine Geschäfte für eigene Rechnung weder direct noch indirect machen, auch keine Bürgschaften übernehmen dürfen; ferner die Vorschrift, nach welcher die Handelsmäkler alle Geschäfte, die sie vermitteln, persönlich, im mündlichen Verkehr mit den betreffenden Parteien, abzuschließen haben; sie finden dann, meine Herren, in §. 77 die Bestimmungen, nach welchen den Schlußnoten und den Tagebüchern der Mäkler eine hohe Glaubwürdigkeit, eine publica fides, wenigstens in der Regel beigelegt wird. Endlich enthält das Handelsgesetzbuch in Artikel 84 die Bestimmung, wonach es den Landesgesetzen gestattet wird, von den strengen Vorschriften für das Verfahren der Handelsmäkler abzuweichen. Die Landesgesetze haben in der Mehrzahl der Fälle von dieser Erlaubniß nicht Gebrauch gemacht, sie sind wohl von der Voraussetzung ausgegangen, daß, wenn den Handelsmäklern und auch deren Urkunden, nämlich den Schlußnoten, besondere Glaubwürdigkeit zukommen soll, auch gerechter Weise dafür zu sorgen sei, die Handelsmäkler als unbetheiligte Vermittler hinzustellen. Nichtsdestoweniger war schon bei der Einführung des Handelsgesetzbuches vorauszusetzen, daß die Handelsmäkler unserer Kaufmannschaft nicht genügen könnten, und es ist deshalb fast allenthalben der Ausweg getroffen, daß man da, wo bis dahin die Vermittlung von Handelsgeschäften ein Monopol war, dieses Monopol aufgehoben und gestattet hat, daß Jeder, der überhaupt zum Abschluß von Geschäften befähigt ist, die Vermittelung von Geschäften übernehmen dürfe, daß es also neben den beeidigten Mäklern auch unbeeidigte Mäkler gäbe. Dieses Auskunftsmittel hat sich aber nach meiner Ueberzeugung und der Ueberzeugung der Abtheilung nicht als genügend gezeigt. Es hat sich nämlich herausgestellt, daß die Handelsmäkler, wenn sie überhaupt noch Geschäfte vermitteln wollen, doch eine freiere Bewegung haben müssen, als das Handelsgesetzbuch ihnen einräumt, und es erscheint dies um so nöthiger, wenn man bedenkt, daß diese beeidigten Unterhändler, die durch die Vorschriften des Handelsgesetzbuches gebunden sind, mit den unbeeidigten Mäklern in Conkurrenz treten sollen. Um dies zu können, müssen sie, eben so wie die unbeeidigten Mäkler, freie Hand haben, oder die Geschäfte werden denjenigen zufallen, die durch lästige Bestimmungen nicht gebunden sind. Wo deshalb die Handelsmäkler als „beeidigte" fortbestehen, da ist fast allenthalben auch der Uebelstand eingetreten, daß sie verpflichtet waren, anscheinend den Gesetzen Folge zu leisten, aber versucht haben, das Gesetz zu umgehen, verdeckt oder unverdeckt Geschäfte in eigenem Interesse zu machen u. dergl. Das aber ist ein Fingerzeig zur Aufhebung eines solchen Instituts. Es ist der Beweis, daß dasselbe sich nicht länger halten kann.

Nebenbei ist in der Abtheilung darauf hingewiesen worden, daß es als ein äußerlicher Uebelstand zu empfinden ist, wenn alle bedeutenden Mäkler, die sich nicht an die Vorschriften des Handelsgesetzbuches haben binden mögen, ihr Amt niederlegen und die unbedeutenden Mäkler das ihre behalten, darum auch die Schlußnote des unbedeutenden Maklers Beweiskraft, diejenige der bedeutenden Mäkler gar keine hat.

Das, meine Herren, sind die Gründe, womit bewiesen wird, daß ein solches Institut unhaltbar sei.

Es ist nun diese Frage in neuerer Zeit vielfach ventilirt. Im preußischen Abgeordnetenhause ist eine Novelle eingebracht worden, welche eine einzelne Ausnahme von den Bestimmungen des Handelsgesetzbuches gewähren sollte. Diese Novelle ist aber abgelehnt worden. Auf der andern Seite ist gerade dadurch die Frage zur Sprache gekommen, ob das Institut der Handelsmäkler überhaupt beizubehalten sei oder nicht, und daraus hat das Handelsministerium Veranlassung genommen, die verschiedenen Handelskammern zu befragen. Die Handelskammern in Stettin und Cöln haben sich für, die Handelskammern von Berlin und Frankfurt gegen die Handelsmäkler ausgesprochen. Endlich hat die Hamburgische Handelskammer aus eigenem Antriebe im letzten Monate den Antrag gestellt, daß das Institut der Handelsmäkler aufgehoben werden möchte. Am Wichtigsten ist aber, daß in Bremen im Anfang dieses Jahres ein Gesetz ergangen ist, durch welches die Handelsmäkler in dem Sinne des Handelsgesetzbuches beseitigt werden. Dort existiren nur noch Börsenmäkler, deren Aufgabe es ist, die Auctionen zu halten, zu begutachten oder zu taxiren. Das ist meiner Meinung nach die

Neuerung, die mit den Bestimmungen unseres Handelsgesetzbuches vorgenommen werden müßte.

Die Gründe, welche gegen die Aufhebung angeführt werden, bestehen namentlich darin, daß es, wenn man die Handelsmäkler aufhebt, keine unpartheiischen Sachverständige mehr geben würde, daß wir dann keine zuverlässigen Personen mehr haben würden, welche die Course notiren könnten. Das ist namentlich geltend gemacht worden in Berlin und Frankfurt und zwar ganz natürlich, weil da hauptsächlich Fondsgeschäfte geschlossen werden. Ich für meinen Theil halte diesen Grund nicht für überzeugend; ich bin der Meinung, daß, wenn man aus der Zahl der unbeeidigten Mäkler diejenigen herausnimmt, die das Vertrauen der Kaufmannschaft am meisten genießen, und diesen das Amt überträgt, die Course zu notiren, sie dann auch aufrichtig und wahr diesem Auftrage nachkommen werden. Sie stehen ja, wie alle andern Männern, die ein öffentliches Amt bekleiden, unter der Controlle der Oeffentlichkeit. Auf die Dauer lassen sich dieser Controlle gegenüber unrichtige Conrse nicht halten. Es ist in unserer Abtheilnng berichtet worden, daß in Frankfurt a. M. sich bereits zur Berichtigung der officiellen Course eine eigene Zeitung gebildet hat, welche bisweilen den Mäklern erklärt: Eure Course sind nicht richtig, unsere sind die richtigen. Die Oeffentlichkeit wird diejenige Controlle gewähren, die man durch Gesetzgebungs-Maßregeln nicht erreichen kann.

Das, meine Herren, sind die Gründe, aus denen die Abtheilung geglaubt hat, dem Antrag auf Aufhebung des Instituts der Handelsmäkler beitreten zu sollen.

Ich muß Ihnen aber noch mittheilen, daß allerdings in der Mitte unserer Versammlung ein Antrag gestellt wurde, der von folgender Erwägung ausging: es würde genügen, wenn man die Bestimmung aufhöbe, wodurch den Handelsmäklern verboten werde, Handelsgeschäfte für eigene Rechnung treiben zu dürfen, und daß man dann festsetze, daß sie bei den Coursnotirungen nur solche Geschäfte, die sie nicht für eigene Rechnung geschlossen haben, berücksichtigen dürften. Ich glau e aber, daß es richtiger ist, wenn man einmal die Entscheidung fällt, zu sagen, entweder: die Handelsm"kler bleiben wie sie sind, oder: wir schaffen sie ab. Das Mittelding scheint mir vom Uebel zu sein. Dieser Antrag hat auch nur wenig Fürsprache gefunden. Ich kann daher nur wiederholen, daß der Antrag auf Abschaffung der Handelsmäkler von der Abtheilung angenommen worden ist.

Präsident: Wir sind dem Herrn Berichterstatter für sein Referat großen Dank schuldig. Ueber den letzten Gegenstand der combinirten ersten und zweiten Abtheilung ersuche ich Herrn Oberappellationsgerichtsrath Voigt Bericht zu erstatten.

Oberappellationsgerichtsrath Dr. **Voigt** aus Lübeck: Ich kann sehr kurz über diesen Gegenstand sein; die Abtheilung hat nicht das Glück gehabt, den Herrn Berichterstatter, Herrn Professor Bluntschli, bei sich zu sehen. Der Herr Präsident Dr. Gneist hat die Güte gehabt, das Referat zu übernehmen, wurde aber von anderweitigen Geschäften abgehalten. Es kam in der Abtheilung zur Berathung, ob der Gegenstand auszusetzen sei, worauf eine kleine Anregung hinzudeuten schien; allein die Abtheilung war der Meinung, daß es nicht ganz wohl aussehen würde, wenn sich der Juristentag die Entscheidung über diese Frage noch ein Jahr vorbehalten würde. Die speciellen Gründe des Antragstellers konnten in der Abtheilung nicht mitgetheilt werden. Wie Sie aus der kleinen Druckschrift ersehen, ist die specielle Begründung in einer kürzlich von dem Antragsteller herausgegebenen Schrift niedergelegt worden, und diese Druckschrift war dem Vorsitzenden und den Mitgliedern nicht zu Hand. Die Abtheilung ist der Meinung gewesen, daß auch ohne nähere Darlegung der Gründe ein Beschluß gefaßt werden könnte. Die Gründe desselben, welcher einstimmig dahin gegangen ist, daß der Antrag anzunehmen sei, sind nicht erörtert worden, allein vermuthlich war der Hauptgrund der, daß es unbedenklich und rathsam sei, die Contrakts-Autonomie des in Rede stehenden Gegenstandes von der bisherigen Fessel zu lösen.

Präsident: Die Versammlung wird mit Dank Kenntniß nehmen. Wir können übergehen zu den Gegenständen der 3. Abtheilung, und ich ersuche Herrn Generalstaatsanwalt Dr. Schwarze um Berichterstattung über die Frage der Zweckmäßigkeit einer speciellen Einlassung auf die Anklage seitens des Angeklagten, welcher sich nicht schuldig erklärt.

General-Staatsanwalt Dr. **Schwarze**: Meine Herren, ich habe die Ehre, als zeitiger Präsident der 3. Abtheilung Ihnen über den Antrag zu referiren, welcher zunächst in der 3. Abtheilung zur Berathung und Beschlußfassung gestellt wurde und in der Ihnen aus der gedruckten Tagesordnung ersichtlichen Weise von der Abtheilung entschieden worden ist. Es ist aber zugleich in der Abtheilung selbst beschlossen worden, Ihnen den Beschluß nur zur Kenntnißnahme vorzutragen, weil der Beschluß selbst mit einer ziemlich großen Majorität gefaßt worden ist, und die Gründe, welche in der Discussion für und wider den Antrag aufgestellt wurden, in sehr vielen Punkten eine Uebereinstimmung bekundeten und die eigentlichen Differenzpunkte auf ein ziemlich geringes Maaß zurückführten.

Es ist in dem Gutachten des Herrn Sectionschef Glaser der Satz aufgestellt worden, es soll in der Hauptverhandlung dem Angeklagten, welcher sich nicht schuldig erklärt, eine specielle Einlassung oder Rechtfertigung auf die Anklage nicht auferlegt werden. Die Gründe, welche der Herr Sectionschef Glaser für diese Meinung aufgestellt hat, sind allerdings von der Art, daß sie vorgestern bei der Berathung von vielen Seiten lebhaften Widerspruch gefunden haben. Wenn ich aber das Resultat der Debatte in der 3. Abtheilung kurz zu resumiren habe, glaube ich es auf folgende Sätze zurückführen zu können.

Wir haben bei der Berathung uns nicht verschweigen können, daß die Entscheidung der hier vorliegenden Frage wesentlich mit bedingt wird von der Vorfrage, welches Prinzip man dem Strafverfahren überhaupt zu Grunde legen will, ob das Anklageprinzip oder die Inquisitionsmaxime, oder ob man eine andere Form des Anklageverfahrens adoptiren will. Wir haben uns aber auch klar gemacht, daß die Consequenzen der Beantwortung mehr oder weniger doch wieder in einander laufen, und bei der Debatte selbst sind eine Menge praktischer Momente zur Geltung gekommen, vor denen am Ende diese Vorfrage ziemlich entschieden zurücktreten mußte. Wir haben uns vergegenwärtigt, daß die Frage, ob von dem Angeklagten eine specielle Erklärung auf die Anklage gefordert werden kann, ziemlich ihren Werth deshalb verliert, weil es schon bei der gegenwärtigen Anschauung an einem Zwangsmittel gebricht, den Angeklagten, welcher eine solche verweigert, zu derselben zu nöthigen, daß also, so lange irgend ein Zwangsmittel nicht gegeben ist, um den Angeklagten zu einer Einlassung zu bestimmen, auch die Frage sich ziemlich müssig darstellt, ob diese Einlassung von ihm unbedingt verlangt werden kann. Wenn aber in dem Gutachten des Herrn Sectionschef Glaser wiederholt auf die Nachtheile hingewiesen wurde, welche aus einem solchen Verhör des Angeklagten in der Hauptverhandlung resultiren könnten, so haben auf der andern Seite die Vortheile nicht verkannt werden können, welche in einem solchen Verhör liegen. Es ist nämlich geltend gemacht worden, daß das Verhör um deswillen namentlich einen nachtheiligen Einfluß auf die Verhandlung äußern werde, weil der Präsident der Verhandlung genöthigt sei, bei einem ausführlichen Verhör des Angeklagten den Inhalt der Untersuchungsakten durchzusehen und zu reproduziren, und so den übrigen Richtern des Gerichtshofes Mittheilung über den Inhalt der Akten zu machen, ehe dieser Inhalt durch das Feuer der Mündlichkeit selbst geläutert worden ist, und daß dadurch dem Angeklagten möglicherweise präjudizirt werde, und in den Richtern sowohl als in den Geschwornen bereits eine nachtheilige Voreingenommenheit gegen den Angeklagten sich entwickele. Wir haben aber in der Majorität geglaubt, daß dieses Bedenken nicht vollkommen begründet sei. Mit gleichem Rechte würde man dann sagen können, daß der Präsident auch nicht berechtigt sei, einem Zeugen, der unvollständig aussagt, und dessen Aussagen im Widerspruch stehen mit den Aussagen, die in der Voruntersuchung gemacht sind, einen derartigen Vorhalt zu machen, weil er bereits durch die Mittheilung aus den Akten auf die Stimmung der Richter und Geschwornen Einfluß üben könnte. Hauptsächlich aber ist von den Rednern, die sich über die Sache in dem Sinn ausgesprochen haben, wie der Beschluß jetzt lautet, geltend gemacht worden, daß es in der Regel selbst im Interesse des Angeklagten liege, auf die Anklage sich zu äußern; daß, wenn man irgend eine Bestimmung aufnehmen wolle, als ob dem Präsidenten verboten werden solle, den Angeklagten zu einer Einlassung aufzufordern, dadurch in manchem Angeklagten der Glaube erweckt werden könnte, als ob er durch eine Einlassung auf die Anklage irgendwie sich schädigen könnte. Die Praktiker haben namentlich hervorgehoben — und da ich als Präsident mich bei der Debatte nicht betheiligen durfte, so erlaube ich mir einzuschalten, daß meine, doch auch einigermaßen lange Erfahrung diese Anschauung vollkommen bestätigt, — daß der Angeklagte das wesentlichste Interesse hat, auf die Anklage sich zu äußern, weil sehr leicht Vertheidigungsmomente, die ihm zur Seite stehen, entweder gar nicht oder nicht gehörig zur Geltung kommen, wenn gerade derjenige, der vorzugsweise in der Lage ist, über die thatsächlichen Momente Auskunft zu geben, darüber schweigt; daß namentlich bei einzelnen Vertheidigungsmomenten gerade die Aussage des Angeklagten über seine Gemüthsverfassung und sein ganzes inneres Leben in dem Augenblicke der That dem Richter ein sehr willkommenes und in der Regel ein sehr sicheres Material zur Beurtheilung der Frage geben wird; ich erlaube mir, an Unzurechnungsfähigkeit und dgl. mehr zu erinnern.

Wir haben daher geglaubt, daß man den Satz so fassen muß, wie er jetzt im Beschluß vorliegt, das heißt: Man darf dem Angeklagten es nicht zur Pflicht machen, daß er auf die Anklage sich äußert, muß ihm aber in jedem Augenblick der Verhandlung vorbehalten, daß er nicht nur auf die Anklage überhaupt, sondern auf die einzelnen Momente der Beweisaufnahme sich äußern dürfe. Der Angeklagte wird, sei es mit Beirath, oder ohne Beirath, leicht ermessen, ob und in wie weit eine Einlassung zu seinem Nutzen gereicht oder nicht. Dabei ist noch das zur Sprache gekommen, daß in einzelnen Gesetzgebungen Deutschlands der Gegenstand auch in dieser Weise bereits geordnet ist, daß der Präsident in dem Fall, wenn der Angeklagte erklärt, daß er ihm nichts antworten will, ihn vielleicht noch darauf aufmerksam machen soll, daß er leicht durch ein solches Schweigen seiner Vertheidigung Nachtheil bringen könnte. Ich bitte also, den Beschluß in dem Sinn aufzufassen, daß, wenn wir auf der einen Seite die Möglichkeit des Verhörs im allgemeinen Interesse der Ermittelung der Wahrheit wie im speciellen Interesse der Vertheidigung nicht für ausgeschlossen halten, es doch auf der andern Seite dem Angeklagten nicht zur Pflicht gemacht werden soll, über die Anklage sich zu äußern, vielmehr ihm oder seinem

Vertheidiger überlassen bleiben muß, ob er eine solche Erklärung abgeben will oder nicht.

Präsident: Die Versammlung hat Kenntniß von der dankenswerthen Mittheilung genommen. Es folgt Nr. 11 der Tagesordnung, und bitte ich den Herrn Staatsanwalt v. Stenglein um Berichterstattung über die Frage, welche Rechtsmittel vom Staatsanwalte eingelegt werden können.

Staatsanwalt **v. Stenglein:** Ich habe die Ehre, der hohen Versammlung die Anzeige zu machen, daß die 3. Abtheilung den Beschluß einstimmig gefaßt hat: dem Staatsanwalte ist die Befugniß einzuräumen, auch zu Gunsten des Angeklagten alle Rechtsmittel einzuwenden, welche diesem zustehen. Es ist das eine geringe Modification des ursprünglich von Herrn Dr. Schwarze gestellten Antrages, eine Modification, namentlich dahin gehend, daß nicht nur die Nichtigkeitsbeschwerde, welche in diesem Antrage allein betont war, sondern sämmtliche regelmäßigen Rechtsmittel dem Staatsanwalte zu Gunsten des Angeklagten eingeräumt werden sollen. Es lag über die Frage ein Gutachten vor, welches eine Unterscheidung zu machen versuchte und die regelmäßigen Rechtsmittel zu Gunsten des Angeklagten dem Staatsanwalt nicht eingeräumt wissen wollte, wohl aber das Rechtsmittel der Wiederaufnahme der Untersuchung. Es schien aber der 3. Abtheilung nicht angemessen, eine solche Unterscheidung zu treffen, dieselbe ging vielmehr von der Ansicht aus, daß die Fällung eines unbedingt richtigen Urtheils der wahre Zweck der Rechtspflege sei, daß eine Unterscheidung, ob unter besonderen Umständen schwere Mängel des Verfahrens vorliegen, welche eine Wiederaufnahme gestatten, oder ob durch ein regelmäßiges Rechtsmittel ein materiell unrichtiges Urtheil in irgend einer Richtung corrigirt werden könnte, nicht gemacht werden solle, um damit zu erzielen, daß unter allen Umständen, wenn der Angeschuldigte es auch nicht für nothwendig hält oder aus Unkenntniß ein Rechtsmittel, welches ihm zusteht, nicht einlegt, doch der Staatsanwalt befugt sein soll, durch Einlegung dieses Rechtsmittels der Ermittelung der materiellen Wahrheit und Gerechtigkeit Genüge zu leisten. Es wurden diese Gründe allseitig anerkannt und gegentheilige nicht vorgebracht. Ein geringer Modificationsantrag, welcher den Beschluß der 3. Abtheilung insoweit zu modificiren bestrebt war, daß es dem Staatsanwalte nicht gestattet sein solle, wider den Willen des Angeklagten zu dessen Gunsten Rechtsmittel einzulegen, wurde abgelehnt, und der Beschluß so gefaßt, wie er Ihnen vorliegt.

Präsident: Die geehrte Versammlung hat auch von diesem Beschluß Kenntniß genommen. Wir können weiter gehen zu den Gegenständen der 4. Abtheilung, und ersuche ich Herrn Professor Dr. Seuffert aus München den Bericht zu erstatten über die Frage betreffend den Einfluß des strafrichterlichen Urtheils als Beweis in civilrechtlichen Verhandlungen.

Professor Dr. **Seuffert** aus München: Es ist dem deutschen Juristentage die Gesetzgebungsfrage vorgelegt worden: Soll einem proceßordnungsgemäß erlassenen strafrichterlichen Urtheile, wodurch eine Frage entschieden ist, welche der Entscheidung einer Civilsache präjudicirt, für diese letztere die Kraft eines vollen Beweises eingeräumt werden? Der Sinn der Frage ist der, soll der Feststellung über Vorkommen oder Nichtvorkommen von Thatsachen, die in jedem Strafurtheil enthalten ist, bindende Wirkung beigelegt werden für einen späteren Civilprozeß, in welchem die nämliche Frage, die früher der Strafrichter festgestellt hat, wieder zur Beantwortung kommt. Ich bin von der 4. Abtheilung beauftragt, Ihnen über die Verhandlung, welche in derselben bezüglich dieser Frage gepflogen wurde, Bericht zu erstatten.

Bis zum Jahre 1848 war die Frage vom Standpunkte des gemeinen Rechts aus ziemlich unbestritten. Man war ziemlich allgemein darüber einverstanden, daß dem Strafurtheile als solchem eine bindende Wirkung für den Civilprozeß nicht beizulegen sei. Man hat aber die Feststellungen in den Untersuchungsakten, die umständlichen Zeugenaussagen u. s. w., soweit als es die Beweistheorie des Civilprozesses gestattet, in einem späteren Civilprozeß, wo dieselbe Frage wiederkehrt, benützt; man hat die Untersuchungsakten als Beweismittel benützt. In Folge der Umgestaltungen des Strafprozeßrechtes im Jahre 1848 ist diese Benützung erschwert worden, indem die Voruntersuchungsakten, das Sitzungsprotokoll und das Strafurtheil die Ergebnisse der Beweisaufnahme nicht mehr in der Form enthalten, in welcher es die fortgeltende Beweistheorie im Civilprozesse verlangt. Deshalb haben einige Gerichtshöfe und einige Schriftsteller angefangen, nicht mehr auf den Inhalt der Untersuchungsakten zurück zu gehen, sondern gleich dem Urtheile des Strafrichters selbst eine bindende Wirkung für den Civilprozeß beizulegen. Es entstand in Folge dessen ein Schwanken der Ansichten, welches am meisten hervortritt, in den Plenarbeschlüssen zweier oberster Gerichtshöfe. Das Plenum des Obertribunals zu Berlin hat ausgesprochen, der Civilrichter werde durch das Urtheil des Strafrichters nicht gebunden. Dagegen hat das Plenum des Oberappellationsgerichts zu München ausgesprochen, der Civilrichter werde, und zwar in einer sehr umfassenden Weise, durch ein verurtheilendes Erkenntniß des Strafrichters gebunden, er dürfe gar nicht mehr eine Verhandlung über eine beim Strafrichter abgemachte Frage zulassen, sondern er müsse die Feststellung des Strafrichters seinem Urtheile zu Grunde legen. Ich bemerke, daß einigermaßen der Beschluß des bayerischen Ober-Appellationsgerichts durch die bayerische Partikulargesetzgebung veranlaßt ist, einigermaßen, er ist nicht ganz zu rechtfertigen. Das Schwanken der Praxis und der Doktrin hat auch ein Schwanken in der Gesetzgebung veranlaßt. Das preußische Abgeordnetenhaus hat in seiner Justizcommission einstimmig die Aufnahme einer Bestimmung über die Beweiswirkung des Strafurtheils abgelehnt, weil man der Ansicht war, daß der Civilrichter in freier Weise das im Strafurtheil enthaltene Zeugniß über das Vorkommen oder Nicht-Vorkommen von Thatsachen benützen soll. Dagegen hat der Gesetzgebungsausschuß der bayerischen Kammer der Abgeordneten einstimmig wenigstens dem verurtheilenden Straf-Erkenntniß volle gesetzliche Beweiswirkung beigelegt. In ähnlicher Weise, wenn auch nicht ganz so weitgehend, hat sich die königlich preußische Verordnung über das Strafverfahren in den neu erworbenen Gebietstheilen vom 10. Juli 1867 ausgesprochen. Es ist daher für uns sehr erwünscht, daß wir Gelegenheit bekommen haben, unsere Ansicht über die Frage kundzugeben.

Es wurden zwei Gutachten abgegeben. Das eine von Herrn Professor Dr. Planck in München; er will den Civilrichter nicht gebunden wissen und spricht sich gegen eine gesetzliche Bestimmung über die Beweiswirkung des Strafurtheils in den Civilprozessen aus. Herr Oberlandesgerichtsrath Liszt in Wien, der das zweite Gutachten abgegeben hat, ist der gegentheiligen Meinung. Er begutachtet die Erlassung einer gesetzlichen Bestimmung, durch welche der Civilrichter regelmäßig an das Urtheil des Strafrichters gebunden würde. In der 4. Abtheilung hat sich, ich möchte fast sagen, merkwürdiger Weise, der Zwiespalt der Meinung nicht wiederholt, eine seltene Einstimmigkeit hat geherrscht, wenigstens ist eine gegentheilige Meinung nicht hervorgetreten. Man ist von der Ansicht ausgegangen, daß nur geringe Vortheile erreicht werden könnten, wenn man den Civilrichter bindet, höchstens eine Abkürzung der Prozesse in seltenen Fällen, manchmal vielleicht Vermeidung eines Widerspruchs in den Urtheilen. Man hat dagegen anerkannt, daß große Ungerechtigkeiten herbeigeführt werden könnten, wenn der Civilrichter ohne weiteres das anzunehmen hätte, was der Strafrichter ausgesprochen hat, indem dann der Civilrichter gezwungen werden könnte, gegen Jemand einen rechtlichen Nachtheil zu verhängen, der in Bezug auf die Anlaß gebende Thatsache entweder gar nicht oder nicht vollständig gehört worden ist. Niemand hat der königlich preußischen Verordnung von 1867 oder dem Beschluß des bayerischen Gesetzgebungsausschusses das Wort geredet. Es wäre wünschenswerth, daß dieser Vorgang in den Berathungszimmern der Commission des Norddeutschen Bundes und der bayerischen Gesetzgebungsausschüsse Berücksichtigung fände.

Dagegen hat sich in der vierten Abtheilung ein großer Streit über die Form erhoben, in welcher wir unsere Ansicht kund geben sollten. Ich habe der Abtheilung vorgeschlagen, auszusprechen:

Der deutsche Juristentag erachtet die Erlassung einer gesetzlichen Bestimmung über die Beweiswirkung der Strafurtheile in den bürgerlichen Rechtsstreiten nicht für entsprechend.

Dies Resultat ist in wesentlicher Uebereinstimmung mit dem, zu welchem auch Herr Professor **Planck** am Schlusse seines Gutachtens gekommen ist. Ich habe mich entschieden für diese Fassung, weil der deutsche Juristentag schon wiederholt mit aller wünschenswerthen Bestimmtheit seine Meinung dahin ausgesprochen hat, daß im Civilprozesse keine Beweisregeln mehr bestehen sollen, daß der Civilrichter sich in freier Weise seine Meinung zu bilden habe. Werden wir nun bezüglich eines einzelnen Beweisgrundes gefragt, ob die Gesetzgebung seine Wirksamkeit feststellen solle, so brauchen wir nur die früher ausgesprochene Regel in Bezug auf diesen Beweisgrund zu wiederholen. Das thun wir, wenn wir die von mir vorgeschlagene Antwort geben. Dem entgegen wurde beantragt, wir sollten unsere Antwort in folgende Form einkleiden:

Der deutsche Juristentag spricht seine Ueberzeugung dahin aus, daß das im Strafprozeß ergangene Urtheil den Civilrichter nicht bindet.

Auch ich hatte, das verhehle ich nicht, anfänglich im Sinne, Ihnen eine ähnliche Antwort vorzuschlagen; allein ich habe sie schließlich nicht für entsprechend gehalten. Hauptsächlich deswegen, weil eine solche Antwort sehr leicht mißgedeutet, sehr leicht in einem viel weiter gehenden Sinne genommen werden könnte, als wir es wünschen. Wenn wir sagen, das Strafurtheil soll den Civilrichter nicht binden, so **negiren** wir nur; man könnte uns vorwerfen, daß wir dem Strafurtheile gar keine Wirkung beilegen wollten. Wollen wir aber das? Wollen wir, daß das Strafurtheil vom Civilrichter unberücksichtigt bleibe? Gewiß nicht! Wir wünschen im Gegentheil, daß der Civilrichter regelmäßig die Strafurtheile seinem Urtheil zu Grunde lege, daß er sich durch das im Strafurtheil enthaltene Zeugniß bestimmen lasse und in Uebereinstimmung mit demselben urtheile. Wenn wir aber das wünschen, dann empfiehlt sich nicht ein Ausspruch, worin wir sagen, der Civilrichter wird nicht gebunden; es empfiehlt sich vielmehr der Ausspruch: Die Gesetzgebung soll keine Bestimmung über den Beweiswerth der Strafurtheile in den Civilprozessen erlassen. Meine Herren, wir wünschen, daß unser Ausspruch von competenter Seite berücksichtigt werde. Wir dürfen ihm deshalb nicht eine Form geben, in welcher derselbe leicht mißdeutet, aus welcher der Einwand entnommen werden könnte, wir wollten den Strafurtheilen gar keine Beweiswirkung in den Civilprozessen einräumen. Die 4. Abtheilung ist denn auch mit einer ansehnlichen Majorität meinem Vorschlag beigetreten. Der Beschluß der 4. Abtheilung lautet in Uebereinstimmung mit meinem Antrage:

„Der deutsche Juristentag erachtet die Erlassung einer gesetzlichen

Bestimmung über die Beweiswirkung der Strafurtheile in den bürgerlichen Rechtsstreiten nicht für entsprechend."

Wenn Sie eine Abänderung nicht belieben, wird dieser Beschluß der Abtheilung zum Beschlusse des deutschen Juristentages.

Präsident: Die hochgeehrte Versammlung hat von diesem Referate Kenntniß genommen.

Obergerichtsanwalt **Götting** aus Hildesheim: Ich stelle den Antrag, diesen Beschluß der 4. Abtheilung in der Plenar-Versammlung zur Berathung zu bringen.

Präsident: Ich muß zunächst diesen Antrag unterstützen lassen.

(Der Antrag wird unterstützt.)

Obergerichtsanwalt **Götting**: Meine Herren! Sie haben aus dem Munde des Herrn Berichterstatters gehört, daß die Abtheilung über den Sinn der Antwort, die wir geben wollen, einverstanden war; es handelte sich nur um die Fassung. Ich möchte Ihnen nun empfehlen, den von der Abtheilung abgelehnten Antrag anzunehmen, weil ich die von der Abtheilung angenommene, vom Herrn Referenten befürwortete Fassung nicht für correct halte, weil sie nicht ausspricht, was sie aussprechen soll. Der erste von dem Herrn Referenten für die gewählte Fassung vorgebrachte Grund besteht darin, daß sich der deutsche Juristentag schon dahin ausgesprochen habe: „Der Civilrichter ist von Beweisregeln entbunden." Ich habe gegen diesen Grund einzuwenden, erstens, daß dieser unser Beschluß noch nicht in die deutsche Gesetzgebung aufgenommen ist, daß wir also die Antwort, die wir jetzt geben wollen, nur unter dem Vorbehalt fassen könnten, wenn unser früherer Beschluß demnächst der Gesetzgebung zum Grunde gelegt werden würde. Zweitens, auch wenn dieses geschehen würde, so halte ich den angenommenen Satz nicht für eine Beweisregel, und eine solche wollen wir doch mit unserem Beschlusse aussprechen.

Präsident: Dürfte ich den Herrn Redner bitten, nicht zu tief auf die Sache einzugehen, sondern nur die Momente hervorzuheben, welche die Frage wichtig genug machen, sie für das Plenum zur Berathung zu stellen; wir greifen sonst in der That der Sache vor.

Obergerichtsanwalt **Götting**: Ich wollte nur motiviren, daß ich den Beschluß nicht für correct halte.

Präsident: Ich glaube, daß es sich jetzt nicht darum handelt, die Incorrectheit des Beschlusses auszuführen, sondern vielmehr nur darum: ob die Frage für die geehrte Versammlung von einer so allgemeinen Bedeutung ist, daß sie sich zur Erörterung im Plenum eignet?

Obergerichtsanwalt **Götting**: Die allgemeine Bedeutung sehe ich in der Wichtigkeit der Frage und in dem Umstande, daß eine Versammlung von der Bedeutung und der Intelligenz des deutschen Juristentages ihre Meinung klar und deutlich aussprechen soll.

Wenn der Referent aber zuletzt geäußert hat, daß wir mit dem Satze, den ich aufgenommen wünsche, etwas nicht richtig aussprechen, so hat der Herr Referent den Antrag nicht richtig betont; es heißt: der Civilrichter ist an das Strafurtheil nicht gebunden, und da wird der Sinn hineingelegt: er thut am besten daran, dasselbe ganz zu ignoriren! Ich bitte, nicht so zu betonen, sondern der Antrag geht dahin:

„Der Civilrichter ist an den Ausspruch des Strafrichters nicht gebunden."

Das ist der Sinn des zweiten Satzes, darin liegt alles ausgedrückt: daß dem Civilrichter die freie Würdigung des Gegenbeweises, folglich auch die freie Würdigung des Strafurtheils vorbehalten bleibt. Dies aber ausdrücklich auszusprechen, halte ich für wünschenswerth, um jeden Zweifel des Civilrichters in Zukunft zu beseitigen.

Präsident: Wir stehen in der Vorfrage; die Geschäftsordnung sagt:

„Ueber die Vorfrage wird nur einem der Antragsteller und dem Berichterstatter das Wort ertheilt."

Professor Dr. **Seuffert**: Meine Herren! Ich glaube, daß ich mich über die Vorfrage mit ein paar Worten nur ganz kurz äußern kann Nachdem Sie meine Ansicht über die Sache gehört haben, nachdem Sie auch die Bekämpfungsgründe von mir schon gehört haben, werden Sie mit mir darüber einverstanden sein, daß eine nochmalige Debatte über diese Frage nicht erforderlich ist. Ich glaube dies um so weniger, als eine ansehnliche Majorität in der 4. Abtheilung dem Beschlusse, wie ich ihn vorgelegt habe, beigetreten ist, und ich glaube, daß eine wesentliche Verschiedenheit zwischen diesem und dem eben ausgesprochenen nicht besteht.

Präsident: Meine Herren! Wir kommen zur Abstimmung. Ich bitte diejenigen Herren, welche dieses Thema zur sachlichen Erörterung im Plenum nehmen wollen, die Hand zur erheben.

(Es ist die Minorität.)

Ich bitte um die Gegenprobe.

(Es ist die entschiedene Majorität.)

Wir treten ad 10 der Tagesordnung in die Berathung der Frage über die Eventual-Maxime:

Soll im Civilprozeß für das Vorbringen von Thatsachen, Einreden und Beweismitteln in erster Instanz eine Präclusivfrist bestehen, und bejahendenfalls welche?

Herr Dr. Ruhwandl hat das Referat übernommen.

Dr. **Ruhwandl** aus München: Auf dem letzten Juristentage ist in der

4. Abtheilung über diese Gesetzgebungsfrage eine verneinende Antwort in folgender Fassung beschlossen worden: „Im Civilprozeß soll für das Vorbringen von Thatsachen und Beweismitteln in erster Instanz eine Präclusivfrist nicht bestehen.“ Aus Gründen, die in den Verhandlungen vorliegen und dort eingesehen werden können, wurde diese Frage jedoch nicht als genügend zum Abschlusse gebracht anerkannt, und darum dem dermal versammelten Juristentage zur wiederholten Berathung überwiesen. Diese Berathung erfolgte gestern in der 4. Abtheilung, und das Ergebniß war in der Hauptsache das gerade Gegentheil vom vorjährigen Beschlusse. Es wurde durch Majoritätsbeschluß der 4. Abtheilung ausgesprochen:

„Im Civilprozeß soll für das Vorbringen von Einreden und Beweismitteln in der Regel eine Präclusivfrist bestehen.“

Ich habe nach dem Beschlusse der Abtheilung hiervon bloß Mittheilung zu machen, indessen dürfte iu dem Umstand, daß in zwei auf einander folgenden Juristentagen die entgegengesetzten Aussprüche zur Annahme kamen, eine Veranlassung liegen, einige Worte zur Erläuterung beizufügen. Es handelt sich um die Eventualmaxime. Aus den Verhandlungen des Juristentages ergiebt sich, daß in Bezug auf den Zweck, den diese Maxime erreichen will, ein absoluter Gegensatz nicht besteht. Jedermann will irgend ein Mittel zur Erreichung dieses Zweckes Die Differenz der Ansichten beginnt erst bei der Frage über die Art der Mittel. Sie wissen jä, daß das gemeine Recht und in gewissem Maaße auch die in Hannover bestehende Gerichtsordnung Präclusiv-Termine haben. Selbst abgesehen von den rheinischen Provinzen, die unter dem Einfluß des französischen Rechts stehen, hat sich indessen bei den Prozeßgesetzgebungsarbeiten ein System in den Vordergrund gestellt, welches von der Ueberzeugung ausgeht, es gebe, um die Ziele der Eventual-Maxime zu erreichen, auch noch andere zweckmäßigere Mittel. In dieser Beziehung gehen die Anschauungen auseinander. Für uns handelt es sich aber doch wohl zunächst darum, wie dieser einzelne Satz sich zu den Arbeiten des Juristentages über den Civilprozeß überhaupt verhält; denn es ist klar, daß der Juristentag nur dann mit ersprießlichem Wirken arbeiten kann, wenn er allmählich gewisse Rechtsgrundsätze, die aber mit einander harmoniren, die eine Consequenz in sich tragen, zum Ausspruche zu bringen sucht. Sie wissen nun, daß auf den Juristentagen seit 8 Jahren in dieser Beziehung gearbeitet und nach großen und langen Kämpfen eine Reihe von Sätzen durchgeführt wurde, welche als Aussprüche des Juristenstandes, als opinio communis zu gelten haben sollen, und welche auch dem bezüglich der Eventual-Maxime aufzustellenden Satze nothwendig, wenigstens bis zu einer gewissen Gränze, präjudiciren mußten. Diese Sätze waren: Ein consequent durchzuführendes mündliches Verfahren, die Verbindung des Beweis-

Antritts mit der Verhandlung über die Thatsachen im ersten Verfahren, sodann kein bindendes Beweis-Interlocut, ja nicht einmal ein Ausspruch des Richters über die Beweislast. — Diese Sätze standen, meistentheils durch große Majorität, bisher fest, und auf diese Voraussetzungen gebaut, ward der vorigjährige Beschluß nach Herrn Makower's Antrag gefaßt, daß Präclusivfristen nicht Statt zu finden haben. Es war damit ausgesprochen, die Prozeßordnung, welche wir wünschen, müsse andere Mittel haben, als die Eventualmaxime-Mittel, welche diese in Bezug auf ihren Zweck ersetzen.

Diesem Beschluß des vorjährigen Juristentages trat nun bei der gestrigen Verhandlung eine doppelte Opposition entgegen, eine positive und eine negative. Die positive ging besonders von Mitgliedern aus Hannover aus. Es ist ja bekannt, mit welcher an sich wünschenswerthen Standhaftigkeit die Herren aus Hannover an dem wenigstens den Erstrichter bindenden Beweis-Interlocut festhalten. Alle Verhandlungen von früheren Juristentagen waren nicht im Stande, die Ueberzeugungen der überwiegenden Mehrheit, die sich für das Gegentheil aussprach, so klar und stark hinzustellen, daß die Herren aus Hannover nicht feststehen blieben bei ihrer Ueberzeugung, das Wohl Deutschlands in Bezug auf die Prozeßordnung fordere unabweislich, daß die hannöversche die deutsche werde.

Die negative Opposition trat in der Weise hervor, daß man behauptete, die vorerwähnten Prinzipien, die als die vorausgehenden bezeichnet sind, seien noch nicht genügend, um aus ihnen über die Frage, wie man die Eventualmaxime wirksam machen solle, sich zu entscheiden, es bestehe darüber noch nicht hinreichende Klarheit, welche Consequenzen aus jenen Grundsätzen für die vorliegende Frage zu ziehen seien.

In Folge dieser doppelten Opposition wurde der mehrerwähnte Ausspruch beschlossen: daß eine Präclusivfrist für das Vorbringen von Einreden und Beweismitteln in der Regel zu bestehen habe.

Die in Rede stehende Gesetzgebungsfrage hatte noch einen Beisatz, der gerade für den Fall eines solchen Beschlusses zur Geltung kommen sollte. Es hieß da, man sollte noch weiter antworten auf die Frage: „und bejahendenfalls welche?“ Indessen, da sich aus den Verhandlungen ergeben hatte, daß der Meinungskampf nicht auf festem Boden sich bewegte, indem es an dem zur Concentration von Gründen und Gegengründen durchaus nöthigen Maaße unbestrittener Voraussetzungen fehle, daß nämlich in der That nur die alte Frage über das bindende Beweis-Interlocut neuerdings der eigentliche Streitpunkt geworden ist, so war man der Ansicht und der Herr Vorsitzende hat dies auch mit Erfolg zur Geltung gebracht, daß es nicht statthaft sein könnte, noch speciell die eventuelle Frage zu beantworten, da bei den schon im Prinzip divergirenden Ansichten wohl kein erfolgreicher Beschluß zu Stande käme.

Das Ergebniß ist nun also, meine Herren, daß wir in dieser Frage eine bejahende und eine verneinende Antwort von Seiten zweier Juristentage haben. Die Abtheilung war aber dennoch nicht der Ansicht, eine Verhandlung und Beschlußfassung im Plenum herbeiführen zu wollen, weil sie den Gegenstand bei der von mir kurz erörterten Sachlage dazu nicht für geeignet erachtete.

Präsident: Die hochgeehrte Versammlung hat von diesem Resultate Kenntniß genommen.

Es folgt jetzt ad 12 der Tagesordnung, die Stellung der Advokatur. Ehe ich dem Herrn Referenten, Justizrath Dorn, das Wort gebe, wollte ich der geehrten Versammlung Mittheilung machen von einem Antrage auf Berathung im Plenum, statutenmäßig von 10 Mitgliedern gestellt — von Herrn Dr. Wex aus Hamburg und den ihn unterstützenden Collegen. Ueber die Vorfrage hat das Wort der Herr Antragsteller und der Herr Referent. Will vielleicht Herr Dr. Wex die Motivirung übernehmen?

Advokat Dr. **Wex** aus Hamburg: Ich würde dazu bereit sein, falls einer der anderen Herren Mitunterzeichneten nicht dazu bereit sein sollte.

Ich meine, daß die Frage über die Freigebung der Advokatur eine so weitgreifende ist, daß sie eine Verhandlung im Plenum verdient. Es wird damit ihrer großen Bedeutung Rechnung getragen, wenn die Gründe für und wider im Plenum erörtert werden, und wenn diese Gründe, was ja möglich ist, zu einem Beschlusse führen, welcher mit einer großen und bedeutenden Majorität das Ergebniß der Berathungen feststellt.

Ich meine, daß es, unbeschadet der freilich ebenfalls wichtigen Fragen über Prozeß und materielles Recht, in Sonderheit nach denjenigen schriftstellerischen Vorgängen, welche diese Frage zum Gegenstande der Erörterung genommen haben, auch nicht leicht ein besser vorbereitetes Thema geben könnte, als die Frage der Freigebung der Advokatur. Nach meiner Auffassung soll der Deutsche Juristentag in erster Linie mit der Feststellung größerer allgemeiner Prinzipien sich beschäftigen, und ich wüßte nicht, welches mehr an der Tagesordnung sein könnte.

Justizrath **Dorn** aus Berlin: Die Abtheilung hat die Wichtigkeit der Frage, mit der sie sich beschäftigt hat, nicht verkannt. Sie glaubte aber, die Sache zur Erörterung dem Plenum nicht überweisen zu müssen, weil man von der Ansicht ausging, daß in dieser Frage im großen Ganzen, im Wesentlichen, ein fast allgemeines Einverständniß schon durch die Verhandlungen in der Abtheilung bekundet sei. Ich, meinerseits, habe kein Bedenken, mich für die Verhandlung hier im Plenum auszusprechen. Sachliche Gründe haben auch die Abtheilung nicht zu ihrem Beschluß veranlaßt; es war blos der Gedanke, daß eine Berathung im Plenum überflüssig sei. Wenn aber sich hier einige Stimmen dafür erheben, so habe ich, wie gesagt, als Referent gar nichts dagegen zu erinnern.

Präsident: Meine Herren, ich glaube, wir werden nicht abstimmen können, ehe wir den Herrn Referenten sachlich gehört haben.

Justizrath **Dorn** aus Berlin: Mit Rücksicht darauf, daß die Beschlüsse der vierten Abtheilung über den hier fraglichen Gegenstand nur zur Mittheilung überwiesen sind, und da es sich hiernach zunächst nur um die Vorfrage handelt, ob eine Berathung in der heutigen Plenarversammlung gewünscht wird, so werde ich meinen Bericht kurz einrichten. Es hat sich in jetzigen Zeiten allgemeiner Reformbewegung natürlicher Weise die Aufmerksamkeit auch dem wichtigen Institute der Advokatur zugewendet. Auf dem vierten Juristentage in Mainz wurde erörtert, in welcher Weise die Advokatur zweckmäßig zu organisiren sei. Es sind damals von der vierten Abtheilung einige Beschlüsse, allerdings sehr allgemeinen Inhaltes, gefaßt worden, die erkennen ließen, daß die Mehrheit der Abtheilung einer Erweiterung der Freiheit der Advokatur geneigt war. Die jetzige ständige Deputation war mit Rücksicht hierauf und in fernerer Erwägung, daß von unserem verehrten Mitgliede Jaques in Wien ein eingehender Antrag gestellt worden ist, der Meinung, daß die Frage wohl werth sei, einer neuen Berathung unterworfen zu werden. Mit Rücksicht hierauf ist die Frage zum zweiten Mal erörtert worden, und das Resultat ist dasjenige gewesen, welches Sie in unserer heutigen Tagesordnung lesen.

Daß die Advokatur in einzelnen Deutschen Ländern der Reform bedarf, darüber ist man im Allgemeinen nicht zweifelhaft gewesen; man ist auch über gewisse Grunderfordernisse, welche bei einer Reform zum Grunde zu legen sind, längst im Klaren, so namentlich darüber, daß als erstes Postulat gefordert werden muß: Unabhängigkeit der Stellung des Advokaten. Schon wer sein eigenes Recht wirksam wahrnehmen soll, darf nicht genöthigt sein, leise aufzutreten. Wer aber fremde Rechte wahrzunehmen hat, muß in der Lage sein, frei und offen sprechen zu dürfen, ohne Furcht vor irgend welchen Nachtheilen; es muß ferner derjenige, der den Beruf für diese Carrière in sich fühlt, in der Lage sein, dieselbe nach seinem Entschlusse ergreifen zu können. Er darf nicht abhängig von staatlichen Behörden sein, die erst darüber bestimmen würden, ob der Aspirant zu diesem Posten ernannt werden soll. Also Unabhängigkeit in der Ergreifung des Berufes. Hierüber wird, glaube ich, allgemeines Einverständniß vorhanden sein. In dieser Beziehung ist im Schooße der

Abtheilung ein Zweifel gar nicht aufgetaucht; deshalb wurde der erste Satz, wo ausgesprochen wird, es solle jedem freistehen, die Advokatur zu ergreifen, angenommen. Nur in einer andern Richtung machte sich ein Bedenken geltend. Sie lesen, daß der Beschluß lautet: Zur Ausübung der Advokatur ist jeder geprüfte Rechtsverständige befugt und berechtigt. Die Worte: „Jeder geprüfte Rechtsverständige" regten natürlicher Weise die Frage an: Ist denn eine Prüfung überhaupt nothwendig, oder ist es nicht vielmehr dem Grundsatze der allgemeinen Gewerbefreiheit entsprechender, daß jeder, auch der Nichtgeprüfte, die Advokatur ergreifen kann? In diesem Sinne setzte ein Mitglied der Abtheilung mit großer Energie auseinander, daß es in heutigen Zeiten, wo wir geneigt sind, jede Beschränkung, alles, was an Zunftwesen erinnern kann, abzustreifen, wohl nicht angebracht ist, hier gerade für die Advokatur eine Beschränkung dieser Art, eine Art Meisterprüfung, beizubehalten. Es wurde daher beantragt, die Worte „geprüfter Rechtsverständige" zu streichen und auszusprechen, daß Jedermann das Gewerbe der Advokatur zu betreiben berechtigt sein solle. Gegen diesen Vorschlag wurde eingewandt, daß man die Frage, ob die Advokatur ein Gewerbe sei, oder nicht, auf sich beruhen lassen könne. Jedenfalls, wenn der Betrieb der Advokatur auch eine gewerbliche Seite habe, unterscheide sie sich dadurch wesentlich von gewöhnlichen Gewerben, daß nicht die Herstellung oder der Vertrieb zeitlicher Güter mit diesem Gewerbe verknüpft sei, sondern daß es sich um die Anwendung und Verwerthung geistiger Güter handele, und daß die Advokatur die Erreichung eines höheren, eines staatlichen Zweckes zu ermitteln habe, nämlich die Rechtspflege zu erleichtern und die Rechtsprechung vorzubereiten. Hieraus folge, daß man nothwendiger Weise gewisse Anforderungen an die Persönlichkeit, in deren Hand die Wahrung solcher Rechte gelegt werden soll, machen müsse, ja daß man an eine solche Persönlichkeit besonders gesteigerte, wo möglich sehr hohe Ansprüche, zu machen habe. Wenn also auch dem verehrlichen Opponenten zuzugeben sei, daß ein Examen keine Garantie dafür biete, daß der Geprüfte wirklich befähigt sei, so würde doch die Nothwendigkeit, sich zu einem solchen Examen vorzubereiten, nöthigen, eine gewisse Schule durchzumachen. Diese Nothwendigkeit würde im Allgemeinen doch eine gewisse Garantie darbieten. Diese Ansicht erhielt den Beifall der Abtheilung und dieselbe beschloß deshalb, den ersten Satz so zu fassen:

1) „Zur Ausübung der Advokatur ist jeder geprüfte Rechtsverständige, sobald derselbe die gesetzlich bestimmte Vorbereitungspraxis zurückgelegt hat, berechtigt. Die Dauer der Vorbereitungspraxis ist nur nach dem unabweislichen Erforderniß mit Ausschluß jeder anderen Rücksicht zu bemessen."

Der zweite Satz hat untergeordnete Bedeutung, er richtet sich nur dagegen, daß das Vorbereitungsstadium nicht, wie in einzelnen Ländern Gebrauch war, gemißbraucht werden könne dadurch, daß diejenigen, welche später Advokat werden wollen, in einer Art von Gesellen- oder Gehülfenstande fremden Nutzens wegen zu lange festgehalten würden. Die Dauer der Vorbereitungszeit soll also möglichst eingeschränkt werden.

Weiter wurde bezweckt, jeden Unterschied der Qualifikation zwischen Anwalten bei Einzelngerichten, Kollegialgerichten oder Obergerichten durchgreifend zu beseitigen. In einzelnen Staaten war, um Obergerichtsanwalt zu werden, nothwendig, daß man eine gewisse Zeit bei einem Untergericht als Anwalt fungirt haben mußte, oder es war auch ein anderes schwereres Examen nothwendig. Die Abtheilung hat hierüber kein Wort verloren. Man ist einstimmig von der Ansicht ausgegangen, daß es höchst unzweckmäßig sein würde, Advokaten 1., 2. und 3. Klasse zu schaffen. Die Anforderung an alle soll gleichmäßig sein, wo möglich soll jeder den höchsten Grad der Bildung sich aneignen. Wir haben daher beschlossen:

2) **Alle Unterscheidung verschiedener Erfordernisse rücksichtlich der Befugniß der Partheienvertretung vor Einzel-Collegial- und vor Obergerichten, sowie alle Beschränkung der Freizügigkeit entbehrt der Begründung.**

In der letzten Beziehung will ich nur bemerken, daß die Abtheilung auch darin ganz einverstanden war, daß, wenn das Recht der ersten Niederlassung von der Genehmigung einer staatlichen Behörde unabhängig ist, natürlicher Weise nicht eine Erschwerniß wieder geschaffen werden darf, wenn der Betreffende seinen Wohnort aus einer Stadt in die andere verlegen will.

Der 3. Satz, welchen die Abtheilung angenommen hat, betrifft die Frage der Disciplin; es ist darin ausgesprochen:

3) **Die Ueberwachung der Advokaten wird durch die Advokatenkammer geübt, vorbehältlich näherer Bestimmung.**

Der Vorschlag, diesen Satz zu adoptiren, fand Widerspruch von Seiten eines Mitgliedes der Abtheilung. Es wurde hervorgehoben, daß, nachdem wir Männer geworden sind, wir eine solche schulmeisterliche Aufsicht entbehren könnten, und daß die Strafgesetze und die Sitte ausreichen würde, die Mitglieder der Advokatur im Zaum zu halten, zumal der Advokat gerade in seiner Thätigkeit dem Auge seiner Mitbürger preisgegeben ist, und die Oeffentlichkeit der Procedur, in welcher der Advokat vorzugsweise thätig sei, also genüge. Die Majorität der Abtheilung schien nicht abgeneigt, sich in der That zu emancipiren von der alt hergebrachten Vorstellung, daß eine besondere Controlle sich in das öffentliche und in das

Privatleben des Advokaten eindrängen dürfe. Aber es wurde geltend gemacht, daß es sich ja jetzt eigentlich und zunächst gar nicht darum handele, festzustellen, wie weit eine Advokatenkammer in das Leben des Einzelnen überwachend einzugreifen habe, sondern daß die Tendenz unseres Satzes sich nach einer andern Seite richte, nämlich gegen den in den meisten deutschen Staaten bisher bestandenen Modus, daß die Advokatur überwacht wird von staatlichen Behörden, welche außerhalb des Advokatenstandes stehen und folgeweise die Bedürfnisse und die Verhältnisse dieses Standes nur von Außen kennen.

Der Satz soll also nur bedeuten: Emancipation vom Staate; Emancipation nicht blos in Beziehung auf die Möglichkeit der Ergreifung des Gewerbes, sondern auch in Betreff des Betriebes; also keine Ueberwachung durch eine Behörde, welche keine vollständige Kenntniß von den Verhältnissen des Advokatenstandes haben kann. An die Stelle einer solchen staatlichen Behörde, solle die Advokatenkammer als beaufsichtigendes Organ treten. Inwieweit aber diese Advokatenkammer die Disciplin zu üben habe, soll nähere Bestimmung vorbehalten werden. Die Abtheilung ging davon aus, daß, wenn eine Advokatenordnung abgefaßt wird, die einzelnen Bestimmungen so zu treffen sein werden, daß die Einwirkung der Advokatenkammern auf das allergeringste Maß in der Weise herabgedrückt wird, daß die persönliche Freiheit der Einzelnen möglichst wenig beschränkt wird. Vor der Hand schien es nur wichtig, zu sagen: Nicht der Staat, nicht die staatlichen Behörden soll die Advokaten überwachen, die Advokaten sollen selbst die unumgänglich nöthig scheinende Disciplin üben.

Dies sind die Gründe gewesen, die zu der Annahme der vorgelegten Beschlüsse geführt haben. Die Beschlüsse sind ziemlich einstimmig angenommen worden, und es wird meines Erachtens nun die Frage zu stellen sein, ob auf eine nähere Erörterung des Gegenstandes einzugehen sei.

Präsident: Wir müssen also zuerst abstimmen, ob die Frage zur Berathung im Plenum kommen soll. Ich bitte die Herren, welche die Berathung noch einmal im Plenum vornehmen wollen, ihre Hand zu erheben.

Meine Herren, das Büreau ist zweifelhaft. Ich bitte diejenigen Herren, die dafür sind, die Hand zu erheben und eine längere Zeit hoch zu halten. — Ich bitte um die Gegenprobe.

Meine Herren, das Büreau ist der ungünstigen Lichtverhältnisse wegen noch nicht im Stande zu entscheiden. Ich möchte daher die Herren, welche für diesen Antrag sind, bitten aufzustehen.

Es ist entschiedene Majorität. Es ist aber damit die Reihenfolge noch nicht entschieden.

Ritter Dr. v. **Kißling** aus Linz: (Zur Geschäftsordnung.) Ich er=

laube mir den Antrag zu stellen, daß diese Frage über die Advokaten sogleich in Verhandlung genommen werde, und glaube das nicht länger begründen zu müssen. Es ist ein derartiger Wunsch von vielen Collegen mir vor der Verhandlung ausgesprochen, und ich glaube, dieser Antrag läßt sich dadurch am Besten begründen, daß wir die Verhandlung im Zusammenhange mit dem Vortrage des Herrn Referenten haben, wenn wir sogleich in die Berathung eingehen; wir haben ja gesehen, daß der Gegenstand von allgemeinem Interesse ist.

Präsident: Da Niemand das Wort verlangt, so stelle ich die Anfrage: soll sogleich in die Discussion der Advokatenfrage eingegangen werden?

(Es stimmt die Majorität dafür.)

Der Herr Referent hat seinen Vortrag gehalten. Was den Gang der Berathung betrifft, so zerfällt der Antrag der Abtheilung in einen Haupttheil, — die Frage 1 und 2 eng zusammengehörig über das Verhältniß der freien Concurrenz der Advokaten, — und in einen zweiten mehr nebensächlichen Theil über die Zweckmäßigkeit einer Anwaltskammer. Ich möchte Ihnen den Vorschlag machen, die Fragen 1 und 2 gemeinschaftlich zur Discussion zu stellen, wobei jedem Mitgliede unbenommen bleibt, eine generelle Behandlung der Frage einfließen zu lassen.

(Zustimmung.)

Ich eröffne die Discussion über die Anträge 1 und 2.

Ein Mitglied: Ich stelle den Antrag, es möge der Juristentag den Beschluß der vierten Abtheilung zu dem Seinigen machen ohne vorgängige Debatte.

Präsident: Meine Herren! Die Debatte ist schon eröffnet, ich glaube aber, der Zweck dieses Antrages wird sich von selbst erfüllen, da sich Niemand zum Worte gemeldet hat. Ich glaube deshalb annehmen zu dürfen, die geehrte Versammlung wünscht deshalb nicht zu debattiren, weil über die Nothwendigkeit der freien geistigen Mitbewerbung der Advokatur überhaupt noch zu streiten keine Veranlassung ist. (Bravo!) Ich interpretire also folgendermaßen: daß die mangelnde Neigung zur Debatte zeigt, daß es an einem erheblichen Gegenstande fehlt, den man zu bekämpfen hätte.

Generalstaatsanwalt Dr. **Schwarze** aus Dresden: Ich bin von dieser Nothwendigkeit durchaus nicht überzeugt, und möchte daher das Stillschweigen nicht in der Weise interpretirt sehen.

Präsident: Herr Dr. Schwarze hat diese Meinung schon früher vertreten, und wir müssen seiner langjährigen Erfahrung unsere Achtung erweisen.

Ich schreite zur Abstimmung und bitte durch Aufstehen mir Ihre Zustimmung zu erklären.

(Die Anträge 1 und 2 werden fast einstimmig angenommen.)

Nun, meine Herren, bleibt uns noch die zweite Frage, über die Stellung und Zweckmäßigkeit einer Advokatenkammer. Ich erlaube mir den Antrag ad 3 zu verlesen:

„Die Ueberwachung der Advokaten wird durch die Advokatenkammern geübt, vorbehaltlich näherer Bestimmungen."

Ich bitte die Herren sich zum Worte zu melden.

Hof- und Gerichtsadvokat, Ritter Dr. v. Kißling aus Linz: Meine Herren! Ich werde Ihre Zeit nicht lange in Anspruch nehmen; ich stelle den Antrag zu Zahl 3:

„Die Ueberwachung der Advokaten wird nur durch die Advokatenkammer und den obersten Gerichtshof, unter Zuziehung von Advokaten, geübt, vorbehältlich näherer Bestimmungen."

Die Gründe, die mich zu diesem Amendement bestimmen, sind kurz die: es scheint mir doch wirklich etwas zu vage zu sein, wenn man sagt, die Disciplin über die Advokaten wird durch die Advokatenkammer geübt, vorbehältlich näherer Bestimmung. Ich glaube, wenn man diesen Passus so giebt, so hat jede Gesetzgebung die Möglichkeit, solche näheren Bestimmungen zu machen, die die Selbstständigkeit der Advokaten gänzlich aufheben. Denken Sie sich nämlich den Fall einfach so, daß ein Gesetz ausspricht, daß in erster Instanz von der Advokatenkammer die Disciplin gegeben wird, daß aber, und zwar unter Einflußnahme der Staatsanwaltschaft dann in zweiter Instanz die Obergerichte, und in dritter Instanz der Oberappellationsgerichtshof entscheiden. Ich war in der Lage, vor Kurzem eine Advokatenordnung selbst auszuarbeiten, welche unsern Advokatenkammern mitgetheilt wurde, und die theilweise auch dem Gesetze zu Grunde gelegt ist, das vom 1. Januar 1869 an bei uns in Wirksamkeil treten wird. Da glaubte ich gänzlich die Einflußnahme der Regierung ausschließen zu müssen. Ich habe mich aber durch spezielle Erfahrungen, die ich in diesem Jahre gemacht habe, bestimmen lassen, auf die Einflußnahme der Regierung auf die Disciplin der Advokaten durch den obersten Gerichtshof als eine zuläßige, und für die Selbstständigkeit der Advokaten nicht gefährliche einzugehen; ich glaube aber, weiter, als daß man dem ersten Gerichtshof es übergiebt, die Disciplinirung der Advokaten in letzter Instanz zu handhaben, weiter sollte man nicht gehen, und ich glaube, daß man diesem noch die Beschränkung beifügen sollte, daß Advokaten zu dieser Entscheidung des obersten Gerichtshofes zugezogen werden. Es wird die Gründe dafür die Erfahrung jedem einzelnen selbst geben, ich will daher mich auf das beschränken, was ich jetzt gesagt habe, und bitte Sie, meinen Antrag anzunehmen.

Rechtsanwalt Dr. **Steinfeld** aus Kassel: Mein Herren! Das Institut der Anwaltskammer wird wohl von der größeren Anzahl der Rechtsanwälte als ein nicht blos zweckmäßiges, sondern nothwendiges anerkannt. In allen Ländern, wo dasselbe bestanden, hat sich dasselbe als nützlich und bewährt gezeigt Der Streit betrifft nur die Besetzung dieses Disciplinarhofes; ob Anwälte allein denselben bilden, oder ob man auch anderen Behörden eine Mitwirkung hierbei einräumen solle. Wenn wir den Advokatenstand, wie es unbedingt nothwendig ist, frei hinstellen wollen, so muß derselbe von allen Einflüssen der Gerichtsbehörde befreit sein, und kann nur einem judicium parium unterworfen werden. Was in der Anwaltkammer berathen und beschlossen wird, das muß als Wahrheit gelten, ohne daß der Beschluß derselben noch einmal der materiellen Entscheiduug anderer Behörden, z. B. der Appellationsgerichte unterwürfig gemacht werden darf. Glauben Sie mir, meine Herren, die Anwälte, welche über einen Anwalt zu Gericht sitzen, werden demselben weder zu nahe treten, sie werden ihn nicht für schuldig, für unwürdig erklären, wenn er sich nicht als unwürdig bezeigt hat, noch werden sie sich einer verwerflichen Indulgenz gegen wirklich strafbare Mitglieder des Standes schuldig machen. Ich kann mich aus diesen Gründen nicht für den Antrag des Herrn v. Kißling aussprechen.

Eine Anwaltskammer muß eine ebenso freie Stellung einnehmen, wie ein Schwurgericht. Fällt es aber Jemanden ein, dasjenige, was ein Schwurgericht für wahr oder unwahr erklärt hat, nochmals der Cognition eines andern Gerichtshofes zu unterziehen? Höchstens könnte man sich, wenn wir die Analogie mit den Schwurgerichten durchführen wollen, dazu verstehen, die Aussprüche der Anwaltskammer in formeller Beziehung der Einwirkung einer Gerichtsstätte, nach Art des Kassationshofes, zu unterwerfen. — Jeder weitere Schritt jedoch, meine Herren, ist von Uebel.

Advokat Dr. **Wolffson** aus Hamburg: Meine Herren! Ich würde kaum auf die Tribüne gegangen sein, wenn der geehrte Herr Vorredner nicht von vorn herein von der Voraussetzung ausgegangen wäre, als herrsche darüber wohl Uebereinstimmung, die Advokatenkammer sei nicht blos zweckmäßig, sondern auch unentbehrlich; ich würde es nicht gethan haben, weil ich wohl weiß, daß meine Rede rücksichtlich des Erfolges ein Schwimmen gegen den Strom darstellt. Ich werde mich jedoch begnügen, einfach den Standpunkt zur Geltung zu bringen, der in der gestrigen Abtheilungssitzung von Herrn Dr. Feill vertreten worden ist. Derselbe hatte folgenden Antrag eingebracht:

„Die Advokaten sind nur den allgemeinen Strafgesetzen und einer gerichtlichen Disciplin nur in denjenigen Grenzen unterworfen, in welchen solche Disciplin zur Aufrechthaltung der Ordnung und des Anstandes in den Gerichten erforderlich ist."

Dieser Antrag ergiebt unsere Stellung zur Frage, welcher gegenüber die Frage, ob die Disciplinirung von Berufsgenossen oder Gerichten geübt werden solle, zurücktritt. Was die letztere betrifft, so bin ich mir gar nicht zweifelhaft, und glaube darüber kein Wort verlieren zu dürfen, daß das judicium parium in dieser Beziehung der Disciplinargewalt der Gerichte vorzuziehen ist.

Aber ich will dagegen meine Verwahrung einlegen, daß von der Voraussetzung ausgegangen werde, daß die Advokaten disciplinirt werden müssen Ja, meine Herren, was ist denn das Absonderliche an uns, daß gerade wir ganz besonders einer Disciplin unterworfen werden müssen? Wir sind nicht Beamte, nicht Soldaten, wir treiben einen freien Beruf, welcher sich auszeichnet durch wissenschaftlichen Charakter, der uns in Beziehung bringt mit den staatlichen Behörden; liegt hierin eine Begründung für eine besondere Disciplin? Gewiß nicht! Ich gebe Ihnen vollkommen recht, daß es ein schmerzliches Gefühl ist, mit Jemandem in geschäftliche Berührung zu kommen, dem man moralische Achtung nicht erweisen kann, den man als einen unwürdigen Menschen erkannt hat; aber, meine Herren, haben wir etwa vor anderen Ständen den Aerzten, den Kaufleuten ein Privilegium? Auch unter diesen werden viele in ihrem Beruf sich eine höhere sittliche Aufgabe setzen und denselben nicht blos als reines Gelderwerbsgeschäft betrachten; sind denn die nun gegen Berufsgenossen, welche von Gemeinheit und schlechter Gesinnung u. s. w. nicht frei sind, so absolut gedeckt, daß sie niemals mit solchen Leuten in geschäftliche Berührung kommen können?

Es handelt sich ja bei der Frage nicht darum, ob die Advokaten dann eine Corporation, einen Verein stiften wollen, in den sie nach ihren Statuten demjenigen ihrer Berufsgenossen den Eintritt verweigern, resp. aus dem sie denjenigen ausschließen wollen, der sich der Mitgliedschaft einer respectablen Corporation unwürdig gemacht hat. Es kommt vielmehr darauf an, ob die Advokatenkammer mit staatlicher Autorität ausgerüstet sein soll, zu strafen und züchtigen, von der Praxis zu removiren, zu suspendiren u. s. w. Ich sage nun hiegegen, warum soll denn dem Advokaten gegenüber das allgemeine Strafgesetz nicht eben so gut gelten, wie andern Leuten gegenüber? Hat ein Advokat ein Verbrechen begangen, so soll er an die Kriminalgerichte verwiesen und von diesen verurtheilt und seiner Advokatur für verlustig erklärt werden. Ueberschreitet aber die Handlung eines Advokaten nicht die Grenze, mit der das Strafrecht des Staates beginnt, ist mit anderen Worten einem Advokaten nur ein moralisches Vergehen zur Last zu legen, so finden wir gegen diesen den erforderlichen Schutz in der öffentlichen Meinung und insbesondere in der Meinung der Berufsgenossen. Wo dies Alles nicht ausreicht, da haben wir die menschliche Ordnung zu beklagen, in der einmal nicht Alles glatt und so, wie dem persönlichen Gefühl eines Jeden angenehm ist, zugeht. Aber zu erklären, wir Advokaten bedürfen in irgend einer Weise einer besonderen gerichtlichen Beaufsichtigung oder einer Disciplinirung durch unsre Standesgenossen, kann ich im Prinzip nie und nimmer zugeben.

Sie werden es billigen, daß ich mich auf diese allgemeinen Bemerkungen beschränke; es war mir nur darum zu thun, einen Standpunkt geltend zu machen, den ich nicht stillschweigend negirt wissen wollte.

Präsident: Ein besonderer Antrag ist nicht gestellt.

Obergerichtsanwalt **Noltemeier** aus Hannover: Die Antwort auf die von dem Herrn Vorredner aufgeworfenen Frage, weshalb eine besondere Disciplin für die Advokatur erforderlich ist, liegt, meine Herren, auf der Hand. Diese Nothwendigkeit ist begründet nach dem Standpunkte unserer Gesetzgebung, wonach die Richter auf der einen, und die Anwälte auf der anderen Seite unentbehrliche Faktoren der Justizpflege sind. Als solche müssen sie zu einander passen, passen nach ihrer Sittlichkeit, passen nach ihre Wissenschaftlichkeit. Und diese Erfordernisse kommen nicht von selbst, gehen leider oft genug verloren, und machen daher eine Aufsicht über beide Faktoren zu einem unabänderlichen Requisite einer geordneten Rechtspflege.

Weshalb diese Aufsicht, soweit sie die Advokatur betrifft, nur von den Standesgenossen selbst, unabhängig geübt werden kann und darf, ist schon sattsam erörtert, und kann ich deshalb auf eine weitere Ausführung hierüber verzichten.

Obergerichtsanwalt Dr. **Freudentheil** I. aus Stade: Meine Herren! Auch ich will einige Worte auf den Vortrag des Herrn Dr. Wolffson erwidern.

Ich bestreite vor Allem seinen Vordersatz, daß die Advokaten bezüglich der Disciplin nicht anders gestellt wären, als die anderen Berufsstände. Es ist mit Recht darauf hingewiesen worden, wie sehr der Rechtszustand eines Landes abhängig ist von der sittlichen Integrität derjenigen, denen die Wahrung des Rechts Lebensberuf sein soll, der Rechtsanwälte. Und weil der Staat nur auf einem gesunden Rechtszustande gedeihen kann, weil er hier das lebhafteste Interesse haben muß, daß die Anwaltschaft des Rechts nur in unbescholtenen Händen ruht, deshalb muß er eine Organisation schaffen, welche dieses Ziel, so weit es möglich ist, erreichen läßt. — Diese nothwendige Organisation kann aber, meine Herren, nur gegeben sein in der Advokatenkammer, für deren segensreiches Wirken die Geschichte Englands und Frankreichs leuchtende Beispiele gewährt.

Allein zweckmäßig, allein erträglich für die Selbstständigkeit von Männern ist die Ueberwachung durch einen selbstgewählten Gerichtshof, die Disciplin gehandhabt von Standesgenossen. Wie soll ein Richter, der außerhalb der Verhältnisse steht, beurtheilen können, ob Jemand durch seine Handlung, die Ehre, Mitglied des Advokatenstandes zu sein, verwirkt hat oder nicht? Dies können nur Männer, welche selber Mitglieder des Standes und Kenner aller einschlägigen Verhältnisse sind, für deren Unparteilichkeit der Umstand spricht, daß sie von ihren Collegen zu diesem Ehrenamte eines Richters berufen sind.

Es ist auch gar keine Nothwendigkeit vorhanden, der Anwaltskammer die Competenz zur Verhängung schwerer Strafen, z. B. des Ausschlusses, zu entziehen. Denn Alles was überhaupt zu Gunsten der Anwaltskammer angeführt wird, spricht auch dafür, daß diese weite Competenz nicht gemißbraucht werden wird.

Wollen Sie eine freie Advokatur, so ist die Anwaltskammer eine nothwendige Consequenz derselben. Stimmen Sie daher, meine Herren, für den Abtheilungsantrag.

Präsident: Vorbehältlich des Schlußworts des Herrn Referenten schließe ich die Debatte.

Justizrath **Dorn:** Meine Herren, ich glaube im Namen der Abtheilung noch einige Worte zur Erläuterung beifügen zu können. Mir persönlich ist es außerordentlich willkommen gewesen, daß Herr Dr. Wolffsohn die Güte gehabt hat, den Punkt, dessen ich schon gedacht, nochmals zur Erörterung zu bringen. Wenn wir unses persönliches Gefühl allein fragen, so wird wahrscheinlich Jeder von uns zunächst die Ansicht aussprechen, es müsse der Herr Redner Recht haben. Man sträubt sich gegen den Gedanken, daß erwachsene Männer noch einem Disciplinarverfahren unterworfen werden sollen, in dem Falle, wo es sich um Vergehen gegen ein Strafgesetz gar nicht handelt; daß sie einer Zucht unterworfen werden sollen, der man entwachsen zu sein glaubt, wenn man ein gewisses Stadium des Lebens hinter sich hat. Man fragt, was haben wir Advokaten Besonderes, wie unterscheiden wir uns von den Aerzten, die auch eine freie Kunst üben, und keine Disciplinarkammer haben? Welche besonderen Umstände lassen es nothwendig erscheinen, daß die Advokaten einem solchen Zwange unterworfen werden? Ich bin der Meinung, der Advokat befindet sich in der That in dieser Beziehung in einer etwas anderen Stellung, und das ist der Grund, der mich bestimmt, wie ich schon vorher andeutete, für eine Advokatenkammer, gewiß in sehr engen Grenzen, zu stimmen. Der Advokat steht anders als der Arzt. Der

Letztere bedarf auch einer Prüfung, bevor er zur Ausübung seines wichtigen Berufes zugelassen wird. Der Advokat aber soll noch einen besondern staatlichen Zweck erreichen helfen; er hat das Material anzuführen, welches zur Findung eines richtigen Urtheils nothwendig ist; er hat mit dem Richter zu verhandeln, und, wenn dies wirksam geschehen soll, so muß darüber gewacht werden, daß der Einzelne nicht durch unwürdiges Verhalten das Ansehen des Standes überhaupt gefährdet. Zugleich aber ist in der Advokatenkammer ein Organ gegeben, welches schützend und helfend einschreiten kann, wenn dem Einzelnen in Ausübung seines Berufes durch den Uebergriff einer Behörde ein Unrecht zugefügt wird, welches auszugleichen der ganze Stand ein Interesse hat. Also abgesehen von der disciplinaren Seite würde eine Advokatenkammer nützlich sein zur Vertretung gegenüber den staatlichen Behörden. Als Beispiel kann uns Frankreich dienen, wo seit alten Zeiten dergleichen Advokaten-Kammern existiren. Diese treten überall ein, wo dem Einzelnen ein Unrecht widerfahren zu sein scheint; eifrig werden die Rechte des Standes durch das Organ der Allgemeinheit bewacht. Gewiß werden wir eine solche Advokatenkammer, ausgerüstet mit der vollen Berechtigung, den Stand nach außen zu vertreten, nicht entbehren wollen, und wenn wir sie haben, so liegt es auch in der Natur der Sache, daß die Mitglieder sich wechselseitig überwachen, nicht in einem kleinlichen Sinn, sondern in besonnener anständiger Weise. Es muß Mittel geben, diejenigen, die in der That auf Abwege gerathen, zu entfernen, damit sie nicht den Stand herunterdrücken, damit nicht das Richteramt in die Lage gebracht wird, mit einem in den Augen der Welt Gesunkenen noch amtlich verhandeln zu müssen. Es giebt da Fälle, wo das allgemeine Straf-Gesetz nicht ausreicht, wo die allgemeine Verachtung Jemand trifft, obwohl ihn das Strafgericht nicht erreichen kann. Soll ein Solcher in öffentlicher Verhandlung einem Angeklagten zur Seite gestellt werden, der auf seinen Vertheidiger die letzte Hoffnung setzen muß? Es geht meines Erachtens nicht, es ist nicht zu empfehlen, die Ueberwachung der Standesgenossen gänzlich fallen zu lassen, zumal diese Ueberwachung sich auch dadurch nützlich äußert, daß in Fällen von geringerer Bedeutung ein Avertissement seitens des Vorstandes, der, wie ich mir vorstelle, aus freier Wahl der Genossen hervorgegangen ist, den auf Irrwegen begriffenen Collegen auf die richtige Bahn zurückleitet. Oft entstehen Mißhelligkeiten blos dadurch, daß ein Advokat seinem Clienten gegenüber sich nicht ganz passend benommen hat. Es ist das Allerhäufigste in solchen Fällen, daß der Vorstand den Collegen zu einer Besprechung einladet und ihm empfiehlt, die Sache auszugleichen. Eine solche Präventivmaßregel wird in den meisten Fällen größeres Unheil für den Einzelnen und für den ganzen Stand verhindern. Obwohl gesagt werden kann, die Disciplinirungen sind widerwärtig, sie sind gefährlich, weil sie gemißbraucht werden können, wird man doch nicht die ganze Einrichtung über Bord zu werfen geneigt sein. Ignis et ferrum nocent! Deshalb aber werden wir doch keines von Beiden entbehren wollen. Ich glaube, der Vortheil einer solchen Advokatenkammer zeigt sich größer, als der Nachtheil. Das ist es, was ich dem Herrn Dr. Wolffson zu entgegnen mir erlauben wollte, und ich wende mich nun mit zwei Worten gegen den Antrag des Herrn Collegen von Kißling.

Ich habe, weil ich mir vorgenommen hatte, nur kurz den Inhalt unserer Berathungen mitzutheilen, vorhin nicht erwähnt, daß ich gerade, und mit Beifall unserer Abtheilung, einen Satz gestrichen hatte, der in dem ursprünglichen Antrag des Herrn Dr. Jaques enthalten gewesen war. Diesen Zusatz hat der Herr College von Kißling wieder aufgenommen. Der Antragsteller hatte gewollt, daß gegen die Beschlüsse der Advokatenkammr, in gewissen Fällen wenigstens, eine Berufung an den obersten Gerichtshof stattfinden solle. Ich schlug die Streichung dieses Theiles des Antrages vor, um den Grundsatz rein aufrecht zu erhalten: die Disciplin wird durch die Advokatenkammer geübt, richterliche oder Verwaltungs- u. s. w. Behörden sollen nichts damit zu thun haben. Ich war der Meinung, daß wir den Grundsatz der Selbstständigkeit der Advokatur durchbrechen, wenn wir als zweite Instanz eine staatliche Behörde einsetzen, welche kontrolliren soll und event. das Urtheil abändern kann, welches die Standesgenossen gesprochen haben. Ich behaupte, wenn Sie überhaupt das Prinzip der Selbstständigkeit annehmen, dann darf man für die zweite Instanz keine Ausnahme gestatten. Wir würden dies Prinzip verletzen, wenn wir eine zweite Instanz zulassen, mag man für dieselbe auch den obersten Gerichtshof berufen wollen. Dies ist der Grund, weshalb in der Abtheilung der Zusatz gestrichen wurde, und ich glaube, empfehlen zu dürfen, den Antrag des Herrn v. Kißling nicht anzunehmen. Was den allgemeinen Zusatz anlangt, der unter Nr. 3 sich vorfindet: „vorbehältlich näherer Bestimmungen" — so glaube ich, er hätte eben so gut weg bleiben können; wenn wir den Grundsatz aussprechen, so werden dann, wenn es sich um die Ausführung desselben handelt, die Einzelheiten selbstverständlich erörtert und festgesetzt werden müssen. Hier, wo nur der Grundsatz in Frage steht, kann es nicht darauf ankommen, schon die Einzelheiten festzusetzen. Ich würde also bitten, die Fassung unter Nr. 3. beizubehalten, wie sie in der Abtheilung beschlossen worden ist.

Präsident: Wir kommen zur Abstimmung über die zwei Anträge und bitte ich Herrn v. Kißling, seinen Antrag nochmals zu verlesen.

(Es geschieht.)

Wer dafür ist, bitte ich, die Hand zu erheben.

(Der Antrag wird abgelehnt.)

Und nun ersuche ich diejenigen, die den Antrag Nr. 3 annehmen wollen, die Hand zu erheben.

(Der Antrag wird angenommen.)

Es liegen nun noch die Gegenstände vor, die auf Antrag der Abtheilung zur Berathung und Beschließung im Plenum vorkommen. Es liegt zunächst aus der 1. und 2. Abtheilung die Frage vor: Soll die Gesetzgebung Arrest auf künftig zu verdienendes Lohn gestatten, und in welchem Umfange?

Sie genehmigen wohl diese Reihenfolge?

(Zustimmung.)

Ich bitte Herrn Rechtsanwalt Lipke, uns Bericht zu erstatten.

Rechtsanwalt **Lipke** aus Danzig: Meine Herren! Der Reichstag des Norddeutschen Bundes hat bei Gelegenheit der Abstimmung über die Personalhaft eine Resolution gefaßt, wonach die Regierung aufgefordert ist, demselben ein Gesetz vorzulegen, welches die Beschlagnahme künftiger Arbeits- und Dienstlöhne gänzlich untersagt. Die von der ersten und zweiten Abtheilung gefaßte Resolution, welche in Ihren Händen ist, steht mit diesem Beschlusse im Widerspruch.

Die Resolution des Reichstages ist in zweierlei Beziehung motivirt worden, einmal in juristischer und zweitens in socialer Beziehung. In juristischer Beziehung ist behauptet worden, daß überhaupt künftige Löhne, Arbeits- und Dienstlöhne, kein Gegenstand der Beschlagnahme sein könnten, weil sie eben noch gar nicht da sind. Sie finden schon in dem Aufsatz von Koch in dem gedruckten neuesten Heft der ständigen Deputation diese Ansicht widerlegt. Die Obligation ist vorhanden, sobald der Dienstvertrag geschlossen ist, wenn auch der Fälligkeitstermin noch nicht eingetreten ist. Die erste und zweite Abtheilung trug darüber gar kein Bedenken; es erhob sich von keiner Seite Widerspruch gegen die Annahme, daß auch der künftige Arbeits- und Dienstlohn, sobald er im Dienstvertrag existirt, vom juristischen Standpunkte aus ein Gegenstand der Beschlagnahme sein kann. Ein solcher Dienstvertrag ist auch, meine Herren, dann vorhanden, wenn er einseitig von Seiten des Arbeitgebers aufgehoben werden kann. Er existirt eben so lange, bis die Aufhebung erfolgt.

Ein zweiter Einwand, der von Seiten des Rechts gemacht worden, spricht sich dahin aus, daß es doch etwas Unerhörtes wäre, wenn es dem Gläubiger gestattet sein sollte, sich zwischen den Schuldner und den ursprünglichen Gläubiger zu drängen, und das finde fast jedesmal bei einer Lohnbeschlagnahme statt. Aber wenn eine Miethsforderung mit Beschlag belegt wird, drängt sich auch der, der die Beschlagnahme ausführen läßt, zwischen den Hauswirth und den Miether, und es ist gar nicht abzusehen, weshalb hier ein anderes Rechtsverhältniß adoptirt werden soll.

Was nun die sociale, die volkswirthschaftliche Frage betrifft, so ist behauptet worden, daß durch die Beschlagnahme des Arbeitslohnes die Arbeitskraft des Schuldners gestört würde. Auch diese Behauptung können wir als richtig nicht anerkennen. Die Arbeitskraft des Arbeiters wird dadurch allerdings gestört, daß er Schulden hat, durch das drückende Verhältniß, daß er seine Verbindlichkeiten nicht erfüllen kann. Aber unmöglich kann ihn das daran stören, daß er die Möglichkeit sieht, seine Schulden los zu werden, indem er einen Theil des Arbeitslohnes opfert. Dagegen war Uebereinstimmung in der Abtheilung, daß ihm Etwas für nothdürftigen Unterhalt reservirt werden müsse, daß der Arbeiter nicht schlechter gestellt werden dürfe als der Kaufmann. Während dem Kaufmann, wenn er in Concurs geräth, die Competenz gelassen wird, für seine Familie das Nothdürftigste zu behalten, sollte das bei dem Arbeiter nicht der Fall sein, bloß deshalb nicht, weil er kein Vermögen, keine „Masse" hat?

Ein Mitglied der Abtheilung hat sich dahin ausgesprochen und vorgeschlagen, man solle überhaupt bei den Handarbeitern die Beschlagnahme des Dienstlohnes verbieten, und hat dies dadurch motivirt, daß überhaupt die Handarbeiter nicht mehr verdienen, wie eben grade zum nothdürftigen Unterhalt erforderlich ist, daß nach Grundsätzen der Socialwissenschaft der Arbeitslohn schon so heruntergedrückt sei, daß die Arbeiter sich eben mit dem Lohne begnügen müßten, der gerade zu ihrem Unterhalt erforderlich ist. Abgesehen davon, ob dies wirklich richtig ist, hat schon dieser Antrag deswegen nicht die Majorität erhalten können, weil es sehr schwer ist, zu bestimmen, wer denn überhaupt Handarbeiter ist und wer nicht. Man wird z. B. einen Formstecher und einen Musterzeichner auch zu den Handarbeitern rechnen, und daß solche Leute einen bedeutend höheren Lohn bekommen, als zu ihrem nothdürftigen Unterhalt erforderlich ist, das bedarf wohl keiner Ausführung.

Man hat ferner einen Unterschied machen wollen hinsichtlich des Arrestes, der mit Bewilligung des Arbeitgebers gestattet wird. Es sind Anträge dahin gestellt worden, daß der Arbeitgeber erst um Erlaubniß gefragt werden soll, daß der Lohn mit Arrest belegt werden darf. Auch hier scheint kein Grund vorhanden zu sein, den Arbeiter anders zu stellen, als andere Schuldner.

Indeß, daß die Beschlagnahme des Arbeitslohnes erfolgen muß, dafür ist ein ganz anderes Motiv, meine Herren, das wichtigste vorhanden, welches darin besteht, daß, wenn man diese Beschlagnahme verhindert, die Kreditfähigkeit des Arbeiters wesentlich geschwächt werden muß.

Es liegt mir ein Promemoria eines Richters aus Essen vor über den Eindruck, welchen dort die Aufhebung der Schuldhaft gemacht hatte. Es würden ganz unerträgliche Zustände herbeigeführt werden, wenn man auch den Arbeitslohn nicht mit Arrest belegen könnte.

Ich glaube nun, die Aufhebung der Schuldhaft hat ihre sittliche Seite. Man sagt mit Recht, der Staat soll sich nicht dazu hergeben, den Schuldner zu unterstützen, wenn dieser dem Gläubiger seine persönliche Freiheit verpfänden will; der Staat soll sich nicht dazu hergeben, ihm eine so leichtsinnige Verpflichtung zu octroyiren, er soll ihn seiner persönlichen Freiheit nicht berauben helfen. Wie aber darin etwas Unsittliches liegen soll, wenn der Arbeiter sagt: „Ich verpfände meine künftige Arbeit, um meine Verpflichtungen zu erfüllen," das sehe ich nicht ein. Das ist jedenfalls das Sittlichste, was es giebt, daß Derjenige, der keine anderen Vermögensstücke besitzt, den Gläubiger anweist auf das, was er leisten kann, und die Gesetzgebung hat die Pflicht, hier den Gläubiger zu schützen.

Es könnte nur fraglich sein, wie das beneficium competentiae, welches wir dem Arbeiter zusprechen wollen, zu regeln wäre. In dieser Beziehung sind verschiedene Vorschläge gemacht worden.

Es hat Koch den Vorschlag gemacht, in allen Fällen den vierten Theil des Lohnes dem Arbeiter frei zu lassen. Ein anderer Vorschlag der gemacht worden, geht dahin, daß der Richter ex officio eine causae cognitio eintreten läßt und danach die Höhe des arrestfreien Lohnes bestimmt.

Ich halte dieses beides nicht für richtig; ich halte überhaupt ein Einschreiten des Richters ex officio nicht für geboten. Ich sehe nicht ein, weshalb die Sache hier anders liegt, als in den sonstigen Fällen, wo der Schuldner das beneficium beansprucht. Man lasse doch den Arbeiter selbst entscheiden und warte ab, ob er auf dieses beneficium Anspruch macht. Die wirthschaftliche Freiheit des Arbeiters darf man in keiner Weise beschränken. Man glaubt, und auch alle Antragsteller glauben, ihm damit einen Freundschaftsdienst zu erweisen, während meiner Ansicht nach dem Arbeiter eine solche Bevormundung seitens des Staates nur einen Nachtheil zufügt. Mein Antrag ist dahin gegangen, einfach die Sache so zu fassen, daß im Wege der Gesetzgebung Arrest auf künftig zu verdienenden Arbeits- und Dienstlohn zu verbieten, nicht gerechtfertigt, wohl aber dem Schuldner das Recht auf die Kompetenz einzuräumen sei. Wie nun diese Kompetenz auf Verlangen geregelt wird, das mag in jedem Fall der dazu kompetenten Behörde überlassen werden. Ich glaube nicht, daß es die Sache des Juristentages ist, sich im Allgemeinen darüber auszusprechen.

Bei der verschiedenartigen Organisation, die wir in den verschiedenen deutschen Staaten haben, wird auch die Beantwortung dieser Frage verschieden ausfallen müssen. Es ist keinem Zweifel unterworfen, daß in Hannover die Amtsgerichte diese Kompetenzfrage zu erörtern haben, und so viel mir bekannt, scheint es dort sogar auch ganz üblich, daß der Amtsrichter den Arbeitgeber und den Gläubiger vor sich kommen läßt, die Verhältnisse des Arbeiters feststellt und dann erklärt: „unter diesen Umständen darf nur so und soviel mit Beschlag belegt werden."

Ich glaube, daß es vollständig gerechtfertigt ist, die Specialitäten zu übergehen, und bitte, dem Antrag, so wie ich ihn gestellt habe und wie ihn die Abtheilung angenommen hat, ihre Zustimmung zu geben.

Präsident: Ich eröffne die Diskussion unbedenklich. Ehe ich aber das Wort gebe, will ich der geehrten Versammlung Mittheilung über folgenden Antrag machen.

Der Herr Schriftführer verliest den Antrag des Herrn Dr. Hopf (Gotha), welcher lautet:

> „Der deutsche Juristentag wolle aussprechen: 1) Die Beschlagnahme künftig zu verdienender Arbeitslöhne auf Grund eines bestehenden Arbeitsvertrages ist juristisch unbedenklich.
>
> 2) Die Gesetzgebungspolitik gebietet jedoch, diese Beschlagnahme auf dasjenige im einzelnen Falle durch eine causse cognitio zu ermittelnde und durch richterliches arbitrium festzustellende Maße zu beschränken, welches für den Unterhalt des Schuldners und der von ihm abhängigen Personen nicht schlechterdings unentbehrlich erscheint."

Amtsassessor Dr. **Hopf** aus Gotha: Meine Herren, der Antrag, wie ich ihn formulirt habe, unterscheidet sich nicht sehr wesentlich von dem des Herrn Referenten, und ich werde mich auch daher auf sehr wenige Bemerkungen beschränken können, um Ihnen auseinander zu setzen, warum ich meinen Antrag für korrekter halte. Derselbe schließt sich strenge an die uns gestellte Frage an; er erschöpft dieselbe, ohne darüber hinaus zu gehen. Die Frage hat eine doppelte Seite, eine juristische und eine volkswirthschaftliche oder sociale, wie Sie es nennen mögen; ich will vor allen Dingen die beiden Seiten der Frage streng auseinander gehalten haben, wie es in meinem Antrage geschehen ist. Was zunächst die erste Seite, die juristische, betrifft, so ist darüber nur eine Meinung gewesen, daß unter der Voraussetzung, daß überhaupt ein Arbeitsvertrag vorliegt, Beschlag auf noch nicht verdienten Arbeitslohn, — aber auf Grund dieses Vertrages zu verdienenden Arbeitslohn, — sehr wohl denkbar ist, und daß hier ein juristischer Nonsens, wie behauptet worden, in der That nicht vorliegt. Dies spricht der erste Theil meines Antrages aus.

Was den zweiten Theil betrifft, so konnte ich dem Antrag, der dahin ging, die Beschlagnahme künftiger Löhne wenigstens bei den Handarbeitern gänzlich auszuschließen, nicht beitreten.

In der Regel soll, meine Herren, die Beschlagnahme künftiger Arbeitslöhne gestattet sein; aber es soll dem Arbeiter dasjenige, was er unbedingt zu seinem eigenen und zu seiner Familie Unterhalt nöthig hat, jedenfalls frei gelassen werden.

Ich glaube nun, daß der Ausspruch dieses Prinzips, wie es der Herr Referent beantragt hat, noch einer wesentlichen Ergänzung bedarf.

Es erscheint praktisch, in einer so wichtigen Frage sich darüber zu äußern, wie nun diese sogenannte Kompetenz festgestellt werden soll. Es giebt dafür zwei Wege. Einmal kann man ein festes Bruchverhältniß annehmen, eine bestimmte Quote ein für alle Mal. Diesen Vorschlag hat der Herr Stadtgerichtsrath Koch in seinem Gutachten befürwortet; aber es hat sich für diesen Antrag in der Abtheilung keine einzige Stimme erhoben. Es bleibt daher nur die andere Alternative, daß das Maß des Lohnabzuges in einzelnen Fällen durch das richterliche Ermessen festgestellt werde, auf Grund einer vorgenommenen Untersuchung. Ich halte dies für das allein Richtige und Vernünftige und ich glaube, daß die praktischen Schwierigkeiten, die man hat finden wollen, in der That nicht vorhanden oder unerheblicher Art sind. Auch die Abtheilung ist dieser Meinung gewesen.

Ich glaube daher, es ist nothwendig, auch dieses noch in unserer Resolution auszusprechen, wenn unser Votum nach dieser Seite nicht eine wesentliche Lücke enthalten soll, und ich empfehle Ihnen daher die Annahme meines Antrages, als des vollständigeren.

Privatdocent Dr. Hilse aus Göttingen: Meine Herren! Ich kann ganz außerordentlich kurz sein. — Es handelt sich darum, festzustellen, daß die vorliegende Frage zwei wesentliche Gesichtspunkte hat. Was den juristischen Gesichtspunkt anlangt, so kann es nicht zweifelhaft sein, daß die Gesetzgebung an und für sich berechtigt sein würde, Arrest auf Lohn zu verstatten. Es frägt sich nun, ob auch vom Standpunkt der Gesetzgebungspolitik aus dies gut geheißen werden kann. Vom Herrn Referenten sind diejenigen Gründe bereits erwähnt worden, die gestern zur Sprache gekommen sind. Ich will nur das Eine hinzufügen, nämlich das Ergebniß einer vorläufigen statistischen Untersuchung, welches mit vollständiger Evidenz nachweist, daß der Arbeiter schon dadurch seine Existenz zu verlieren Gefahr läuft, wenn ihm der Lohn, sei es auch nur zu einem sehr geringen Betrage, mit Arrest belegt wird. Nur 6 Zahlen sind es, die ich erwähnen will, und für diese bitte ich um freundliches Gehör. Nach den vorläufigen Ermittelungen, welche ich allerdings noch nicht abgeschlossen habe, sind 63 Fabriken, welche zusammen 35,620 Mann beschäftigen, in der Weise in der Lohnarrestfrage vorgegangen, daß 57 Fabriken, welche mehr als 33,000 Arbeiter beschäftigen, jeden Arbeiter in dem Augenblicke entlassen, wo sie den Auftrag erhalten, den Lohn des Arbeiters einzubehalten. Vier Fabriken, welche, wie ich glaube, 1900 Arbeiter beschäftigen, sind schwankend; tüchtige und bewährte Arbeiter behalten sie, schlechte und neue Arbeiter lassen sie gehen. Nur 2 Fabriken, welche 86 Arbeiter beschäftigen, nämlich die eine 53, und die andere 33, behalten die Arbeiter auch dann, wenn Lohnarrest ausgebracht wird. Wie mir aus einer der bedeutendsten Fabriken mitgetheilt wurde, aus der Borsig'schen, geschieht dies einzig aus dem Gesichtspunkt, daß bei einer großen Anzahl beschäftigter Arbeiter sehr erhebliche Kosten entstehen würden, falls man den Arrestverfügungen genügen würde, indem die einzelnen innebehaltenen Beträge den Arrestsuchern gut geschrieben und für sie aufbewahrt werden müßten, was unter Umständen Mehranstellung von Komtoiristen nöthig machen könnte. Ist also in den überwiegend meisten Fällen als mittelbare Folge des Zulassens der Lohnarreste das Brodloswerden der betroffenen Arbeiter zu gewärtigen, so liegt darin, daß Lohnarreste ausgebracht werden, ein dreifacher Nachtheil: es gehen Arbeitskräfte verloren, es geht dem Staate Steuerkraft verloren, und eine Menge Personen fallen der Armenpflege zur Last, weil ihnen die Gelegenheit, etwas zu verdienen, entzogen wird.

Unter diesen Umständen bin ich der Meinung, daß die Gesetzgebung Arreste auf künftig zu verdienenden Lohn nicht zu gestatten hat, und bitte deshalb, die Zulässigkeit des Lohnarrestes zu verneinen. Ich will alsdann den Antrag stellen:

> „Die Gesetzgebung hat Arrest auf künftig zu verdienenden Lohn nicht zu gestatten“

und bitte um dessen Annahme.

Oberappellationsgerichtsrath **Becker** aus Oldenburg: Meine Herren! Die Abtheilung war einig darüber, daß eine Beschränkung des Lohnarrestes einzutreten habe, und daß das Minimum dieser Beschränkung bestehe in dem, was die Mehrheit beschlossen hat, in der Freilassung des nothdürftigen Lebensunterhalts des Arbeiters und seiner Familie. Die Abtheilung war ferner einig darüber, daß dies am besten direkt auszusprechen sei und daß dem vernünftigen Ermessen eines Einzelrichters hiernach die Versagung des Arrestes oder die etwaige Bestimmung einer mit Arrest zu belegenden Quote des Lohnes zu überlassen sei, daß also nicht schon eine bestimmte, feste, für alle verschiedenen Fälle gleiche Quote an Stelle dieses Maaßes zu setzen sei. Die Abtheilung war aber nicht einig darüber, ob man hierbei stehen zu bleiben habe; vielmehr hatte der Beschluß nur eine sehr geringe Majorität;

ein großer Theil der Abtheilung, beinahe die Hälfte, wollte weiter gehen, wenigstens soweit, daß außer dieser Beschränkung für alle diejenigen Forderungen an den Arbeiter, die auf freiwilligem Kreditgeben, auf Vertrag, beruhen, jede Arrestlegung auf künftigen Lohn zu versagen sei. Einzelne wollten soweit gehen, wie der Herr Vorredner beantragt hat, in Einverständniß mit dem fast einstimmigen Beschlusse des Norddeutschen Reichstages, nicht bloß den Forderungen, die auf Vertrag beruhen, auf freiem Willen, sondern auch den Deliktsforderungen, den gesetzlichen, den Steuerforderungen u s. w. jede exekutive Beschlagnahme künftigen Lohnes versagen, sei es im Wege des Prozesses, sei es im Wege der administrativen Exekution. Zwei Gründe waren es wesentlich, die diesen Theil der Abtheilung veranlaßten, weiter zu gehen. Ich will sie kurz hier mittheilen; derjenige Grund, der am weitesten durchschlägt und der dafür spricht, jeden Arrest auszuschließen, ist hergenommen aus dem erweiterten Begriff der persönlichen Freiheit des Menschen, wie solcher Anerkennung gefunden hat durch die Aufhebung der Schuldhaft. Nur der Mensch ist wahrhaft frei, dessen zukünftige wirthschaftliche Thätigkeit ungebunden ist; und wie einer nicht mehr das Recht haben soll, sich seiner persönlichen Freiheit zu berauben, so dürfe er auch nicht das Recht haben, seinen künftig zu verdienenden Lohn mit Arrest belegen zu lassen, oder denselben einer Verpfändung zu unterwerfen. Dieser Grund spricht für den Antrag des Herrn Vorredners; event. aber will ich noch den zweiten Grund geltend machen, weshalb man, wenn man nicht so weit gehen will, wenigstens für die Arrestfreiheit in Betreff aller vertragsmäßigen auf freiwilliger Kreditgebung beruhenden Forderungen sich entscheiden muß. Dieser Kredit ist, meiner Ueberzeugung nach, ein ungesunder, also nichts werth, weil er nicht auf einer Basis ruht, die wirklich Kredit verdient, sondern, soweit er nicht auf persönlichem Vertrauen beruht, nur beruhen kann auf der Drohung, die in der Möglichkeit des Arrestes liegt. Eine solche Drohung kann aber die natürlichen und sittlichen Grundlagen des Kredits: Arbeit, Redlichkeit, Sparsamkeit und das durch sie erworbene Vermögen, nicht ersetzen. Es kann zwar nur eine bereits in obligatione beruhende Forderung Gegenstand des Arrestes sein, aber die Realisirbarkeit einer in obligatione befindlichen Forderung auf künftigen Lohn hängt durchaus nicht von dem Willen des Gläubigers ab, welcher den Arrest sucht, sondern von dem Willen seines Schuldners und von dem des Arbeitgebers. Der Gläubiger hat eine sichere Basis für seinen Kredit eigentlich gar nicht; wenn er nicht der Person vertraut, so rechnet er auf die Drohung: durch den Arrest zerstöre ich Deine ganze wirthschaftliche Zukunft. Diese Rechnung allein wollen wir ihm verderben durch die Freiheit des zukünftigen Lohnes von jedem Arreste. Ich empfehle daher wenigstens, den Antrag anzunehmen, den ich hiermit stelle:

„Der deutsche Juristentag wolle beschließen: Der Gesetzgeber hat eine Beschlagnahme der Forderung noch unverdienten Arbeitslohnes im Wege des Arrestprozesses oder der Exekution nur zu gestatten für nicht vertragsmäßige Schulden, und auch für diese nur, soweit solcher Arbeitslohn nicht zum nothdürftigen Unterhalt des Arbeiters und seiner von ihm zu ernährenden Familie erforderlich ist.“

Referent Rechtsanwalt **Lipke**: Meine Herren! Der Antrag des Herrn Hopf ist nicht sehr wesentlich verschieden von dem meinigen; ich halte aber schon die Scheidung zwischen juristischen und gesetzgebungspolitischen Gründen nicht für gerechtfertigt. Es ist der Jurisprudenz Alles eigen, was in allen Disciplinen an Wahrheiten gefunden wird, und allen diesen Wahrheiten muß die Jurisprudenz durch die juristische Form ihre Sanction ertheilen. Schon deswegen kann ich eine Beschlagnahme, da sie juristisch begründet ist, nicht verwerfen, und ich halte deshalb diesen Antrag für nicht gerechtfertigt.

Ich habe schon vorhin ausgeführt, daß ich überhaupt glaube, daß eben die Wohlthat, die dem Arbeiter dadurch erwiesen wird, daß man ihm die Kompetenz frei läßt, ihm nicht oktroyirt werden soll. Wenn der zweite Herr Redner sich darauf beruft, daß einzelne Fabriken beschlossen haben sollen, sobald ein Lohnarrest eintritt, den betreffenden Arbeiter zu entlassen, so steht dem entgegen, was Herr Dr. Koch uns mittheilt, daß eine im Jahre 1861 dem Abgeordnetenhause eingereichte Denkschrift des oberschlesischen Berg- und Hüttenmännischen Vereines berichtet, daß im Beuthener Kreise im Jahre 1861 bei einer Zahl von 30,000 Arbeitern monatlich durchschnittlich 800 Lohnabzüge verfügt seien. Weitere Angaben enthält ein Kommissionsbericht desselben Hauses von 1865. Danach ist unter Andern bei dem bekannten Etablissement von Krupp in Essen im ersten Vierteljahr 1865 106 Mal in Höhe von 1089 Thalern gerichtlich, und in 1524 Fällen in Höhe von 1863 Thalern im Wege der administrativen Exekution Lohnarrest verfügt worden. Meine Herren, aus diesen Mittheilungen komme ich zu einem ganz andern Schlusse, wie der letzte Herr Vorredner, daß, da so viele Lohnarreste existiren, und da wir annehmen müssen und dürfen, daß noch weit mehr Forderungen aus dem verdienten oder künftigen Lohn ohne Arrest befriedigt worden sind, das Kreditbedürfniß des Arbeiters ein sehr großes ist. Dieser Kredit, der ihm gewährt wird, ist durchaus kein ungesunder, daher zur Versagung dieses Kredits gar keine Berechtigung vorhanden. Es mag sein, daß auch bisweilen der Wucherer sich des künftigen Lohnes bemächtigen wird. Ich habe aber schon darauf aufmerksam gemacht, daß der Arbeiter jedesmal seinen künftigen Lohn in Betracht ziehen muß, sobald er sich in irgend eine andere bessere Stellung versetzen will. Wenn er eine eigene Wirthschaft begründen will, kann er es nicht, ohne Kredit zu suchen; und die Leute, gegen die man dem Arbeiter Schutz gewähren will, wenn sie aus dem künftigen Lohn ihre Befriedigung zu bekommen hoffen und auf denselben Arrest legen wollen, das sind keineswegs die Wucherer und bösen Menschen, denen es zu gönnen ist, wenn sie mit ihren Forderungen durchfallen, es sind das vielmehr ganz biedere und brave Handwerker und kleine Kaufleute, die sich nachher sehr zu beschweren haben würden, wenn ihnen diese Befriedigung genommen wird. Aus dem Privilegium, das man dem Arbeiter geben will, würde nothwendig folgen, daß derselbe gar keinen Kredit mehr erhalten und in eine weit unglücklichere Stellung kommen würde, als er jetzt innehat. Ich bitte daher, aus einem unrichtigen Mitleide ihm diese Kreditfähigkeit nicht zu nehmen.

Präsident: Wir kommen zur Abstimmung, voran kommt das Amendement des Herrn Dr. Hilse, weil es am Weitesten geht und überhaupt jeden Arrest beseitigen will; dann der Antrag des Herrn Becker, der die Beschlagnahme auf einen sehr geringen Theil beschränken will, dann folgt das Amendement des Herrn Dr. Hopf, welches es dem Ermessen des Richters anheimstellt, die Höhe der Beschlagnahme zu bestimmen, und endlich der Abtheilungsantrag. Es ist wohl kein Zweifel über die Reihenfolge. (Bei der Abstimmung ergiebt sich für die Anträge der Herren Dr. Hilse, Oberappellationsgerichtsrath Becker und Dr. Hopf eine Minorität der Abtheilungsantrag wird angenommen.) Der Gegenstand ist damit erledigt.

Herr Generalstaatsanwalt Schwarze, darf ich Sie ersuchen ad 6 der Tagesordnung Bericht zu erstatten über die Frage der richterlichen Vorprüfung der Anklage?

Generalstaatsanwalt Dr. **Schwarze**: Ich möchte mir bei der vorgerückten Zeit erlauben, an das Präsidium die Bitte zu richten, die hohe Versammlung zu fragen, ob sie das Referat von mir über den Beschluß der dritten Abtheilung nur zur Kenntnißnahme entgegen nehmen will, oder ob sie hernach noch in die Discussion eintreten will.

Präsident: Ich nehme an, daß der Herr Referent den Umfang seines Vortrages davon abhängig machen würde, und trage kein Bedenken, gleich die Abstimmung eintreten zu lassen. Der Herr Referent stellt also der Versammlung anheim, obgleich dieser Antrag der Abtheilung zur Berathung proponirt ist, ihn doch blos zur Mittheilung annehmen zu wollen, und ich bitte die Herren, die sich dafür aussprechen wollen, die Hand zu erheben.

(Es ist die Majorität.)

General-Staatsanwalt Dr. **Schwarze**: Es ist die Frage gestellt worden, ob es für das mündliche Strafverfahren angemessen sei, auf Grund der schriftlichen Akten der Voruntersuchung ein Erkenntniß darüber zu erlassen, ob Anklage zu erheben sei oder nicht. Es sind über diese Frage zwei sehr gründliche Gutachten eingereicht worden, von Herrn Ober-Tribunalsrath Dr. v. Tippelskirch und Herrn Professor Dr. Geyer zu Innsbruck.

Die 3. Abtheilung hat sich mit dieser Frage zu beschäftigen gehabt und nach einer sehr eingehenden, am 1. und 2. Tage stattgefundenen Berathung sich zu den Beschlüssen vereinigt, welche in der gedruckten Tagesordnung vorliegen. Ich habe aber historisch zu bemerken, daß der erste Beschluß nur nach sehr schweren Geburtswehen zu Stande gekommen, und die Majorität, welche sich für diesen Beschluß ausgesprochen hat, eine sehr geringe gewesen ist, was denn auch die Abtheilung bestimmte, den Beschluß nicht bloß zu Ihrer Kenntnißnahme, sondern zur Erörterung zu stellen, daß dagegen der zweite Beschluß mit überwiegender Majorität gefaßt worden ist. Erlauben Sie mir nun ganz kurz mit wenigen Worten Ihnen die Motive vorzutragen, welche nach den Ausführungen der Redner bei der Majorität obgewaltet haben. Es ist geltend gemacht worden, daß eine richterliche Vorprüfung des staatsanwaltschaftlichen Anklageantrags weder angemessen, noch nützlich, ja prinzipiell nicht einmal richtig sei. Man hat gesagt: der Staatsanwalt ist einmal derjenige Beamte, der beauftragt ist, im Namen der bürgerlichen Gesellschaft die Anklage zu erheben, man darf ihn in diesem Amte nicht durch eine richterliche Cognition in der Weise beschränken, daß, nachdem diese richterliche Vorprüfung die Anklage genehmigt hat, der Staatsanwalt thatsächlich nicht mehr Herr der Anklage ist, daß er in seiner Wirksamkeit vor dem Schwurgerichte nur gewissermaßen der Vertreter des Anklageerkenntnisses ist, daß er aus der Rolle des Anklägers herabgedrückt wird in den Vertreter des gerichtlichen Anklage-Beschlusses. Man hat ferner geltend gemacht, es liege in diesem richterlichen Vorerkenntnisse ein großes und schweres Präjudiz für den Angeklagten, insofern als in diesem Erkenntnisse eine Vorentscheidung enthalten sei, die den Angeklagten schwer belaste und sowohl bei dem Richter der Hauptverhandlung, als auch bei den Geschworenen eine ungünstige Meinung, eine Voreingenommenheit gegen den Angeklagten erzeuge. Man hat ferner geltend gemacht, daß durch eine solche richterliche Vorprüfung der Schwerpunkt der ganzen Verhandlung nicht mehr in die Hauptverhandlung gelegt werde, sondern auf das Vorverfahren, daß insbesondere der Richter der Vorprüfung auf Grund der schriftlichen Akten mit großem Einfluß auf die Hauptverhandlung erkenne, während doch das Enderkenntniß nur auf die mündliche Beweiserhebung und deren Ergebnisse gestützt werden solle. Es ist auch endlich erwähnt worden, wie unpassend es für die ganze Gerichtsorganisation sei, wenn das Anklageerkenntniß von dem Obergericht, und dann wieder das Enderkenntniß von dem Gericht erster Instanz erlassen werde. Es ist bei allen diesen Momenten wiederholt in der Berathung der Abtheilung der Blick geworfen worden auf die allgemeinen Prinzipien des accusatorischen Verfahrens und der Mündlichkeit. Man hat auch anderweitig behauptet, daß die richterliche Vorprüfung der Anklage deswegen nicht nothwendig sei, weil der Angeklagte in der Hauptverhandlung Gelegenheit habe, gegen den Verdacht, der in der Voruntersuchung gegen ihn hervorgetreten ist, sich zu vertheidigen und gegen die Anklage des Staatsanwalts freie Hand behalte.

Die Majorität der Abtheilung ist nun aber der Meinung gewesen, daß es sich rechtfertige, eine richterliche Vorprüfung der Anklage eintreten zu lassen, und wenn ich die betreffenden Ausführungen der Herren Redner richtig resumire, so scheint es mir, als ob man vorzugsweise auf folgende praktische Momente Rücksicht genommen habe. Man sagte nämlich, es klingt sehr gut, wenn man sagt, der Staatsanwalt ist Herr der Anklage. Es ist prinzipiell konsequenter, wenn man lediglich dem Staatsanwalt die Disposition über die Anklage überläßt. Es mag auch wohl von allgemeinem Standpunkt betrachtet für den Angeklagten nicht leicht sein, in den Augen seiner Mitbürger von dem Verdachte sich zu reinigen, der durch das Anklage-Erkenntniß erzeugt wird, aber die Majorität meinte doch, daß eine richterliche Vorprüfung im Interesse des Angeklagten dringend geboten sei, daß die Nachtheile, welche aus einer Anklageerhebung gegen den Angeklagten entspringen, im bürgerlichen Leben, namentlich im Geschäftsleben so überwiegend große sind oder sein können, daß der Angeklagte in vielen, vielleicht in den meisten Fällen es vorziehen würde, durch ein richterliches Einstellungserkenntniß von der Last und der Angst und der Sorge der Untersuchung befreit zu sein, als daß man ihm mit dem etwas leidigen Troste aufhelfe, er habe dann in der Hauptverhandlung volle Gelegenheit, sich von dem Verdachte zu reinigen und die Anklage zu widerlegen. Man vergegenwärtigte es sich namentlich, daß schon das Erscheinen des Angeklagten auf der Anklagebank fast eben so nachtheilige Folgen herbeiführen könne als eine Verurtheilung zu einer leichten Strafe, daß die öffentliche Meinung sehr oft bei Anhörung der öffentlichen Verhandlung Momente genug herausfinden würde, welche immer noch ausreichend wären eine ungünstige Meinung über den Angeklagten zu verbreiten, daß namentlich der Geschäftsmann, der in öffentlicher Stellung Befindliche es vorziehen würde, diesem zweifelhaften Erfolge der Hauptverhandlung auszuweichen. Die richterliche Vorprüfung der Anklage verhindert eine solche Bloßstellung des Angeklagten. Im andern Falle dagegen gilt der Satz **aliquid haeret**, und dieser wird trotz aller Prinzipien und trotz aller Prinzipienkonsequenzen sich geltend machen. Man berücksichtigt dabei, daß es nicht gut sei zu sagen, der Richter entscheidet zwischen Schuld oder Unschuld, sondern daß man die Gegensätze so stellen müsse, Schuld oder Nichtschuld, daß die Beweise, welche gegen den Angeklagten vorgebracht werden, möglicher Weise nicht hinreichend sind, um ihn zu verurtheilen, daß er aber doch nicht im Stande ist, alle Verdachtsmomente zu widerlegen.

Man machte ferner geltend, daß unsere Verweisungs- und Anklage-Erkenntnisse allerdings nicht allenthalben ihrem Zweck entsprechen, sondern über denselben hinausgehen in einer Weise, daß sie bereits über in der Voruntersuchung gesammelte Beweise ein definitives Urtheil aussprechen, und daß darin allerdings ein schwerer Nachtheil für den Angeklagten liegen kann, daß ein solches Anklage-Erkenntniß möglicher Weise, vielleicht auch nothwendiger Weise einen übeln Eindruck machen könne und man dafür Sorge tragen müsse, daß dieses richterliche Anklage-Erkenntniß auf das Allernothwendigste und Unentbehrlichste sich beschränke, daß es sich nur darüber aussprechen solle, daß es die Anklage des Staatsanwalts für genügend begründet erkennt und durchaus noch kein wirkliches Urtheil enthalten solle. Es wird dann auch ein Vorurtheil gegen den Angeklagten durch diese Voruntersuchung des Gerichts nicht begründet werden.

Auf der andern Seite war aber die Majorität der Meinung, daß es ausreiche, die richterliche Prüfung auf eine einmalige zu beschränken. Es ist dabei mit in Betracht gekommen, daß es nothwendig sein werde, diejenigen Richter, welche an diesem Verweisungs-Erkenntnisse Antheil genommen haben, unbedingt in allen Fällen, nicht blos in schweren Kriminalfällen, von der Mitwirkung bei der Hauptverhandlung auszuschließen.

Es ist ferner, was den letzten Beschluß der dritten Abtheilung anlangt, von dem Herrn Referenten der Satz aufgestellt gewesen, es solle der richterlichen Vorprüfung ein, wenn auch nur kurzes, contradictorisches Verfahren vor dem Gerichtshofe zwischen dem Staatsanwalt und dem Vertheidiger über die Zulässigkeit und die thatsächliche Begründung der Anklage vorausgehen. Diesen Antrag hat die überwiegende Majorität der Abtheilung abgelehnt. Die Gründe, welche von den Rednern der Majorität für die Ablehnung geltend gemacht wurden, sind folgende: Man darf nicht verkennen, daß die Entscheidung, welche von Seiten des Anklagesenates, oder wie man sonst diese Behörde nennen will, über die staatsanwaltschaftliche Anklage gefällt wird, nur eine präparatorische ist, daß man, während man auf der einen Seite die Nothwendigkeit einer solchen richterlichen Vorprüfung nicht verkennen kann, doch in das andere Extrem hinübergehen würde, wenn man ein solches contradictorisches Verfahren zulassen wollte. Was sollte auch ein solches contradictorisches Verfahren bedeuten? Es ist ein contradictorisches Verfahren über schriftliche Untersuchungsakten oder deren Inhalt, während in Wahrheit die Beweise nur mündlich in voller Klarheit und Integrität vorgeführt werden können, und man doch sagen muß, daß die bloße Sammlung der Beweise durchaus nicht das ausreichende sichere Material für ein contradictorisches Verfahren zwischen dem Staatsanwalte und dem Vertheidiger darbieten kann. Man macht aber auch geltend, daß dadurch dann der Schwerpunkt in einer Weise in die Vorentscheidung verlegt würde, daß diejenigen Nachtheile dann einträten, die man vermeiden will. Legt man durch die Zulassung eines solchen Verfahrens vor der Anklagebehörde in die Entscheidung derselben ein viel bedeutenderes Gewicht, dann wird diese Entscheidung einem definitiven Erkenntnisse gleichkommen, und das Präjudiz, welches man aus der Vorprüfung der Anklage für den Angeklagten fürchtet, wird man gewiß wieder eintreten sehen, wenn man dieser richterlichen Entscheidung noch ein solches contradictorisches Verfahren vorangehen lassen will. Die Majorität, zu welcher auch ich gehörte, war vollkommen überzeugt, daß dieses contradictorische Verfahren prinzipiell unrichtig sei, daß es nicht diejenigen Vorzüge und guten Seiten für den Angeklagten habe, die man von ihm erwarte. Aus diesen Gründen hat die überwiegende Majorität der Abtheilung den zweiten Beschluß gefaßt, daß ein solches contradictorisches Verfahren nicht stattfinden solle.

Ich glaube hiermit wenigstens nichts Wesentliches aus der reichhaltigen Debatte des gestrigen und vorgestrigen Tages in meinem kurzen Resumé vergessen zu haben.

Präsident: Die Versammlung hat Kenntniß genommen von diesem Resultat, und es ist beschlossen, es dabei bewenden zu lassen. Wir würden uns jetzt zu der Frage über die Inhaberpapiere wenden und möchte ich den Herrn Referenten Rechtsanwalt Makower bitten, uns sein Referat zu erstatten.

Rechtsanwalt **Makower** aus Berlin: Meine Herren! Ich werde mich auch in der Mittheilung der gefaßten Beschlüsse sehr kurz fassen. Wer sich für das Institut der Außerkourssetzung der Inhaberpapiere interessirt, findet ausreichendes Material in den erstatteten Gutachten. Wir haben in der Abtheilung eine ganze Sitzung mit der Berathung jener Frage ausgefüllt, und sind also weit über das hinausgegangen, was ursprünglich bei Anregung der Frage beabsichtigt war. Es lagen zwei Anträge vor, der eine von Herrn Dr. Löhr, welcher dahin ging, die gestellte Frage einfach zu verneinen. Demgemäß ist auch beschlossen worden. Der zweite Antrag von Herrn Hofrath Dr. v. Kerstorff lautet: „Der deutsche Juristentag wolle unter dem Ausdruck des Bedauerns über den Fortbestand der sogenannten Außerkurssetzung von Inhaberpapieren mittelst Privatvermerks als den Postulaten der Rechtswissenschaft, den Ansprüchen Einzelner auf Rechtssicherheit und den Bedürfnissen des Verkehrs widerstrebend über die aufgeworfene Gesetzgebungsfrage zur motivirten Tagesordnung schreiten."

In der Abtheilung wurde dieser Antrag nicht angenommen, man war der Meinung, daß, nachdem die Frage einmal angeregt sei, man sehr wohl auch ohne weiteres Material auf die Sache selbst eingehen könne, und zwar nicht blos auf die Außerkurssetzung durch Privatvermerke, sondern auch auf die Außerkurssetzung durch Vermerke öffentlicher Behörden.

Die Abtheilung war in ihrer Mehrheit der Löhr'schen Ansicht, und zwar vorzüglich aus Zweckmäßigkeitsgründen. Die Rechtsgründe wurden freilich geltend gemacht; es wurden aber im Wesentlichen die Vortheile gegenüber den Nachtheilen abgewogen, welche das Institut der Außer- und Wiederinkurssetzung in seinem Gefolge hat. Es wurde hervorgehoben, daß nach preußischem Recht, und der ganze Antrag hat nur das preußische Recht im Auge, der eigentlich wesentliche Vortheil der Außerkurssetzung darin beruht, daß aus einem nicht vindicirbaren Papiere ein der Vindication unterliegendes wird. Dadurch entsteht, wie von einigen Herren weiter ausgeführt wurde, ein Zwitterding, ein Inhaberpapier, welches doch vindicirt werden kann, und also in der Mitte zwischen einem bloßen Inhaberpapier und einem Namenpapier steht. Gerade diese Erscheinung erregt eine Menge von Fragen und Zweifeln in der Praxis. Die Abtheilung meinte, daß diese Zwitternatur mehr Nachtheile als Vortheile bringe, daß die bloße Möglichkeit, die rechtliche Zulässigkeit einer Vindication noch durchaus nicht denjenigen, dem sie zu gute kommen solle, in die Lage setze, auch wirklich zu vindiciren, denn dazu gehört nothwendig, daß er die Person kenne, gegen welche er vindicando auftreten soll, und daß nicht etwa das Papier in andere Hände gegeben oder nicht bereits eingelöst sei. Der Vermerk schütze auch nicht in allen Fällen, denn er könne durch Abschneiden und Beflecken des Papiers oder auf andere Weise aus der Welt geschafft werden.

Herr v. Kerstorff unterschied die Außerkurssetzung durch Privatakt von der durch offizielle Inscription; er fand keinen Rechtsgrund dafür, in der Beschreibung des Papiers mit einem Namen durch Privatvermerk einen rechtserzeugenden Akt anzuerkennen, während diese Beschreibung auf anderen Gegenständen die Sache keineswegs außer Verkehr bringe und nicht einmal immer den Erwerber in malam fidem versetze.

Er fand dagegen Nichts zu erinnern, wenn es wie in vielen Staaten gehalten würde, daß öffentliche Behörden ein Papier außer und wieder in Cours setzen. Die Mehrheit in der Abtheilung hielt auch diese Vermerke als verkehrsstörend. Man hob hervor, daß in der Regel große Quantitäten von Inhaberpapieren geliefert würden, so daß eine sorgfältige Prüfung jedes einzelnen Vermerkes kaum möglich sei, daß die Prüfung meistentheils in kurzer Zeit erledigt sein müsse, und daß eine Prüfung mehrerer In- und Außerkurssetzungsvermerke auf demselben Papier, gleichviel ob ein Privater oder eine Behörde sie gemacht habe, lästig, zeitraubend und gefährlich sei, und dem Grunde, weshalb grade Inhaberpapiere angeschafft wurden, widerspreche.

Aus diesen Gründen votirte die Abtheilung dafür, daß die Außer- und Wiederinkurssetzung der Inhaberpapiere vermieden und möglichst abgeschafft werde.

Präsident: Mit der Bitte, von diesem letzten Gegenstand Kenntniß zu nehmen, können wir den eigentlich zeitraubenden Theil der Geschäfte abschließen.

Es bleibt uns aber ein sehr wichtiger Gegenstand: die Beschlußnahme der hochgeehrten Versammlung über die Konstituirung des ständigen Ausschusses für das nächste Jahr. Die Geschäfte des ständigen Ausschusses sind Ihnen bekannt. Derselbe ist beauftragt mit der Vorbereitung der Geschäfte des nächsten Juristentages, mit der Beschaffung der Gutachten und sonstiger Vorbereitung der sachlichen Berathungen; mit Vertheilung der Drucksachen unter vollständiger Mittheilung der früheren Verhandlungen; mit dem ökonomischen Theil unserer Geschäfte. Die Art und Weise, diese Deputation zu kreiren, ist im Statut alternativ gestellt. Die Versammlung kann durch Zettel 19 Mitglieder designiren. Es hat das aber den geschäftlichen Uebelstand, daß wir (bei 546 eingeschriebenen Mitgliedern à 19 Namen) circa 10,000 Namen zu registriren und zu ordnen haben. Dazu kommt noch ein sachliches Bedenken. Es hält außerordentlich schwer eine gehörige Berücksichtigung der verschiedenen Regionen und Gesetzgebungen walten zu lassen, wenn man in dieser Weise wählt. Das sind wohl die Gründe gewesen, aus denen der Juristentag bisher den zweiten Modus vorgezogen hat, nämlich von jeder Abtheilung 10 Vertrauensmänner zu designiren, diese zusammentreten zu lassen mit den fünf Präsidenten der Plenarversammlung und von diesen 35 Personen eine Gesammtliste in herkömmlicher Vertheilung auf die Hauptheile Deutschlands proponiren zu lassen, die von der Versammlung durch Acclamation angenommen zu werden pflegte. Ich möchte vermuthen, daß auch diese geehrte Versammlung zu der zweiten Alternative neigt, die deshalb vorbereitet ist. Ich muß aber, ehe wir im Geschäft weiter schreiten, die Willensmeinung der Versammlung einholen. Ich bitte also die Herren, welche die Zettelwahl vorziehen würden, die Hand zu erheben. (Abstimmung.) Die Zettelwahl ist nicht beliebt.

Wir bleiben also beim alten Modus. Die gestern zusammengetretenen

Vertrauensmänner haben Ihnen Vorschläge gemacht, die auf dem bisherigen System beruhen, nämlich nach Regionen. Für Hamburg proponiren sie Ihnen Herrn Advokaten Dr. Wolffson, Herrn Handelsgerichtspräses Dr. Albrecht und Herrn Senatssekretair Dr. Cropp. Für Preußen: Herrn Stadtgerichtsrath Dr. Graf v. Wartensleben in Berlin, Herrn Justizrath Dorn in Berlin und Herrn Obergerichtsrath Planck in Göttingen. Dann — zugleich in der Eigenschaft als präsumtive Beamte der Deputation — Herrn Rechtsanwalt Makower und den Herrn Geheimen Justizrath Borchardt aus Berlin.

Wir proponiren für Oesterreich die bisherigen Mitglieder: den Herrn Oberlandesgerichts-Präsident Dr. Freiherr v. Rizy in Wien, Herrn Oberlandesgerichtsrath Dr. Keller in Wien und den Herrn Hofrath Professor Dr. Jhering in Wien.

Für Baiern: die bisherigen Mitglieder: Herrn Staatsanwalt von Stenglein aus München, und den Herrn Ministerialassessor Dr. Fäustle in München.

Für Sachsen und Thüringen: Herrn Generalstaatsanwalt Dr. Schwartze in Dresden und Herrn Geheimrath und Professor Dr. von Wächter, der bisher als Präsident honoris causa Mitglied war.

Für Würtemberg: das alte Mitglied, den Herrn Ober-Handelsgerichts-Direktor Freiherrn v. Sternenfels zu Stuttgart.

Für Baden: Herrn Kreisgerichts-Direktor v. Stößer zu Lörrach.

Für Oldenburg: Herrn Ober-Appellationsgerichtsrath Becker.

Eine 19. Stelle ist neu entstanden, welche wir bitten durch Herrn Professor Dr. v. Bar besetzen zu dürfen. Es war der Deputation daran gelegen, unsern verehrten Collegen in Meklenburg eine Aufmerksamkeit zu erzeigen, ebenso aber auch eine so vorzügliche Kraft für die ständige Deputation zu gewinnen. Nach früheren Vorgängen würde ich nun die Frage an die geehrte Versammlung zu richten haben: will die Versammlung diese vorgeschlagene Liste im Ganzen annehmen?

(Rufe: Ja! Ja!)

Präsident: Ich bitte der Sicherheit wegen aufzustehen.

Es scheinen die Vorgeschlagenen durch Acclamation wirklich einstimmig angenommen zu sein.

Sodann ist zur Kenntniß der Versammlung zu bringen der Protest eines Mitgliedes gegen das Verfahren der ständigen Deputation. Die ständige Deputation hat einen Antrag als nicht geeignet zur Berathung zurückgewiesen. Das Mitglied hat dagegen einen schriftlichen Protest eingereicht. Ich glaube, es wird gerathen sein, ihn wörtlich mitzutheilen, und ersuche ich den Herrn Schriftführer denselben vorzulesen.

(Der Schriftführer verliest den Protest.)

Präsident: Der Protest sollte Ihnen zur Kenntniß vorgelegt werden, was hiermit geschehen ist. Erlauben Sie mir nur eine erläuternde Bemerkung. Der Grund, aus dem die Deputation den Antrag zurückwies, lag in der Motivirung, welche auch durch eine Druckschrift in weitere Kreise dem Juristentage mitgetheilt ist, eine Motivirung, die auf eine direkte Justifikation der sodomia ratione generis hinauslief. Die Deputation war einstimmig der Meinung, daß diese Motivirung contra bonos mores verstoße und von unsern Verhandlungen fern zu halten sei. Es steht dem Mitgliede zu, dagegen zu protestiren und den Protest zur Kenntnißnahme der Versammlung zu bringen. Ich glaube aber hinzufügen zu können, daß die Deputation dem Antragsteller so deutlich wie möglich auszudrücken versuchte, daß wir mit dieser Person und mit dieser Sache unbehelligt bleiben wollen.

(Ausdruck der Zustimmung.)

Meine Herren! Indem wir uns dem Ende unserer Versammlung nähern, wollen Sie mir noch einen kurzen Rückblick gestatten. Wir sind heute wieder daran erinnert worden, wie am vorigen Juristentag, daß die berühmten alten Namen aus der deutschen Jurisprudenz scheiden. Es könnte den Eindruck machen, als ob auch die Gegenstände unserer Verhandlungen im gewissen Sinne an Größe und Interesse einbüßen. Wir können uns nicht verhehlen, daß die diesmal vorliegende Tagesordnung weniger Fragen von allgemeinem Interesse darbot, als frühere Juristentage. Wir haben oft die Bemerkung gehört, es sei dies eigentlich keine Zeit für Rechtsfragen, es sei dies die Zeit, wo die Macht der Thatsachen entscheide, in der die ruhige Entwickelung des Rechts zurücktreten müsse vor der Aktion. Erlauben Sie mir, meinen persönlichen Widerspruch dagegen auszusprechen. Ich erkenne an, daß Interessen sich fügen und nachgeben müssen, daß besondere Interessen weichen können und weichen sollen dem allgemeinen Interesse; aber nimmermehr, daß die Rechte sich dem bloßen Reiz der Macht zu fügen hätten. Sollte das wirklich eintreten, so würden wir Juristen eine große persönliche Schuld tragen, denn an dem Juristenstande ist es an erster Stelle, in Momenten, wo man auf die Macht der Thatsachen hinweist, unsrerseits mit dem Festhalten am Recht zu antworten. Unser Charakter, unsere Ausdauer, unsere Stetigkeit ist um so mehr nöthig, um die Dinge im rechten Gleise zu halten, um uns das zu erhalten, was uns heilig ist: die Selbständigkeit dem Einzelnen in seinem persönlichen Rechtskreise — die Selbständigkeit der Glieder — und zugleich die Theilnahme am großen

Ganzen, an dessen Gesetzgebung, Rechtsbildung und Gerichtsverfassung. Unsere Vereinigung hat dabei ein Wort mit zu reden, und wenn auch nur ein consultatives, doch ein Votum von moralischem Gewicht. Wir haben auch schon früher den Eindruck von Ebbe und Fluth gehabt; doch haben wir schon zum nächsten Jahr die ersten Entwürfe einer deutschen Civilprozeßordnung, eines gemeinsamen deutschen Strafrechts, einer gemeinsamen deutschen Prozeßordnung und Grundlagen der Einheit der Gerichtsverfassungen zu erwarten. Wir haben die bedeutungsvollsten Fragen grade in der nächsten Zukunft vor uns, und wir wollen im Bewußtsein, in dem Gedanken, daran mit zu wirken, um so mehr darauf halten, diese Fragen in unserem Kreise vorzubereiten für künftige, unzweifelhaft lebhaftere Debatten.

Sodann, meine Herren, ist es an mir, im Namen der geehrten Versammlung, besonders ihrer auswärtigen Mitglieder, an dieser Stelle einen Dank, einen herzlichen Dank auszusprechen für die lebhafte, zahlreiche Betheiligung unserer ehrenwerthen Hamburger Collegen an dem Zustandekommen des diesmaligen Juristentages, — für die lebhafte Betheiligung an den sachlichen Berathungen, wie an den nicht immer dankbaren geschäftlichen Vorbereitungen einer solchen Versammlung, — für die ernsten namhaften Opfer, die gerade hier unsere Berufsgenossen nach dem Grundsatz der socialen Selbsthülfe gebracht haben, um das Zustandekommen der Versammlung zu ermöglichen. Sie haben uns, meine Herren von Hamburg, eine Freude bereitet durch die überaus gütige Begrüßung. Die Arbeiten und Mühen des Comités, um die Dinge hier in Gang zu bringen, waren nicht leicht. Mit Aufopferung und mit freundschaftlichem Entgegenkommen haben Sie unsere Arbeiten erleichtert, Sie haben, in Erwägung der starken Seite des Hamburger Lebens, uns erschlossen die schönen Umgebungen Ihrer Stadt und die stärkste Seite Hamburgs, nämlich uns einen Einblick gewährt in das, was durch die Tüchtigkeit, durch die Solidität, durch die lange andauernde Arbeit dieser mächtigen, gewaltigen ersten Handelsbevölkerung Deutschlands geschaffen ist. Für all dieses sind wir Ihnen den allerlebhaftesten Dank schuldig.

Uebersehen wir noch die nun bald 10jährige Dauer unserer Leistungen, so haben wir fast jedesmal den Eindruck gehabt, als hätte das Material viel eingehender, abgerundeter verhandelt werden können. Es ist eben der Kürze der Zeit wegen nicht möglich jedem Redner die Zeit zu gönnen, den Reichthum der Frage zu erschöpfen. Aber übersehen Sie die Verhandlungen als ein Ganzes: giebt es eine bedeutende Frage der Gesetzgebung, die in der Reihe unserer Verhandlungen nicht erörtert wäre? Und sind nicht im Unterschied selbst von gelehrten Zeitschriften all diesen Fragen hier im Juristentag neue Pointen, neue Gesichtspunkte abgewonnen worden? Als

Ganzes betrachtet, sind die Verhandlungen des Juristentages durchaus auf der Höhe der Zeit, sie haben auch einen unverkennbaren Einfluß geübt auf den Verlauf der Gesetzgebungsfragen. Wir können mit Befriedigung auf den sachgemäßen Fortgang dieser Dinge hinblicken, und können überzeugt sein, daß doch auch in dieser Vereinigung der deutschen Juristen ein wesentlich einigendes und berechtigtes Element der Einheit deutschen Wesens, deutscher Sitte und deutschen Rechts geschaffen ist. Ich hoffe, der deutsche Juristentag bleibt ein berechtigtes, ein wirksames Element der Einigung auch ferner.

In diesem Sinne schließe ich die Verhandlungen des siebenten deutschen Juristentages zugleich mit dem persönlichen Dank für die hohe Ehre, die Sie mir erwiesen, und dem eben so aufrichtigen Dank für die überaus große Nachsicht, mit der Sie dieses mangelhafte Präsidium behandelt und es zu einer leichten Arbeit gemacht haben.

Advokat Dr. **Wolffson** aus Hamburg: Ich habe den Wunsch, im Namen der Versammlung unserm geehrten Herrn Präsidenten den besten Dank dafür auszusprechen, daß er die Leitung der Versammlung so bereitwillig übernommen hat, den besten Dank für die Art und Weise, mit der er sie geführt hat, für die Unparteilichkeit, Klarheit, Sicherheit der Geschäftsleitung, die allein eine Theilnahme an einer solchen Verhandlung zur Freude machen kann. Lassen Sie mich mit einem Worte es aussprechen, unser Herr Präsident hat seine Geschäfte so geführt, wie wir es von ihm zu erwarten berechtigt waren. Ich glaube in Ihrem Sinne zu handeln, wenn ich Sie auffordere, sich von Ihren Sitzen zu erheben, um unsern verehrten Vorsitzenden unsern Dank zu erkennen zu geben.

(Beifall. Die Versammlung erhebt sich.)

Präsident: Ehre dem Ehre gebührt! Erlauben Sie mir, daß ich als Geschäftsführer des ständigen Ausschusses die freundliche Aeußerung des Dankes entgegennehme; denn der ständige Ausschuß ist der eigentlich arbeitende Körper. — Erlauben Sie mir aber noch einmal hinzuzufügen: die Anwesenheit in Hamburg hat auch Denjenigen, welche dem norddeutschen Wesen bisher etwas fremd geblieben waren, den Eindruck hinterlassen, daß wir mit dem Gefühl der lebhaftesten Hochachtung von Hamburg scheiden. (Bravo.)

Kassen-Abschluß des Deutschen

Einnahme.

1. Als Kassenbestand aus dem Jahre 1867 einschließlich der Bankzinsen	4636	15	—
2. Als Restbetrag vom Buchhändler Jansen aus dem Verkauf der Verhandlungen des deutschen Juristentages	326	5	6
3. Zinsen auf 2000 Bayersche 4 % Anl. . . .	80	—	—
4. „ „ 2000 Preuß. 4½ % Anl. . . .	45	—	—
5. Beiträge von 1725 Mitgliedern aus Nord- und Süddeutschland pro 1868	3451	—	—
6. Ein Beitrag pro 1867	2	—	—
7. Beiträge von 364 Mitgliedern aus Oesterreich von Dr. Kratky eingesandt mit Thlr. 630. —. abzügl. Porto „ —. 20.	629	10	—
8. Für verkaufte 1000 Bayersche 4 % Anl. (Präm.) à 101⅜ Thlr. 1013. 22. 6. Zs. 36 Tg. „ 4. —. —.	1017	22	6
9. Zinsen auf 800 Thlr. Bad. 4 % Präm.-Anl.	16	—	—
	10,203	23	—

Das Vermögen des Juristentages ist somit gegenwärtig:

1) Thlr. 2000 Preuß. 4½ % Anl.
2) „ 1000 Bayersche 4 % Anl.
3) „ 800 Badische 4% Präm.-Anl.
4) Baarbestand Thlr. 912. 1.

Juristentages pro 1868.

Ausgabe.

1.	Büreau- und Porto-Auslagen	4	11	6
2.	Verlust an fremden Cassenanweisungen . .	—	13	6
3.	Für Correkturen gezahlt	60	—	—
4.	Auf Druckkosten an Guttentag abschläglich .	1450	—	—
5.	Zum Ankauf von Thlr. 2000 Preuß. $4^1/_2$ % Anl. à $95^3/_4$ Thlr. 1915. Zs. 56 Tg. „ 14.	1929	—	—
6.	Zum Ankauf von Thlr. 1000 Bayerische 4 % Anl. à $98^3/_4$ Thlr. 987. 15. Zs. 4% 282 Tg. „ 31. 10.	1018	25	—
7.	Zum Ankauf von Thlr. 1000 Bayerische 4 % Anl. à $98^3/_4$ Thlr. 987. 15. Zs. 4 % 285 Tg. „ 31. 20.	1019	5	—
8.	Zum Ankauf von Thlr. 800 Bad. 4 % Präm.-Anl. à $97^1/_4$ Thlr. 778. —. Zs. 4% 80 Tg. „ 7. 3.	785	3	—
9.	An Kosten für den Zusammentritt der ständigen Deputation in München	423	20	—
10.	An Guttentag Pauschquantum für die Besorgung der Drucksachen pro 1. Sept. 67 bis 1. Sept. 68.	200	—	—
11.	Pauschquantum des Schriftführer-Amts pro 1. Sept. 67 bis 1. Sept. 68.	400	—	—
12.	Vorschuß zur Bestreitung der Kosten des diesjährigen Juristentages in Hamburg 2000 Thlr. und Porto 1 Thlr. 4 Sgr.	2001	4	—
13.	Baarbestand	912	1	—
		10,203	23	—

Berlin, 15. August 1868.

Borchardt.

Druck von G. Jansen in Berlin.